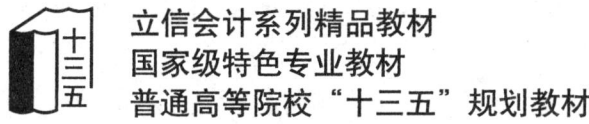

立信会计系列精品教材
国家级特色专业教材
普通高等院校"十三五"规划教材

审计学

SHENJI XUE

（第三版）

陈力生　杨　罡　马佳昜　编著

立信会计出版社
LIXIN ACCOUNTING PUBLISHING HOUSE

图书在版编目(CIP)数据

审计学 / 陈力生,杨罡,马佳易编著. —3 版.—上海:立信会计出版社,2018.10
ISBN 978 - 7 - 5429 - 5994 - 2

Ⅰ.①审… Ⅱ.①陈… ②杨… ③马… Ⅲ.①审计学 Ⅳ.①F239.0

中国版本图书馆 CIP 数据核字(2018)第 239801 号

策划编辑　　方士华
责任编辑　　方士华
封面设计　　南房间

审计学(第三版)

Shenjixue

出版发行	立信会计出版社		
地　　址	上海市中山西路 2230 号	邮政编码	200235
电　　话	(021)64411389	传　　真	(021)64411325
网　　址	www.lixinaph.com	电子邮箱	lxaph@sh163.net
网上书店	www.shlx.net	电　　话	(021)64411071
经　　销	各地新华书店		
印　　刷	上海肖华印务有限公司		
开　　本	787 毫米×1 092 毫米	1/16	
印　　张	34.75	插　页	1
字　　数	863 千字		
版　　次	2018 年 10 月第 3 版		
印　　次	2019 年 12 月第 2 次		
印　　数	3 101—6 200		
书　　号	ISBN 978 - 7 - 5429 - 5994 - 2/F		
定　　价	68.00 元		

序

上海立信会计金融学院是中国现代会计教育的发源地之一。立信会计这一品牌由我国现代会计之父、会计学家及会计教育家潘序伦博士所创立。立信会计因其会计教育、会计师事务所与会计出版社三位一体的办学模式而使其教材在国内独树一帜。在我国会计国际趋同及其企业会计准则体系已经形成与不断完善,资本市场的发展对会计信息不断提出新的要求,会计诚信受到普遍关注的背景下,高等院校会计学专业无论是教学的理念,还是教学的内容与手段,都发生了很大变化。为适应这一变化,我们组织编写并不断更新这套"立信会计系列精品教材"。这套系列教材以高等院校会计学本科专业的学生为使用对象,由《会计学原理》《中级财务会计学》《高级财务会计学》《成本会计学》《管理会计学》《财务管理学》《审计学》与《电算化会计》八本教材构成,涵盖了高等院校本科会计学专业的八门核心课程,也适用于财务管理、审计学以及工商管理等财经类专业的教学。

之所以将这套系列教材列为精品教材,是因为本套教材的编写将努力传承潘老校长开创的立信会计教材编写的良好传统,吸收潘老校长以及各位立信会计前辈编写立信会计教材的精华,吸收国内外同类教材的精华,吸收当前会计理论与会计教育研究成果的精华,采用教授领衔、任课老师参与的原则,将教材编写与精品课程建设、教师的教学以及学生的学习紧密地结合起来,在内容上将会计理论与会计实务有机地结合起来。

尽管我们将这套会计系列教材定格为精品教材,也为编写与更新这套教材作出了努力,但限于水平,教材中仍会有种种不足。会计学科是与社会经济环境密切相关的,新的会计业务与新的会计问题总是在不断地出现,也需要对教材进行及时更新。为此,真诚地期待着各位专家、学者及广大的使用者对这套教材的任何方面,提出意见和建议,以便再版时进行改进,使其成为名副其实的精品教材。

2018 年 10 月

第三版前言

随着中共中央审计委员会成立,习近平总书记亲自任主任,李克强和赵乐际同志任副主任,新时代审计工作的重要性和必要性更加突出,它关系到我国审计工作的发展和未来。而现代风险导向审计是当今主流的审计方法,能够有效降低财务报表使用人进行决策所面临的信息失真风险,提高经济决策的有效性,维护市场经济秩序和保护社会公众利益。

中国注册会计师新的审计报告准则和新会计准则体系的陆续发布,以及《中华人民共和国审计法》《注册会计师法》《中华人民共和国证券法》《中华人民共和国公司法》经修订后施行,我们需要根据新法规提出的新要求,对《审计学》(第二版)教材进行了广泛的修订。要求在审计全过程中贯彻现代风险导向审计的理念,围绕重大错报风险的识别、评估和应对,计划和实施审计工作。

本教材立足于体现立信教材的优良传统和重实务、接地气的特色、满足我校及兄弟院校会计、审计、财务、工商、资产评估等专业专业课使用以及旁专业选修课使用。强化专业素质和专业技能打造,更偏重实务、动手能力,多介绍有效的审计方法和技能,力争在经管类书市有影响力、有一席之地。

本次由陈力生教授、杨罡和马佳易编著。陈力生教授负责拟定修改大纲,设计体例和确定内容结构,并负责总纂、修改和定稿。杨罡、马佳易协助承担相应的工作。本教材的第一、第二、第三和第八章至第二十一章由杨罡执笔,第四章由陈力生执笔,第五章至第七章由马佳易执笔。

本书的修订和出版得到立信会计出版社的大力帮助,方士华副编审投入了大量心血和精力。马佳易也花费了大量时间和精力,为本书文字图表规范化校对、修改与制作教学用PPT尽心尽力,在此一并表示感谢!

教材中如有缺点和错误，恳请广大读者批评指正，以便今后不断完善和改进。

陈力生

2018 年 10 月于立信校园

目　　录

第一章 审计概述

学习目的与要求

本章旨在阐述审计的基本理论与基本概念,内容主要包括我国审计和西方审计的产生与发展、审计环境、审计理论动因、审计的概念和本质、审计假设和判断、审计的职能和作用以及审计的分类。通过本章的学习,要求了解审计产生与发展的历史过程及其环境因素对审计的影响;追溯审计发展的理论动因;理解审计的概念和本质,明确审计的假设前提,领会审计人员职业判断的重要作用;明确审计的基本职能与其他职能;了解审计学科的主要分类,掌握审计职业情况。

课前预习题

1. 审计是如何产生与发展的?
2. 如何理解审计?
3. 审计的本质是什么?
4. 如何理解审计人员职业判断的作用?
5. 审计有哪些职能?
6. 审计的学科分类如何?

第一节 审计的产生和发展

一、我国审计的产生和发展

(一)我国国家审计的起源和发展

审计是商品经济发展到一定时期的产物。随着私有制的产生和财产所有权与经营权的分离而出现。由于两权分离,经济责任关系的确立,财产所有者委派或委托专门的审计人员,对受托经营管理者所负经济责任的履行情况实行经济监督,从而产生了审计这一具有独立性的经济监督活动。

审计作为一种经济监督机制,其实践活动历史悠久。与世界上许多国家一样,中国的审计发展史,也可以分为三大系列:一是国家审计系列;二是民间审计系列;三是内部审计系列。

我国审计历史源远流长,其中数国家审计起源最早。从国家审计发展过程看,我国审计大体经历了古代审计、近代审计和现代审计三个阶段。

1. 古代审计阶段

我国古代审计阶段主要经历了夏禹时期审计的萌芽、西周时期审计的初步形成、秦汉时期审计最终确立、隋唐至宋审计日臻健全、元明清时期审计停滞不前等过程。

我国古代审计始于夏朝,国家审计的萌芽应定为夏禹时期,即公元前21世纪,其主要标志是"会稽"的产生。"会稽"是指会聚考核验证之意,即对诸侯王的治水以及政绩和交纳贡赋的稽验。从当时社会生产力发展水平来看,禹晚期已具备审计产生的条件和保护对象——私有财产,于是人们就开始指定由原来的管账、管物的人以外的第三者来进行审查,这就是我国最初的国家审计。

西周时期审计初步形成的主要标志是"宰夫"一职的出现。宰夫是独立于财政会计部门之外的官员,其职责是年终、月终、旬终稽核财政会计报告,监督官府的财物收支,对掌管财物的官吏视其业绩给予奖罚,发现违法乱纪者可越级向天官冢宰或周王报告,加以处罚,这便是我国官厅审计的形成。春秋战国时期,我国就已形成一套完整的审计监督制度——上计制度。所谓"上计"制度,就是帝王亲自参加听取和审核各级地方官吏财政会计报告,以决定赏罚的制度。

秦汉时期是我国审计的确立时期。由于封建社会的建立和发展,使封建社会的经济也获得较大发展,从而促进了审计的发展。主要表现在三个方面:① 初步形成了统一的审计模式。在秦朝,中央设立"三公",御史大夫与丞相、太尉三公并列,御史大夫掌管政治、经济监察事项,专司监察全国的民政、财政以及财物审计事项。在汉朝,汉承秦制,中央仍设立"三公",御史大夫仍掌管监察审计大权。② "上计"制度日趋完善。③ 审计地位提高,职权扩大。在秦汉时期继承与发展了"上计"制度,所有各种机构拥有的审计权是自上而下由帝王授予,而不是自下而上由民主赋予,审计者直接或间接向最高统治者负责。西汉还制定了"上计律",这实际上是一种定期的报表审核制度,即要求每年由负责审计的官员向皇帝汇报各地提交的税赋收入和财政开支数据,从而使审计制度与经济立法联系起来。

隋唐时期,在刑部之下设"比部",比部是独立于财政部门之外的审计组织,掌管国家财政审计,行使司法审计监察权,具有很强的独立性和较高的权威性,开司法审计之先河。宋时,除了沿袭隋唐在刑部之下设有比部外,北宋初还在太府寺内设"诸军专勾司"和"诸司专勾司",分别审查军队和政府机构的开支。后于南宋改"诸军专勾司"为"审计司"(也被称为审计院)。从此,"审计"一词,不仅成为我国审计机构的命名,而且成了我国财政财务监督的专用名词。

元、明、清三代是我国审计发展的停滞阶段。元代取消了比部,户部没有独立的审计机构,由户部兼管财务报告的审核。明初设比部,不久即取消,洪武十五年设置都察院,以左右都御史为长官,审查中央财政会计是其职责之一。清承明制,设置都察院,其职权之一是审查中央财政会计,在户部下按行政区分省设清吏司,审查各省财政收支。由于元、明、清取消比部,没有独立的审计机构,审计职能严重减弱,审计工作与隋唐至宋相比,后退了一大步。

综观我国古代审计阶段,在奴隶制和封建专制主义政治的支配下,各种类型机构所拥有的审计权是自上而下由帝王授予,而不是自下而上由民主赋予,审计者直接或间接向最高高统治者负责。审计作为治吏的工具,被审计者是各级官吏,而不涉及一般民众。就审计的内容划分,大致可分为三种不同类型的审计活动:一是对财政财务收支的监督审计;二是对官吏在经济上的违法乱纪(古代所谓赃罪)进行审计弹劾;三是对官吏经济政绩的审计考核。

我国国家审计产生和发展的基本规律在于:国家审计的产生和发展主要取决于国家财政经济监督的需要。国家审计属于上层建筑中经济监督的范畴。

(1)国家审计是经济发展到一定阶段的产物。当社会经济发展到一定程度,国家机构日趋庞大,财政收支的"吞吐量"不断增加,从而作为整个国家财富的"所有者"的皇帝,不能亲自和经常地进行财政审查和监督的时候,国家审计便应运而生。在我国夏代,夏禹也曾"三载考功,五年政著,……乃大会计"于会稽山,但却没有指定专人代理行使审计职权。到了周代,情况发生了变化,疆域扩大,中央机构急剧膨胀,从而使财政收支迅速增长,周王没有能力同时也不可能亲自审理一切财政事务,于是便指派宰夫行使财计稽查之权,从此便产生了中国国家审计的雏形。归根到底,国家审计产生的内在原因还是财产的"所有者"——皇帝,与财产的管理者——各级官吏之间所存在的经济责任关系。当皇帝不能亲自检查这种经济责任的履行情况时,审计人员和机构的出现便成为必然。中国的情形如此,西方情况也如此,如埃及、古罗马、古希腊、西班牙以及法国等国都先后出现过这种类似的情况,这是国家审计产生的共同特点。

(2)中国国家审计的发展与封建中央集权政治的变迁基本上是同步的。从秦汉中央的三公九卿制度到隋唐的三省六部制,以及宋代的二府三司制,最后明清的内阁六部体制,封建专制主义中央集权逐步发展强化,以至达到登峰造极的地步,与此相适应,国家审计从上计开始、到"刑部—比部"制度,户部审计制度以至都察院审计制度,审计的地位和作用日益受到国家的重视。尽管宋代的审计成效不明显,但统治者借改革审计体制集中财权,加强财计审计监督的良好愿望却是显而易见的。这种同步性说明,国家审计机构作为皇帝财务稽查的耳目,在封建国家机构中有着举足轻重的作用。

(3)国家审计与国家的民主和法制建设水平有关。我国唐代的比部之所以能形成组织制度较为健全,工作成效较好的审计机构,这与唐代相对注重封建政治民主的环境是分不开的。法律健全,机构设置稳定,有法可依,有令必行,比部虽然地位低下,但也能依法开展正常的审计工作。相反,典章不立,法令废弛,或者法律制度随皇帝的喜好而随时置废,权力凌驾于法律之上,即使有地位较高的审计机构,也不可能收到良好的成效,或者说不能持久稳定地存在。在这方面,明、清的审计状况就是很好的例证。中国国家审计后期的发展与西方国家相比,之所以落伍,其主要原因就在于封建专制主义中央集权阻碍和制约了国家民主和法制的建设。中国古代审计的财计监察,是自上而下地由帝王赋予而不是自下而上地由民主赋予,这种状况必然最终导致国家审计的停滞和畸形发展。审计必须由法律制度作保障。

2. 近代审计阶段

我国国家审计的近代审计阶段主要是指中华民国时期国家审计的不断演进。

1912年,辛亥革命以后,北洋军阀控制下的北京政府,在国务院下设"中央审计处",各省设"审计分处",1914年设立审计院,民国政府改审计处为"审计院",颁布《审计法》。1928年国民政府颁布《审计院组织法》,审计人员有审计、协审、稽查等职称。1931年改"审计院"为"审计部",隶属监察院。民国时期审计的一个最重要的特点是:审计法规完备,形成了体系。一方面,它突破了历代将审计内容附于其他刑事法规之内的习惯做法,公布了大量的专门的审计法规;另一方面,所颁布的审计法规涉及审计的各个方面,形成了审计法规的体系。但由于当时的政治腐败,贪污横行,使审计制度徒具形式,并没有发挥应有的经济监督作用。

在中国共产党领导下的革命根据地中,第一次国内革命战争时期,1925 年 7 月建立的省港罢工委员会中就设有审计局。第二次国内革命战争时期,1932 年成立中央苏维埃政府审计委员会以后,1934 年公布了《苏维埃共和国中央苏维埃组织法》,规定设立中央审计委员会,并在省和直属市分设审计委员会,重点是审查开支是否节约,有无损失浪费问题。抗日战争和解放战争时期,在边区行署、专区、县均有审计委员会。以后在山东、陕甘宁、晋绥等革命根据地,也建有审计机构,颁布审计法规,实施审计监督工作。革命根据地的审计制度,在战争年代对节约财政支出、保障战争供给、维护革命纪律、树立廉洁作风,起到了较好的作用。中华人民共和国成立以前,在中国共产党领导下的革命组织和根据地工农政权中也实行了审计制度,既有一定的审计组织,也颁布了一些审计法规。

3. 现代审计阶段

新中国成立以后,我国审计步入现代阶段。但是在中华人民共和国成立后的较长一段时间内未设独立的国家审计机关,对财政经济的监督由财政、银行、税务等部门通过其业务分别在一定范围内进行。自 1978 年中国共产党十一届三中全会以来,全党全国的工作重点转入以经济建设为中心的轨道,实行经济体制改革,国民经济蓬勃发展。1982 年 12 月,第五届全国人民代表大会第五次会议通过了《中华人民共和国宪法》,要求设立国家审计机关,实施审计监督制度。1983 年 9 月,国务院设立了审计署,县以上的各级政府也相继成立了审计局,独立行使审计监督权。1984 年 12 月 17 日,中国审计学会成立。1985 年 8 月,公布了《国务院关于审计工作的暂行规定》,同年 10 月,又公布了《审计工作试行程序》。1988年 12 月,国务院发布了《中华人民共和国审计条例》。1994 年,八届全国人大常委会第九次会议通过了《中华人民共和国审计法》,对审计监督的基本原则、审计机关和审计人员、审计机关职责、审计机关权限、审计程序、法律责任等作了全面规定。1997 年,国务院又发布了《中华人民共和国审计法实施条例》。2006 年,对《审计法》进行了修订,并自 2006 年 6 月 1日起施行,其后于 2010 年修订了我国《审计法实施条例》,并于 2010 年 5 月 1 日起施行。

(二)我国注册会计师审计的产生和发展

进入 20 世纪以来,随着我国资本主义工商业的发展,注册会计师审计应运而生。1918年,北洋政府颁布了《会计师暂行章程》,标志着我国注册会计师审计的诞生。20 世纪 20 年代后,在一些大城市相继成立了会计师事务所,包括第一位注册会计师谢霖创办的第一家会计师事务所"正则会计师事务所",潘序伦创办的"潘序伦会计师事务所"(后改称"立信会计师事务所")、奚玉书创办的公信会计师事务所和徐永祚创办的徐永祚会计师事务所,被誉为旧中国"四大"会计师事务所。国民政府又先后颁布了《会计师注册章程》《会计师复验章程》《会计师章程》等,规范了注册会计师审计的业务范围和要求。1925 年 3 月,我国最早的民间审计职业组织——上海会计师公会成立。随后全国各地建立了一大批会计师事务所和会计师公会,到 1947 年,全国领有注册会计师执照的达 2 619 人。但是,在半封建、半殖民地的旧中国,注册会计师职业未能得到很大发展,注册会计师审计也未能充分发挥应有的作用。

中华人民共和国成立以后,注册会计师曾经一度在经济恢复工作中发挥过积极作用,通过对工商企业的依法查账,制止了偷税漏税等违法行为,为争取国家财政经济状况好转作出了突出贡献。但后来由于推行苏联高度集中的计划经济模式,很长一段时间内取消了注册会计师审计。

1979年以后,全国各地开始陆续设立会计顾问处。1980年,我国财政部颁布了《关于成立会计顾问处的暂行规定》,重建和恢复注册会计师制度。同年5月,开始筹备上海会计师事务所,于次年正式开业,接受国内外企事业单位的委托,承办会计和审计的有关业务。我国1985年公布的《中华人民共和国会计法》第20条规定:"经国务院财政部门或者省、自治区、直辖市人民政府的财政部门批准的注册会计师组成的会计师事务所,可以按照国家有关规定承办查账业务。"这是新中国成立以来第一次通过法律形式对注册会计师的地位和任务所作的规定,它有力地推动了注册会计师审计的发展。从1983年起,审计部门领导下的审计事务所在全国陆续组建。1987年1月,审计署颁布了《关于进一步开展社会审计工作若干问题的通知》,具体明确了开展审计工作的一些重要问题,然后在审计条例中进一步规定了注册会计师审计组织的性质和业务范围。根据《中华人民共和国注册会计师法》《中华人民共和国审计法》的有关规定和国务院的有关指示,经财政部、审计署研究决定,中国注册会计师协会与中国注册审计师协会实行统一联合,并颁发了《财办字〔1995〕26号》文件。从此我国注册会计师审计事业走上了统一发展的道路。

根据《会计法》的规定,1986年,国务院又发布了《中华人民共和国会计师条例》,1993年10月31日,全国人大常委会通过了《中华人民共和国注册会计师法》,1995年,财政部批准发布了《中国注册会计师独立审计基本准则》《独立审计具体准则》第1号至第7号、《独立审计实务公告》第1号。这些法规与准则的公布,有力地推动了我国注册会计师工作的开展及其规范化。随着注册会计师职业的发展,2006年,为了进一步规范注册会计师执业行为,提高执业质量,中国注册会计师协会又重新修订和拟定了《中国注册会计师执业准则》,维护了公众利益,促进了社会主义市场经济的健康发展。2010年,为了适应国际准则趋同化及国内审计环境变化的需要,中国注册会计师协会又对《中国注册会计师执业准则》进行了修订和补充。

(三)我国内部审计的产生和发展

我国内部审计的产生同样晚于政府审计。在出现了私有制的奴隶社会,奴隶主为了坐享其成,往往将自己的私有财产委托代理人管理,出现了所有权和经营权的分离,奴隶主为了了解代理人经济责任的履行情况,常常派第三方以管家或监工的身份对代理人的行为进行审查,因此出现了内部审计的萌芽。但是这时的管家或监工并不是独立意义上的内部审计人员,他们除了负责审计业务,还需要进行其他的监督。到了近代,出现了独立的内部审计人员,内部审计得到了进一步的发展。

我国现代意义上的内部审计出现于民国时期,特别在铁路、银行系统,中华人民共和国成立前就有了较为健全的内部稽核制度。新中国成立初期,我国一些大型专业公司和厂矿企业也曾设有内部审计部门,一些中型企业也设有专职的审计人员,但到1953年全面学习苏联后,内部审计又被撤销了。

新中国真正意义上的内部审计于1983年才开始建立,1984年很多部门、单位内部开始成立审计机构,实行内部审计监督。1985年12月,颁布《审计署关于内部审计工作的若干规定》,进一步明确了在暂行规定中所阐述的内部审计问题。该规定又于1995年和2003年进行了修订。2003年起,中国内部审计协会陆续发布了《内部审计基本准则》《内部审计具体准则》和《内部审计实务指南》等内部审计准则规范,为内部审计人员规范执业提供了参照标准。

二、西方审计的产生和发展

(一) 西方国家审计的产生和发展

西方国家审计的产生和发展与我国审计产生历史相似,西方国家审计的产生早于民间审计和内部审计,已有数千年历史。根据考证,早在奴隶制度下的古埃及、古罗马和古希腊时代,就有了官厅审计的实践。审计人员以"听证"(audit)的方式,对掌管国家财物和赋税的官吏进行考核,成为具有审计性质的经济监督工作,同时也设有审计机构和人员,对国家的财政收支进行监督。

在资本主义时期,随着资产阶级国家政权组织形式的完善,政府审计也有了进一步发展。欧洲许多国家在宪法或特别法令中都规定了审计的法律地位,确立国家审计机关的职权、地位和审计范围。西方国家政府审计体制包括立法型审计体制、司法型审计体制和行政型审计体制。我们将在第三章中对这些不同审计体制进行介绍。不论是哪一种类型国家审计,都立足于保证国家审计机关拥有独立性和权威性,以免受干扰,客观而公正地行使审计监督权。

第二次世界大战以后,西方国家审计在理论和实务上都有较大的发展,将经济监督和经济管理相互结合,从传统的财务审计向现代的三 E 审计(即经济性、效率性、效果性)、五 E(即经济性、效率性、效果性、环保性、公平性)审计方面发展。

(二) 西方注册会计师审计的产生和发展

西方国家的注册会计师审计是随着资本主义经济的兴起而形成并得到迅速发展的。最早起源于意大利合伙企业制度,16 世纪末期意大利商业城市、航海贸易发达,出现了合伙经营方式,合伙制企业的不断发展促使财产所有权与经营权相互分离,所有者需要对经营者的财产经营情况进行监督,当时便有部分财产所有者聘请会计工作者来承担该项监督检查工作。这便有了注册会计师审计的萌芽,但它对后来注册会计师审计事业的发展影响不大。

注册会计师真正形成于英国股份制企业制度。18 世纪英国工业革命后,随着产业规模的扩大,以发行股票筹集资金为特征的股份公司大量涌现。公司所有权与经营权相分离的现象十分普遍,对经营管理者进行监督也成了英国社会的普遍需要。1721 年,查尔斯·斯内尔受托对南海公司破产案的审查,并出具了审计报告书,宣告了注册会计师的诞生。1844 年,英国《公司法》确定注册会计师为法定的破产清算人,奠定了注册会计师的法律地位。1853 年,在苏格兰的爱丁堡创立了世界上第一个职业会计团体"爱丁堡会计师协会"。但是,英国注册会计师审计还没有形成系统的理论依据和方法体系,只是根据查错防弊的审计目的,对大量的账簿记录进行逐笔审查,即采用详细审计方法,后被人们称为英式详细审计。

19 世纪后半叶,随着英国资本的大量输入,英国的注册会计师审计也传入了美国,从此注册会计师制度在美国得到了繁荣发展。1886 年,纽约公布了《公证会计师法》,1887 年,成立了"美国公共会计师协会",后于 1916 年改组为"美国注册公共会计师协会",成为当今美国最大的会计团体。美国最初的会计师业务,主要对合并时的资产进行验证、设计会计制度和为信用目的而进行审计,并非是为了维护投资者的利益。20 世纪初,出于银行信贷业发展的需要,有必要对贷款企业的资产负债表进行审计,借以判断企业的偿债能力,于是美国的会计师突破了详细审计的做法,创立了资产负债表审计,即美式资产负债表审计。1929 年的经济大危机和 1932 年的库罗尔事件,震撼了美国经济,美国开始重视对投资者利益的保护,1933 年公布了《证券法》,次年公布了《证券交易法》,规定了上市公司必须向交易所提出经过公证会计师审查鉴证的财务报表(资产负债表和利润表),这就促使了证券交易审计的诞生。从此,美国注册会计师审计的重点由资产负债表审计发展为以利润表为中心对整个财务报表进行审计,即为财务报表审计。第二次世界大战后,注册会计师审计实现了跨国式、国际趋同式的发展。国际四大会计师事务所(德勤,Deloitte;安永,Ernst & Young;毕马威,KPMG;普华永道,Price Waterhouse Coopers)以及全世界各国会计师事务所之间展开了激烈的竞争,注册会计师的业务也从传统的审计业务不断发展到鉴证业务和相关服务。

（三）西方内部审计的产生和发展

在古代西方国家,由于受托经济责任关系的产生,经济组织中的内部经济监督也就有了必要,庄园审计、宫廷审计、行会审计、寺院审计等就是古代内部审计的体现。20 世纪前后,资本主义经济的发展,使生产和资本高度集中,托拉斯式的大型企业大量出现,企业内部只能采取分级、分散管理体制。这就导致了大型企业内部要设立专门的机构和人员,由最高管理当局授权,对其所属分支机构的经营业绩进行独立的内部审计监督,近代内部审计也就因此而产生。20 世纪 40 年代,第二次世界大战以后,资本主义经济得到了空前的发展,竞争更激烈。企业为了在竞争中求生存、求发展,十分重视加强内部经济监督,实行事前预防性控制,现代内部审计随着内部控制的加强而产生和发展起来。

1941 年,国际内部审计师协会(IIA)的成立,标志着内部审计进入新的阶段。IIA 通过发布一系列的准则,出版专业性的内部审计刊物,指导内部审计的目标、范围、责任权限,提高内部审计人员的素质,反映现代内部审计的发展,提高内部审计人员的职业地位。近三四十年来,内部审计在审核、评价财务信息的同时,进一步向管理方面伸展,形成了与内部审计紧密关联的管理审计、经营审计、业务审计。现代内部审计出于经济预测和事先控制的需要开展了事前审计;现代内部审计的领域由财务审计扩大到对经营、管理及经济效益方面的审计;现代内部审计从过去的详细审计改变为以评价内部控制制度为基础的抽样审计,进一步发展到以风险为导向的现代风险导向内部审计。

第二节　审　计　环　境

所谓审计环境,是指与审计有关的内外部因素的综合,是审计赖以存在的各种客观因素。综观审计的发展历程,审计发展和环境的关系是:审计因环境的变化而产生和发展,不同的审计环境,产生不同的审计理论和实践;同时反过来,审计理论和实践又对环境起着一定的反作用,成熟的审计理论和实践可以大大地改善审计环境,促进社会经济的稳定和发展。概括来说,审计环境主要包括经济环境、政治环境、法律环境、科技环境和社会环境等。

一、经济环境

审计的经济环境是指一定时期的社会经济发展水平及其运动机制对审计工作的客观要求。经济环境决定事物能否产生并以何种形式存在。

以我国注册会计师审计的发展为例,在改革开放之初,国家审计占主导地位,内部审计是外部审计的基础,而注册会计师审计仅仅是国家审计的补充。这是我国在略有松动的长期高度计划经济体制下建立审计体制的必然模式。中共十四大明确了我国要建立社会主义市场经济,宪法承认私有经济的合法地位。目前,我国已经有3 000多家上市公司,大量的非上市股份公司、涉外企业、民营私营小企业等,这些股份公司、非公有制企业由国家审计机关进行审计显然不符合国际惯例,应由注册会计师审计来进行。因此,我国注册会计师审计得到迅猛发展。显然,正是由于经济环境的改变,才决定了注册会计师审计占据了越来越不可替代、越来越重要的经济地位。随着我国社会主义市场经济更进一步的发展和规范,注册会计师审计必将更加显示出它存在和发展的重要性。

同时,国家审计与内部审计也绝不会因为经济的发展及注册会计师审计的发展而萎缩。相反,经济越发达,与注册会计师审计一样,国家审计、内部审计也必然会以与经济环境相适应的方式得到发展。

二、政治环境

审计的政治环境是指在一定时期的社会政治制度下,国家权力机关对于这种审计法律地位的确认程度。政治环境体现着国家领导者或集团的意志、施政方针和措施等,它不仅是审计工作的基础,而且还在一定程度上制约着审计事业的发展和兴衰。其特征在于它具有宏观调控能力。这种调控表现在,无论客观事物发生了怎样的变化,政治主体总能作出快速反应,及时采取相应的措施或对策。

就我国审计政治环境来说,首先,我国从宪法的高度给予了国家审计机关很高的独立性和权威性,对预防、惩治经济犯罪,维护国家财经法纪都起着积极的作用,审计机关的行政领导特征非常突出。同时,我国政府还利用宏观调控政策,使我国的注册会计师审计、内部审计尤其是注册会计师审计事业得到了飞速发展。

三、法律环境

依法审计是现代审计的基本要求,法律是审计系统有序运行的根据,没有健全的法律环境,就没有审计活动。审计的法律环境是指一定时期国家法律对审计工作的指导程度和对依法审计人员自身权益的保障程度。审计的基本职能是经济监督、经济鉴证和经济评价,实现基本职能的手段就是要在搜集审计证据的基础之上,对照审计标准,得出审计结论和意见。

审计人员在实施审计时,坚持独立、客观、公正的原则,必然会触犯某些利害关系人的敏感神经。这些人会采用一定的方式加以干涉,而且会采取不正当甚至非法的手段来进行阻挠乃至破坏。这样,不仅会影响审计工作的正常进行,严重的还可能会危及审计人员的个人财产及其生命的安全。如果法制健全,法规体系配套,政府能够采取切实有效的措施保证审计人员自身权益不受侵犯,对肆意打击报复审计人员者绳之以法,就会激发审计人员的主观能动性,从而增强其职业意识,揭露违法乱纪的行为。

我国审计行业经历了30多年的发展,审计法律、法规在数量、内容、层次、深度上不断得到丰富、完善和深化。但是,法律环境的完善过程是一个较长期的过程。法律条文需要靠来自实践的信息反馈而不断得到完善,同时执法力度的大小又依赖于法律的完善程度、执法人员的素质高低和民众法律意识的强弱,这些都不是在一朝一夕可以达到理想目标的。所以,在肯定我国审计法律环境有明显改善的同时,还应意识到,我国审计的法律环境还有许多不尽如人意之处,还需要继续加强审计行业的法制建设。

四、科技环境

审计的科技环境是指一定时期科学技术发展水平所决定的技术手段对审计的影响。

科技环境是审计生存环境中极易被忽视的因素。而实际上,它是审计产生和存在的先决条件之一。控制论、系统论、信息论、概率论和数理统计等现代科学理论和方法,在制度基础审计和风险导向审计中得到了广泛的应用。从英国式的详细审计进化到制度基础审计,是因为有内部控制理论和统计抽样技术的支持。制度基础审计发展到风险导向审计则是因为有审计风险评估技术的支持。

如今,信息技术的发展正在改变着一切。计算机的广泛应用带来了会计信息处理技术和程序的根本变革,改变了审计线索、扩大了审计范围、导致审计方法和技术处理手段发生了较大的变化,从而产生了计算机审计、网络审计。在工业革命以前,政治、法律是决定审计的主要环境因素;18～19世纪的工业革命后很长一段时间,经济是最重要的审计环境因素;20世纪70年代后的新技术革命和信息社会的出现使科技成为"第一生产力"。科技作为知识的重要组成部分和知识经济之魂,日益取代经济或法律,并成为主导性的审计环境因素。

五、社会环境

审计环境除了上述四个方面以外,还受其他因素的影响,这些其他因素可全部纳入审计的社会环境。社会环境对审计的影响是多方面的,主要包括社会文化环境、职业教育环境以及国际社会环境等。

虽然近些年我国公民受教育的程度普遍提高,社会文明程度也在不断提高,但社会文化环境还是比较明显地制约着审计的发展。这种制约一方面表现在我们的审计技术手段比较落后,另一方面表现在官僚、人情、人治严重地侵蚀着我们的审计法律和审计原则。同时,审计职业教育对审计理论与实务有重大的影响,审计人员只有在接受规范的职业教育以后才能具备胜任能力。另外,国际社会环境变化的影响也不可忽视。一个国家、一个社会都是一个开放性非平衡系统,它既受内部环境的影响,也受外部即国家环境的影响。

第三节　审计的理论动因

审计动因就是审计产生、存在和发展的原因及其动力。研究审计动因的目的是为了弄清为什么产生审计,为什么需要审计和为什么审计能够得以存在和发展。审计是一种社会现象,它是为满足社会需要而产生和发展的。审计动因的主要理论包括受托责任论、代理理论、信息论、保险理论以及多因素决定论。

一、受托责任论

受托责任论的主要观点是:受托责任关系是资源占有人实现对资源有效管理与使用的必要手段和保证机制。当受托经济责任关系确立后,客观上就存在委托者对受托者实行经济监督的需要。而审计恰好独立于受托责任关系双方的当事人,且具备相应的专业技能,于是审计便成为受托责任关系能够实现的必要手段和保护机制,从而得出受托经济责任关系是审计产生的客观基础和根本动因的结论。受托责任论说明了审计产生的重要前提,但并不能说明审计产生的必要性。它也无法诠释审计的职能及社会作用,无法解释审计的独立性。

二、代理理论

代理理论是经济学中的一个重要理论,在会计研究领域中也广泛使用。该理论表明,当存在所有者和经营者(委托人和代理人)代理关系时,每一方都试图在建立的合同内最大化他们自己的利益。代理人有最大化自己的利益倾向,这使委托人不能完全相信代理人总是为了实现委托人利益最大化而努力,同时代理人拥有从执行契约服务中获得的私人信息,委托人很难辨别代理人的努力程度,因此委托人需要审计对代理人的行为进行监控。另外,因为两者之间存在着信息不对称,委托人怀疑代理人行为不能完全代表委托人的利益,委托人会降低对代理人的报酬,从代理人角度看,代理人也希望对他或她自己的活动进行审计向委托人提供证据,以最大化自己的利益。在契约关系中,监控的执行虽然有成本,但是能使委托人和代理人的利益实现最大化。

按照代理理论的观点,审计是保持经理人与股东利益最大化的控制器,其本质在于促进股东利益和经理人的利益都达到最大化。代理契约理论认为,在企业中有着各种各样的契约来降低代理成本,然而除非契约条款的实施得到监督,否则它就起不到这种作用。现代审计正是作为一种契约实施的监督和保障机制,作为一种受托经济责任的报告与解脱程序参与到现代企业内部和外部治理中去的。因此,代理理论主要回答了现代审计是否必要的问题。

三、信息理论

信息理论认为,信息是降低不确定性的重要资源。财务信息生产的市场失败、信息的不对称分布与信息揭示的管制解释了审计需求,通过现代审计的制度安排,能增加财务信息的可信性。该理论假设审计过的信息能够增强信息使用者对信息信赖程度。会计、金融和经济文献揭示信息使用者从使用信息中能够得到三个方面的好处:① 降低风险和不确定性。② 改善决策。③ 获得利益。在投资者是风险厌恶的前提下,投资者需要审计过的信息来降低投资中的不确定性和风险;许多信息使用者要求审计过的信息改善决策,无论是内部决策还是外部决策;如果个人投资者能够得到新的信息,他们也会从投资中获得交易的利润。只要审计过的信息能够提高这样的利益,使用者就需要审计。按照信息论的观点,审计能够提高信息的可靠性,促进有效决策,实现利益的最大化。

信息是现代经济运行的血液,代理关系的存在加剧了信息分布的不对称,信息的价值由于代理关系的存在得以凸显。审计能增加财务信息的可信性,信息理论在代理契约理论的基础上,解释了现代审计在现代经济中的作用机制,主要回答了现代审计是否有效的问题。

四、保险理论

保险理论认为,风险是导致损失的可能性,保险能转嫁和分担投保人的风险。该理论认为,审计也可被视为是一种保险行为,是一种对误述信息的保险手段。委托人为防止受托人虚报信息和舞弊,宁愿从自己的所得中拿出一部分来聘请审计人员对受托人的经营情况进行审计,以降低其发生错弊的概率,保证信息的可信性。一旦审计人员未能发现这些信息的虚报或受托人的舞弊,导致了委托人的损失,则审计人员应承担相应的赔偿责任。

保险理论揭示了现代审计服务的防护与保险特性。在保险理论下,审计被看做是一种保险行为,可以减轻投资者的风险压力。经济活动中的风险和不确定性是现代经济的重要特征,保险能以较低的成本转嫁和分担投保人的风险。保险理论并不关心现代审计是否能提供附加的增值服务,只是强调现代审计以较低的成本实现经济决策风险的防护。现代审计担负了合理保证信息可信性的责任,为委托人提供了一种经济实惠的保险服务。保险理论是对西方审计"深口袋"现象的有力解释,这也有力解释了目前审计人员执业首要目标从提供有用信息向防范诉讼方面的变化。会计师事务所的规模效应也可以用保险理论解释,目前的风险导向审计理论某种意义上也体现了风险控制的思想。因此,保险理论着重回答了现代审计是否经济的问题。

五、多因素决定论

1972 年,美国会计学会基本审计概念委员会发布的《基本审计概念公告》中,明确阐述审计动因包括以下四个方面:① 利益的冲突。信息使用者可能会感觉到与信息准备者或者信息来源之间存在实际的或者潜在的利益冲突。因为利益冲突的潜在偏向,需要对信息进行审计。利益冲突产生对公正第三方的需求。② 因果关系。有目的的交流追求的是提供有助于信息使用者作出决定的信息。这些决定对于使用者是有意义的结果,片面的、误导的、无关的或者不完全的信息会导致错误的决定。因此,使用者会希望对信息进行鉴证确定所需求的信息的质量。③ 复杂性。因为审计对象以及数据转化为信息的过程变得更加复杂,信息使用者会发现信息质量达到令人满意日益困难,审计对象和信息转化过程越复杂,错误就越可能发生。因此,使用者会希望对信息进行审计。处理技术上的复杂性使得普通人无法胜任,从而产生对专门人才从事这一工作的需要。④ 远程性。信息使用者和编制者可能会因为一个或者几个原因而相互分离,这样的原因有自然的距离,法律或制度的障碍,时间和成本的约束。因为距离遥远,使用者不能直接评估信息的质量,所以,使用者希望对收到的信息的质量进行某种认证。空间的距离使得经济业务与利益关系人发生分离,从而产生对特定人士提供帮助的需要。

在上面的任何一种情况下,都希望进行审计。这种理论从不同角度对审计动因进行概述,从多方面解释了审计产生的动因。

第四节 审计的概念和本质

一、审计的概念

(一)对审计定义有代表性的观点

审计实践活动历史悠久,但人们对代表性、审计的定义却众说纷纭。公认具有代表性、被广为引用的是美国会计学会(AAA)在 1972 年颁布的《基本审计概念公告》中所下的定义,即"审计是一个系统化过程,即通过客观地获取和评价有关经济活动与经济事项认定的证据,以证实这些认定与既定标准的符合程度,并将结果传达给有关使用者"。同年,美国审计总局对审计下的定义是:"审计包括审查会计记录、财务事项和财务报表,但就审计总局的全部工作来说,它还包括如下内容:① 查核各项工作是否遵守有关的法律和规章制度。② 查核各项工作是否经济和有效率。③ 查核各项工作的结果,以便评价其是否已有效地达到了预期的结果(包括立法机构规定的目标)。"

1989 年,中国审计学会审计基本理论研究组对审计的定义是:"审计是由专职机构和人员,依法对被审计单位的财政、财务收支及其有关经济活动的真实性、合法性、效益性进行审查,评价经济责任,用以维护财经法纪,改善经营管理,提高经济效益,促进宏观调控的独立性的经济监督活动。"

学术界代表性的定义有:① 日本著名审计学者三泽一教授在《审计基础理论》一书中为审计所下的定义是:"审计是具有公正立场的第三者就一定的对象必须查明的事项进行批评性的调查行为,还包含报告调查结果。"② 美国密歇根州立大学阿尔文·A·阿伦斯等对审计的定义是:"审计是为了确定与报告某一经济实体的可计量信息与既定标准之间的一致程度而进行的证据收集和评价。"

（二）本书对审计的定义

综合分析上述各代表性定义，本书给出的审计定义是："审计是独立的审计人员通过收集和评价证据，对特定经济实体的各种会计资料和其他资料及所反映的财务收支和其他有关经营管理活动进行审查并对其与既定标准符合程度提出结论，从而提高信息可信性的经济监督、鉴证和评价业务。"

该定义的特点主要有：

（1）体现了审计的职能——经济监督、经济鉴证和经济评价。

（2）体现了审计的主体——独立的审计人员。

（3）体现了审计的方法——收集和评价证据。

（4）体现了审计的依据——既定的标准。

（5）体现了审计的对象——特定经济实体的各种会计资料和其他资料及所反映的财务收支和其他有关经营管理活动。

（6）体现了审计的灵魂——独立性。

（7）体现了审计的中心内容——审查，即审核、检查。

二、审计的本质

本质是一事物区别于其他事物的根本属性，审计本质是审计区别于其他事物的根本属性。对审计本质的不同认识，主要有查账论、方法过程论、经济监督论和经济控制论。

（一）查账论

查账论认为，审计就是查账，就是对会计资料及财务报表进行的检查。早期审计的大部分时间花在查账上，而且审计的职能比较单一，因此，人们用一种最原始的观点看待审计的本质。但是从审计发展史来看，这种观点持续的时间最长，影响范围最广。我国查账论观点从审计的产生持续到20世纪80年代初；西欧早期的内部审计主要认为也是查账；美国的查账论思想一直保持到20世纪70年代；英国的查账论思想一直保持到20世纪80年代初。

查账论的主要缺陷在于把审计定义为查账活动，只适用于传统财务审计，不能适用于绩效审计、管理审计等新兴审计领域，有很大的局限性。而且，查账论只是对审计表象的阐述，没有真正揭示审计的本质特征。

（二）方法过程论

方法过程论认为，审计是一种系统的方法和过程。该观点产生的原因，一方面，在于人们提高审计工作效率、保证审计工作质量的内在需要与追求，以及审计方法的不断发展，如抽样审计、制度基础审计在审计实务中的广泛应用，大大简化了审计人员的查账工作，使得审计人员从原始的查账工作中解放出来，因而改变了人们对审计本质的认识。另一方面，20世纪70年代以后，审计领域的进一步拓展，出现了绩效审计、管理审计等分支，审计实践的发展在客观上要求人们重新认识审计实践活动，对其本质作出新的概括。

方法过程论最早由美国会计学会提出，对加拿大、英国、澳大利亚等国家产生了很大的影响，相继参照AAA定义，对审计定义作了适当的修正，提出了审计定义的过程论。20世纪80年代初，方法过程论传入我国，也产生了一定的影响。

和查账论相比，方法过程论不仅适用于财务审计，也适用于一些其他形式的审计，较查账论有进步。方法过程论认为审计是一种系统的方法和过程。但是把审计仅仅看作是一种过程也不太恰当,也是侧重于审计过程与现象的描述,而未深入到实质。

(三)经济监督论

经济监督论认为,审计是一种特殊的经济监督,它体现了我国学者对审计本质的独特见解。经济监督论的提出与形成是以 1982 年 12 月全国人民代表大会第五次会议通过新的《中华人民共和国宪法》中提出建立审计机关为契机的。新《宪法》第 91 条规定,国务院设立审计机构,对国务院各部门和地方各级政府的财政收支,对国家的财政金融机构和企业事业组织的财务收支,进行审计监督。审计机关在国务院总理领导下,依照法律规定独立行使审计监督权,不受其他行政机关、社会团体和个人的干涉。从 1983 年起,我国审计理论界对审计本质问题展开了史无前例的大讨论,并初步确立了审计在本质上是"经济监督"这一论点。

经济监督论对审计本质的揭示虽然较查账论、方法过程论有一定进步,大大接近了审计本质,有其认识的深度和科学性,但它不能覆盖审计的所有职能,也容纳不了现代审计的所有形式。

(四)经济控制论

蔡春教授在其博士论文《审计理论结构》中,对审计本质进行了较为深入的研究,并在查账论、方法过程论、经济监督论的基础上,形成其独特的经济控制论的观点。蔡春教授认为,审计在本质上应是一种特殊的经济控制。一般的经济控制是对经济行为的控制,即保证系统在变化着的外部条件下达成某种有目的的行为;而审计控制是对受托经济责任履行过程的控制,其目的在于保证受托经济责任的全面有效履行;受托经济责任的履行过程本身就是受托人实施其经济行为的过程。

但是,经济控制论把审计界定为一种经济控制,夸大了审计的职能。审计如果是一种控制活动,其必然应具备控制的基本特征。诸如,保持被控制对象的原有状态,一旦发生偏离则使其复原;引导控制对象的状态,使其达到一种新的预期状态。审计并不具备这些特征。此外,独立性是审计的根本特征,审计人员应保持形式上和精神上的独立,把审计界定为一种经济控制不利于审计人员保持独立。

第五节 审计假设和判断

一、审计假设

审计假设是 20 世纪 60 年代由美国学者莫茨和夏拉夫在其成名作《审计哲理》中首次提出的。它是指人们从长期的审计实践中总结出来的,是对审计工作及其涉及的有关方面所作的合乎逻辑的论断,是公认的理性认识。它是审计工作的前提,是审计理论的基石。审计实践是形成审计假设的客观基础;审计假设是一种公理,而不是一种定理,无法从逻辑上证明其正确性;审计假设是审计实践经验的结晶,具有较高的正确性。

(一)国外关于审计假设的代表性观点

审计假设的研究起步于美国审计理论界。其代表性人物有莫茨和夏拉夫(美国)、托马斯·李和戴维·弗林特(美国)。他们的研究成果分别代表国外三种相互联系的审计假设体系。

1. 莫茨和夏拉夫的基本假设

莫茨和夏拉夫在 1961 年出版的《审计哲理》一书中提出了八条审计假设,并认为假设是不能直接加以验证的公理。著名的《蒙哥马利审计学》(第十版)第五章中也引述了这些假设,并指出假设作为推理的起点,它们不能被直接证明,但从它们所推得的命题能表明假设的正确性。八条审计假设内容如下:

(1)财务报表和财务数据是可以验证的。作为审计主要对象的财务报表和财务数据如果不能验证,则审计的存在就失去了必要性。这一基本假设确立了审计存在的意义和主要目的,并为建立财务审计方法和审计程序提供了明确的目标。

(2)审计人员与被审计单位管理者之间没有必然的利害冲突。作为审计的主体应保持超然独立的地位,才有可能进行公正的审查和对财务报表的公允性发表审计意见,从而使财务报表的使用者根据这些信息的可靠程度作出相应的决策。尽管审计工作不可能完全避免与被审计单位之间的利害冲突,但作为整个审计工作仍然必须建立在可避免利害冲突的假设之上。如果审计人员与被审计单位之间存在着必然的利害冲突,审计的独立性就无从谈起,审计也就失去了存在的价值。

(3)送审的财务报表和其他资料不存在串通舞弊和其他不正当的舞弊行为。财务审计的主要目的之一就是查错防弊,而偏重于对一般会计差错的检查。如果认为被审计单位存在共谋和其他舞弊行为,其送审的资料必然不可能反映被审计单位真实的经济活动情况,其审计工作从一开始就要建立在串通作弊的假设上,这势必超出了常规审计的要求。串通舞弊现象是存在的,但毕竟是少数的特殊现象,一般的审计程序和审计方法应建立在无共谋舞弊现象的假设上。

(4)完善的内部控制制度可以减少错弊发生的可能性。健全的内部控制制度,可以保证各项经济业务在各个部门中得到规范的处理,它既有预防功能,也有发现与检查纠正功能。任何单位只要有完善的内部控制系统,就会减少错误和弊端发生的可能性。审计人员可以根据这一基本假设,实施制度基础审计方法,从而减少对会计数据和经济活动的审查测试,而首先对内部控制制度的健全状况进行测试,进而决定实质性测试的范围、重点和方法。

(5)公认会计原则的一致运用可使财务状况和经营成果得到公允表达。公认会计原则是在长期的会计实践中逐渐形成的,并经会计职业团体归纳整理而成的会计惯例和方法及处理会计实务的准则。会计公认原则往往经过政府管理部门的认可而成为权威性的文件。会计业务处理及财务报表的编制,如果始终遵循公认会计原则,就会被认为公允地反映了企业的财务状况和经营成果。审计这一基本假设,确立了对审计对象衡量的标准,否则审计工作就无法作出是非优劣的判断。

(6)如无确凿的反证,被审计单位过去被认为真实的情况将来仍为真实。这个假设说明,如果以前年度的审计有了结论,现在没有发现相反的证据,依然要承认以前的结论是有效的,没有必要重新进行审查。当期审计应以当期的审计对象为内容,只有在出现了相反的证据时,才有必要对过去进行追溯性审查。

(7)审计人员有能力独立地审查财务资料并发表意见。审计人员为了表示公允的意见,自然要保持独立的身份,进行客观的检查和评价。如果审计人员与被审查的单位及被审查的事项有利害关系,则应回避。审计人员只有在从事审计业务时才有必要保持其应有的独立性,如提供管理咨询服务时,则另当别论。

(8)独立审计人员的职业地位负有相应的职业责任。审计人员所具有的独立地位,使人们相信他有能力作出客观公正的审计结论,因此,审计人员的审计意见对利用审计信息者的决策有重大影响。与此同时,审计人员也应承担与其地位相适应的责任。审计人员如因渎职而导致被审计单位或其他有关人员的经济损失,有可能承担民事责任甚至是刑事责任。因此,审计人员理应始终保持职业上的审慎态度,严格按照审计准则的要求工作。

莫茨和夏拉夫所提出的八项审计假设开创了审计假设研究的先河,对后来者的研究产生了重要的影响,有的将其顺序略作改动,有的将其条目进行增删,有的改变了其表述方式,有的则作了进一步的发展。正如莫茨和夏拉夫在提出审计假设时所强调的那样,必须对这些基本假设不断地加以重新审阅,看它们在新的环境下是否能继续成立。

2. 托马斯·李的审计假设

托马斯·李发展了莫茨和夏拉夫的审计假设理论,他在《公司审计》一书中将审计假设分为审计必要性假设、审计行为假设和审计职能假设共三类十三条。

(1)未经审计的会计信息缺乏足够的可信性。

(2)最迫切的要求是对企业财务报表中的会计信息进行验证,以提高会计信息的可信性。

(3)根据法律要求和职业规范进行审计,是提高会计信息可信性的最好办法。

(4)外部审计可以验证和提高会计信息的可信性。

(5)股东和其他财务报表使用者,通常不能自己验证会计信息的可信性。

(6)在审计人员和管理部门之间不存在妨碍审计人员对会计信息可信性进行验证的利害冲突。

(7)对审计人员来说,没有什么法律会妨碍他对会计信息可信性的验证。

(8)审计人员在精神和形式上完全处于独立的地位,能够客观地对会计信息的可信性进行验证。

(9)审计人员具有胜任审计工作的技能和经验,能够圆满地达到既定的审计目标。

(10)审计人员应对其工作质量和所发表的审计意见负责。

(11)审计人员可以在合理的时间和成本范围内,搜集和评价充分、有效和可靠的证据材料。

(12)内部控制的存在,可使会计信息中不存在重大的舞弊和差错。

(13)公认的会计概念及与企业业务相适应的会计基础,如果能得到恰当与一致的使用,审计人员就会对会计信息提出公允的审计意见。

以上(1)至(5)为审计必要性假设,(6)至(10)为审计行为假设,(11)至(13)为审计职能假设。

托马斯·李的审计假设,第一部分说明了产生审计的原因,第二部分说明了对审计人员的要求,第三部分说明了履行审计职能的基本条件。特别是第一部分内容,发展了莫茨、夏拉夫的审计假设,得到了世界众多审计学家的认可,第6条和第12条继承莫茨、夏拉夫的审计假设,目前来说还不尽合理。同时,如第7条和第13条的新提法是否能成立,是否有意义还存在一定的争议。

3. 弗林特的审计假设

弗林特教授在1988年出版的《审计理论导论》一书中,提出了如下七条审计假设:

(1)审计以经济责任关系或公共经济责任的存在为首要前提。

(2)经济责任关系内涵十分模糊、复杂,解除经济责任非常重要,而这一切要靠审计予以解释和解除。

（3）审计的本质特征在于其地位的独立性和不受约束地进行调查和报告。

（4）审计对象的内容,如行为、业绩、成果、业务记录、经济业务或与此有关的事实或说明,都可以通过证据予以证实。

（5）可以对行为、业绩、成果和信息质量等确立责任标准,可以对行为、业绩、成果和信息质量的实际情况予以计量,与一确立的标准进行比较,计量与比较过程需要专门的技能,并需要主观判断。

（6）应明确财务报表和其他资料的意义、重要性和目的,通过审计可对其可信性作出清晰的表示与传递。

（7）审计可产生经济效益和社会效益。

弗林特的审计假设是根据现代审计的发展,从社会的角度提出来的,一改过去仅从财务审计角度进行审计假设研究的做法,从而为建立广义的审计理论结构提供了有价值的参考。但是由于这些假设过于抽象,其实用性和有效性会受到限制。

（二）我国审计界对审计假设的理解

自实施审计制度以后,20 世纪 80 年代中期我国的审计学者就开始了对审计假设的研究,在综合研究美英学派审计假设理论的基础上,结合我国审计人员的发现,分别从审计必要性、可能性与目的性方面对审计基本假设提出了独到的见解。

1. 审计必要性假设

审计是有目的的经济监督活动,其必要性和目的性应建立在假设经济责任关系和经济责任人存在的基础上。当生产资料所有者与经营者分离以后,经营者接受所有者的资源,为所有者管理受委托的事项,这样经营者对所有者就负有经济责任或会计责任。人们普遍认为财产的经营者对财产的所有者应负的这种经济责任是理所当然的。正是因为这种经济责任的存在,审计工作才有存在的必要,才具有鲜明的目的性与针对性。审计就是监督检查被审计单位是否履行了它的经济责任或会计责任,并借以加强被审计单位的会计责任感。

2. 审计对象可证实性假设

审计工作之所以能进行,就是因为大家都假设会计资料及其他经济资料、经济业务与经营活动是可以查得清的,对经营人员应负的经济责任是能够确定的。如没有这样的假设,也就没有进行审计的必要,因为被审计的对象无法证实,审计人员也就无法对被审计对象发表任何意见。有了可证实性假设,审计人员就会使用有效的审计方法,去搜集能证实问题的各种审计证据,同时也促使了对审计证据与审计方法的理论研究和经验总结。证实是否存在、证实优劣状况、证实责任大小等,均要凭严格的证据说话。而整个审计过程实质上也就是取得充分证据,并据以判明受审对象状况与责任归属的过程。

3. 错误与弊端存在性假设

在审计目的性和可证实性假设的基础上,就可以对错误与弊端的存在、性质、原因,形成过程等进行假设。这样便于确定审计的范围和重点,实施必要的程序技术,以利于查明问题与提高工作效率。

从审计对象整体上看,一般假设为内部控制健全可以减少错误与弊端。现代审计的检查范围和施用方法,则取决于被审计单位内部控制是否健全和完善。如果没有这样假设,认为不论在什么样的单位内,在什么样的情况下,错误和弊端无处、无时不存在,这就无法进行合理的审计。事实上只要内部控制措施严密和得到很好贯彻,无意识的错误和有意识的合伙舞弊现象必然会减少。根据错误和弊端存在可能性的假设,在进行审计时,应首先检查内部控制的健全与贯彻情况,然后根据评价结果决定进一步审计的范围、重点、程序和方法,这样有利于提高审计工作效率,把审计人员从大量的"数学游戏"中解放出来。

根据上述假设,还可以进一步假定为:如果被审计单位内部控制与以往相比没有改变,则以往的差错可能会增加本期的差错概率。同样,若以往没有差错,则会减少本期产生差错的概率。有了这一假设,审计人员就可以根据以往的检查情况,来确定本期应该检查的范围及重点、程序与方法,这样有助于减少审计风险,增加审计结论的可靠性。

4. 行为衡量标准假设

这里主要是指依据什么衡量会计人员行为方面的假设。会计人员进行记录、计算与报告时理应遵循公认的会计准则,即要正确地运用会计原理、原则与方法,客观地、前后一贯地如实反映单位的财务状况与经营成果。审计人员在进行审计时,如果发现被审计单位的会计工作是按照会计原理、原则与方法进行反映与报告的,各时期所采用的会计标准又是先后一致的,则可以认为其会计报告和会计资料是真实与公允的。有了这一假设,审计人员在进行工作时,就可以把精力放在对会计行为过程的检查上,而不必放在对行为结果方面的检查上,即要查明会计工作对各项财经法规、会计制度、会计原理等贯彻执行情况,并据此来判定其结果的真实与否。

5. 无反证判定假设

审计理应重证据,但有时又很难找到合理的证据。根据上述假设,可以认为过去已被认为是真实的问题,在以后未发现任何明显的反证时,则还将保持这种看法,例如,审计人员过去检查过的问题,在以后检查时又无发现明显的反证,则可以认为过去的检查是可信的。有了以上假定,可使审计工作具有连续性,前后一致,并使审计人员的责任有一个合理的界限,以减低审计风险。

6. 其他方面假设

其他方面假设包括审计主体假设、审计方法假设和审计证据假设。其中,审计主体假设是对审计人员素质与其专业职责要求相称方面的假设。审计方法假设是指导审计方法运用条件及其使用成效方面的假设。审计方法方面假设的内容很多,但主要有抽查法使用、程序法使用及询证法使用等方面的假设。审计证据假设是指审计证据进行搜集、判断、评价时所运用的各种假设,主要包括四个方面:一是证据力的一般假设;二是证明力的一般假设;三是合理证据的假设;四是取证方法对证据力影响方面的具体假设。

二、审计判断

审计判断是审计人员根据其专业知识和经验,通过识别和比较,对审计事项和自身的行为所作的估计、断定或选择。

(一)审计判断构成要素

审计判断的构成要素,既是作出审计判断的基础,也是研究审计判断的基础。基于系统论的视角,任何审计判断都是审计人员的判断,也是针对具体判断任务的判断,审计人员和审计判断任务是审计判断系统的构成要素。

1. 审计人员

审计人员是审计判断的主体,是审计判断中十分重要的要素,审计判断主要是审计主体的活动。从整个审计过程来看,所有的审计判断都是由审计人员作出的,审计判断的正确与否主要取决于审计人员。因此,对审计判断绩效而言,审计人员素质起着关键的作用。

　　一般认为,审计人员的素质主要受四个因素的影响:知识、经验、能力、努力程度。审计判断是一种职业判断,因此,审计人员必须具备一定的专业知识,比如取得注册会计师资格、参加后续教育等。审计工作不仅是所学专业知识的翻版,需要根据审计人员的经验作出判断,而且审计人员还必须具备丰富的经验。经验的获得是一个逐渐积累的过程,只能在不断实践中获得。审计人员还要具备一定的能力,即作出正确判断的能力,它是作出正确判断的基础。审计人员的努力程度是影响审计判断的又一因素。审计人员的努力程度不仅影响审计判断的能力,而且也影响经验和知识的获得。任何一个审计判断都是由审计人员作出的,审计人员是审计判断主体,他们的素质直接影响着审计判断质量,没有审计人员便不可能有审计判断。

　　2.审计判断任务

　　要构成一个判断仅有审计人员是不够的,还必须有特定的判断任务,即客体。审计判断任务就是审计判断的客体。

　　具体来说,审计判断的客体是审计项目。根据审计项目目的和内容的不同,审计人员的判断可以分为财务审计、经济效益审计和财经法纪审计。无论是从判断的内容来看,还是从判断的难易程度来看,差异都比较大。比如,财务审计一般是要对被审计单位的财务报表的公允性作出判断,而经济效益审计则是要对被审计单位生产经营活动的有效性作出判断。仅就财务报表审计而言,存在着许多具体的审计判断,比如重要性水平的判断、控制风险的判断、分析性程序中的判断、审计意见判断等。即使在同一类判断中仍然存在更为具体的判断,比如,对财务报表细节测试结果的判断,是建立在审计人员对被测试的各报表项目的一般审计目标的判断的基础上的,而对一般审计目标的判断又以对各项目的具体审计目标为基础。显然,这些判断都是有差异的。

　　(二)审计判断模式

　　审计判断模式是审计人员进行审计判断的标准式样,是审计人员描述审计判断过程或审计人员进行审计判断可以遵循的基本范式。从不同的角度看,审计判断主要存在两种模式:一种是审计判断的决策过程模式;另一种是审计判断的信息加工模式。

　　1.审计判断的决策过程模式

　　审计判断过程可以看做是一个决策过程。该过程可以归纳为:

　　(1)确定审计判断的问题和目标。确定判断的问题和目标是审计判断的起点。当审计人员进行一项审计判断时,首先需要明确对什么作出判断,判断的目标是什么。从总体上说,审计判断的问题或者是事项或者是行为;从微观上讲,可以是不同的财务报表项目等。就财务审计而言,审计判断的重要目标之一是财务报表的合法性。

　　(2)确定审计判断的标准。在确定了判断目标之后,就必须确定判断标准。最为常见的用于事项判断的标准包括各种财经法规、会计准则、会计制度;用于审计人员行为判断的标准包括审计准则、职业道德准则等。此外,还有一些不太明确的标准,比如,对未来的不确定事项的判断,采用的标准是对未来事项的预测值或估计值;对审计程序运用的判断,则以其期望效用为标准。

　　(3)收集相关资料。收集资料是形成审计判断的基础。对不同形式的审计判断,收集的资料以及其在审计判断中所起的具体作用是不同的。对选择性的判断,需要收集与所判断问题的各种可能结果有关的资料,其目的是搜寻各种可能的方案;对未来事项的判断,需要收集那些有利于对未来事项作出正确估计的资料,包括有关的现实资料和未来可能情况的资料;对过去和已有事实的判断或者说是合规性判断,需要收集的资料则是审计证据。需要特别指出的是,对于选择性审计判断,此阶段结束后直接进入第四步;对于合规性的审计判断和对未来事项的判断,在取得充分、适当的审计证据后,就直接进入第五步。

(4) 发现并评估可能的方案。对选择性判断来说,审计人员在所搜集资料的基础上,发现和寻找各种可能的方案,并对它们进行评估。在评价一个审计方案时,既要考虑获得高质量的审计判断的审计方案,即效果,同时还要考虑方案实施的成本,即效率。两者合理的结合才能实现良好的判断绩效。

(5) 比较标准与证据或方案。此阶段的主要工作是要把确定审计判断标准与所要判断的对象相比较,确定其与标准的相符程度。对于合规性的审计判断和对未来事项的判断,审计师需要评价比较事物的衡量过程,把确定的标准与已经取得的反映判断事项的审计证据相比较,从而对两者的相符程度进行判断。对选择性的判断则需要进行序列衡量,尽管前面已经确定了判断标准,但对选择性的判断来说,它们只是原则性的,具体的标准只有在比较不同方案之后才能获得,审计人员通过比较不同方案的结果,从中选择最佳方案。

(6) 形成审计判断。在进行审计判断标准和审计证据对比,或者各种可能的选择方案的对比,或者不同方案组合对比的基础上,作出肯定或否定形式的判断或选择性判断。对与合规性有关的判断需要作出肯定或否定形式的判断:合规或不合规;对于选择性的判断则要选出最佳方案。

2. 审计判断的信息加工模式

审计判断的信息加工模式以审计人员为中心,该模式的具体内容如下:

(1) 审计判断的任务和环境。任何审计判断都起因于一定的任务环境。环境是指审计人员进行判断时所面临的环境,如时间压力、激励因素等。只有当审计人员面临一定的审计任务时才有作出判断的需要;只有在一定的任务环境下,审计人员才有可能作出判断。

(2) 审计人员的信息加工系统。根据认知心理学的观点,信息加工系统由感受器、效应器、记忆和加工器四个部分组成。感受器接受外部环境的信息,即信息输入;效应器输出经过加工的信息,即信息输出;记忆是以装置储存和提取经过加工而表征在头脑中的各种信息;加工器对所接受或储存的信息进行转换或变换的操作。此信息加工系统可以简单地概括为信息输入、信息加工和信息输出。审计人员头脑中的信息加工系统由信息输入、信息加工和信息输出组成。

(3) 行为和结果。作出判断后,审计人员就要根据判断的结果,采取进一步的行动。审计人员的行动必然会引起一定的后果,这就是结果,结果将会反馈给审计人员和环境,并对它们产生影响。结果反馈对审计人员的影响表现为两个方面:一是修正审计人员对任务环境的认识,在一个连续判断的过程中,能够使判断的总体方向得到调整;二是在审计人员的记忆中增加存储的内容,或者修正原有的存储信息,对任务环境的影响表现为审计人员的判断结果会引起审计环境的改变。需要特别强调的是,在审计判断中,结果的反馈是不完全的,在很多情况下很难看到结果。这也是审计判断有别于其他判断的地方。

第六节　审计的职能和作用

审计的职能是审计自身所具有的内在功能。审计职能不是一成不变的,它是随着客观环境的变化而发展变化的。研究审计职能的目的,是为了更准确地把握审计这一客观事物,以便于确定审计任务,有效地发挥审计的作用和更好地指导审计实践。我国审计界对审计职能的观点主要有两种:一种是"单一职能论";另一种是"多职能论"。持"单一职能论"者认为,无论是国家审计、注册会计师审计,还是内部审计,它们只有一项职能,就是经济监督。持"多职能论"者认为,审计除审计监督这一基本职能外,还具有其他职能如评价、鉴证等职能。本书认为审计具有多种职能。

一、审计的职能

(一)经济监督职能

经济监督是审计的基本职能。审计的经济监督职能,主要是指通过审计,监察和督促被审计单位的经济活动在规定的范围内、在正常的轨道上进行;监察和督促有关经济责任者忠实地履行经济责任,同时借以揭露违法违纪,稽查损失浪费,查明错误弊端,判断管理缺陷和追究经济责任等。审计工作的核心是通过审核检查,查明被审计事项的真相,然后对照一定的标准,作出被审计单位经济活动是否真实、合法、有效的结论,审计从依法检查、依法处理至督促决定的执行,无不体现了审计的监督职能。

无论是传统审计,还是现代审计,其基本职能都是经济监督;不仅国家审计具有监督职能,注册会计师审计和内部审计都具有监督职能。但必须明确,监督不是唯一的职能,监督是审计的基本职能只是说明各项审计都有监督职能,而不意味着其他各项职能实质上都是监督职能。

(二)经济鉴证职能

审计的经济鉴证职能,是指审计机构和审计人员对被审计单位财务报表及其他经济资料进行检查和验证,确定其财务状况和经营成果是否真实、公允、合法、合规,并出具书面证明,以便为审计的授权人或委托人提供确切的信息,并取信于社会公众的一种职能。

以注册会计师审计为例,我们还可以这样来理解,审计属于鉴证业务范畴。根据《中国注册会计师鉴证业务基本准则》的规定,鉴证业务是指注册会计师对鉴证对象信息提出结论,以增强除责任方之外的预期使用者对鉴证对象信息信任程度的一种业务。可以看出,注册会计师审计是一种保证服务,注册会计师审计意见可以提高信息的可靠性或可信度,注册会计师审计的鉴证职能是通过提高财务信息的可信度,降低财务报表使用者的信息风险来体现的。

(三)经济评价职能

审计的经济评价职能,是指审计机构和审计人员对被审计单位的经济资料及经济活动进行审查,并依据一定的标准对所查明的事实进行分析和判断,肯定成绩,指出问题,总结经验,寻求改善管理,提高效率、效益的途径。审计的经济评价职能,包括评定和建议两个方面。例如,审计人员通过审核检查,评定被审计单位的经营决策、计划、方案是否切实可行,是否科学先进,是否贯彻执行;评定被审计单位内部控制制度是否健全和有效;评定被审计单位各项会计资料及其他经济资料是否真实可靠;评定被审计单位各项资源的使用是否合理和有效;等等。然后根据评定的结果,提出改善经营管理的建议。评价的过程,也是肯定成绩、发现问题的过程,其建议往往是根据存在的问题而提出的,以利于被审计单位克服缺点、纠正错误、改进工作。经济效益审计是最能体现审计评价职能的一种审计。

在审计职能的发展过程中,有很多人提出审计还具有服务、管理、咨询等方面的职能。在经济生活日趋复杂、社会日益进步、科技快速发展的今天,我们应该认真研究新情况和新问题,进一步发展审计职能。

二、审计的作用

一般来说,有什么样的审计职能,并完成了与职能相应的任务,才能产生什么样的作用。概括来说,审计发挥的作用可以概括为以下两个方面。

（一）审计的制约作用

审计通过揭露、制止、处罚等手段,制约经济活动中各种消极因素,促进各种经济责任的正确履行和社会经济的健康发展。

1. 揭露背离社会主义方向的经营行为

通过审计的检查监督,能够发现被审计单位贯彻方针政策和法规制度的情况,揭露和制止违反国家法规的行为,有利于社会主义经济健康发展。

2. 揭露经济资料中的错误和舞弊行为

通过审计的检查监督,不仅可以揭露经济资料的错误和舞弊,而且还可以揭发经济业务中的错误和舞弊行为,从而进一步追究有关负责人的责任和考查有关管理人员的政治、业务素质。

3. 揭露经济生活中的各种不正之风

不论是财务审计还是绩效审计,都可以通过对经济活动的审查监督,揭露社会上不正当的经济关系和经济行为,进行必要处理,提出改正意见,刹住不正之风,促进廉政建设。

4. 打击各种经济犯罪活动

通过审计配合政府的纪律检查工作、行政纪律监察工作,法院、检察机关的司法侦查工作,发现和查明贪污盗窃、行贿受贿、偷税漏税、造假账、化预算内为预算外等经济犯罪行为,并进行查证与鉴定,充分发挥审计在打击经济犯罪中的特有作用。

（二）审计的促进作用

审计通过调查、评价、提出建议等手段,促进服务宏观经济调控和微观经济管理,促进国民经济管理水平和绩效的提高。

1. 促进经济管理水平和经济效益的提高

通过审计发现影响被审计单位财务成果和经济效益的各种因素,并针对问题提出切实可行的改善措施,有利于被审计单位改善物质技术条件和人员管理素质,进一步挖掘潜力,提高经济效益。

2. 促进内控制度建设和完善

通过对内部控制制度的审计和评价,可以发现制度本身的完善程度、履行情况及责任归属等问题,并向有关方面反馈信息,以促进内部控制制度的进一步完善和正确执行。

3. 促进社会经济秩序的健康运行

通过审计发现经济生活中违法乱纪和破坏正常经济秩序的现象和行为,提出问题的处理意见和改进措施,促进经济秩序的正常运行和国民经济健康发展。

4. 促进各种经济利益关系的正确处理

审计通过信息反馈和提出一些改进意见,有利于协调各方面的经济利益关系,使责、权、利更加密切地结合,更好地解决微观经济中的有关矛盾,加强宏观调控工作。

（三）审计的服务作用

1. 服务政府治理,突出"四个着力"

要突出"四个着力":一是要着力推进政策落实。严格对标中央、省、市重大决策部署要求,把监督检查各地、各部门贯彻落实中央、省、市工作部署、执行进度、实际效果等情况作为重要任务,及时发现和纠正有令不行、有禁不止的问题。二是要着力推进公共资金高效使用。近年来,随着城市建设力度不断加大,政府投资规模成倍增长,保障好重大基础设施和产业项目的资金安全,迫切需要审计部门认真履行好监督责任。过去对资金的审计主要监督有无违纪违法,有无涉嫌贪污挪用,现在要更多地关注资金的使用效益,审计必须标准更高、要求更严,"财政资金要更好发挥'四两拨千斤'的作用,必须让沉淀资金动起来、转起来",与时俱进地抓好公共资金效益审计,既保障财政资金安全使用,又确保高效利用,坚决防止财政资金"躺着睡大觉"。三是要着力推进民生保障。要加强民生支出领域审计,尤其要把养老保险、城乡低保、精准扶贫、教育等作为审计的重点,确保民生资金安全使用。四是要着力推进资源环境保护。当前,从中央到地方都高度重视保护资源环境,审计机关必须要有高度的政治责任感,严格按照中央和省深改领导小组的要求,把领导干部自然资源资产离任审计工作作为重中之重,大胆开展先行先试。

2. 服务地方经济发展

随着全面深化改革深入推进,全国上下已面临改革攻坚、经济调整、社会转型、矛盾凸显的重要时期,审计要"要充分发挥审计监督对经济决策'谋士'作用、对经济秩序的'卫士'作用和对权力运行的'谏士'作用",以更加竞进有为的姿态投身经济社会建设的主战场。一是要当好参谋。审计是非常重要的参谋,通过审计,可窥一斑而见全豹,能为党委、政府科学决策提供重要的第一手参考依据。审计机关要围绕进一步当好参谋助手,坚持用事实和数据说话,提出更加有针对性和建设性的意见建议,既要有具体化、点对点的审计建议,更要有宏观性、对全局的审计建议,要通过对零散的、碎片化的数据和问题加工整理,加强从个别到一般、从部分到整体的推理分析,深挖细找问题根源,重点揭示政策落实和项目推进中存在的体制机制性障碍和制度瓶颈,以及各领域改革措施不配套、不衔接,从服务全市大局的宏观层面提出更多、更好的意见建议。二是要抓好整改。审计与整改一旦脱节,审计的效用就难以发挥出来,审计不是目的,最终的目的是为了规范权力的运行,审计机关必须要把"审计"和"整改"有机结合起来,通过审计整改堵塞漏洞、建章立制,促进普遍和长远规范管理。三是要抓好查处。对审计发现的涉及违纪违规,甚至违纪违法的问题,不严格依纪依法进行处理,那么审计的作用就会大打折扣。必须要发挥审计的"尖兵""利剑"作用,加大案件线索查办力度,敢于问责碰硬,达到审计一个、震慑一方、规范一片的目的。

3. 为企事业单位提供咨询服务

根据不同实体的具体要求,审计可以提供各方面的咨询服务:

(1) 审计应为领导决策、宏观管理服务。

(2) 审计应为被审计单位加强管理、提高经济效益服务。

(3) 从广义上说,审计监督本身就是一种服务。

(4) 利用工作优势和专业优势,对需求方提供相关咨询服务。

第七节　审计的分类

按照一定的标准,将性质相同或相近的审计活动归属于一种审计类型的做法,即为审计分类。根据国际审计分类惯例,结合我国经济类型和审计监督的特点,本书从基本分类和其他分类两种方法对审计进行分类。

一、审计的基本分类

反映审计本质的分类为基本分类,包括按审计主体和审计内容、目的分类。

(一)按照审计主体的分类

1. 国家审计

国家审计是指国家组织和实施的审计,确切地讲,是国家专设的审计机关所进行的审计。我国国务院审计署及派出机构和地方各级人民政府审计厅(局)所组织和实施的审计,均属于国家审计。我国国家审计机关代表政府实行审计监督,依法独立行使审计监督权。

2. 内部审计

内部审计是指由国家政府机关、企事业单位内部专职的审计组织,对国家政府机关、企事业单位所实施的审计。内部审计组织独立于财务部门之外,主要目的是查错防弊,改善经营,以提高管理素质和提高工作效率及经济效益。审计范围广泛,审计方式灵活,一般是根据各单位具体需要而定。

3. 注册会计师审计

注册会计师审计是指由会计师事务所接受委托实施的审计。具体包括:审查企业财务报表出具审计报告;验证企业资本出具验资报告;办理企业合并、分立、清算事宜中的审计业务出具有关报告;办理法律、行政法规规定的其他审计业务,出具相应的审计报告。

(二)按照审计客体的分类

1. 财政财务审计

财政财务审计是指对审计单位财政财务收支活动和会计资料是否真实、正确、合法和有效所进行的审计。审计的主要内容是财政财务收支活动,目的是审查财政财务收支活动是否遵守相关法律、法规,会计准则和会计制度,借以纠正错误,防止舞弊,并根据审计结果,提出改进财政财务管理、提高经济效益的建议和措施。财政财务审计不仅要审核检查被审计单位的会计资料,而且要审核检查被审计单位的各项资金及其运动。

2. 财经法纪审计

财经法纪审计是指对国家政府机关和企事业单位严重违反财经法纪行为所进行的专案审计。财经法纪审计的重点是审查和揭露各种舞弊、侵占社会主义资财的事项,审查和揭露对国家和集体造成重大损失浪费的各种失职渎职行为。其主要目的是检查国家方针、政策、法令、制度、执行法规和财经纪律的执行情况,揭露违法乱纪现象。其任务是审查被审计单位贯彻执行财经法纪情况及存在问题,彻底查明各种违法乱纪案件,并根据审计结果,提出处理建议和改进财政、财务管理的意见。

3. 经济效益审计

经济效益审计是指以审查评价实现经济效益的程度和途径为内容,以促进经济效益提高为目的所实施的审计。主要对象是生产经营活动和财政经济活动能取得的经济效果或效率。它通过对企业生产经营成果、基本建设效果和行政事业单位资金使用效果的审查,评价经济效益的高低、经营情况的好坏,并进一步发掘提高经济效益的潜力和途径。我国的经济效益审计,类同于国外 3E 审计和 5E 审计。

二、审计的其他分类

(一)按实施审计的时间分类

(1)事前审计。它是指对单位的计划、方案、预算制定进行审查。

（2）事中审计。它是指在计划、预算或投资项目执行过程中对其所发生的经济活动进行的审计。

（3）事后审计。它是指经济业务发生以后进行的审计。

（二）按照审计是否有确定的时间分类

（1）定期审计。它是指每到一定时间都要进行的审计。例如年度审计、半年度审计。

（2）不定期审计。它是指不确定审计时间，而临时进行的审计。例如，根据司法机关的委托，对某项案件进行专案审查等。

（三）按照执行审计的地点分类

（1）报送审计或称送达审计。它是指被审计单位按照审计机关的要求，将需要审查的各项预算、计划、会计决算报表和其他有关资料等，按照规定的日期（月、季、年）送达审计机构进行审计。

（2）就地审计。它是指由审计机构派出审计小组或审计人员到被审计单位进行的现场审计。

（四）按照审计的范围分类

（1）全部审计。它是指对被审计单位一定时期内的全部会计资料或全部经济活动所进行的审计。

（2）局部审计。它是指对被审计单位一定时期内的部分会计资料或部分经济活动所进行的审计。例如，对企业进行的现金审计、银行存款审计等。

（3）专项审计。它是指根据特定需要或目的进行的审计。例如，世界银行贷款审计、支农扶贫专项资金审计。

（五）按照审计工作是否受法律的约束分类

（1）法定审计。它是指根据国家法律的规定，不论被审计单位是否愿意，都必须进行的审计。例如，上市公司年报审计。

（2）非法定审计。它是指法律未予明确规定必须实施的审计。例如，企业为取得银行贷款、委托注册会计师对其财务报表进行的审计。

（六）按照是否通知被审计单位分类

（1）通知审计也称预告审计。它是指审计机构在审计工作开始前，预先通知被审计单位的一种审计形式。

（2）不通知审计也称突击审计。它是指审计机构事先不通知被审计单位，而是出其不易地以突击形式的审计。其目的是防止被审计单位或人员事先对其违法行为进行掩盖和弥补。

（七）按照审计证据的检查范围或数量分类

（1）详细审计。它是指对被审计单位审计年度内的全部会计资料包括凭证、账簿、报表等逐一进行审查。它的优点是审查全面、彻底，可收到较好的审计效果；缺点是费时费力，工作量较大。

（2）抽样审计。它是指被审计单位审计年度内的会计资料，按照一定的方法抽取一部分作为样本，通过样本检查结果来推断被审计单位会计资料的合法性和公允性。抽样审计的优点在于其审计效率较高；缺点是抽样审计的审计结论与被审单位的实际情况会存在一些差异。

主 要 术 语

1. 审计环境　　　　　　　　　2. 经济环境
3. 政治环境　　　　　　　　　4. 法律环境
5. 科技环境　　　　　　　　　6. 社会文化环境
7. 理论动因　　　　　　　　　8. 受托责任论
9. 代理理论　　　　　　　　　10. 信息论
11. 保险论　　　　　　　　　　12. 多因素决定论
13. 审计的概念　　　　　　　　14. 审计本质
15. 审计假设　　　　　　　　　16. 审计判断
17. 经济监督　　　　　　　　　18. 经济鉴证
19. 经济评价　　　　　　　　　20. 政府审计
21. 内部审计　　　　　　　　　22. 注册会计师审计

复 习 思 考 题

1. 简述我国审计和西方审计的产生和发展。
2. 环境对审计的影响体现在哪些方面？
3. 为什么需要审计？你如何理解审计发展的理论动因？
4. 关于审计假设有哪几种观点？这些假设对当今审计实务的适应性如何？
5. 审计有哪几种分类标准？在不同的标准下，审计的类别各是什么？

练 习 题

一、单项选择题

1. 我国审计初步形成于（　　　）。

A. 西周时代　　　　B. 夏朝　　　　C. 宋代　　　　D. 唐朝

2. （　　　），全国上下形成了统一完整的审计模式。

A. 明朝　　　　B. 秦汉时期　　　　C. 宋代　　　　D. 唐朝

3. 国际内部审计师协会（IIA）成立于（　　　）年。

A. 1941　　　　B. 1940　　　　C. 1942　　　　D. 1943

4. 下列各项中，（　　　）不属于托马斯·李提出的审计假设。

A. 审计必要性假设　　　　　　　　B. 审计行为假设
C. 审计职能假设　　　　　　　　　D. 审计目标假设

5. 审计的职能不包括（　　　）。

A. 经济监督职能　　　　　　　　　B. 经济鉴证职能
C. 经济评价职能　　　　　　　　　D. 经济仲裁职能

二、多项选择题

1. 审计环境主要包括（　　　）。

A. 经济环境　　　　B. 政治环境　　　　C. 法律环境
D. 科技环境　　　　E. 社会环境

2. 审计动因的主要理论有（　　　）。

A. 受托责任论　　　　B. 代理理论　　　　C. 信息论

D. 保险论　　　　　　E. 多因素决定论

3. 对审计本质的不同认识,主要有(　　)。

A. 查账论　　　　　　B. 方法过程论　　　C. 经济监督论

D. 经济控制论　　　　E. 经济检查论

4. 按实施审计的时间分类,审计可分为(　　)。

A. 事前审计　　　　　B. 事中审计　　　　C. 事后审计

D. 定期审计　　　　　E. 不定期审计

5. 审计基本分类的标准是(　　)。

A. 审计主体　　　　　B. 审计内容和目的　C. 审计时间

D. 审计地点　　　　　E. 审计范围

三、判断题

1. 审计就是查账。　　　　　　　　　　　　　　　　　　　　　　(　　)

2. 全面审计不等于详查。　　　　　　　　　　　　　　　　　　　(　　)

3. 不定期审计是指审计机构事先不通知被审计单位,而是出其不意的以突击形式的审计。　　　　　　　　　　　　　　　　　　　　　　　　　　　　(　　)

4. 我国第一家会计师事务所是谢霖先生创办的"正则会计师事务所"。　(　　)

5. 审计环境,是指与审计有关的内部因素的综合。　　　　　　　　　(　　)

四、参考答案

【单项选择题】　1. A　2. B　3. A　4. D　5. D

【多项选择题】　1. ABCDE　2. ABCDE　3. ABCD　4. ABC　5. AB

【判断题】　1. ×　2. √　3. ×　4. √　5. ×

本章要点概览

1. 我国国家审计的发展经历了古代审计、近代审计和现代审计三个阶段。

2. 注册会计师审计的发展经历了英式详细审计、美式资产负债表审计后,发展到财务报表审计。

3. 审计环境主要包括经济环境、政治环境、法律环境、科技环境和社会环境等。

4. 审计动因的主要理论包括受托责任论、代理理论、信息论、保险论以及多因素决定论。

5. 审计是独立的审计人员通过收集和评价证据,对特定经济实体的各种会计资料和其他资料及所反映的财务收支和其他有关经营管理活动进行审查并对其与既定标准符合程度提出结论,从而提高信息可信性的经济监督、鉴证和评价业务。

第二章 审计目标和对象

学习目的与要求

本章旨在阐述审计目标和对象,内容主要包括审计总目标和具体目标、审计对象。通过本章的学习,要求理解审计目的与审计目标之间的关系;掌握政府审计、内部审计和注册会计师审计的总目标;理解审计总体总目标与具体目标之间的关系;理解认定的含义;掌握注册会计师审计具体目标与认定、审计程序之间的关系;了解特殊目的审计业务的类型及其审计目标;明确审计对象的概念和具体内容。

课前预习题

1. 不同主体审计总体目标有何差异?
2. 审计总目标和具体目标之间是什么关系?
3. 什么是认定? 认定有哪些分类?
4. 审计目标、认定和审计程序之间是什么关系?
5. 什么是审计对象? 具体内容包括什么?

第一节 审 计 目 标

一、审计目的

审计目的就是我们要利用审计去做什么,是指在一定的社会环境下,人们期望通过审计实践活动所要达到的境地或最终结果。在一定的历史条件下,人们通过审计实践活动,打算或期望审计所要达到的境地或最终结果,是审计的出发点或归宿,它包括最终审计目的和直接审计目的两个层次。

审计目的,是指审计所要达到的目标和要求。审计目的和审计目标有所区别,审计目的是大概念,审计目标是小概念,审计目标是针对具体审计事项进行审计而应达到的要求,包括了审计人员的专业判断。例如,国家审计的目的就是通过审计财政、财务收支真实、合法和效益,最终达到维护国家财政经济秩序稳定、促进廉政建设、保障国民经济健康发展的目的。

（一）审计的最终目的

审计是所有权和经营权相互分离的产物，无论是法定审计还是受托审计，都是代表资产的所有者对资产的经营者进行经济监督，评价经营管理业绩，是否守法经营，是否产生经济效益和社会效益。通过审计降低信息风险，不仅可以使某一具体的委托受托关系得以正常维系，而且还可以使不同的委托受托关系之间按既定规则有序运行。因此，撇开具体的审计信息使用者，从社会经济权责结构的整体考察，人们希望通过审计来维护整个社会经济秩序的稳定。这一点已从政府作为社会管理者的身份中体现了出来，并且审计已通过自身的努力得到了社会的认可，获得了"经济警察"的美誉。因此，我们把从社会经济权责结构的整体考察而形成的人们对审计需求的动机称为审计的终极目的。

（二）审计的直接目的

审计的直接目的体现的是不同审计信息使用者直接的需求动机。

1. 所有者的审计需求

自审计产生以来，在相当长的发展时期内，对审计的需求源于财产所有者。政府审计和民间审计的产生都是基于财产所有权与经营权的分离而产生的。在社会经济发展过程中，对于财产所有者而言，随着自身拥有财产的扩大，当其拥有的财产扩大到不能亲自经营管理时，就以委托代理的方式将其拥有的财产委托给别人经营，于是就形成了委托受托的代理关系。作为财产所有者，拥有资产剩余索取权，无需参与资产的经营管理，而仅仅是通过签订委托契约方式将经营资产的责任完全委托给有才干的人，即经理人来经营。经理人是资产的经营者，他们受托运用所有者的资产进行生产经营活动，拥有经营决策权，并依据委托受托契约条款取得相应的报酬。对于经理人而言，资产经营权的取得是以承担相应的资产经管责任为代价的，这一资产经管责任亦即通常所说的受托责任。委托受托关系的正常维系，取决于受托方受托责任的履行情况。

因此，在委托受托关系中，为了考察受托责任的履行情况，无论是委托方，还是受托方，都需要通过一定的方式反映受托责任的履行情况，而这种反映的一个最有效途径就是会计。为使会计能够真实地记录受托责任的履行情况，代理双方通常需要就受托责任的会计计量作出事先规定，用于约束资产受托人的会计行为。在委托受托关系中，由于存在利益的非均衡性和信息非对称性以及记录和反映受托责任履行情况的会计受聘于经理人等原因，使经理人有着自然的控制权，他可以通过对会计信息系统进行控制与操纵，使会计信息脱离真实的经营成果而偏向其自身利益。这就意味着经理人在向委托人提供反映受托责任履行情况的信息时，在会计核算过程中可能存在着违反委托人与经理人事先约定的会计计量规则的行为。而委托人在利用经理人提供的会计信息评价经理人受托责任的履行情况时，就要通过一定的方式来降低，甚至消除会计信息中所存在的风险，以便正确评价经理人受托责任的履行情况。

由于会计信息质和量的变化，以及资产所有者个人受制于时间、精力、地域、能力等多方面的原因，拥有剩余索取权的所有者在不能亲自揭示经理人违背事先约定的会计计量规则的行为时，转而寻求独立的人员（审计人员）代其行事。因此，审计人员接受资产所有者的授权或委托，对经理人提供的会计信息进行审计，是为了维护所有者的利益，考核会计核算的所有方面是否遵循所有者与经理人之间既定的会计计量规则契约。所有不符合该契约的行为都属于错误或弊端，是审计人员应予以揭示的对象，亦即揭露会计信息中的错误和弊端，降低或消除信息风险，以便于资产所有者利用经审定后的会计信息正确评价经理人受托责任的履行情况。

2. 经营管理者的审计需求

经营管理者作为委托受托关系中的受托方多数充当的是被审计的对象。在相当长的时期内,虽然经营管理者在审计关系中处于被动地位,然而,在确定受托责任的履行过程中,为了明确自身的清白,取信于委托方,经营管理者亦存在主动需求审计的愿望,这时其对审计的需求是希望通过审计确信反映受托责任履行情况的会计信息遵守了与委托方之间既定的会计计量规范,不存在错误和弊端,即不含有信息风险。

随着资本市场的发展,为了满足企业扩大经营规模的需要,从证券市场上直接融资成为企业的重要方式。在这一时期,企业的股权结构表现为所有者的人数激增,股权变得高度分散,单一所有者已无能力对企业的经营管理实施监控,所有者只是通过委托契约关系对企业的财产保持最终的控制权,他们最为关心的是其股票的买卖,因此而成为纯粹的投资者。这样,所有者逐渐失去了形式上乃至实质上对企业经济活动的控制权,经营过程中的实际控制权逐渐落入企业经理人手中。在经理人掌握企业经营管理的控制权以后,经理人所关心的就是如何将社会上闲散的资金更多地吸引到自己所经管的企业中。为了吸引投资者进行投资,经理人必须表明自身具备优异的经营能力和较高的投资回报率,对此,需要向投资者公布企业的会计信息,以便于投资者作出投资决策。为了消除理性投资者的信息风险,降低吸收资金的成本,经理人也就产生了对审计的需求。对于经理人而言,要求审计验证其提供的会计信息,是为了减少与投资者之间的信息不对称,亦即减少信息风险。

3. 债权人的审计需求

在企业的经营过程中,生产经营所需要的资金最初主要是由资产所有者提供的。随着企业规模的扩大,生产经营所需资金逐渐增多,由于资产所有者所拥有资产的局限性,决定了资产所有者不可能无限度地向企业提供资金。为满足企业经营的需要,向银行借贷成为企业主要的资金来源渠道。银行将资金让渡给企业使用,为确保贷款的安全性,需要企业提供反映其偿债能力的会计信息,根据企业的偿债能力进行相应的贷款决策,确定是否发放贷款、贷款的规模、期限与利率等。而企业为了以优惠的条件取得贷款,在向银行提供这些信息时,存在有意粉饰会计信息的动机。银行为了确保贷款决策的准确性,需要通过审计揭露企业会计信息中存在的错误和弊端,以降低或消除信息风险。债权人对审计的需求与资产所有者相比,最大的区别在于债权人不需要就所有的会计核算信息作为审计对象,而只需要检查与偿债能力有关的会计信息,主要表现在资产负债表的少数关键账户及其所反映的资产流动性是否可靠。但其需求动机却是相同的,都是需要通过审计来降低或消除相关信息的信息风险。

4. 投资者的审计需求

证券市场的发展,不仅使社会公众成为投资者的愿望成为现实,而且也使原来拥有企业控制权的所有者逐渐演变成为投资者。对于投资者而言,所关心的是投资的盈利性,而投资的盈利性取决于其投资决策的准确性。投资者无论是购入、持有还是卖出一家企业的股票,均需要根据该企业相关的信息作出相应的投资决策。由于投资者进行决策所依据的信息是由企业提供的,而投资者本身无法实施对信息的验证,为减少信息风险,提高决策的准确性,就需依靠审计对信息进行验证。因此,投资者对审计的需求也是为了减少信息风险。

5. 政府的审计需求

政府对审计的需求表现为两个方面,其一,政府以所有者的身份对审计的需求,该方面的分析见上述所有者的审计需求分析;其二,政府作为社会管理者的身份对审计的需求。经济的繁荣是国家财富最有效和最丰富的来源,而经济繁荣的前提是保持一个良好的经济秩序。为保持经济秩序的有序运行,政府依据其强制力量介入市场经济,通过法律形式强制规定发行有价证券的企业必须向政府的有关部门进行证券发行登记,并报送经注册会计师验证的财务报表。这种强制性财务报表审计,客观上使注册会计师已不再是对企业的某个具体投资者负责,而是面向了全社会。对于政府而言,无论是作为所有者,还是作为社会管理者,其对审计需求的动机均是为了降低信息风险,所不同的是:作为所有者是为了维护自身的利益,而作为社会管理者则是为了整个社会经济秩序的稳定。

可以看出,不同的审计信息使用者对审计需求的动机均是降低信息风险。由于降低信息风险满足的是不同审计信息使用者的直接需求,因此,将其定义为审计的直接目的。通过评价经济责任和证实财务信息可靠性和可信性,从而降低信息风险。审计前信息风险高,可靠性和可信性低;审计后可靠性和可信性高,信息风险低。

二、审计目标概述

(一)审计目标的定义

审计目标是用于指导审计主体实现审计直接目的的工作要求,是对审计事项与设立标准或一定要求的相符程度进行的确定。因此,审计目标的研究领域应局限在审计主体的范围内,它回答的是"审计应干什么"的问题。

(二)审计目的与审计目标的关系

审计目的和审计目标是两个不同的概念,两者各自涉及的领域不同。审计目的涉及的是审计信息使用者的需求问题,而审计目标回答的是审计主体(审计信息供给者)为满足审计信息使用者的要求应该做什么的问题。审计目的与审计目标两者是既有联系又有区别的。

1. 审计目的与审计目标的联系

(1)审计目标是审计目的的具体实现形式,审计目的的达到是通过审计目标的实现来完成的。

(2)审计目标的确定受审计目的和审计职能的双重制约,它的确定既不能脱离审计目的的要求,同时也不能超越审计自身的能力。

2. 审计目的与审计目标的区别

(1)审计目的体现的是审计信息使用者的需求,而审计目标则是审计主体为实现审计目的所设定的需要通过具体项目的审查来论证的命题。由于审计目的是人们期望审计所要达到的境地或结果,反映的是不同审计信息使用者的共同要求,因此,审计目的具有综合性、抽象性和动机性的特征。审计目标则是审计主体为了满足审计信息使用者的需求,根据自身的能力,被动地适应社会需求的结果。为便于指导审计实践,审计目标的设定必须是具体的,不能过于抽象,因此,审计目标仅具有具体性和实践性两方面的特征,其动机从属于审计目的,不另具动机性特征。

(2)审计目的是长期的,而审计目标是阶段性的。审计发展到今天,审计目的始终未发生变化,而审计目标却经历了一个不断变化的过程。如审计目标从最初的检查资源经营管理者的诚实性,发展到今天的验证财务报表的公允性(在我国则表现为财务报表的合法性、公允性和会计处理方法的一贯性)。

（3）对于不同类型的审计而言，审计目的是同一的，审计目标则是变化的。因为审计目的回答的是"人们利用审计来干什么"，亦即审计所能满足的社会需求是什么，而审计所能满足的社会需求是不同的审计信息使用者所共同企求的，是唯一的。审计目标则不然，审计主体针对不同种类的审计，为了能更好地实现审计目的，需要设定不同的审计目标，如财务报表审计的目标是合法性和公允性，而管理审计、经营审计或我国所进行的经济效益审计，其审计目标则是经济性、效率性和效果性。

（4）审计目的具有不可分性，审计目标则具有可分性。审计目的所体现的特征决定了审计目的是不可分的，而审计目标所具有的特征决定了审计目标必须是可分解的，因为审计所处理的直接对象是财务信息，财务信息是由不同项目构成的综合信息，而构成财务信息的各项目具有不同的特征。所以，为了便于审计，必须在不违背审计目的的总体要求的前提下，根据不同项目的不同特征，为构成财务信息的各部分分别设定具体的审计目标，如财务报表审计的目标就分为总目标和具体目标两个层次。

三、审计总目标

审计总目标是在基于一定审计环境所确立的、用以引导审计行为发生的、对审计行为结果的一种期望。不同审计主体的审计总目标各不相同。

（一）国家审计总目标

《审计法》第 2 条规定："国务院各部门和地方各级人民政府及其各部门的财政收支，国有的金融机构和企业事业组织的财务收支，以及其他依照本法规定应当接受审计的财政收支、财务收支，依照本法规定接受审计监督。审计机关对前款所列财政收支或者财务收支的真实、合法和效益，依法进行审计监督。""真实"是指财政收支、财务收支及其有关的经济活动是否发生、是否真实存在，在会计资料及其他有关资料中的反映，是否符合客观实际，有无任意增加、减少、隐瞒等虚假行为。"合法"是指财政收支、财务收支及其有关的经济活动是否遵循法律、法规和有关规章制度的规定，如各级预算内财政资金的支出必须符合本级人民代表大会批准的预算，企业成本、费用的计算、归集和分配必须符合国家有关会计准则、财务通则等有关方面的规定。"效益"是指财政收支、财务收支及其有关的经济活动产生的经济效益和社会效益。

（二）内部审计总目标

《审计署关于内部审计工作的规定》（2003 年）第 2 条规定："内部审计是独立监督和评价本单位及所属单位财政收支、财务收支、经济活动的真实、合法和效益的行为，以促进加强经济管理和实现经济目标。"由此可见，它和我国国家审计的总目标是基本一致的。

（三）注册会计师审计总目标

《中国注册会计师审计准则第 1101 号——注册会计师的总体目标和审计工作的基本要求》第 25 条规定："在执行财务报表审计工作时，注册会计师的总体目标是：（一）对财务报表整体是否不存在由于舞弊或错误导致的重大错报获取合理保证，使得注册会计师能够对财务报表是否在所有重大方面按照适用的财务报告编制基础编制发表审计意见；（二）按照审计准则的规定，根据审计结果对财务报表出具审计报告，并与管理层和治理层沟通。"具体来说，注册会计师应当评价财务报表的合法性和公允性。

1. 评价财务报表的合法性

在评价财务报表是否按照适用的财务报告编制基础编制时，注册会计师应当考虑：

① 评价选择和运用的会计政策是否符合适用的会计准则和相关会计制度,并适合于被审计单位的具体情况。② 评价管理层作出的会计估计是否合理。③ 评价财务报表反映的信息是否具有相关性、可靠性、可比性和可理解性。④ 评价财务报表是否作出充分披露,使财务报表使用者能够理解重大交易和事项对被审计单位财务状况、经营成果和现金流量的影响。

2. 评价财务报表的公允性

在评价财务报表是否公允反映时,注册会计师应当考虑:① 评价经管理层调整后的财务报表是否与注册会计师对被审计单位及其环境的了解一致。② 评价财务报表的列报、结构和内容是否合理。③ 评价财务报表是否真实地反映了交易和事项的经济实质。

四、审计的具体目标

审计具体目标是审计总体目标的具体化,具体目标的确定,有助于审计人员按照审计准则的要求收集充分、适当的审计证据,发表恰当的审计意见。根据具体化的不同程度,审计具体目标又分为一般审计目标和项目审计目标两个层次。本书以注册会计师审计为例,介绍审计的具体目标。

(一)一般审计目标

一般审计目标的分类很多,从风险导向审计程序来看,审计具体目标可以从风险评估、控制测试和实质性程序三方面来分析:风险评估的目标是通过了解被审计单位及其环境,识别、评估重大错报风险,将审计风险降低到可接受的低水平;控制测试的目标是通过实施控制测试,确定内部控制的有效性;实质性程序的目标是通过实施实质性程序,发现认定层次的重大错报。

本书参考国际惯例,根据被审计单位管理当局的认定和审计总目标来确定一般审计目标。

1. 认定

认定是指管理层在财务报表中作出的明确或隐含的表达,注册会计师将其用于考虑可能发生的不同类型的潜在错报。例如,管理层在资产负债表中列报存货及其金额,意味着管理层作出了明确的认定:① 记录的存货是存在的。② 存货以恰当的金额包括在财务报表中,与之相关的计价或分摊调整已恰当记录。同时,管理层也作出了隐含的认定:① 所有应记录的存货均已记录。② 记录的存货都由被审计单位拥有。认定与审计目标密切相关,注册会计师的基本职责就是确定被审计单位对其财务报表的认定是否恰当;注册会计师了解了认定,就很容易确定每个项目的具体审计目标。注册会计师通过考虑可能发生的不同类型的潜在错报,评估重大错报风险,并结合具体认定设计审计程序予以应对。

具体来说,管理层认定包括以下几个方面。

1) 与所审计期间各类交易和事项相关的认定

注册会计师对所审计期间的各类交易和事项运用的认定通常分为下列类别。

(1) 发生:记录的交易和事项已发生且与被审计单位有关。

(2) 完整性:所有应当记录的交易和事项均已记录。

(3) 准确性:与交易和事项有关的金额及其他数据已恰当记录。

(4) 截止:交易和事项已记录于正确的会计期间。

(5) 分类:交易和事项已记录于恰当的账户。

2）与期末账户余额相关的认定

注册会计师对与期末账户余额的认定通常分为下列类别。

（1）存在：记录的资产、负债和所有者权益是存在的。

（2）权利和义务：记录的资产由被审计单位拥有或控制，记录的负债是被审计单位应当履行的偿还义务。

（3）完整性：所有应当记录的资产、负债和所有者权益均已记录。

（4）计价和分摊：资产、负债和所有者权益以恰当的金额包括在财务报表中，与之相关的计价或分摊调整已恰当记录。

3）与列报和披露相关的认定

各类交易和账户余额的认定正确只是为列报正确打下必要的基础，财务报表还可能因被审计单位误解有关列报的规定或舞弊等产生错报。另外，还可能因被审计单位没有遵守一些专门的披露要求而导致财务报表错报。因此，即使注册会计师审计了各类交易和账户余额的认定，实现了各类交易和账户余额的具体审计目标，也不意味着获取了足以对财务报表发表审计意见的充分、适当的审计证据。因此，注册会计师还应当对各类交易、账户余额及相关事项在财务报表中列报的正确性实施审计。基于此，注册会计师对列报和披露运用的认定通常分为下列类别。

（1）发生以及权利和义务：披露的交易、事项和其他情况已发生，且与被审计单位有关。

（2）完整性：所有应当包括在财务报表中的披露均已包括。

（3）分类和可理解性：财务信息已被恰当地列报和描述，且披露内容表述清楚。

（4）准确性和计价：财务信息和其他信息已公允披露，且金额恰当。

2．确定一般审计目标

注册会计师了解了认定，就很容易确定一般审计目标，并以此作为评估重大错报风险以及设计和实施进一步审计程序的基础。

1）与所审计期间各类交易和事项相关的审计目标

（1）发生：由发生认定推导的审计目标是确认已记录的交易是真实的。例如，如果没有发生销售交易，但在销售日记账中记录了一笔交易，则违反了该目标。发生认定所要解决的是管理层是否把那些不曾发生的项目列入财务报表，主要与财务报表组成要素的高估有关。

（2）完整性：由完整性认定推导的审计目标是确认已发生的交易确实已经记录。例如，如果发生了销售交易，但没有在销售明细账和总账中记录，则违反了该目标。发生和完整性两者强调的是相反的关注点。发生目标针对潜在的高估，而完整性目标则针对漏记交易（低估）。

（3）准确性：由准确性认定推导的审计目标是确认已记录的交易是按正确金额反映的。例如，如果在销售交易中，发出商品的数量与账单上的数量不符，或是开账单时使用了错误的销售价格，或是账单中的乘积或加总有误，或是在销售明细账中记录了错误的金额，则违反了该目标。

（4）截止：由截止认定推导出的审计目标是确认接近于资产负债表日的交易记录与恰当的期间。例如，如果本期交易推到下期，或下期交易提到本期，均违反了该目标。

（5）分类：由分类认定推导出的审计目标是确认被审计单位记录的交易经过适当分

类。例如,如果将现销记录为赊销,将出售经营性固定资产所得收入记录为营业收入,则导致交易分类的错误,违反了分类目标。

与各类交易和事项相关的认定与具体审计目标如表2-1所示。

表2-1 与各类交易和事项相关的认定与具体审计目标

认定分类	各类认定的含义	具体审计目标 (需要注册会计师确认)
(1) 发生	记录的交易或事项已发生,且与被审计单位有关	已记录的交易是真实的
(2) 完整性	所有应当记录的交易和事项均已记录	已发生的交易确实已经记录
(3) 准确性	与交易和事项有关的金额及其他数据已恰当记录	已记录的交易是按正确金额反映的
(4) 截止	交易和事项已记录于正确的会计期间	接近于资产负债表日的交易记录于恰当的期间
(5) 分类	交易和事项已记录于恰当的账户	被审计单位记录的交易经过适当分类

2) 与期末账户余额相关的审计目标

(1) 存在:由存在认定推导的审计目标是记录的金额确实存在。例如,如果不存在某顾客的应收账款,在应收账款明细账中却列入了对该顾客的应收账款,则违反了该目标。

(2) 权利和义务:由权利和义务认定推导的审计目标是确认资产归属于被审计单位,负债属于被审计单位的义务。例如,将他人寄售商品列入被审计单位的存货中,违反了权利目标;将不属于被审计单位的债务记入账内,违反了义务目标。

(3) 完整性:由完整性认定推导的审计目标是确认已存在的金额均已记录。例如,如果存在某顾客的应收账款,但在应收账款明细账中却没有列入对该顾客的应收账款,则违反了该目标。

(4) 计价和分摊:资产、负债和所有者权益以恰当的金额包括在财务报表中,与之相关的计价或分摊调整已恰当记录。

与期末账户余额相关的认定与具体审计目标如表2-2所示。

表2-2 与期末账户余额相关的认定与具体审计目标

认定分类	各类认定的含义	具体审计目标 (需要注册会计师确认)
(1) 存在	记录的资产、负债和所有者权益是存在的	记录的金额确实存在
(2) 权利和义务	记录的资产由被审计单位拥有或控制,记录的负债是被审计单位应当履行的偿还义务	资产归属于被审计单位,负债属于被审计单位的义务
(3) 完整性	所有应当记录的资产、负债和所有者权益均已记录	已存在的金额均已记录
(4) 计价和分摊	资产、负债和所有者权益以恰当的金额包括在财务报表中,与之相关的计价或分摊调整已恰当记录	资产、负债和所有者权益以恰当的金额包括在财务报表中,与之相关的计价或分摊调整已恰当记录

3）与列报和披露相关的审计目标

（1）发生以及权利和义务：将没有发生的交易、事项，或与被审计单位无关的交易和事项包括在财务报表中，则违反该目标。

（2）完整性：如果应当披露的事项没有包括在财务报表中，则违反了该目标。

（3）分类和可理解性：例如，检查存货的主要类别是否已经披露，是否将 1 年内到期的长期负债列为流动负债，即是对列报的分类和可理解性认定的运用。

（4）准确性和计价：例如，检查财务报表附注是否分别对原材料、在产品和产成品等存货成本核算方法作了恰当说明，即是对列报的准确性和计价认定的运用。

（二）项目审计目标

一般审计目标是进行所有项目审计均必须达到的目标，适用于所有项目的审计；项目审计目标则是按每个项目分别确定的目标，只适用于某一特定项目的审计。在一般情况下，一个一般审计目标至少有一个项目审计目标与之相对应。项目审计目标是具体交易事项或具体账户余额的审计目标，其内容视项目大小而定，而且有一定的层次性。

如果把货币资金作为被审计项目，那么不仅要确定货币资金审计目标，还要分别确定库存现金项目审计目标、银行存款项目审计目标和其他货币资金项目审计目标。具体来说，库存现金项目审计目标有以下几个方面：① 资产负债表中记录的库存现金是存在的。② 应当记录的库存现金均已记录。③ 记录的库存现金由被审计单位拥有或控制。④ 库存现金以恰当的金额包括在财务报表中，与之相关的计价调整已恰当记录。⑤ 库存现金已按照企业会计准则的规定在财务报表中作出恰当列报。

（三）具体审计目标与认定、程序之间的关系

通过上文的介绍可知，认定是确定具体审计目标的基础。注册会计师通常将认定转化为能够通过审计程序予以实现的审计目标。针对财务报表每一项目所表现出的各项认定，注册会计师相应地确定一项或多项审计目标，然后通过执行一系列审计程序获取充分、适当的审计证据以实现审计目标。认定、审计目标和审计程序之间的关系举例如表 2-3 所示。

表 2-3　认定、审计目标和审计程序之间的关系举例

认　定	审　计　目　标	审　计　程　序
（1）存在	资产负债表列示的存货存在	实施存货监盘程序
（2）完整性	销售收入包括了所有已发货的交易	检查发货单和销售发票的编号以及销售明细账
（3）准确性	应收账款反映的销售业务是否基于正确的价格和数量，计算是否准确	比较价格清单与发票上的价格、发货单与销售订购单上的数量是否一致，重新计算发票上的金额
（4）截止	销售业务记录在恰当的期间	比较上一年度最后几天和下一年度最初几天的发货单日期与记账日期
（5）权利和义务	资产负债表中的固定资产确实为公司拥有	查阅所有权证书、购货合同、结算单和保险单
（6）计价和分摊	以净值记录应收款项	检查应收账款账龄分析表、评估计提的坏账准备是否充足

五、特殊目的审计业务

审计人员除了对被审计单位计报表进行一般目的的审计外,还可以接受特殊目的审计业务的委托。主要有:

(1) 特殊目的财务报表审计,是指按照特殊目的的编制基础编制的财务报表。特殊目的编制基础,是指用以满足财务报表特定使用者对财务信息需求的财务报告特殊目的的编制基础,例如:① 纳税申报表后附的财务报表所采用的计税核算基础。② 被审计单位为债权人编制的反映现金流信息的现金收入和支出核算基础。③ 监管机构为满足监管要求作出的财务报告规定。④ 在合同(如债券契约、贷款协议或项目拨款)中作出的财务报告规定。在运用审计准则执行特殊目的财务报表审计时,注册会计师应当恰当处理与下列方面相关的特殊考虑:① 业务的承接。② 业务的计划和执行。③ 对财务报表形成审计意见并出具报告。对出具审计报告时,注册会计师应当恰当评价财务报表是否恰当提及或说明适用的财务报告编制基础。在财务报表按照合同条款编制的情况下,注册会计师应当评价财务报表是否恰当说明对财务报表编制所依据的合同作出的所有重要解释。

(2) 单一财务报表和财务报表的特定要素、账户或项目的审计。财务报表特定要素是指财务报表特定的要素、账户或项目。在运用审计准则执行单一财务报表和财务报表特定要素的审计时,恰当处理与下列方面相关的特殊考虑:① 业务的承接。② 业务的计划和执行。③ 对单一财务报表和财务报表特定要素形成审计意见并出具审计报告。需要注意的是,如果接受业务委托对单一财务报表或财务报表特定要素出具审计报告,并同时接受业务委托对整套财务报表进行审计,注册会计师应当针对每项业务分别发表审计意见。

(3) 简要财务报表审计。简要财务报表,是指来源于财务报表但详细程度低于财务报表的历史财务信息。简要财务报表对被审计单位某一特定日期的经济资源或义务或某一会计期间的经济资源或义务变化情况提供了与财务报表一致的结构性表述。在承接和执行简要财务报表审计时,注册会计师的目标是:① 确定承接对简要财务报表出具报告的业务是否适当。② 如果承接该项业务,在评价根据审计证据得出的结论的基础上对简要财务报表形成审计意见,并通过书面报告的形式清楚地表达审计意见,说明其形成基础。

第二节　审　计　对　象

一、审计对象的概念和发展

(一)审计对象的概念

审计对象或审计客体,即参与审计活动关系并享有审计权利和承担审计义务的主体所作用的对象,它是对被审计单位和审计的范围所作的理论概括。以其定义可知,审计对象包含两层含义:其一是外延上的审计实体,即被审计单位;其二是内涵的审计内容或审计内容在范围上的限定。

通常,审计对象可概括为被审计单位的经济活动,即被审单位的财务收支,以及有关的经营管理活动和作为提供这些经济活动信息载体的财务报表及其他有关资料。具体地说,审计对象包括以下两个方面的内容:① 被审计单位的财务收支及其有关的经营管理活动。② 被审计单位的会计资料和其他资料。

(二)审计对象的发展

综观中外审计史,传统审计对象和现代审计对象是不同的。

1. 传统审计的对象主要是被审计单位的财政财务收支

传统审计的对象主要是被审计单位的财政财务收支,它是以会计资料及其所反映的财务收支为主要对象的审计。如:古代的早期的簿记审计;20世纪前流行于英国的对所有财务报表及凭证、账簿进行详细审计;20世纪初期流行于美国的资产负债表及财务报表审计是以会计资料及其所反映的财务收支为主要对象的传统审计方式。其特点是实施这一审计是为了评价、确认并解脱受托的经营管理者在财务收支上的经济责任。审计的核心是审计评价经济责任的履行情况。

2. 现代审计的对象主要是被审计单位的财政财务收支及其有关经济活动

现代审计的对象除了被审计单位的财政财务收支活动外,还包括其他相关经济活动。20世纪下半叶,为了适应经济的发展,审计的外延有所扩大。在西方出现了经营审计、管理审计、三"E"审计、"5E"审计等,以及在我国实施的经济效益审计,其审查对象都超出了原有的财政财务收支活动的范围,而扩展到影响经济效益的生产经营管理等各个方面。而对被审计事项已实现和预计实现的经济效益进行事前事后的审计和评价,其中包括收支活动在内的各项经营管理活动的信息,除了会计资料外,还有计划、统计以及其他各种资料,如合同、协议、决策、预算、章程等。因而现代审计的对象既包括会计资料及其所反映的财务收支活动,也包括其他经济资料及其所反映的各项生产经营管理活动。其特点是实施这一审计是审查对象的扩展,是由于评价受托经营管理者的经济责任的扩大。它不但包括财务收支方面的经济责任,也包括与经济效益高低有关的各种经营管理方面的经济责任。

在我国现阶段,根据干部制度改革需要,还需要把审计方法引入对领导干部的考核管理,建立任期经济责任审计,提拔前和离任时均要进行审计。特别是对经济部门、金融机构、企事业单位的领导干部必须进行审计。因此,审计对象范围更加扩大了。

二、审计对象的内容

(一)不同审计主体的审计对象

1. 国家审计的对象

根据我国《宪法》第91条和第109条的规定精神,以及《中华人民共和国审计法》的具体规定,我国国家审计对象的实体,即被审计单位是指所有作为会计单位的中央和地方的各级财政部门、中央银行和国有金融机构、行政机关、国家的事业组织、国有企业、基本建设单位等。审计对象的主要内容包括上述部门的财政预算、信贷、财务收支(负债、资产、利润)和决算,以及与财政财务收支有关的经济活动及其经济效益。

2. 内部审计的对象

根据《审计署关于内部审计工作的规定》,我国内部审计的对象是本部门、本单位及其所属单位的会计账目、相关资产以及所反映的财政收支和财务收支活动。同时还包括本部门、本单位与境内外经济组织兴办合资、合作经营企业以及合作项目等的合同执行情况,投入资金、财产的经营状况及其效益。

3. 注册会计师审计的对象

根据《中华人民共和国注册会计师法》及有关规章的规定,我国注册会计师审计的对象主要是会计师事务所接受国家审计机关、企事业单位和个人的委托,可承办财务收支的审计查证事项,经济案件的鉴定事项,注册资金的验证和年检,以及会计、财务、税务和经济管理的咨询服务等。

（二）审计对象内容的一般概括

尽管国家审计、内部审计、注册会计师审计具体的对象有所不同,但从其内容和范围上说一般均包括被审计单位的会计资料及其他有关经济资料,以及所反映的财政收支、财务收支及相关的经济活动。因此,审计对象可以概括为被审计单位的会计资料、其他资料及其所反映的被审计单位的财务收支和有关经营管理活动。具体来说,审计对象应包括以下两个方面的内容。

1. 被审计单位的各种会计资料和其他资料

被审计单位的会计资料和其他资料是提供其财务收支及其有关经营管理活动的信息载体,它们是审计的具体对象,主要包括会计凭证、账簿、报表等会计资料以及有关计划、预算、经济合同,还有经营目标、预测、决策方案,经济活动分析资料、技术资料等其他资料,以及作为承担现代财务信息载体的电子计算机磁带、磁盘、磁鼓等,它们都是审计的具体对象。

2. 被审计单位的财务收支以及其有关经营管理活动

不管是传统审计还是现代审计,不管是政府审计还是内部审计、独立审计,其审计对象都应该是被审计单位客观存在的财务收支以及其有关经营管理活动责任是否认真履行。为了对被审计单位的受托经济责任作出鉴证,审计人员需要审查和评价被审计单位的财务收支以及其有关经营管理活动是否合法、合规和公允。其中,政府审计的对象,根据《宪法》规定,是国务院各部门和地方各级政府及其各部门的财务收支、国有的金融机构和企业、事业单位的财务收支;内部审计的对象是本部门、本单位的财务收支以及其他有关的经济活动;注册会计师审计的对象则为委托人指定的被审计单位的财务收支以及其有关的经营管理活动。

因此,审计具体对象有两方面的内容。其中,以上所述为提供经济活动信息载体的会计资料和其他资料仅仅是审计对象的现象,而其所反映的被审计单位的财务收支以及其有关经营管理活动才是审计对象的本质。

主 要 术 语

1. 审计目的	2. 审计目标
3. 审计总目标	4. 审计具体目标
5. 一般审计目标	6. 项目审计目标
7. 合法性和公允性	8. 认定
9. 交易和事项	10. 期末账户余额
11. 特殊目的审计	12. 审计对象

复 习 思 考 题

1. 如何理解审计的总目标?
2. 被审计单位管理层对财务报表的认定分为哪几类? 其具体内容是什么?
3. 审计的具体目标应该如何确定? 具体内容是什么?
4. 审计总目标与具体目标存在什么关系?
5. 以现金审计为例,分析现金项目审计的目标。
6. 审计对象是什么? 应该包括哪些内容?

练 习 题

一、单项选择题

1. 注册会计师财务报表审计的目标是使得注册会计师能够对财务报表是否在所有重大方面按照(　　)发表审计意见。

A. 企业会计准则

B. 企业会计制度

C. 企业会计准则和企业会计制度

D. 适用的财务报告编制基础编制

2. 被审计单位管理当局对财务报表的下列认定中,注册会计师通过分析存货周转率最有可能证实的是(　　)。

A. 存在

B. 权利和义务

C. 分类和可理解性

D. 计价和分摊

3. 甲公司将2018年度的主营业务收入列入2017年度的财务报表,则其2017年度财务报表存在错误的认定是(　　)。

A. 截止　　　　　　　　　　　　B. 计价或分摊

C. 发生　　　　　　　　　　　　D. 完整性

4. 注册会计师应当确认被审计单位的资产是否均按历史成本入账,这是为了证实资产的(　　)认定。

A. 存在　　　　　　　　　　　　B. 完整性

C. 计价和分摊　　　　　　　　　D. 表达与披露

5. 对于上市公司,注册会计师应当重点关注的是收入的(　　)认定。

A. 发生　　　　　　　　　　　　B. 完整性

C. 准确性　　　　　　　　　　　D. 截止

二、多项选择题

1. 在评价财务报表是否公允反映时,注册会计师应当考虑(　　)。

A. 经管理层调整后的财务报表是否与注册会计师对被审计单位及其环境的了解一致

B. 财务报表的列报、结构和内容是否合理

C. 评价财务报表是否真实地反映了交易和事项的经济实质

D. 财务报表是否符合适用的会计准则和相关会计制度的规定

E. 财务报表是否符合企业会计准则和国家其他有关法规的规定

2. 审计目标包括(　　)。

A. 审计总目标　　　　　　　　　B. 审计一般目标

C. 审计分目标　　　　　　　　　D. 审计项目目标

E. 审计具体目标

3. 注册会计师对所审计期间的各类交易和事项运用的认定通常分为(　　)。

A. 发生　　　　　　　　　　　　B. 完整性

C. 准确性　　　　　　　　　　　D. 截止

E. 分类

4. 特殊目的审计业务一般包括(　　)。

A. 按照特殊目的编制基础编制的财务报表

B. 单一财务报表

C. 财务报表特定要素

D. 简要财务报表

E. 中期财务报表

5. 与期末账户余额相关的审计目标有(　　)。

A. 存在　　　　　　　　　　　　B. 权利和义务

C. 完整性　　　　　　　　　　　D. 计价和分摊

E. 准确性

三、判断题

1. 注册会计师的审计意见旨在提高财务报表可信赖程度即是对被审计单位未来生存能力或管理经营效率、效果提供担保。(　　)

2. 被审计单位财务报表将在 1 年内到期的长期借款仍在长期借款项目列示,直接违背了长期借款的"分类和可理解性"认定。(　　)

3. 审计目的是长期的,而审计目标是阶段性的。(　　)

4. 如果不存在某顾客的应收账款,在应收账款试算平衡表中却列入了对该顾客的应收账款,则违反了完整性目标。(　　)

5. 准确性是指相关账户、数字、计算、加总及勾稽关系的正确性。(　　)

四、案例分析

请根据认定的种类与具体审计目标的内容填列表。

认 定	各类认定的含义	各类认定对应的具体审计目标
发生		已记录的交易是真实的
准确性	与交易和事项有关的金额及其他数据已恰当记录	
截止	交易和事项已记录于正确的会计期间	
存在	记录的资产、负债和所有者权益是存在的	
权利和义务	记录的资产由被审计单位拥有或控制,记录的负债是被审计单位应当履行的偿还义务	
计价和分摊	资产、负债和所有者权益以恰当的金额包括在财务报表中,与之相关的计价或分摊调整已恰当记录	
分类和可理解性		财务信息已被恰当地列报和描述,且披露内容表述清楚

五、参考答案

　　【单项选择题】　1. D　2. D　3. A　4. C　5. A
　　【多项选择题】　1. ABC　2. ABDE　3. ABCDE　4. ABCD　5. ABC
　　【判断题】　1. ×　2. √　3. √　4. ×　5. ×
　　【案例分析】

认　定	各类认定的含义	各类认定对应的具体审计目标
发生	记录的交易和事项已发生,且与被审计单位有关	已记录的交易是真实的
准确性	与交易和事项有关的金额及其他数据已恰当记录	已记录的交易是按正确金额反映的
截止	交易和事项已记录于正确的会计期间	接近于资产负债表日的交易记录于恰当的期间
存在	记录的资产、负债和所有者权益是存在的	记录的金额确实存在
权利和义务	记录的资产由被审计单位拥有或控制,记录的负债是被审计单位应当履行的偿还义务	资产归属于被审计单位,负债属于被审计单位的义务
完整性	所有应当记录的资产、负债和所有者权益均已记录	已存在的金额均已记录
计价和分摊	资产、负债和所有者权益以恰当的金额包括在财务报表中,与之相关的计价或分摊调整已恰当记录	资产、负债和所有者权益以恰当的金额包括在财务报表中,与之相关的计价或分摊调整已恰当记录

本章要点概览

　　1. 在执行财务报表审计工作时,注册会计师的总体目标是:对财务报表整体是否不存在由于舞弊或错误导致的重大错报获取合理保证,使得注册会计师能够对财务报表是否在所有重大方面按照适用的财务报告编制基础编制发表审计意见;按照审计准则的规定,根据审计结果对财务报表出具审计报告,并与管理层和治理层沟通。

　　2. 审计具体目标分为一般审计目标和项目审计目标两个层次。

　　3. 认定是指管理层在财务报表中作出的明确或隐含的表达。注册会计师可以根据被审计单位管理当局的认定和审计总目标来确定一般审计目标。

　　4. 特殊目的审计业务包括特殊目的财务报表审计、单一财务报表和财务报表的特定要素、账户或项目的审计以及简要财务报表审计。

　　5. 审计对象包含两层含义:其一是外延上的审计实体,即被审计单位;其二是内涵的审计内容或审计内容在范围上的限定。

第三章 审计独立性

学习目的与要求

本章旨在阐述审计的独立性概念,内容主要包括审计独立性的含义、审计独立性的衡量尺度和最高审计机关的管理体制。通过本章的学习,要求掌握审计独立性的概念,明确审计独立性的具体内容和对象;通过对最高审计机关管理体制的学习,掌握管理体制类型对国家审计独立性的影响。

课前预习题

1. 如何理解审计独立性的含义?
2. 不同主体审计独立性的对象有何差异?
3. 如何衡量审计独立性?
4. 注册会计师审计对独立性有哪些特别要求?
5. 国家审计不同类型管理体制各有哪些特点?

第一节 审计独立性概述

一、审计独立性的内容

(一) 审计独立性的历史演变

独立性是审计理论的基石,是审计执业的灵魂,也是审计取信于社会公众的首要条件。独立性最早被普遍认为是一种精神态度,例如美国注册会计师协会(AICPA)将其定义为"正直、客观的行为能力"。独立性首先是对审计人员的精神要求,它是一种道德品质,一种导致正直客观行为的职业能力。按照这一理解,只要审计人员能够实事求是、不偏不倚地行事,那么即使他与第二、第三关系人有其他关系,也依旧可以认为该审计人员是独立的,因而这种精神独立又被称为实质上的独立。

然而,实质上的东西往往是无形的,精神态度只是一种抽象,其正直性、客观性本身无法被直接识别和明确衡量。这就有可能产生如下问题:保持实质独立是审计人员的一种自信,而审计职能却要求审计结论能够取信于他人,对于抽象并难以衡量的精神独立而言,这种自信很难转化为他信。同时,精神独立在某种意义上只是审计人员的一种主观愿望,如果受到个人利害关系的牵连或其他因素的影响,这种主观愿望往往会受制于客观事实,精神独立性随即被削弱或丧失。这个问题逐渐被审计职业界和有关机构所认识,于是各利益关系方纷纷提出:注册会计师除保持精神上的独立外,还应保持形式上的独立。强调形式独立,即要求审计人员与被审计对象之间不存在任何在第三方看来有可能妨碍其执行独立审计的关系。形式上的独立一方面可打消委托方和其他利害关系人的顾虑,获得他信;另一方面也成为保证审计人员精神独立的重要条件。

形式上的独立被提上议事日程是在 20 世纪 20 年代后期。1933 年,美国颁布《证券法》,美国联邦储备委员会根据此法而制定的一项规则指出:"除非有本委员会特别指示,否则会计师和任何与他有直接或间接的利益关系人之间,都被认为是不独立的。"尽管如此,社会各方对形式独立问题的看法依然众说纷纭、莫衷一是。但 1939 年美国的纽约袜厂一案却为有关各方上了实实在在的一课。此案中,袜厂委托一家会计师事务所代理记账和编制报表,同时又委托该事务所进行财务报表审计。该事务所声明,当其审计由自己编制的报表时,并不把报表视为自己编制的,可以在精神上保持高度独立。而事实上,正是该事务所的工作人员利用平时记账的机会捞取钱财,事后又利用审计的机会掩饰其舞弊行为。该事件发生后,引起巨大反响。此后,美国证券交易委员会(SEC)、美国注册会计师协会(AICPA)等机构和职业团体纷纷对形式独立性问题予以关注,它们在所发布的一系列公告和制定的审计准则中,不断强调形式独立性的重要并将其内容具体化。

(二)审计独立性的含义

独立性是注册会计师执行审计业务的灵魂,是客观、公正的前提。什么是审计独立性呢? 较早给出权威解释的是美国注册会计师协会。美国注册会计师协会在 1947 年发布的《审计暂行标准》中指出:独立性的含义相当于完全诚实、公正无私、无偏见、客观认识事实、不偏袒。

审计的独立性是指审计机关或审计人员在审计过程中不受任何影响,以独立于企业所有者和经营者的第三者身份进行工作,客观公正、不偏不倚地进行审查并发表审计意见。审计的独立性是保证审计工作的顺利进行的必要条件,独立性是审计的本质要求和灵魂,是审计的客观性、公正性、权威性和有效性的前提。根据现代审计理论的审计关系人理论,审计关系必须由委托审计者、审计者和被审计者三方面构成,缺少任何一方,独立的、客观公正的审计将不复存在。只有独立于资产所有者和资产经营者的第三者对委托经济责任的经营管理者进行审查,才能得到正确的、公允的、可靠的结果。这就是审计机构或人员的所谓超然独立性。

审计独立性有两层含义,即实质上的独立性和形式上的独立性。①实质上的独立是指审计机关和审计人员内在的、抽象的、无形的(内心世界)难以证明的,难以考量的真实独立,审计人员实实在在与被审计单位没有任何利害关系;②形式上的独立是指审计人员外在可见的,需事先制定一系列规则,可以考量的表象上的独立,对第三方而言呈现出独立于被审计单位的身份特征。

(三)实质独立与形式独立的关系

1. 形式独立是实质独立的载体和重要前提

实质上的独立是无形的,通常是难以观察和度量的,而形式上的独立是有形的,是可以观察的。社会公众通常是通过注册会计师的形式上的独立性来推测其实质上的独立性。

因此,从某种意义上说,形式独立是实质独立的载体和重要前提。

2. 实质独立与形式独立是相辅相成的

实质上的独立要求注册会计师与被审计单位之间必须实实在在毫无利害关系;而形式上的独立要求注册会计师必须在第三者面前呈现出一种独立于被审计单位的身份,即要使外界相信注册会计师是独立的。如果注册会计师仅有实质上的独立性,而不具备形式上的独立性,便无法让人相信注册会计师具有实质上的独立性。反过来,如果注册会计师没有实质上的独立性,也很难呈现出具有形式上的独立性。可见,实质独立与形式独立是相辅相成的。

3. 内在要求的实现必须通过外在要求的实现来予以保证

实质独立是一种精神独立,这种超然独立的精神状态促使注册会计师作出实事求是、不偏不倚的职业判断,它是对审计人员的内在要求;而形式独立则是针对第三者而言的,即:必须在第三者面前呈现出一种独立于客户的身份,要通过外界来评价,这是对审计人员的外在要求。内在要求的实现必须通过外在要求的实现来予以保证。

二、审计独立性的对象

所谓审计独立性的对象,即审计机构与审计人员对谁保持独立性。一种观点认为审计只需要保持单向独立,只对被审计单位保持独立;另一种观点认为审计需要保持双向独立,即需要对被审计单位和审计委托人保持独立。审计关系是审计师、审计委托人、被审计单位三者之间的关系,对被审计单位保持独立是审计独立性的最基本的要求。而审计是否需要对审计委托人保持独立呢?本书根据审计主体的不同分为三种情况来考虑。

(一)内部审计独立性的对象

内部审计组织是为了满足经营管理的需要而在单位内部设置的组织机构。内部审计独立性具有以下特点:

(1)对于内部审计来说,独立性是指内部审计人员独立于他们所审查的活动之外。

(2)内部审计要对被审计单位内部控制进行评价,因此内部审计人员必须置身于内部控制设计、授权、执行、记录等管理职能之外,才能独立履行审计职责。

(3)内部审计只对被审计单位或部门独立,是单向独立,是一种相对独立,独立性较低。

需要说明的是,虽然只要求内部审计保持单向独立,但同样包括形式上的独立和实质性上的独立两个方面。形式上的独立是指在单位要给内部审计提供一个良好的工作环境,不受其他部门、个人或其他外来因素的制约;实质性上的独立是使内部审计人员保持公正的、不偏不倚的职业态度和操守。

(二)国家审计

国家审计是指国家组织和实施的审计,确切地讲,是国家专设的审计机关所进行的审计。国家审计的独立性主要是指审计机关在组织上、人事上和经费上与被审对象无依存或利害关系。国家审计模式不同,审计的独立性也有差异。就我国国家审计机关来说,其独立性具备下列特点:

(1)组织独立。它是指审计机构单独设置,不隶属于其他任何部门或业务机构。审计署受国务院总理领导,地方审计机关受各级地方人民政府主要负责人的领导。同时,审计机构独立于被审计单位,与被审计单位在组织上无行政隶属关系。

(2)人员独立。它是指审计人员与被审计单位应当不存在经济利害关系,不参与被审计单位的经营管理活动。审计署审计长由总理提名,全国人大常委会任命,地方各级审计机关主要负责人由政府提名,地方人大常委会任命。而且下级审计机关负责人的任免调动,要征求上级审计机关意见,这种人事安排的独立性,有利于保持稳定性。

(3)经费独立。按照《中华人民共和国审计法》的规定,我国国家审计机关履行职责所必需的经费单独列入财政预算,不受被审计单位的制约。即:审计署审计机关对被审计单位违反国家规定的财政财务收支行为和违纪违法行为,不仅拥有检查权,而且拥有行政处理权、移送行政处理及提请司法处理权等,具有很强的独立性。

但是,我国国家审计机关作为政府的一个组成部分,在独立性方面有着其先天的弱点与不足,简而言之,有以下几个方面的问题:① 从组织上看,国家审计机关作为本级行政机关的一部分,直接受本级行政机关首长的领导。而属于被审计人政府的一部分的行政机关与国家审计机关在国家机器里面是同一序列。② 从人员上看,国家审计机关首长的提名权被行政机关掌握,国家审计机关首长、副职负责人的任命权被立法机关、行政机关分别掌握,国家审计机关首长能否排除立法机关、行政机关的压力和影响独立地开展工作令人怀疑。③ 从经费上看,虽然审计法对国家审计机关的经费作了原则性的规定,但国家审计机关的经费来源却被行政机关掌握。没有充足的经费保证,国家审计机关及其工作人员不仅不能正常开展工作,甚至连生存都会存在问题。

就我国目前国家审计现状来说,国家审计通常只是独立于被审计的单位,它本身依然要受制于政府,因而也只是单向独立,但它的独立性相对于内部审计来说要强了许多。

(三)注册会计师审计

注册会计师审计,无论在组织人事关系还是在经济利益上,都是独立于被审计单位与委托人的,因此它是双向独立,是三者中独立性最强的。但是,我们在认可并且坚持注册会计师审计独立性的同时,也应认识到,注册会计师审计独立性正面临着很多潜在的威胁,美国独立审计准则委员会(ISB)将这些威胁概括为五个方面:① 自身利益(self-interest)。审计人员工作时有意识或潜意识的偏向个人情感、金钱或其他个人利益。② 自我评价(self-review)。审计人员有偏见地检查自己工作或事务所其他人完成的工作。③ 过度推介(advocacy)。审计人员倾向支持或反对被审计单位的状况或观点。④ 密切关系(familiarity)。审计人员与被审计单位存在密切关系。⑤ 外在压力(intimidation)。审计人员认为被审计单位或其他相关群体对其审计工作施加压力。

当识别出损害独立性的因素时,注册会计师应当评价这些因素不利影响的严重程度,并在必要时采取防范措施消除这些不利影响或将其降至可接受水平。而当维护措施不足以消除损害独立性因素的影响或将其降至可接受水平时,会计师事务所应当拒绝承接业务或解除业务约定。

第二节　审计独立性的衡量尺度

审计独立性包括实质独立性和形式独立性以外,独立性最终是由审计职业来实现的,因此审计的独立性包括和职业团体的独立性和审计人员个人的独立性。美国注册会计师协会的会计原则委员会第12号公告表明:职业团体的独立性非常不同于个人的独立性,前者是职业上的印象,后者是特定环境下的评价。罗伯特·K·莫茨和侯赛因·A·夏洛夫在其1961年出版的《审计哲学》中,将独立性分为执业者的独立性和职业的独立性,前者包括审计计划的独立性、审计过程的独立性和审计报告的独立性;后者则指社会公众对注册会计师职业的一种印象。同时,莫茨和夏洛夫还提出,审计独立性应该从四个方面进行考察:① 财务利益。② 精神态度。③ 组织地位。④ 调查自由。继而又认为,社会人事关系、经济压力、社会义务、非审计服务等都会影响审计的独立性,故而主张从审计业务来考察审计的独立性,把审计独立性分为审计计划独立、审计调查独立和审计报告独立。而实际上只有保证实质独立和形式独立,才能保证审计工作过程的独立性,即审计计划、审计调查、审计报告的独立性。1977 年,最高审计机关国际组织(INTOSAI)在《利马宣言》中将审计的独立性分为审计组织机构设置的独立、审计人员的独立和审计组织财务上的独立。

因此,本书主要从审计机构和审计人员两个方面去考察如何衡量审计独立性。作为审计人员工作的机构,如果审计组织不能独立于被审计单位之外,审计人员就无独立性。审计组织独立于被审计单位之外,而审计人员则可能与被审计单位有着各种正式和非正式的联系,这种联系也可能会妨碍审计组织的独立性。审计人员个人的独立性影响着审计组织的独立性。同时,审计组织和审计人员是两个彼此密切相关的审计主体层次,具体的审计是由审计人员进行的。审计组织的独立必须通过对审计人员独立性的影响,间接地对审计过程与审计结果产生作用,审计的独立性是通过审计人员的独立性来实现的。

一、审计组织独立

审计组织强调形式上的独立性,是有形的、容易衡量的,包括机构设置的独立性、经济上的独立性。

(一)机构独立

为确保审计机构独立地行使审计监督权,对审查的事项作出客观公正的评价和鉴证,充分发挥审计监督作用。审计机构应当独立于被审计单位之外,这样才能更有效地执行审计工作。

1. 内部审计

根据《内部审计具体准则第 22 号——内部审计的独立性与客观性》的规定:"内部审计机构应隶属于组织的董事会或最高管理层,接受其指导和监督并取得其支持,以确保内部审计机构的独立性。""内部审计机构应通过内部审计章程的制定明确其职责和权限范围,并报经董事会或最高管理层批准,以确保内部审计活动不受到组织内其他部门的干涉和限制。"

2. 国家审计

根据《中华人民共和国审计法》的规定:"国家实行审计监督制度。国务院和县级以上地方人民政府设立审计机关。国务院各部门和地方各级人民政府及其各部门的财政收支,国有的金融机构和企业事业组织的财务收支,以及其他依照本法规定应当接受审计的财政收支、财务收支,依照本法规定接受审计监督。"同时,审计机关依照法律规定独立行使审计监督权,不受其他行政机关、社会团体和个人的干涉。

3. 注册会计师审计

根据《中华人民共和国注册会计师法》的规定:"会计师事务所是依法设立并承办注册会计师业务的机构。注册会计师执行业务,应当加入会计师事务所。"

(二)经济独立

审计组织或审计机构在从事审计业务活动时,必须要有一定的经济收入和经费来源。

1. 内部审计

根据《内部审计具体准则第 24 号——内部审计机构的管理》的规定:"内部审计机构应当根据年度审计计划和人力资源计划编制财务预算。编制财务预算时应考虑以下因素:(一)内部审计人员的数量;(二)审计工作的安排;(三)内部审计机构的行政管理活动;

（四）内部审计人员的教育及培训要求;（五）审计工作的研究和发展;（六）其他有关事项。"

2. 国家审计

根据《中华人民共和国审计法》规定:"审计机关履行职责所必需的经费,应当列入财政预算,由本级人民政府予以保证。"

3. 注册会计师审计

我国会计师事务所的组织形式包括合伙制、有限责任公司制和有限责任合伙制,会计师事务所正式成立开办业务后经济来源是从承办委托项目,通过有偿服务取得收入,实行自收自支的独立核算。

审计独立性一览表如表 3-1 所示。

表 3-1　审计独立性一览表

审计独立性	审计组织独立	审计人员独立
实质上独立		客观公正的态度
形式上独立	机构独立	人事独立、经济独立

二、审计人员独立

美国注册公共会计师协会指出审计人员独立性表现在三个方面:一是审计人员的自主性,即不受委托人的任何影响;二是精神上的独立性,即审计人员必须公正无私,不带任何偏见;三是审计人员地位的独立性,这种独立性应受到公认,为社会所接受。第二方面是精神上的独立,要求审计人员执业始终按照审计范围、审计内容和审计程序进行独立思考,坚持客观公正的态度和实事求是的精神,作出公允、合理的评价和结论,不受任何部门、单位和个人的干涉。而如何来衡量精神上的独立性,我们可以从形式上的独立性来实现,即第一方面和第三方面的要求,这些要求归根结底,强调审计人员人事上的独立性和经济上的独立性。

（一）人事独立

1. 内部审计

根据《内部审计具体准则第 22 号——内部审计的独立性与客观性》的规定:"内部审计机构负责人的任免应由组织董事会或最高管理层经过适当的程序确定,内部审计机构负责人应直接向董事会或最高管理层负责。""内部审计机构负责人有权出席或参加由董事会或最高管理层举行的与审计、财务报告、内部控制、治理程序等有关的会议,并积极发挥内部审计的作用。"

2. 国家审计

根据《中华人民共和国公务员法》的规定,公务员因工作需要在机关外兼职,应当经有关机关批准,并不得领取兼职报酬。可以看出,国家审计机关人员不能任职于被审计单位。

3. 注册会计师审计

根据《中国注册会计师职业道德守则》的规定,注册会计师不在被审计单位担任除审计以外的其他职务,如担任被审计单位的常年会计顾问或代为办理会计事项等。同时也不允许曾在被审计单位任职,在被审计单位离职未满规定期限的审计人员不得在该被审计单位担任审计工作。

（二）经济独立

1. 内部审计

根据《内部审计具体准则第 22 号——内部审计的独立性与客观性》规定,内部审计人员不得与被审计单位存在直接的经济利益关系,也不得与被审计单位有长期合作关系,从而保持独立性和客观性。

2. 国家审计

根据《中华人民共和国审计法》的规定:"审计人员办理审计事项,与被审计单位或者审计事项有利害关系的,应当回避。"

3. 注册会计师审计

根据《中国注册会计师职业道德守则》的规定,注册会计师不得在被审计单位拥有直接经济利益或重大间接经济利益,如果注册会计师持有被审计单位股票、债券等,往往会影响其客观公正的心态和能力,外界人士对注册会计师能否公正无私也自然会产生疑问。

三、注册会计师对独立性的特别关注

独立原则是对注册会计师职业的最重要的要求,《中国注册会计师职业道德守则第 1 号——职业道德基本原则》规定:"注册会计师执行审计和审阅以及其他鉴证业务时,应当从实质上和形式上保持独立性,不得因任何利害关系影响其客观性。"同时要求:"会计师事务所在承办审计和审阅业务以及其他鉴证业务时,应当从整体层面和具体业务层面采取措施,以保持会计师事务所和项目组的独立性。"

(一)可能对独立性产生不利影响的因素

《中国注册会计师职业道德守则第 2 号——职业道德概念框架》第 6 条指出:"可能对职业道德基本原则(诚信、独立性、客观和公正、专业胜任能力和应有的关注、保密、良好职业行为)产生不利影响的因素包括自身利益、自我评价、过度推介、密切关系和外在压力。"《中国注册会计师职业道德守则第 4 号——审计和审阅业务对独立性的要求》进一步对独立性的要求进行了规范,主要内容如下。

1. 经济利益

在审计客户中拥有经济利益,可能因自身利益导致不利影响。这里经济利益包括直接经济利益和间接经济利益。直接经济利益是指:① 个人或实体直接拥有并控制的经济利益(包括授权他人管理的经济利益)。② 个人或实体通过投资工具拥有的经济利益,并且有能力控制这些投资工具,或影响其投资决策。间接经济利益是指个人或实体通过投资工具拥有的经济利益,但没有能力控制这些投资工具,或影响其他投资决策。

2. 贷款和担保

会计师事务所、审计项目组成员或其主要近亲属与被审计客户之间存在贷款和担保关系,可能会因自身利益对独立性产生不利影响。

3. 商业关系

如果会计师事务所、审计项目组成员或其主要近亲属与客户或高级管理人员之间存在密切商业关系,或者会计师事务所、审计项目组成员或其主要近亲属在某股东人数有限的实体中拥有经济利益,而审计客户或其董事、高级管理人员也在该实体拥有经济利益,可能因自身利益或外在压力对独立性产生不利影响。

4. 家庭和私人关系

审计项目组成员的主要近亲属或其他近亲属是审计客户的董事、高级管理人员、特定员工或所处职位能够对客户的财务状况、经营成果和现金流量施加重大影响,或者审计项目组成员与审计客户的董事、高级管理人员或特定员工之间存在密切关系,可能会因密切关系对独立性产生不利影响。

5. 与审计客户发生雇佣关系

如果前任成员或现任成员加入公众利益实体的审计客户、临时借调员工、审计项目组成员最近曾担任审计客户的董事、高级管理人员或特定员工、会计师事务所的合伙人或员工兼任审计客户的董事或高级管理人员,可能会因密切关系或外在压力等对独立性产生不利影响。

6. 与审计客户长期存在业务关系

如果会计师事务所长期委派同一名合伙人或高级员工执行某一客户的审计业务,可能会因密切关系和自身利益产生不利影响。

7. 为审计客户提供非鉴证服务

如果会计师事务所为被审计单位提供编制会计记录和财务报表、税务服务、内部审计服务、信息技术系统服务等非鉴证业务,可能会因自我评价产生不利影响。

8. 收费问题

如果会计师事务所或某合伙人从某一审计客户收取的全部费用占其审计收费总额的比重很大,或者连续两年从属于公众利益实体的审计客户及其关联实体收取全部费用占其所有客户收取的全部费用比重较大,或者存在逾期收费,都可能会因自身利益产生不利影响。同时,不允许会计师事务所采取直接或间接或有收费。

（二）防范措施

注册会计师应当评价这些因素不利影响的严重程度,并在必要时采取防范措施消除这些不利影响或将其降至可接受水平。其中,在承办具体审计业务时,会计师事务所维护独立性的措施主要包括：① 对已执行的非鉴证业务,由未参与该业务的注册会计师进行复核,或在必要时提供建议。② 对已执行的审计业务,由审计项目组以外的注册会计师进行复核,或在必要时提供建议。③ 向客户审计委员会、监管机构或注册会计师协会咨询。④ 与客户治理层讨论有关的职业道德问题。⑤ 向客户治理层说明审计的性质和收费的范围。⑥ 由其他会计师事务所执行或重新执行部分业务。⑦ 轮换审计项目组合伙人和高级员工。

当维护措施不足以消除损害独立性因素的影响或将其降至可接受水平时,会计师事务所应当拒绝承接审计业务或解除审计业务约定。

第三节　最高审计机关的管理体制

最高审计机关管理体制是指最高审计机关的管理制度,也常被称为政府审计体制,或政府审计制度,是国家根据政治、经济发展的需要,通过法律、法规等程序,将国家审计机关中各层次、各部门之间的关系予以制度化的表现形式。通俗地讲,政府审计体制就是指国家审计机关归谁领导、对谁负责以及最高审计机关与地方审计机关之间的关系。

政府审计体制包括的内容极为广泛,其中,审计模式和审计机关领导体制是最重要的两个组成部分。所谓审计模式,主要指国家审计机关的职能和隶属关系等方面的体系和制度。审计模式更是政府审计体制的基石,它会影响一国审计机关领导体制的选择,是政府审计独立性高低的重要体现。审计机关领导体制则主要反映上下级审计机关的领导关系。审计模式和审计机关领导体制会对政府审计体制的其他组成部分产生重要影响。

一、政府审计模式

政府审计模式的选择很大程度上取决于所在国家的经济、政治、法律环境,尤其是政治制度和政治体制直接影响着国家审计机关的领导关系和国家审计机关作用的发挥,因此环境因素审计体制的选择具有重要影响。由于政治体制、经济体制和文化传统等存在不同,因此世界各国政府审计体制也存在较大差异。

根据国家审计机关的职能和隶属关系,世界各国的政府审计模式主要划分为:立法模式、司法模式、独立模式和行政模式。

1. 立法模式

在立法模式下,国家审计机关,包括最高审计机关和地方审计机关,都隶属于立法部门,与政府保持独立,负责向立法部门报告工作。该模式最早产生于英国,此后在美国、加拿大、澳大利亚、埃及和以色列等国得到了应用和推广。美国是采用立法模式的典型国家。美国国家最高审计机关会计总署隶属于国会,向国会负责。地方审计机关主要对当地的立法机构负责,其在实现各自的审计职能和向各州和地方议会报告方面所起的作用与会计总署基本相同。采用立法模式的国家在政治体制上都属于立法、司法和行政两权分立的国家,有较为完善的立法机构和立法程序。在立法模式下,审计机关的独立性较强。

2. 司法模式

在司法模式下,国家审计机关以审计法院的形式存在,拥有司法权,审计机关享有司法地位,因此政府审计的独立性和权威性都很高。该模式起源于法国,此后意大利、西班牙、土耳其等国也采用了这一模式。司法型审计模式的典型代表是法国,其特点是:在隶属关系上,审计法院是介于行政和立法之间的独立机构,每年要向总统提出报告,但总统无权强制它去进行某项审计,并将给总统的年报及时送交议会,议会只有建议审计权;在审计职权上,审计法院拥有调查决定权,自行制定审计计划,审计官拥有审查和追究当事人的财务责任,并根据审查结果进行判决;在中央与地方审计机关的关系上,审计法院可以对地方审计法庭的判决作出终审判决。这种体制能够保证地方审计法庭有效地行使其职权,并保证审计的高质量和判决的合法性。

3. 独立模式

独立模式的主要特征是国家审计机关独立于立法、司法和行政部门。按照法律赋予的职责独立地开展工作。在独立模式下,国家审计机关的独立性最强。采用独立模式的典型国家为德国和日本。以德国为例,其国家最高审计机关——联邦审计院仅对法律负责,依法向立法部门提供咨询和提出审计报告。地方审计机关——州审计院也依据法律独立审计,向地方立法部门、行政部门及司法部门提供有价值的建议和意见。

4. 行政模式

在行政模式下,国家审计机关隶属于政府或政府某一部门,根据政府所赋予的职责权限实施审计。在行政模式下,通常国家审计机关的独立性较差。瑞典、瑞士、巴基斯坦、泰国和中国等都属于这一类型。如:泰国和中国的审计署在总理领导下工作,巴基斯坦审计长公署隶属于财政部门,瑞典国家审计局则向政府负责报告工作。不过在这些国家中,瑞典又比较特殊,其地方审计机关在审计职责和隶属关系上与国家最高审计机关有所不同,仅对地方立法部门负责并向其报告工作。以前,瑞典被作为行政型国家审计的成功代表,在2004年7月1日审计体制改革以后,瑞典现行的国家审计体制已不是纯粹意义上的行政型体制了。

二、政府审计机关领导体制

政府审计机关领导体制主要反映上下级审计机关的领导关系,是指审计机关在国家组织结构中的地位,受哪个国家机构领导,以及上下级审计机关的领导关系等。中央与地方审计机关的关系与政府审计模式并不一定存在对应关系。属于同一类政府审计模式的国家,中央与地方审计机关的关系可能不同。政府审计的领导体制主要取决于国家的政治体制。一般而言,实行地方分权的联邦制国家,地方审计机关不受中央审计机关的领导而需接受地方立法部门领导;实行中央集权制的国家,地方审计机关要接受上级审计机关的领导。但也不能将这一规律绝对化,因为,审计机关领导体制的选择不仅决定于政治体制,历史传统和意识形态也起着十分重要的作用。

综观世界各国的政府审计体制,审计机关的领导体制存在较大差异,主要分为以下三种:

(1) 只设国家最高审计机关,不设地方分支机构,如奥地利、西班牙等少数国家,地方审计工作由其派出机构负责。

(2) 国家设立最高审计机关,但最高审计机关和地方审计机关各自独立,没有任何领导关系。这主要是在实行地方分权的联邦制国家,如美国、英国、加拿大等都是如此;日本虽非联邦制国家,但地方审计委员会只对地方议会负责,也不接受中央会计检查员的领导。

(3) 国家设立最高审计机关,最高审计机关对地方审计机关实行垂直领导和管理,如印度和菲律宾等。

(4) 地方审计机关受本级政府和上一级审计机关的双重领导,如原匈牙利的各州人民监察委员会受中央人民监察委员会和同级地方政府的双重领导等。

三、我国政府审计管理体制

(一) 我国国家审计属于行政模式

1982 年 4 月,我国第五届全国人民代表大会第五次会议通过的《中华人民共和国宪法》第 91 条第一款规定:"国务院设立审计机关,在国务院总理领导下,依照法律规定独立行使审计监督权;对国务院各部门和地方政府的财政收支,对国家财政金融机构和企业事业组织的财务收支,进行审计监督。"该条第二款规定:"审计机关在国务院总理领导下依照法律规定独立行使审计监督权,不受其他行政机关、社会团体和个人的干涉。"

中华人民共和国审计署是根据 1982 年 12 月 4 日第五届全国人民代表大会第五次会议通过的《中华人民共和国宪法》第 91 条的规定,于 1983 年 9 月 15 日正式成立的。审计署是国务院 26 个组成部门之一,在国务院总理领导下,主管全国的审计工作。审计长是审计署的行政首长,是国务院组成人员。

根据《国务院办公厅关于印发审计署主要职责内设机构和人员编制规定的通知》(国办发〔2008〕84 号)以及《国务院关于加强审计工作的意见》(国发〔2014〕48 号)、《中共中央办公厅　国务院办公厅关于完善审计制度若干重大问题的框架意见》及相关配套文件(中办发〔2015〕58 号),审计署的主要职责是:

(1) 主管全国审计工作。依法独立对国务院各部门、地方各级人民政府及其各部门、国有金融机构和企业事业组织的财政财务收支及相关经济活动的真实、合法和效益情况,中央相关政策措施落实情况,以及领导干部经济责任履行情况进行审计监督,维护国家财政经济秩序,提高财政资金使用效益,促进廉政建设,保障国民经济和社会健康发展。

(2) 起草审计法律法规草案,拟订审计政策,制定审计规章、审计准则和指南并监督执行。制订并组织实施审计工作发展规划和专业领域审计工作规划,制订并组织实施年度审计计划。参与起草财政经济及其相关的法律法规草案。对直接审计、调查和核查的事项依法进行审计评价,作出审计决定或提出审计建议。

(3) 向国务院总理提出年度中央预算执行和其他财政收支情况的审计结果报告。受国务院委托向全国人大常委会提出中央预算执行和其他财政收支情况的审计工作报告、审计发现问题的整改情况报告。向国务院报告对其他事项的审计和专项审计调查情况及结果。依法向社会公布审计结果。向国务院有关部门和省级人民政府通报审计情况和审计结果。

(4) 直接审计下列事项,出具审计报告,在法定职权范围内作出审计决定或向有关主管机关提出处理处罚的建议:① 中央预算执行情况和其他财政收支,中央决算草案编制,中央各部门(含直属单位)预算的执行情况、决算和其他财政收支;② 省级人民政府预算的执行情况、决算和其他财政收支,中央财政转移支付资金;③ 使用中央财政资金的事业单位和社会团体的财务收支;④ 中央投资和以中央投资为主的建设项目的预算执行情况和决算;⑤ 中国人民银行、国家外汇管理局的财务收支,中央国有企业和金融机构、国有资本占控股或主导地位的企业和金融机构的资产、负债和损益;⑥ 国务院部门、省级人民政府管理和其他单位受国务院及其部门委托管理的社会保障基金、社会捐赠资金及其他有关基金、资金的财务收支;⑦ 组织审计国家驻外非经营性机构的财务收支,依法通过适当方式组织审计中央国有企业和金融机构的境外资产、负债和损益;⑧ 国际组织和外国政府援助、贷款项目的财务收支;⑨ 法律、行政法规规定应由审计署审计的其他事项。

(5) 按规定和程序,组织实施对省部级党政主要领导干部、国有企业领导人员以及依法属于审计署审计监督对象的其他单位主要负责人的经济责任审计。

(6) 组织实施对国家重大政策措施和宏观调控部署落实情况进行跟踪审计。

(7) 组织实施领导干部自然资源资产离任审计。

(8) 依法检查审计决定执行情况,督促纠正和处理审计发现的问题,依法办理被审计单位对审计决定提请行政复议、行政诉讼或国务院裁决中的有关事项。协助配合有关部门查处相关重大案件。

(9) 指导和监督内部审计工作,核查社会审计机构对依法属于审计监督对象的单位出具的相关审计报告。

(10) 与省级人民政府共同领导省级审计机关。依法领导和监督地方审计机关的业务,组织地方审计机关实施特定项目的专项审计或审计调查,纠正或责成纠正地方审计机关违反国家规定作出的审计决定。按照规定组织做好对省级审计机关的考核。按照干部管理权限做好省级审计机关领导干部工作。负责管理派驻地方的审计特派员办事处。

(11) 组织开展审计领域的国际交流与合作,指导和推广信息技术在审计领域的应用,组织建设国家审计信息系统。

(12) 承办国务院交办的其他事项。

(二) 我国国家审计属于双重领导体制

我国《宪法》第109条规定:"县级以上的地方各级人民政府设立审计机关。地方各级审计机关依照法律规定独立行使审计监督权,对本级人民政府和上一级审计机关负责。"《中华人民共和国审计法》第9条规定:"地方各级审计机关对本级人民政府和上一级审计机关负责并报告工作,审计业务以上级审计机关领导为主。"根据《宪法》和《审计法》的规定,我国审计机关的双重领导体制具有三个基本特征:一是审计机关直接受本级人民政府行政首长领导;二是地方审计机关实行双重领导体制,同时受本级人民政府行政首长和上一级审计机关领导;三是地方审计机关的审计业务以上级审计机关领导为主。

为履行职责,审计署设置了下列机构:

(1) 21个内设机构:办公厅、政策研究室、法规司、电子数据审计司、财政审计司、税收征管审计司、行政政法审计司、教科文卫审计司、农业审计司、固定资产投资审计司、社会保障审计司、资源环境审计司、金融审计司、企业审计司、外资运用审计司、境外审计司、经济责任审计司、国际合作司(港澳台办公室)、机关党委(人事教育司)、机关纪委(巡视工作办公室)、离退休干部办公室。

(2) 7个直属单位:计算机技术中心、机关服务局、审计科研所、干部培训中心、中国时代经济出版社、中国审计报社、国外贷款项目审计服务中心。

(3) 25个派出审计局:外交外事审计局、发展统计审计局、教育审计局、科学技术审计局、工业审计局、民族宗教审计局、政法审计局、监察人事审计局、民政社保审计局、财税海关审计局、资源环保审计局、建设审计局、交通运输审计局、农林水利审计局、贸易审计局、文化体育审计局、卫生药品审计局、国资监管审计局、经济执法审计局、广电通讯审计局、新闻报刊审计局、旅游侨务审计局、科学工程审计局、地震气象审计局、宣传审计局。

(4) 18个驻地方特派员办事处:审计署京津冀特派员办事处、太原特派员办事处、沈阳特派员办事处、哈尔滨特派员办事处、上海特派员办事处、南京特派员办事处、武汉特派员办事处、广州特派员办事处、郑州特派员办事处、济南特派员办事处、西安特派员办事处、兰州特派员办事处、昆明特派员办事处、成都特派员办事处、长沙特派员办事处、深圳特派员办事处、长春特派员办事处、重庆特派员办事处。

(5) 管理1个社会团体:中国审计学会。

审计署主管审计署门户网站、审计署政务微信以及《中国审计报》《中国审计》等报刊杂志的发布。

(6) 审计署历任审计长分别为:于明涛、吕培俭、郭振乾、李金华、刘家义,现任审计长胡泽君。

到目前为止,我国政府审计机构共分为四级,即:审计署,各省、自治区、直辖市审计(厅)局,省辖市、自治州、盟、行政公署(省人民政府派出机关)审计局,县、旗、县(市)级审计局。此外,中国人民解放军系统也设置了审计机构。目前,中国内地共有省、自治区、直辖市审计厅(局)31个。此外,中国香港、澳门特别行政区政府分别根据其《基本法》,设立了审计署;中国台湾地区也设有审计机构。

同时,为保证审计机关及其审计人员依法独立行使审计监督权,法律对审计机关负责人的任免有严格规定。为保证审计机关及其审计人员依法独立行使审计监督权,我国对审计机关负责人的任免程序、撤换以及审计人员的任职条件等都作了严格规定。其中,审计署审计长的任免程序是:由国务院总理提名,全国人民代表大会决定人选,全国人民代表大会闭会期间由全国人民代表大会常务委员会决定任免;审计署副审计长由国务院任免。全国人民代表大会有权罢免审计长。地方审计机关负责人的任免,正职领导人由本级政府行政首长提名,本级人民代表大会常务委员会决定任免,报上一级人民政府备案;副职领导人由本级人民政府任免。另外,地方各级审计机关正职和副职领导人的任免,应当事先征求上一级审计机关的意见。

主 要 术 语

1. 独立性
2. 实质上的独立性
3. 形式上的独立性
4. 单向独立
5. 双向独立
6. 经济利益
7. 审计组织独立
8. 审计人员独立
9. 政府审计模式
10. 立法模式
11. 独立模式
12. 行政模式
13. 司法模式
14. 政府审计机关领导体制

复 习 思 考 题

1. 什么是审计的独立性? 你是如何理解的?

2. 审计独立性的衡量尺度是什么?

3. 结合你对审计独立性以及审计独立性衡量尺度的理解,谈谈应该如何保持审计的独立性?

4. 注册会计师应该从哪些方面对独立性予以特别关注?

5. 试分析不同政府审计模式的特点。

6. 谈谈你对我国政府审计管理体制的理解。

练 习 题

一、单项选择题

1. 我国政府审计模式属于(　　)。

A. 立法模式　　　　B. 司法模式　　　　C. 独立模式　　　　D. 行政模式

2. 在立法模式下,国家审计机关包括最高审计机关和地方审计机关都隶属于(　　)。

A. 立法部门　　　　B. 政府部门　　　　C. 财政部门　　　　D. 独立的机构

3. 法国的审计模式属于(　　)。

A. 立法模式　　　　B. 司法模式　　　　C. 独立模式　　　　D. 行政模式

4. 我国注册会计师审计(　　)。

A. 只独立于审计委托人

B. 只独立于被审计单位

C. 既独立于审计委托人又独立于被审计单位

D. 既不独立审计委托人又不独立被审计单位

5. 下列提法中,表述正确的是(　　)。

A. 政府审计是独立性最强的一种审计

B. 财务报表的合法性是报表使用者最为关心的

C. 注册会计师审计意见旨在提高财务报表的可信赖程度

D. 内部审计是注册会计师审计的基础

二、多项选择题

1. 注册会计师的独立性体现在(　　)。

A. 单向独立　　　　　　　B. 双向独立　　　　　　　C. 精神上的独立

D. 形式上的独立　　　　E. 实质上的独立

2. 注册会计师应该特别关注可能损害独立性的因素,包括(　　)。

A. 自身利益　　　　　　B. 自我评价　　　　　　C. 密切关系

D. 外在压力　　　　　　E. 审计收费

3. 根据国家审计机关的职能和隶属关系,世界各国的政府审计模式主要划分为(　　)。

A. 立法模式　　　　　　B. 司法模式　　　　　　C. 独立模式

D. 行政模式　　　　　　E. 财政模式

4. 我国政府审计机构的级别有(　　)。

A. 审计署

B. 各省、自治区、直辖市审计(厅)局

C. 省辖市、自治州、盟、行政公署(省人民政府派出机关)审计局

D. 县、旗、县(市)级审计局

E. 乡镇审计机构

5. 审计关系人是指(　　)。

A. 审计师　　　　　　　B. 审计委托人　　　　　C. 被审计单位

D. 审计准则制定者　　　E. 审计利害关系人

三、判断题

1. 我国地方审计机关实行双重领导体制,同时受本级人民政府行政首长和上一级审计机关领导。　　　　　　　　　　　　　　　　　　　　　　　　　　　(　　)

2. 审计机关在国务院总理领导下依照法律规定独立行使审计监督权,不受其他行政机关、社会团体和个人的干涉。　　　　　　　　　　　　　　　　　　　　　(　　)

3. 独立性是审计的本质特征和灵魂所在。　　　　　　　　　　　　　　(　　)

4. 注册会计师审计受到鉴证客户降低收费的压力而不得不缩小工作范围,这不会影响到审计的独立性。　　　　　　　　　　　　　　　　　　　　　　　　　(　　)

5. 在我国,无论政府审计、内部审计还是注册会计师审计,都是双向独立。　(　　)

四、案例分析

1. ABC会计师事务所负责审计甲公司20×8年度财务报表,并委派A注册会计师担任审计项目组合伙人。在审计过程中,审计项目组遇到下列与独立性有关的事项:

(1) A注册会计师与甲公司副总经理H同为京剧社票友,经H介绍,A注册会计师从其他企业筹得款项,成功举办个人专场演出。

(2) 审计项目组成员B与甲公司基建处处长I是战友,I将甲公司职工集资建房的指标转让给B,B按照甲公司职工的付款标准交付了集资款。

(3) 审计项目组成员C与甲公司财务经理J毕业于同一所财经院校。

(4) 审计项目组成员D的朋友于20×7年2月购买了甲公司发行的公司债券20万元。

(5) ABC会计师事务所原行政部经理E于20×5年10月离开事务所,担任甲公司办公室主任。

(6) 甲公司系乙上市公司的子公司。20×8年年末,审计项目组成员F的拥有乙上市公司300股流通股股票,该股票每股市值为12元。

要求:针对上述事项(1)至(6),分别指出是否对审计项目组的独立性产生不利影响,并

简要说明理由。

(1) 第(1)项对独立性产生不利影响。项目组合伙人 A 注册会计师与审计客户的高级管理人员副总经理 H 之间存在长期交往,产生密切关系对独立性的威胁。

(2) 第(2)项对独立性产生不利影响。项目组成员 B 与审计客户的基建处处长 I 关系密切,而且因为 I 是基建处处长,所以很可能会对财务报表中的在建工程等产生重大影响。同时项目组成员 B 是按照甲公司职工的付款标准付款的,并不是市场上的公允价,所以构成对独立性的威胁。

(3) 第(3)项对独立性不产生不利影响。项目组成员 C 与审计客户甲公司的财务经理是校友关系,但不构成密切关系,所以不构成对独立性的影响。

(4) 第(4)对独立性不产生威胁。项目组成员 D 的朋友拥有甲公司的债券,并不能够视同是 D 拥有审计客户的经济利益关系,也没有说是密切的朋友,所以不构成对独立性的影响。

(5) 第(5)对独立性不产生不利影响。原会计师事务所行政部经理 E 进入审计客户担任办公室主任的职务。由于 E 在会计师事务所没有具体从事过对甲公司的审计业务,同时在审计客户担任的职务对财务报表审计业务也没有影响,而且时间已经相隔 3 年,所以不构成对独立性的影响。

(6) 第(6)项对独立性产生不利影响。项目组成员 F 持有乙上市公司股票,拥有直接经济利益,并且甲公司对乙公司重要(由于甲是乙的子公司),则将产生重大的自身利益威胁。

2. ABC 会计师事务所接受委托,对甲公司 20×7 年度财务报表进行审计。A 注册会计师作为项目合伙人,根据审计业务的要求,组建了甲公司审计项目组。假定存在下列情形:

(1) A 注册会计师以市场价购买甲公司开发的房产 1 套,并一次性支付房款 150 万元。

(2) A 注册会计师的岳母于 20×6 年购买甲公司发行的企业债券,面值 2 000 元,即将到期。

(3) 接受委托后,项目组成员 B 被甲公司聘为独立董事。为保持独立性,在审计业务开始前,ABC 会计师事务所将其调离项目组。

(4) ABC 会计师事务所合伙人 C 不属于项目组成员,其妻子继承父亲遗产,其中包括甲公司内部职工股 20 000 股。

(5) 项目组成员 D 的堂兄在甲公司担任后勤部副主任。

要求:针对上述情形,分别判断是否对审计独立性产生不利影响,并简要说明理由。

(1) 对独立性不产生不利影响。项目组合伙人按照市场价格购买房屋,且款项已经全部支付与甲公司之间不存在经济利益关系,对独立性不产生不利影响。

(2) 对独立性产生不利影响。项目组合伙人的主要近亲属的直接经济利益,视同注册会计师本人的直接经济利益,对独立性产生不利影响。

(3) 对独立性产生不利影响。会计师事务所的员工同时担任审计客户的独立董事,所产生的自我评价、经济利益不利影响非常重大,以致没有防范措施能够将其降至可接受的水平,所以即使调离项目组,对独立性的不利影响也非常重大。

(4) 对独立性产生不利影响。如果会计师事务所的合伙人及其主要近亲属从审计客户获得直接经济利益或重大间接经济利益(例如,通过继承、馈赠或合并产生的),不允许拥有这些利益,故产生对独立性的不利影响。

(5) 对独立性不产生不利影响。项目组成员 D 的堂兄不属于其主要近亲属,且堂兄的工作与财务报表的编制没有直接的关系,所以对项目组成员 D 不构成独立性的不利影响。

五、参考答案

【单项选择题】 1. D 2. A 3. B 4. C 5. C

【多项选择题】 1. BCDE 2. ABCD 3. ABCD 4. ABCD 5. ABC

【判断题】 1. √ 2. √ 3. √ 4. × 5. ×

本章要点概览

1. 审计独立性包含实质上的独立性和形式上的独立性两层含义。

2. 注册会计师审计独立性面临的威胁主要包括自身利益威胁、自我评价威胁、过度推介威胁、密切关系威胁和外在压力威胁。

3. 审计组织独立性的衡量包括机构设置的独立性、经济上的独立性;审计人员独立性的衡量包括人事上的独立性和经济上的独立性。

4. 世界各国的政府审计模式主要划分为:立法模式、司法模式、独立模式和行政模式。

5. 我国国家审计属于行政模式的双重领导体制。

第四章 审计方法

学习目的与要求

本章旨在阐述审计方法意义、审计模式的沿革和审计的方法体系。通过本章的学习,要求全面了解审计方法的含义以及如何运用;掌握审计模式,尤其是风险导向审计模式;着重掌握审计查证方法;一般了解审计分析、评价和研究方法。

课前预习题

1. 什么是审计方法? 为什么要研究审计方法?
2. 选用审计方法应遵循哪些原则?
3. 审计模式发展经历了哪几个阶段? 各有什么优缺点?
4. 什么是审计工作方法体系? 你认为审计方法体系应包括哪些内容?
5. 审计查证方法包括哪些内容?

第一节 审计方法的含义

随着审计实践的丰富与审计理论的发展,审计方法也经历了由简单到复杂、由低级到高级、由个别到群体的漫长的历史演变,逐渐形成有系统的方法体系。审计方法从详细审计到抽样审计、从顺查法到逆查法、从单一检查方法到系统检查方法、从手工审计到计算机审计。通过账项基础审计到制度基础审计再到风险导向审计先后演变三种不同发展阶段,审计方法不断被审计人员反复的总结、借鉴、吸收与创新,走出了一条自身健康良性发展的道路。

一、审计方法的概念与意义

（一）审计方法的概念

审计方法是指在审计活动中,对完成审计任务、实现审计目标、发挥审计职能所涉及的有关信息进行收集、加工、利用等各种专门手段的总称。简而言之,审计方法就是获取审计证据,并对照审计依据,形成审计结论的手段总称,也是处理审计信息的手段总称。审计方法贯穿于整个审计工作过程,而不仅存于某一审计阶段或某几个环节。审计工作从制定审计计划开始,直至出具审计意见书、依法作出审计决定和最终建立审计档案,都存在着运用审计方法的问题。

关于审计方法概念的表达,归纳起来大致有两种不同的观点:一是狭义的审计方法,即认为审计方法是审计人员为取得充分适当审计证据而采取的一切技术手段;另一种是广义的审计方法,即认为审计方法不应只是用来收集审计证据的技术,而应将整个审计过程中所运用的各种方式、方法、手段、技术都包括在审计方法的范畴之内。从系统论的观点看,审计方法体系是指为了完成审计任务,实现审计目标,由一组相互关联的审计方法共同构成的一个有机的整体。我们认为广义的看法是可取的,因为要想完成审计任务,实现审计目标,仅仅依靠搜集审计证据是远远不够的,还需要运用规划的方法来科学地确定目标,组织证实目标;还需要运用记录、评价、报告的方法来反映、衡量反馈目标被证实的过程与结果。同时还需要运用各种管理手段控制审计过程、审计效率和质量,否则就很难取得满意的审计效果。

(二)审计方法的意义

(1)审计方法是为完成审计的目的和任务而服务的。各种不同种类的审计,都有其不同的审计目的和要求,审计方法也会随之改变。

(2)审计方法的选用是否适当,对于审计结论的正确与否,有着密切的联系。

在审计过程中,如果选用的审计方法得当,便能提高审计效率,收到事半功倍的结果。审计方法选用恰当,可以尽快地发现问题,弄清事实真相,完成审计任务。同时,可以缩短审计时间,节省人力物力,提高工作效率。若选用的审计方法不当,即选用与审计的特定目标和被审计项目的实际情况不相适应的审计方法,不但会降低审计工作的效率,还会降低审计效果,根本无法取得必要的审计证据,甚至可能误入歧途,导致错误的审计意见和结论。

因此,研究审计的方法,全面掌握并予以正确运用,对于搞好审计工作,发挥审计的作用,有着极其重要的意义。

二、审计方法的选用原则与注意事项

(一)审计方法的选用原则

审计的方法很多,有一般方法和技术方法之别。每一种方法都有其特定的目的和适用范围。正确地选用审计方法则是保证有效发挥审计监督的职能作用、实现审计目标的重要条件。要做到选用正确,必须遵循以下原则。

1. 审计方法的选用要适应审计的目的

选用审计方法必须与其特定的目的相适应。不同的审计目的,要选用不同的审计方法。否则,审计的结果就会与其特定的审计目的和要求相背离。比如,财经法纪审计是以审查核实被审计单位是否存在严重违反财经法纪行为为目的而进行的专案审计。它的审计方法一般可采用查询及函证、分析程序等。一般的做法是:对审计中的重大问题可采用详查法,一般问题则可采用抽查法。这就是根据审计目的,选用审计方法的原则。一般而言,进行财务审计时,主要运用查账的方法,如审阅法、复核法、核对法、函证法等;进行经济效益审计时,则既要运用财务审计的一般方法,又要运用多种分析方法及现代管理方法,如经济活动分析、技术经济分析、决策分析和数学分析等。但就每个具体的审计项目而言,则应具体分析以后才能决定选用何种方法。

2. 审计方法的选用要适应审计的模式

审计方法在很大程度上取决于研究者所面临问题的类型、所作判断的性质以及检查的资料的特征。审计方法总是处在演变之中,并随着新问题的出现,而得到进一步检查和完善。

在账项基础审计下,审计的对象是记录被审计单位经济活动的会计资料和其他相关资料,这些资料大多以书面文件或实物的形式存在着,是确定的、直观的和容易把握的。由于早期审计目标单一和任务不重,故采用详细审计查账方法。于是,审计人员采用检查、函证、分析程序和计算,并通过现场观察和盘点实物等手段就可以收集到所需要的审计证据。

在制度基础审计下,对被审计单位内部控制制度的研究和评价以及统计抽样技术的应用构成了审计方法的重要特征,故摒弃了全面的详细审计查账方法,采用控制测试方法,选用统计抽样并且吸收了系统工程中的系统分析法进行审计。

在风险导向审计下,开始强调审计战略,使用全面的风险分析方法并积极采用分析程序,减少了一些实质性程序,是现代审计方法的最新发展。风险导向审计开发出了传统风险导向审计风险模型和现代风险导向审计风险模型。传统风险导向审计风险模型是指"审计风险=固有风险×控制风险×检查风险"。固有风险和控制风险则与被审计单位有关,审计师可以通过了解企业及其环境以及评价内部控制对两者作出评价。现代风险导向审计风险模型是指"审计风险=重大错报风险×检查风险"。重大错报风险是将固有风险和控制风险合并起来综合考虑,特别是固有风险,通过对企业环境、公司治理结构等方面的评估作出规避、转移、减少、接受和利用的策略,在此基础上来确定检查风险,并设计和实施实质性程序,以使审计风险降低至可接受水平。

3. 审计方法的选用要适合审计人员的能力

审计作为一项技术性很强的工作,既要求审计人员具有相应的专业知识和其他学科的专门知识,又要求审计人员具有丰富的实践经验,敏锐的观察力和职业判断能力。但是,审计职业人员同其他事业人员相比,也并无"先见之明",要真正让每个职业审计人员都成为"通才",是很难做到的。因此,为充分利用每个审计人员的业务能力又能保证收集到所需的合理证据,在选用审计方法时必须考虑审计人员的素质,即要看该审计人员的素质是否与运用该方法时所需具备的能力相适应。

4. 审计方法的选用要有利于审计工作的开展

审计方法的选用要有利于缩短审计时间,尽快作出审计结论,节约审计费用,降低审计成本。

审计结论的保证程度不同,需要办理的审计手续也各不相同,保证程度越高,办理的审计手续也要求越精密,从而也就决定了审计方法的选用。如果要保证审计结论100%可靠,则必须进行详查,其结果也就必然要综合运用各种审计方法;如果保证程度是90%可靠,那么就可以采用抽样审查。

审计成本也决定了审计方法的选用。审计人员既要考虑成本的限度,同时又要考虑由于降低成本而对审计结论所产生的影响,通过综合比较后,再决定应选用的审计方法。

从有利于节约审计费用、降低审计成本、缩短审计时间、尽快作出审计结论这些角度来选择审计方法,其前提必须是确保审计证据的正确获取,从而得出正确的审计结论。只有在同等条件下,均能确保审计证据的正确获取,才能采用这一原则。绝不能为了节约审计费用、降低审计成本、缩短审计时间而放弃"谨慎"的审计准则。

5. 审计方法的选用要适合审计方式

审计方式不同,所选用的审计方法也不同。例如:行政事业单位实行报送审计,则一般就不需要运用盘存法去核实资产(特例除外);而进行就地审计时,则盘存法核实资产的实有数,常常是必须经过的步骤。又如:在进行全面审计时,一般可以采用逆查法和抽查法;若进行专案审计,则一般要用详查法、顺查法等。如要真正彻底查清问题,则需要很多方法配合使用。因此,在选用审计方法时,应该考虑审计的方式。

6. 审计方法的选用要联系被审单位的实际

选用审计方法必须结合被审计单位的具体情况和实际需要,反对主观臆断和脱离实际的做法。否则,不但会降低审计工作效率,还可能影响审计效果。例如,在经营管理混乱、财会工作不力、内部控制制度不健全的情况下,则必须采用全部审计或详细审计,而不宜采用局部审计或抽样审计。

所以,审计人员不但要熟悉各种审计方法之间的联系和区别,而且还应灵活掌握各种审计方法的结合运用。只有这样才能在保证审计效果的基础上,提高审计的工作效率。

(二)选用方法时应注意的问题

(1)应相互联系地看问题,有系统观点。一般而言,对某一个具体的审计项目进行审计时,并非运用某一种方法就能解决问题,往往需要运用多种方法。因而在审计时应结合其他审计项目综合考虑,将顺查法与逆查法、详查与抽查、查账与调查、分析推理与核实等方法结合运用,以彻底查清所有问题。

(2)要善于抓住本质。运用某些审计方法,有时看到的往往只是些表面现象。审计人员要善于通过这些现象,揭示其本质所在,然后有针对性地选用审计方法。如:在财务决算审计时,重要内容之一是要检查盈利情况,若从利润表看,也许反映的利润额是相当可观的,甚至远远超过了计划数或承包数,但仅凭这个就作出该单位的经营情况很好、盈利水平高的结论,可能还为时过早。只有核实利润额确实是真实时,才能作出上述结论。这时就应相应检查收入的真实性和成本的正确性,这就需要运用分析法、审阅法、核对法,必要时可能还要运用函证法、盘存法等。

(3)要坚持密切联系群众。由于广大职工对被审单位的情况相当熟悉,因此,他们也很有发言权。审计人员依靠自己的力量在极短的时间内熟悉企业的所有情况往往困难较大。若能依靠群众,则在审计方法的选用上要少走很多弯路。

第二节 审 计 模 式

审计模式是审计导向性的目的、范围和方法等要素的组合,它规定了审计应从何处着手、如何着手以及何时着手等方面。随着审计环境的变化,审计目的在不断变化,被审计单位的具体情况在不断变化,因而审计模式也在不断发展。审计模式的发展主要经历了账项基础审计模式、制度基础审计模式和风险导向审计模式三个阶段。

一、账项基础审计模式

账项基础审计模式(accounting number-based audit model)是审计模式发展的第一阶段,是早期审计在长时期内经常运用的一种模式,它在审计方法史上占有十分重要的地位。传统财务审计以及早期英国民间审计都以查错揭弊为主要目标。为保证查清全部会计记录是否正确,审计人员通常要对大量账簿记录进行逐笔检查与核对。

账目基础审计是指以经济业务、会计事项和账目记录为基础,直接从会计资料的审查入手收集有关审计证据,从而形成审计意见和结论的一种审计取证模式。这种取证方式以凭证账目等记录为重心,以数据的可靠性为着眼点,可以直接取得具有实质性意义的审计证据,审计质量较高。但是在这种模式下,审计人员需要运用详细审计方法,对大量的凭证、账目、财务报表等进行逐笔审查。因此,要想保证审计结论的正确性和可靠性,审计成本非常高。

最早的审计取证模式是以会计资料为切入点进行查错纠弊式的审计。其基本要求为:

审计人员首先取得各个账项的明细表,与总账核对后再核对财务报表,顺向或逆向核对记账凭证和原始凭证,通过检查、观察、函证、询问等具体方法取得证明性材料。审计工作考核指标是查出的违纪违规金额,审计程序是采取凭经验直接看账的做法,审计过程一般不编制工作底稿,只对查出的问题取证,审计档案也是按报告所列问题先后排列证据,审计结果的表达方式是审计决定和意见书。通常查出几个违纪违规问题后即可结束审计,但很少有完整的审计。虽然审计结果也对被审计对象作出评价,但没有规范的工作底稿为依托,很难说明会计信息反映实际情况的真实性,作出有证据支持的全面评价。这一时期,开始引入"测试"的方法,同时由于资产负债表审计的出现,使详细检查的方法逐步向抽样检查的方法过渡,但并未彻底改变传统的账目基础审计。

20世纪40年代以来,世界经济迅速发展,由于资本的高度积累和集中,企业规模不断扩大,经济业务数量急剧增多,审计环境发生了很大的变化。同时,企业的经营管理日臻完善,内部控制系统也在逐步建立和健全起来,而内部控制系统可靠性对于审计工作的重要意义也在审计实践过程中逐渐为广大审计人员所认识。由于财务报表审计的出现,审计目标也由强调查错揭弊转为验证财务信息的真实性、公允性,即财务报表是否真实、公允地反映了被审计单位的财务状况、经营成果和现金流量等情况。在这种情况下,由于会计信息本身失真可能涉及的范围较个别营私舞弊可能涉及的范围广泛得多,再加上被审计单位经济业务日趋复杂,审计人员的社会责任愈加突出,审计风险加大,使得审计人员在未对被审计单位内部控制系统作详细了解和评价的情况下,要想合理地确定审计范围和审查重点成为一项十分困难的工作。基于上述原因,在审计环境和审计目标发生巨大变化的条件下,账目基础已无法兼顾审计质量和审计效率两方面的要求,这就必然要求以新的审计取证模式来取代旧的审计模式,制度基础审计就是在这种条件下产生的,并逐渐成为主流审计取证模式。

二、制度基础审计模式

所谓制度基础审计模式(system-based audit model),是指在重点审查内部控制制度各个控制环节基础上,借以发现内部控制制度的薄弱之处,找出问题发生的根源,然后针对这些环节扩大检查范围;对内部控制制度有效之处,则可缩小其检查范围或简化其审计程序的一种审计方法。

在现代企业经营环境下,制度基础审计是人们公认的审计取证模式。它是以内部控制制度评审为基础所进行的审计,其程序设置的切入点是被审计单位的内部控制制度。通过对内部控制制度的调查、测试和评价来确定账表余额检查的深度与广度,最终达到检查证、账、表余额真实性的目的。其基本审计证据模式是:调查内部控制的证据、控制测试的证据、业务实质性测试证据、分析性测试的证据、详细的余额测试的证据。在制度基础审计模式基础上实施分析性测试,通过对不同业务过程的内控制度下产生的财务资料、非财务资料,以及相互之间关系进行比较研究,从而对该内部控制制度的设计以及执行情况作出全面分析与评价,进而有重点地确定实质性测试的范围。这种方法最大的优点在于注重剖析产生财务报表结果的每个过程,从而提高审计质量和效率,降低审计风险。制度基础审计的出现,突破了账目基础审计的框架,采用了全新的思路与措施,是现代审计发展和成熟的标志。

(一)制度基础审计的特点

制度基础审计是审计方法的一大突破,主要表现在:

(1)通过了解并评价内部控制制度的完整、健全及是否得到有效实施,确定审计的重点。

(2)对内部控制制度的遵循情况进行测试,评价控制风险,对审计风险进行系统规划和控制。

（3）通过向管理当局提交管理建议书，对改善企业管理制度和业务处理程序提出建设性的意见。

（二）制度基础审计的基本内容

制度基础审计的基本内容主要包括以下五个方面：

（1）检查和评价会计控制制度、管理控制制度和内部审计制度的合理性、适应性与有效性。

（2）确定经营活动及业务处理同方针政策、计划程序、手续规定的相符程度。

（3）确定单位财务会计资料及其他经济资料的真实性、完整性与可靠性。

（4）鉴定对各种资源获取、保护、使用控制的适当性。

（5）检查和评价单位的管理业绩、经营效率和各部门完成本职工作的质量。

上述基本内容（1）（2）（4）项属于内部控制制度评价的内容，其他则属于实质性测试的内容。但是不能把它们绝对分开，它们是相互联系的。

（三）制度基础审计模式的主要技术方法

制度基础审计模式的主要技术方法有如下几种。

1. 健全性测试方法

健全性测试方法是指审计人员为了更好地进行制度基础审计决策，而首先对被审计单位的内部管理和业务经营的内部方法、措施和程序进行调查，并与设想的理想内部控制模式加以比较后，评估其是否健全有效的一种审计技术方法。也可称为制度调查评价方法。调查内容包括单位概况和组织机构及其功能、经营决策、计划预算制度、组织人事控制制度、行政领导控制制度、生产销售管理控制制度、财务会计控制制度、内部审计控制和质量控制等。它主要也是运用审阅、询问、观察、调查表等审计基本技术方法进行调查。其中，调查表法是指按照内部控制的一般要求，考虑理想的控制模式，将需要调查的全部内容以提问的方式列出，并制作成固定表格，再由被审计单位回答，以达到了解制度的方法。在制度评价时，首先是分析性初评，即主要是识别关键性控制及其控制的强弱点，并对控制弱点寻找补救性控制措施，对制度的强点则进一步进行符合性测试；其次是实地观察制度的运行情况，并将它制成图表形式的制度流程图；最后是将现行的控制制度与理想的控制制度比较，估计出是否有了足够和必需的控制。

2. 控制测试方法

控制测试方法是指审计人员为了确定被审计单位内部控制制度是否实际存在及其执行情况符合制度规定和要求的程度，在对其制度调查、图示与评价的基础上，对现行内部控制进行审查与测试的一种审计技术方法。测试有业务性和功能性两种类型。业务测试是指审计人员为了判明内部控制系统中不应缺少的控制项目是否存在，而按照业务的每个类型编号，对被审计单位重要经济业务进行检查的审计方法。而功能测试则是指对各种控制特别是关键控制点，在合法性、有效性、完整性、估算或计价、分类、截止期、过账与汇总等方面的作用发挥情况进行检查的审计方法。控制测试具体有会计资料检查、重新处理、实地观察等审计技术方法。

3. 实质性测试方法

实质性测试方法是指在内部控制制度的健全性与合规性检验完成后，对财务报表和其他资料进行检验，以搜集确切证据来确定会计记录以及经营情况的合法性、正确性、完整性的一种审计技术方法。它主要有资产负债账目测试和分析性复核两种方法。资产负债账目的实质性测试是指通过检查计价的正确性，来验证资产负债是否存在、完整和企业所拥有的一种审计技术方法。分析性复核则是通过分析财务报表，找出需要进一步调查的问题,并经过验证后对财务报表作出审计报告的一项实质性测试技术。一般采用纵向的历史性比较和横向的计划与实际、同行业不同指标之间的比较方法进行测试。

4. 抽样审计技术方法

抽样审计技术方法是指从特定的审计对象的总体中,按照一定方法,抽取其中一部分进行审查,以推断总体有无错弊的现代审计技术方法。

其过程是:总体→抽取样本→审查样本结果→推断总体特征,它有判断抽样和统计抽样两种方法。

判断抽样是指审计人员根据长期积累的经验,结合审计的要求以及进入被审计单位了解到的情况,运用主观判断,有选择地在特定审计对象的总体中,重点抽取部分项目进行审核检查,并根据检查结果来推断总体性质的一种审计抽查技术方法。

随着概率论和数理统计的发展而产生的统计抽样,是指运用概率论和数理统计的原理,遵照随机原则,从特定审计对象的审查总体中抽取部分资料进行检查,并依其结果对总体特征加以推断的一种现代审计抽样技术方法。

而统计抽样技术又可分为属性抽样法、变量抽样法和货币金额抽样法等三种技术方法。

(四)制度基础审计的步骤

制度基础审计的流程简要说明如下:

(1)确定审计的目标。

(2)调查、了解并记录被审计单位的内部控制制度。

(3)对被审计单位的内部控制制度的初步评价,如果评价的结果内部控制制度很差,则可以直接采用实质性测试。

(4)控制测试。

(5)控制测试结果的再评价,并据以决定实质性测试的性质、时间和范围。如果内部控制制度不可信赖,则采用详细审计。

(6)实质性测试。

(7)实质性测试结果的评价。

(8)撰写审计报告。

(五)制度基础审计的优点

制度基础审计是以内部控制系统为入手点,通过对这些环节的审查,发现内部控制系统中的薄弱环节,找出问题的症结,并针对这些环节确定检查范围和重点,从而帮助审计人员合理地确定需要直接检查的经济业务和会计事项的数量。运用制度基础审计模式需要大量采用抽查方法。与账目基础审计相比,制度基础审计的优点主要表现如下:

(1)制度基础审计的抽查不是盲目的,不是仅凭主观去判断,而是以统计理论为基础,采用科学的统计抽样方法去判断,并且充分考虑重要性原则和审计风险水平,因而其审计工作质量是有保证的。

(2)这种审计取证模式较好地适应了审计环境和审计目标的变化,提高了审计质量和效率,同时也减少了审计取证的盲目性,降低了审计风险,从而成为审计理论与方法的重大突破,并在很长的时间里发挥了重要作用。

(3)制度基础审计一方面能大大减少审计工作中取得审计证据的工作量,从而节约审计的人力和时间,降低审计成本;另一方面能够较好地避免失误,保证审计工作的质量。

(4)这种审计取证模式的运用在提高审计质量和效率的同时,也间接地促进了被审单位不断完善其内部控制制度。

(六)制度基础审计的局限性

虽然制度基础审计是目前比较流行的一种取证模式,但是,在审计实务中其也存在一些问题:

(1)如果被审计单位的管理层整体凌驾于内部控制系统之上,造成内部控制系统失效。那样,以被审计单位内部控制系统为基础的制度基础审计取证模式也就无法采用,也即对管理层蓄意舞弊无能为力。

(2)由于不同被审计单位的差异,内部控制有效性的整体评价缺少统一的标准。

(3)制度基础审计将审计人员的注意力集中到内部控制上,会使审计人员过分地强调和依赖内部控制制度,从而忽视其他一些重要的方面。

(4)仅从微观方面考虑问题,忽略了宏观方面的分析评估,不能直接解决全部审计风险问题。

三、风险导向审计模式

当今世界,风险无时不在、无处不在,竞争的压力、经营的变数、利益的驱使,容易诱发企业管理层舞弊的动因。在这种情形下,审计人员在作出审计判断的过程中,不可避免地要承担判断错误的风险。执业的不确定性和风险要求注册会计师必须从高于内部控制制度的角度,综合考虑企业内外的环境因素,科学运用风险导向型审计。具体而言,就是在对企业环境和经营活动进行全面分析的基础上,制定审计策略,运用审计风险模型,积极而有效地采用分析性审计程序,以规避风险,提高审计效率。

风险导向审计模式(risk-oriented audit model)是一种有别于账项基础审计和制度基础审计的审计模式。它以量化的风险水平为重点,在确定的风险水平基础上,决定实质性测试的程度和范围。

风险导向型审计是指注册会计师通过对被审计单位进行风险职业判断,评价被审计单位风险控制,确定剩余风险,执行追加审计程序,将剩余风险降低到可接受水平。风险导向型审计的概念是针对会计师事务所的生存和发展而提出的。会计师事务所不仅仅是经济活动的监督者,它自身也是"经济人",在维护会计信息使用者利益的同时,使其获得最佳的收益是会计师事务所的目标所在。

(一)风险导向审计模式的特点

(1)将客户置于一个大的经济环境中,运用立体观察的理论来判断影响因素,从企业所处的商业环境、条件到经营方式和管理机制等构成控制结构的内外部各个方面来分析评估审计的风险水平,并把客户的经营风险植入本身的风险评价中去。

(2)明确确认在为审计测试选择一个样本,企业开展业务的商业环境,对报表余额的真实性和公允性给予审计评价等都可能存在风险,并把这种意识贯穿到审计的全过程,从而在审计过程中把重点放在审计风险的评估上,并通过各种审计程序的设计和执行,把审计风险降低到注册会计师可以接受的水平。

(二)风险导向审计产生的背景

按照 Jensen 与 Meckling(1976)的论述,审计是为了降低企业代理成本而产生的。罗斯·L·瓦茨(Ross L. Watts)和杰罗尔德·L·齐默尔曼(Jerold L. Zimmerman)(1983)的证据表明,早在公元 14 世纪前后英国商人行会(merchant guilds)时期,审计就已经得到有效的运用。

从技术层面来看,审计经历了早期的账项基础审计到 20 世纪四五十年代的制度基础审计,到七八十年代逐渐发展为风险导向审计,特别是从制度基础审计转向风险导向审计,与日益增大的法律风险关系密切。

美国1933年发布的《证券法》,将审计人员的责任对象从直接委托人扩大到间接委托人(任何推定的财务报表使用者),且规定审计师(作为被告)负有举证责任。受此影响,美国会计职业界面临的审计诉讼压力,逐渐增大,到20世纪70年代初达到高峰。60年代末、70年代初的一些审计诉讼案例中,即便审计师证明其审计程序遵守了相关的审计准则,客户的财务报表也遵守了相应的"公认会计原则",法院也认定审计师需要承担相应的审计责任。并认为,遵循一套由会计职业界自己制订的程序,不能表明其就没有责任。美国惩罚性损害赔偿制度,使审计师一旦不能证明自己清白,就面临败诉风险,从而不仅要承担巨额的赔偿责任,还可能面临巨额的惩罚性赔偿责任,且赔偿金额越来越高。日益增大的法律风险迫使美国会计职业界改变审计思想,逐渐确立风险导向审计。

近些年世界范围内市场竞争的加剧,企业的不稳定性进一步增强,社会对审计人员提出了更高的要求,审计人员的社会责任也随之加大,这就需要审计人员更加关注审计风险因素的评价。为了适应高度审计风险的存在,审计界开始在运用制度基础审计模式的基础上,逐步融入对审计风险因素的分析与评价方法,使制度基础审计模式得到了进一步发展,风险导向审计便应运而生了。

风险导向审计是指审计人员在对审计全过程中各种风险因素进行充分评价分析的基础上,将风险控制方法融入传统审计方法之中,进而获取审计证据,形成审计结论的一种审计取证模式。

（三）风险导向审计的两种模式

风险导向审计自产生以来经历了两个阶段,理论界把以传统审计风险模型"审计风险＝固有风险×控制风险×检查风险"为基础进行的审计称为传统风险导向审计模式;而将20世纪90年代后期开始,在国际会计师事务所内部推行并逐渐被审计理论与实务接受的,以"审计风险＝重大错报风险×检查风险"的模型为基础,以被审计单位的经营风险为导向的审计方法称作现代风险导向审计模式。

1. 传统风险导向审计和现代风险导向审计含义

（1）传统风险导向审计。传统风险导向审计是指审计人员在审计过程中将风险分析、评价与控制融入传统审计方法(账项导向审计和制度导向审计)之中,进而获取审计证据,形成审计结论的一种审计取证模式。传统风险导向审计的基本程序并没有脱离制度导向审计模式,但它在制度导向审计模式的基础上更加注重风险评估和风险管理。

（2）现代风险导向审计。现代风险导向审计是审计技术方法在系统理论和战略管理理论基础上的重大创新,它以被审计单位的战略经营风险为导向,通过"战略分析—流程分析—经营业绩评价—财务报表剩余风险分析"的基本思路将财务报表重大错报风险和经营风险联系起来,从而提出了审计师从源头分析和发现财务报表错报的观念。

2. 传统风险导向审计模式与现代风险导向审计模式的区别

传统风险导向审计模式与现代风险导向审计模式的本质区别在于审计理念和审计技术方法的不同,后者是对前者的改进,其主要区别如下:

（1）审计起点不同。在传统风险导向审计运用的审计风险模型中,固有风险是指假定不存在相关内部控制时,某一账户或交易类别单独或连同其他账户、交易类别产生重大错报或漏报的可能性。控制风险是指某一账户或交易类别单独或连同其他账户、交易类别产生错报或漏报,而未能被内部控制防止、发现或纠正的可能性。传统风险导向审计方法通过综合评估固有风险和控制风险以确定实质性测试的范围、时间和程序,由于固有风险难以评估,审计的起点往往为企业的内部控制(如果没有必要测试内部控制,审计的起点则为财务报表项目)。

现代风险导向审计方法通过综合评估经营控制风险以确定实质性测试的范围、时间和程序,其审计起点为企业的战略系统及其业务流程。如果企业的业务流程不重要或风险控制很有效,则将实质性测试集中在例外事项上。这种新模式的优点是将审计的重心前移到风险评估,这将有利于充分识别和评估财务报表重大错报的风险。因此,这种新模式主要针对风险设计、实施控制测试和实质性测试程序。此外,注册会计师容易全面掌握企业可能存在的重大风险,有利于节省审计成本,克服因缺乏全面性观点而导致的审计风险。

(2) 风险评估识别以分析程序为中心。现代风险导向审计注重运用分析程序,以识别可能存在的重大错报风险;而传统风险导向审计对于信息的再加工程度不够,其分析程序主要用在报表分析上。分析程序已成为现代风险审计方法最重要的程序,为了适应分析程序功能扩大的要求,分析程序开始走向多样化:在数据分析上不但要对财务数据进行分析,也要对非财务数据进行分析;在分析工具上借鉴现代管理方法,把战略分析、绩效分析、财务分析及前景分析等分析工具运用到风险评估之中,使风险因素不再唯一,变一元风险评估为多元风险评估,使得出的风险评估结果更加可靠。

(3) 风险评估方式由直接评估转变为间接评估。传统风险导向审计的风险评估是一种直接的方式,即直接评估重大错报的概率。现代风险导向审计模式是从经营风险评估入手,间接地对审计风险进行评估,因为经营风险越高,审计风险也越大,也就是管理舞弊的可能性越大;并且从经营风险中能更有效地发现财务报表潜在的重大错报,因为财务报表是经营的反映,如果经营风险未能在报表中得到体现,则财务报表很可能失真。此外,会计政策、会计估计的合理性评估也只有从经营风险入手,才能进行正确的评估。

(4) 审计程序实施具有个性化。传统风险导向审计模式审计程序是标准化形式,对不同的被审计单位都使用标准相同的审计程序。其缺陷是没有足够贯彻风险导向审计思想,使注册会计师无法突破客户预先设置或防范的措施,难以作出正确的审计结论。现代风险导向审计方法要求注册会计师将评估及识别的审计风险与实施的审计程序相结合,针对不同客户以及客户不同的风险领域实施个性化的审计程序。

(5) 审计证据的内涵扩大。在现代风险导向审计方式下,审计重心向风险评估转移,审计证据也由内部向外部转移。因此,注册会计师必须充分了解企业整体经营环境,由此评估客户的经营及审计风险,同时必须从外部取得大量的外部证据来证明风险评估的恰当性。在风险导向审计模式下,注册会计师形成审计结论所依据的审计证据不仅包括实施控制测试和实质性测试获取的证据,还包括了解企业及其环境获取的证据。

(6) 扩充了内部控制要素。传统风险导向审计方法下的内部控制是指被审计单位为了保证业务活动的有效进行,保护资产的安全和完整,发现、纠正错误与防止舞弊,保证会计资料的真实、合法、完整而制定和实施的政策与程序。内部控制要素包括控制环境、会计系统和控制程序。现代风险导向审计方法下的内部控制是指被审计单位为了合理保证财务报告的可靠性、经营的效率和效果以及对法律、法规的遵循,由治理当局、管理当局和其他人员设计和执行的政策和程序。内部控制的三要素扩充为五要素,即控制环境、被审计单位的风险评估过程、与财务报告相关的信息系统和沟通、控制活动、对控制的监督。

（7）对注册会计师的专业知识提出了更高要求。现代风险导向审计对注册会计师的专业素质提出更高要求,其重心从会计、审计知识转向管理和行业知识。现代风险导向审计下审计结果主要依赖风险评估,风险评估的各种分析方法要求掌握现代管理知识和行业知识(包括市场、研发、生产等方面),这对注册会计师提出了更高的要求。注册会计师应该是复合型人才,不但要掌握一般常用分析工具,还要接受现代管理知识和行业专业知识训练。

（四）风险导向审计的基本程序

1. 传统风险导向审计的基本程序

风险基础审计的特点表明,审计程序设计和执行恰当与否,对审计风险的控制有着重要的意义。恰当的审计程序有助于审计工作循序渐进、有条不紊地达到审计目的。在实务中,为了使审计工作做得更为细致,并能关注审计重要领域,风险基础审计的程序可分为以下五个阶段。

第一阶段:通过调查、了解、分析、评估等方法执行一般规划并确认重要的审计领域,识别重要的风险领域。目的是评估固有风险,确认重要的审计范围。一般在审计计划开始时进行。具体内容为:明确客户服务及其他规划目标;取得或更新对客户业务与产业的了解;执行全面控制环境的评估;对重大性作初步判断;决定要审查的重要账户;确认影响这些账户的资料来源;编制审计计划。

第二阶段:了解和评估重要的资料来源,目的是寻找并确定控制弱点。一般在期中审计时进行。具体内容是:确认重要的估计和资料过程;对各项过程取得了解;考虑何处可能出错;确认与评估相关的控制。

第三阶段:执行初步风险评估,即固有风险和控制风险的联合。目的是通过风险评估,选择可靠的、有效益的、有效果的审计查核程序。即:首先考虑固有风险,再对控制风险作出初步评估。在对控制有效或无效作出判断时,主要是对客户管理意识、控制措施及控制品质、控制程序设计本身是否严密,分工分职是否良好作出判断。如果有效,则进一步对可依赖程度和发生重大审计错误的可能性作出判断。在此基础上再评估审计发生错误的可能性,并确定审计查核方法。这主要在审计中期完成。具体内容为:确认重要的作业和交易;了解重要交易之流程,绘制流程图;研究判断错误可能发生的所在:① 要辨认流程中的关键环节。② 要把控制目标与流程中的重要环节串联。③ 要确认交易流程中可能发生的错误,辨认及了解预防控制及侦测控制,初步评估控制风险。

第四阶段:拟订与执行审计计划,通过实施审计获取审计证据。具体内容为:根据评估作出的不同的风险程度,为每一类重要认定拟订不同的查核方法;拟订审计程序以供控制测试及实质性测试之用;执行内部控制测试;根据测试结果最终评估控制风险;根据所确定的固有风险和控制风险水平的高低,执行实质性测试。

第五阶段:作出审计报告,即执行全面评估,将审计结论形成书面文件。

以上五个阶段中,前三个阶段主要通过了解、观察、分析、评估来确定审计的范围和重点,选择适当的审计程序和方法。做到仗未打,已有八分胜券,这也是风险基础审计模式的精髓。由此可以看出,虽然风险基础审计与制度基础审计在许多程序上有着相同之处,但风险基础审计是将客户置于一个大的经济环境中,从企业所处的商业环境、条件到经营方式和管理机制等内外两个方面来分析评估,全方位地判断影响因素。

2. 现代风险导向审计的基本程序

现代风险导向审计模式是一种全新审计技术,其基本程序包括:

（1）战略风险分析。战略风险分析是现代风险导向审计模式的核心环节，其基本思路在于：战略失败很可能引发经营失败问题，进而导致企业整体业绩下滑（如中国水仙失败案例）。

（2）经营环节问题分析。独立审计师借助于客户经营能力分析，可以从更宽广的视野剖析被审计客户潜在的风险，进而找寻可能对客户经营业绩产生不利影响的各种因素。

（3）经营业绩评价。独立审计师可以在对被审计客户战略风险和经营风险分析的基础上，对客户经营业绩形成合理预期，进而为评估总体审计风险提供依据。

（4）财务报表重大错报的剩余风险评估。评估重大错报风险是风险评估的重要部分，审计人员应当运用合理的职业判断，确定识别哪些是需要特别考虑的重大风险，如：风险是否是舞弊风险；风险是否与近期经济环境、会计核算和其他方面的重大变化有关；交易的复杂程度；风险是否涉及重大的关联方交易；财务信息计量的主观程度，特别是对不确定事项的计量存在宽广的区间；风险是否涉及异常或超出正常业务范围的重大交易。特别风险通常与重大的非常规交易和判断事项有关。非常规交易是指由于金额或性质异常而不经常发生的交易。判断事项通常包括作出的会计估计。独立审计师可以结合以上环节，合理评估财务报表中的剩余风险水平，可以采用传统查账技术和现代审计技术相结合的方法，对客户财务报表中的剩余风险进行分析，最后可将被审计客户的财务报表重大错报风险降低至可以接受的水平。

（5）可接受的检查风险水平的估计。可接受的检查风险即财务报表重大错报的剩余风险，故可接受的检查风险水平的估计就是财务报表重大错报的剩余风险评估。

（6）实质性审计测试时间、性质和范围的确定。独立审计师可以借助于财务报表剩余风险因素的评估结果，分项目确定具体审计目标，合理制定审计方案，进而确定实质性测试的时间、性质和范围。确定实质性程序范围时要考虑重大错报风险和实施控制测试的结果。实质性程序包括对各类交易、账户余额、列报的细节测试以及实质性分析程序，目的是为了发现认定层次的重大错报。审计人员应当针对重大的各类交易、账户余额、列报实施实质性程序以获取适当的审计证据。审计人员实施的实质性程序应当包括下列与财务报表编制完成阶段相关的审计程序：将财务报表与其所依据的会计记录相核对；检查财务报表编制过程中作出的重大会计分录和其他会计调整。如果认为评估的认定层次重大错报风险是特别风险，审计人员应当专门针对该风险实施实质性程序。新的业务流程要求审计人员全程关注财务报表的重大错报风险，并将风险评估作为整个审计工作的基础。评估重大错报风险的失误，必将导致整个审计工作的失败。

由此可见，现代风险导向审计模式首先是一种"自上而下"的审计模式。独立审计师可以在合理评估剩余风险的基础上有效实施实质性测试程序，然后采用"自下而上"的审计模式，汇总审计情况，最后在评价被审计客户财务报表中的整体错报水平的基础上发表恰当的审计意见。因此，现代风险导向审计程序是一种科学化的系统分析过程。这种模式的优势在于：它既可以从整体上把握审计风险因素，简化审计手续，提高审计效率，又可以合理整合审计资源，抓住主要矛盾，提高审计效果，最终达到"双效合一"的目的。

（五）传统风险导向审计的基本方法

风险导向审计这一方法模式得以产生并被越来越多的会计师事务所用于审计实践中，说明风险导向审计是行之有效的，能满足注册会计师降低审计成本的需要和缩小期望差。以下具体讨论传统风险导向审计的基本方法。

1. 审计风险评估

风险导向审计是以审计风险评估为中心的，审计风险的评估贯穿了审计整个过程。注册会计师希望在公布已审计财务报表的结论之前将审计风险降到最低,以维持其结论的正确性。进行审计时,注册会计师最关键的是要按审计程序执行,以便把审计风险降到最低。审计程序的性质很重要,对于特定的账户,确认使用适当的审计程序工作效率会更高。在不同条件下选择不同审计程序,可采用以下两种方法:

(1) 确保项目的固有属性和内部控制结构,使错误评估财务报表的风险减低而设计审计程序。

(2) 为直接证实一个项目,可以使注册会计师确切地把握将该领域的重大错报查出而设计审计程序。

注册会计师可以同时使用以上两种审计程序。

审计风险是固有风险、控制风险和察觉风险的结合。注册会计师不能改变固有风险。为了完成审计,注册会计师必须减少其他两种风险。注册会计师若了解控制环境、会计制度及控制程序,并能检查其效能,则可获得控制风险估计水平减少的证据。若证据显示有效,则控制风险可减低。若控制有问题,则控制风险相应增高。若想减少察觉风险,可通过有效地检查账户余额细目或其他程序来实现。

2. 分析性测试

分析性测试是以财务资料及非财务资料之间的表面关系或可预测的关系,评估财务信息,分析财务信息的合理性。使用分析性测试的前提条件是公司的账户要基本可靠。这种方法能够较全面地分析比较,它要以当年余额与全年预算作比较;以毛利率或其他财务比率与去年相比;要与同行业相比。所以,使用这种方法能收到多方面的效果:它取代其他实质性测试的功效,它所揭示出来的差异,可起到"红旗"(red flag)的作用,引起注册会计师的注意;辅助审计结论;提高审计效率;降低审计风险。分析性测试与审计各个阶段密切相关。在审计计划阶段,进行内部控制测试时,不可缺少地要用到分析性测试,如审计调查时对财务报表的初步了解,利用一些指标的分析可帮助注册会计师评价审计风险的程度,提高注册会计师对企业经营业务的理解和识别风险区域。在审计实施进程中,首先要对全部账户进行广泛的分析性测试,以缩小详细测试的范围;在审计报告阶段,结束审计之前,注册会计师应对财务报表的总体内容作最后的分析,以发现那些具体抽查中未予发现的问题。

利用分析性测试可发现"可能"存在的重大舞弊或差错,可发现一些异常情况,然后通过对这些异常情况的查证,就能"合理地保证"财务报表不被严重歪曲,"合理地保证"揭露重大舞弊或差错。分析性测试的有效性是由分析方法的基本原理决定的,通过研究财务数据或非财务数据之间存在的相互关系来判断数据本身的正确性和正常性。例如,根据会计复式记账的原理,就能判断出销售收入和应收账款的发生额是否正常,如果销售收入很高,而应收账款借方发生额较低,则其中必定存在问题,或账务处理的差错或蓄意舞弊。因此,和其他方法相比,它根据各种数据中的相互关系,通过比率分析、趋势分析等各种指标更能发现异常情况。分析性测试所使用的分析方法可从简单的比较方法到复杂的数理统计方法。它所使用的分析指标可以是绝对数指标,如单位成本比较分析、年销售额比较分析等;也可以是相对数指标,如销售利润率、投入产出率等。所有分析性测试,包括账面的余额或比率与预期指标进行比较,而预期指标则根据数据之间相互关系以及注册会计师对客户及其所在行业的熟悉程度来决定的。决定预期指标的信息一般包括:

(1) 当前的可比财务信息(考虑本期已知的变化)。

(2) 预见的成果,例如从中期或年末数据中推知的预见数。

（3）当期财务信息要素之间的相互关系。

（4）有关客户同行业的信息。

（5）财务信息与非财务信息之间的相互关系。

3．控制测试

控制测试是在内部控制结构了解的导向上，为了确定内部控制结构政策和程序的设计和执行是否有效（即效果好坏）而实施的审计程序。目的在于通过对内部控制要素进行评价以确定控制风险。控制测试的产生与内部控制结构概念的建立以及对符合性测试（compliance test）的重新认识有关。"内部控制结构"取代原来的"内部控制制度"并不是在玩弄名词游戏，而是现代审计环境影响的结果。从审计的角度来看，一个企业的内部控制结构由控制环境、会计制度和控制程序三个要素组成。现代审计对内部控制的研究和评价范围已不再像以前那样只囿于内部会计控制，它已发展到了对控制环境的审查，以便于控制风险的确定，特别是要评价那些对财务报告的真实性有重大影响的重大差错或非法行为失控的风险。

对内部控制要素进行控制测试的程序有以下四种：

（1）"询问"负责执行某项工作职责的有关人员。

（2）"观察"工作人员实际履行这项工作职责的实际情况。

（3）"审查"反映这项工作职责履行情况的凭证和报告。

（4）"重新执行"这项控制。

控制测试的范围取决于期望的估计控制风险实际水平（intended assessed level of control risk）。注册会计师如果要求较低的估计控制风险水平，则无论从测试控制的数量来说，还是从每项控制测试的范围来说，都要采用较大的样本量来执行审查、观察和重做等程序。

4．交易业务实质性测试

交易业务实质性测试涉及会计系统特定种类交易的处理，通常针对主要交易类别而言。目的是决定客户的会计交易是否经过恰当的审批，在日记账中是否正确记录和汇总，是否正确地过入明细分类账和总分类账。交易业务实质性测试主要关注账户的借贷方发生的金额。无论是在期中还是期末执行，都必须在余额细节测试前来实施。因为交易业务的实质性测试通常和余额细节测试的计划同时进行。

从理论上讲，如果早期已经测试了期初余额，通过资产负债表账户余额的细节测试来间接测试主要交易类别是可行的。无论交易业务的类别测试是控制测试、实质性测试或是双重目的测试，注册会计师的基本目标都是相同的，即对特定种类交易处理的可靠性和真实性提供合理保证，以减少余额细节测试。

交易业务实质性测试的基本做法通常要考虑控制程序，即：

（1）确定交易业务流程的四大环节，即交易发生→原始单据→日记账及明细账→总账。

（2）记录编制交易流程图：① 要辨明重要环节。② 要辨明重要路径中的其他环节。③ 绘制流程图。流程图的编制通常与控制测试一致，所以有时又称为双重目的的测试。

（3）确认可能错误的步骤：① 辨认交易流程中的重要环节。② 把控制目标和流程重要环节串联。③ 确认交易流程中的可能发生的错误，这可与控制测试同时进行。

（4）确认账户测试的性质、时间和范围。基于对内部控制要素的了解，注册会计师应确认是否存在为实现控制目标提供合理保证的内部控制政策和程序。如果存在，则注册会计师为测试这些功能所设计的测试通常与控制测试一起进行。如果不存在这些测试,则将进行余额细节测试。

5. 余额细节测试

余额细节测试是直接获得有关账户余额的证据,而不是从构成余额的单个借贷发生项目取得证据。它为余额真实性、恰当性提供合理保证,或确认出其中的货币性误差。注册会计师最终目标是对由账户余额组成的财务报表发表意见。无论采取什么策略,注册会计师都要广泛使用余额细节测试。在小型企业的审计中,许多注册会计师几乎完全单独依靠余额的直接测试。比如,注册会计师可向银行函证银行存款余额,也可向顾客函证应收账款余额。注册会计师还可以审查固定资产的余额,观察客户存货盘点和执行期末存货价格测试来获取有关余额的证据。

余额细节测试不同于交易业务实质性测试。余额细节测试涉及交易类别,如收取现金,并且可能是实质性测试、控制测试或双重目的测试。账户余额和交易是相关的,注册会计师需要对账户余额和交易类别的审计程序作出协调。在设计具体项目的余额细节测试时,其性质、时间和范围要考虑的因素是:① 财务报表的项目和审计目标的性质。② 项目余额的重要性水平。③ 项目余额的审计风险水平。④ 审计测试的效率。

另外,由于企业经营产生的风险会对审计产生影响,所以经营风险也是注册会计师必须考虑的因素之一。显然,风险导向审计所涉及的范围就比制度导向审计为宽,也更符合现代审计所处的社会环境。

(六) 现代风险导向审计模式的基本方法

与传统风险导向审计模式不同,现代风险导向审计模式不仅注重传统的审计技术,而且注重全新的审计技术。虽然传统的风险导向审计也采用分析性复核程序,但它往往只注重与企业财务报表相关的财务指标分析,而很少进行非财务指标分析。因此,传统风险导向审计技术无论从深度上还是广度上,均劣于现代风险导向审计模式。现代风险导向审计技术的优势如下。

1. 战略风险分析技术

战略风险分析主要是客户外部环境和内部条件分析,战略风险分析是现代风险导向审计模式的核心环节,其基本思路在于:战略失败很可能引发经营失败问题,进而导致企业整体业绩下滑。独立审计师可以采用政治、经济、社会与技术(PEST)分析技术和波特(PORTER)分析技术,对客户的战略风险进行综合评估,形成对行业利润的合理预期。

2. 经营风险分析技术

独立审计师可以借助于客户经营能力分析,采用价值链(VCA)分析技术、波士顿(BCG)分析技术和机会、威胁、优势与劣势(SWOT)分析技术,可以从更宽广的视野剖析被审计客户潜在的风险,进而找寻可能对客户经营业绩产生不利影响的各种因素,对客户的经营业绩形成合理预期。

3. 业绩评价技术

独立审计师可以在对被审计客户战略风险和经营风险分析的基础上,采用平衡积分卡(BSC)和标杆管理(benchmarking)分析技术,对客户经营业绩形成合理预期,进而为评估总体审计风险提供依据,对客户的经营业绩进行总体评估。

4. 剩余风险检查技术

独立审计师可以采用传统查账技术和现代审计技术相结合的方法,对客户财务报表中的剩余风险进行分析,最后可将被审计客户的财务报表重大错报风险降低至可以接受的水平。

由此可见,现代风险导向审计模式主要采用战略分析和系统分析工具,可以大大提高独立审计师发现问题的能力,因而可以最大限度地减少审计失败的风险损失。

第三节 审计方法体系

一、审计方法体系的概念和构成

(一)审计方法体系的概念

审计方法体系是指为了完成审计任务,实现审计目标,由各种审计方法密切联系、相互结合,构成科学系统的一套完整方法的总称。

(二)审计方法体系的构成

审计工作不是毫无规律可言,审计方法有自己的体系(见图 4-1)。其主要内容应包括以下几个方面。

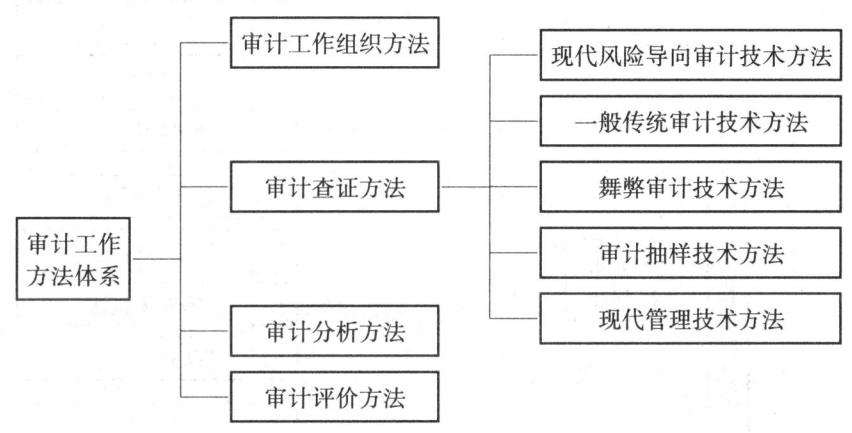

图 4-1 审计工作方法体系

1. 审计工作组织方法

审计工作组织方法是指对全部审计活动或具体审计项目进行合理组织和安排时所采用的各种措施和手段。其目的在于确定审计目标,合理分配各种审计资源,以保证审计工作经济而有效地进行。其主要内容包括计划制定方法、程序确定方法、方案设计方法等。计划制定方法,涉及如何设计审计总体目标以及对审计活动长、短期安排;程序确定方法,主要指对一般审计步骤的设计问题,包括对审计准备、实施与结束工作的具体安排;方案设计方法,涉及对具体审计项目进行审计的要点、审计顺序、审计时间、人员分工等部署问题。

2. 审计查证方法

审计查证方法是指对被审计单位或被审计项目进行具体审计时所采用的各种程式、措施和手段。其目的在于证实审计目标,搜集充分有效的证据,以保证审计结论和决定有可靠的依据,是搞清被审计单位财务收支活动的事实和现象的手段。审计查证方法是审计最基本的方法,既包括了一定的程式,又包括了各种技术手段。其主要内容包括现代风险导向审计技术方法、一般传统审计技术方法、舞弊审计的技术方法、审计抽样技术方法和现代管理技术方法。

3. 审计分析方法

审计分析方法是审计人员运用各种方法及分析工具,对企业或其他组织的财务报表和经济活动进行分析评价,提出审计结论和建议基础的手段。

4. 审计评价方法

审计评价方法是指根据查明的事实,对照审计标准以判定是非良莠的方法。通过审计评价,可以确定被审计资料是否真实、正确和可信,以及确定被审计经济业务和经济活动是否合法、合理和有效。审计评价方法根据其适用范围的大小可分为一般评价方法和特定评价方法。一般评价方法是指适用于对各种被审计项目进行评价的程式和技术;特定评价方法是指只适用于对某些具体对象的评价要点与要求。

二、审计查证方法

审计查证方法由现代风险导向审计技术方法、一般传统审计技术方法、舞弊审计技术方法、审计抽样技术方法和现代管理技术方法组成(见图 4-2)。

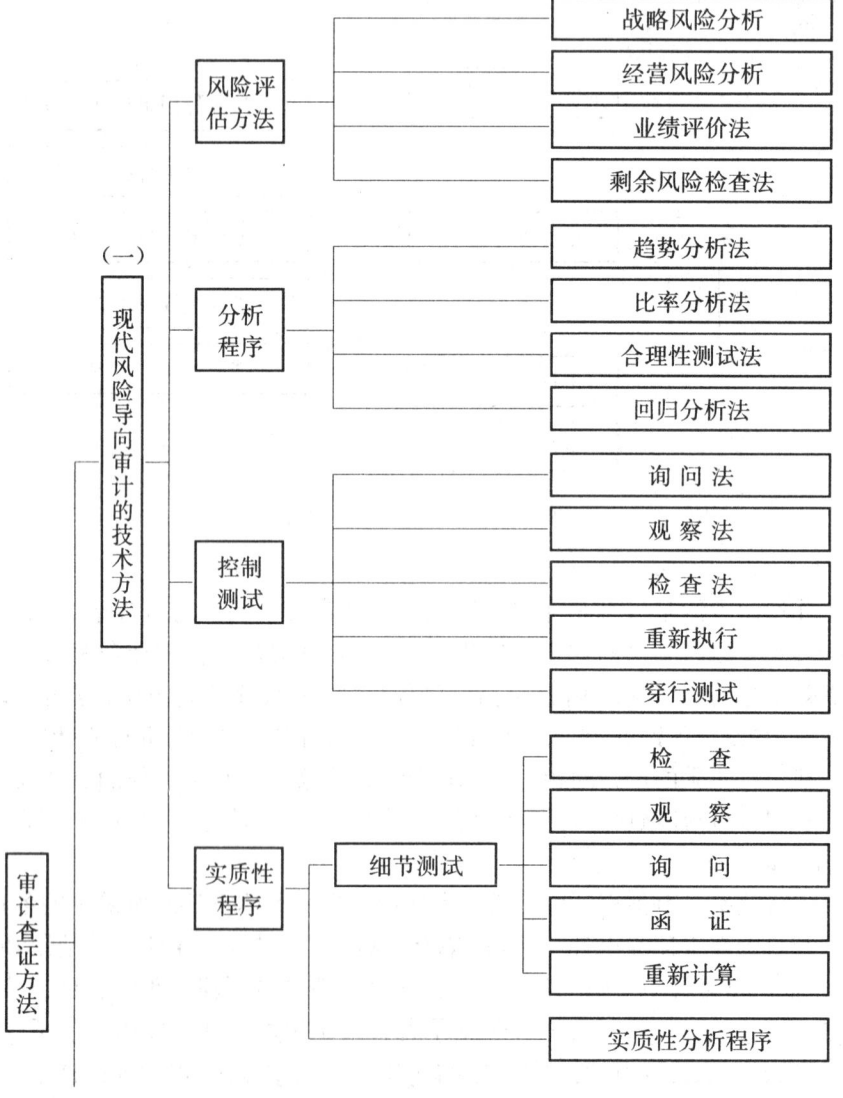

（续图）

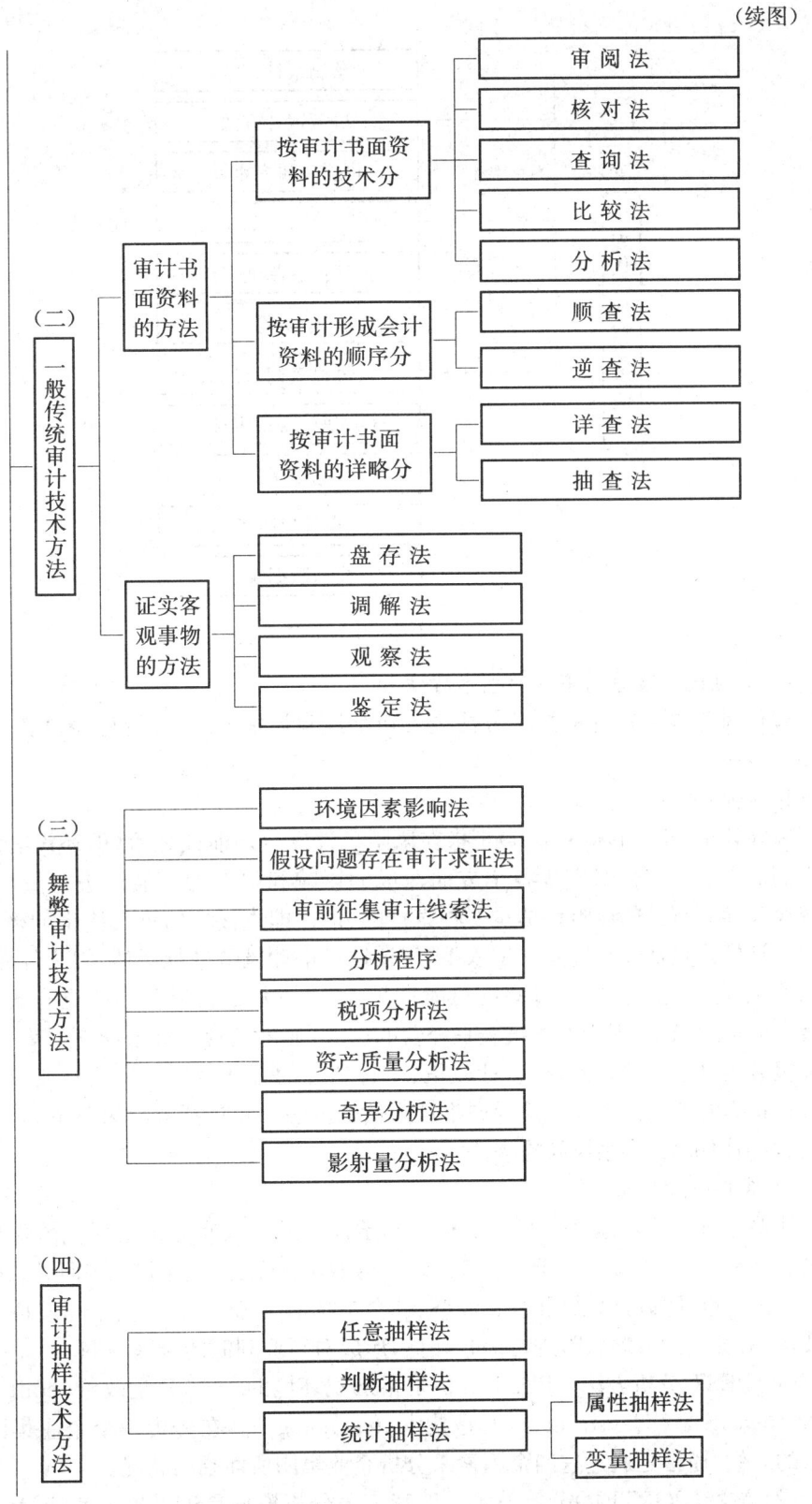

（续图）

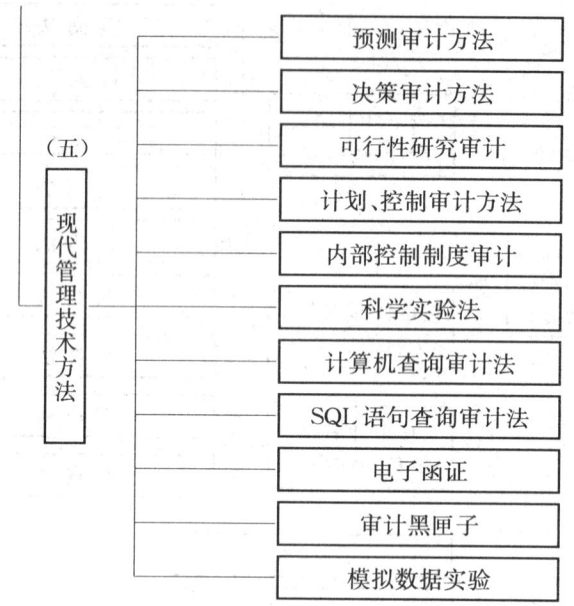

图 4-2　审计查证方法

（一）现代风险导向审计的技术方法

现代风险导向审计的技术方法主要包括风险评估方法、分析程序、控制测试和实质性程序等方法。

1. 风险评估方法

风险评估（risk assessment）是指在风险事件发生之前或之后（但还没有结束），该事件给人们的生活、生命、财产等各个方面造成的影响和损失的可能性进行量化评估的工作。传统风险导向审计的风险评估是一种直接的方式，即直接评估重大错报的概率。现代风险导向审计模式是从经营风险评估入手，间接地对审计风险进行评估，因为经营风险越高，审计风险也越大，也就是管理舞弊的可能性越大；并且从经营风险中能更有效地发现财务报表潜在的重大错报，因为财务报表是经营的反映，如果经营风险未能在报表中得到体现，则财务报表很可能失真。此外，会计政策、会计估计的合理性评估也只有从经营风险入手才能进行正确的评估。现代风险导向审计评估的方法主要包括战略风险分析法、经营风险分析法、业绩评价法、剩余风险检查法。

1）战略风险分析法

战略分析主要是客户外部环境和内部条件分析。战略分析是现代风险导向审计模式的核心环节，其基本思路在于：战略失败很可能引发经营失败问题，进而导致企业整体业绩下滑。独立审计师可以采用政治、经济、社会与技术（PEST）分析技术和波特（PORTER）分析技术，对客户的战略风险进行综合评估，形成对行业利润的合理预期。

（1）PEST 分析方法。PEST 分析是指宏观环境的分析，P 是政治（politics），E 是经济（economy），S 是社会（society），T 是技术（technology）。在分析一个企业集团外部所处的背景的时候，通常是通过这四个因素来分析企业集团所面临的状况。

（2）波特（PORTER）分析技术。波特五力分析模型是迈克尔·波特（Michael Porter）于 20 世纪 80 年代初提出，对企业战略制定产生全球性的深远影响。用于竞争战略的分析，可以有效地分析客户的竞争环境。五力分别是供应商的讨价还价能力、购买者的讨价还价能力、潜在竞争者进入能力、替代品的替代能力、行业内竞争者现在的竞争能力。五种力量的不同组合变化,最终影响行业利润潜力变化。

2）经营风险分析法

审计人员可以采用价值链（VCA）分析技术、波士顿（BCG）分析技术和机会、威胁、优势与劣势（SWOT）分析技术,对客户的经营业绩形成合理预期。

（1）价值链（VCA）分析技术。价值链分析技术是企业为一系列的输入、转换与输出的活动序列集合,每个活动都有可能相对于最终产品产生增值行为,从而提高企业的竞争地位。企业通过信息技术和关键业务流程的优化是实现企业战略的关键。企业通过在价值链过程中灵活应用信息技术,发挥信息技术的使能作用、杠杆作用和乘数效应,可以增强企业的竞争能力。

公司的完整价值链是一个跨越公司边界的供应链中各节点企业所有相关作业的一系列组合。完整价值链分析就是核心企业将其自身的作业成本和成本动因信息与供应链中节点企业的作业成本和成本动因信息联系起来共同进行价值链分析。

（2）波士顿（BCG）分析技术。BCG 法也叫波士顿 BCG 矩阵分析法,是由美国波士顿集团（Boston Consulting Group, BCG）在 20 世纪 70 年代初在咨询实践中设计的一种分析方法。它的基本原理就是：将组织的每一个战略事业单位（SBUs）标在一种 2 维的矩阵图上,从而显示出哪个 SBUs 提供高额的潜在收益,以及哪个 SBUs 是组织资源的漏斗。BCG矩阵的发明者、波士顿公司的创立者布鲁斯认为,公司若要取得成功,就必须拥有增长率和市场份额各不相同的产品组合。组合的构成取决于现金流量的平衡。如此看来,BCG 的实质是为了通过业务的优化组合实现企业的现金流量平衡。

（3）机会、威胁、优势与劣势（SWOT）分析技术。SWOT 是一种分析方法,用来确定企业本身的竞争优势（strength）、竞争劣势（weakness）、机会（opportunity）和威胁（threat）,从而将公司的战略与公司内部资源、外部环境有机结合。因此,清楚地确定公司的资源优势和缺陷,了解公司所面临的机会和挑战,对制定公司未来的发展战略有着至关重要的意义。

3）业绩评价法

审计人员可以在对被审计客户战略风险和经营风险分析的基础上,采用平衡积分卡（BSC）和标杆管理（Benchmarking）分析技术,对客户的经营业绩进行总体评估。

（1）平衡计分卡（BSC）。平衡计分卡的定义：简单说来,平衡计分卡表明了企业员工需要什么样的知识、技能和系统（学习和成长角度）,才能创新和建立适当的战略优势和效率（内部流程角度）,使公司能够把特定的价值带给市场（客户角度）,从而最终实现更高的股东价值（财务角度）。当然,支撑这个定义的,是定义中没有提到的绩效管理和考核体系。

（2）标杆管理（Benchmarking）分析技术。标杆管理又称基准管理,是指一个组织瞄准一个比其绩效更高的组织进行比较,以便取得更好的绩效,不断超越自己、超越标杆,追求卓越,组织创新和流程再造的过程。

标杆管理起源于 20 世纪 70 年代末 80 年代初,在美国学习日本的运动中,首先开辟标杆管理先河的是施乐公司,后经美国生产力与质量中心系统化和规范化。

标杆管理的概念可概括为：不断寻找和研究同行一流公司的最佳实践,并以此为基准与本企业进行比较、分析、判断,从而使自己企业得到不断改进,进入或赶超一流公司,创造优秀业绩的良性循环过程。其核心是向业内或业外的最优秀的企业学习。通过学习,企业重新思考和改进经营实践,创造自己的最佳实践,这实际上是一个模仿创新的过程。

4) 剩余风险检查法

审计人员可以采用传统查账技术和现代审计技术相结合的方法,对客户财务报表中的剩余风险进行分析,最后可将被审计客户的财务报表重大错报风险降低至可以接受的水平。

由此可见,现代风险导向审计模式主要采用战略分析和系统分析工具,将客户置于一个大的经济环境中,全方位地判断影响因素,从客户所处的商业环境、条件到经营方式和管理机制等内外两个方面进行风险评估,并且这种风险评估比单纯的账项检查来得更为重要。现代风险导向审计可以大大提高独立审计人员发现问题的能力,因而可以最大限度地减少审计失败的风险损失。

2. 分析程序

现代风险导向审计以分析程序为中心,分析程序成为最重要的审计程序。分析程序是指审计人员通过分析不同财务数据之间以及财务数据与非财务数据之间的内在关系,对财务信息作出评价。分析程序还包括在必要时对识别出的、与其他相关信息不一致或与预期相关信息差异重大的波动或关系进行调查。

注册会计师实施分析程序可以采用不同的方法,包括从简单的比较到使用高级统计技术的复杂分析。分析程序可以运用于合并财务报表、组成部分的财务报表以及财务信息的要素。

在实务中,可使用的方法主要有下列几种。

1) 趋势分析法

趋势分析法主要是通过对比两期或连续数期的财务或非财务数据,确定其增减变动的方向、数额或幅度,以掌握有关数据的变动趋势或发现异常的变动。典型的趋势分析是将本期数据与上期数据进行比较,更为复杂的趋势分析则涉及多个会计期间的比较。用于趋势分析的数据既可以是绝对值,也可以是以比率表示的相对值。趋势分析的运用形式主要包括:① 若干期资产负债表项目的变动趋势分析。② 若干期利润表项目的变动趋势分析。③ 若干期资产负债表或利润表项目结构比例的变动趋势分析。④ 若干期财务比率的变动趋势分析。⑤ 特定项目若干期数据的变动趋势分析。趋势分析法中涉及的会计期间的期数有赖于被审计单位经营环境的稳定性。经营环境越稳定,数据关系的可预测性越强,进行多个会计期间的数据越为适用。

2) 比率分析法

比率分析法主要是结合其他有关信息,将同一报表内部或不同报表间的相关项目联系起来,通过计算比率,反映数据之间的关系,用以评价被审计单位的财务信息。例如,应收账款周转率反映赊销销售收入与应收账款平均余额之间的比率。这一比率变小,可能说明应收账款回收速度放慢,需要计提更多的坏账准备,也可能说明本期赊销销售收入与期末应收账款余额存在错报。当财务报表项目之间的关系稳定并可直接预测时,比率分析法最为适用。

3) 合理性测试法

合理性测试法通过彼此相关联的项目或造成某种变化的各种变量,测试某项目金额是否合理。简单合理性测试包括三个基本步骤:① 识别能够引起和影响被测试项目金额变化的各种变量。② 确定变量与被测试项目间的恰当关系。③ 将变量结合在一起对被测试项目作出评价。例如,注册会计师对制造企业的营业收入进行分析时,可以考虑产品销售量与被审计单位可供销售产品数量(仓储能力、生产能力)的关系,并考虑被审计单位生产能力的利用情况等因素,将营业收入与运费、电费、水费、办公经费、销售人员工资等联系起来作配比分析。

4) 回归分析法

回归分析法是在掌握大量观察数据的基础上,利用统计方法建立因变量与自变量之间回归关系的函数表达式(即回归方程),并利用回归方程式进行分析。例如,产品销售收入与广告费用之间通常存在正相关关系,注册会计师可以建立两者之间的回归模型,并根据模型估计某一年度产品销售收入的预期值。回归分析法理论上能考虑所有因素的影响,如相关经营数据、经营情况、经济环境的变化等,其预测精度较高,适用于中、短期预测。回归分析法的一个突出优点在于可以计量预测的风险和准确性水平,量化注册会计师的预期值。但注册会计师在选择适当关系时将耗费大量时间,审计成本较高。

3. 控制测试

控制测试是指用于评价内部控制在防止或发现并纠正认定层次重大错报方面的运行有效性的审计程序。控制测试并非在任何情况下都需要实施。当在评估认定层次重大错报时预期控制运行有效的或仅实施实质性程序获取的审计证据无法将认定层次重大错报降至可接受的低水平时,审计人员应当实施相关的控制测试,以获取控制运行有效的审计证据。在实施控制测试时可以考虑三个问题:控制在审计期间的相关时点是如何运行的;控制是否在本年中一贯的得以执行;由谁或以何种方式执行。如果某项控制能够在各个不同时点按照既定设计得以一贯执行,这项内部控制就是有效的,否则,就是内部控制失效。控制测试可采用询问、观察、检查、重新执行和穿行测试等取证方法。

4. 实质性程序

实质性程序是指用于发现认定层次重大错报的审计程序。它包括对各类交易、账户余额、列报的细节测试以及实质性分析程序。细节测试是对各类交易、账户余额和披露的具体细节进行测试,目的在于直接识别财务报表认定是否存在错报。细节测试可采用检查、观察、询问、函证、重新计算等取证方法。实质性程序从技术特征讲仍然是分析程序,主要通过研究数据间关系评价信息,只是将该技术方法用作实质性程序。实质性程序更适用于一段时间内存在可预期关系的大量交易。审计人员应当针对重大的各类交易、账户余额、列报实施实质性程序以获取适当的审计证据。审计人员实施的实质性程序应当包括下列与财务报表编制完成阶段相关的审计程序:将财务报表与其所依据的会计记录相核对;检查财务报表编制过程中作出的重大会计分录和其他会计调整。如果认为评估的认定层次重大错报风险是特别风险,审计人员应当专门针对特别风险实施实质性程序。

(二)一般传统审计技术方法

1. 审计书面资料的方法(查账法)

按审计书面资料的技术可分为审阅法、核对法、查询法、比较法和分析法。

1) 审阅法

审阅法是指对凭证、账簿和报表以及经营决策、计划、预算、合同等文件和资料的内容详细阅读和审查,以检查经济业务是否合法合规,经济资料是否真实正确,是否符合会计准则的要求的一种审计技术方法。审阅法是一种十分有效的审计技术,不仅可以取得一些直接证据,同时还可以取得一些间接证据。会计资料包括会计凭证、会计账簿和财务报表,对它们的审阅应注意如下要点：

会计资料本身外在形式上是否符合会计原理的要求和有关制度的规定；既要从形式和技术上审查，也要从内容上审查。前者主要是审查凭证是否完整正确，如日期、摘要、金额、大小写、签章等是否齐全，有无涂改；后者主要是审查经济业务是否符合有关手续，有无违反财经纪律、财会制度规定，甚至从事非法经营活动的事实等。会计凭证包括原始凭证和记账凭证，其中以审阅原始凭证为重点。

(1) 原始凭证的审阅。原始凭证所反映的经济业务是否符合国家的方针、政策、法令、制度，其内容是否合法、合理。

第一，原始凭证格式是否规范，是否经过统一的工商登记和税务登记，开具凭证的单位名称和地址是否注明，凭证的编号是否连续，要素是否完备，如发票上有无税务局盖章、抬头(户名)、日期、数量、单价、金额、经手人签章、单位公章等是否填写齐全，数字计算是否正确。

第二，原始凭证上的文字、数字是否清晰，字迹有无涂改、刮擦、挖补、伪造的痕迹，复写的凭证可看反面复写字迹的颜色是否一致，图章是否清晰，若凭证某些内容有更正，应审查更正方法是否符合规定。

第三，填制原始凭证日期与付款日期是否相近，如发现几个月以前的凭证，应深入检查原因。

第四，填制原始凭证的单位是否确实存在，防止利用已合并、撤销单位的作废凭证来报销。

第五，原始凭证的抬头是否为被审计单位，如抬头不符，应深入检查原因。

第六，原始凭证的审批传递是否符合规定，有关人员是否都已正式签章。

第七，收款、付款原始凭证是否有财务公章或收讫、付讫的图章，如发现没有财务公章，而是单位或业务公章，应深入检查原因。

第八，原始凭证的经济业务内容是否合法、合规、合理。例如，控购商品是否经过控购办公室审批，有无不应用公款开支的项目；又如，报销差旅费是否超过规定的标准等。

第九，被审计单位自制的凭证如已交其他单位，应审阅其存根是否连续编号，存根上书写是否正常。

第十，自制凭证的印刷是否经过审批，保管、领用有无手续。

(2) 记账凭证的审阅。

第一，记账凭证上所注明的附件张数是否与所附原始凭证张数相符，记账凭证的要素是否齐全，如日期、经济业务的内容、金额、经手人、审批人签章是否齐全。

第二，记账凭证的填制手续是否完备，有无制证人、复核人和主管人员的签章，记账凭证与所附原始凭证的内容是否一致。

第三，记账凭证上的会计分录所用的会计科目是否正确，是否符合会计制度的规定，借、贷方面有无错误，对应科目是否正常。

(3) 账册的审阅。账簿包括总账、明细账、日记账和各种辅助账簿等。其中以审阅明细账和日记账为重点。审阅账簿时应注意：各种明细账与总账有关账户的记录是否相符，有无重登和漏登情况，账簿记录是否符合记账规则，有无涂改和刮擦等情况；更换账页或启用新账簿时，特别应注意其承上启下的数字是否一致。

第一，序时账簿，如现金、银行存款日记账，着重审阅是否按经济业务发生次序记录，若有发生日期与记账日期不一致,相差多日的情况,应查明原因;摘要是否是必要的,内容是否合法、合规、合理;"转下页""承上页"的余额是否一致,有无涂改、刮擦、挖补等情况,如有更正,是否符合更正手续。

第二,明细分类账的审阅,一般挑选若干账户审查,着重审查业务是否正常,是否合法、合规、合理;记录是否正常,有无涂改、刮擦,承上启下是否正确。

第三,总账的审阅,着重审阅有无异常情况,如资产类账户发生贷方余额,负债类账户发生借方余额,折旧额某月特别多或特别少,月末发生大宗销售,次月初大宗销货退回等。如有异常情况,应深入检查原因。

(4) 报表的审阅。审阅报表应以审阅资产负债表、利润表、现金流量表等为重点。审阅报表时应注意:

第一,报表格式、项目是否符合会计制度的规定,如不符合,是否允许。

第二,手续是否齐备,编表人、主管签章是否完整。

第三,报表应填的内容是否全部填写,补充资料、说明书是否齐全和正确。

第四,勾稽关系是否正常。

(5) 其他资料的审阅。其他资料虽然不是会计资料的重要部分,但有时也可从中发现一些问题,用作审计线索。例如,产品出厂记录、质量检验记录以及合同、协议等。应审阅的其他资料通常包括有关法规文件、内部规章制度、计划预算资料、经济合同、协议书、委托书、考勤记录、生产记录、各种消耗定额、出车记录等。

2) 核对法

核对法是指将会计记录及其相关资料中两处以上的同一数值或相关数据相互对照,用以验明内容是否一致,计算是否正确的审计方法。其目的是查明证、账、表之间是否相符,证实被审计单位财务状况和财务成果的真实、正确、合法情况。

在审计中,需要相互核对的内容很多,但概括起来,主要有三个方面,即会计资料间的相互核对、会计资料与其他资料的核对,以及有关资料与实物的核对。

第一,会计资料间的核对。审计人员还要对账证、账账、账实和账表之间进行相互核对。通过核对证实双方记录是否相符,确实是否一致。如果发现有不符情况,应进一步采用其他审计方法进行跟踪审计。采用核对法时,一般要在下列资料间核对。

· 证证核对

原始凭证与所附原始凭证,原始凭证与汇总原始凭证,记账凭证与汇总记账凭证(或科目汇总表)核对。核对内容是所附或有关的原始凭证数量是否齐全,日期、业务、内容、金额同记账凭证上的会计科目及金额是否相符,原始凭证之间、记账凭证同汇总记账凭证之间内容上是否一致,有无计算错误。

· 证账核对

证账核对是指记账凭证与明细账和日记账的记录同时核对,核对记账凭证与明细账、日记账及总账,核对凭证的日期、会计科目、明细科目、金额同账簿记录内容是否一致;汇总记账凭证(或科目汇总表)与记入总账的账户、金额、方向是否相符。查明证账是否相符,看总账与记账凭证汇总表是否相符,看记账凭证汇总表与记账凭证是否相符,看明细账与记账凭证及所涉及的支票号码及其他结算票据种类等是否相符。

· 账表核对

账表核对是指以报表项目与有关账簿记录进行核对,核对报表与有关总账和明细账,以总账或明细账的期末余额或本期发生额为依据,核对账户记录同有关报表项目是否相符,以查证报表指标的真实性和正确性。如果不符,则应用其他方法查找原因。

・账实核对

账实核对是指明细账记录与实物相核对,以查明账存数与实存数是否相符。如果不符,应以实存数为准,来调整账面记录。核对时,可以由两人配合进行,即由一人读账,另一人对账。

・账账核对

账账核对是指以各种有关的账簿记录进行相互核对。如总账与明细账、日记账之间的核对。有些账簿记录的本身也应进行核对。如核对总账各账户的借方金额合计与贷方余额合计是否相符。如果不符,说明登账有错误,应进一步核对查证。

账账核对具体方法如下:

其一,看总账资产类科目各种账户与负债、所有者权益类科目各账户的余额合计数是否相符。即:

(1) 总账资产类账户余额 $=\sum$ 总账负债、所有者权益账户余额。

(2) 总账各账户借方发生额(或贷方发生额) $=\sum$ 总账各账户贷方发生额(或借方发生额)。

其二,看总账各账与所辖明细账户的各项目之和是否相符。即:

(1) 总分类账户与其所属的各个明细分类账户之间本期发生额的合计数应相等。

(2) 总分类账户与其所属的各个明细分类账户之间的期初、期末余额应相等。

・表表核对

核对有关报表,核对报表是否按制度规定要求编制,报表之间的相应关系是否正确,查明报表间的相互项目,或是总表的有关指标与明细表之间是否相符,核对不同报表上相同项目的名称金额是否相符。例如,利润表中的税后利润应与利润分配表中的净利润相核对;资产负债表的未分配利润应与利润分配表中的年末未分配利润相核对。

・账款核对

核对各种账簿记录与各类款项记录。例如,核对各种有关债权、债务明细账的余额,应当经常或定期同有关的债务人、债权人核对相符。现金、银行存款日记账余额应该同总分类账有关账户的余额定期核对相符。已缴国库的利润、税金以及其他预算缴款应该同征收机关按照规定的时间核对相符。

・账卡核对

核对各种账簿记录与有关职能部门的账、卡。例如,看会计部门的总账、明细账与有关职能部门的账、卡之间是否相符。会计部门的有关财产物资的明细分类账的余额应该同财产物资保管部门和使用部门经管的明细记录的余额定期核对相符。

・单账核对

银行对账单与存款日记账核对。

・单表核对

成本计算单与在产品盘点表核对。

第二,会计资料与其他资料的核对。通过查证和核对与经济业务相关联的其他资料,对会计记录进行必要的说明和补充,以全面、正确、客观地反映经济业务的实质。

• 核对账单

核对账单是指将有关账面记录与第三方的对账单进行核对,查明是否一致。比如,将企业的银行存款日记账与银行提供的对账单进行核对,将应收或应付账款与外部其他企业提供的对账单进行核对等。

• 核对其他原始记录

核对其他原始记录是指将会计资料与其相关的其他原始记录进行相互核对,以查证会计记录是否正确、真实。原始记录包括核准执行某项业务的文件、生产记录,实物的出入库记录,托运记录,出车记录,非生产性水、电、煤、物料消耗记录,在册职工名册、考勤记录以及有关人员的公务信函等。

• 核对审计报告

核对审计报告是指将会计资料和其他资料与企业一定时期的审计报告(包括内部审计报告)进行核对,查明审计报告所披露的相关财务和涉税问题是否已在会计核算或财务报表中得到充分而正确的反映。充分分析和运用企业现有的审计报告,对于分析和发现企业可能存在的涉税问题具有十分重要的作用。

• 核对税务处理决定

核对税务处理决定是指将会计资料和其他资料与企业某一时期接受税务检查的税务处理决定进行核对,以确定企业是否已经按照税务处理决定的要求进行了相应的会计处理,并对违法行为进行了纠正。

第三,有关资料与实物的核对。财务报表或账目反映的有关财产物资的存在性是财产所有者普遍关心的问题。因此,核对账面上的记录与实物之间是否相符,是核对的一项重要内容。核对时,查账人员应将有关盘点资料同其账面记录进行核对,或是将查账时实地盘点获得的结果同其账面记录核对。通过以上核对,发现其中差异所在。往往有些差异还需要进一步审查。如需再进行审查的,查账人员应分析判断产生差异的原因及后果,然后确定需要采用的检查方法并实施更深程度的审查。

核对中如发现错误或疑点,应及时查明原因。特别需要指出的是,采用核对法作为证据的资料必须真实正确,否则核对是毫无意义的。当缺乏依据时,相互核对的数据应至少有两个不同来源,并使其核对相符。

3)查询法

查询法指对审计过程中发现的疑点和问题,通过口头询问或质疑的方式搞清事实真相并取得口头或书面证据的一种调查方法。例如:对可疑账项或异常情况、内部控制制度、经济效益等的审查,都可以向有关人员提出口头或书面的询问。对一般问题,口头或书面询问均可。但对重要问题,则尽量采用书面询问并取得书面证据。书面证据是非常重要的,有时是审计成败的最重要因素。

查询法又分为面询、函询和调查表三种。

(1)面询是审计人员向被审计单位内外的有关人员当面征询意见,核实情况。

(2)函询是指审计人员通过给有关单位和个人发函,以了解情况取得证据的一种调查方法。这种方法多用于往来款项的查证,作为认证债权债务的必要手段,对被审计单位银行、保险公司、法律顾问处和其他单位的情况,也可采用这种办法核对认证。函询法有很强的核对性,在查证方面非常有效,是审计工作必不可少的重要一环。

(3)调查表法是审计人员利用事先设计好的调查表,要求被审计单位的有关人员按调查表内容如实填写。通常用简明扼要的语言提出一系列具体的问题,对每个问题设置"是""否""不适用""备注"等栏目供回答,用以了解被审计单位的管理状况、管理素质和管理水平及管理程度等内部控制情况,为开展下一步审计打下良好基础。

4)比较法

比较法就是通过相同被审项目的实际与计划、本期与前期、本企业与同类企业的数额进行对比分析,检查有无异常情况和可疑问题,以便跟踪追查提供线索,取得审计证据。如以本期的有关项目相比(如利润未同产品销售收入同步增长),以被审项目同其他单位的相同项目相比(如把流动资金周转水平同先进企业比),都可以说明情况,发现问题。

比较法大多通过有关指标进行比较,包括指标绝对数比较和相对数比较,两者目的只有一个,就是为了更好地进行审计和核对。

(1)本期相互有联系项目的比较。比较本期利润增长率和本期销售收入增长率是否同步增长,比较本期出口额和收汇情况是否同步增长,进而研究不同步的原因。

(2)同一项目不同时期的比较,借以发现异常情况。对制造费用、管理费用在同一项目的不同时期例如不同月间进行比较,如有特高特低情况,就应进一步研究发生异常的原因。

(3)某一项目不同单位间的比较。将同一项目各个车间的制造费用进行比较;将被审计单位某一项目与兄弟单位同一项目的制造费用、管理费用相比较,通过比较确认是否存在差距,进而研究是否存在不合法、不合规的经济活动。

(4)某一项目和计划指标相比较,可进而研究计划执行中的问题和原因。比较时应注意进行比较的项目应性质相同、情况类似,即内容、范围、计算方法相同,才有可比性。

5)分析法

审计分析法就是通过分解被审项目的内容,以揭示其本质和了解其构成要素的相互关系。按其分析的技术分类,可以分为比较分析、比率分析、账户分析、账龄分析、平衡分析和因素分析、分析性复核等方法。

(1)比率分析法。比率分析法就是通过对相关项目之间的比率关系,如资金周转率、资金利润率、销售成本率等进行对比分析,从中发现情况,或判断被审单位的经济活动是否经济、合理。

(2)账户分析法。账户分析法就是根据账户对应关系的原理,对某些账户借贷方发生额及其对应账户进行对照分析,从中找出异常情况。例如将"产品销售""银行存款"和"应收销货款"结合起来进行分析,一方面可以审核有无差错,另一方面可以深入了解产品销售情况和应收账款的情况,如有异常现象则应进一步采用其他方法进行审计。

(3)趋势分析法。趋势分析法即分析某项经济指标在若干时期的发展趋势的方法。运用此法,分三个步骤:首先,确定所要分析的经济指标(如损益、应收账款、应付账款、产成品等);其次,确定基期数;最后将该指标各年度的数额除以基期数,求出年度对基期的趋势比率。通过这种方法可以观察某项指标不同时期的变动情况和发展趋势,如发现变动过大或过小等异常情况,则需进一步深入审查。

此外,还有对有关账户按期限长短进行归类分析,借以进一步重点追查的期龄分析法;对财务报表相关项目之间的平衡关系、勾稽关系进行对照分析的平衡分析法;分析计算各个因素变动对有关经济指标的影响程度的因素分析法。按运用方法的时间和目的的不同,分析还有事前分析、事中分析和事后分析之分。

上述分析方法运用于审计主要是经济效益审计、管理审计类,当然,它也用于财务管理和其他经营管理方面,如财务分析、技术分析、统计分析和经济活动分析,而且它本身就这些分析的主要方法。

(4)分析性复核。分析性复核是审计人员对被审计单位重要的比率或趋势进行的分析,包括调查异常变动以及这些重要比率或趋势与预期数额和相关信息的差异。一般而言,在整个审计过程中,审计人员都将运用分析性复核的方法。

分析性复核常用的方法有绝对数的比较分析和相对数的比较分析两种方法。

按审计书面资料的顺序可以分为顺查法和逆查法。

1)顺查法

顺查法又称为正查法,是按照会计核算的处理顺序,依次对证、账、表各个环节进行检查核对的一种方法。它就是按照经济活动发生的先后顺序,依次从起点查到终点的审计方法。对会计资料的审查按照会计核算程序的先后顺序,依次审核和分析凭证、账簿和报表。

具体做法是:首先审查原始凭证及记账凭证,然后进一步结合凭证查账簿,最后根据账簿审阅财务报表。

(1)顺查法的优点:审查仔细而全面,很少有疏忽和遗漏之处,并且容易发现会计记录及财务处理上的弊端,因而能取得较为准确的审计结果。(简便易行,由于它按记账程序逐一地、仔细地核对,审计内容详细,一般来说账务上的错误和弊端可以毫无遗漏,审计结果较为可靠)

(2)顺查法的缺点:费时、费力,成本高、效率低,同时也很难把握审计的重点。(事无大小都同等对待,往往把握不住重点和主次方向,且着重对证、账、表的机械核对,费时、费力,可能因小失大)

(3)适用范围:一是在细节测试时,对"完整性"审计目标时常用此法,主要关注验证账户和交易有无低估或漏列错误;二是审查业务不多、凭证较少的企业和管理混乱、存在严重问题的被审计单位;三是适用于特别重要或特别危险的被审计项目。

2)逆查法

逆查法亦称倒查法或溯源法,是指按照会计业务处理程序完全相反的方向,依次对表、账、证各个环节进行检查核对的一种方法。逆查法的基本做法,则与顺查法相反。它就是按照经济活动进行的相反顺序,从终点查到起点的审计方法。在财务收支审计中,它就是按照会计核算程序的相反次序,先审查财务报表,从中发现错弊和问题,然后有针对性地依次审查和分析报表、账簿和凭证。

这种方法的主要优点是从大处着手,审计面较宽,审查的重点和目的比较明确,易于查清主要问题,审计功效较高;不足之处是着重审查分析报表,并据以重点逆查账目,可能遗漏或疏忽某些更重要的问题,难以揭露错弊。而且逆查法难度较大,因此,对审计人员业务素质要求较高。

(1)逆查法的优点:逆查法比顺查法不仅取证的范围小,而且从大处着手,审计面较宽,审查的重点和目的比较明确,易于查清主要问题,能够节约审计的时间和精力,有利于提高审计的工作效率。

(2)逆查法的缺点:着重审查分析报表,并据以重点逆查账目,不能进行全面取证,也不能全面地揭露会计上的各种错弊,可能遗漏或疏忽某些更重要的问题,难以揭露错弊。而且逆查法难度较大,因此,对审计人员业务素质要求较高。

(3)适用范围:一是在细节测试时,对"存在或发生"审计目标时常用此法,主要关注各账户和交易有无高估和虚列错误;二是适合于大型企业以及内部控制健全的企业审计,而不适合于对管理混乱的单位以及重要和危险的项目进行审计。

值得提出的是,审计人员在设计"存在或发生"和"完整性"审计目标的细节测试时,测试的方向(逆查或顺查)很重要,弄错了追查的方向,就属于严重的审计缺陷。

按审查书面资料的详略分为详查法和抽查法。

1) 详查法

详查法又称精查法或详细审计法,是指对被审计单位一定时期内的所有凭证、账簿和报表或某一项目的所有活动、工作部门及其经济信息资料,采取精细的审计程序,进行细密周详的审核检查的一种方法。

(1) 详查法与全面审计的区别:全面审计指审计的种类,是按审计范围大小的不同对审计进行的具体分类。详查法指审计检查的方法,是按检查手续对检查方法的分类;而且,在全面审计中的某些审计项目,根据需要既可以进行详查,也可以不进行详查。

(2) 详查法在具体做法上,通常采取逐笔检查核对的办法。

(3) 详查法的优点:对会计工作中的作弊行为,均能揭露无遗,能够作出较精确的审计结论。

(4) 详查法的缺点:费时、费力,工作效率很低,审计工作成本昂贵。

(5) 适用范围:经济活动简单、业务量极少的小单位,以及对审计目标有重大影响,且认为产生错误或舞弊的可能性很大的审计项目。

2) 抽查法

抽查法是指从作为特定审计对象的总体中,按照一定方法,有选择地抽出其中一部分资料进行检查,并根据其检查结果来对其余部分的正确性及恰当性进行推断(推断总体有无错误和弊端)的一种审计方法。抽查法也称抽样审计法。

(1) 抽查法与局部审计(或专题审计)的区别:局部审计指审计种类,是按审计范围大小或项目多少不同,对审计进行的分类。抽查法指审计检查的方法,是按检查手续对检查方法的分类;而且,在局部审计中的某些审计项目,根据需要,既可以进行抽查,又可以进行详查。

(2) 运用抽样法的前提条件:假定作为特定审计对象总体的每个项目都能代表总体的特征。这是进行抽查的理论依据。

(3) 抽样种类:任意抽样、判断抽样和随机抽样三种。统计抽样法将在第五章第一节作专门介绍。

2. 证实客观事物的方法(调查法)

除了收集书面资料方面的信息,审计工作还必须取得实物存在方面的资料,即证明落实客观事物的形态、性质、存在地点、数量、价值等,以审核是否账目相符,有无错误和弊端。这类方法主要有盘点法、调节法、观察法和鉴定法。

1) 盘点法

(1) 含义:盘点法是指审计人员通过对各项财产物资的实地盘存,检查实物的数量、品种、规格、金额等实际情况,借以确证经济资料和经济活动的真实正确,经济资料与实物是否一致的审计方法。

(2) 盘点法按其组织方式,分为直接盘点和监督盘点两种。

直接盘点法是指审计人员在实施审计检查时,通过亲自到现场盘点有关财物以证实书面资料同有关的财产物资是否相符的一种盘点方法。

这种方法一般对贵重财产,如稀有金属、珍宝、贵重文物和现金等盘点才采用,其他情况下由被审计单位自己盘点,由单位领导和主管人员以及审计人员签章即可。

监督盘点法是指审计人员亲临现场观察检查,由被审计单位自行组织盘存,必要时审计人员可以进行抽查、复点,保证盘存的质量,以证实有无问题的一种盘点法。

这种方法一般用于数量较大的实物,如厂房、机器设备、材料、商品等。

(3)适用范围:各种实物的检查,如现金、有价证券、材料、产成品、在产品、库存商品、低值易耗品、包装物、固定资产等。

(4)在具体运用盘存法时,应特别注意以下各点:

第一,实物盘存一般采取预告检查,如有需要也可采取突出检查方式,如果实物存放分散,应同时盘点。若不能同时盘点,则未盘实物的保管应在审计人员的监督下进行。

第二,不能只清点实物数量,还应注意实物的所有权、质量等。

第三,任何性质的白条,都不能用来充抵库存实物。

第四,在确定盘点小组的人选时,不能完全听任被审计单位,以防串通合谋舞弊。

第五,确定盘点结果,不要轻易作结论,尤其是涉及个人的问题,更应谨慎从事。

2)调节法

如果现成的数据和需要证实的数据在表面不一致时,为了证实数据的真实性,就要运用调节法。调节法就是从一定出发点上的数据着手,对已发生的正常业务的有关数据进行必要的增减调查的一种方法。例如,通常运用调节法编制银行存款调节表,以便根据银行对账单的余额来验证银行存款账户的余额是否正确。此外,调节法还可用于编制有关财产物资的调节表,以验证有关财产物资结账日账面数与实存数是否相符。其基本方法是:当盘点与书面资料结存日期不同时,先进行实物盘点,然后即可审查账实是否一致。

(1)含义:调节法是指将有关双方不符的账目逐笔审查,查清来龙去脉的方法。若遇有检查日与结账日之间不一致时,应进行必要调整。

(2)调整公式

$$结账日账面应存数=盘点日账面应存数+盘点日与结账日之间的发出数$$
$$-盘点日与结账日之间的收入数$$
$$结账日实存数=盘点日实存数+盘点日与结账日之间发出数$$
$$-盘点日与结账日之间收入数$$

注意:第一公式中的盘点日账面应存数是在盘点准备阶段确定的,一般认为是无核算错误的账面存数,而不是被审计单位提供的盘点日账面余额。两公式中两个调整项,数据相同,但无论是期间的付出也好,还是期间的收入也好,若要用来调整,则必须经过审计人员的审核,只有认为正确无误时,才能用来调整。

例:某企业 2018 年 12 月 31 日产成品明细账结存数为 640 件,审计人员于 2019 年 1 月 15 日晨对产成品进行盘点,结果是 608 件。查阅成品仓库卡片得知,1 月 1 日至 14 日产成品入库 1 240 件,发出 1 172 件(出入库记录经查阅无误)。要求判断产成品账面结存数 640 件的正确性。调节计算如下:

$$被查日应存数=盘点日实存数+盘点日与结账日之间发出数-盘点日与结账日之间收入数$$
$$=608+1\ 172-1\ 240=540(件)$$

差异＝640－540＝100(件)

这说明 2018 年 12 月 31 日产成品虚增 100 件,需进一步查明原因。

3) 观察法

观察法是指审计人员亲临现场进行实地观察检查,借以查明事实真相,取得审计证据的一种调查方法。审计人员进入被审计单位后,深入到车间、科室、工地、仓库等地,对生产经营管理工作的进行、财产物资的保管和利用、内部控制制度的执行等,进行直接的观看视察,注意其是否符合审计标准和书面资料的记载,从中发现薄弱环节和存在的问题,借以收集书面资料以外的证据。充分收集证据,是搞好审计的关键,否则是不能发现问题的。

(1) 含义:观察法是指审计人员通过实地观看视察,以判断是否符合审计标准和书面资料的记载,借以收集书面资料以外审计证据的方法。

(2) 适用范围:应用于对被审计单位经营环境的了解,对内部控制制度的遵循测试和财产物资管理的调查。观察法结合盘点法、询问法使用,会取得更佳的效果。

4) 鉴定法

鉴定法是指需邀请有关专业人员运用专门技术对书面资料、实物和经济活动进行确定和识别的方法。如:对实物性能、质量、价值、书面资料的真伪以及经济活动的合理性、有效性等的鉴定,就超出了一般审计人员的能力,而需要聘请一定数量的工程技术人员、律师等提供鉴定结论,并作出独立的审计证据。因此,为了更好地工作,审计部门应当在法律部门、技术部门的配合下,才能有所提高。

(1) 含义:鉴定法是指审计人员对于需要证实的经济活动、书面资料及财产物资超出审计人员专业技术时,由审计人员另聘有关专家运用相应专门技术和知识加以鉴定证实的一种办法。

(2) 适用范围:应用于涉及较多专门技术问题的审计领域。

(三) 舞弊审计的技术方法

1. 舞弊审计的定义

舞弊审计是指以审计人员始终保持高度职业怀疑为前提,通过信号侦查,实施舞弊分析,以揭露舞弊具体细节、损失金额、影响范围等为目标的审计。

美国舞弊审计人员协会认为,它是一种发现舞弊的先发制人的方法,即运用会计记录和其他信息,进行分析程序,识别出舞弊行为及其隐瞒方法。这种针对舞弊行为所进行的审计,就其广义来说,它不仅应包括在舞弊发生之后的审计调查,还应当包括针对舞弊正在或将要发生的整个防范和监督活动。

2. 舞弊审计的特点

舞弊审计并非内部审计的常规性审计任务,它是一种发现性冒险活动,并可以通过其他审计来发现线索。它在审计主体、审计目标、取证来源、证据充分性等方面与财务审计及其他常规性审计均明显不同,具有层次性、特殊性、困难性、复杂性、风险性等特点。

3. 舞弊审计的目标

作为舞弊审计,其目标是揭露那些有意歪曲记录及非法占用资产的行为的存在及范围,而且不论舞弊涉及的金额有多大,在性质上,它都被认为是重要的。由于舞弊本身也不是经常发生的事项,故舞弊审计的方法比较具体,因为它必须发现那些有意隐瞒的事实。

在《审计准则公告第 82 条——在财务报表审计中关注舞弊》明确,审计人员有责任计划并实施审计工作来获得合理的保证,判断财务报告是否不存在重大错误,是否是由错误或者舞弊中产生,在风险评估中应包括舞弊性财务报告和财产侵吞的风险因素。有关舞弊性财务报告的风险因素分为管理层的品格和对控制环境的影响、行业条件、经营特点和财务稳定性;有关财产侵吞的风险因素有财产对于侵吞的敏感性控制。

审计人员必须对可能的违法(规)行为的线索保持警惕,对于可能存在的违法(规)和行为,审计人员应予以严格审查,包括对这些行为存在的可能性、已有的控制和监督,以及对全面的控制环境进行评估。当然,任何可疑之处都应采取以上措施。在估计舞弊可能性时,应重点突出那些最易受到袭击的资产。据一种舞弊比率理论指出,在缺乏诚实的品质、工作压力不大,并有舞弊机会的情况下,发生舞弊的可能性大约是 50%;当缺乏诚实的品质、工作环境压力很大,并伴有较多的舞弊机会时,上述可能性就会大大增加。

4. 舞弊审计的常用方法

1) 环境因素影响法

环境因素影响法是指审计人员在实施审计作业时要考虑经济与社会发展的大环境以及审计客体自身环境的影响,对可能导致舞弊事件发生的动机或压力、机会和借口(合理化解释)三因素进行分析判断的一种审计方法。也就是说,审计人员要通过对审计客体的外部环境和内部环境因素的作用力,作出符合审计目标和能够收集审计证据的基本线索依据,有针对性地组织和进行审计作业。

作为影响会计模式的社会环境,其构成因素是多方面的,各种因素影响作用大小不一,会计环境对会计模式可以是综合性的几个方面因素的影响,也可以是某一方面因素的影响。影响会计模式的社会环境因素有经济环境、政治环境、法律环境和文化环境等。

2) 假设问题存在审计求证法

审计人员带着疑问和问题去实施审计是目前较为普遍采用的一种审计方法,也是最见成效的。这一点符合审计制度的设计是建立在审计客体舞弊客观存在为基本假设,通过审计以较少的成本或支出去遏止或阻止因舞弊问题带来的巨大经济损失。在审计实践中,通过假设问题的存在去收集审计证据,从而求证问题的真实结果,验证审计人员对问题的最终判断符合舞弊行为发生的基本规律,也是提高审计效率的有效途径,使审计人员的审计活动行为有的放矢。其必要的审计路径为:利用审计客体提供的资料评估其经济活动行为→找内部控制制度的薄弱环节→找问题存在的可能疑点→分析疑点对经济活动行为影响程度→确定审计样本→收集审计证据→求证问题的真实性。

3) 审前征集审计线索法

审计线索的提供者一般情况下都是知情者,因为舞弊的最终结果是在使得一部分人受益的同时侵害了另一部分人的利益或是国家利益或是社会公众利益,这些都会促使知情者在安全的情况下通过第三者(如审计组)予以遏止的愿望,而信息的不对称性决定了审计人员对审计客体的经济活动行为的了解是不充分的,审计所面对的审计客体的经济活动行为也是多样化的,在审计人员处于信息掌握的劣势地位去揭示审计客体舞弊问题往往如大海捞针。一方面,审计成本与审计作业时间的制约要求审计组在一定的时间内必须完成审计任务。另一方面,审计客体舞弊行为的预谋性与隐蔽性藏匿在巨大经济活动中的某一个环节或事件中,并在虚假完善的内部控制制度的保护下使审计人员在有限的审计时间里难以揭示,导致审计工作事倍功半或审计失败。此时,最有效果的审计方法就是寻找审计线索,通过审计线索收集审计证据。审计路径:公告审计事项→提供审计组联系方式→获取审计线索→甄别线索的真伪→收集证据→查证问题。

4）分析程序

分析程序是反舞弊的有效舞弊的方法,即使使用并非十分精确的分析程序,在检查舞弊方面的作用也是非常明显的,相当比例的财务报表重大错报最初都是在分析程序中发现线索的,然后经追查后确定。在分析利润操纵的预警指标体系中,审计人员更关注销售收入应收账款比率、销售毛利率、资产质量比率、销售收入增长比率、资产增值率等。

分析程序是指审计人员通过分析被审计单位重要的比率或趋势,包括调查这些比率或趋势的异常变动及其与预期数额和相关信息的差异而获取初步审计线索的方法。在实施分析性复核时,审计人员可以使用简易比较法、比率分析法等。

在简易比较法中,较典型的是对现金流量的分析。

众所周知,权责发生制下会计数据与现金流量不一致是正常的,但当公司会计政策保持不变时,两者之间的关系通常是稳定的。所以,上报利润和营业现金流量之间的关系发生任何变化时,都可能表明企业的细微变化。如果公司的现金流量长期低于净利润,将意味着与已经确认为利润相对应的资产可能属于不能转化为现金流量的虚拟资产;若反差数额过大或反差时间过长,就说明有关利润可能存在挂账利润或虚拟利润现象。把每股经营活动现金流量与每股收益相比,若前者为负数,而后者较高,这样的上市公司往往在造假。

在比率分析法中,较典型的是对毛利率、应收账款周转率、存货周转率等的分析。由于同行业中毛利率具有平均化的趋势,如果一家上市公司的主营业务毛利率与行业平均水平相差太大,就可能在造假。如果其毛利率大大高于行业数,意味着其收入是虚假的。反之,收入可能被隐瞒。另外,比如应收账款周转率和存货周转率的急剧下降,很可能是由于上市公司虚构收入和利润,同时又未等额增加收入和成本,进而导致应收款项和存货的急剧增加。同理,根据相关财务指标的计算比较,可以给审计人员类似的启示。

5）税项分析法

若一家上市公司的应交税金数额特别大,则欠税很可能是虚构的。其造假手法就是虚开发票。根据会计公式计算的应交税金期末余额与公司的实际期末欠税额比较,若两者相差较大,则公司造假确定无疑;反之,若公司的实际税负非常低,与其主营业务收入难以配比,则其收入和利润都可能是虚构的。需要说明的是,只要税法允许,上市公司对财务会计和税务会计实行不同的会计政策是合理的。但是,财务会计与税务会计之间的关系在一定时期内要保持连续性,除非税务规则和会计准则发生显著的变化。如果公司会计利润与应纳税所得额之间差距扩大,则表明公司提供给股东的财务报告变得越来越不真实了。

6）资产质量分析法

由于虚构收入等原因,上市公司账面会有许多不良资产。如:子公司长期亏损或业绩平平;在建工程一直挂在账上,尤其是工期长又过时的生产设备;一些租赁、承包、托管的子公司或分公司根本就不存在,对不良资产要逐项分析。如:投资是否存在,是否应该计提长期投资减值准备;大量作为递延处理的成本开支,特别是那些无形或"欺诈性"的开支是否能确认以及能否从收入中获得补偿都是值得关注的问题。通常,将不良资产总额与净资产比较,若前者大于或接近后者,即说明上市公司的持续经营能力可能存在问题,也可能表明上市公司在过去多年因人为夸大利润而形成"资产泡沫";如果当期不良资产的增加额和增加幅度大于利润总额和增加幅度,则表明上市公司当期的利润表存有水分。

7）奇异分析法

奔福德定律与现有审计理论体系的关系。现有的舞弊侦查的方法主要有分析程序、交易实质分析法、期后事项分析法、税项分析法、资产质量分析法、奇异分析法等。

奇异分析法则重在特别关注财务资料中奇异的数字、时间、地点、交易以及例外的和不合常理的情况。从账面奇异金额发现问题。会计资料是数字的海洋,数字是构成会计资料的基本材料。

奔福德定律是由美国数学家、天文学家赛蒙·纽卡姆(Simon Newcomb)在 1881 年首次发现的。经过对大量随机数据的统计分析,他发现这些数据都很好地符合这样的规律:以 1 为第一位数的随机数要比以 2 为第一位数的随机数出现的概率要大,而以 2 为第一位数的随机数要比以 3 为第一位数的随机数出现的概率要显得异常。所谓异常,是指该数据针对其业务内容和其所反映的内容而言的,没有一个数字绝对是异常数字,也没有一个数字天然不是异常数字,异常数是相对而言的。如:购买一辆板车用去 600 元是正常数,而修理一辆板车用了 600 元就是异常数,如果将来物价上扬到一定程度,购买板车用 600 元也可能是异常数。认识异常必须结合特定时期的特定的经济业务内容,必须由查账人员进行准确的专业判断。

审计人员可从数字值的大小变化、正负方向、精确度等方面来发现奇异数字。

识别异常数主要从以下几方面入手:

(1) 账面数值发现问题。

第一,从数目大小发现问题。特别对一些经济业务有一定的数量金额界限的,如发现无故突破该界限便可视为异常,应进行深入调查审核。如:某企业销售费用过去每月为 12 万元,本月份销售量未有增加,甚至有所下降,而销售费用却上升至 20 万元,则这 20 万元就是值得推敲的异数,因为销售费用增加无业务背景的支托。

第二,从数字的正负方向发现问题。在账簿体系中,有的会计账户的余额本身应为借方记录值或贷方记录值,有的账户是虚账户,有的是实账户。在经济业务中,有的业务本身是一种增加(正向)或减少(负向):如购买材料应支付货款,即企业的材料应为增加,而企业的银行存款应是减少;如果经济业务活动的结果与之相悖,则说明存在问题,即我们所说的出现异常。例如,被审计单位进行材料实物盘点,经查出现了某材料的期初余额加本期收入数小于本期发生数加期末盘存数的"余额",即出现了来历不明的材料剩余,该余额便为异常数。有的虚账户出现了期末余额就是奇异数,应进一步查明原因。

第三,从数字的精确程度发现问题。一般会计核算对数字的计算有相应的精度要求,财会人员应以此为标准处理有关会计业务,如果发现有的账簿中有的业务支出出现过分的精确或不精确,都应列为异常而加以分析。例如,发现被审计单位的利润为 300 万元,某产品的材料成本差异摊销值为 3 000 元,就是一个异常数,理由是销售收入经扣除销售成本、税金等产生利润,材料成本差异经过汇集再按一定的分配率分配到产品之中,怎么如此凑巧正好为 1 位正整数,其中有无人为调节的因素,确实值得怀疑。

(2) 从账面奇异时间发现问题。所有经济活动的发生和发展总是在特定的时间范围内进行的,财务人员对业务进行会计处理也应准确反映其发生的时间或时期。时间是对经济业务进行反映和监督的重要因素,而这一要素不像金额数值那样广为人们所重视,常常易被忽略,但它也暴露出许多疑点和线索。认识和判断时间异常主要从两方面入手:

第一,从时点的错位发现问题。经济活动有其特定的时间,具体来说,它总是发生于某一时点,如果有关账簿或凭证记录上无时点反映,或故意使之模糊起来,或虽有所反映但所反映的时间与其相对应的经济活动有明显矛盾,都应列为异常数,作为进一步审计的重点。

如现货购买材料记录所反映的时间与实物验收时点、付款时点相距甚远,就是一例异常,应引起警觉。再如,某市供电局前局长收受贿赂,其中一笔收贿 8 万元,当法庭审讯时有关人员出示了一张借据,由此被告一口咬定其收到 8 万元的现金不属于受贿,而是向朋友借款行为,到底是借款还是收受贿赂,关键是该借据写于何时点,后经查该借据是在事情败露后,当事人补写的,将时间往前推了 1 年多,说明其收受贿赂的事实清楚、罪名成立。

第二,从时间区间的延长或缩短发现问题。许多经济活动的进行总有一定时间区间,超出正常的时间区间不能完成正常时间段所完成的经济业务,说明其中存在非正常因素,所以应列为异常数加以分析。如:企业的债权超过结算期和信用期不能收回就可能出现坏账,企业在途材料和在途商品根据合同规定及其所采用的运输方式,长期不能到货,就出现异常,应进一步查明原因;在库的材料长期不用,说明出现了超储积压。

8)影射量分析法

在财务收支活动中,存在许多相互影射的经济对应关系。例如,从某些包装物的领用数量可反映产品、商品的销售量;从运杂费可反映某些材料、物资或商品的购销量;直接工资和原材料消耗量可反映产品生产量等。审计人员可通过分析、对比审计对象的影射量,查找不入账的账外舞弊。

(四)现代管理技术方法

现代管理技术方法是指经济效益审计中为达到特定的审计目的而采用的现代管理技术方法。相对于常规技术方法,它主要针对经济效益审计对象的特殊方面而选用。审计人员在实施审计中,为达到某些特定的审计目标,选择采用现代管理技术方法,它已超越传统的审计查证技术方法,而广泛采用预测、决策、可行性研究、计划控制、计算机审计等多种方法,呈现多样化、现代化、网络化和电子化。具体方法如下。

1. 预测审计方法

它是对被审计单位作出的预测进行再论证,以确定其科学合理性所选用的方法。在预测方法中,定性的如集合意见法和特尔裴法;定量的如回归分析法、时间序列预测法、自适应模型预测法和马尔科夫预测法等,这些是计量经济学方法在审计中的具体应用,需要的数学统计知识很高深,主要用于预测论证。

2. 决策审计方法

在审计中,这是对决策分析进行再论证所选用的方法,如价值工程法、决策树法、期望值法、方案比较法、投资分析法、量本利分析法、线性规划法、目标规划法、经济批量法、边际分析决策法、后验概率决策法、蒙特卡洛法等。

3. 可行性研究审计方法

它是对工程投资、产品研发、技术改造等方面进行可行性研究的过程和结论进行审查的方法。它用到的专门技术方法是适用于经济效益审计的,包括工程规划、技术评估和总经济效益等部分。

4. 计划、控制审计的方法

计划和控制也是审计的重要内容,尤其是对某些大型工程项目的审计,更是不可缺少的内容。常用的有投入产出法、综合平衡法和计划评审法等。主要用于计划和控制非重复性工程项目的复核和检查等。

5. 内部控制制度审计

内部控制制度体现被审计单位管理水平的高低。对内部控制制度进行审计是现代审计的重要内容和方法。内部控制制度审计是从内部控制制度入手进行经济效益审计的方法。首先,要对被审计单位的控制环境、会计系统和控制程序等内部控制制度进行健全性评估;然后,根据健全性评估结果对部分内部控制制度进行控制测试,并提出完善内部控制制度的意见建议;最后,根据内部控制制度的控制测试结果,决定实质性测试的范围、重点,进行经济效益审计的最后攻坚。

6. 科学实验法

科学实验法是指审计人员可通过科学实验来获得必要的审计证据或审计依据的方法。

7. 计算机查询审计法

计算机查询审计法是以被审计单位计算机信息系统和底层数据库原始数据为切入点,在对信息系统进行检查测评的基础上,通过对底层数据的采集、转换、清理、验证,形成审计中间表,并运用查询分析、多维分析、数据挖掘等多种技术和方法构建模型进行数据分析,发现趋势、异常和错误,把握总体,突出重点,精确延伸,从而收集审计证据,实现审计目标的审计方法。

8. SQL 语句查询审计法

当审计客体向审计组提供的审计资料是一张软盘时,审计人员如何开展审计工作已经成为广大审计工作者必须面对的课题。借助 SQL SEVER 结构化查询语句从事计算机审计已经成为目前广大审计人员必须掌握的基本知识,电子政务的迅速发展和企业的 ERP 计划的组织实施,传统的以纸质为载体的会计凭证和账簿将会随着计算机的发展逐步消失,国内部分大型的企业事业单位和跨国公司已经率先摆脱了手工记账方式,审计客体已经没有了传统纸质载体所反映的会计资料记录,所有的反映经济活动行为记录都以不同数据库的方式存储在数据库中,就是在目前的县一级水平也大多数实现的计算机的数据库管理,只是因为观念的差异性使得手工记账与电子账并存运行。我们不可否认会计是审计的基础,会计工具的革命也势必导致审计工具的革命,否则审计将会退出历史舞台。在电子账的基础上,计算机软件工程人员与审计人员通过近年来的审计实践经验的积累开发出很多的审计软件,期望推广审计软件实现审计人员业务素质的飞跃,可任何审计软件的开发几乎都是在 SQL 语句的基础上的拓展,仅仅解决了审计人员对电子数据账的入门审计问题。由于审计客体的经济活动行为的数据化存储和管理与传统纸质账有着巨大的差异性,舞弊的手段与方式也存在着本质的区别,如何面对数据库的审计已经开始对从事传统纸质账本审计的审计人员进行排斥。审计路径:采集数据→取得数据备份→获取有用的数据信息→找到所需要的字段→使用 SELECT 语句设定条件→分析查询结果→揭示问题。

9. 电子函证

电子函证是指审计人员利用专门的程序模块就被审计企业的有关数据,向相关的企业的数据库发出电子询证函,经对方企业同意后实现数据库之间的自动数据比较而获得被审计企业数据真实性的证据。函证内容不仅包括有关账户的余额,更应包括企业的原始数据库的数据。如果被审计企业和被函证企业签订了有关信息交流协议,电子函证的复函无须被函证企业的同意就可由其电子信息系统自动进行。

外部系统克隆是审计人员获取企业会计系统未被非法改动的证据,而对原始数据的合理合法的证据,则必须通过另外的审计程序获得。电子函证就是获取这一类数据的最好的审计程序之一。一方面这种函证可以通过程序实现自动发函,自动复函、自动比较与自动进行差异分析和列表,从而使得函证更加快速、准确、安全和简便。另一方面这种函证利用网络通讯和无线通讯等先进的电子技术也使得通讯花费大大降低。更重要的是,这种函证由于是电子自动复函和比较,排除了人为因素,使得其函证结果更加可靠。这都使得电子函证成为一种高效、低廉和可靠的审计程序。这些特征使得其可以大范围应用,甚至可以将被审计企业所有的可函证数据都进行函证。其中,企业原始数据库则是首选的函证范围。通过电子函证,审计人员可以判断企业的原始会计数据和相关账户余额是否真实、合法和可靠。

由于外部信息管理服务机构的存在,电子函证除可以采取向被函证企业发函的方式之外,还可以采取向被函证企业的信息管理机构直接发函的方式。这会使得由于众多被函证企业在同一家信息管理机构备份信息而大大提高效率。如果被审计单位和被函证单位在同一信息管理机构备份信息,则可以在这家信息机构直接调用双方的数据进行比较,这比跨机构函证更加高效。这种方法可广泛用于银行存款、往来账项和对外投资等项目以及与前任 CPA、律师和政府机构等方面的询证。

10. 审计黑匣子

审计黑匣子是指审计人员通过在被审计单位的会计系统中安置具有记录功能的程序模块,从而对被审计企业会计信息进行监控以获得相关审计证据。

外部备份程序和电子函证在相当程度上可以保证查出会计信息系统中是否有偏差,但它们却无法很好地说明这些偏差的产生过程和性质,而这些对审计人员发表审计意见却具有重大的影响。因此,应当有一种审计程序来帮助审计人员查出信息偏差的产生过程并判断其性质及严重程度。审计黑匣子能很好地完成这个任务。一方面这一模块能对被审计单位的会计信息系统操作情况例如操作人员编号、进入时间和操作内容等进行序时记录,另一方面其本身又具有隐蔽性、安全性和稳定性。这个模块平时仅在后台工作,被审计企业的会计人员无权修改数据,更不能撤换它和影响它的工作。当审计人员发现会计系统的非正常现象,则可以通过调用其数据获得重要的审计线索。这就像飞机上的黑匣子,平时不影响飞机的正常工作,当飞机出现飞行事故时又能提供关键的事故线索。审计黑匣子除了为审计人员发表审计意见提供支持之外,还能发现被审计单位的会计信息系统薄弱环节,以便审计人员向被审计单位提出包含改进意见的管理建议书。这种方法可广泛应用于财务报表审计等各种鉴证业务。

11. 模拟数据实验

模拟数据实验是指审计人员将被审计单位的有关数据输入被审计单位的会计软件进行数据重新处理以获得实验数据,并将此结果与被审计单位的会计信息对比以获得审计证据。

模拟实验是审计人员可选择的获得进一步审计证据的审计程序之一。由于审计人员在审计中可以通过信息管理服务机构获得被审计单位的原始数据,也可以获得被审计单位用于处理这些数据的会计软件。那么,审计人员只要通过系统克隆和电子函证等程序确信了原始数据和会计软件的可靠性、合法性和合理性之后,就可以进行模拟数据实验了。一般而言,模拟数据实验的数据实验结果应当和企业的实际会计信息相一致,否则说明企业会计信息质量存在问题。在这种情况下,审计可以通过信息差异比较和审计黑匣子等审计程序进行分析判断,得出审计结论。应当说明的是,当审计软件和会计软件尚未发展到一定阶段,还不能对原始数据库进行自动信息重处理时,因为手工输入成本过高,模拟实验程序可能不能全面执行。在这种情况下,审计人员可以采取抽样数据实验法进行部分重要数据的模拟实验。这种模拟实验更大程度上适用于符合性测试而不是实质性测试。模拟数据实验可广泛应用于各种鉴证服务。

系统克隆、电子函证、审计黑匣子和模拟数据实验,勾画出一幅崭新的信息时代审计程序的蓝图。虽然这些审计程序很大程度上是作者建立在现实的会计和审计领域中发生的新变化基础上的推测,但作者希望通过这些推测,能够为未来审计程序和审计系统的再造带来一些思路和启发。

第四节 审计分析方法、评价方法和研究方法

一、审计分析方法

审计分析方法,是进行审计评价和提出审计结论和建议、提高经济效益的依据和基础。一般可分为单项分析、局部分析和全面分析三类,或按时间划分为事前分析、事中分析和事后分析。无论是上述哪一种分析方法,其采用的具体分析方法如下。

（一）对比分析法

对比分析法也称比较分析法,是把客观事物加以比较,以达到认识事物的本质和规律并作出正确的评价。

对比分析法是将两个或两个以上性质相同的指标进行对比,分析研究它们之间的数量差异及其原因的审计分析方法。它通过对被审计单位的经济活动和财务状况数值的增减变化来进行检查,分析原因,作出评价。可以采用纵向对比分析和横向对比分析两种方式进行。对比分析法虽然看起来很简单,但它能揭示很深刻的问题,通过同计划指标比、同上年同期比、同历史最好水平比、同地区与国内国际水平比,可以很好地分析经济效益的高低。对比分析法,通常是把两个相互联系的指标数据进行比较,从数量上展示和说明研究对象规模的大小,水平的高低,速度的快慢,以及各种关系是否协调。在对比分析中,选择合适的对比标准是十分关键的步骤,选择合适,才能作出客观的评价,选择不合适,评价可能得出错误的结论。

对比分析法的作用:

（1）了解经济对象的规模、程序和趋势,以便确定进一步审查的方向、项目、内容、方法和步骤。

（2）对有些问题经过分析比较,可以弄清原因,作出判断。

（二）平衡分析法

所谓平衡,就是各个互相联系的因素之间,在数量上保持一定的合理的对应关系。平衡分析法是分析事物之间相互关系的一种方法。它分析事物之间发展是否平衡,揭示出事物间出现的不平衡状态、性质和原因,指引人们去研究积极平衡的方法,促进事物的发展。统计平衡分析的主要方法有编制平衡表和建立平衡账户两类。

平衡表与一般统计表的区别在于:指标体系必须包括收入与支出,来源与使用两个对应平衡的指标。平衡表的主要形式有三种,即收付式平衡表、并列式平衡表和棋盘式平衡表。前两种形式如资产负债表、能源平衡表,后一种形式如投入产出表。

平衡账户是用等式表示各相关指标间平衡关系的分类,反映会计要素增减变动情况及其结果的载体。它是根据资产与权益的恒等关系以及借贷记账法"有借必有贷,借贷必相等"的记账规则,检查所有账户记录是否平衡,如:期初库存＋本期入库＝本期出库＋期末库存,资产＝负债＋所有者权益,增加值＝总产出－中间投入。

（三）指数分析法

指数体系的概念:从广义上讲,指数体系是由若干个经济上具有一定联系的指数所构

成的一个整体;从狭义上讲,指数体系是指经济上具有一定联系,且具有一定的数量对等关系的三个或三个以上的指数所构成的一个整体。

指数分析法是对各种经济核算指标的综合变动(变动方向、变动程度、变动因素)从数量上分析其受各因素影响的方向、程度及绝对数量。

(四)敏感度分析法

敏感度分析法是指从众多不确定性因素中找出对被审计单位经济效益指标有重要影响的敏感度因素,并分析、测算其对项目经济效益指标的影响程度和敏感度程度,进而判断项目承受风险能力的一种不确定性分析方法。

具体使用时,先找出影响被审计单位经济效益变动的敏感度因素,然后在影响被审计单位经济效益其他因素保持不变的前提下,将敏感度因素变动一个单位,求出综合指标的变化值,即为该因素的敏感度。

(五)风险分析法

如何将经济决策过程中普遍存在的决策条件的不确定性和预期结果的可变性等风险降低到最低水平,就必须对风险价值进行定性和定量分析,这就是风险分析法。

(六)多因素联动分析法

它是对影响经济效益的各种因素进行分析,从而找到根本性原因,分清主次,提出改善经济效益的对策建议。通常它计算的顺序方法是:以实际指标依次替换计划指标,直到全部替换完毕。每次替换计算的结果与前次计算结果相比,就可以测算出某一因素对计划完成情况的影响程度。

(七)概率分析法

概率分析法是通过研究各种不确定性因素发生不同变动幅度的概率分布及其对项目经济效益指标的影响,对项目可行性和风险性以及方案优劣作出判断的一种不确定性分析法。概率分析法常用于对大中型重要若干项目的评估和决策之中。

概率分析,通过计算项目目标值(如净现值)的期望值及目标值大于或等于零的累积概率来测定项目风险大小,为投资者决策提供依据。

概率分析的具体方法主要有期望值法、效用函数法、模拟分析法以及德尔菲尔法等。

1. 期望值法

期望值法在项目评估中应用最为普遍,它是通过计算项目净现值的期望值和净现值大于或等于零时的累计概率,来比较方案优劣、确定项目可行性和风险程度的方法。

2. 效用函数法

所谓效用,是对总目标的效能价值或贡献大小的一种测度。在风险决策的情况下,可用效用来量化决策者对待风险的态度。通过效用这一指标,可将某些难以量化、有质的差别的事物(事件)给予量化,将要考虑的因素折合为效用值,得出各方案的综合效用值,再进行决策。

效用函数反映决策者对待风险的态度。不同的决策者在不同的情况下,其效用函数是不同的。

3. 模拟分析法

模拟分析法就是利用计算机模拟技术,对项目的不确定因素进行模拟,通过抽取服从项目不确定因素分布的随机数,计算分析项目经济效果评价指标,从而得出项目经济效果评价指标的概率分布,以提供项目不确定因素对项目经济指标影响的全面情况。

4. 德尔菲尔法

德尔菲尔法是一种集中众人智慧进行科学预测的风险分析方法。德尔菲尔法是美国咨询机构兰德公司首先提出的,它主要是借助于有关专家的知识、经验和判断来对企业的潜在风险加以估计和分析。

(八) ABC 分析法

ABC 分类法又称帕累托分析法或巴雷托分析法、柏拉图分析法、主次因素分析法、ABC 分析法、ABC 法则、分类管理法、重点管理法、ABC 管理法、abc 管理、巴雷特分析法。它是根据事物在技术或经济方面的主要特征,进行分类排队,分清重点和一般,从而有区别地确定管理方式的一种分析方法。由于它把被分析的对象分成 A、B、C 三类,所以又称为 ABC 分析法。ABC 分类法是由意大利经济学家维尔弗雷多·帕累托首创的。1879 年,帕累托在研究个人收入的分布状态时,发现少数人的收入占全部人收入的大部分,而多数人的收入却只占一小部分,他将这一关系用图表示出来,就是著名的帕累托图。该分析方法的核心思想是在决定一个事物的众多因素中分清主次,识别出少数的但对事物起决定作用的关键因素和多数的但对事物影响较少的次要因素,"区别主次,分类管理"。它将管理对象分为 A、B、C 三类,以 A 类作为重点管理对象。其关键在于区别一般的多数和极其重要的少数。后来,帕累托法被不断应用于管理的各个方面。1951 年,管理学家戴克(H. F. Dickie)将其应用于库存管理,命名为 ABC 法。1951—1956 年,约瑟夫·朱兰将 ABC 法引入质量管理,用于质量问题的分析,被称为排列图。1963 年,彼得·德鲁克(P. F. Drucker)将这一方法推广到全部社会现象,使 ABC 法成为企业提高效益的普遍应用的管理方法。

(九) 部门行业对比分析法

将同一时期不同行业两个性质相同的某项指标数值对比,说明同类现象在不同空间条件下的数量对比关系。这实质上就是对比分析法。

二、审计评价方法

审计评价方法,就是运用审计评价标准将通过审计查证和分析取得被审计单位经济效益评价指标所达到的实际水平进行对照、检查,从而作出客观、公正结论所采取的措施和手段。评价是效益审计的重要环节,是审计结论的基础。经济效益审计评价主要分为三种方式和两类方法。经济效益审计评价的三种方式是指一事一评、局部评价和综合评价。综合评价是对前两种方式的综合和概括。这三种方式互相补充、密切配合,能够达到全面评价的目的。两类评价方法是指定性方法与定量方法。因为经济效益审计会受到主客观因素影响,很多时候要征求专家的评价意见,所以定性方法是不能忽视的。而评价中运用的重点是定量方法。综合评分法和综合指数法具有举足轻重的地位。综合评分法根据各项指标的地位和作用分别赋予相应权数,然后根据指标实际完成情况打分,最后加权计算总分,作出评价结论。这里的权数赋值是关键,需谨慎处理。综合指数法是种动态评价方法,它反映不能直接加总的多因素组成的经济效益的综合变动情况,能概括反映总体效益变动相对程度。综合评分法与综合指数法相辅相成,共同对经济效益审计作出适当的评价。

审计评价的方法主要有以下几种。

(一) 法规标准评价法

法规标准评价法是以国家有关经济法规作为对照标准,对审计对象的经济行为和会计行为的合法性和真实性进行判断的一种审计评价的方法。

（二）规范标准评价法

规范标准评价法是以有关制度、原则、准则等作为对照标准，对审计对象的经济行为和会计行为的合规性和正确性进行判断的一种审计评价的方法。

（三）实在标准评价法

经济活动的客观事实，是最好的一条判断经济业务资料真实性的标准。因此，用经济活动的客观事实去判断经济业务资料的真实性，这样一种审计评价的方法被称为实在标准评价法。

（四）历史标准评价法

历史标准评价法是以被审计单位过去曾经达到过的水平作为对照标准，对现实经济活动的经济性和有效性进行判断的一种审计评价的方法。

（五）应达标准评价法

应达标准评价法是运用计划、定额、预算等应达标准对经济活动的经济性和有效性进行评价，对经济活动期望目标实现程度进行判断的一种审计评价的方法。

（六）优化标准评价法

优化标准评价法是打破时间和空间的界限，在各类标准中选择最适用、最好的标准，对经济活动的经济性和有效性进行判断的一种审计评价的方法。

（七）系数评价法

权重系数是指在一个领域中对目标值起权衡作用的数值。权重系数可分为主观权重系数和客观权重系数。主观权重系数（又称经验权数）是指人们对分析对象的各个因素，按其重要程度，依照经验，主观确定的系数，如 Delphi 法、AHP 法和专家评分法。这类方法人们研究得较早，也较为成熟，但客观性较差。客观权重系数是指经过对实际发生的资料进行整理、计算和分析，从而得出的权重系数，如熵权法、标准离差法和 CRITIC 法。这类方法研究较晚，且很不完善，尤其是计算方法大多比较繁琐，不利于推广应用。

这种评价法是通过计算主观权重系数和客观权重系数两种变量的系数，对它们的对比结果作出定性评价和定量评价的方法。

（八）综合评分法

综合评分法是用于评价指标无法用统一的量纲进行定量分析的场合，而用无量纲的分数进行综合评价。综合评分法是先分别按不同指标的评价标准对各评价指标进行评分，然后采用加权相加，求得总分。

（九）平衡记分卡

平衡记分卡（balanced scoreboard，简称 BSC）源自哈佛大学教授罗伯特·卡普兰（Robert Kaplan）与诺朗顿研究院（Nolan Norton Institute）的执行长、国际咨询企业总裁戴维·诺顿（David Norton）于 20 世纪 90 年代所从事的"未来组织绩效衡量方法"研究计划。该计划的目的在于找出超越传统以财务会计量度为主的绩效衡量模式，以使组织的"策略"能够转变为"行动"。1992 年年初，Kaplan 和 Norton 将平衡记分卡的研究结果在《哈佛商业评论》上进行了总结，这是他们公开发表的第一篇关于平衡记分卡的论文。论文的名称为《平衡记分卡——驱动绩效指标》。在论文中，Kaplan 和 Norton 详细地阐述了 1990 年参加最初研究项目采用平衡记分卡进行公司绩效考核所获得的益处。平衡计分卡强调传统的财务会计模式只能衡量过去发生的事项（落后的结果因素），但无法评估企业前瞻性的投资（领先的驱动因素）。因此，必须改用一个将组织的远景转变为一组由四项观点组成的绩效指标架构来评价组织的绩效。此四项指标分别是财务(financial)、顾客(customer)、企业内部流程(internal business processes)、学习与成长(learning and growth)。凭借这四项指标的衡量,组织得以用明确和严谨的手法来诠释其策略,它一方面保留传统上衡量过去绩效的财务指标,并且兼顾了促成财务目标的绩效因素之衡量;在支持组织追求业绩之余,也监督组织的行为应兼顾学习与成长的面向,并且透过一连串的互动因果关系,组织得以把产出(outcome)和绩效驱动因素(performance driver)串联起来,以衡量指标与其量度作为语言,把组织的使命和策略转变为一套前后连贯的系统绩效评核量度,把复杂而笼统的概念转化为精确的目标,借以寻求短期与长期的目标之间、财务与非财务的衡量之间、落后的与领先的指标之间,以及外部与内部绩效之间的平衡。

短期与长期的平衡:企业的目标是获取最大利润;企业的建设要获得持续的收入而不是某一次的"中大奖"。BSC正是以战略的眼光,合理地调节企业长期行为与短期行为的关系,从而实现企业的可持续发展。在平衡记分卡的四部分中,有的指标是超前的,而有的指标是滞后的。

财务与非财务的平衡:尽管利润是企业的最终目标,但财务指标却与客户、内部流程、学习与创新等非财务指标密不可分。只有两方面都得到改善,企业的战略才能得到实施。

指标间的平衡:在指标设置的权重上,四个指标应该一视同仁,而没有偏向。在这方面,跟我们以前惯用的"短板管理"有很大差异。原因就在于"短板管理"往往是短期的,所以倾向性很强;而BSC是长期的战略评估,所以必须要协调发展。四个方面构成一个整体的循环,如果在某一方面有所偏废,那么即使其他三方面做得非常好,企业最后必然还是失败的。因为它的循环发生了断裂,到后期必然成为企业的"短板",限制企业的发展。

（十）效益评价审计法

效益评价审计法是目前审计中的难点,通过审计客体所从事的经济活动行为,利用数学计量或数理统计原理,在内部控制制度相对完善的状态下,有针对地制定出量化的评价标准或体系,科学、合理、细致地计算出经济评价的各项指标,反映经济的节约与效率效益和对社会的贡献程度,主要是考虑资金的经济效益与社会效益。

国家审计项目所涉及的领域是广泛的,目前审计的重点虽然还停留在传统的揭错防弊的制度基础审计上,但随着大量项目的建设与实施所暴露出来的诸多问题,效益评价审计已经开始被审计机关重视,也备受党委、政府和社会公众的关注,特别是对领导人任期经济责任审计的过程中,效益评价已经成为经济责任审计的重要内容,主要评价的是履行经济责任的能力,因不同行业部门所赋予的经济管理职能不同,具体的评价指标存在着巨大的差异性,进行效益评价审计时对于具体的审计项目只能具体问题具体分析。在国家审计项目中,一般对效益评价分为两类:一类为国有企业或国有控股企业的效益审计评价,审计评价的核心是在法律、法规的制度约束的架构中,企业在保持国有资产的增值保值前提下的企业可持续发展能力,在审计实践中已经量化了可比对的评价指标体系,相对成熟和客观;另一类为履行公共管理部门的审计效益评价,其核心是执行国家政策法规的能力对社会发展所产生的作用力,在审计实践中还没有相对科学、成熟的评价指标,审计还处于摸索阶段,审计的最终成果依赖审计人员的经验和对审计环境、新知识的掌握等因素的影响。

三、审计研究方法

审计研究方法是各种研究审计的方法相互联系而构成的有机整体。一般有如下几种分类。

（1）按认识过程分：① 分为经验知识方法、理论知识方法、理论发展方法和理论验证方法。② 或分为感性认识方法、理性认识方法、综合方法。③ 或分为选题方法、收集资料方法、资料加工整理方法和成果表达方法。

（2）按研究目的分：① 分为实证方法和规范方法。② 或分为描述性方法、规范性方法和社会经济方法。③ 或分为经验方法、理论方法、思维方法、数学方法和属性方法。④ 或分为实证方法、实验方法、分析方法、表达方法和历史方法。

（3）按历史发展分：分为传统审计研究方法和现代审计研究方法。

（4）按研究范围分：分为审计一般研究方法和审计专门研究方法。

（5）按研究性质分：分为定性方法和定量方法。

（6）按研究时间关系分：分为静态方法和动态方法等。

在实际审计研究工作中，应根据审计研究项目的内容、性质和要求，综合运用各种研究方法。

主 要 术 语

1. 审计方法
2. 审计模式
3. 账项基础审计
4. 制度基础审计
5. 风险导向审计
6. 审计工作方法体系
7. 审计工作组织方法
8. 审计查证方法
9. 现代风险导向审计技术方法
10. 风险评估方法
11. 战略风险分析法
12. 经营风险分析法
13. 业绩评价法
14. 剩余风险检查法
15. 分析程序
16. 控制测试
17. 重新执行
18. 穿行测试
19. 实质性程序
20. 审阅法
21. 核对法
22. 查询法
23. 比较法
24. 分析法
25. 顺查法
26. 逆查法
27. 抽查法
28. 盘存法
29. 调节法
30. 观察法
31. 鉴定法
32. 舞弊审计技术方法
33. 现代管理技术方法
34. 审计分析方法
35. 审计评价方法
36. 审计研究方法

复 习 思 考 题

1. 审计方法的意义是什么？
2. 审计模式各个阶段具体特点内容有哪些？
3. 简述审计方法体系的概念和构成。
4. 简述审计查证方法的具体运用。
5. 顺查法和逆查法有哪些适用范围？各有什么优缺点？
6. 详查法与全部审计，抽查法与局部审计各有什么区别？

7. 舞弊审计的技术方法有哪几种？它与一般常规审计方法有什么区别？

练 习 题

一、单项选择题

1. 对凭证、账簿和报表等书面资料之间的有关数据进行相互对照检查,这种审计方法属于( )。

A. 审阅法   B. 核对法   C. 分析法   D. 比较法

2. 在审计过程中,审计步骤是否应该执行,是否必要,往往取决于( )。

A. 审计人员的判断   B. 审计准则

C. 内部控制评价   D. 审计风险

3. 在实际工作中,往往把审阅法与( )结合起来,加以应用。

A. 观察法   B. 鉴定法   C. 核对法   D. 盘点法

4. 在审计过程中,采用恰当的审计流程是十分重要的,如果审计人员忽略了必要的审计步骤,将直接影响到( )。

A. 审计效率   B. 审计效果

C. 审计效果和效率   D. 审计经济性

5. 舞弊审计是指以审计人员始终保持( )态度为前提,通过信号侦查,实施舞弊分析,以揭露舞弊具体细节、损失金额、影响范围等为目标的审计。

A. 职业谨慎   B. 专业怀疑   C. 高度职业怀疑   D. 合理保证

二、多项选择题

1. ( )是审计学科的两大组成部分,两者互为前提、互为条件,共同构成了审计学科。

A. 审计方法   B. 审计理论   C. 审计模式   D. 审计准则

2. 审计人员在选用审计方法时,应遵循( )的原则。

A. 要适应审计目的   B. 有利于缩短审计时间

C. 适合审计人员能力   D. 适合审计方式或审计工作地点

3. 审计顺查法的优点是( )。

A. 系统全面   B. 便于抓主要问题

C. 可以避免遗漏   D. 可以节省人力和时间

4. 证实客观事物的方法包括( )。

A. 盘存法   B. 调节法   C. 观察法   D. 鉴定法

5. 盘点方式可以分为突击盘点和通知盘点,下列物品中,不适用于突击盘点方式的有( )。

A. 现金   B. 产成品   C. 有价证券   D. 固定资产

三、判断题

1. 风险导向审计能够满足审计人员降低成本的需要和缩小客户的期望差。 （ ）

2. 对被审计单位进行财务审计采用报送审计方式时,可采用观察法进行审计。（ ）

3. 风险导向审计模式下开始强调审计战略,使用全面的风险分析方法并积极采用分析程序,减少了一些实质性程序方法,是现代审计方法的最新发展,迎合了高度风险环境的需要。

                                                              （ ）

4. 审计人员亲自到现场盘点实物,证实书面资料与有关财产物资是否相符的方法是监督盘存。　　　　　　　　　　　　　　　　　　　　　　　　　　　（　　）

5. 在审查某个项目时,通过调整有关数据,从而求得需要证实的数据的方法是鉴定法。　　　　　　　　　　　　　　　　　　　　　　　　　　　　　（　　）

四、案例分析

1. 在对某企业银行存款进行审计时,发现以下情况:

6月30日,银行存款日记账账面余额是133 750元,开户银行送来的对账单中银行存款余额是127 000元,经查对发现以下几笔未达账项:

(1) 6月29日,委托银行收款125 000元,银行已入账该企业账户,收款通知单尚未送达企业。

(2) 6月30日,该企业开出现金支票1张,计400元,企业已减少存款,银行尚未入账。

(3) 6月30日,银行已代付企业电费250元,银行已经入账,企业尚未收到付款通知。

(4) 6月30日,企业收到外单位转账支票1张,计16 000元,企业收款入账,银行尚未记账。

要求:根据上述未达账项,编制银行存款余额调节表,并假定银行对账单所列企业银行存款余额正确无误。试问:在编制调节表时发现错误金额是多少?属于什么性质错误?6月30日,企业银行存款日记账账面的正确余额是多少?

2. 审计人员在审查某厂在产品时,了解到如下情况:

(1) 该厂生产甲产品,开始加工时一次投料,每投入1千克A材料,可制成0.95千克甲产品,且在产品重量随加工程度变化而递减。

(2) 6月15日,经实地盘点,在产品盘存数为480千克(加工程度为80%)。

(3) 6月1~15日,甲产品完工入库1 900千克。

(4) 6月1~15日,领用A材料2 200千克。

要求:推算且验证5月31日在产品账面盘存数400千克(加工程度为40%)的正确性,并由此说明其可能对财务报表项目的影响。

五、参考答案

【单项选择题】 1. B　2. A　3. C　4. B　5. C

【多项选择题】 1. AB　2. ABCD　3. AC　4. ABCD　5. BD

【判断题】 1. √　2. ×　3. √　4. ×　5. ×

【案例分析】 1.

银行存款余额调节表

被审计单位:××　　　　　20××年6月30日　　　　　　　　　　单位:元

项　　目	金　额	项　　目	金　额
企业银行存款账面	133 750	银行对账单存款余额	127 000
加:银行已收　企业未收	12 500	加:企业已收　银行未收	16 000
……	……	……	……
减:银行已付　企业未付	250	减:企业已付　银行未付	400
调整后存款余额	146 000	调整后存款余额	142 600

从调节表中可以看出,错误金额为 3 400 元,属于企业漏记银行存款减少,虚增货币资金、虚增总资产和净资产的错误。6 月 30 日,企业银行存款账面的正确余额为 130 350 元(133 750－3 400)。

2. 1～15 日,完工产品耗用材料＝1 900÷0.95＝2 000(千克)

6 月 15 日,盘存在产品耗用材料＝480÷0.96＝500(千克)

5 月 31 日,盘存在产品耗用材料＝500＋2 000－2 200＝300(千克)

5 月 31 日,盘存在产品数量＝300×0.98＝294(千克)

经审查,5 月 31 日,在产品盘存数应为 294 千克(加工程度为 40%),而不是原账面 400 千克。如果 5 月份生产出来的产成品已经被销售并计入产品销售成本的话,那么该企业 5 月份就存在多计在产品成本,少计产成品成本,虚减产品销售成本,虚增销售利润的问题。

本章要点概览

1. 审计方法与审计理论是审计学科的两大组成部分,两者互为前提、互为条件,共同构成了审计学科。审计方法是审计人员为了取得充分适当的审计证据,以形成审计结论和审计意见,从而实现审计目标所采用的一切手段的总称。

2. 审计取证模式的发展主要经历了账项基础审计、制度基础审计和风险导向审计三个阶段。账项基础审计着眼于企业的账户处理系统;制度基础审计着眼于内部控制系统;风险导向审计则着眼于将整个企业视为一个风险系统,系统考察企业所处的外部环境和内在机制。

3. 审计工作方法体系包括审计工作组织方法、审计查证方法、审计分析方法和审计评价方法。其中审计查证方法可分为现代风险导向审计方法、传统审计方法(又称具体审计方法)、舞弊审计方法、审计抽样方法等。现代审计方法早就超越传统的事后查账技术,发展到广泛运用风险评估、分析程序、内部控制系统评审及经营风险评价等技术方法,并日趋多样化和现代化,已经形成一个较为科学和完整的审计方法体系。

第五章 抽样审计和审计程序

学习目的与要求

本章旨在阐述抽样审计方法和审计程序内容。通过本章的学习,要求全面了解审计抽样技术及审计的先后程序;掌握属性抽样技术和变量抽样技术;掌握PPS的具体运用及步骤;正确理解审计程序不同阶段的具体内容。

课前预习题

1. 审计抽样法与抽查有何不同?
2. 统计抽样与非统计抽样有何共同点和不同点?
3. 为什么说"信赖过度风险与误受风险"对注册会计师来说是最危险的风险?

第一节 抽 样 审 计

一、审计抽样的定义与种类

审计抽样法是指审计人员先对特定审计对象总体抽取部分样本进行审查,然后以其审计结果来推断总体的正确性的方法。在审计历史上,先后出现过任意抽样法、判断抽样法和统计抽样法三种类型。

任意抽样法。它是当审计从详查法向抽查法演变时最先运用的一种抽样方法。当时审计人员运用这种方法纯粹是为了减少工作量,而对于抽样的规模、技术和内容等均无规律可循,只是任意抽取样本,故其审查结果缺乏科学性和可靠性。

判断抽样法。它是根据审计人员的经验判断,有目的地从特定审计对象总体中抽查部分样本进行审查,并以样本的审查结果来推断总体的抽样结果。此法只凭经验和主观判断,缺乏客观性。

统计抽样法。它是审计人员运用概率论原理,遵循随机原则,从审计对象总体中抽取一部分有效样本进行审查,然后以样本的审查结果来推断总体的抽样方法。现代审计常把统计抽样法与判断抽样法结合起来使用。

（一）测试项目方法的选择

审计人员为了获取审计证据,在设计审计程序时,应当确定测试项目的适当方法。审计人员可以使用的方法,包括选取全部项目、选取特定项目和审计抽样三种。

1. 选取全部项目

即对全部项目进行检查,通常更适用于细节测试,而不适合控制测试。当存在下列情况之一时,审计人员应当考虑采用:① 总体由少量的大额项目组成。② 存在着特别风险且其他方法未提供充分、适当的审计证据。③ 由于信息系统自动执行的计算或其他程序具有重复性,对全部项目进行检查符合成本效益原则。审计人员可运用计算机辅助审计技术选取全部项目进行测试。

2. 选取特定项目

根据对被审计单位的了解、评估的重大错报风险以及所测试总体的特征时,审计人员可以确定从总体中选取特别项目进行测试。选取的特定项目可以包括:① 大额或关键项目。② 超过某一金额(重要性水平)的全部项目。③ 被用于风险评估程序而获取某些信息的项目。④ 被用于测试控制活动的项目。

选取全部项目和特定项目,通常是获取证据的有效手段,但并不构成审计抽样。

3. 审计抽样

审计抽样是指审计人员对某类交易或账户余额中低于百分之百的项目实施审计程序,使所有抽样单元都有被选取的机会。审计抽样使审计人员能够获取和评价与选取项目的某些特征有关的审计证据,以形成或帮助形成对从中抽取样本的总体的结论。从审计抽样的定义中可以看出,是否符合审计抽样必须具备三个基本特征:① 对某类交易或账户余额中低于百分之百的项目实施审计程序。② 所有抽样单元都有被选取的机会。③ 审计测试的目的是为了评价该账户余额或交易类型的某一特征。

审计抽样不同于抽查。抽查作为一种技术,可以用来了解情况,确定审计重点,取得审计证据,其在使用中并无严格要求。审计抽样作为一种方法,需要运用抽查技术,但其更重要的工作内容是根据审计目的及环境的要求作出科学的抽样决策。审计抽样工作要严格按照规定的程序和抽样方法的内在要求去完成。审计抽样的基本目标是在有限的审计资源条件下,收集充分、适当的审计证据,以形成和支持审计结论。

(二)审计抽样的种类

审计抽样的种类很多,通常按抽样决策的依据不同,可以将审计抽样划分为统计抽样与非统计抽样;按审计抽样所了解的总体特征不同,可以将审计抽样划分为属性抽样和变量抽样。

1. 统计抽样与非统计抽样

审计人员在对某类交易或账户余额使用审计抽样时,既可以使用统计抽样方法,也可以使用非统计方法,还可以将这两种抽样方法结合起来使用。

统计抽样是指同时具备下列特征的抽样方法:① 随机选取样本。② 运用概率论评估样本结果,包括计量抽样风险。

不同时具备上述两个特征的抽样方法为非统计抽样,非统计抽样又有任意抽样和判断抽样之分。

审计人员应当依据具体情况并运用职业判断,确定使用统计抽样或非统计抽样方法,以最有效率地获取审计证据。例如,在控制测试中,与仅仅对偏差的发生进行定量分析相比,对偏差的性质和原因进行定性分析通常更为重要。在这种情况下,使用非统计抽样可能更为适当。

审计人员在统计抽样与非统计抽样方法之间进行选择时主要考虑成本效益。统计抽样的优点在于能够客观地计量抽样风险，并通过调整样本规模精确地控制风险，这是与非统计抽样最重要的区别。另外，统计抽样还有助于审计人员高效地设计样本，计量所获取证据的充分性，以及定量评价样本结果。但统计抽样又可能发生额外的成本。首先，统计抽样需要特殊的专业技能，因此使用统计抽样需要增加额外的支出培训审计人员。其次，统计抽样要求单个样本项目符合统计要求，这些也可能需要支出额外的费用。非统计抽样如果设计适当，也能提供与设计适当的统计抽样方法同样有效的结果。审计人员使用非统计抽样时，必须考虑抽样风险并将其降至可接受水平，但不能精确地测定抽样风险。

如果审计人员采用的方法不符合统计抽样的定义，而且只使用了统计方法的部分要素，则不能有效计量抽样风险。只有当采用的方法符合统计抽样的所有特征时，对抽样风险的统计评价才是有效的。

2. 属性抽样与变量抽样

审计人员使用统计抽样技术，可了解总体很多不同的特征，但是绝大多数统计抽样都用来估计偏差率或者错误金额。统计抽样在审计工作中的具体运用方法主要有属性抽样和变量抽样两种。属性抽样是指在精确度界限和可靠程度一定的条件下，为了测定总体特征的发生频率而采用的一种方法；变量抽样是指用来估计总体金额而采用的一种方法。根据控制测试的目的和特点所采用的审计抽样，通常称为属性抽样；根据细节测试的目的和特点所采用的审计抽样，通常称为变量抽样。在实际工作中，经常存在同时进行控制测试和细节测试的情况，在此情况下采用的审计抽样称为双重目的的抽样。

（三）统计抽样与专业判断

在审计抽样过程中，无论是统计抽样还是非统计抽样，也不论决策者是否具备设计和使用有效抽样方案的能力，都离不开审计人员的专业判断。那种认为统计抽样能够减少审计过程中的专业判断，或可以取代专业判断的观点是错误的。因为在运用审计抽样时，同样存在着许多不确定因素，对这些不确定因素，审计人员要凭借正确的专业判断来加以解决，所以，统计抽样并不排除专业判断。

审计人员在使用审计抽样时，必须依靠专业判断来决定是使用统计抽样还是使用非统计抽样。而在运用统计抽样的全过程中，审计人员均需使用专业判断。例如，确定审计对象总体，并明确其特征；决定所采用的选样方法；对抽样结果进行质量和数量上的评价等。在实际工作中，往往把统计抽样和非统计抽样结合起来使用，这样才能收到较好的审计效果。

二、抽样风险与非抽样风险

审计人员在获取审计证据时，应当运用职业判断，评估重大错报风险，并设计进一步审计程序，以确保将审计风险降至可接受的低水平。因为审计风险取决于重大错报风险和检查风险，所以抽样风险和非抽样风险可能会影响重大错报的评估和检查风险的确定。

（一）抽样风险

抽样风险是指审计人员根据样本得出结论，与对总体全部项目实施与样本同样的审计程序得出结论存在差异超过可容忍误差的可能性。抽样风险与样本量成反比，样本量越大，抽样风险越低。

审计人员在进行控制测试时应关注以下两类抽样风险：

（1）信赖过度风险。这是指推断的控制有效性高于其实际有效性的风险。信赖过度风险与审计效果有关。

（2）信赖不足风险。这是指推断的控制有效性低于其实际有效性的风险。信赖不足风险与审计效率有关。

审计人员在进行细节测试时应关注以下两类抽样风险：

（1）误受风险。误受风险也称β险、手铐险，是指审计人员推断某一重大错报不存在而实际上存在的风险。与信赖过度类似，误受风险影响审计效果，容易导致审计人员发表不恰当的审计意见，因此审计人员更应予以关注。

（2）误拒风险。误拒风险也称α险、红脸险，是指审计人员推断某一重大错报存在而实际上不存在的风险。与信赖不足风险类似，误拒风险影响审计效率。如果账面金额不存在重大错报而审计人员认为其存在重大错报，审计人员会扩大细节测试的范围并考虑获取其他审计证据，最终审计人员会得出恰当的结论。在这种情况下，审计效率可能降低。

（二）非抽样风险

非抽样风险是指由于某些与样本规模无关的因素而导致审计人员得出错误结论的可能性。产生非抽样风险的主要原因有：

（1）审计人员选择的总体不适合测试目标。

（2）审计人员未能适当地定义控制偏差或错报，导致审计人员未能发现样本中存在的偏差或错报。

（3）审计人员选择了不适于实现特定目标的审计程序。例如，审计人员依赖应收账款出证来揭露未入账的应收账款。

（4）审计人员未能适当地评价审计发现的情况。例如，审计人员错误解读审计证据导致没有发现误差；对所发现误差的重要性的判断有误，从而忽略了性质十分重要的误差，也可能导致得出不恰当的结论。

（5）其他原因。

抽样、非抽样风险对审计工作的影响如表5-1所示。

表 5-1　抽样、非抽样风险对审计工作的影响

审 计 测 试	抽样风险种类	对审计工作的影响
控制测试	信赖过度风险	效　果
	信赖不足风险	效　率
细节测试	误受风险	效　果
	误拒风险	效　率
注：两种测试中的非抽样风险对审计效果、效率都有影响。		

为了将审计风险降至可接受的低水平，审计人员应当从抽样风险和非抽样风险两个方面进行控制。只要使用了抽样，抽样风险总会存在。在使用统计抽样时，审计人员可以准确地计量和控制抽样风险。在使用非统计抽样时，审计人员无法量化抽样风险，只能根据职业判断对其进行定性的评价和控制。就特定样本而言，抽样风险与样本规模呈反方向变化。既然抽样风险只与被检查项目的数量有关，那么控制抽样风险的唯一途径就是控制样本规模。无论是控制测试还是细节测试，审计人员都可以通过扩大样本规模来降低抽样风

险。非抽样风险是人为错误造成的,因为可以降低、消除或规范。虽然在任何一种抽样方法中审计人员都不能量化非抽样风险,但通过采取适当的质量控制政策和程序,对审计工作进行适当的指导、监督与复核,以及对审计人员实务的适当改进,可以将非抽样风险降至可以接受的水平。

三、属性抽样法

属性抽样是指在精确度界限和可靠程度一定的条件下,为了测定总体特征的发生频率而采用的方法。属性抽样通过描述总体的质量特征,对总体进行定性评价。现代审计是以对审计风险测试和评价为基础的审计,其重要步骤之一是要对内部控制制度进行控制测试,以便了解实际执行的内部控制制度是否与规定一致,是否有效或一贯地执行。属性抽样是用于控制测试方面的统计抽样法。在控制测试中,审计人员只要求作出总体某种属性的发生率是多少的定性结论,而不必作出总体错误数额大小的定量估计。因此,在对业务循环测试中采取属性抽样的,要通过对样本的审核,以证明被审计单位的内部控制制度是否有效地执行,并同以前比较,核实内部控制制度是正在改善还是恶化。

属性抽样主要有固定样本量抽样、停-走抽样和发现抽样三种抽样方法。

（一）固定样本量抽样

固定样本量抽样是一种最为广泛使用的属性抽样,常用于估计审计对象总体中某种误差发生的比例,用"多大比例"来回答问题。

1. 预计误差率的确定

误差率也称发生率,是指在作为审计对象的总体中某种特征(如误差或异常事项)发生的频率。由于审计人员所关心的特征主要是舞弊行为或工作差错,所以叫误差率。误差率与被审计单位的核算质量有密切关系。如果核算质量差,则预计误差率就要高,那么抽样的规模势必要大,抽取的样本就更多一些;反之,抽取的样本就可以少一些。因此,误差率与样本数量成正比例的关系。

2. 精确限度的确定

样本的预计误差率不一定等于总体的实际误差率,它可能略大于或略小于实际误差率。所以,有必要根据样本结果,以一定的正数和负数为界限设立一个区间,这个区间也就是抽样误差的容许界限,这个容许界限就叫做精确限度,又称为可容忍的偏差率。假定预计误差率为3%,由于这个预计数只是接近总体误差率,不可能完全一致,所以有必要设立一定的区间,假定这个区间是在3%的基础上±1%,那么误差的容许界限则为2%～4%。2%是精确限度的下限,4%是精确限度的上限。精确限度越大,即误差容许界限越扩大,则抽查的样本数量越少;反之,提高精确限度,精确限度越小,即误差的容许界限缩小,则抽查的样本数量越多。精确限度的高低往往取决于审计项目的重要性。审查重要项目时,应提高精确限度,对误差容许界限严加限制,审查一般项目则可放宽一些。精确限度的大小与抽取样本的多少成反比例的关系。

3. 可靠程度的确定

可靠程度是说明抽出的样本有多大比例能代表总体特征。可靠程度的反面就是风险度,这种风险度表明总体特征在样本精确度界限之外的危险程度。例如,可靠程度为95%时,风险度则为5%,可靠程度要求越高,要求抽查的样本也越多。上述精确限度、可靠程度、误差率和总体大小等因素与样本数量之间均有密切关系。它们之间的关系如表5-2所示。

表 5-2　有关因素对样本数量的影响

因　　素	因素的变化	样　本　数　量
精确限度	扩大	减少
可靠程度	增加	增加
误差率	增加	增加
总体大小	增减	只有很小很小影响,甚至没有影响

4. 样本数量的确定

确定了误差率、可靠程度和精确度之后,就要确定样本数量。美国注册会计师协会都编有属性估计抽样表,如表 5-3、表 5-4 所示。

表 5-3　可靠性 90％时精确度上限

样本数	0.0	0.5	1.0	2.0	3.0	4.0	5.0	6.0	7.0	8.0	9.0	10.0	12.0	14.0	16.0	18.0	20.0	25.0	30.0	40.0	50.0
50	4.5		7.6			10.3		12.9		15.4		17.8	20.1	22.7	24.7	27.2	29.1			39.8	50.0	59.9
100	2.3		3.3	5.2	6.6	7.8	9.1	10.3	11.7	12.7	14.0	15.0	17.3	19.6	21.7	24.0	26.1	31.4	36.6	46.9	56.8
150	1.5			4.4		6.9		9.3		11.6		13.9	16.1	18.4	20.5	22.7	24.8		35.2	45.5	55.4
200	1.1	1.9	2.6	4.0	5.2	6.4	7.6	8.8	10.0	11.0	12.2	13.2	15.5	17.7	19.8	22.0	24.0	29.3	34.5	44.4	54.4
250	0.9			3.7		6.1		8.4		10.7		12.9	15.1	17.2	19.3	21.5	23.6		33.7	43.7	53.7
300	0.8		2.2	3.5	4.7	5.9	7.0	8.2	9.3	10.4	11.5	12.6	14.7	16.9	19.0	21.1	23.2	28.2	33.2	43.2	53.2
350	0.7			3.3		5.7		8.0		10.2		12.3	14.5	16.7	18.8	20.9	22.8		32.8	42.8	52.8
400	0.6	1.3	2.0	3.2	4.4	5.6	6.7	7.8	8.9	10.0	11.1	12.1	14.3	16.5	18.5	20.5	22.5	27.5	32.5	42.5	52.5
450	0.5			3.1		5.5		7.7		9.9		12.0	14.2	16.3	18.4	20.3	22.3		32.3	42.3	52.2
500	0.5		1.8	3.1	4.2	5.4	6.5	7.6	8.7	9.8	10.9	11.9	14.1	16.1	18.1	20.1	22.1	27.1	32.1	42.1	52.0
550	0.4			3.0		5.3		7.5		9.7		11.8	13.9	15.9	17.9	19.9	21.9		31.9	41.9	51.9
600	0.4	1.1	1.7	2.9	4.1	5.2	6.3	7.4	8.5	9.6	10.7	11.7	13.7	15.7	17.7	19.7	21.7	26.7	31.7	41.7	51.7
650	0.4			2.9		5.2		7.4		9.5		11.6	13.6	15.6	17.6	19.6	21.6		31.6	41.6	51.6
700	0.3		1.7	2.9	4.0	5.1	6.2	7.3	8.4	9.5	10.5	11.5	13.5	15.5	17.5	19.5	21.5	26.5	31.5	41.5	51.5
750	0.3			2.8		5.1		7.3		9.4		11.4	13.4	15.4	17.4	19.4	21.4		31.4	41.4	51.4
800	0.3	1.0	1.6	2.8	3.9	5.0	6.1	7.2	8.3	9.3	10.3	11.3	13.3	15.3	17.3	19.3	21.3	26.3	31.3	41.3	51.3
850	0.3			2.8		5.0		7.2		9.2		11.2	13.2	15.2	17.3	19.3	21.3		31.3	41.3	51.3
900	0.3		1.6	2.7	3.9	5.0	6.0	7.1	8.2	9.2	10.2	11.2	13.2	15.2	17.2	19.2	21.2	26.2	31.2	41.2	51.2
950	0.2			2.7		4.9		7.1		9.1		11.1	13.1	15.1	17.1	19.1	21.1		31.1	41.1	51.1

表头「发生率」为各比率列（0.0～50.0）的总称。

（续表）

样本数	发生率																				
	0.0	0.5	1.0	2.0	3.0	4.0	5.0	6.0	7.0	8.0	9.0	10.0	12.0	14.0	16.0	18.0	20.0	25.0	30.0	40.0	50.0
1 000	0.2	0.9	1.5	2.7	3.8	4.9	6.0	7.1	8.1	9.1	10.1	11.1	13.1	15.1	17.1	19.1	21.1	26.1	31.1	41.1	51.1
1 500	0.2		1.4	2.5	3.6	4.7	5.7	6.7	7.7	8.7	9.7	10.7	12.7	14.7	16.7	18.7	20.7	25.7	30.7	40.7	50.7
2 000	0.1	0.8	1.3	2.5	3.5	4.5	5.5	6.5	7.5	8.5	9.5	10.5	12.5	14.5	16.5	18.5	20.5	25.5	30.5	40.6	50.6
2 500	0.1		1.3	2.4	3.4	4.4	5.4	6.4	7.4	8.4	9.4	10.4	12.4	14.4	16.4	18.4	20.4	25.4	30.4	40.4	50.4
3 000	0.1	0.7	1.3	2.4	3.4	4.4	5.4	6.4	7.4	8.4	9.4	10.4	12.4	14.4	16.4	18.4	20.4	25.4	30.4	40.4	50.4
4 000	0.1	0.7	1.2	2.3	3.3	4.3	5.3	6.3	7.3	8.3	9.3	10.3	12.3	14.3	16.3	18.3	20.3	25.3	30.3	40.3	50.3
5 000	0.0	0.7	1.2	2.3	3.2	4.2	5.2	6.2	7.2	8.2	9.2	10.2	12.2	14.2	16.2	18.2	20.2	25.2	30.2	40.2	50.2

注：此表由美国注册会计师协会编制。

表 5－4　可靠性 95% 时精确度上限

样本数	发生率																				
	0.0	0.5	1.0	2.0	3.0	4.0	5.0	6.0	7.0	8.0	9.0	10.0	12.0	14.0	16.0	18.0	20.0	25.0	30.0	40.0	50.0
50	5.8			9.1		12.1		14.8		17.4		19.9	22.3	25.1	27.0	29.6	31.6		42.4	52.6	62.4	
100	3.0		4.7	6.2	7.6	8.9	10.2	11.5	13.0	14.0	15.4	16.4	18.7	21.2	23.3	25.6	27.7	33.1	38.4	48.7	56.6
150	2.0			5.1		7.7		10.2		12.6		15.0	17.3	19.6	21.7	24.0	26.1		36.7	47.0	56.8	
200	1.5	2.4	3.1	4.5	5.8	7.1	8.3	9.5	10.8	11.9	13.1	14.2	16.4	18.7	20.9	23.1	25.2	30.5	35.7	45.7	55.5
250	1.2			4.2		6.7		9.1		11.4		13.7	15.9	18.1	20.3	22.4	24.6		34.8	44.8	54.7	
300	1.0		2.6	3.9	5.2	6.4	7.6	8.8	10.0	11.1	12.2	13.3	15.5	17.7	19.8	22.0	24.1	29.1	34.1	44.1	54.1
350	0.9			3.7		6.2		8.5		10.8		13.0	15.2	17.4	19.5	21.7	23.6		33.6	43.6	53.6	
400	0.7	1.6	2.3	3.6	4.8	6.0	7.2	8.3	9.5	10.6	11.7	12.8	15.0	17.2	19.2	21.2	23.2	28.2	33.2	43.2	53.2
450	0.7			3.5		5.9		8.2		10.4		12.6	14.8	16.8	18.9	20.9	22.9		32.9	42.9	52.9	
500	0.6		2.1	3.4	4.6	5.8	6.9	8.0	9.2	10.3	11.4	12.5	14.6	16.7	18.6	20.7	22.6	27.6	32.6	42.6	52.6
550	0.5			3.3		5.7		7.9		10.1		12.3	14.4	16.4	18.4	20.4	22.4		32.4	42.4	52.4	
600	0.5	1.3	2.0	3.2	4.4	5.6	6.7	7.8	9.0	10.0	11.2	12.2	14.2	16.2	18.2	20.2	22.2	27.2	32.2	42.2	52.2
650	0.5			3.2		5.5		7.7		10.0		12.1	14.1	16.1	18.1	20.1	22.1		32.1	42.1	52.1	
700	0.4		1.9	3.1	4.3	5.4	6.6	7.7	8.8	9.9	10.8	11.9	13.9	15.9	17.9	19.9	21.9	26.9	31.9	41.9	51.9
750	0.4			3.1		5.4		7.6		9.8		11.8	13.8	15.8	17.8	19.8	21.8		31.8	41.8	51.8	
800	0.4	1.1	1.8	3.0	4.2	5.3	6.4	7.5	8.7	9.7	10.7	11.7	13.7	15.7	17.7	19.7	21.7	26.7	31.7	41.7	51.7
850	0.4			3.0		5.3		7.5		9.6		11.6	13.6	15.6	17.6	19.6	21.6		31.6	41.6	51.6	

（续表）

样本数	发生率																				
	0.0	0.5	1.0	2.0	3.0	4.0	5.0	6.0	7.0	8.0	9.0	10.0	12.0	14.0	16.0	18.0	20.0	25.0	30.0	40.0	50.0
900	0.3		1.7	3.0	4.1	5.2	6.3	7.5	8.5	9.5	10.5	11.5	13.5	15.5	17.5	19.5	21.5	26.5	31.5	41.5	51.5
950	0.3			2.9		5.2		7.4		9.4		11.4	13.4	15.5	17.4	19.5	21.4			31.5	41.5	51.5
1 000	0.3	1.0	1.7	2.9	4.0	5.2	6.3	7.4	8.4	9.4	10.4	11.4	13.4	15.4	17.4	19.4	21.4	26.4	31.4	41.4	51.4
1 500	0.2		1.5	2.7	3.8	4.9	5.9	6.9	7.9	8.9	9.9	10.9	12.9	14.9	16.9	18.9	20.9	25.9	30.9	40.9	50.9
2 000	0.1	0.8	1.4	2.6	3.7	4.7	5.7	6.7	7.7	8.7	9.7	10.7	12.7	14.7	16.7	18.7	20.7	25.7	30.7	40.7	50.7
2 500	0.1		1.4	2.6	3.6	4.6	5.6	6.6	7.6	8.6	9.6	10.6	12.6	14.6	16.6	18.6	20.6	25.6	30.6	40.6	50.6
3 000	0.1	0.8	1.4	2.5	3.5	4.5	5.5	6.5	7.5	8.5	9.5	10.5	12.5	14.5	16.5	18.5	20.5	25.5	30.5	40.5	50.5
4 000	0.1	0.7	1.3	2.4	3.4	4.4	5.4	6.4	7.4	8.4	9.4	10.4	12.4	14.4	16.4	18.4	20.4	25.4	30.4	40.4	50.4
5 000	0.1	0.7	1.3	2.3	3.3	4.3	5.3	6.3	7.3	8.3	9.3	10.3	12.3	14.3	16.3	18.3	20.3	25.3	30.3	40.3	50.3

注：此表由美国注册会计师协会编制。

例如，预计的差错发生率为2%，要求可靠性达到90%，精确度上限为5.2%，则查表5-3中发生率2%一栏，往下顺序查到5.2%，然后向左查到样本数，即得100份样本之数。如果精确度上限要求达到4%，则样本数就要增加到200份；如果精确度上限要求达到6%，则表上查不到此数，就要根据邻近数值采用插入法进行计算，即：

$$样本数=50+\frac{7.6-6.0}{7.6-5.2}\times50=84（份）$$

5. 抽样法的选择

抽样法是以概率论、数理统计的原理为基础，由审计人员按照随机原则从总体中抽取样本，并运用数理统计方法对总体进行判断的一种抽样审计方法。统计抽样的一般步骤是：第一步抽取样本，先确定被审总体的范围；第二步随机抽取样本；第三步根据样本的审查结果推断总体。在属性抽样中使用的随机方法主要有随机数表抽样法和系统抽样法。

（1）随机数表抽样法。随机数表又名乱数表，是任意排列的一张数表（见表5-5）。

表5-5　随　机　数　表

行栏	1	2	3	4	5	6	7	8	9	10
1	32044	69037	29655	92114	81034	40582	01584	77184	85762	46505
2	23821	96070	82592	81642	08971	07411	09037	81530	56195	08425
3	82383	94987	66441	23677	95961	78346	37916	09416	42438	48432
4	68310	21792	71635	36089	38157	95620	96718	79554	50209	17705
5	94866	76940	22165	01414	01413	37231	05509	37489	56459	52983
6	95000	61958	83430	98250	70030	05436	74814	45973	09277	13827

（续表）

行栏	1	2	3	4	5	6	7	8	9	10
7	20764	64638	11359	32556	89822	02713	81293	52970	25080	33555
8	71401	17964	50940	93753	34905	93566	36318	79530	51105	26952
9	38464	75707	16750	61371	01523	69205	32122	03436	14489	02086
10	59442	59246	74955	82835	98378	83513	47870	20795	01352	89906
11	11813	40951	99279	32222	75433	27397	46214	48872	26536	41042
12	65785	06837	96483	00230	58220	09756	00533	17614	98144	82427
13	05933	69834	57402	35168	84138	44850	11527	05692	84810	44109
14	31722	97334	77178	70361	15819	35037	46319	21035	37957	05102
15	95118	88373	26934	42991	00142	90852	14199	93593	76023	23664
16	14347	69760	76797	91159	35189	84766	88814	90023	62928	14789
17	64447	95461	85772	34261	32306	90374	97519	03144	16530	52542
18	82291	62993	83834	59165	14135	25283	35685	47029	62941	37099
19	45631	73570	53937	02803	60044	85567	10497	26882	50000	47039
20	59594	78376	47900	30057	94668	04629	10087	13562	13800	15764
21	72010	44720	92746	82059	42361	54456	66999	77103	47491	65161
22	35419	04682	07000	25529	72128	90494	05118	34453	42189	82994
23	71750	86044	76932	61906	93646	00776	06017	10638	03318	94242
24	84739	48460	08613	33344	27585	44997	58464	68682	56828	78191
25	38929	79307	78252	14446	21545	34737	48625	61374	32181	17834
26	67690	88918	06316	08110	24591	38729	53296	64295	87158	64938
27	64601	76493	91280	23056	21242	26983	34203	40045	82157	65050
28	72065	44093	88240	17510	73412	88774	96914	05702	17130	20916
29	90225	74930	08500	61177	13202	15085	15734	57555	63812	57696
30	28621	05997	60429	26054	65632	27972	42932	81090	49530	35918

随机数表是一张5位数的表。抽样时：① 先对总体顺序进行编号，如领料单编号、凭证编号、账簿页数编号等。② 确定使用几位随机数和哪几位随机数，如审查3 000张发料单，就应该用4位随机数，可用表中前4位数或后4位数或第2、第3、第4、第5位数等。③ 从随机数表中任何一行、一栏开始依次往下数（向左向右向上向下或斜数都可以），凡是在总体编号范围内（本例为3 000）的数，即为抽中数，该号收料单即为样本项目，如从3 000张中抽出10张，从第3行开始往右查，抽中的数为2383，2438，1792，1635，0209，2165，

1414,1413,2983,1958。

　　此法一般用于对总体容量较大且分布均匀的各种经济业务的抽查,如抽查账户、凭证、发票、收据、支票、验收单、领料单、化验单、原始记录以及各种实物等。该法简便、实用,无须繁琐的计算,但也有一定局限。当总体容量过大时,对每个单位或项目进行编号就很困难。至于对处在不断变动状态项目(如流水线上的在制品)进行编号,则是不可能的。在这种情况下,不宜使用随机数表进行抽样。

　　(2) 系统抽样法。系统抽样法又称等距随机抽样法。它是以总体中的某一任选的特定抽样单位为出发点(通常为某一号码),然后保持相同的间隔来抽取样本的方法。具体程序为:

　　第一,明确总体容量,如举例的审计对象是某公司 10 000 张收货单。

　　第二,确定样本规模,如按审计方案要求抽查 333 张或抽查 3.33%。

　　第三,计算抽样间隔(即每隔多少张)。

$$抽样间隔 = \frac{总体容量}{样本规模} = \frac{10\ 000}{333} = 30(张)$$

$$或 = \frac{10\ 000}{10\ 000 \times 3.33\%} = 30(张)$$

　　计算结果为每隔 30 张抽取 1 张。

　　第四,在总体中任意抽取 1 号作为起点(可以在第一组即 1~30 号中任取 1 号,也可以在任何一组中任取 1 号),然后按规定的间隔距离抽取样本。如果随机起点是第 18 号收货单,则应抽取的样本为 18、48(18+30)、78(48+30)……直到抽够 333 张。

　　系统抽样法适用于对总体容量较大且分布均匀的各种经济业务的抽查。它能使抽中的样本项目均匀地分配在总体中,因而误差一般比随机数表抽样为小,方法也较简便。但系统抽样法第一个样本项目确定后,其余各项目也随之确定,这种机械的抽样方法,容易因抽样间隔和业务项目本身节奏周期的重合而引起系统性偏差,以致影响样本的代表性,需要增加随机点,故通常采用多个随机起点进行抽样。

　　(3) 整群抽样法。它是先将总体项目按某一标志分成若干群,然后按群抽取样本的随机抽样方法。例如,以周作为群将 1 年的发票按星期分为 52 个群,先决定样本数,如抽 5 个星期的发票审查,再从随机数表中(如表 5-5 中第 4 行起选出 52 内的 5 个数字,即第 10、第 35、第 20、第 18、第 9 周)作为抽中数,按数字大小排列,即该年的第 9、第 10、第 18、第 20、第 35 周的发票是抽中的发票,应全部审查。

　　整群抽样使用简便、效率高,从而大大简化了抽样工作。但以群为单位进行抽选,中选的项目比较集中,显然会影响总体各项目分布的均匀性,从而扩大了抽样误差,降低了样本代表性,故采用整群抽样一般应比其他抽样方法抽选更多项目,借以弥补上述缺点。

　　(4) 金额单位(元)抽样法。这是以总体金额中每 1 元作为项目单位抽取样本的一种随机抽样方法。适用于抽查应收账款、销售发票等。使用时:① 将余额为负数的项目剔除。② 将总体各项目算出累计金额,并列成累计金额表格。③ 根据准备抽取的样本数,从随机数表中抽出相应的若干个随机数。④ 找出被抽随机数在累计金额表中的位置,该项目即为抽中的样本。抽查时要注意:如已抽出的样本,后来又被抽到,则应另外抽 1 个,以免重复。例如,某企业有 10 个应收账款账户,各账户余额如表 5-6 所示。

表 5-6　应收账款账户余额表　　　　　　　　单位：元

项目号（账户号）	余　额	累计余额
1	350	350
2	1 700	2 050
3	20	2 070
4	21 370	23 440
5	4 130	27 570
6	2 500	30 070
7	1 730	31 800
8	18 410	50 210
9	3 150	53 360
10	20	53 380

现准备用金额单位抽样法抽查 4 个账户。例如，从随机数表第 4 行依次查 53380 内的数字，查得 21792（4 号账户），36089（8 号账户），50209（8 号账户和前面重复，此数不用），17705（4 号账户和前面重复，此数不用），22165（4 号账户重复不用），01414（2 号账户），01413（2 号账户，和前面重复不用），37231（8 号账户，重复不用），05509（4 号账户，和前面重复不用），37489（8 号账户，和前面重复不用），52983（9 号账户）。

上述数字相对应的账户，即被抽出的账户，现为第 4、第 8、第 2、第 9 号账户，对该 4 个账户的记录应注意检查。

金额单位抽样的优点是使金额大的被抽中的机会增加，符合重要性原则。其缺点是使用比较麻烦，不能发现余额为零项目的问题，余额小的项目因被抽中的机会小，如有问题，不易审查发现。

（5）分层抽样法。这种方法是按照一定的标准将总体分为若干个层次，然后在各层中按不同的要求和方法抽取一定数量的样本。其具体程序为：

第一，将总体按照一定的标准分为几组（层）。例如，将某公司 10 000 张发货票按金额大小分为三组：3 000 元以上为第一组；1 000～3 000 元为第二组；1 000 元以下的为第三组。

第二，按分组标准将被查总体进行分组，并计算各组的总体数量。例如，经分组后已知第一组为 60 张，第二组为 4 040 张，第三组为 5 900 张。

第三，确定各组的抽查比例和抽查方法。一般是重要性越大抽查率就越高。例如，确定第一组抽查 100%，采取全面审查；第二组抽查 2.43%，采取系统抽样；第三组抽查 3%，采取随机数表抽样。

第四，按抽查率计算抽样数量，并按确定的抽样方法抽取样本进行审查。现仍以前例，列表说明，如表 5-7 所示。

表 5-7　分层抽样法

层 次	分组标准	总体数量	抽 查 率	抽取样本数量	抽样方法
1	3 000 元以上	60	100%	60	全部审查
2	1 000～3 000 元	4 040	2.43%	98	系统抽样
3	1 000 元以下	5 900	3%	177	随机数表抽样
合 计		10 000(张)		335(张)	

分层随机抽样法的优点是抽样的效率和质量都较高,并能抓住审查的重点;缺点是抽样程序比较复杂。

6. 抽样结果的评定

抽样结果的评定,就是要根据样本结果推断审计总体的差错发生率,并同前期比较观察其有无进步,这要对照表 5-4 进行。假定上例中从 100 份样本中查得有 2 份样本差错,再查表 5-3 中样本数 100 栏,在 90% 可靠性下差错数为 2 的精确度上限为 5.2%。这就是说,在 90% 可靠性下,审计总体差错发生率不超过 5.2%,这样,审计人员基本上可以接受总体差错发生率为 2% 和精确度上限 5.2% 的原来假设。如果从 100 份样本中查得有 3 份样本差错,查表 5-3 精确度上限为 6.6%,这就超过了原来确定的精确度上限(5.2%),审计人员就不能接受原来假设,而要把样本扩大到 150 份,即再增加 50 份样本进行检查。在新增加的 50 份样本中如无差错发生,查表 5-3 中样本数 150 栏,在 90% 可靠性下精确度上限为 4.4%,审计人员可以接受原来假设;如果又发现新的差错,那么,审计人员就不能接受原来的假设,也就不能信赖企业内部控制中购货发票和验收单据相互配合的程序有效,而要采取其他的审计程序,如分析性复核等,来审查购货发票了。

这里要特别注意的是,在样本检查中如果发现有蓄意舞弊或欺骗迹象,则虽差错样本份数很少,也不能接受原来的假设。

(二)停-走抽样

停-走抽样是固定样本量抽样的一种特殊形式。采用固定样本量抽样时,若预期总体误差大大高于实际误差,其结果将是选取了过多的样本,降低了审计工作效率。停-走抽样从预期总体误差为零开始,通过边抽样边评价来完成抽样审计工作。这种方法能够有效地提高工作效率,降低审计费用。

采用停-走抽样,一般要进行以下三个步骤:

(1)确定可容忍误差和风险水平,如 5% 的可容忍误差,5% 的风险水平。

(2)确定初始样本量,如根据以上步骤要求查表 5-8,得出最小的样本量为 60。

表 5-8　停-走抽样初始样本量表

(预期总体误差为零)

可容忍误差 \ 风险水平 样本量	10%	5%	2.5%
10%	24	30	37
9%	27	34	42

（续表）

可容忍误差	风险水平 样本量	10%	5%	2.5%
8%		30	38	47
7%		35	43	53
6%		40	50	62
5%		48	60	74
4%		60	75	93
3%		80	100	124
2%		120	150	185
1%		240	300	270

（3）进行停-走抽样决策，决策如下：

如果审计人员在60个项目中找出一个误差，则总体误差在5%风险水平下为8%（查表5-9风险系数除以样本量，即4.8÷60），这比可容忍误差5%大，因此，审计人员需增加36个样本，样本扩大到96个（系数除以可容忍误差，即4.8÷0.05）。如果对增加的36个样本审计后没有发现误差，则审计人员可有95%的把握确信总体误差不超过5%。

表5-9 停-走抽样样本量扩展及总体误差评估表

发现的错误数	风险水平 风险系数	10%	5%	2.5%
0		2.4	3.0	3.7
1		3.9	4.8	5.6
2		5.4	6.3	7.3
3		6.7	7.8	8.8
4		8.0	9.2	10.3
5		9.3	10.6	11.7
6		10.6	11.9	13.1
7		11.8	13.2	14.5
8		13.0	14.5	15.8
9		14.3	16.0	17.1
10		15.5	17.0	18.4
11		16.7	18.3	19.7
12		18.0	19.5	21.0
13		19.0	21.0	22.3

（续表）

风险系数＼风险水平＼发现的错误数	10%	5%	2.5%
14	20.2	22.0	23.5
15	21.4	23.4	24.7
16	22.6	24.3	26.0
17	23.8	26.0	27.3
18	25.0	27.0	28.5
19	26.0	28.0	29.6
20	27.1	29.0	31.0

如果首次对 60 个样本审计后发现了两个误差,则总体误差率为 10.5%(6.3÷60),这比可容忍误差大很多,因此审计人员应决定增加 66 个样本(6.3÷0.05－60)。如对增加的 66 个样本审计后没有找到误差,审计人员同样可以有 95% 的把握确信总体误差不超过 5%。如果又发现了一个误差,则总体误差为 6.2%(即 7.8÷126),这时他应该决定是再扩大样本量至 156 个(即 7.8÷0.05),还是将上述过程得出的结果作为选用固定样本量抽样的预期总体误差而改变抽样方法。一般来讲,样本量不宜扩大到初始样本量的 3 倍。

应用停-走抽样,注册会计师可以构制一个如表 5-10 所示的决策表。

表 5-10　停-走抽样决策表

步骤	累计样本量	如果累计误差等于以下数字就停止	如果累计误差等于以下数字就增加样本量	如果累计误差等于以下数字就转到第 5 步
1	60	0	1～4	4
2	96	1	2～4	4
3	126	2	3～4	4
4	156	3	4	4
5	以样本误差作为预期总体误差采用固定样本量抽样			

（三）发现抽样

发现抽样是在既定的可信赖程度下,在假定误差以既定的误差率存在于总体之中的情况下,至少查出一个误差的抽样方法。发现抽样主要用于查找重大非法事件,它能够以极高的可信赖程度(如 99.5% 以上)确保查出误差率仅在 0.5%～1% 的误差。使用发现抽样时,当发现重大的误差,如欺诈的凭据时,无论发生次数多少,审计人员都可能放弃一切抽样程序,而对总体进行全面彻底的检查。若发现抽样未发现任何例外,注册会计师可得出下列结论:在既定的误差率范围内没有发现重大误差。

使用发现抽样时,审计人员需确定可信赖程度及可容忍误差。然后,在预期总体误差为 0% 的假设下,参阅适当的属性抽样表,即可得出所需的样本量。例如,注册会计师怀疑企业的职员伪造请购单、验收报告及进货发票,以虚构进货交易而达到支付现金的目的。

为确定此种舞弊是否存在,注册会计师必须在企业的已付凭单中找出一组不实的单据。假设审计人员设定:如果总体中包含2%或2%以上的欺诈性项目,那么在95%的可信赖程度下,样本将显示出不实的凭单。查表5-5审计人员发现在预期总体误差为0%及可容忍误差为2%时,所需的样本量为149个。经审计人员选取并检查149个凭证后,未发现有不实情况,则审计人员有95%的把握确信总体中的不实凭单不超过2%。

四、变量抽样法

属性抽样虽然对控制测试极有用处,但它并不提供货币价值的资料,不适用变量总体。由于在审计工作中存在大量的变量总体,因而变量抽样在审计实践中得以广泛运用。审计人员用来估计总体金额的统计抽样称为变量抽样,它适用于对企业存货、应收账款等的估计。变量抽样是用于细节测试方面的统计抽样方法,它通过检查财务报表各项目数据的真实性和正确性,来取得作出审计结论所需的直接证据。变量抽样法的顺序如图5-1所示。

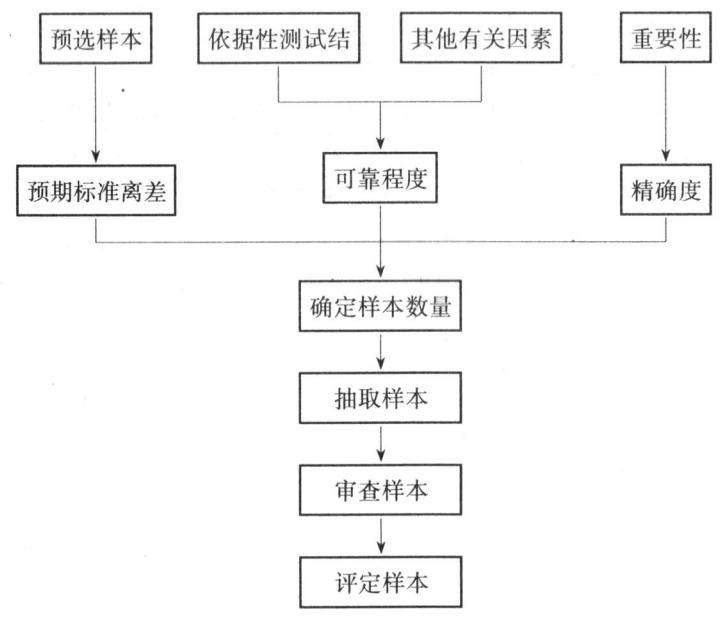

图 5-1　变量抽样法顺序图

变量抽样法有平均值估计、差异估计和比率估计等多种形式。下面主要介绍平均值估计、差异估计和比率估计具体使用方法。

（一）平均值估计

平均值估计是通过抽样审查确定样本的平均值,根据样本平均值推断总体的平均值和总值。这种方法适用范围十分广泛,无论被审计单位提供的数据是否完整、可靠,甚至在被审计单位缺乏基本的经济业务或事项账面记录的情况下,均可以使用该方法。

下面用具体例题分析说明变量抽样法的平均值估计的步骤和方法。例如:

审计人员在审查某厂20××年12月31日的产成品账时,确定的可靠性水平为95%,即可靠程度系数t为1.96,精确限度为45 500元,使用随机数表选样从500个产成品明细账中选出30个产成品明细账作为初始样本,经审查这30个产成品明细账的情况如下(见表5-11)。

表 5-11 产成品明细账情况表

项目号	产品代号	数 量 (百件)	单 价 (元/百件)	金额(元) x	x^2
1	E003Y	1 862	1.35	2 513.70	6 318 688
2	D202BK	1 499	1.19	1 783.81	3 181 978
3	D370	1 395	1.45	2 022.75	4 091 518
4	A990B	1 006	1.41	1 418.46	2 012 029
5	A431	1 283	1.29	1 655.07	2 739 257
6	A990LB	1 024	1.40	1 433.60	2 055 209
7	C672R	1 636	1.41	2 306.76	5 321 142
8	C530R	1 301	1.35	1 756.35	3 084 765
9	E411	1 330	1.29	1 715.70	2 943 626
10	E530R	1 477	1.35	1 993.95	3 975 837
11	D001W	1 061	1.25	1 326.25	1 758 939
12	C800	1 900	1.29	2 451.00	6 007 401
13	E003T	1 471	1.33	1 956.43	3 827 618
14	A101P	1 481	1.20	1 910.49	3 649 972
15	A316BL	1 179	1.40	1 650.60	2 724 480
16	B001R	1 250	1.39	1 737.50	3 018 906
17	D003B	1 475	1.31	1 932.25	3 733 590
18	D460	1 341	1.39	1 863.99	3 474 459
19	C202BR	1 233	1.19	1 467.27	2 152 881
20	A003CG	1 633	1.29	2 106.57	4 437 637
21	D815	1 571	1.41	2 215.11	4 906 712
22	D990MB	1 050	1.39	1 459.50	2 130 140
23	A750	1 262	1.36	1 716.32	2 945 754
24	A901	1 372	1.79	2 455.88	6 031 347
25	C303DR	1 206	1.45	1 748.70	3 057 952
26	B602H	1 305	1.42	1 853.10	3 433 980
27	C001M	1 101	1.35	1 486.35	2 209 236
28	C500	1 030	1.40	1 442.00	2 079 364
29	D650	1 816	1.37	2 487.92	6 189 746
30	B001W	1 031	1.25	<u>1 288.75</u>	<u>1 660 876</u>
				<u>55 156.13</u>	<u>105 155 039</u>

第一步：抽取样本。

根据初始样本审查结果，可计算出初始样本的样本平均数和样本标准差（S）。

$$样本平均数\ \bar{x} = \frac{\sum_{i=1}^{n} x_i}{n} = \frac{55\ 156.13}{30} = 1\ 838.54(元)$$

$$样本标准差\ S = \sqrt{\frac{\sum_{i=1}^{n} x_i^2 - n\bar{x}^2}{n-1}} = \sqrt{\frac{105\ 155\ 039 - 30 \times 1\ 838.54}{30-1}} = 359.51(元)$$

所需的样本容量为：

$$放回抽样的\ n' = \left(\frac{可靠性水平 \times 样本标准差 \times 总体容量}{精确限度}\right)^2 = \left(\frac{t \cdot S \cdot N}{P}\right)^2$$
$$样本容量 = \left(\frac{1.96 \times 359.51 \times 500}{45\ 500}\right)^2 = 60$$

$$不放回抽样\ n = \frac{n'}{1 + \frac{n'}{N}} = \frac{60}{1 + \frac{60}{500}} = 54(个) > 30\ 个, \begin{bmatrix}验证\\ \bar{x}、S\\ 无效\end{bmatrix}$$

因为我们已抽查了30个样本项目，所以，只要再抽取24个样本项目就可以了。

第二步：审查样本项目（n）。

假设使用随机数表选样又选取了24个样本项目。经审查，这24个产成品明细账的情况如表5-12所示。

表 5-12　产成品明细账情况表

项目号	产品代号	数 量（百件）	单 价（元/百件）	金额（元）x	x^2
31	B303R	1 644	1.38	2 268.72	5 147 090
32	D860LB	1 037	1.29	1 337.73	1 789 521
33	E830	1 591	1.39	2 211.19	4 890 688
34	D316P	1 031	1.39	1 433.09	2 053 747
35	E303C	1 409	1.40	1 972.60	3 891 151
36	E001R	1 212	1.39	1 684.68	2 838 147
37	C831	1 393	1.37	1 908.41	3 642 029
38	C001M	1 101	1.35	1 486.35	2 209 236
39	B002BK	1 471	1.40	2 059.40	4 241 128
40	E662	1 793	1.32	2 366.76	5 601 553
41	E002BR	1 298	1.40	1 817.20	3 302 216
42	E316SM	1 159	1.39	1 611.01	2 595 353
43	A001P	1 062	1.39	1 476.18	2 179 107
44	B990LB	1 044	1.40	1 461.60	2 136 275

（续表）

项目号	产品代号	数　量 （百件）	单　价 （元/百件）	金额（元） x	x^2
45	C002BK	1 461	1.40	2 045.40	4 183 661
46	E202BK	1 517	1.19	1 805.23	3 258 855
47	E990DB	1 132	1.37	1 550.84	2 405 105
48	D990B	1 017	1.41	1 433.97	2 056 270
49	C990A	1 109	1.40	1 552.60	2 410 567
50	E750	1 180	1.30	1 604.80	2 575 383
51	B101M	1 416	1.25	1 770.00	3 132 900
52	D672R	1 729	1.41	2 437.89	5 943 308
53	B001M	1 041	1.35	1 405.35	1 975 009
54	E990B	1 083	1.41	1 527.03	2 331 821
				42 228.33	76 790 120

根据 54 个样本项目的审查结果，可计算出样本平均值和标准差。

$$样本平均数 = \bar{x} = \frac{\sum_{i=1}^{n} x_i}{n} = \frac{55\ 156.13 + 42\ 228.33}{54} = 1\ 803.42（元）$$

$$样本标准差\ S = \sqrt{\frac{\sum_{i=1}^{n} x_i - n_{\bar{x}}^{-2}}{n-1}} = \sqrt{\frac{181\ 945\ 159 - 54 \times 1\ 803.42^2}{54-1}}\ 345.31（元）$$

这里计算出来的样本标准差，要与计算样本容量时所使用的预计总体标准差作一比较。如果样本标准差与预计标准差大致相同，说明样本容量符合抽样要求；如果样本标准差小于预计标准差，说明样本容量过大。因为计算样本容量时使用了较大的标准差，而标准差又与样本容量成正比。比如在所举的例子中，如果按照样本标准差计算所需的样本容量，则：

$$放回抽样的\\ 样本容量\ n' = \left(\frac{t \cdot s \cdot N}{P}\right)^2 = \left(\frac{1.96 \times 345.31 \times 500}{45\ 500}\right)^2 = 56$$

$$不放回抽样\\ 的样本容量\ n = \frac{n'}{1 + \dfrac{n'}{N}} = \frac{56}{1 + \dfrac{56}{500}} = 51 < 54, \quad \begin{bmatrix} 验证 \\ \bar{x}、S \\ 有效 \end{bmatrix}$$

但这时我们对 54 个样本项目都已审查完毕，没有必要减少 3 个样本项目。如果样本标准差大于预计标准差，说明样本容量过小，就应扩大样本，以样本标准差代替预计标准差重新计算样本容量，抽查新增的样本项目，并重新计算样本标准差，直至样本标准差等于或小于计算样本容量时所使用的标准差为止。

第三步：根据样本审查结果推断总体。

平均值估计是按照样本平均值去估计总体正确额的。推断步骤如下。

首先按下式计算总体正确额的点估计（$\hat{T}$）：

$$总体正确额点估（\hat{T}）= \bar{x} \cdot N = 1\,803.42 \times 500 = 901\,710（元）$$

然后按下式计算总体正确额的精确区间（$\triangle$）：

$$\begin{matrix}总体正确额的\\精确区间（\triangle）\end{matrix} = t \cdot \frac{S}{\sqrt{n}} \cdot N \cdot \sqrt{1 - \frac{n}{N}} = 1.96 \times \frac{345.31}{\sqrt{54}} \times 500 \times \sqrt{1 - \frac{54}{500}} = 43\,493（元）$$

最后，作出审计结论：以 95% 的把握确信，该厂 20××年 12 月 31 日的产成品正确额在 901 710 元±43 493 元之间，即在 858 217～945 203 元之间。

（二）差异估计

差异估计是审计人员利用审查样本所获得的样本平均差错额来推断总体差错额或正确额的一种变量抽样的方法。

差异估计的运用步骤与平均值估计基本相同，只是样本标准差的计算和总体正确额点估计的计算有所不同。

第一步：计算样本平均差错额（$\bar{d}$）和标准差（S）。

根据初始样本审查结果，可计算出初始样本平均差错额（$\bar{d}$）。其计算公式为：

$$\bar{d} = \frac{\sum_{i=1}^{n} d_i}{n}$$

式中，d_i 表示差错额，它是错误项目的审定额减账面记录额的差额。

用 S 表示差异估计的样本标准差。其计算公式为：

$$S = \sqrt{\frac{\sum_{i=1}^{n} d_i^2 - n\bar{d}^2}{n-1}}$$

仍以前面审查某厂 20××年 12 月 31 日的产成品账为例，假设审计人员在审查了 30 个项目组成的初始样本后，发现 5 个错误项目，如表 5-13 所示。

表 5-13　错误项目表

项目号	审定额	记录额	差错额（d）	d^2
6	1 433.60	1 177.60	256	65 536
12	2 451.00	2 641.00	−190	36 100
16	1 737.50	1 837.50	−100	10 000
22	1 459.50	2 849.50	−1 390	1 932 100
28	1 442.00	1 339.00	103	10 609
合计	8 523.60	9 844.60	−1 321	2 054 345

现在我们可以计算初始样本平均差错额（$\bar{d}$）和标准差（S）：

$$\bar{d} = \frac{\sum_{i=1}^{n} d_i}{n} = \frac{-1\,321}{30} = -44.03(元)$$

需要注意的是,样本平均差错额是 30 个样本而不是 5 个错误项目。

$$S = \sqrt{\frac{\sum_{i=1}^{n} d_i^2 - n\bar{d}^2}{n-1}} = \sqrt{\frac{2\,054\,345 - 30 \times (-44.03)^2}{30-1}} = 262.36(元)$$

第二步:确定抽样规模(n)。

至此,可计算抽样规模为:

$$n' = \left(\frac{t \cdot s \cdot N}{P}\right)^2 = \left(\frac{1.96 \times 262.36 \times 500}{45\,500}\right)^2 = 32(个)$$

$$n = \frac{n'}{1 + \frac{n'}{N}} = \frac{32}{1 + \frac{32}{500}} = 31(个) > 30\,个, \quad \begin{bmatrix} 验证 \\ \bar{d}、S \\ 无效 \end{bmatrix}$$

因为已审查了 30 个初始样本,所以只需再抽取 1 个样本项目进行审查,假定审查后没有发现差错,但要重新计算 31 个项目的样本平均差错额和样本标准差:

$$\bar{d} = \frac{\sum_{i=1}^{n} d_i}{n} = \frac{-1\,321}{31} = -42.61(元)$$

$$S = \sqrt{\frac{\sum_{i=1}^{n} d_i^2 - n\bar{d}^2}{n-1}} = \sqrt{\frac{2\,054\,345 - 31 \times (-42.61)}{31-1}} = 258.07(元)$$

$$n' = \left(\frac{t \cdot s \cdot N}{P}\right)^2 = \left(\frac{1.96 \times 258.07 \times 500}{45\,500}\right)^2 = 31(个)$$

$$n = \frac{n'}{1 + \frac{n'}{N}} = \frac{31}{1 + \frac{31}{500}} = 30\,个 < 31\,个, \quad \begin{bmatrix} 验证 \\ \bar{d}、S \\ 有效 \end{bmatrix}$$

第三步:作出审计结论。

差异估计是根据总体记录额(以 Y 表示)加上总体差错额的点估计(以 $\hat{D}$ 表示)去估计总体正确额的。总体差错额的点估计的计算公式为:

$$\hat{D} = \bar{d} \cdot N = (-42.61) \times 500 = -21\,305(元)$$

总体正确额的点估计($\hat{T}$)的计算公式为:

$$\hat{T} = Y + D = 925\,000 + (-21\,305) = 903\,695(元)$$

总体正确额的精确区间($\triangle$)的计算公式,差异估计与平均值估计相同。即:

$$\triangle = t \cdot \frac{S}{\sqrt{t}} \cdot N \cdot \sqrt{1 - \frac{n}{N}} = 1.96 \times \frac{258.07}{\sqrt{31}} \times 500 \times \sqrt{1 - \frac{31}{500}} = 43\,993(元)$$

由此可作出如下审计结论:以 95% 的把握确信某厂 20××年 12 月 31 日的产成品账户正确额在 903 695 元±43 993 元之间,即在 859 702~947 688 元之间。

差异估计适用总体中存在较大差错且总体项目有记录额的经济业务。运用差异估计方法,具有以下优点:

(1) 简便易行。差异估计中的各种计算,是以样本中的错误项目为基础进行的,正确的样本项目则不必考虑,这就大大减少了计算工作量,尤其简化了标准差的计算。

(2) 差异估计的标准差,随着差错额的减少会明显地降低,从而使所需的样本规模减小,这样就可以提高审计效率,降低审计费用。

(3) 差异估计能获得错误项目的资料,并能作出总体错误额的估计。但差异估计法也有一定局限性。如果总体错误额很小,标准差也就很小,则样本规模也非常小,这就会削弱审计结论的可靠性;如果没有差错,标准差为零,样本规模就无法计算确定,差异估计方法当然也就无法应用。

(三) 比率估计

比率估计是利用审查样本所获得的样本审定额与样本记录额的比率,去推断总体正确额的一种变量抽样方法。

第一步:计算样本审定额与记录额比率(R)和标准差(S)。

$$R = \frac{\sum\limits_{i=1}^{n} x_i}{\sum\limits_{i=1}^{n} y_i}$$

式中,x_i 表示样本项目审定额;y_i 表示项目记录额;R 表示样本审定额与样本记录额的比率。

$$S = \sqrt{\frac{\sum\limits_{i=1}^{n} x_i^2 + R^2 \sum\limits_{i=1}^{n} y_i^2 - 2R \sum\limits_{i=1}^{n} x_i y_i}{n-1}}$$

仍以前面某厂 20××年 12 月 31 日产成品账户为例,假如审计人员在审查了 30 个项目组成的初始样本后发现 5 个错误项目,如表 5-14 所示。

表 5-14　错误项目表

项目号	审定额(x)	记录额(y)	xy	x^2	y^2
6	1 433.60	1 177.60	1 688 207	2 055 209	1 386 742
12	2 451.00	2 641.00	6 473 091	6 007 401	6 974 881
16	1 737.50	1 837.50	3 192 656	3 018 906	3 376 406
22	1 459.50	2 849.50	4 158 845	2 130 140	8 119 650
28	1 442.00	1 399.00	1 930 838	2 079 364	1 792 921
小计	8 523.60	9 844.60	17 443 637	15 291 020	21 650 600
其他 25 个项目	46 632.53	46 632.53	89 864 019	89 864 019	89 864 019
合计	55 156.13	56 477.13	107 307 656	105 155 039	111 514 619

　　根据初始样本审查结果,可计算初始样本审定额与样本记录额的比率(R)和初始样本标准差(S)。

$$R = \frac{\sum\limits_{i=1}^{n} x_i}{\sum\limits_{i=1}^{n} y_i} = \frac{55\,156.13}{56\,477.13} = 0.976\,61$$

$$S = \sqrt{\frac{\sum\limits_{i=1}^{n} x_i^2 + R^2 \sum\limits_{i=1}^{n} y_i^2 - 2R \sum\limits_{i=1}^{n} x_i y_i}{n-1}}$$

$$= \sqrt{\frac{105\,155\,039 - 0.976\,61^2 \times 111\,514\,619 - 2 \times 0.976\,61 \times 107\,307\,656}{30-1}}$$

$$= 257.21$$

　　第二步:确定抽样规模(n)。

$$n' = \left(\frac{t \cdot S \cdot N}{p}\right)^2 = \left(\frac{1.96 \times 257.21 \times 500}{45\,500}\right)^2 = 31(个)$$

$$n = \frac{n'}{1 + \dfrac{n'}{N}} = \frac{31}{1 + \dfrac{31}{500}} = 30(个), \quad \begin{bmatrix} 验证 \\ R、S \\ 有效 \end{bmatrix}$$

　　第三步:作出审计结论。

　　比率估计是根据样本审定额与样本记录额的比率,去推断总体正确额点估计($\hat{T}$)的。其计算公式为:

$$\hat{T} = Y \cdot R = 925\,000 \times 0.976\,11 = 903\,364(元)$$

　　总体正确额的数确区间($\triangle$)的计算公式,比率估计与平均值估计相同。即:

$$\triangle = t \cdot \frac{S}{\sqrt{n}} \cdot N \cdot \sqrt{1 - \frac{n}{N}} = 1.96 \times \frac{257.21}{\sqrt{30}} \times 500 \times \sqrt{1 - \frac{30}{50}} = 44\,619(元)$$

　　由此可作出如下审计结论:以 95% 的把握确信,某厂 20×× 年 12 月 31 日产成品账户正确额在 903.364 元±44 619 元之间,即在 858 745～947 983 元之间。

　　从计算结果看,比率估计和差异估计大致相同,但计算上比率估计要比差异估计复杂些,主要是标准差的计算比较麻烦。虽然比率估计和差异估计一样,需要有记录额才能使用,但比率估计在总体中不存在错误或错误很小的情况下也能使用,这一点比率估计要比差异估计优越。也就是说,比率估计适用于总体中存在较小错误的情况且总体项目有记录额。

　　在实际审计工作中,可以把判断抽样和统计抽样结合起来加以运用。有的情况下,以使用判断抽样为主;有的情况下,以使用统计抽样为主。运用统计抽样可以得到比较客观和可信的结果,但统计抽样也离不开审计人员的正确判断。

五、货币单元抽样法

　　货币单元抽样是一种运用属性抽样原理对货币金额而不是对发生率得出结论的统计抽样方法,它是概率比例规模抽样方法的分支,有时也被称为金额单元抽样、累计货币金额抽样以及综合属性变量抽样等。

（一）货币单元抽样的优缺点

货币单元抽样的优点包括下列方面：

（1）货币单元抽样以属性抽样原理为基础，审计人员可以很方便地计算样本规模和评价样本结果，因而通常比传统变量抽样更易于使用。

（2）货币单元抽样在确定所需的样本规模时无需直接考虑总体的特征（如变异性），因为总体中的每一个货币单元都有相同的规模，而传统变量抽样的样本规模是在总体项目共有特征的变异性或标准差的基础上计算的。

（3）货币单元抽样中，项目被选取的概率与其货币金额大小成比例，因而无需通过分层减少变异性，而传统变量抽样通常需要对总体进行分层以减小样本规模。

（4）在货币单元抽样中使用系统选样法选取样本时，如果项目金额等于或大于选样间距，货币单元抽样将自动识别所有单个重大项目，即该项目一定会被选中。

（5）如果审计人员预计不存在错报，货币单元抽样的样本规模通常比传统变量抽样方法更小。

（6）货币单元抽样的样本更容易设计，且可在能够获得完整的最终总体之前开始选取样本。

货币单元抽样抽样的缺点包括下列方面：

（1）货币单元抽样不适用于测试总体的低估，因为账面金额小但被严重低估的项目被选中的概率低，如果在货币单元抽样中发现低估，审计人员在评价样本时需要特别考虑。

（2）对零余额或负余额的选取需要在设计时予以特别考虑，例如，如果准备对应收账款进行抽样，审计人员可能需要将贷方余额分离出去，作为一个单独的总体，如果检查零余额的项目对审计目标非常重要，注册会计师需要单独对其进行测试，因为零余额的项目在货币单元抽样中不会被选取。

（3）当发现错报时，如果风险水平一定，货币单元抽样在评价样本时可能高估抽样风险的影响，从而导致注册会计师更可能拒绝一个可接受的总体账面金额。

（4）在货币单元抽样中，审计人员通常需要逐个累计总体金额，以确定总体是否完整并与财务报表一致，不过如果相关会计数据以电子形式储存，就不会额外增加大量的审计成本。

（5）当预计总体错报的金额增加时，货币单元抽样所需的样本规模也会增加，这种情况下，货币单元抽样的样本规模可能大于传统变量抽样所需的规模。

（二）货币单元抽样中样本的选取

货币单元抽样以货币单位作为抽样单元，但审计人员却不是对具体货币单位进行审计，而必须确定实物单位（即逻辑单元）来执行审计测试。货币单元样本可以通过运用计算机软件、随机数表或系统抽样技术来获取。表5-6列示一个应收账款总体，其中包括累计合计数。现以该表来说明如何使用计算机软件来选取样本。

假设审计人员想要选取一个含有4个账户的PPS样本。由于规定以单位金额为抽样单位，则总体容量就是53 380，计算机程序随机生成的4个数字是21 792、36 089、50 209、17 705，则包含这些随机金额的总体实物单位项目需由累计合计数栏来确定，它们分别是项目4、项目8、项目8和项目4。PPS抽样允许某一实物单位在样本中出现多次。也就是说，项目4和项目8尽管只审计一次，但在统计上仍分别视为2个样本项目，样本中的项目总数也仍然是4个,因为样本涉及4个货币金额数。审计人员将对这些实物单位项目进行审计,并将各实物单位项目的审计结果,应用到它们各自包含的随机货币金额上。

（三）考虑抽样风险

审计人员通常使用表5-15中的保证系数,考虑抽样风险的影响,计算总体错报上限。具体情形如下。

表5-15　货币单元抽样评价样本结果时的保证系数（泊松二项分布）

高估错报的数量	误受险								
	5%	10%	15%	20%	25%	30%	35%	37%	50%
0	3.00	2.31	1.90	1.61	1.39	1.21	1.05	1.00	0.70
1	4.75	3.89	3.38	3.00	2.70	2.44	2.22	2.14	1.68
2	6.30	5.33	4.73	4.28	3.93	3.62	3.35	3.25	2.68
3	7.76	6.69	6.02	5.52	5.11	4.77	4.46	4.35	3.68

（1）如果在样本中没有发现错报,总体错报的上限＝保证系数×选样间隔。

例如,如果误受风险为5%,选样间隔为3 000元,审计人员没有在样本中发现错报,总体错报的上限为保证系数×选样间隔,即9 000元（3×3 000）。

没有发现错报时估计的总体错报上限也被称作"基本精确度"。

（2）如果在账面金额大于或等于选样间隔的逻辑单元中发现了错报,无论该错报的百分比是否为100%,总体错报的上限＝事实错报＋基本精确度。

例如,如果误受风险为5%,选样间隔为3 000元,审计人员在样本中发现1个错报,该项目的账面金额为5 000元（大于选样间隔3 000）,审定金额为4 000元,总体错报的上限＝事实错报＋基本精确度＝10 000元（1 000＋3×3 000）。

（3）如果在样本（排除账面金额大于或等于选样间隔的逻辑单元）中发现了错报百分比为100%的错报,总体错报的上限＝保证系数×选样间隔。

例如,如果误受风险为5%,选样间隔为3 000元,审计人员在样本中发现1个错报,该项目的账面金额为20元,审定金额为0元（请查表:误受风险5%,1个高估错报,保证系数为4.75）,则总体错报的上限＝保证系数×选样间隔＝14 250元（4.75×3 000）。

（4）如果在样本（排除账面金额大于或等于选样间隔的逻辑单元）中发现了错报百分比低于100%的错报,审计人员先计算推断错报,再将推断错报按金额降序排列后,分别乘以对应的保证系数增量（即在既定的误受风险水平下,特定数量的高估错报所对应的保证系数与上一行保证系数之间的差异）,加上基本精确度之后,最终计算出总体错报的上限。总体错报的上限＝推断错报×保证系数的增量＋基本精确度。

例如,如果误受风险为5%,选样间隔为3 000元,审计人员在样本中发现2个错报:

账户A的账面金额为2 000元,审定金额为1 500元,推断错报为750元（500÷2 000×3 000）。

账户B的账面金额为1 000元,审定金额为200元,推断错报为2 400元（800÷1 000×3 000）。

表5-16 发现了错报百分比低于100%的错报时推断总体错报

账户	账面金额	审定金额	错报百分比	保证系数增量 (表5-15)	总体错报的上限
B	1 000	200	80%	1.75(4.75－3.00)	4 200＝(800÷1 000×3 000)×1.75
A	2 000	1 500	25%	1.55(6.30－4.75)	1 162.5＝(500÷2 000×3 000)×1.55
基本精确度					9 000＝3×3 000
总体错报的上限(合计)					14 362.50

如表5-16,将推断错报按金额降序排列后,在5%的误受风险水平下(查表5-15),账户A对应的保证系数增量为1.55,账户B对应的保证系数增量为1.75。因此,总体错报的上限为14 363(保留了整数)元(2 400×1.75＋750×1.55＋3×3 000)。

(5) 如果样本中既有账面金额大于或等于选样间隔的逻辑单元,又有账面金额小于选样间隔的逻辑单元,而且在账面金额小于选样间隔的逻辑单元中,既发现了错报百分比为100%的错报,又发现了错报百分比低于100%的错报。注册会计师可以将所有样本项目分成两组:

第一组是账面金额大于或等于选样间隔的逻辑单元,审计人员计算出该组项目的事实错报。

第二组是账面金额小于选样间隔的逻辑单元,无论该组项目的错报百分比是否为100%,审计人员都先计算出各项目的推断错报。

再将所有推断错报按金额降序排列后,分别乘以对应的保证系数增量,并将计算结果累计起来。用这个累计结果加上基本精确度,再加上第一组项目中的事实错报,就是最终总体错报的上限。

(6) 评价总体可接受度。在货币单元抽样中,审计人员将总体错报的上限与可容忍错报进行比较。如果总体错报的上限小于可容忍错报,审计人员可以初步得出结论,样本结果支持总体的账面金额。

(四)货币单元抽样示例

背景资料:

假设审计人员准备使用货币单元抽样法,通过函证测试XYZ公司20×8年12月31日应收账款余额的存在认定。20×8年12月31日,XYZ公司应收账款账户共有602个,其中:借方账户有600个,账面金额为2 300 000元;贷方账户有2个,账面金额为3 000元。

审计人员作出下列判断:

(1) 应收账款函证,如表5-17所示。

表5-17 应收账款函证汇总

项目分类	项目数量	总金额(元)
贷方账户(单独测试)	2	3 000
重大项目(100%检查)	6	300 000
抽样总体	594	2 000 000
合计	602	2 300 000

（2）594个应收账款借方账户就是注册会计师定义的总体,总体账面金额为2 000 000元。

（3）注册会计师定义的抽样单元是每个货币单元。

（4）可接受的误受风险为10%,可容忍的错报为40 000元,预计的总体错报为8 000元。

根据表5-18,当可接受的误受风险为10%,可容忍的错报与总体账面金额之比为2%,预计总体错报与可容忍错报之比为20%时,样本量为171。注册会计师使用系统选样选取包含抽样单元的逻辑单元进行检查,选样间隔为11 695元(2 000 000÷171)。

表5-18　细节测试货币单元抽样样本规模

误受风险	预计总体错报与可容忍错报之比	可容忍错报与总体账面余额之比									
		50%	30%	10%	8%	6%	5%	4%	3%	2%	1%
10%	—	5	8	24	29	39	47	58	77	116	231
10%	0.20	7	12	35	43	57	69	86	114	171	341
10%	0.30	9	15	44	55	73	87	109	145	217	433
10%	0.40	12	20	58	72	96	115	143	191	286	572

注册会计师对171个账户(上述6个单个重大项目和2个贷方账户已单独测试,未发现错报)逐一实施函证程序,收到了155个询证函回函。注册会计师对没有收到回函的16个账户实施了替代程序,认为能够合理保证这些账户不存在错报。在收到回函的155个账户中,有4个存在高估,注册会计师对其作了进一步调查,确定只是笔误导致,不涉及舞弊等因素。

推断错报汇总如表5-19所示。

表5-19　推断错报汇总

账户	账面金额(元)	审定金额(元)	错报金额(元)	错报百分比(%)	选样间隔(元)	推断错报(元)
A1	200	190	10	5	11 695	585
A2	50	40	10	20	11 695	2 339
A3	3 000	2 700	300	10	11 695	1 170
A4	16 000	15 000	1 000	不适用	不适用	1 000
合　　计						5 094

注:如果逻辑单元的账面金额大于或等于选样间隔,推断的错报就是该逻辑单元的实际错报金额,账户A4正是这种情况。

注册会计师使用表5-15中的保证系数,考虑抽样风险的影响,计算总体错报的上限。

计算总体的错报上限,如表5-20所示。

表5-20　计算总体的错报上限

推断错报	保证系数的增量	推断错报×保证系数的增量
2 339(账户A2)	1.58(3.89—2.31)	3 696
1 170(账户A3)	1.44(5.33—3.89)	1 685

（续表）

推断错报	保证系数的增量	推断错报×保证系数的增量
585(账户 A1)	1.36(6.69－5.33)	796
小计		6 177
加上:基本精确度		2.31×11 695＝27 015
加上:账户 A4 中的事实错报		1 000
总体的错报上限		34 192

由于总体错报上限(34 192 元)小于可容忍错报(40 000 元),审计人员得出结论,样本结果支持应收账款账面金额。

第二节 审 计 程 序

审计程序是审计人员所承接的审计项目从开始到结束的整个过程中采取的系统性工作的先后顺序。审计活动是一个有内在逻辑关系的监督控制活动过程。在这个过程中,要贯彻风险导向审计理念,围绕着重大错报风险的识别、评估和应对,根据各种审计对象,按照审计环境和目的确定审计目标,遵守相关审计准则及道德规范,运用审计方法和技术取得审计证据,最后提出审计意见和报告,这是审计的一般工作程序。审计活动中先做什么,再做什么,最后做什么,必须按具体的顺序进行,这就是审计进程的具体工作程序。

一、审计程序的性质、时间和范围

审计人员应当根据审计准则和职业判断来确定审计范围。财务报表审计范围是指为实现财务报表审计目标,审计人员根据审计准则和职业判断实施的恰当的审计程序总和。恰当的审计程序是指审计程序的性质、时间和范围是恰当的,现分别叙述如下。

(一)审计程序的性质

审计程序的性质是指审计程序的目的和类型。

1.审计程序的目的

审计程序的目的包括以下三类:

(1)通过了解被审计单位及其环境,识别、评估财务报表总体层次和认定层次的重大错报风险,称为"风险评估程序"。

(2)通过实施必要控制测试,确定内部控制运行的有效性,并据此重新评估认定层次的重大错报风险,称为"控制测试"。

(3)通过实施实质性程序,发现认定层次的重大错报,降低检查风险,称为"实质性程序"。

以上(2)和(3)又合称为"进一步审计程序"。

2.审计程序的类型

审计程序的类型包括检查记录或文件、检查有形资产、观察、询问、函证、重新计算、重新执行和分析程序八类。

(二)审计程序的时间

审计程序的时间是指注册会计师何时实施审计程序,或指审计证据适用的期间或时点,包括资产负债表日前审计、资产负债表日审计和资产负债表日后审计,最终的落脚点都是确保获取审计证据的效率和效果。

（三）审计程序的范围

审计程序的范围是指审计程序的数量，包括抽取的样本量（较少样本、适中样本和较大样本）、对某项控制活动的观察次数（较少次数、适中次数和较多次数）。

二、审计程序的具体工作内容

不论政府审计、内部审计还是民间审计，也不论是财政财务审计、财经法纪审计，还是经济效益审计，审计程序基本上是一致的，一般包括准备、实施和结束三个阶段，每个阶段又包括若干具体工作内容。审计程序如图 5-2 所示。

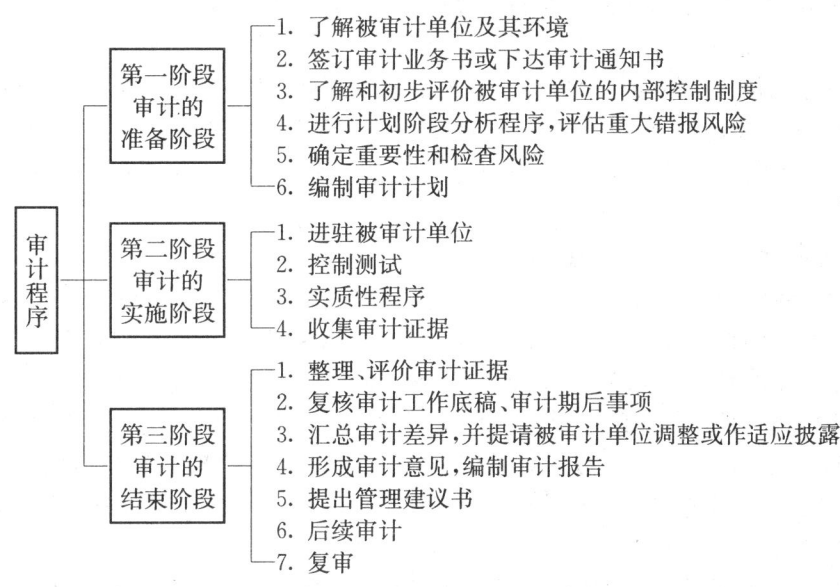

图 5-2 审计程序图

（一）审计的准备阶段

审计的准备阶段是指从确定审计任务开始到具体实施审计工作之前的整个准备过程。它是整个审计过程的起点和基础工作。政府审计准备阶段包括审计机关的准备工作和审计组织的准备工作两个方面。民间审计准备阶段包括以下六方面具体工作内容。

1. 了解被审计单位及其环境

民间审计组织了解被审计单位及其环境，包括内部控制，是必须要实施的程序而不是可选程序，又称"风险评估程序"。了解的目的是识别和评估财务报表重大错报风险。了解被审计单位及其环境是一个连续和动态地收集、更新与分析审计证据的过程，审计人员应当运用职业判断确定需要了解的程序，关键是看能否足够识别和评估财务报表重大错报风险。审计人员在对重大错报风险进行识别和评估之前，需要了解下列六项内容：

（1）行业状况、法律环境与监管环境以及其他外部因素。

（2）被审计单位的性质。

（3）被审计单位对会计政策的选择和运用。

（4）被审计单位的目标、战略以及相关经营风险。

（5）被审计单位财务业绩的衡量和评价。

（6）被审计单位的内部控制。

上述第(1)项是外部因素,第(2)项至第(4)项以及第(6)项是内部因素,第(5)项既有外部因素又有内部因素。审计人员在了解时要注意各因素之间的相互关系,将识别的风险与各类交易、账户余额和列表相联系,考虑识别的风险是否重大,考虑识别的风险是否会导致财务报表发生重大错报。审计人员实施风险评估程序的性质、时间和范围取决于审计业务的具体情况,如被审计单位的规模和复杂程度,以及审计人员相关审计经验,包括以前对被审计单位提供审计和相关服务的经验和对类似行业、类似企业的审计经验。此外,识别被审计单位及其环境在上述各方面与以前期间相比发生的重大变化,对于充分了解被审计单位及其环境,识别和评估重大错报风险尤为重要。由于风险评估范围较为广泛,而且获取证据带有较强的主观色彩,因此不需对总体取得结论性证据。

2. 签订审计业务书或下达审计通知书

审计业务约定书是指会计师事务所与被审计单位签订的、用以记录和确认审计业务的委托与受托关系、审计目标和范围、双方的责任以及报告的格式等事项的书面协议。审计业务约定书具有契约的性质,一经签字认可,即成为民间审计组织与委托单位之间在法律上生效的契约。

1) 签署审计业务约定书之前应做的工作

民间审计组织应当在审计业务开始前,与被审计单位就审计业务约定相关条款进行充分沟通,达成一致意见,并签订审计业务约定书,以避免双方对审计业务的理解产生分歧。

(1) 针对接受新客户或保持长期客户关系实施相应的质量控制程序。总体来说,无论是首次接受审计委托还是连续审计,审计人员均应考虑下列主要事项,以确定接受或保持审计业务的决策是恰当的:① 被审计单位的主要股东、关键管理人员和治理层是否诚信。② 项目组是否具备执行审计业务的专业胜任能力以及必要的时间和资源。③ 会计师事务所和项目组能否遵守职业道德规范。

在首次接受委托时还需要补充考虑下列事项:① 就与前任注册会计师沟通作出安排,包括查阅前任注册会计师的工作底稿等。② 与管理层讨论的有关首次接受委托的重大问题,就这些重大问题与治理层沟通的情况,以及这些重大问题是如何影响总体审计策略和具体审计计划的。③ 针对期初余额获取充分、适当的审计证据而计划实施的审计程序。④ 针对预见到的特别风险,分派具有相应素质和专业胜任能力的人员。⑤ 根据会计师事务所关于首次接受审计委托的质量控制制度实施的其他程序。

(2) 评价遵守职业道德规范的情况,包括独立性。要求项目组成员恪守独立、客观、公正的原则,保持专业胜任能力和应有的关注,并对审计过程获知的信息保密。

2) 审计业务约定书的内容

审计业务约定书的内容和格式,可因每一个被审计单位而有所不同,但一般应包括审计业务约定书的必备条款,应当考虑增加的其他条款,以及实施集团财务报表时的特殊考虑,审计业务约定书的必备条款包括以下基本内容:

(1) 财务报表审计的目标。

(2) 管理层对财务报表的责任。

(3) 管理层编制财务报表采用的会计准则和相关会计制度。

(4) 审计范围,包括指明在执行财务报表审计业务时遵守的中国注册会计师审计准则。审计范围是指为实现财务报表审计目标,注册会计师根据审计准则和职业判断实施的恰当的审计程序的总和。

（5）执行审计工作的安排，包括出具审计报告的时间要求。

（6）审计报告格式和对审计结果的其他沟通形式。

（7）由于测试的性质和审计的其他固有限制，以及内部控制的固有局限性，不可避免地存在着某些重大错报可能仍然未被发现的风险。

（8）管理层为注册会计师提供必要的工作条件和协助。

（9）注册会计师不受限制地接触任何与审计有关的记录、文件和所需要的其他信息。

（10）管理层对其作出的审计有关的声明予以书面确认。

（11）注册会计师对执业过程中获知的信息保密。

（12）审计收费，包括收费的计算基础和收费安排。

（13）违约责任。

（14）解决争议的方法。

（15）签约双方法定代表人或其授权代表的签字盖章，以及签约双方加盖的公章。

政府审计机关根据审计项目计划确定的审计事项组成审计小组，并应在实施审计 3 日前，向被审计单位下达审计通知书。

审计通知书如表 5-21 所示。

表 5-21　审计通知书

×××审计局 **审计通知书**　　　　　　　　　　　　　　　　　　　　×××字 20××年××号 ×××（被审计单位）： 　　　　兹根据有关审计法规，特派我局审计人员×××……共×人，于 20××年×月×日至 20××年×月×日期内，到你处进行审计，请予以配合，做好准备，并为审计人员提供必要的工作条件。 审计人员名单 　　　组长×××　　　职称××× 　　　组员×××　　　职称××× 　　　　×××　　　职称××× 特此通知　　　　　　　　　　　　　　　　×××审计局（公章） 　　　　　　　　　　　　　　　　　　　20××年　　月　　日

如属舞弊审计，不宜事前通知，而应于进入被审计单位时出示审计通知书为妥，以免被审计单位利用时机进行掩盖。

3. 了解和初步评价被审计单位的内部控制制度

在审计工作开始前，必须了解和初步评价被审计单位的内控制度。审计人员通过实施下列风险评估程序来获取控制设计和控制执行的审计证据：

（1）询问被审计单位的人员。

（2）观察特定控制的运用。

（3）检查文件和报告。

（4）追踪交易在财务报告信息系统中的处理过程（穿行测试）。

这是风险评估程序在了解被审计单位内部控制方面的具体运用。

审计人员需要了解和评价的内部控制只是与财务报表审计相关的内部控制,并非被审计单位所有的内部控制。所谓与财务报表审计相关的控制,包括被审计单位为实现财务报表可靠性目标设计和实施的控制。了解的深度包括评价控制的设计,并确定其是否得到执行。这只是一种初步评价,不包括对控制是否得到一贯执行的测试。对内部控制制度真正进行测试和再评,是在审计实施阶段才进行的。如在实施阶段发现准备阶段对内控制度评价有误,就可以及时进行纠正。审计人员在了解被审计单位整体层面和重要业务流程层面内部控制并对经营风险进行评估后,应针对各重要账户或交易类别的相关认定所涉及的控制风险作出初步评价。审计人员对内部控制的初步评价结论可能是:

(1) 所设计的控制单独或连同其他控制能够防止或发现并纠正重大错报,并得到执行。

(2) 控制本身的设计是合理的,但没有得以执行。

(3) 控制本身的设计就是无效或缺乏必要的控制。

审计人员应该首先考虑控制的设计,如果控制设计不当,不需要再考虑控制是否得到执行。

4. 进行计划阶段分析程序,评估重大错报风险

计划阶段审计人员在实施风险评估程序时,应当运用分析程序,目的在于识别那些可能表明财务报表存在重大错报风险的异常变化和差异的报表项目。因此,所使用的数据汇总性比较强,其对象主要是财务报表中账户余额及其相互之间关系,所使用的分析程序通常包括对账户余额变化的分析,并辅以趋势分析和比率分析。审计人员通过对异常情况的查证,就可能合理保证财务报表不被严重歪曲,揭露被审计单位重大舞弊差错,根据分析程序与重大错报风险评估的结果确定审计范围和重点领域,编入审计计划。

5. 确定重要性和检查风险

在计划审计工作时,审计人员应当考虑导致财务报表发生错报的原因,并应当在了解被审计单位及其环境的基础上,确定一个可接受的重要性水平,即首先为财务报表层次确定重要性水平,以发现在金额上重大的错报。同时,审计人员还应确定实际执行的重要性水平,以便确定进一步审计程序的性质、时间和范围,将审计风险降至可接受的低水平。

由于重要性水平与审计风险之间成反向变动关系,审计项目负责人必须分析影响审计风险的各种因素,主要确定可接受的检查风险对进一步测试性质、时间和范围的要求,并据此编制审计方案。这可以从以下两个方面加以控制和博弈:首先,审计人员可以通过事先设计且严格执行的审计程序,减少检查风险和可接受的审计风险,以此保证审计效果;其次,审计项目负责人制定审计计划的目标就是要寻找一个最佳的成本效益点,以便用尽可能少的工作量,获得能够满足审计风险期望值的检查风险要求,以此来提高审计效率。

6. 编制审计计划

经过上述工作后,审计项目负责人便可以编制审计计划。审计计划是审计人员为了达到预期的审计项目,在具体实施审计程序之前编制的工作计划。它是审计人员在审计实施阶段的工作指南,对于审计人员顺利完成审计工作和控制审计风险具有非常重要的意义:

(1) 合理的审计计划有助于审计人员关注重点审计领域、及时发现和解决潜在问题及恰当地组织和管理审计工作,以便审计工作更加有效。

(2) 充分的审计计划有助于审计项目负责人对项目组成员进行恰当分工和指导监督,并复核其工作。

（3）审计计划有助于协调其他审计人员和专家工作。

计划审计工作是一项持续的过程，通常审计人员在前一期审计工作结束后即开始本期的审计计划工作，直到本期审计工作结束为止。审计计划包括总体审计策略和具体审计计划。

（二）审计的实施阶段

审计的实施阶段是审计全过程的中心环节，其主要工作是按照审计计划所确定的范围、要点、步骤、方法，进行取证，对被审计单位内部控制制度运行的有效性情况进行控制测试，对财务报表项目的数据实施实质性程序。

1. 进驻被审计单位

审计人员在实施审计之前，先要进驻被审计单位。进驻以后，应通过与被审计单位的治理、管理人员和其他员工的接触，进一步了解被审计单位及其环境的情况，并使相关员工了解审计的目的、内容、起讫时间等，争取被审计单位和员工的信任、支持和协助。

2. 控制测试

控制测试指的是测试控制运行的有效性，即测试被审计单位内部控制在防止、发现或纠正认定层次重大错报方面的有效性，并据此重新评估认定层次的重大错报风险。控制运行有效性强调的是内部控制能够在各个不同时点按照既定设计得以一贯执行。因此，在了解控制是否得到执行时，审计人员只需抽取少量的交易进行检查或观察某几个时点。但在测试控制运行的有效性时，审计人员需要抽取足够数量的交易进行检查或对多个不同时点进行观察。控制测试并非在任何情况下都需要实施。当存在下列情况之一时，审计人员应当实施控制测试：① 在评估认定层次重大错报风险时，预期控制的运行是有效的。② 仅实施实质性程序不足以提供认定层次充分适当的审计证据。控制测试的方法一般有检查、询问、观察、重新执行和穿行测试等五种。控制测试的种类主要包括同步控制测试、追加控制测试和计划控制测试三种，根据测试结果修订审计计划。

3. 实质性程序

实质性程序是指审计人员针对评估的重大错报风险实施的直接用以发现认定层次的重大错报，降低检查风险的审计程序，包括对各类交易、账户余额、列报的细节测试和对财务信息和非财务信息应用的实质性分析程序。实质性程序通过检查、观察、询问、函证、重新计算和分析程序等方法，获取充分、适当的审计证据，以便对被审计单位的财务报表发表意见提供合理基础。

4. 收集审计证据

审计证据是审计人员对审计对象的实际情况作出判断、表明意见，并作出审计结论的依据。事实上，审计人员执行审计业务的过程就是一系列收集、评价审计证据的活动过程。收集审计证据包括三个方面：一是通过风险评估程序，取得能揭示来自环境风险的间接揭示错误的证据；二是通过控制测试，取得间接揭示错误的证据，交易控制的偶尔失败可能会也可能不会导致交易或余额的错误，但经常性的失败则会增加错报发生的可能性；三是通过交易测试或余额测试，取得直接揭示交易中或账户中错误的证据。

（三）审计的结束阶段

审计的结束阶段是实质性的项目审计工作的结束。其主要工作有：整理、评价审计证据；复核审计工作底稿，审计期后事项；汇总审计差异，并提请被审计单位调整或作适当披露；形成审计意见，编制审计报告；提出管理建议书；后续审计；复审等。

1. 整理、评价审计证据

为了使在审计实施阶段收集的分散的、个别证据结合起来形成具有充分证明力的证据,有效地用来评价被审计单位的经济活动,得出正确的审计意见和结论,必须对收集到的证据进行整理和评价。整理和评价审计证据的过程,从根本上说,也是审计人员凭借政策水平、专业知识和个人实践经验对证据进行分析研究的过程。通过整理和评价,选出若干最有说服力的证据,作为编制审计报告、提出管理建议书的依据。

2. 复核审计工作底稿,审计期后事项

审计工作底稿是审计人员在审计工作中汇总、综合分析、整理与审计问题有关的资料所形成的书面文件。当审计程序进入终结阶段时,审计工作底稿已编写完成,但是尚不能形成最终结论。审计工作底稿是各审计人员根据自己的取证记录独立编写的,因而在一定程度上存在着主观性与片面性,其编写质量受审计人员的素质影响很大。为此,必须将审计人员编写的审计工作底稿进行复核,然后根据审计工作底稿反映的有关问题,征求被审计单位意见,听取对审计证据的真实性与恰当性予以认可的书面反馈意见。这对形成正确的审计结论有着重要的意义。期后事项是指资产负债表日至审计报告日发生的,以及审计报告日至财务报表公布日发生的对财务报表产生影响的事项。为了确定期后事项对被审计单位财务报表公告性的影响,有两类期后事项需要被审计单位管理当局考虑,并需要审计人员审计:一是能为资产负债表日已存在情况提供补充证据的事项,这类事项需提请被审计单位调整财务报表;二是虽不影响财务报表金额,但可能影响对财务报表正确理解的事项,这类事项需提请被审计单位披露。

3. 汇总审计差异,并提请被审计单位调整或作适当披露

审计人员在完成控制测试、实质性程序和期后事项等特殊项目审计后,对在审计中发现的被审计单位的会计处理方法与有关会计准则、会计制度的不一致,即审计差异的内容,应根据审计重要性原则予以初步确认并汇总,并建议被审计单位进行调整,这一过程主要是通过编制调整分录汇总表、重分类分录汇总表和未调整不符事项汇总表三张汇总表以及编制资产负债表和利润及利润分配表两张试算平衡表得以完成的,使给审计后的财务报表所载信息能够公允反映被审计单位的财务状况、经营成果和现金流量。

4. 形成审计意见,编制审计报告

审计报告是审计工作的最终成果,是审计人员完成审计任务,向被审计单位提出审计情况、形成审计意见的书面文件。审计报告主要应根据审计证据和审计工作底稿,通过对各类审计资料认真加以整理、分析和综合,并经过取舍和删补,选择其中与审计目的和重点有关的素材,并按编制要求与规定格式编写。

5. 提出管理建议书

管理建议书是指审计人员在审计结束阶段,就可能导致财务报表产生重大错报或漏报的内部控制重大缺陷,以书面形式提出的改进建议。对于审计业务书有特别约定或审计人员认为有必要便于下年度审计的项目,审计人员均应提出管理建议书。管理建议书是针对内部控制重大缺陷提出的,目的在于向被审计单位管理部门提供进一步完善内部控制制度,改进会计核算,提高经营管理水平的参考意见。因此,它在性质上不具有"公证性"和"强制性",是一种咨询建议意见,为审计报告的副产品。

6. 后续审计

后续审计是指审计组织在审计结论和决定发出后的规定期内,对被审计单位执行审计

结论和决定的情况所进行的审计。其主要目的是为了检查被审计单位对审计结论的执行情况,验证审计结论的正确性、可行性,以及听取被审计单位的意见。一般地说,问题较多且性质较严重的被审计单位,才需进行后续审计,并编制后续审计报告。后续审计既是该项审计的终点,又是下次审计的起点,它可监督被审计单位执行审计结论和决定,限期纠正错误,改进工作,提高经济效益。同时,通过后续审计,能提高审计工作质量,提高审计人员的业务素质。

　　7. 复审

　　复审是指被审计单位在对审计结论和决定持有异议的情况下,可在接到审计报告的 15 天内,向上一级审计机关提出复审申请,上一级审计机关在接到复审申请报告 30 天内,对有关异议问题同意重新进行的审计。复审期间,原审计结论和决定照常执行。民间审计组织一般没有复审,如果受政府审计机关委托,开展的审计尚需进行复审,或者检查审计处理决定的执行情况,必须再经委托单位按照正常委托手续才能进行。复审的范围一般与原审计范围一致,重点应放在有争议的问题上。复审时应重点审查原审计过程中产生的各种审计工作底稿。

主 要 术 语

1. 审计抽样法	2. 任意抽样法
3. 判断抽样法	4. 统计抽样法
5. 选取特定项目	6. 非统计抽样法
7. 属性抽样	8. 变量抽样
9. 抽样风险	10. 信赖过度风险
11. 误受风险	12. 非抽样风险
13. 固定样本抽样	14. 随机数表抽样法
15. 系统抽样法	16. 停-走抽样
17. 发现抽样	18. 平均值估计
19. 差异估计	20. 比率估计
21. 概率比例规模抽样法	22. 审计程序
23. 审计业务约定书	24. 审计计划
25. 总体审计策略	26. 具体审计计划
27. 期后事项	28. 审计差异
29. 管理建议书	30. 后续审计
31. 复审	

复 习 思 考 题

　　1. 属性抽样与变量抽样有何区别?

　　2. 什么是概率比例规模抽样法?试述其优缺点和工作步骤。

　　3. 什么是审计程序?审计的全过程一般包括哪几个阶段?

　　4. 审计准备阶段的主要工作是什么?

　　5. 审计实施阶段的主要工作是什么?

　　6. 审计结束阶段的主要工作是什么?

　　7. 什么是后续审计?它的目的是什么?

8. 什么是复审？复审要经过什么程序？

练 习 题

一、单项选择题

1. 在审计过程中,如果审计人员执行了不必要的审计步骤,那么将会影响到审计的( )。

A. 审计效率 B. 审计效果

C. 审计效果和效率 D. 审计经济性

2. 下列因素中,构成统计抽样与非统计抽样方法的区别因素是( )。

A. 审计过程中运用职业判断

B. 要求审计人员具有一定的工作经验

C. 将抽样风险加以量化控制

D. 存在抽样风险

3. 制度基础审计是建立在对内部控制制度的评审基础上,如果被审计单位内部控制制度较差,或者不能有效执行,审计人员就应扩大审计范围和抽样数量,直至采用( )。

A. 控制测试 B. 实质性程序

C. 详细审计 D. 抽样审计

4. 下列说法中,错误的是( )。

A. 审计计划应由审计项目负责人编制

B. 审计计划的简繁取决于被审计工作的经营规模

C. 控制测试和实质性测试都是审计必不可少的程序

D. 重要性贯穿于整个审计过程中

5. ( )是从一定出发点上的数据着手,将已发生的正常业务进行增减调整,以求得需要证实的数据的方法。

A. 鉴定法 B. 调节法 C. 盘存法 D. 证实法

二、多项选择题

1. 注册会计师在定义抽样单元时,下列表述中,恰当的有( )。

A. 在控制测试中,抽样单元通常指控制活动流程

B. 抽样单元可能是一个账户余额、一笔交易或交易中的一项记录

C. 为每个货币单位

D. 在细节测试中,抽样单元是指认定层次的错报金额

2. 统计抽样指同时具备( )特征的抽样方法。

A. 随机选取样本 B. 运用概率论法则评估样本结果

C. 审查样本特征 D. 根据样本特征推断总体特征

3. 变量抽样包括( )。

A. 平均值估计 B. 差错发生率估计

C. 差异估计 D. 比率估计

4. 在下列审计工作中,( )的工作应在报告阶段进行。

A. 复核审计工作底稿 B. 测试内部控制制度

C. 收集整理审计证据 D. 提出管理建议书

5. 审计的准备阶段是整个审计过程的起点,其工作主要包括(　　)。

A. 了解被审计单位的基本情况

B. 签订审计约定书或下达审计通知书

C. 初步评价被审计单位的内部控制制度

D. 分析审计风险和重要性水平

三、判断题

1. 在95%的可靠程度下,精确度为1%的含义是:总体特征的真实性发生率在样本发生率1%的范围内的概率为95%。　　　　　　　　　　　　　　　　　　(　　)

2. 统计抽样具有许多优点,并解决了判断抽样法难以解决的问题,因此统计抽样法的产生意味着判断抽样法的消亡。　　　　　　　　　　　　　　　　　　(　　)

3. 注册会计师采用任何一种抽样方法都不能量化抽样风险和非抽样风险。(　　)

4. 审计程序一般包括进驻、实施和结束三个阶段。　　　　　　　　　(　　)

5. 在审计抽样中,可靠程度的高低与风险度大小成正向。　　　　　　(　　)

四、案例分析

【案例分析5-1】　A和B审计人员对XYZ股份有限公司20×8年度财务报表进行审计,其未经审计的有关财务报表项目金额如下(单位:人民币万元):

财务报表项目名称	金　额
资产总计	180 000
股东权益合计	88 000
主营业务收入	240 000
利润总额	36 000
净利润	24 120

【要求】

(1) 如果以资产总额、净资产(股东权益)、主营业务收入和净利润作为判断基础,采用固定比率法,并假定资产总额、净资产、主营业务收入和净利润的固定百分比数值分别为0.5%,1%,0.5%和5%,请代A和B审计人员计算确定XYZ股份有限公司20×8年度财务报表层次的重要性水平(请列示计算过程)。

(2) 简要说明重要性水平与审计风险之间的关系。

(3) 简要说明重要性水平与审计证据之间的关系。

【案例分析5-2】　ABC公司20×8年提交的财务报表显示,全年利润总额1 500万元,资产总额7 500万元,审计人员在审计中发现下列问题:

(1) 资产负债表中的存货低估35万元,原因尚待查明。

(2) 12月20日收到的一笔技术服务费7.5万元未入账,列入小金库。

(3) 12月工资表中有两个虚构的职工姓名,共领取工资3 500元,被编表人占为己有。

上述问题尚未调整。

【要求】

(1) 分析上述问题是否重要性,并说明理由。

（2）说明注册会计师在审计实施阶段和结束阶段应采用的对策。

五、参考答案

【单项选择题】 1. C　2. C　3. C　4. C　5. B

【多项选择题】 1. BC　2. AB　3. ACD　4. AD　5. ABCD

【判断题】 1. √　2. ×　3. ×　4. ×　5. ×

【案例分析】

【案例分析5-1】 题解

（1）计算确定XYZ股份有限公司20×8年度财务报表层次的审计重要性水平,如下表所示。

判断基础	金 额 （万元）	固定百分比 （%）	乘 积 （万元）	财务报表层次重要性水平 （万元）
资产总额	180 000	0.5	900	
净资产	88 000	1	880	880
主营业务收入	240 000	0.5	1 200	
净利润	24 120	5	1.206	

（2）重要性水平与审计风险之间的关系：重要性水平与审计风险之间成反向关系。也就是说,重要性水平越高,审计风险越低;反之,重要性水平越低,审计风险越高。

（3）重要性水平与审计证据之间的关系：重要性水平与审计证据之间成反向关系。也就是说,重要性水平越低,应获取的审计证据越多;反之,重要性水平越高,应获取的审计证据越少。

【案例分析5-2】 题解

（1）存货低估35万元,如由收付、计量差错或自然损耗等客观原因造成,因金额只占利润总额的2%,或占资产总额的0.4%,可认为是不重要错误;如是弄虚作假,故意低估存货以低估利润,偷税漏税,因性质严重,可认为是重要错误。技术服务费7.5万元列入小金库,金额虽然不大,但因是管理舞弊,且还可能存在其他类似问题,属于重要错误。编表人虚构工资3 500元并占为己有,说明企业管理混乱,内部控制失效,而且还可能不仅仅是1个月的问题,属于重要错误。

（2）对策。

实施阶段：对于存货,进一步查明其低估的原因;对于小金库,进一步查明其所有来源及使用情况,以确定其总额;对于工资,进一步审查该编表人经手的所有工资业务,以查明是否存在其他类似问题。

结束阶段：根据实施阶段审查取得的证据,最终确定存在问题的重要性,并要求被审计单位作出相应的账户调整;如果被审计单位不愿意调整,可根据具体情况发表相应的审计意见;对于内部控制存在的重大缺陷,应向管理当局提交管理建议书。

本章要点概览

1. 抽样审计是现代审计的基本方法,无论是控制测试,还是实质性测试,都可以运用抽样审计方法。但是即使运用抽样审计,也离不开审计人员的专业判断。

2. 审计人员为了获取证据,应当确定测试项目的适当方法,包括选取全部项目、特定项目和审计抽样三种。

3. 审计抽样的种类很多,通常按抽样决策依据不同,可以将其划分为统计抽样和非统计抽样;按审计抽样所了解的总体特征的不同,可以将其划分为属性抽样和变量抽样。

4. 属性抽样主要有固定样本量抽样、停-走抽样和发现抽样三种抽样方法及具体使用方法。属性抽样是用于控制测试方面,但它并不提供货币价值的资料,不适用变量总体。

5. 变量抽样是用于细节测试方面,主要有平均值估计、差异估计和比率估计等多种形式及具体使用方法。

6. 实质性程序中常用"概率比例规模抽样法"(PPS)的具体步骤和使用方法。

7. 审计程序是审计人员所承接的审计项目从开始到结束的整个过程中所采用的系统性工作的前后顺序。就具体的审计项目而言,政府审计、内部审计与注册会计师审计都可分为准备阶段、实施阶段和结束阶段。每个阶段都规定了具体工作内容。

第六章 审计规范体系

学习目的与要求

本章旨在阐述审计规范体系的含义及种类、审计法律、各类审计主体准则、会计师事务所质量控制准则、审计职业道德规范以及职业后续教育准则。通过本章的学习,要求全面了解审计规范体系,着重把握注册会计师执业准则体系,主要包括鉴证业务准则,熟悉会计师事务所业务质量控制准则,了解政府审计准则及内部审计准则,掌握审计职业道德规范。

课前预习题

1. 什么叫审计准则? 审计准则产生哪些作用?
2. 如何理解中国注册会计师执业准则体系? 此体系由哪几个层次构成?
3. 审计人员职业道德规范有何必要?
4. 审计质量控制准则的目的和作用是什么?
5. 为什么要加强注册会计师的职业后续教育?

第一节 审计规范体系的含义及种类

一、审计规范体系的含义和内容

任何的审计活动均应该是依法审计,各类审计主体实施系统化、规范化、科学化审计需要依据审计规范体系来进行。审计规范是审计主体在审计工作中应当遵循的业务标准和行为准则。从内容上看,它既包括对审计主体、审计业务方面的法律、法规,也包括审计主体本身执行审计业务应当遵循的各类准则、规则。审计规范体系则是各种有关审计的法律、法规,准则及规则的总称,指由审计法规体系、审计执业规范体系和审计标准体系等相互联系而构成的一个有机整体。

审计规范体系应该包括以下方面的内容。

（一）审计法规

审计法规通常是对审计组织的设置和职权、审计范围、审计行为、审计责任等作出的原则性规定。审计法规由国家权力机构和行政机构制定。我国的审计法规包括《中华人民共和国审计法》《中华人民共和国注册会计师法》《关于审计工作的暂行规定》《中华人民共和国审计法实施条例》《注册会计师条例》《中央预算执行情况审计监督暂行办法》《财政违法行为处罚处分条例》等。

（二）审计职业道德规范

审计职业道德规范主要规范审计主体的职业道德行为，为审计人员履行职业责任提供进一步指导。审计职业道德准则通常由审计主管部门或职业团体制定。我国审计职业道德包括《审计机关审计人员职业道德准则》（2011 年归并入国家审计准则）、《中国注册会计师职业道德守则》《中国注册会计师协会非执业会员职业道德守则》《内部审计人员职业道德规范》等。

（三）审计准则

审计准则主要规范审计人员在具体审计工作中应遵守的技术操作规范，为审计人员如何进行审计提供技术指导。审计准则通常也是由审计主管部门或职业团体制定。我国审计准则包括《中华人民共和国国家审计准则》《中国注册会计师执业准则》《中国注册会计师执业准则指南》《内部审计基本准则》《内部审计具体准则》等。

（四）审计质量控制

审计质量控制主要规范审计组织（审计机构和会计师事务所）的质量控制行为，为保证审计工作的质量提供指导性意见并采取相应的具体管理措施。审计质量控制准则通常也是由审计主管部门或职业团体制定，如《审计机关审计项目质量控制办法》（2011 年归并入国家审计准则）、《中国注册会计师质量控制准则 5101 号》《对财务报表审计实施的质量控制》等。

（五）其他审计规范

其他审计规范是指上述审计规范以外的审计规范。其他审计规范的内容比较多，包括一些"实施办法"和"暂行规定"，如《注册会计师注册审批暂行办法》《会计师事务所业务检查办法》等。

二、审计规范体系的种类

审计规范体系可以按照各种不同的标志来进行划分。

（1）审计规范体系按规范实施范围划分，可分为国际审计规范、中国审计规范、主要发达国家审计规范和其他主要国家审计规范。

（2）审计规范体系按规范实施主体划分，可分为国家审计规范、注册会计师审计规范和内部审计规范。

（3）审计规范体系按规范内容性质划分，可分为审计法律、法规，企事业单位审计制度和职业道德规范。其中审计法律、法规又可进一步细分为国家宪法、审计法律、审计行政法规、审计地方性法规、自治条例、单行条例和审计规章等要素。在审计法规体系中还包括其他法律、法规中有关审计的法规。

对审计规范体系种类的研究，有利于探析国际大环境和中国实际国情背景下，如何建立起中国的审计规范体系，特别是建立一整套与国际协调和趋同的中国审计规范体系。

第二节 审计法律

一、中华人民共和国审计法

《中华人民共和国审计法》(以下简称《审计法》)于1994年8月31日第八届全国人民代表大会常务委员会第九次会议通过,自1995年1月1日起施行。该《审计法》包括第一章总则、第二章审计机关和审计人员、第三章审计机关职责、第四章审计机关权限、第五章审计程序、第六章法律责任、第七章附则共7章51条,明确规定:国家实行审计监督制度,审计机关依照法律规定的职权和程序,进行审计监督。并且,对审计机关和审计人员的职责、权限、审计程序和法律责任作出了规定。

《审计法》已于2006年2月28日经第十届全国人民代表大会常务委员会第二十次会议修订通过,国家主席胡锦涛签署第48号主席令予以公布,自2006年6月1日起施行。《中华人民共和国审计法》的修订和颁布施行,是加强我国审计法制建设的一项重要举措,修正后的《审计法》,对审计监督的基本原则、审计机关和审计人员、审计机关职责、审计机关权限、审计程序、法律责任等作了全面规定,为规范审计行为,为审计机关全面履行职责、加强审计监督提供了更完备的法律手段,为促进依法行政、建设法治政府提供了更有力的法律保障,为规范审计行为、坚持依法审计奠定了更坚实的法律基础,为推动审计事业的长远发展创造了更好的法律环境。它的颁布施行,对于审计机关坚持依法审计,进一步加大审计监督力度,更好地维护财政经济秩序,促进政府及有关部门正确履行法定职责,对于审计机关强化审计质量控制,确保审计结果客观公正、实事求是,不断提高审计工作的质量和水平,都具有十分重要的意义。

(一)《审计法》修订的指导思想

1. 依据《宪法》和《立法法》的有关规定,并保持与相关法律的衔接

《宪法》是国家的根本大法,确立了我国的审计监督制度,规定了审计体制、审计监督的基本原则、审计职权等事宜。《立法法》规定了立法的权限、程序和原则等。因此,修订《审计法》必须遵守《宪法》和《立法法》的有关规定。同时,还注意处理好与《行政复议法》《行政诉讼法》《预算法》《会计法》《商业银行法》等法律的衔接。

2. 按照建设法治政府要求,进一步规范审计执法,促进依法行政

依法行政的本质是依法规范和制约行政权力,建设法治政府的关键是摆正政府与行政相对人的关系、权力与权利的关系。修订《审计法》,既要加强审计监督,赋予审计机关必要的监督手段和权限,又要规范审计执法,防止审计监督权的滥用,依法保障被审计单位的合法权益;既要规定被审计单位的救济渠道,也要规定审计机关自身的纠错机制;既要明确被审计单位违反《审计法》的法律责任,也要明确审计人员违反《审计法》的法律责任。

3. 适应我国社会经济和审计工作发展的需要,及时总结实践经验

随着社会主义市场经济体制的逐步建立和完善,我国社会经济形势发生了深刻变化,审计工作遇到了许多新情况、新问题,审计面临的客观环境不断变化,特别是混合所有制的企业和金融机构越来越多,事业单位和政府建设项目投资主体日益多元化,审计监督范围迫切需要进行重新调整。同时,近年来各级审计机关在加强审计管理和强化审计质量控制等方面,探索形成了一些实践证明是成熟的经验和做法,需要及时总结固定下来。因此,修订《审计法》必须适应我国社会经济和审计工作发展的需要,并将成熟的经验以法律形式确

定下来。

4. 研究和借鉴国外审计立法的有益经验,逐步完善中国特色的审计监督制度

随着改革开放的深入和市场经济体制的完善,中国审计必须融入国际审计的大环境中。虽然各国审计监督的性质和作用不尽相同,但各国都注重运用法律制度来规范和保障审计监督活动,具有很多共性的特征。这些共性特征,对于我国国家审计制度的完善,具有一定的启示和借鉴意义。因此,修订《审计法》必须研究和借鉴国外审计立法的有益经验,逐步探索和完善,使其成为既符合国际惯例、又具有中国特色的审计监督制度。

5. 与时俱进与保持稳定相结合,在保持稳定中与时俱进

法律既需要具有适应性,也需要具有稳定性,原《审计法》实施 10 多年来的实践证明,它是一部比较科学并具有一定前瞻性的法律,其中关于预算执行审计、审计结果公告等很多规定,在目前乃至今后仍具有重要的指导意义。因此,修订《审计法》应保持必要的稳定性和连续性。在保持原有框架结构和基本内容不变的前提下,本着"确有必要,又有可能"的原则,与时俱进,着力解决当前审计工作中遇到的实际困难和问题。

(二)《审计法》修订的主要内容

修订前的《审计法》共 51 条,此次修订中,修改 29 条,增加 5 条(第 25 条、第 37 条、第 42 条、第 47 条和第 48 条),删去 1 条(第 21 条),合并 1 条(第 42 条、第 43 条合并为一条,作为第 44 条),修订后共 54 条。这次主要在健全审计监督机制、完善审计监督职责、加强审计监督手段、规范审计监督行为四个方面作了重大修订。

1. 为完善审计监督机制所作的修改

(1)为明确审计机关适用其他财政收支、财务收支的法律、法规进行审计评价和作出审计决定的法律依据,以适应依法行政的要求。修订后的《审计法》在原《审计法》第 3 条增加一款:"审计机关依据有关财政收支、财务收支的法律、法规和国家其他有关规定进行审计评价,在法定职权范围内作出审计决定。"

(2)为加强人大及其常委会对审计工作的指导和监督,促进审计监督与人大监督的有机结合,以利于人大及其常委会更好地履行预算审查和监督政府预算执行的职责,修订后的《审计法》在原《审计法》第 4 条增加规定:"审计工作报告应当重点报告对预算执行的审计情况。必要时,人民代表大会常务委员会可以对审计工作报告作出决议。"同时,为充分发挥审计工作报告的作用,将审计监督和人大监督结合起来,增强审计权威性,督促被审计单位和有关部门认真纠正审计查出的问题。修订后的《审计法》在原《审计法》第 4 条增加一款:"国务院和县级以上地方人民政府应当将审计工作报告中指出的问题的纠正情况和处理结果向本级人民代表大会常务委员会报告。"

(3)为适应审计派出机构形式的变化,保障派出机构依法履行监督职责,修订后的《审计法》将原《审计法》第 10 条修改为:"审计机关根据工作需要,经本级人民政府批准,可以在其审计管辖范围内设立派出机构。派出机构根据审计机关的授权,依法进行审计工作。"

(4)为完善《宪法》和《审计法》确立的地方审计机关双重领导体制,保障审计独立性,避免地方审计机关负责人因揭露和查处问题而遭受打击报复,并保证其具备一定专业胜任能力,修订后的《审计法》在原《审计法》第 15 条增加一款:"地方各级审计机关负责人的任免,应当事先征求上一级审计机关的意见。"

2. 为完善审计监督职责所作的修改

(1)为适应我国事业单位改革和投融资体制改革带来的变化,维护财政资金的安全,防

止国有资产流失,修订后的《审计法》将原《审计法》第 19 条修改为:"审计机关对国家的事业组织和使用财政资金的其他事业组织的财务收支,进行审计监督。"将原《审计法》第 23 条修改为:"审计机关对政府投资和以政府投资为主的建设项目的预算执行情况和决算,进行审计监督。"

(2) 为适应我国国有金融机构股份制改革带来的变化,维护国家资本的安全,促进国有资产保值、增值,修订后的《审计法》在保留审计机关对国有资本占控股地位或者主导地位企业的审计监督职责的同时,进一步明确了审计机关对国有资本占控股地位或者主导地位的金融机构的审计监督职责,但考虑到其复杂性,将具体如何进行审计监督,授权由国务院规定。即将原《审计法》第 22 条修改为:"对国有资本占控股地位或者主导地位的企业、金融机构的审计监督,由国务院规定。"

(3) 为推动经济责任审计工作的进一步开展,加强对领导干部的监督,促进领导干部认真履行职责,有必要在总结近几年实践经验的基础上,将经济责任审计上升到法律的高度加以规定。根据党中央和国务院有关任期经济责任审计的文件精神,修订后的《审计法》明确了审计机关进行任期经济责任审计的法律地位,即增加一条:"审计机关按照国家有关规定,对国家机关和依法属于审计机关审计监督对象的其他单位的主要负责人,在任职期间对本地区、本部门或者本单位的财政收支、财务收支以及有关经济活动应负经济责任的履行情况,进行审计监督。"

(4) 为适应现代企业制度下公司治理结构要求,在混合所有制经济状态下,加强国有资本占控股地位或者主导地位的金融机构和企业的内部审计,促进国有资产的保值增值,防范和化解金融风险,修订后的《审计法》将原《审计法》第 29 条修改为:"依法属于审计机关审计监督对象的单位,应当按照国家有关规定建立健全内部审计制度;其内部审计工作应当接受审计机关的业务指导和监督。"

(5) 为适应社会审计机构管理体制的变化和审计机关职能调整的实际,修订后的《审计法》将原《审计法》第 30 条修改为:"社会审计机构审计的单位依法属于审计机关审计监督对象的,审计机关按照国务院的规定,有权对该社会审计机构出具的相关审计报告进行核查。"

3. 为加强审计监督手段所作的修改

(1) 为防止被审计单位提供虚假或者不完整的会计资料,减少"假账真审"问题的发生,分清审计责任和会计责任,提高审计质量和效率,修订后的《审计法》在原《审计法》第 31 条增加一款:"被审计单位负责人对本单位提供的财务会计资料的真实性和完整性负责。"并在原《审计法》第 41 条相应增加规定了被审计单位"提供的资料不真实、不完整"的法律责任。

(2) 为适应我国国民经济信息化和财会电算化的发展,充分保证在信息化条件下审计机关对被审计单位与财政收支、财务收支有关的资料的检查权,修订后的《审计法》在原《审计法》第 31 条审计机关要求被审计单位提供的资料中,增加"运用电子计算机储存、处理的财政收支、财务收支电子数据和必要的电子计算机技术文档",在原《审计法》第 32 条审计机关有权检查的内容中,增加"运用电子计算机管理财政收支、财务收支电子数据的系统"。

(3) 为全面掌握被审计单位财政财务收支的真实性,并解决公款私存查询难问题,更好地揭露公款私存掩盖的违法犯罪行为,修订后的《审计法》在原《审计法》第 33 条增加两款:"审计机关经县级以上人民政府审计机关负责人批准,有权查询被审计单位在金融机构的账户。"和"审计机关有证据证明被审计单位以个人名义存储公款的,经县级以上人民政府审计机关主要负责人批准,有权查询被审计单位以个人名义在金融机构的存款。"

(4) 为有效地制止被审计单位转移、隐匿、篡改、毁弃有关资料和转移、隐匿违规资产的行为,防止其阻碍、逃避审计监督,保证审计工作的顺利进行,修订后的《审计法》明确了审计机关可采取的具体强制措施,并进行了必要的限制。即在原《审计法》第 34 条增加一款:"审计机关对被审计单位违反前款规定的行为,有权予以制止;必要时,经县级以上人民政府审计机关负责人批准,有权封存有关资料和违反国家规定取得的资产;对其中在金融机构的有关存款需要予以冻结的,应当向人民法院提出申请。"并规定:"审计机关采取前两款规定的措施不得影响被审计单位合法的业务活动和生产经营活动。"

(5) 为克服审计执法手段和范围的局限性,促进全面履行审计职责,加强与其他机关的配合,形成监督合力,修订后的《审计法》增加 1 条,作为第 37 条:"审计机关履行审计监督职责,可以提请公安、监察、财政、税务、海关、价格、工商行政管理等机关予以协助。"

(6) 为贯彻落实国务院关于审计决定执行的要求,解决审计执行难问题,充分发挥审计监督作用,修订后的《审计法》增加 1 条,作为第 47 条:"审计机关在法定职权范围内作出的审计决定,被审计单位应当执行。审计机关依法责令被审计单位上缴应当上缴的款项,被审计单位拒不执行的,审计机关应当通报有关部门,有关部门应当依照有关法律、行政法规的规定予以扣缴或者采取其他处理措施,并将结果书面通知审计机关。"

4. 为规范审计监督行为所作的修改

(1) 为保证各级党委、政府领导交办的紧急审计事项的顺利完成,并避免专案审计中提前通知被审计单位可能带来的销毁证据、串供、伪造账目、转移资产等风险。修订后的《审计法》在原《审计法》第 37 条第 1 款增加规定:"遇有特殊情况,经本级人民政府批准,审计机关可以直接持审计通知书实施审计。"

(2) 为适应实行审计结果公告制度的需要,建立起符合国际惯例的审计报告制度,提高审计报告的质量,修订后的《审计法》取消审计意见书,将审计报告从审计机关的内部文书变为对外发布的审计法律文书,规定:"审计组对审计事项实施审计后,应当向审计机关提出审计组的审计报告。审计组的审计报告报送审计机关前,应当征求被审计对象的意见。"并规定:"审计机关按照审计署规定的程序对审计组的审计报告进行审议,提出审计机关的审计报告;审计机关应当将审计机关的审计报告和审计决定送达被审计单位和有关主管机关、单位。"

(3) 为体现《宪法》确立的地方审计机关双重领导体制,保持审计监督的相对独立性,建立健全审计机关内部经常性的层级监督机制,进一步规范审计执法行为,纠正地方审计机关不适当的审计决定,修订后的《审计法》增加 1 条:"上级审计机关认为下级审计机关作出的审计决定违反国家有关规定的,可以责成下级审计机关予以变更或者撤销,必要时也可以直接作出变更或者撤销的决定。"

(4) 为适应依法行政的要求,明确审计机关对违反国家规定的财政收支行为的具体处理措施,进一步规范审计执法行为,修订后的《审计法》在原《审计法》第 44 条规定的审计处理权的基础上,明确了责令限期缴纳应当上缴的款项、责令限期退还被侵占的国有资产、责令限期退还违法所得、责令按照国家统一的会计制度的有关规定进行处理和其他处理措施等具体措施。

(5) 为充分保证被审计单位获得公平有效的救济途径,纠正审计机关违法或不当的具体行政行为,保护被审计单位的合法权益,防止审计监督权的滥用,修订后的《审计法》对审计复议诉讼制度作了进一步明确,同时考虑到财政收支的特殊性,对有关财政收支的审计决定和有关财务收支的审计决定设计了不同的救济途径。即:"被审计单位对审计机关作出的有关财务收支的审计决定不服的,可以依法申请行政复议或者提起行政诉讼。被审计单位对审计机关作出的有关财政收支的审计决定不服的,可以提请审计机关的本级人民政府裁决,本级人民政府的裁决为最终决定。"

(6)为进一步规范审计执法行为,保证审计人员办理审计事项廉洁奉公、保守秘密,修订后的《审计法》保留原《审计法》关于审计人员保密义务的规定,并增加审计人员"泄露所知悉的国家秘密、商业秘密"的法律责任。

此外,修订后的《审计法》对原《审计法》部分条款的文字作了一些修改,并对条款顺序作了相应调整。

二、中华人民共和国注册会计师法

《中华人民共和国注册会计师法》在 1993 年 10 月 31 日经第八届全国人民代表大会常务委员会第四次会议通过,于 1994 年 1 月 1 日起施行。《中华人民共和国注册会计师法》是规范注册会计师法执业行为,保障社会主义市场经济的健康发展,规范注册会计师工作的根本大法,也是其他一切注册会计师法规制度的"母法"。因此,《中华人民共和国注册会计师法》是制定所有注册会计师执业规范的依据,该法共 7 章 46 条。2008 年 2 月 16 日又印发了新《中华人民共和国注册会计师法》(修正案),内容涉及第一章总则、第二章注册会计师、第三章会计师事务所、第四章注册会计师协会、第五章涉外管理、第六章法律责任、第七章附则等方面共 76 条,重点规范了注册会计师、会计师事务和注册会计师协会的性质、业务范围和规则及法律责任。2014 年 8 月 31 日,全国人大常务委员会通过并颁发《中华人民共和国注册会计师法》(修正案)。

第三节　注册会计师审计准则

审计准则是审计理论的重要组成部分,是审计规范体系的核心。它对审计主体职业责任进行规范,是引导、控制、评价和考核审计行为活动的一把内在尺度。它反映了审计工作的客观规律和基本要求,成为知道审计工作的原则和规范。

一、审计准则的概念

审计准则是专业审计人员在实施审计工作时,必须恪守的最高行为准则,它是审计工作质量的判断标准。审计准则包含如下两层基本含义:① 审计准则是对审计主体的规范和要求,它规定了审计人员应有的素质和专业资格,并对审计人员的审计行为予以规范和指导。② 审计准则同时提出了审计工作应达到的质量要求,是审计人员签署最终审计意见时的客观保证。

在西方国家,审计准则是 20 世纪 40 年代才开始出现的。美国率先与 1947 年开始研究和制定审计准则;日本在 1964 年也制定了审计准则;国际会计师联合会下设的国际审计事务委员会于 1980 年颁布了《国际审计准则》。我国在 1996 年开始制定和形成独立审计准则体系。

二、审计准则的作用

审计准则的实施,使审计人员在从事审计工作时有了规范和指南,便于考核审计工作的质量,推动了审计事业的发展。

审计准则的主要作用有:实施审计准则,可以赢得社会公众的信任;实施审计准则,可以提高审计工作质量;实施审计准则,可以维护审计组织和人员的合法权益;实施审计准则,可以促进国际审计交流。

三、美国的公认审计准则

1938 年,正当财务报表审计盛行之时,美国发生了杰克逊·罗宾斯公司股票在纽约股票交易所上市而发生倒闭的案件。该公司 10 余年来一直由美国著名的普米斯·沃特豪斯会计公司进行审计,证明该公司 1937 年年底合并资产负债表总额为 8 700 万美元,但后来查明其中的 1 907.5 万美元是虚假资产。而会计公司由于审计时未对应收账款进行函证,也没有对存货进行实地盘点,却错误发表了"正确、适当"的观点,严重损害了执业会计师的声誉,促进执业会计师协会意识到亟须一套审计准则。1947 年,美国注册会计师协会的审计程序委员会发表了《审计准则试行方案——公认的重要性和范围》。它包括一般准则、现场工作准则和提出报告准则,共有 9 条;1954 年修订增加第 10 条,于 1972 年正式颁布;1988 年又修订了第 5 条和第 8 条。

美国《一般公认审计准则》(Generally Accepted Auditing Standard,简称 GAAS)规定了民间审计人员的资格和执业的基本要求。其具体内容如下。

（一）一般准则

(1) 审计工作应由经过充分专业训练并精通审计实务的人员担任。

(2) 审计人员执行审计工作时,必须保持独立的意志和态度。

(3) 在执行审计工作及撰拟审计报告时,应保持职业人员应有的严谨态度。

（二）现场工作准则

(1) 审计工作必须妥善地进行计划安排,若存在助理人员,必须加以监督和指导。

(2) 应适当地研究和评价现行的内部控制系统,以确定可资信赖的程度,并以此作为决定审计程序和测试范围的依据。

(3) 运用检查、观察、查询和函证等方法,以获取充分而确切的证据,作为对所审核的财务报表发表意见的合理根据。

（三）报告准则

(1) 审计报告应说明财务报表是否按照一般公认的会计原则编制。

(2) 审计报告应说明本期所使用的会计准则是否与上期一致。

(3) 除非报告中另有说明,财务报表中所提供的资料应被视为是合理和充分的。

(4) 审计报告应就整个财务报表发表意见,或断然表明不能发表意见。如属后者,应说明理由。在任何情况下,财务报表一经审计人员签署,即应在审计报告中明确表示审核的性质,与其所负责任的程度。

美国的民间审计准则体系由一般公认审计准则、审计准则说明书、审计指南和审计解释三个层次组成。除了发布《一般公认审计准则》外,审计准则说明是 10 条《一般公认审计准则》的阐明和引申,是对实务中如何贯彻《一般公认审计准则》所作的具体解释说明。它和《一般公认审计准则》一起构成了美国民间审计准则的实质性内容。到 2002 年年底,美国注册会计师协会的审计准则执行委员会和审计准则委员会共发表了 99 号《审计准则说明书》(Statement on Auditing Standards),每一号审计准则说明均集中解决某一个或几个领域的问题。《审计指南》和《审计解释》是美国民间审计准则的第三个层次。《审计指南》是对特殊行业和特殊审计领域提出的最佳审计工作要求;《审计解释》是用来指导如何运用有《审计准则说明》的文件,它实现了《审计准则说明》与审计实践的结合。《审计指南》和《审计解释》不具有强制性,只是一个指导性和建议性的文件。

综观审计准则在世界范围的演进过程,有两条比较清晰的主线:一是审计准则从美国的私营部门向美国的公营部门和内部审计领域扩展;二是审计准则从美国向世界各国及国际组织扩展。因此,研究民间审计准则的产生与发展,最重要的就是研究美国民间审计准则的产生与发展。

四、国际审计准则

国际审计准则(ISA)是在 1991 年 7 月 10 日,由过去的国际审计指南易名得来的。已发布的国际审计准则包括基本原则和必要程序以及以解释性资料和其他资料的形式表述的相关指南。国际审计与鉴证准则理事会(IAASB)隶属于国际会计师联合会理事会,负责制定国际审计与鉴证准则。近几年,国际审计与鉴证准则理事会着手开展国际审计准则明晰项目,并于 2009 年 2 月 27 日正式完成该项目。2015 年,国际审计与鉴证准则理事会修订发布了新的国际审计报告准则,在审计报告的模式、要素、内容等方面作出重大改进,弥补了现行审计报告模式的缺陷,提高了审计报告对财务报表使用者的沟通价值,提供更多相关和决策有用的信息。国际鉴证业务准则具体包括 1 项国际鉴证业务框架,37 项审计准则(ISA),6 个审计实务公告(IAPS),2 项审阅准则(ISRE),3 项其他鉴证业务准则(ISAE),2 项相关服务准则(ISRS)和 1 项会计师事务所质量控制准则(ISQC),即(37+1)。如表6-1 所示。

表 6-1　国际审计准则与中国注册会计师执业准则项目的对比

No.	ISA	CSA	CSA 修改情况
1	国际鉴证业务框架	1. 中国注册会计师鉴证业务基本准则	2006.2.15
2	ISA210"商定审计业务约定书"	2. CSA1111——就审计业务约定条件达成一致意见	2016.12 仅作出文字调整
3	ISA220"财务报表审计的质量控制"	3. CSA1121——对财务报表审计实施的质量控制	2010.11.1
4	ISA230"审计工作底稿"	4. CSA1131——审计工作底稿	2016.12 仅作出文字调整
5	ISA240"审计师在财务报表审计中对舞弊的责任"	5. CSA1141——财务报表审计中与舞弊相关的责任	2010.11.1
6	ISA250"财务报表审计中对法律法规的考虑"	6. CSA1142——财务报表审计中对法律法规的考虑	2010.11.1
7	ISA300"计划财务报表审计"	7. CSA1201——计划审计工作	2010.11.1
8	ISA315"了解被审计单位及其环境以识别和评估重大错报风险"	8. CSA1211——通过了解被审计单位及其环境识别和评估重大错报风险	2010.11.1
9	ISA330"审计师对已评估风险的应对"	9. CSA1231——针对评估的重大错报风险采取的应对措施	2010.11.1
10	ISA500"审计证据"	10. CSA1301——审计证据	2016.12 仅作出文字调整

（续表）

No.	ISA	CSA	CSA 修改情况
11	ISA501"审计证据——对选定项目的特殊考虑"	11. CSA1311——对存货等特定项目获取审计证据的具体考虑	2010.11.1
12	ISA510"首次审计业务——期初余额"	12. CSA1331——首次审计业务涉及的期初余额	2010.11.1
13	ISA520"分析程序"	13. CSA1313——分析程序	2010.11.1
14	ISA530"审计抽样"	14. CSA1314——审计抽样	2010.11.1
15	ISA560"期后事项"	15. CSA1332——期后事项	2016.12 仅作出文字调整
16	ISA570"持续经营"	16. CSA1324——持续经营	2016.12 实质性修改
17	ISA610"利用内部审计师的工作"	17. CSA1411——利用内部审计师的工作	2010.11.1
18	ISA700"对财务报表形成审计意见和出具审计报告"	18. CSA1501——对财务报表形成审计意见和出具审计报告	2016.12 实质性修改
19	ISA710"比较信息——对应数和可比财务报表"	19. CSA1511——比较数据	2010.11.1
20	ISA720"审计师对含有已审计财务报表的文件中其他信息的责任"	20. CSA1521——注册会计师对其他信息的责任	2016.12 实质性修改
21	ISA265"内部控制缺陷的沟通"	21. CSA1152——向治理层和管理层通报内部控制缺陷	2010.11.1
22	ISA200"独立审计师的总体目标及根据国际审计准则执行审计"	22. CSA1101——注册会计师的总体目标和按照审计准则执行审计工作的要求	2010.11.1
23	ISA260"与治理层的沟通"	23. CSA1151——与治理层的沟通	2016.12 实质性修改
24	ISA320"计划和执行审计中的重要性"	24. CSA1221——计划和执行审计工作中的重要性	2010.11.1
25	ISA402"对被审计单位使用第三方服务机构的审计考虑"	25. CSA1241——对被审计单位使用服务机构的考虑	2010.11.1
26	ISA450"评价在审计中识别的错报"	26. CSA1251——评估审计过程中识别出的错报	2010.11.1
27	ISA505"外部函证"	27. CSA1312——外部函证	2010.11.1
28	ISA540"审计会计估计和相关披露,包括公允价值会计估计"	28. CSA1321——审计会计估计(包括公允价值会计估计和相关披露)	2010.11.1
29	ISA550"关联方"	29. CSA1323——关联方	2010.11.1
30	ISA580"书面声明书"	30. CSA1341——书面声明	2016.12 仅作出文字调整
31	ISA600"对集团财务报表审计的特殊考虑,包括组成部分审计师的工作"	31. CSA1401——对集团财务报表审计的特殊考虑	2010.11.1

（续表）

No.	ISA	CSA	CSA 修改情况
32	ISA620"利用审计师的专家的工作"	32. CSA1421——利用专家的工作	2010.11.1
33	ISA701"在独立审计师报告中披露关键审计事项"	33. CSA1504——在审计报告中沟通关键审计事项	新准则
34	ISA705"对独立审计报告意见的修改"	34. CSA1502——在审计报告中发表非无保留意见	2016.12 实质性修改
35	ISA706"独立审计报告中的强调事项段和其他事项段"	35. CSA1503——在审计报告中增加强调事项段和其他事项段	2016.12 实质性修改
36	ISA800"对按照特殊目的框架编制的财务报表审计的特殊考虑"	36. CSA1601——对按照特殊目的框架编制的财务报表审计的特殊考虑	2010.11.1
37	ISA805"对单个财务报表和财务报表的特定要素、账户或项目审计的特殊考虑"	37. CSA1603——对单一财务报表和财务报表的特定要素、账户或项目审计的特殊考虑	2010.11.1
38	ISA810"对简要财务报表出具报告"	38. CSA1604——对简要财务报表出具报告的业务	2010.11.1
	无	39. CSA1152——前后任注册会计师的沟通	2010.11.1
	无	40. CSA1602——验资	2006.2.15
39	IAPS1000 银行间函证程序	41. CSA1612——银行间函证程序	2006.2.15
40	IAPS1004 银行监管机构与银行外部审计师的关系	42. CSA1613——与银行监管机构的关系	2006.2.15
41	IAPS1006 银行财务报表审计	43. CSA1611——商业银行财务报表审计	2006.2.15
42	IAPS1010 财务报表审计中对环境的考虑	44. CSA1631——财务报表审计中对环境事项的考虑	2006.2.15
43	IAPS1012 衍生金融工具审计	45. CSA1632——衍生金融工具的审计	2006.2.15
44	IAPS1013 电子商务对财务报表审计的影响	46. CSA1633——电子商务对财务报表审计的影响	2006.2.15
45	ISRE2400 财务报表审阅	47. CSA2101——财务报表审阅	2006.2.15
46	ISRE2410 由被审计单位独立审计师执行的中期财务信息审阅	无	
47	ISAE3000 历史财务信息审计或审阅以外的鉴证业务	48. CSA3101——历史财务信息审计或审阅以外的鉴证业务	2006.2.15
48	ISAE3400 预测性财务信息的审核	49. CSA3111——预测性财务信息的审核	2006.2.15

（续表）

No.	ISA	CSA	CSA 修改情况
49	ISAE3402 对第三方服务机构的控制提供鉴证报告	无	
50	ISRS4400 对财务信息执行商定程序	50. CSA4101——对财务信息执行商定程序	2006.2.15
51	ISRS4410 代编财务信息	51. CSA4111——代编财务信息	2006.2.15
52	ISQC1"会计师事务所执行财务报表审计和审阅,其他鉴证业务和相关服务的质量控制"	52. CSA5101——会计师事务所对执行财务报表审计和审阅,其他鉴证业务和相关服务业务实施的质量控制	2010.11.1

从表 6-1 可以看出,中国注册会计师职业准则体系按照国际趋同的要求,根据注册会计师提供服务的不同性质,实现了与国际准则体系的基本一致。当然国际趋同是尽力趋同,允许差异和积极创新。国际审计准则与中国注册会计师执业准则的差异主要表现在两个项目上:一是中国公司设立或变更注册资本需要验资,我国审计准则体系中有验资项目,而国际审计准则中没有;二是为了防止客户通过更换事务所来收买审计意见,我国专门制定了前后任注册会计师沟通准则,国际审计准则体系没有此专门项目,但相关规定散见于其他准则。

五、中国注册会计师执业准则体系框架

为完善我国注册会计师审计准则体系,加速实现与国际准则的趋同,中国注册会计师协会拟定了 22 项准则,并对 26 项准则进行了必要的修订和完善,已于 2006 年 2 月 15 日由财政部发布,共计 48 个准则,自 2007 年 1 月 1 日起在所有会计师事务所施行。这标志着我国已经建立起一套既适应市场经济发展要求,又顺应国际趋同大势的审计准则体系。由于中国注册会计师职业道德准则和中国注册会计师职业后续教育准则不属于行业技术性规范,因此没有纳入执业准则体系。职业道德准则和职业后续教育准则,为注册会计师更好地执行执业准则提供支持。这套 48 个准则实施 4 年来,总体运行良好,在提高审计工作质量、降低市场风险、维护资本市场秩序、保护公共利益等方面发挥了重要作用。世界银行、国际会计师联合会等国际组织对我国审计准则建设的成就和国际趋势都给予了高度评价。

2011 年 10 月 31 日,中国审计准则委员会会议在北京举行。会议审议原则通过了中国注册会计师协会修改的 38 项审计准则,经进一步修改后财政部于 11 月 1 日正式发布,并于 2012 年 1 月 1 日起施行。新审计准则实现了与国际审计准则的持续全面趋同,是注册会计师行业实施国际趋同战略取得的又一项重大成果,为加快推进行业国际化发展提供了重要的技术支撑。

2016 年 12 月 23 日由财政部发布《中国注册会计师审计准则第 1504 号——在审计报告中沟通关键审计事项》等 12 项准则(1+6+5),其中新制定的审计准则 1 项(含指南),实质性修订的审计准则 6 项(均含指南),仅作文字调整的审计准则 5 项(有 2 项不含指南)。这次修改的审计准则体系实现了与国际准则的趋同,目前采用的审计报告是全球通用模式,发生三大积极变化:一是提高了审计报告的信息含量,增强其决策相关性;二是提高了审计报告的沟通价值,增强审计工作的透明度;三是强化了注册会计师的责任,提高审计质量,回应财务报表使用者对持续经营、其他信息、注册会计师独立性的关注。修改后的新审

计准则体系共52项,其中新审计报告准则12项,结构更加科学,内容更加全面,语言更加明晰,更加注重风险识别和应对,适用范围更加广泛,实现了国际审计准则的持续全面趋同。中国注册会计师执业准则体系包括鉴证业务准则、相关服务准则和会计师事务所质量控制准则,如图6-1所示。

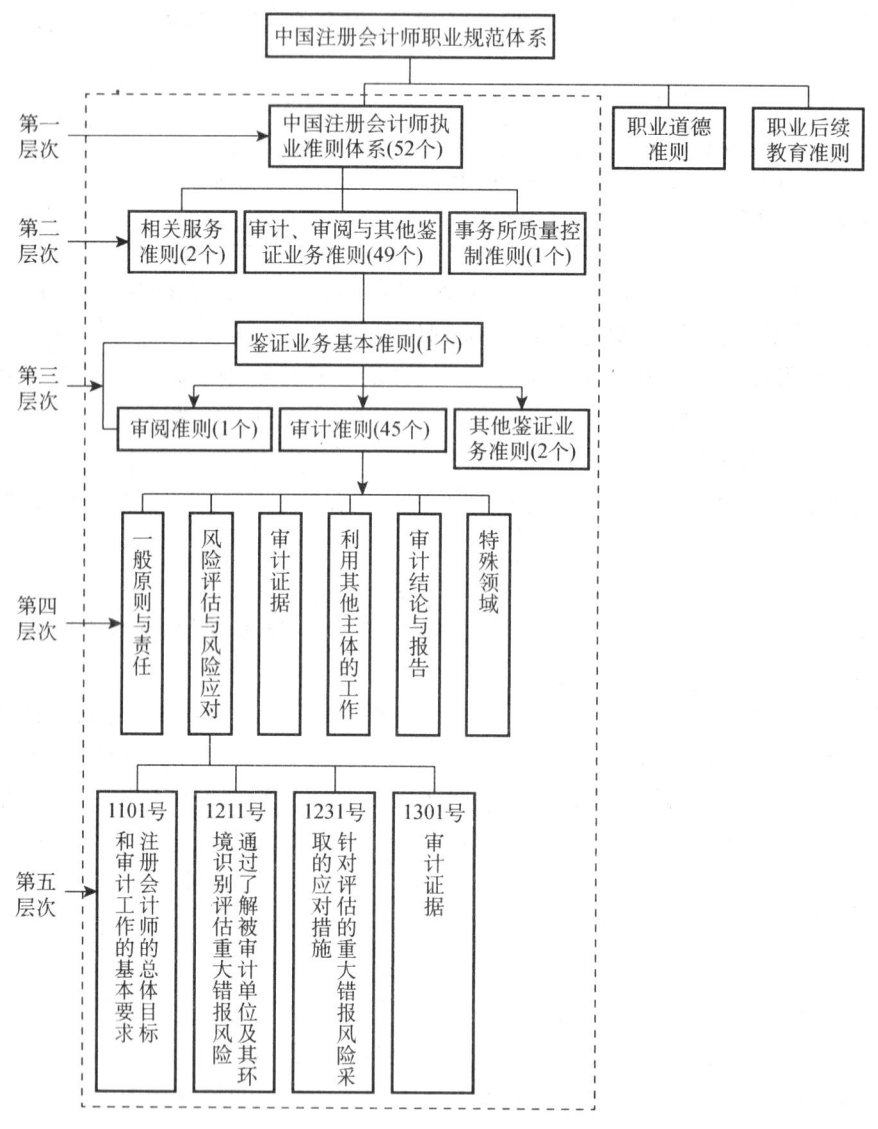

图 6-1　中国注册会计师职业规范体系

(一)鉴证业务准则

鉴证业务准则由鉴证业务基本准则统领,类似于国际财务报告准则的"概念框架",按照鉴证业务提供的保证程度和鉴证对象的不同,分为中国注册会计师审计准则、中国注册会计师审阅准则和中国注册会计师其他鉴证业务准则(以下分别简称审计准则、审阅准则和其他鉴证准则)。其中,审计准则是整个执业准则体系的核心。

1. 审计准则

审计准则用来规范注册会计师执行历史财务信息的审计业务。在提供审计服务时,注册会计师对所审计信息是否不存在重大错报提供合理保证,并以积极方式提出结论。审计准则体系由 45 个项目构成,包括一般原则与责任、风险评估与应对、审计证据、利用其他主题的工作、审计结论与报告和特殊领域审计六个组成部分,涵盖注册会计师执业审计业务的各个环节,如向治理层和管理层通报内部控制缺陷、计划和执行审计工作的重要性、公允价值会计估计和衍生金融工具审计、电子商务对财务报告审计的影响、工作底稿的归档期限和更改、与治理层的沟通、审计报告日后发现的事实等,都有了明确的要求。在审计准则中,与审计风险相关的准则属于核心准则,包括注册会计师的总体目标和审计工作的基本要求、通过了解被审计单位及其环境识别和评估重大错报风险、针对评估的重大错报风险采取的应对措施和审计证据四个项目。同时,以审计风险准则为基础,在新制定和修改的其他准则中体现了审计风险准则的要求。

2. 审阅准则

审阅准则用来规范注册会计师执行历史财务信息的审阅业务。在提供审阅服务时,注册会计师对所审阅信息是否不存在重大错报提供有限保证,并以消极方式提出结论。相对审计业务而言,审阅业务的成本较低。为了降低成本,小企业的年度财务报表和上市公司的中期财务报表可采用审阅方式进行。

3. 其他鉴证业务准则

其他鉴证业务准则用以规范注册会计师执行历史财务信息审计或审阅以外的其他鉴证业务,如预测性财务信息的审核、内部控制审核和基建工程预算、结算、决算审核等。根据鉴证业务的性质和业务约定的要求,提供有限保证或合理保证。

(二)相关服务准则

相关服务准则用以规范注册会计师代编财务信息、执行商定程序、提供管理咨询等其他服务。在提供相关服务时,注册会计师不提供任何程度的保证。

(三)质量控制准则

质量控制准则用以规范会计师事务所在执行各类业务时应当遵守的质量控制政策和程序,是对会计师事务所质量控制作出的制度要求。

本章重点介绍鉴证业务的基本准则和质量控制准则,至于审计准则、审阅准则、其他鉴证业务准则和相关服务准则的内容在以后相关章节中予以介绍。

六、中国注册会计师鉴证业务基本准则

在注册会计师执业准则体系中,鉴证业务基本准则是鉴证业务准则概念框架。可以说,鉴证业务基本准则是鉴证业务的理论概括和高度提炼,成为审计准则、审阅准则和其他鉴证业务准则的基石。

基本准则的主要内容由鉴证业务的定义、要素和目标、业务承接、鉴证业务涉及的三方关系、鉴证对象、标准、证据、鉴证报告等构成。

(一)鉴证业务的定义、要素和目标

1. 鉴证业务的定义

鉴证业务是指注册会计师对鉴证对象信息提出结论,以增强除责任方之外的预期使用者对鉴证对象信息信任程度的业务。鉴证对象信息是按照标准对鉴证对象进行评价和计量的结果。如责任方按照会计准则和相关会计制度(标准)对其财务状况、经营成果和现金流量(鉴证对象)进行确认、计量和列报(包括披露)而形成的财务报表(鉴证对象信息)。

上述鉴证业务定义的可以从以下几个方面加以理解:

（1）鉴证业务的"用户"是"预期使用者"，即鉴证业务可以用来有效地满足预期使用者的需求。

（2）鉴证业务的"目的"是改善信息的质量或内涵，增强除责任方之外的预期使用者对鉴证对象信息的信任程度，即以适当保证或提高鉴证对象信息的质量为主要目的，而不涉及如何利用信息提供建议的问题。

（3）鉴证业务的"基础"是独立性和专业性，通常由具备胜任能力和独立性的注册会计师来执行，注册会计师应当独立于责任方和预期使用者。

（4）鉴证业务的"产品"是鉴证结论，注册会计师应当对鉴证对象信息提出结论，该结论应当以书面报告的形式予以传达。

鉴证业务包括历史财务信息审计业务、历史财务信息审阅业务和其他鉴证业务。注册会计师执行历史财务信息审计业务、历史财务信息审阅业务和其他鉴证业务时，应当遵守鉴证业务基本准则以及依据该准则制定的审计准则、审阅准则和其他鉴证业务准则。

2. 鉴证业务的要素

鉴证业务的要素是指鉴证业务的三方关系、鉴证对象、标准、证据和鉴证报告。

（1）三方关系。三方关系人分别是注册会计师、责任方和预期使用者。注册会计师对由责任方负责的鉴证对象或鉴证对象信息提出结论，以增强除责任方之外的预期使用者对鉴证对象信息的信任程度。

（2）鉴证对象。鉴证对象具有多种不同的表现形式，如财务或非财务的业绩状况、物理特征、系统和过程、行为等。不同的鉴证对象具有不同的特征。

（3）标准。标准即用于对鉴证对象评价或计量鉴证对象的基准，当涉及列报时，还包括列报的基准。

（4）证据。获取充分、适当的证据是注册会计师提出鉴证结论的基础。

（5）鉴证报告。注册会计师应当针对鉴证对象或鉴证对象信息（或鉴证对象）在所有重大方面是否符合适当的标准，以书面报告的形式发表能够提供一定保证程度的结论。

3. 基于责任方认定的业务和直接报告业务

所谓对责任方认定的业务，即为注册会计师对财务报告出具审计报告。这是因为，在财务报告审计中，被审计单位管理层（责任方）对财务状况、经营成果和现金流量（鉴证对象）进行确认、计量和列报（评价或计量）而形成的财务报表即为责任方认定，而这种业务属于基于责任方认定的业务。所谓直接报告业务，即为注册会计师对一些鉴证对象直接出具报告。比如，在 IT 系统鉴证业务中，可能不存在责任方认定（公司管理层关于 IT 系统可应用性、安全性、完整性和可维护性等方面控制有效性的评价报告）或虽然存在但该认定无法为预期使用者获取，预期使用者只能通过阅读鉴证报告获取上述信息，这种业务属于直接报告业务。

基于责任方认定的业务和直接报告业务的区别主要表现在四个方面，如表 6-2 所示。

表 6-2　基于责任方认定的业务和直接报告业务的区别

类别　　　　　业务 区别点	基于责任方认定的业务	直接报告业务
预期使用者获取鉴证对象信息的方式不同	直接获取鉴证对象信息	通过阅读鉴证报告获取有关的鉴证对象信息

（续表）

类别 区别点 ＼ 业务	基于责任方认定的业务	直接报告业务
注册会计师提出结论的对象不同	结论的对象可能是责任方认定，也可能是鉴证对象	直接对鉴证对象提出结论
责任方的责任不同	对鉴证对象信息负责，可能同时也要对鉴证对象负责	仅需对鉴证对象负责
鉴证报告的内容和格式不同	引言段通常会提供责任方认定的相关信息，说明所执行的鉴证程序并提出鉴证结论	直接说明鉴证对象、执行的鉴证程序并提出鉴证结论

4. 鉴证业务的目标

鉴证业务的保证程度可分为合理保证和有限保证，审计的目标也由此而产生区别。合理保证的鉴证业务的目标是注册会计师将鉴证业务风险降至该业务环境下可接受的低水平，以此作为以积极方式提出结论的基础（如在历史财务信息审计中）。有限保证的鉴证业务的目标是注册会计师将鉴证业务风险降至该业务环境下可接受的水平，以此作为以消极方式提出结论的基础（如历史财务信息审阅业务）。

（二）业务承接

在接受委托前，注册会计师应当初步了解业务环境。在此之后，只有认为符合独立性和专业胜任能力等相关职业道德规范的要求，并且拟承接的业务具备下列所有特征，注册会计师才能将其作为鉴证业务予以承接：

（1）鉴证对象适当。

（2）使用的标准适当且预期使用者能够获取该标准。

（3）注册会计师能够获取充分、适当的证据以支持其结论。

（4）注册会计师的结论以书面报告形式表述，且表述形式与所提供的保证程度相适应。

（5）该业务具有合理的目的。如果鉴证业务的工作范围受到重大限制，或委托人试图将注册会计师的名字和鉴证对象不适当地联系在一起，则该业务可能不具有合理的目的。

当拟承接的业务不具备上述鉴证业务的所有特征，不能将其作为鉴证业务予以承接时，注册会计师可以提请委托人将其作为非鉴证业务（如商定程序、代编财务信息、管理咨询、税务服务等相关服务业务），以满足预期使用者的需要。

（三）鉴证业务的三方关系

1. 三方关系概述

鉴证业务涉及的三方关系人包括注册会计师、责任方和预期使用者。责任方与预期使用者可能是同一方，也可能不是同一方。

鉴证业务以提高鉴证对象信息的可信性为主要目的。由于鉴证对象信息（或鉴证对象）是由责任方负责的，因此，注册会计师的鉴证结论主要向除责任方之外的预期使用者提供。在某些情况下，责任方和预期使用者可能来自同一企业，但并不意味着两者就是同一方。是否存在三方关系人是判断某项业务是否属于鉴证业务的重要标准之一。如果某项业务不存在除责任方之外的其他预期使用者，那么该业务不构成一项鉴证业务。

鉴证业务还会涉及委托人，但委托人不是单独存在的一方，委托人通常是预期使用者之一,委托人也可由责任方担任。

2. 注册会计师

注册会计师是指取得注册会计师证书并在会计师事务所执业的人员,有时也指其所在的会计师事务所。

3. 责任方

责任方是指下列组织或人员:

(1) 在直接报告业务中,对鉴证对象负责的组织或人员。

(2) 在基于责任方认定的业务中,对鉴证对象信息负责并可能同时对鉴证对象负责的组织或人员。

责任方可能是鉴证业务的委托人,也可能不是委托人。

4. 预期使用者

预期使用者是指预期使用鉴证报告的组织或人员。责任方可能是预期使用者,但不是唯一的预期使用者。鉴证报告的收件人应当明确为所有的预期使用者。

(四) 鉴证对象

1. 鉴证对象与鉴证对象信息的形式

鉴证对象与鉴证对象信息具有多种形式,主要包括:

(1) 当鉴证对象为财务业绩或状况时,鉴证对象信息是财务报表。

(2) 当鉴证对象为非财务业绩或状况时,鉴证对象信息可能是反映效率或效果的关键指标。

(3) 当鉴证对象为物理特征时,鉴证对象信息可能是有关鉴证对象物理特征的说明文件。

(4) 当鉴证对象为某种系统和过程时,鉴证对象信息可能是关于其有效性的认定。

(5) 当鉴证对象为一种行为时,鉴证对象信息可能是对法律、法规遵守情况或执行效果的声明。

2. 鉴证对象的特征

鉴证对象具有不同特征,可能表现为定性或定量、客观或主观、历史或预测、时点或期间。

3. 适当的鉴证对象应当同时具备下列条件

(1) 鉴证对象可以识别。

(2) 不同的组织或人员对鉴证对象按照既定标准进行评价或计量的结果合理一致。

(3) 注册会计师能够收集与鉴证对象有关的信息,获取充分、适当的证据,以支持其提出适当的鉴证结论。

不适当的鉴证对象可能会误导预期使用者。如果注册会计师在承接业务时发现鉴证对象不适当,应视其重大与广泛程度,出具保留结论或否定结论的报告。不适当的鉴证对象还可能造成工作范围受到限制。如果注册会计师在承接业务后发现鉴证对象不适当,应当视工作范围受到限制的重大与广泛程度,出具保留结论或无法表示结论的报告。

(五) 标准

标准是指用于评价或计量鉴证对象的基准,当涉及列报时,还包括列报的基准。标准可以是正式的规定,如编制财务报表所使用的会计准则和相关会计制度;也可以是某些非正式的规定,如单位内部制定的行为准则或确定的绩效水平。适当的标准应当具备下列所有特征。

（1）相关性：相关的标准有助于得出结论，便于预期使用者作出决策。

（2）完整性：完整的标准不应忽略业务环境中可能影响得出结论的相关因素，当涉及列报时，还包括列报的基准。

（3）可靠性：可靠的标准能够使能力相近的注册会计师在相似的业务环境中，对鉴证对象作出合理一致的评价或计量。

（4）中立性：中立的标准有助于得出无偏向的结论。

（5）可理解性：可理解的标准有助于得出清晰、易于理解、不会产生重大歧义的结论。

（六）证据

注册会计师应当以职业怀疑态度计划和执行鉴证业务，获取有关鉴证对象信息是否不存在重大错报的充分、适当的证据。证据的充分性是对证据数量的衡量，主要与注册会计师确定的样本量有关。所需证据的数量受鉴证对象信息重大错报风险的影响，风险越大，可能需要的证据数量越多；所需证据的数量也受证据质量的影响，证据质量越高，可能需要的证据数量越少。证据的适当性是对证据质量的衡量，即证据的相关性和可靠性。证据的可靠性受其来源和性质的影响，并取决于获取证据的具体环境。

注册会计师应当记录重大事项，以提供证据支持鉴证报告，并证明已按照鉴证业务准则的规定执行业务。注册会计师应当将鉴证过程中考虑的所有重大事项记录于工作底稿。

（七）鉴证报告

注册会计师应当出具含有鉴证结论的书面报告，该鉴证结论应当说明注册会计师就鉴证对象信息获取的保证。提出鉴证结论的方式有两种——积极方式和消极方式，它们分别适用于合理保证的鉴证业务和有限保证的鉴证业务。区分两种鉴证结论提出方式，有助于向预期使用者传达不同业务的保证程度存在差异这一事实，以积极方式提出结论提供的保证水平高于以消极方式提出结论提供的保证水平。在合理保证的鉴证业务中，注册会计师应当以积极方式提出结论；在有限保证的鉴证业务中，注册会计师应当以消极方式提出结论。

第四节　质量控制准则

质量控制准则旨在规范会计师事务所建立并保持有关财务报表审计和审阅、其他鉴证和相关业务的质量控制制度。

一、质量控制制度的目的和要素

（一）事务所实施质量控制的目标

（1）合理保证事务所及其人员遵守职业准则和使用的法律、法规的规定。

（2）合理保证事务所和项目合伙人出具适合具体情况的报告。

项目合伙人是指会计师事务所中负责某项目业务及其执行，并代表会计师事务所在业务报告上签字的合伙人。

（二）事务所质量控制的要素

根据事务所质量控制准则，事务所应当从以下六个方面建立质量控制：

（1）对业务质量承担的领导责任。

（2）相关职业道德要求。

（3）客户关系和具体业务的接受与保持。

（4）人力资源。

（5）业务执行。

（6）监控。

二、对业务质量承担的领导责任

（一）对主任会计师的总体要求

主任会计师对质量控制制度承担最终责任。

（二）行动示范和信息传达

会计师事务所的领导层及其作出的示范对会计师事务所的内部文化有重大影响。会计师事务所各级管理层应当通过清晰、一致及经常的行动示范和信息传达，强调质量控制政策和程序的重要性以及下列要求：

（1）按照法律、法规，职业道德规范和业务准则的规定执行工作。

（2）根据具体情况出具恰当的报告。

（三）树立质量至上的意识

会计师事务所的领导层应当树立质量至上的意识。

（四）委派质量控制制度运作人员

会计师事务所主任会计师对质量控制制度承担最终责任。为保证质量控制制度的具体运作效果，主任会计师必须委派适当的人员并授予其必要的权限，以帮助主任会计师正确履行其职责。

三、职业道德规范

（一）遵守相关职业道德要求

会计师事务所及其人员执行任何类型的业务，都应当遵守相关职业道德要求。值得说明的是，执行鉴证业务还应当满足独立性要求。

（二）满足独立性要求

1. 总体要求

事务所应当制定政策和程序，以合理保证事务所及其人员包括雇佣的专家和其他需要满足独立性要求的人员，遵守相关职业道德要求。

2. 具体要求

（1）项目合伙人应向事务所提供与客户委托业务相关的信息，以使事务所能够评价这些信息对保持独立性的总体影响。

（2）事务所人员应及时向事务所报告对独立性造成不利影响的情况和关系，以便事务所采取适当行动。

（3）事务所收集相关信息，并向适当人员传达。

3. 获知违反独立性的应对措施

（1）所有应当保持独立性的人员，将注意到的违反独立性的情况立即告知事务所。

（2）事务所将已识别的违反独立性政策和程序的情况立即传达给需要与事务所共同处理这些情况的项目合伙人，以及需要采取适当行动的事务所内部其他人员和受独立性约束的人员。

（3）项目合伙人、事务所内部的其他相关人员，以及需要保持独立性的其他人员，在必要时立即向事务所告知他们解决有关问题所采取的行动，以便事务所能够决定是否应当采取进一步的行动。

4. 获取书面确认函

（1）事务所应当每年至少一次向所有受独立性约束的人员获取其遵守独立性政策和程序的书面确认函。当其他事务所参与执行部分业务时，事务所也可以考虑向其他事务所获取有关独立性的书面确认函。

（2）书面确认函既可以是纸质的，也可以是电子形式的。

5. 事务所应对密切关系不利影响的防范措施

如果事务所长期有同一个高级人员执行某项鉴证业务则可能导致亲密关系对独立性产生不利影响。为此，事务所应当制定下列政策和程序，以降低对独立性造成的不利影响：

（1）明确标准，确定是否需要采取防范措施，将因密切关系产生的不利影响降至可接受的水平。

（2）对所有上市实体财务报表审计，在规定期限届满时轮换合伙人、项目质量控制复核人员，以及受轮换要求约束的其他人员。

四、客户关系和具体业务的接受与保持

（一）接受与保持客户关系和具体业务的总体要求

事务所应当制定有关客户关系和具体业务接受与保持的政策和程序，以合理保证只有在下列情况下，才能接受或保持客户关系和具体业务：

（1）能够胜任该项业务，并具有执行该项业务必要的素质、时间和资源。

（2）能够遵守相关职业道德要求。

（3）已考虑客户的诚信，没有信息表明客户缺乏诚信。

（二）事务所评价专业胜任能力时应当考虑的事项

事务所在承接新业务前应当评价专业胜任能力，具体的事项包括：

（1）事务所人员是否熟悉相关行业或业务对象。

（2）事务所人员是否了解相关监管要求或报告要求，或具备有效获取必要技能和知识的能力。

（3）事务所是否拥有足够的具有必要胜任能力和素质的人员。

（4）需要时是否能够得到专家的帮助。

（5）如果需要项目质量控制复核，是否具备符合标准和资格要求的项目质量控制复核人员。

（6）事务所是否能够在提交报告的最后期限内完成业务。

（三）考虑其他事项的影响

1. 考虑本期或以前业务执行过程中发现的重大事项的影响

在确定是否保持客户关系时，会计师事务所应当考虑在本期或以前业务执行过程中发现的重大事项及其对保持客户关系可能造成的影响。

如果在本期或以前业务执行过程中发现客户守法经营意识淡薄或内部控制环境恶劣，或者对业务范围施行重大限制，或者存在其他严重影响业务执行的情况等，会计师事务所应当考虑其对保持客户关系可能造成的影响。必要时，可以考虑终止该客户关系。

2. 考虑接受业务后获知重要信息的影响

会计师事务所在接受业务后可能获知了某项信息，而该信息若在接受业务前获知，可能导致会计师事务所拒绝该项业务。

在这种情况下,会计师事务所应当按照规定,制定相应的政策和程序,应当包括下列内容:

(1) 适用于该业务环境的法律责任,包括是否要求会计师事务所向委托人报告或在某些情况下向监管机构报告。

(2) 接触该项业务约定,或同时接触该项业务约定及其客户关系的可能性。

五、人力资源

会计师事务所制定的人力资源政策和程序应当解决下列人事问题:

(1) 招聘。

(2) 业绩评价。

(3) 人员素质和专业胜任能力,包括完成所分派任务的时间是否足够。

(4) 职业发展。

(5) 晋升。

(6) 薪酬。

(7) 人员需求预测。

解决人员需求预测问题有助于会计师事务所确定完成其业务所需要人员的数量和素质。

六、业务执行

(一) 指导、监督与复核

1. 应当考虑的事项

会计师事务所在制定指导、监督与复核政策和程序时,应当考虑下列事项:

(1) 如何将业务情况简要告知项目组,使项目组了解工作目标。

(2) 保证适用的业务准则得以遵守的程序。

(3) 业务监督、员工培训和辅导的程序。

(4) 对已实施的工作、作出的重大判断以及拟出具的报告进行复核的方法。

(5) 对已实施的工作及其复核的时间和范围作出适当记录。

(6) 保证所有的政策和程序是合时宜的。

2. 指导的具体要求

(1) 使项目组了解工作目标。

(2) 提供适当的团队工作和培训。

3. 监督的具体要求

(1) 追踪业务进程。

(2) 考虑项目组各成员的素质和专业胜任能力。

(3) 解决在执行业务过程中发现的重大问题,考虑其重要程度并适当修改原计划的方案。

(4) 识别在执行业务过程中需要咨询的事项,或需要由经验较丰富的项目组成员考虑的事项。

4. 复核的具体要求

复合范围可能对业务的不同而不同。在复核项目组成员已执行的工作时,复核人员应当考虑:

(1) 工作是否已按照法律、法规,职业道德规范和业务准则的规定执行。

(2) 重大事项是否已提请进一步考虑。

（3）相关事项是否已进行适当咨询，由此形成的结论是否得到记录和执行。

（4）是否需要修改已执行工作的性质、时间和范围。

（5）已执行的工作是否支持形成的结论，并得以适当记录。

（6）获取的证据是否充分、适当。

（7）业务程序的目标是否实现。

（二）咨询

1. 咨询的总体要求

项目组在业务执行中时常会遇到各种各样的疑难问题或者争议事项。当这些问题和事项在项目组内不能得到解决时，有必要向项目组之外的适当人员咨询。

2. 咨询的具体要求

（1）形成良好咨询文化。

（2）合理确定咨询事项。

（3）适当确定被咨询者。

（4）充分提供相关事实。

（5）考虑利用外部咨询。

（6）完整记录咨询情况。

（三）意见分歧

1. 处理意见分歧的总体要求

注册会计师处理意见分歧应当符合下列两点要求：

（1）会计师事务所应当制定政策和程序，以处理和解决项目组内部、项目组与被咨询者之间以及项目合伙人与项目质量控制复核人员之间的意见分歧。

（2）形成的结论应当得以记录和执行。

2. 对出具报告的影响

只有意见分歧问题得到解决，项目合伙人才能出具报告。如果在意见分歧问题得到解决前，项目负责人就出具报告，不仅有失应有的谨慎，而且容易导致出具不恰当的报告，难以合理保证实现质量控制的目标。

（四）项目质量控制复核（独立复核）

1. 项目质量控制复核的总体要求

会计师事务所对应当实施项目质量控制复核的特定业务，如没有完成项目质量控制复核，就不得出具报告。

项目质量控制复核是指会计师事务所挑选不参与该项业务的人员，在出具报告前，对项目组作出的重大判断和在准备报告时形成的结论作出客观评价的过程。

2. 项目质量控制复核对象的确定

会计师事务所应当制定的项目质量控制复核政策和程序应当包括下列要求：

（1）对所有上市公司财务报表审计实施项目质量控制复核。

（2）规定适当的标准，据此评价上市公司财务报表审计以外的历史财务信息审计和审阅、其他鉴证业务及相关服务业务，以确定是否应当实施项目质量控制复核。

（3）对符合适当标准的所有业务实施项目质量控制复核。

在实务中，会计师事务所除对上市实体财务报表审计业务必须实施项目质量控制复核外，还可以自行建立判断标准，确定对那些涉及公众利益的范围较大，或已识别出存在重大异常情况或较高风险的特定业务,实施项目质量控制复核。

3. 项目质量控制复核的具体要求

如果会计师事务所对项目质量控制复核的性质、时间或范围设计不当,或虽设计得当,但委派的项目质量控制复核人员的技术资格和客观性存在问题,就无法实现预期的复核目的。确定复核的性质是决定采用怎样的方法实施复核。会计师事务所通常采用的项目质量控制复核方法包括:

(1) 与项目合伙人进行讨论。

(2) 复核财务报表或其他业务对象信息及报告,尤其考虑报告是否适当。

(3) 选取与项目组作出重大判断及形成结论有关的工作底稿进行复核。

项目质量控制复核的范围取决于业务的复杂程度和出具不恰当报告的风险。

项目质量控制复核的时间应当要求在出具报告前完成项目质量控制复核。项目质量控制复核人员应当在业务过程中的适当阶段及时实施复核,以使重大事项在出具报告前得到满意解决。

如果项目合伙人不接受项目质量控制复核人员的建议,并且重大事项未得到满意解决,项目合伙人不应当出具报告。只有在按照会计师事务所处理意见分歧的程序解决重大事项后,项目合伙人才能出具报告。

七、业务工作底稿

(一) 业务工作底稿的归档要求

(1) 遵守及时性原则。

(2) 确定适当的归档期限。鉴证业务的工作底稿的归档期限为业务报告日后 60 天内。

(二) 业务工作底稿的管理要求

(1) 安全保管业务工作底稿并对业务工作底稿保密。

(2) 保证业务工作底稿的完整性。

(3) 便于使用和检索业务工作底稿。

(4) 按照规定的期限保存业务工作底稿。

(三) 业务工作底稿的保密

除特定情况外,会计师事务所应当对业务工作底稿所包含的信息予以保密。这些特定情况有:

(1) 取得客户的授权。

(2) 根据法律、法规的规定,会计师事务所为法律诉讼准备文件或提供证据,以及向监管机构报告发现的违反法规的行为。

(3) 接受注册会计师协会和监管机构依法进行的质量检查。

(四) 业务工作底稿的完整性、使用和检索

无论业务工作底稿存在于纸质、电子还是其他介质,会计师事务所都应当针对业务工作底稿设计和实施适当的控制。

(五) 业务工作底稿的保存期限

对鉴证业务,会计师事务所应当自业务报告日起,对业务工作底稿至少保存 10 年。如果法律、法规有更高的要求,还应保存更长时间。

(六) 业务工作底稿的所有权

业务工作底稿的所有权属于会计师事务所。

八、监控

（一）监控的总体要求

对质量控制政策和程序遵守情况实施监控的目的,是为了评价：

（1）遵守法律、法规,职业道德规范和业务准则的情况。

（2）质量控制制度设计是否适当,运行是否有效。

（3）质量控制政策和程序应用是否得当,以便会计师事务所和项目负责人能够根据具体情况出具恰当的业务报告。

（二）监控人员

对会计师事务所质量控制制度的监控应当由具有专业胜任能力的人员实施。会计师事务所可以委派主任会计师、副主任会计师或具有足够、适当经验和权限的其他人员履行监控责任。

（三）监控内容

对会计师事务所质量控制制度实施监控的内容,包括：

（1）质量控制制度设计的适当性。

（2）质量控制制度运行的有效性。

（四）实施检查

（1）检查的周期。会计师事务所应当周期性地选取已完成的业务进行检查,周期最长不得超过3年。在每个周期内,应对每个项目负责人的业务至少选取一项进行检查。

（2）检查的组织方式。会计师事务所应当根据具体情况确定周期性检查的组织方式。

（3）确定检查的时间、人员与范围。会计师事务所在选取单项业务进行检查时,可以不事先告知相关项目组。

参与业务执行或项目质量控制复核的人员不应承担该项业务的检查工作。

在确定检查的范围时,会计师事务所可以考虑外部独立检查的范围或结论,但这些检查并不能替代自身的内部监控。

（五）监控结果的处理

（1）确定所发现缺陷的影响与性质。

（2）适时将缺陷及补救措施告知相关人员。

（3）提出补救措施。

（4）监控结果表明出具的报告可能不适当时的处理。

（5）定期告知监控结果。

（六）监控的记录

会计师事务所应当适当记录下列监控事项：

（1）制定的监控程序,包括选取已完成的业务进行检查的程序。

（2）对监控程序实施情况的评价。

（3）识别出的缺陷,对其影响的评价,是否采取行动及采取何种行动的依据。

（七）投诉和指控的处理

会计师事务所应当设立方便可行的投诉和指控渠道,包括明确指出向谁投诉,并制定相关制度,保护信息提供者的正当权益。对于来自会计师事务所外部的投诉和指控,由于他们不必担心会因此而失去工作,也不涉及明显的个人利益或动机,会计师事务所通常可以认为,他们的投诉和指控具有较高的真实性。

如果收到匿名的投诉和指控,会计师事务所应当以适当的方式向全体人员表明,与实名的投诉和指控相比,匿名的投诉和指控更难调查与反馈,鼓励用实名的投诉和指控。

会计师事务所还应当表明所有的投诉和指控都将得到记录、调查并会将结果反馈给投诉和指控人。反馈调查结果通常采用书面形式。

会计师事务所应当按照既定的政策和程序调查投诉和指控事项,并对投诉和指控及其处理情况予以记录。

会计师事务所应当委派本所内部不参与该项业务的具有足够、适当经验和权限的人员负责对调查的监督。必要时,聘请法律专家参与调查工作。如果调查结果表明质量控制政策和程序在设计或运行方面存在缺陷,或者存在违反质量控制制度的情况,会计师事务所应当采取适当行动。

第五节 政府审计准则

2010年9月1日,审计署8号令公布了修订后的《中华人民共和国国家审计准则》(以下简称《国家审计准则》),自2011年1月1日起施行。新国家审计准则进一步细化了政府审计流程,统一了政府审计标准,规范了政府审计行为,把依法审计贯穿到政府审计工作的全过程,落实到每个审计机关及审计人员的行动上。《国家审计准则》的修订和颁布,对促进政府审计工作的法制化、规范化和科学化,具有十分重大的意义。

一、政府审计准则含义

我国政府审计准则是由中华人民共和国审计署颁布的,对政府审计机关及其政府审计人员具有约束力的、规范审计业务工作的行为规范,是用来衡量审计业务的质量标准,是政府审计机关及其政府审计人员实施审计工作时应遵循的行为规则的总和。

二、政府审计准则的作用

(1)政府审计准则有利于提高审计工作的质量和效率,保证政府审计的实施。

(2)政府审计准则有利于社会了解政府审计,正确使用政府审计结果。

(3)政府审计准则有利于促进整个审计规范体系的建立健全。

(4)政府审计准则有利于科学界定政府审计责任和权限。

三、《国家审计准则》在审计规范体系中的地位

我国政府审计规范体系主要由《宪法》《中华人民共和国审计法》《中华人民共和国审计法实施条例》和国家审计署颁布的国家审计准则、审计指南和经济责任审计规定等不同级次组成,国家审计准则是政府审计规范体系中重要的组成部分。《国家审计准则》是一部完整单一的国家审计准则。在国家审计准则的下一层次国家审计署将研究开发审计指南,进一步细化审计业务操作。同时根据《审计法实施条例》附则第57条"实施经济责任审计的规定,另行制定经济责任审计的相关规定"。

《国家审计准则》在吸收原有审计准则和相关规定中能够继续适用的内容后,废止了审计署以前发布的28项审计准则和相关规定。但是《审计署关于内部审计工作的规定》《审计机关审计听证的规定》《审计机关审计复议的规定》《审计机关审计项目质量检查的规定》《审计机关审计档案工作规定》《审计机关监督社会审计组织审计业务质量的暂行规定》等仍然有效。

四、《国家审计准则》的内容

与修订前的审计准则体系由一个审计基本准则、若干单项通用审计准则和专业审计准则、若干审计指南三层次组成不同,此次《国家审计准则》修订参照美国等国审计机关的做法,制定单一的国家审计准则,并在国家审计准则之下开发若干审计指南或者审计手册,这种体系结构可以克服制定多个单项审计准则容易出现的体系庞杂、单项准则间内在关系不够清晰、内容重复交叉多等缺陷。

修订后的《国家审计准则》共7章,200条,包括总则、审计机关和审计人员、审计计划、审计实施、审计报告、审计业务质量控制与责任和附则。

第一章"总则"规定了审计准则的制定依据、适用范围、审计机关与被审计单位的责任划分、审计目标、审计业务分类及审计业务流程等。

第二章"审计机关和审计人员"规定了审计机关及其审计人员执行审计业务的基本条件和要求、基本审计职业道德原则、审计独立性、职业胜任能力、与被审计单位的职业关系等。

第三章"审计计划"规定了年度审计项目计划的主要内容和编制程序,审计工作方案的主要内容和编制要求,对年度审计项目计划执行情况及执行结果的跟踪、检查和统计等。

第四章"审计实施"共分4节。第一节"审计实施方案"规定了审计实施方案的编制程序和主要内容等。第二节"审计证据"规定了审计证据的含义,审计证据适当性和充分性的质量要求,获取审计证据的模式、方法和要求,利用专家意见和其他机构工作结果的要求等。第三节"审计记录"规定了作出审计记录、编制审计工作底稿的事项范围、目标和质量要求,审计工作底稿的分类和内容,审计工作底稿的复核,审计工作底稿的利用等。第四节"重大违法行为检查"规定重大违法行为的特征,检查重大违法行为的特殊程序和应对措施等。

第五章"审计报告"共分5节。第一节"审计报告的形式和内容"规定了审计报告、专项审计调查报告的基本要素和主要内容,经济责任审计报告的特殊要素和内容,审计决定书、审计移送处理书的主要内容等。第二节"审计报告的编审"规定了审计报告等文书的起草、征求意见、复核、审理、审定、签发等编审环节的要求,专项审计调查中发现重大违法违规问题的处置方式等。第三节"专项报告与综合报告"规定了编写审计专项报告、信息简报、综合报告、经济责任审计结果报告、本级预算执行和其他财政收支情况审计结果报告和审计工作报告等基本要求。第四节"审计结果公布"规定了审计机关公布审计结果的信息范围、质量要求和审核批准程序等。第五节"审计结果跟踪检查"规定了跟踪检查的事项,检查的时间、方式,检查结果的报告和处理措施等。

第六章"审计质量控制与责任"规定了建立审计质量控制制度的目标,审计质量控制要素,针对"质量责任"要素确定的各级质量控制环节的职责和责任,审计档案的质量控制责任及归档材料的内容,针对"质量监控"要素建立的审计业务质量检查、年度业务考核和优秀审计项目评选制度等。

第七章"附则"。

五、美国政府审计准则体系

(一)美国政府审计准则的产生

美国的最高审计机关是美国审计总署(GAO),它是1921年根据《预算和会计法案》设立的。起初,其主要目的是协助国会加强预算和会计管理,后来由于国会需要加强对政府的经济监督,才使会计总署改名为美国审计总署。

1972年，美国审计总署历时两年研发出版了第一部美国政府审计准则《政府组织、项目、行为和职能审计准则》，内容包括目的、范围、一般准则、检查及评价准则和报告准则。1988年改名为《政府审计准则》(GAS，或 GAGAS，俗称"黄皮书")，是审计总署开展项目评估后制定的一部政府审计准则，后经5次修订，并为许多其他国家所采用，目前使用的是2007版审计准则。

（二）政府审计准则与注册会计师审计准则的区别

注册会计师审计准则一般仅涉及财务报表审计；政府审计准则不仅涉及财务报表审计，还包括财政审计、经济责任审计和绩效审计。

（三）美国政府审计准则的内容

美国政府审计准则包括要求和指南，通常称作公认政府审计准则(GAS)，政府审计准则在胜任能力、正直诚实、客观公正和独立性等方面为实施高质量的审计和鉴证业务提供了框架。法律、制度、合同、拨款协议和政策经常要求按照政府审计准则审计，许多审计师和审计组织也自愿根据政府审计准则实施审计。美国审计总署于2006年6月发布了政府审计准则修订草案；2007年7月发布了正式修订后的美国政府审计准则。2007年版的《政府审计准则》强调了审计在提高政府工作和保证政府责任方面的关键作用，通过更加规范的语言进一步明确审计人员的职责水平，并协调了与公共公司会计监督委员会、国际审计和鉴证委员会、国际内部审计师协会制定的准则的联系。主要内容包括如下。

1. 准则的适应性和应用方法

准则适用于对政府机构、项目、活动和功能，以及对接受政府资助的承包人，非营利组织和其他非政府组织的审计和鉴证业务。在应用方法上，准则包括专业要求和指南，与旧准则相比，新准则根据审计师和审计组织承担责任的程度，将要求分为无条件要求和推定授权要求两种类型。

2. 政府审计道德原则

与旧准则相比，这是新增加的内容，道德原则为实施一般准则、现场工作准则和报告准则提供总的框架。道德原则包括公众利益，正直诚实，客观，合理使用政府信息、资源和职权，职业行为等方面。

3. 一般准则

一般准则为实施财务审计、鉴证业务和绩效审计提供指导。一般准则和道德准则为审计工作的可信性奠定了基础。一般准则涵盖了独立性、专业判断、胜任能力以及质量控制和保证。与旧准则相比，新准则的变化为：在独立性方面，根据对独立性的影响，定义了三种非审计服务类型，即不损害审计人员独立性的非审计服务，如果得到保证的情况下不损害审计人员独立性的非审计服务、损害审计人员独立性的非审计服务；在专业判断方面，强调专业判断在实施政府审计准则时的关键作用；在胜任能力方面，扩充了职业能力的内容，将职业能力的要求贯穿于整个审计过程，并将2005年修订的职业后续教育并入准则，对职业后续教育的对象、内容和时间提出了具体要求；在质量控制和保证方面，增加了整体目标和质量控制要素，质量控制要素包括：质量控制的领导责任，独立性、公正、客观以及其他法律和道德要求，审计、鉴证业务开始、接受和继续，人力资源，计划、记录和报告，质量监控。

4. 财务审计准则

财务审计准则包括财务审计现场工作准则和财务审计报告准则。财务审计准则认可了美国注册会计师协会的现场工作准则和报告准则，并规定了附加的政府审计准则。与旧准则相比,新准则强调审计师必须运用专业判断,计划和实施审计工作以获取充分、适当的审计证据,并合理发表意见,从而将审计风险限定在低水平。

5. 鉴证业务一般准则、现场工作准则和报告准则

鉴证业务准则认可了美国注册会计师协会关于标准的一般准则、现场工作准则和报告准则,并规定了附加的政府审计准则。

6. 绩效审计准则

绩效审计准则包括绩效审计现场工作准则和绩效审计报告准则。与旧准则相比,新准则中的绩效审计规定中界定了合理保证、重要性、审计风险等基本概念要素,并贯穿于整个绩效审计准则,为实施高质量的绩效审计提供了框架。

六、国际政府审计准则

1977 年,在联合国的支持下,最高审计机关国际组织在秘鲁首都利马举行的会议上,通过了《利马宣言》。《利马宣言》包括序言和正文两个部分。正文共 7 章 25 节,其主要内容包括:第一章总则,第二章独立性,第三章与议会、政府和行政机构的关系,第四章最高审计组织的职权,第五章审计方法、审计人员和国际知识交流,第六章报告,第七章最高审计组织的审计职权。这是最高审计机关国际组织制定和颁布的第一份国际政府审计准则。

最高审计机关国际组织是联合国经济和社会理事会下的一个非政府间组织,主要为联合国提供咨询的任务。国际组织依据《利马宣言》构建审计准则体系,其体系包括两个层次:第一个层次为审计准则,是指导审计人员日常工作的价值和原则的说明;第二个层次为指南资料,是帮助最高审计机关在各项工作中运用审计准则。这两个层次逐步从抽象、综合走向具体、可操作性。它们都只起建议和指导作用,对各国的政府审计机关不具有强制的约束力。

为交流各国审计准则建设经验,国际组织于 1992 年制定了审计准则(Auditing Standards),并于 1995 年进行了修订。截至目前,已形成了体系完整的准则框架。国际组织审计准则凝聚着英国、美国、瑞典、日本、中国香港等的成功经验,反映了政府审计工作的共同特征。这些经验能够反映国家审计在审计方法和审计实践方面的发展趋向、关注的问题和焦点,为我国政府审计准则建设提供启示。

第六节 内部审计准则

我国政府部门及企事业内部审计,是从 20 世纪 80 年代中期开始建立,经历了一段艰苦的发展历史。2003 年 3 月 4 日,审计署发布 4 号令《关于内部审计工作的规定》,内部审计才基本有法可依。中国内部审计协会一直致力于制定一套既符合国际惯例,又适合我国国情的内部审计准则,用以指导和规范我国内部审计的实践。这个准则体系,要以内部控制和风险管理为导向,集财务审计和管理审计于一体,视防弊、兴利、增值为内部审计三大统一共存的目标,融合了国际内部审计发展的最新成果,把握了内部审计的发展趋势。同时,这个准则体系既要体现准则建设必须高于实践的原则,又要充分考虑我国内部审计发展的实际情况。我国内部审计准则体系的建立和不断完善,既为内部审计的法制化、规范化和科学化发展奠定基础,指明方向,又要为更好地贯彻修订后的《审计法》《审计署关于内部审计工作的规定》等相关法律、法规提供具体操作和执行的规范。

一、内部审计准则体系

中国内部审计准则是中国内部审计工作规范体系的重要组成部分,由内部审计基本准则、内部审计具体准则、内部审计实务指南三个层次组成。

(一)内部审计基本准则

内部审计基本准则是内部审计准则的总纲,是内部审计机构和人员进行内部审计时应遵循的基本规范,是制定内部审计具体准则、内部审计实务指南的基本依据。该基本准则按照一般准则、作业准则、报告准则、内部管理准则等内容,分别对审计机构、审计人员、独立性、重要性和审计风险、审计前的工作、审计方法、审计证据、工作底稿、审计报告的撰写、审计报告的复核、后续审计,以及审计计划、对审计人员的管理、内部审计与外部审计的协调等进行了规范。

(二)内部审计具体准则

内部审计具体准则以内部审计基本准则为依据编制,是执行内部审计工作的行为规范。到目前为止,中国内部审计协会共颁布了 20 个具体审计准则。

(三)内部审计实务指南

内部审计实务指南是依据内部审计基本准则、内部审计具体准则制定的,为内部审计机构和人员进行内部审计提供的具有可操作性的指导意见。中国内部审计协会颁布了《建设项目内部审计》《物资采购》两个审计实务指南,以有利于内部审计工作的进一步开展。

二、中国内部审计准则的制定情况

中国内部审计协会于 2003 年 4 月 12 日发布了内部审计基本准则、内部审计人员职业道德规范和第 1 至第 10 号内部审计具体准则(第 1 号审计计划、第 2 号审计通知书、第 3 号审计证据、第 4 号审计工作底稿,第 5 号内部控制审计,第 6 号舞弊的预防、检查与报告,第 7 号审计报告,第 8 号后续审计,第 9 号内部审计督导,第 10 号内部审计与外部审计的协调)。

2004 年 5 月,中国内部审计协会又先后发布第 11 至第 15 号内部审计具体准则(第 11 号结果沟通、第 12 号遵循性审计、第 13 号评价外部审计工作质量、第 14 号利用外部专家服务、第 15 号分析性复核)。

2005 年 5 月,中国内部审计协会又发布第 16 至第 20 号内部审计具体准则(第 16 号风险管理审计、第 17 号重要性与审计风险、第 18 号审计抽样、第 19 号内部审计质量控制、第 20 号人际关系)。

2006 年 5 月 9 日以后,又陆续发布第 21 至第 29 号内部审计具体准则(第 21 号内部审计的控制自我评估法、第 22 号内部审计的独立性与客观性、第 23 号内部审计机构与董事会或最高管理层的关系、第 24 号内部审计机构的管理、第 25 号经济性审计、第 26 号效果性审计、第 27 号效率性审计、第 28 号信息系统审计、第 29 号内部审计人员后续教育)。

2005 年起,中国内部审计协会相继发布了内部审计实务指南(第 1 号建设项目内部审计、第 2 号物资采购内部审计、第 3 号审计报告、第 4 号高校内部审计、第 5 号企业内部经济责任审计指南)。迄今,中国内部审计准则体系经过 2013 年、2014 年、2016 年后几轮修订已经基本形成。

三、国际内部审计准则

1974 年,国际内部审计师协会(IIA)建立了职业准则和责任委员会,专门负责起草制定国际内部审计准则。1978 年国际内部审计师协会(IIA)正式批准了《内部审计实务标准》。

根据国际内部审计师协会的要求,国际内部审计准则要达到:对应该能够代表内部审计实务的基本原则进行表述;为开展并促进广义范围的价值增值型的内部审计活动提供框架;为内部审计工作业绩的评定确立基础;扶持已经改进的组织流程和业务。国际内部审计师协会 1999 年通过内部审计的新定义非常重要,它反映了国际内部审计实务的重大变革,预示着内部审计职业进一步扩大其职能,它明确了内部审计的服务目标、工作范围及定位、工作条件和人员品质。

(一)国际内部审计师协会规定的内部审计准则框架

IIA 的职业实务框架(PPF)于 1999 年 6 月经 IIA 董事会正式批准。PPF 主要由三部分构成:强制性指南、实务咨询和发展与实务支持。

1. 强制性指南

强制性指南是指在不同的国家或地区、不同的环境下,内部审计人员都必须使用的准则。它包括内部审计定义、内部审计人员的职业道德规范、内部审计职业实务准则。这是内部审计的职业基础。

2. 实务咨询

实务咨询是内部审计准则的第二个层次,为内部审计人员提供一个建设性的条款,目的是对新准则的解释和运用提供详细的建议;同时还包括一些新的信息,像 IIA 发布的内部审计准则公告(SIAS)和新近流行的职业道德规范的关注项目、风险管理的细则、咨询性服务准则、信息的安全性服务准则等。

3. 发展与实务支持

发展与实务支持是指那些最近发展的实务,IIA 往往以专题报告、研究报告、参考书籍、研讨会文集、教育培训项目等方式来推荐这些参考性意见。

(二)国际内部审计准则的内容

国际内部审计师协会颁布的内部审计准则,主要有内部审计师职责说明、内部审计实务准则、内部审计师职业道德准则。

(三)国际内部审计师协会的内部审计职业实务框架分为六个层次

(1)内部审计定义:"内部审计是一种独立、客观的保证与咨询活动,旨在增加价值和改善组织的运营。它通过应用系统的、规范化的方法来评价和改善风险管理、控制及治理过程的效果,帮助组织实现其目标。"

(2)内部审计师职业道德规范:正直、客观性、保密性、胜任能力。

(3)属性标准:属性标准说明了内部审计活动的机构及人员的特点。

(4)工作标准:工作标准描述了内部审计活动的性质并提出了衡量内部审计活动开展的质量准绳。

(5)实施标准:是属性标准和工作标准在特定类型的审计活动中的具体体现。属性标准和工作标准只有一套,实施标准有很多套。

它们被广泛地引用与借鉴,并在其成员组织中已成为具有一定约束力的规程,每种主要类型的内部审计活动都有一套实施标准。

(6)指南:实务公告、实务公告开发和目标。

其中,第(1)至(5)层次是强制性的,第(6)层次是非强制性的。

国际内部审计师协会要求所有已拥有或准备建立内部审计机构的组织来支持和运用它所颁布的准则,以此作为指导和衡量内部审计活动的基础。它是当今世界有关内部审计影响最广、最具有权威的一部准则,更被广泛地引用与借鉴,并在其成员组织中已成为具有一定约束力的规程。

第七节　审计人员职业道德规范

职业道德是指某一职业组织以公约、守则等形式公布的、其会员自愿接受的职业行为标准。审计人员职业道德是审计人员在审计工作过程中形成的、具有审计职业特征的道德准则和行为规范。

一、中国注册会计师职业道德准则

在我国,注册会计师职业道德是指注册会计师职业品德、职业纪律、专业胜任能力及职业责任等的总称。其中,职业品德是指注册会计师应具备的职业品格和道德行为,它是职业道德规范的核心部分,其基本要求是诚信、独立、客观和公正;职业纪律是指约束注册会计师职业行为的法纪和戒律,尤指注册会计师应当遵循职业准则及国家其他相关法规;专业胜任能力是指注册会计师应当具有专业知识、技能或经验,能够胜任承接的工作;职业责任是指注册会计师对客户、同行及社会公众所应履行的责任。中国注册会计师协会会员职业道德守则规定了职业道德基本原则和职业道德框架。

（一）注册会计师职业道德基本原则

1. 诚信

诚信原则要求会员应当在所有的职业关系和商业关系中保持正直和诚实,秉公处事,实事求是。

会员如果认为业务报告、申报资料或其他信息存在下列问题,则不得与这些有问题的信息发生牵连:

（1）含有严重虚假或误导性陈述。

（2）含有缺乏充分根据的陈述或信息。

（3）存在遗漏或含糊其词的信息。

注册会计师如果注意到与已有问题的信息发生牵连,应当采取措施消除牵连。在鉴证业务中,如果注册会计师依据执业准则出具了恰当的非标准业务报告,不被视为违反上述要求。简言之,不能出具虚假报告。

2. 独立性

独立原则通常是对注册会计师而非执业会员提出的要求。在执行鉴证业务时,注册会计师必须保持独立性。

注册会计师执行审计和审阅业务以及其他鉴证业务时,应当从实质上和形式上保持独立性,不得因任何利害关系影响其客观性。

3. 客观和公正

客观是指按照事物的本来面目去考察,不添加个人的偏见。公正是指公平,正直,不偏袒。

如果存在导致职业判断出现偏差,或对职业判断产生不当影响的情形,会员不得提供相关专业服务。

4. 专业胜任能力和应有的关注

（1）如果会员在缺乏足够的知识、技能和经验的情况下提供专业服务,就构成了一种欺诈。

（2）专业服务要求注册会计师在应用专业知识和技能时，会员应当合理运用职业判断。专业胜任能力可分为两个独立阶段：① 专业胜任能力的获取。② 专业胜任能力的保持。

（3）应有的关注，要求会员勤勉尽责，保持应有的关注，遵守执业准则和职业道德规范的要求，认真、全面、及时地完成工作任务。在审计过程中，会员应当保持职业怀疑态度，运用专业知识、技能和经验，获取和评价审计证据。

在适当情况下，会员应当使客户、工作单位和专业服务的其他使用者了解专业服务的固有局限性。

5. 保密

保密原则要求会员应当对因职业关系和商业关系而获知的信息予以保密，不得有下列行为：

（1）未经客户授权或法律、法规允许，向会计师事务所以外的第三方披露其所获知的涉密信息。

（2）利用所获知的涉密信息为自己或第三方谋取利益。

会员在社会交往中应当遵循保密原则。会员应当警惕无意泄密的可能性，特别是向主要近亲属和其他近亲属以及关系密切的商业伙伴无意泄密的可能性。近亲属是指配偶、父母、子女、兄弟姐妹、祖父母、外祖父母、孙子女、外孙子女。

另外，会员应当对其拟接受的客户或拟受雇的工作单位向其披露的涉密信息保密。在终止与客户或工作单位的关系之后，会员仍然应当对在职业关系和商业关系中获知的信息保密。如果变更工作单位或获得新客户，会员可以利用以前的经验，但不应利用或披露以前职业活动中获知的涉密信息。

会员在下列情况下可以披露客户的涉密信息：

（1）法律、法规允许披露，并且取得客户或工作单位的授权。

（2）根据法律、法规的要求，为法律诉讼、仲裁准备文件或提供证据，以及向有关监管机构报告发现的违法行为。（必须做，无需授权）

（3）在法律、法规允许的情况下，在法律诉讼、仲裁中维护自己的合法权益。

（4）接受注册会计师协会或监管机构的执业质量检查，答复其询问和调查。

（5）法律、法规，执业准则和职业道德规范规定的其他情形。

6. 良好的职业行为

会员应当遵守相关法律、法规，避免发生任何损害职业声誉的行为。

在推介自身和工作时，会员在向公众传递信息以及推介自己和工作时，应当客观、真实、得体，不得损害职业形象。

会员应当诚实、实事求是，不得有下列行为：

（1）夸大宣传提供的服务、拥有的资质或获得的经验。

（2）贬低或无根据地比较其他注册会计师的工作。

（二）职业道德概念框架

1. 职业道德概念框架的内涵

职业道德概念框架旨在为会员提供解决职业道德问题的思路，用以指导注册会计师：

（1）识别对职业道德基本原则的不利影响。

（2）评价不利影响的重要程度。

（3）必要时采取防范措施以消除不利影响或将其降至可接受水平。

职业道德概念框架适用于会员应对威胁职业道德基本原则的各种情形，其目的在于防止注册会计师认为只要守则，而未明确禁止的情形就是允许的行为。

2. 对职业道德基本原则产生不利影响的因素及防范措施

1）对职业道德基本原则的不利影响。

不利影响可以归纳为以下五类：

（1）自身利益（self-interest）导致的不利影响。

（2）自我评价（self-review）导致的不利影响。如果会员对其（或者其所在会计师事务所或雇佣单位的其他人员）以前的判断或服务结果作出不恰当的评价，并且将据此形成的判断作为当前服务的组成部分，将产生自我评价导致的不利影响。

（3）过度推介（advocacy）导致的不利影响。如果会员过度推介客户或雇佣单位的某种立场或意见，使其客观性受到损害，将产生过度推介导致的不利影响。

（4）密切关系（familiarity）导致的不利影响。如果会员与客户或雇佣单位存在长期或亲密的关系，而过于倾向他们的利益，或认可他们的工作，将产生密切关系导致的不利影响。

（5）外在压力（intimidation）导致的不利影响。

2）防范措施

防范措施是指可以消除不利影响或将其降至可接受水平的行动或其他措施。防范措施包括下列两大类：

（1）由行业、法律法规或监管机构规定的防范措施：

第一，取得会员资格需要的教育、培训和经验要求。

第二，持续职业发展要求。

第三，公司治理规定。

第四，执业准则和职业道德规范的要求。

第五，监管机构或行业的监控和惩戒程序。

第六，由依法授权的第三方对会员编制的报告、报表、沟通函件或其他信息进行外部复核。

（2）工作环境中的防范措施。某些防范措施可以增加识别或制止不道德行为发生的可能性。由行业、法律法规、监管机构以及雇佣单位规定的这类防范措施包括：

第一，由所在的雇佣单位、行业以及监管机构建立有效的公开投诉系统，使同行、雇佣单位以及社会公众能够注意到不专业或不道德的行为。

第二，明确规定会员有义务报告违反职业道德守则的行为或情形。

3. 道德冲突的解决

在遵循职业道德基本原则时，会员应当解决遇到的道德冲突问题。在解决道德冲突问题时，会员应当考虑下列因素：

（1）与道德冲突问题有关的事实。

（2）涉及的道德问题。

（3）道德冲突问题涉及的职业道德基本原则。

（4）会计师事务所或工作单位制定的解决道德冲突问题的程序。

（5）可供选择的措施。

在考虑所有相关可能措施后,如果道德冲突仍未解决,会员应当在可能的情况下拒绝继续与产生冲突的事项发生关联。会员可视情况确定是否解除业务约定或退出某项特定任务,或完全退出该项业务,或向所在会计师事务所或者雇佣单位辞职。

(三)注册会计师对职业道德概念框架的具体运用

1. 对职业道德基本原则产生不利影响的具体情形

(1)自身利益导致的不利影响的情形主要包括:

第一,鉴证业务项目组成员在鉴证客户中拥有直接经济利益。

第二,会计师事务所过分依赖向某一客户的收费。

第三,鉴证业务项目组成员与鉴证客户存在重要的密切商业关系。

第四,会计师事务所担心可能失去某一重要客户。

第五,鉴证业务项目组成员正在与鉴证客户协商受雇于该客户。

第六,会计师事务所与鉴证业务相关的或有收费安排。

或有收费是指一种按照预先确定的计费基础收取费用的方式。在这种方式下,收费与否或多少取决于交易的结果或所执行工作的结果。

如果某项收费由法院或政府公共管理机构制定,则该项收费不属于或有收费。

第七,在评价其所在会计师事务所的人员以前提供专业服务的结果时,注册会计师发现重大错误。

(2)自我评价导致不利影响的情形主要包括:

第一,会计师事务所在对客户提供财务系统的设计或操作服务后,又对系统的运行有效性出具鉴证报告。

第二,会计师事务所为客户编制原始数据,这些数据构成鉴证业务的对象。

第三,鉴证业务项目组成员担任或最近曾经担任客户的董事或高级管理人员。

第四,鉴证业务项目组成员目前或最近曾受雇于客户,并且所处职位能够对鉴证对象施加重大影响。

第五,会计师事务所为鉴证客户提供直接影响鉴证对象信息的其他服务。

(3)过度推介导致的不利影响的情形主要包括:

第一,会计师事务所推介审计客户的股份。

第二,在鉴证客户与第三方发生诉讼或纠纷时,注册会计师担任该客户的辩护人。

(4)密切关系导致不利影响的情形主要包括:

第一,项目组成员的近亲属担任客户的董事或高级管理人员。

第二,项目组成员的近亲属是客户的员工,其所处职位能够对业务对象施加重大影响。

第三,客户的董事、高级管理人员或所处职位能够对业务对象施加重大影响的员工,最近曾担任会计师事务所的项目合伙人。

第四,注册会计师接受客户的礼品或款待。

第五,会计师事务所的合伙人或高级员工与鉴证客户存在长期业务关系。

(5)外在压力导致不利影响的情形主要包括:

第一,会计师事务所受到客户解除业务关系的不利影响。

第二,审计客户表示,如果会计师事务所不同意对某项交易的会计处理,则不再委托其承办拟议中的非鉴证业务。

第三,客户威胁将起诉会计师事务所。

第四,会计师事务所受到降低收费的影响而不恰当地缩小工作范围。

第五,由于客户员工对所讨论的事项更具有专长,注册会计师面临服从其判断的压力。

第六,会计师事务所合伙人告知注册会计师,除非同意审计客户不恰当的会计处理,否则将影响晋升。

2. 应对不利影响的防范措施

在具体工作中,应对不利影响的防范措施包括会计师事务所层面的防范措施和具体业务层面的防范措施。

具体业务层面的防范措施主要包括:

(1) 对已执行的非鉴证业务,由未参与该业务的注册会计师进行复核,或在必要时提供建议。

(2) 对已执行的鉴证业务,由鉴证业务项目组以外的注册会计师进行复核,或在必要时提供建议。

(3) 向客户审计委员会、监管机构或注册会计师协会咨询。

(4) 与客户治理层讨论有关的职业道德问题。

(5) 向客户治理层说明提供服务的性质和收费的范围。

(6) 由其他会计师事务所执行或重新执行部分业务。

(7) 轮换鉴证业务项目组合伙人和高级员工。

3. 专业服务委托

(1) 接受客户关系。在接受客户关系前,注册会计师应当确定接受客户关系是否对职业道德基本原则产生不利影响。注册会计师应当考虑客户的主要股东、关键管理人员和治理层是否诚信,以及客户是否涉足非法活动(如洗钱)或存在可疑的财务报告问题等。

客户存在的问题可能对注册会计师遵循诚信原则或良好职业行为原则产生不利影响。

防范措施主要包括:

第一,对客户及其主要股东、关键管理人员、治理层和负责经营活动的人员进行了解。

第二,要求客户对完善公司治理结构或内部控制作出承诺。

如果不能将客户存在的问题所产生的不利影响降低至可接受的水平,注册会计师应当拒绝接受客户关系。如果向同一客户连续提供专业服务,注册会计师应当定期评价继续保持客户关系是否适当。

(2) 业务承接。如果项目组不具备或不能获得执行业务所必需的胜任能力,将对专业胜任能力和应有的关注原则产生不利影响。

防范措施可能包括:

第一,了解客户的业务性质、经营的复杂程度,以及所在行业的情况。

第二,了解专业服务的具体要求和业务对象,以及注册会计师拟执行工作的目的、性质和范围。

第三,了解相关监管要求或报告要求。

第四,分派足够的具有胜任能力的员工。

第五,必要时利用专家的工作。

第六,就执行业务的时间安排与客户达成一致意见。

第七,遵守质量控制政策和程序,以合理保证仅承接能够胜任的业务。

当利用专家的工作时,注册会计师应当考虑专家的声望、专长及其可获得的资源,以及适用的执业准则和职业道德规范等因素,以确定专家的工作结果是否值得依赖。注册会计师可以通过以前与专家的交往或向他人咨询获得相关信息。

(3) 客户变更委托。如果应客户要求或考虑以投标方式接替前任注册会计师,注册会计师应当从专业角度或其他方面确定应否承接该业务。如果注册会计师在了解所有相关情况前就承接业务,可能对专业胜任能力和应有的关注原则产生不利影响。注册会计师应当评价不利影响的严重程度。

由于客户变更委托的表面理由可能并未完全反映事实真相,根据业务性质,注册会计师可能需要与前任注册会计师直接沟通,核实与变更委托相关的事实和情况,以确定是否适宜承接该业务。

防范措施主要包括:

第一,当应邀投标时,在投标书中说明,在承接业务前需要与前任注册会计师沟通,以了解是否存在不应接受委托的理由。

第二,要求前任注册会计师提供已知悉的相关事实或情况,即前任注册会计师认为,后任注册会计师在作出承接业务的决定前,需要了解的事实或情况。

第三,从其他渠道获取必要的信息。

如果采取的防范措施不能消除不利影响或将其降低至可接受的水平,注册会计师不得承接该业务。

前任注册会计师应当遵循保密原则。前任注册会计师是否可以或必须与后任注册会计师讨论客户的相关事务,取决于业务的性质、是否征得客户同意以及法律法规或职业道德规范的有关要求。

注册会计师在与前任注册会计师沟通前,应当征得客户的同意,最好征得客户的书面同意。

4. 利益冲突

注册会计师应当根据可能产生利益冲突的具体情形,采取下列防范措施:

(1) 如果会计师事务所的商业利益或业务活动可能与客户存在利益冲突,注册会计师应当告知客户,并在征得其同意的情况下执行业务。

(2) 如果为存在利益冲突的两个以上客户服务,注册会计师应当告知所有已知相关方,并在征得他们同意的情况下执行业务。

(3) 如果为某一特定行业或领域中的两个以上客户提供服务,注册会计师应当告知客户,并在征得他们同意的情况下执行业务。如果客户不同意注册会计师为存在利益冲突的其他客户提供服务,注册会计师应当终止为其中一方或多方提供服务。

除采取上述防范措施外,注册会计师还应当采取下列一种或多种防范措施:

第一,分派不同的项目组为相关客户提供服务。

第二,实施必要的保密程序,防止未经授权接触信息。

第三,向项目组成员提供有关安全和保密问题的指引。

第四,要求会计师事务所的合伙人和员工签订保密协议。

第五,由未参与执行相关业务的高级员工定期复核防范措施的执行情况。

5. 应客户的要求提供第二次意见

在某客户运用会计准则对特定交易和事项进行处理,且已由前任注册会计师发表意见的情况下,如果注册会计师应客户的要求提供第二次意见,可能对职业道德基本原则产生不利影响。

如果第二次意见不是以前任注册会计师所获得的相同事实为基础,或依据的证据不充分,可能对专业胜任能力和应有的关注原则产生不利影响。

防范措施主要包括:

(1) 征得客户同意与前任注册会计师沟通。

(2) 在与客户沟通中说明注册会计师发表专业意见的局限性。

(3) 向前任注册会计师提供第二次意见的副本。

如果客户不允许与前任注册会计师沟通,注册会计师应当在考虑所有情况后决定是否适宜提供第二次意见。

6. 收费

如果报价过低,可能导致不能按照适用的执业准则执行业务,将对专业胜任能力和应有的关注产生不利影响。

(1) 收费是否对职业道德基本原则产生不利影响,取决于收费报价水平和所提供的相应服务。

防范措施主要包括让客户了解业务约定条款,特别是确定收费的基础以及在收费报价内所能提供的服务,安排恰当的时间和具有胜任能力的员工执行任务。

(2) 在承接业务时,如果收费报价明显低于前任注册会计师或其他会计师事务所的相应报价,会计师事务所应当确保在提供专业服务时,遵守执业准则和职业道德规范的要求,使工作质量不受损害,使客户了解专业服务的范围和收费基础。

(3) 除法律、法规允许外,注册会计师不得以或有收费方式提供鉴证服务,收费与否或收费多少不得以鉴证工作结果或实现特定目的为条件。

防范措施主要包括:

第一,预先就收费的基础与客户达成书面协议。

第二,向预期的报告使用者披露注册会计师所执行的工作及收费的基础。

第三,实施质量控制政策和程序。

第四,由独立第三方复核注册会计师已执行的工作。

绝对禁止进行的收费项目:

第一,注册会计师不得收取与客户相关的介绍费或佣金。

第二,注册会计师不得向客户或其他方支付业务介绍费。

7. 专业服务营销

注册会计师通过广告或其他营销方式招揽业务,可能对职业道德基本原则产生不利影响。在向公众传递信息时,注册会计师应当维护职业声誉,做到客观、真实、得体。

注册会计师在营销专业服务时,不得有下列行为:

(1) 夸大宣传提供的服务、拥有的资质或获得的经验。

(2) 贬低或无根据地比较其他注册会计师的工作。

(3) 暗示有能力影响有关主管部门、监管机构或类似机构。

(4) 作出其他欺骗性的或可能导致误解的声明。

注册会计师不得采用强迫、欺诈、利诱或骚扰等方式招揽业务。

注册会计师不得对其能力进行广告宣传以招揽业务,但可以利用媒体刊登设立、合并、分立、解散、迁址、名称变更和招聘员工等信息。

8. 礼品和招待

如果客户向注册会计师(或其近亲属)赠送礼品或给予款待,将对职业道德基本原则产生不利影响。

(1) 注册会计师不得向客户索取、收受委托合同约定以外的酬金或其他财物,或者利用执行业务之便,谋取其他不正当的利益。

(2) 注册会计师应当评价接受款待产生不利影响的严重程度,如果款待超出业务活动中的正常往来,注册会计师应当拒绝接受。

9. 保管客户资产

(1) 除非法律、法规允许或要求,注册会计师不得提供保管客户资金或其他资产的服务。

(2) 注册会计师保管客户资金或其他资产,应当符合下列要求:

第一,将客户资金或其他资产与其个人或会计师事务所的资产分开。

第二,仅按照预定用途使用客户资金或其他资产。

第三,随时准备向相关人员报告资产状况及产生的收入、红利或利得。

第四,遵守所有与保管资产和履行报告义务相关的法律、法规。

(3) 如果某项业务涉及保管客户资金或其他资产,注册会计师应当根据有关接受与保持客户关系和具体业务政策的要求,适当询问资产的来源,并考虑应当履行的法定义务。

(4) 如果客户资金或其他资产来源于非法活动(如洗钱),注册会计师不得提供保管资产服务,并应当向法律顾问征询进一步的意见。

10. 对客观和公正原则的要求(针对鉴证以及非鉴证业务)

在提供专业服务时,注册会计师如果在客户中拥有经济利益,或者与客户董事、高级管理人员或员工存在家庭和私人关系或商业关系,应当确定是否对客观和公正原则产生不利影响。

防范措施主要包括:

(1) 退出项目组。

(2) 实施督导程序。

(3) 终止产生不利影响的经济利益或商业关系。

(4) 与会计师事务所内部较高级别的管理人员讨论有关事项。

(5) 与客户治理层讨论有关事项。

如果防范措施不能消除不利影响或将其降低至可接受的水平,注册会计师应当拒绝接受业务委托或终止业务。

二、政府审计职业道德准则

《国家审计准则》第15条规定了国家审计的职业道德标准:审计人员应当恪守严格依法、正直坦诚、客观公正、勤勉尽责、保守秘密的基本审计职业道德。

(1) 严格依法就是审计人员应当严格依照法定的审计职责、权限和程序进行审计监督,规范审计行为。

(2) 正直坦诚就是审计人员应当坚持原则,不屈从于外部压力;不歪曲事实,不隐瞒审计发现的问题;廉洁自律,不利用职权谋取私利;维护国家利益和公共利益。

(3) 客观公正就是审计人员应当保持客观公正的立场和态度,以适当、充分的审计证据支持审计结论,实事求是地作出审计评价和处理审计发现的问题。

（4）勤勉尽责就是审计人员应当爱岗敬业，勤勉高效，严谨细致，认真履行审计职责，保证审计工作质量。

（5）保守秘密就是审计人员应当保守其在执行审计业务中知悉的国家秘密、商业秘密；对于执行审计业务取得的资料、形成的审计记录和掌握的相关情况，未经批准不得对外提供和披露，不得用于与审计工作无关的目的。

《国家审计准则》立足于我国审计工作实际，借鉴国际政府审计职业道德规范，规定了国家审计的基本审计职业道德标准，同时诠释了每项基本审计职业道德所包含的价值取向和行为模式。审计职业道德准则是审计从业人员的基本守则和道德底线，广大审计人员应高标准、严要求，牢记遵守。国家审计职业道德标准的树立，为审计人员加强职业道德修养及审计机关加强审计职业道德建设提供了指南。

三、内部审计人员职业道德准则

内部审计人员职业道德规范的建立是内部审计职业取得外界理解与支持的必然要求，相对于组织内部其他人员而言，内部审计人员是以一种独立、公正的"裁判"身份出现，对经营活动及内部控制进行独立审查、评价的。因此，树立和维护内部审计人员的职业形象，是维护内部审计工作的权威性、顺利开展内部审计活动的关键。我国《内部审计人员职业道德规范》规定，内部审计人员职业道德规范的内容由以下三部分组成。

（一）一般原则

（1）内部审计人员在履行职责时，应当严格遵守中国内部审计准则及中国内部审计协会制定的其他规定。

（2）内部审计人员不得从事损害国家利益、组织利益和内部审计职业荣誉的活动。

（3）内部审计人员在履行职责时，应当做到独立、客观、正直和勤勉。

（4）内部审计人员在履行职责时，应当保持廉洁，不得从被审计单位获得任何可能有损职业判断的利益。

（二）专业胜任能力

（1）内部审计人员应当保持应有的职业谨慎，并合理使用职业判断。

（2）内部审计人员应当保持和提高专业胜任能力，必要时可聘请有关专家协助。

（3）内部审计人员应具有较强的人际交往技能，妥善处理好与组织内外相关机构和人士的关系。

（4）内部审计人员应不断接受后续教育，提高服务质量。

（三）其他要求

（1）内部审计人员应诚实地为组织服务，不做任何违反诚信原则的事情。

（2）内部审计人员应当遵循保密性原则，按规定使用其在履行职责时所获取的资料。

（3）内部审计人员在审计报告中应客观地披露所了解的全部重要事项。

第八节　职业后续教育准则

由于注册会计师职业对从业人员素质和所担负的社会责任提出很高要求，所以注册会计师要不断参加后续教育。注册会计师在取得执业资格之后，应当保持并不断提高专业胜任能力，树立终身学习的职业理念。职业后续教育是获得资格前职业教育的延伸，目前世界各国都十分重视注册会计师的职业后续教育，并颁布了相应准则。

一、职业后续教育的意义和目标

（一）职业后续教育的意义

注册会计师职业后续教育，是指注册会计师为保证和提高专业胜任能力与执业水平，掌握相关新知识、新技能、新法规所进行的学习研究。众所周知，注册会计师的执业环境（包括法律、社会、经济等因素）是不断发展变化的，所以社会公众对注册会计师的专业胜任能力和执业水平的要求也在不断变化。注册会计师唯有不断接受职业后续教育，掌握和应用相关新知识、新技能和新法规，才能满足执业的需要，保持执业质量。可见，注册会计师职业后续教育，应当贯穿于注册会计师的整个执业生涯中。

（二）其他国家对职业后续教育的规定

从国际上看，注册会计师职业比较发达的国家，都无一不把注册会计师职业后续教育摆到了非常重要的位置，并制定了相关的职业后续教育准则，对此加以规范。例如，国际会计师联合会发布了《职业后续教育指南》，美国注册会计师协会发布了《正规职业后续教育计划准则》等。虽然不同国家和地区制定的后续教育规范大同小异，但国际会计师联合会教育委员会制定的《职业后续教育指南》框架完整，内容全面。国际会计师联合会教育委员会制定了有关资格前教育、会计师培训和执业会员职业后续教育准则、指南、讨论稿和其他有关文件，并于1982年发布了《职业后续教育指南》，1998年5月又作了修订，具体内容涉及导言、目标、指南规范、课程领域、职业后续教育程度、职业后续教育强制或自愿的办法、组织和监控、职业后续教育筹资、实施和附录共10个部分。

（三）职业后续教育的目标

《职业后续教育指南》指出，会员团体应当设立、实施或以其他方式提供职业后续教育项目，该职业后续教育的目标应该能够：

（1）保持并提高其会员拥有的技术知识和专业技能。

（2）帮助会计职业的会员应用新的技能，了解经济发展并评估其对客户或雇主以及对他们自己工作的影响，并且满足不断变化的责任和期望。

（3）向社会提供合理的保证，即会计职业的会员具有承担为客户服务所需要的技术知识和技能。

二、后续教育准则的内容

为了规范注册会计师职业后续教育，中国注册会计师协会根据《注册会计师法》，已制定了《中国注册会计师职业后续教育基本准则》，并于1997年1月1日开始实施。《中国注册会计师后续教育基本准则》包括总则、一般原则、内容和形式、组织与实施、检查与考核、附则等内容。

（一）一般原则

我国注册会计师职业后续教育以提高专业胜任能力和执业水平为目标，这不仅是注册会计师职业自身发展的需要，也是社会各方面对注册会计师职业的必然选择。

（二）内容和形式

注册会计师职业后续教育的内容一般包括会计准则及国家其他财务会计法规、审计准则及其他职业规范、与执业相关的其他法规，以及执业所需要的其他知识与技能。我国规定，执业会员接受职业后续教育的时间为3年，累计不得少于180学时，其中每年接受职业后续教育的时间不得少于40学时；接受脱产教育的时间为3年，累计不得少于120学时，其中每年接受脱产职业后续教育的时间不得少于20学时。注册会计师参加职业后续教育可以采取以下一些形式：

(1) 参加中国注册会计师协会及其地方组织举办或认可的各种培训活动。

(2) 参加中国注册会计师协会认可的有关大专院校的专业课程进修。

(3) 参加中国注册会计师协会组织或认可的相关专题研讨会。

(4) 参加会计师事务所自行组织的专业研讨与培训。

(5) 公开出版专业著作或发表专业论文。

(6) 承担专业课题研究,并取得研究成果,以及个人专业学习与实务研究等。

(三) 检查与考核

中国注册会计师协会统一印制发放注册会计师后续教育手册。注册会计师接受检查、考核时,应当提交手册。注册会计师未能提供职业后续教育有效记录或无故未达到职业后续教育要求的,考核时不予通过。

(四) 督导和惩戒

对于未能遵守职业后续教育要求的注册会计师,注册会计师协会给予相应督导和惩戒,通常包括:

(1) 将有关惩戒信息通报所在会计师事务所。

(2) 公告。

(3) 限期接受强制培训。

主 要 术 语

1. 审计规范体系
2. 审计法
3. 注册会计师法
4. 审计准则
5. 美国公认审计准则(GAAS)
6. 国际审计准则(ISA)
7. 鉴证业务
8. 鉴证业务基本准则
9. 会计师事务所业务质量控制准则
10. 政府审计准则
11. 内部审计准则
12. 职业道德准则
13. 职业后续教育准则

复 习 思 考 题

1. 政府审计准则、内部审计准则和注册会计师审计准则各有何特征?

2. 简述注册会计师鉴证业务基本准则的基本内容。

3. 简述会计师事务所业务质量控制准则的内容。

4. 简述注册会计师对职业道德概论框架的具体运用。

5. 请简要说明职业后续教育的内容与形式。

练 习 题

一、单项选择题

1. 注册会计师执行的下列业务中,保证程度最高的是(   )。

A. 验资
B. 财务报表审阅
C. 预测性财务信息审核
D. 对财务信息执行的商定程序

2. 注册会计师接受委托对 ABC 股份有限公司 20×2 年的财务报表进行审计,下列选项中,属于"鉴证对象"的是(　　)。

A. ABC 公司 20×2 年财务报表

B. ABC 公司 20×2 年 12 月 31 日的财务状况和该年度的经营成果和现金流量

C. ABC 公司 20×2 年度的财务状况、经营成果和现金流量

D. ABC 公司 20×2 年利润表

3. 监督的具体要求不包括(　　)。

A. 使项目组了解工作目标

B. 考虑项目组各成员的素质和专业胜任能力,以及是否有足够的时间执行工作

C. 解决在执行业务过程中发现的重大问题,考虑其重要程度并适当修改原计划的方案

D. 识别在执行业务过程中需要咨询的事项,或需要由经验较丰富的项目组成员考虑的事项

4. 项目质量控制复核的时间是(　　)。

A. 在出具报告前完成项目质量控制复核

B. 与管理层沟通后完成质量控制复核

C. 与治理层沟通后完成质量控制复核

D. 与审计委员会沟通后完成质量控制复核

5. 中国注册会计师鉴证业务基本准则是鉴证业务准则的基本框架,是注册会计师执行鉴证业务的规范,但在以下所列的各准则中,(　　)不受该基本准则的制约。

A. 中国注册会计师审计质量控制准则

B. 中国注册会计师审计准则

C. 中国注册会计师其他鉴证业务准则

D. 中国注册会计师审阅准则

二、多项选择题

1. 鉴证业务要素包括(　　)。

A. 鉴证对象　　　　　B. 鉴证对象信息　　　C. 证据　　　　　　　D. 鉴证报告

2. 鉴证业务的目标可分为(　　)。

A. 合理保证　　　　　B. 绝对保证　　　　　C. 消极保证　　　　　D. 有限保证

3. 会计师事务所的质量控制制度包括针对(　　)方面制度的政策和程序。

A. 对业务质量承担的领导责任　　　　　B. 职业道德规范

C. 客户关系和具体业务的接受与保持　　D. 业务执行

4. 在复核项目组成员已执行的工作时,复核人员应当考虑(　　)。

A. 工作是否已按照法律法规、职业道德规范和业务准则的规定执行

B. 重大事项是否已提请进一步考虑

C. 是否需要修改已执行工作的性质、时间和范围

D. 已执行的工作是否支持形成的结论,并得以适当记录

5. 会计师事务所制定的项目质量控制复核政策和程序应当包括(　　)的要求。

A. 对符合适当标准的所有业务实施项目质量控制复核

B. 规定适当的标准,据此评价上市公司财务报表审计以外的历史财务信息审计和审阅、其他鉴证业务及相关服务业务,以确定是否应当实施项目质量控制复核

C. 对所有上市公司财务报表审计实施项目质量控制复核

D. 在某项业务或某类业务中已识别的异常情况或风险

三、判断题

1. 会计师事务所应当制定政策和程序,以合理保证会计师事务所及其人员,包括聘用的专家和其他需要满足独立性要求的人员,保持职业道德规范要求的独立性。　　　　（　　）

2. 业务执行是指会计师事务所委派项目组按照法律法规,职业道德规范和业务准则的规定具体执行所承接的某项业务,使会计师事务所和项目负责人能够根据具体情况出具恰当的报告。　　　　（　　）

3. 在业务执行中,时常可能会出现项目组内部、项目组与被咨询者之间以及项目负责人与项目质量控制复核人员之间的意见分歧,只有意见分歧问题得到解决,项目负责人才能出具报告。　　　　（　　）

4. 如果决定接受或保持客户关系和具体业务,会计师事务所应与客户就相关问题达成一致理解,并形成书面业务约定书,将对业务的性质、范围和局限性产生误解的风险降至最低。　　　　（　　）

5. 在我国注册会计师鉴证业务准则中,审计准则与审阅准则主要用于规范历史性财务信息的鉴证,只有个别准则规范了非历史性财务信息的鉴证。　　　　（　　）

四、案例分析

1938 年,美国纽约州的麦克森·罗宾斯药材公司突然宣布倒闭。在经济萧条时期,股份公司的倒闭本来习以为常。然而,该公司的倒闭,却使得"报刊以耸人听闻的手法来对待这件案子"。究其原因,是因为该案涉及审计程序中的一系列问题。（普通散户如何确认最佳操作时机）

一、案例背景

1938 年年初,长期贷款给罗宾斯药材公司的朱利安·汤普森公司,在审核罗宾斯药材公司财务报表时发现两个疑问:① 罗宾斯药材公司中的制药原料部门,原是个盈利率较高的部门,但该部门却一反常态地没有现金积累。而且,流动资金亦未见增加。相反,该部门还不得不依靠公司管理者重新调集资金来进行再投资,以维持生产。② 公司董事会曾开会决议,要求公司减少存货金额。但到 1938 年年底,公司存货反而增加 100 万美元。汤普森公司立即表示,在没有查明这两个疑问之前,不再予以贷款,并请求官方协调控制证券市场的权威机构——纽约证券交易委员会调查此事。（剖析主流资金真实目的,发现最佳获利机会!）

纽约证券交易委员会在收到请求之后,立即组织有关人员进行调查。调查发现该公司在经营的 10 余年中,每年都聘请了美国著名的普赖斯·沃特豪斯会计师事务所对该公司的财务报表进行审定。在查看这些审计人员出具的审计报告中,审计人员每年都对该公司的财务状况及经营成果发表了"正确、适当"等无保留的审计意见。为了核实这些审计结论是否正确,调查人员对该公司 1937 年的财务状况与经营成果进行了重新审核。结果发现:1937 年 12 月 31 日的合并资产负债表计有总资产 8 700 万美元,但其中的 1 907.5 万美元的资产是虚构的,包括存货虚构 1 000 万美元,销售收入虚构 900 万美元,银行存款虚构 7.5 万美元;在 1937 年年度合并利润表中,虚假的销售收入和毛利分别达到 1 820 万美元和 180 万美元。

在此基础上,调查人员对该公司经理的背景作了进一步调查,结果发现公司经理菲利普·科斯特及其同伙穆西卡等人都是犯有前科的诈骗犯。他们都是用了假名,混入公司并爬上公司管理岗位。他们将亲信安插在掌管公司钱财的重要岗位上,并相互勾结、沆瀣一气,使他们的诈骗活动持续很久,没能被人发现。

证券交易委员会将案情调查结果在听证会上一宣布,立即引起轩然大波。根据调查结果,罗宾斯药材公司的实际财务状况早已"资不抵债",应立即宣布破产。而首当其冲的受损失者是汤普森公司,因它是罗宾斯药材公司的最大债权人。为此,汤普森公司指控沃特豪斯会计师事务所。汤普森公司认为其所以给罗宾斯公司贷款,是因为信赖了会计师事务所出具的审计报告。因此,他们要求沃特豪斯会计师事务所赔偿他们的全部损失。

在听证会上,沃特豪斯会计师事务所拒绝了汤普森公司的赔偿要求。会计师事务所认为,他们执行的审计,遵循了美国注册会计师协会在 1936 年颁布的《财务报表检查》(Examination of Financial Statement)中所规定的各项规则。药材公司的欺骗是由于经理部门共同串通合谋所致,审计人员对此不负任何责任。最后,在证券交易委员会的调解下,沃特豪斯会计师事务所以退回历年来收取的审计费用共 50 万美元,作为对汤普森公司债权损失的赔偿。

二、影响与启示

罗宾斯药材公司案例对审计工作产生了两方面的影响:

第一,究竟谁应对财务报表的真实性负责? 如审计人员审定的财务报表与事实不符,审计人员应负哪些责任? 对此,美国注册会计师协会下属的审计程序委员会,早在 1936 年就指出:"对财务报表负责的主要应是企业管理当局,而不是审计人员。"如果审计人员审定的财务报表与事实不符,则要分清事实不符的原因。当企业内部因共同合谋而使内部控制制度失效时,即使再高明的审计人员,在成本、时间的限制下,也是无法发现这些欺骗行为的。为此,当纽约州司法部长约翰·贝内特在举行听证会,以罗宾斯案件指责审计人员时,立即遭到审计人员的反驳。他们说:"在司法部部长所引证的大部分案子中……所涉及的审计问题,只是人的行为本身的失败,而不是一般所遵循的程序失败。"因此,"美国注册会计师协会仍然决定不修改 1936 年的声明,继续发展公认审计程序"。所以,罗宾斯药材公司案件,使审计人员再一次认识到,审计是存在风险的。对这个风险,如是属于企业内部人为造成,则审计人员不应对此负责。审计人员还进一步认识到,建立科学、严格的公认审计程序,使审计工作规范化,能够有效地保护尽责的审计人员,免受不必要的法律指责。

第二,对现行审计程序进行了全面检讨。通过罗宾斯药材公司案件也暴露了当时审计程序的不足,即:只重视账册凭证而轻视实物的审核;只重视企业内部的证据而忽视了外部审计证据的取得。在罗宾斯破产案件听证会上,12 位专家提供的证词中列举了这两个不足。证券交易委员会根据这个证词,颁布了新的审计程序规则。在规则中,证券交易委员会要求:今后审计人员在审核应收账款时,如应收账款在流动资产中占有较大比例,除了在企业内部要核对有关证据外,还需进一步发函询证,以从外部取得可靠合理的证据。在评价存货时,除了验看有关账单外,还要进行实物盘查,除此之外还要求审计人员对企业的内部控制制度进行评价,并强调了审计人员对公共利益人员负责。与此同时,美国的注册会计师协会所属的审计程序特别委员会,于 1939 年 5 月颁布了《审计程序的扩大》,对审计程序作了上述几个方面的修改,使它成为公认的审计准则。

五、参考答案

【单项选择题】 1. A 2. B 3. A 4. A 5. A

【多项选择题】 1. ACD 2. AD 3. ABCD 4. ABCD 5. ABC

【判断题】 1. √　2. √　3. √　4. √　5. ×

本章要点概览

1. 审计规范体系是指明文规定的各种有关审计的法律、法规、准则及规则,它是审计理论和实务的重要组成部分。

2. 新《审计法》的修订和施行,是我国政府审计法制建设的一个重要里程碑,有利于依法行政,建设法治政府。

3. 我国注册会计师职业规范体系由中国注册会计师执业准则、职业道德准则和职业后续教育准则组成。中国注册会计师执业准则包括鉴证业务准则、相关服务准则和会计师事务所质量控制准则。鉴证业务准则又由鉴证业务基本准则统领,按照鉴证业务提供的保证程度和鉴证对象的不同,分为审计准则、审阅准则和其他鉴证业务准则。其中审计准则是整个执业准则的核心。

4. 会计师事务所业务质量准则旨在规范会计师事务所的业务质量控制,明确会计师事务所及其人员的质量控制责任。

5. 注册会计师职业道德是指注册会计师的职业道德、职业纪律、专业胜任能力及职业责任等的总称。中国注册会计师在执业过程中应遵循的职业道德基本原则有:诚信、独立、客观和公正,专业胜任能力和应有关注,保密,良好职业行为。

6. 注册会计师职业后续教育,应当贯穿于注册会计师整个执业生涯中。

第七章　审计人员的法律责任

学习目的与要求

本章旨在阐述民间审计人员的法律责任。通过本章的学习,应要求全面了解民间审计人员被控告的原因;掌握民间审计人员承担法律责任的种类;重点掌握司法解释13条对民间审计人员民事侵权责任的规定;一般了解如何避免和减轻民间审计人员的法律责任。

课 前 预 习 题

1. 简述审计责任对审计职业的重要性。审计责任的内容包括哪些?
2. 什么是会计责任? 什么是审计责任?
3. 为什么说注册会计师的审计责任不能代替、减轻或免除被审计单位管理层和治理层的责任?

第一节　审计责任概述

一、审计责任的含义

任何一种职业,当其应承担的责任与其社会地位之间有着直接的依存关系时,它的社会地位才会日渐提高。审计作为一个独立的职业,在为社会提供鉴证服务的同时,也必须对其鉴证服务的质量和行为的后果承担责任。对审计人员来说,只有当准备承担责任并对因未能满足审计准则规定的要求而引起的后果负责时,它的社会地位和执业水平才会真正被社会公众所认可。

审计责任是指审计机构和审计人员在承办审计业务中应履行的职业义务和职责,以及因履行职责不当可能会承担的法律、行政、工作甚至道德压力等方面的责任。

二、审计责任的基本内容

由于政府审计、内部审计和民间审计之间在职责、义务、权限等方面还存在着各种差异,因而各种审计主体的审计责任也有所区别。其中,民间审计的审计责任最具有代表性,对政府审计和内部审计有着重要的参考价值。民间审计人员的审计责任,一般可划分为工作责任和法律责任两个方面。

（一）民间审计人员的工作责任

民间审计活动是一种有目的的、独立的、公正的、具有权威性的活动。民间审计人员独立地执行某项审计业务的过程，就是履行自己工作责任的过程。在审计工作过程中，自始至终地保持审计的独立性和客观性，保证审计结论的客观公正，而绝不可玩忽职守，不负责任地造成不应有的工作失误。一般来说，会计师事务所的主任会计师对形成的审计结论和整个会计师事务所的工作成果及质量控制制度负有最终责任；签章的注册会计师对确定审计项目，制定审计工作计划、确定审计工作程序和形成审计报告负有直接责任，并对配备相应的业务助理人员、其他专业人员和聘用专家工作结果负责；所有现场工作人员都应对自己负责的审计项目或审计区域的工作质量负有相应的工作责任。审计职业工作责任一般可通过制定会计师事务所质量控制准则和审计人员职业道德准则进行规范。

（二）会计责任与审计责任

财务报表编制与财务报表审计是财务信息生存链上的两个不同环节，由此产生的会计责任与审计责任是不能相互取代的，必须各司其职。按照《审计准则1101号——财务报表审计的目标和一般原则》第3条规定，在被审计单位治理层的监督下，按照适用的会计准则和相应会计制度的规定编制财务报表是被审计单位管理层的责任；对财务报表发表审计意见是民间审计人员的责任。

在作为被审计单位的企业中，编制财务报告一般是管理层的责任，其具体工作由管理层领导下的财务会计部门承担。被审计单位管理层对编制财务报表的责任具体包括：① 选用适用的会计准则和相关会计制度。② 选择和运用恰当的会计政策。③ 根据企业的具体情况，作出合理的会计估计。④ 设计、实施和维护与财务报表编制相关的内部控制，以保证财务报表不存在由于舞弊或错误而导致的重大错报。

被审计单位治理层对财务报告全过程的监督职责主要包括：① 审核或监督企业的重大会计政策。② 审核或监督企业财务报告和披露程序。③ 审核或监督与财务报告相关的企业内部控制。④ 组织和领导企业内部审计。⑤ 审核和批准企业的财务报告和相关信息披露。⑥ 聘任和解聘负责企业外部审计的注册会计师并与其进行沟通等。

民间审计人员的审计责任是对财务报表发表审计意见。为了履行这一职责，民间审计人员应当遵守职业道德规范，按照审计准则的规定计划和实施的审计工作，获取充分、适当的审计证据，并根据获取的审计证据得出合理的审计结论，发表恰当的审计意见，民间审计人员通过签署审计报告确认其责任。

财务报表审计不能减轻被审计单位管理层和治理层的责任。法律法规要求管理层和治理层对编制财务报表承担责任，有利于从源头上保证财务信息质量。同时，在某些方面，民间审计人员与管理层和治理层之间本身就存在信息不对称。管理层和治理层作为内部人员，对企业的情况更为了解，更能作出适合企业特点的会计处理决策和判断，因此，被审计单位管理层和治理层理应对编制财务报表承担完全责任。如果财务报表存在重大错报，而民间审计人员通过审计没有能够发现，也不能因为财务报表已经民间审计人员审计这一事实而减轻管理层和治理层对财务报表的责任。

（三）民间审计人员的法律责任

民间审计人员的法律责任在民间审计责任体系中是一种最低责任境界，是一种最基本的、最具有约束力和最核心的责任形式。它是指民间审计人员由于违反法律规定行为并给他人造成损失而应当承担的法律后果的责任,可视为社会强制民间审计人员履行和遵守审计准则的一种手段。未尽审计工作职责是导致承担审计法律责任的主要原因之一,法律责任既是强制又是促进审计人员履行工作职责的重要保障。所不同的是,审计工作责任是审计职业所固有的,是与审计工作相伴而生的,是一种内在责任;只要审计人员执行审计业务,就必然承担工作责任。审计法律责任是外在的,是由社会和法律所强制的。审计法律责任的发生是或然的,只有在审计人员出现违约、过失和欺诈等情况下,才有可能发生。

三、审计责任对审计职业的重要性

审计责任对审计职业的重要性,主要体现在以下几个方面。

（一）审计责任决定审计职业地位

社会的需要决定了审计的生存和发展,一切受人尊重的职业都具有服务于社会公众的责任,审计这个职业更凸显这一责任。一旦失去社会公众的信任,也就丧失了职业存在的基础。从这个意义上讲,审计职业责任就是社会公众对审计人员及其职业所抱期望的反映。审计职业界只有自始至终地尽力满足社会公众的期望,承担应有的职业责任,才能取得社会的广泛信赖和相应的职业地位。

（二）审计责任促进审计职业发展

从根本上讲,审计有责才能有为,有为才能有位,有位才能发展。通过强化审计责任制度,一方面可以促进审计职业界加强对审计责任的研究,改进审计方法,提高执业水平;另一方面又可以提高社会对审计的信赖,促进审计职业界对外交流,这一切有助于审计事业发展。

（三）审计责任保证审计职业的工作质量

审计人员只要接受委托执行业务,就负有恪尽专业职守、保持认真与谨慎义务。严格履行审计职业的工作责任是提高审计质量的内在保证,强化审计法律责任是提高审计质量的外在保证,审计责任制度是保证审计职业工作质量的基本条件。

（四）审计责任不可避免地带来了审计风险和审计失败

正是由于存在着审计责任,审计职业才不断地被起诉,导致巨额赔偿,以至于许多事务所遭受破产的威胁。

第二节　审计的法律责任

一、民间审计人员法律责任的成因

2007年7月31日,曾引起证券市场轩然大波的湖北蓝田股份有限公司造假案,由武汉市中级人民法院判决被告赔偿原告540多万元,华伦会计师事务所承担连带赔偿责任,这是会计师事务所在中国内地"虚假陈述证券民事赔偿案"中承担连带责任的首例判决。自2002年以来,有近30家上市公司在虚假陈述民事赔偿案件中被投资者告上法庭,涉及会计师事务所审计责任的约有7家。法律责任的出现,经常是因为民间审计人员在执业时没有保持应有的职业谨慎,因而导致了对其他人权利的损害。从目前看,民间审计人员涉及法律诉讼的数量和金额都呈上升趋势,除了法律因素外,还有以下原因:

（1）审计期望差距存在。审计期望差距是指审计能力与社会公众对审计理解之间的差异。社会公众普遍认为,民间审计人员的责任就是查出被审计单位财务报表中的所有错报,因而经过民间审计人员审计后的财务报表是不应该有任何错报的,否则就是民间审人员的失职,民间审计人员就必须为此承担责任。

(2) 政府监管部门保护投资者的意识日益加强,监管措施日益完善,处罚力度日益增大。特别是 2007 年 6 月 15 日起施行最高人民法院《关于审理涉及会计师事务所在审计业务活动中民事侵权赔偿案件的若干规定》(以下简称《规定》),明确了利害关系人的范围,界定了民间审计组织的审计责任。

(3) 由于审计环境发生很大变化、企业规模扩大、业务全球化以及企业经营的错综复杂性,使会计业务更加复杂,审计风险变大。

(4) "深口袋"理论和"风险社会化"理论的盛行。"深口袋"理论就是指受到损失的一方应向有能力赔偿的一方提出诉讼,而不管被告方是否有错,错在哪里。"风险社会化"理论就是指把那些被认为可以避免损失或可以通过向其他人收取更高的费用转嫁损失的人,以及民间审计人员越来越明显被看做是担保人而非独立、客观的审计者和报告者。

(5) 民间审计人员败诉的案例日益增多。民事法庭在审理起诉会计师事务所的案件中,会计师事务所败诉的案例日益增多。这便促使律师以或有收费为基础提供法律服务,无论是否有道理,都将民间审计组织作为起诉的对象,因为《规定》明确会计师事务所过错推定和举证责任倒置。

(6) 许多会计师事务所宁愿在庭外和解法律问题,以避免高昂的法律费用和精神的负面影响,而不愿通过司法程序来解决这些问题。

(7) 审计业务的高度专业性与证据复杂性,法庭在理解专业性事项方面存在困难。

在当今社会,民间审计人员被控告的原因是多方面的,有的是被审计单位方面的责任,有的是民间审计人员方面的责任,有的是双方的责任,还有的是使用者误解的原因。其中,被审计单位的责任和民间审计人员方面的责任是最重要的。

二、被审计单位方面的责任

(一) 错误、舞弊和违反法规行为

错误是指财务报表中存在的无意错报或漏报。错误主要包括:① 原始记录和会计数据的计算、抄写错误。② 对事实的疏忽和误解。③ 对会计政策的误用。例如,据以编制财务报表的数据收集或处理错误,由于疏忽或误解造成计价不正确,或在金额、分类、表达、披露方面用错了会计政策等。像算术计算和抄写错误,或盘点中的错漏,都是常见的例子。舞弊是指使用欺骗手段获取不当或非法利益的故意行为。

在财务报表审计中,通常只关注下列两类舞弊行为:

(1) 侵占资产。主要包括管理层或员工在购货时收取回扣,将个人费用在单位列支,贪污收入款项,盗取或挪用货币资金、实物资产或无形资产等。

(2) 对财务信息作出虚假报告。通常表现为:① 对财务报表所依据的会计记录或相关文件记录的操纵、伪造或篡改。② 对交易、事项或其他重要信息在财务报表中的不真实表达或故意遗漏。③ 对与确认、计量、分类或列报有关的会计政策和会计估计的故意误用。

违反法规行为是指被审计单位有意或无意地违反除会计准则和相关会计制度以外的法律法规的行为。违反法规行为具体涉及下列三个方面:① 被审计单位从事的违反法规行为,如违反所得税法、环境保护法、消费者权益保护法、进行贿赂、不合法政治捐助等。② 以被审计单位名义从事的违反法规行为,如控股股东以被审计单位名义从事的违反法规行为。③ 管理层或员工以被审计单位名义从事的违反法规行为,但不包括管理层和员工个人从事的与被审计单位经营活动无关的不当行为。民间审计人员应当将注意到的违反法

规行为与治理层沟通,考虑出具审计报告的意见类型和向监管机构报告。

如果认为被审计单位存在对财务报表产生重大影响的违反法规行为,应当要求被审计单位在财务报表中予以恰当反映;如果被审计单位在财务报表中对该违反法规行为作出恰当反映,应当出具无保留意见的审计报告;如果认为违反法规行为对财务报表有重大影响且未能在财务报表中得到恰当反映,应当出具保留意见或否定意见的审计报告;如果认为审计范围受到限制,不能取得违反法规行为充分适当的证据,应当出具保留意见或无法表示意见的审计报告。

（二）经营失败

众所周知,投资者将资本投入或借给企业后就面临某种程度的经营风险。所谓经营风险,就是企业由于经济或经营条件,比如经济萧条、决策失误或同行之间意想不到的竞争等,而无力归还借款或无法达到投资人期望的收益。经营风险的极端情况就是经营失败,如倒闭、申请破产、造成投资者巨额损失。一般在出现经营失败时,首先,应判断是否存在审计失败。审计失败是指民间审计人员由于没有遵守公认审计准则而形成或提出了错误的审计意见。如果存在审计失败,则要求民间审计人员承担审计失败的责任。其次,还可能存在这样的情况,即审计人员确实遵守了审计准则,但却提出了错误的审计意见,这种情况被称为审计风险。审计风险是这样一种风险,即财务报表事实上存在重大错报或漏报时,审计人员遵守了审计准则却认为财务报表是合法和公允的,其结果发表了无保留的审计意见。因此,审计准则既不能要求民间审计人员对所有未查出财务报表中的错误与舞弊情况负责,也不意味着民间审计人员对未查出财务报表中的重大错误与舞弊情况没有任何责任,关键要看未能查出原因是否根源于民间审计人员本身的过错。如果不是民间审计人员方面的原因对被审计单位或第三者造成损失,民间审计人员将不负法律责任。

三、民间审计人员方面责任

（一）国外民间审计人员的法律责任

1. 民间审计人员被指控时可以抗辩的理由

作为被告的民间审计人员在受到指控时,可以抗辩的几种理由或之一:

（1）无过失,即民间审计人员执业时严格遵循了执业准则的要求,保持了职业上应有的认真与谨慎。

（2）虽有过失,但这种过失并不是委托单位受到损失的直接原因。

（3）委托单位涉及共同过失。所谓共同过失,是指原告受到的损失是由于他本身同样具有过失而造成的。比如,民间审计人员未能查出委托单位的存货短缺而具有过失,但委托单位由于没有设置适当的存货内部控制就具有共同过失。

2. 习惯法下民间审计人员对第三者的责任

习惯法是指不是通过立法而是通过法院判例引申而成的各种法律,即使民间审计人员只是无辜地被卷入案件中,但由于他们有义务发现被歪曲财务报表的重大事实真相,他们也仍有可能因此承担一定的法律责任。

（1）民间审计人员对于受益第三者的责任。受益第三者是指合同（业务约定书）中所指明的人,但此人既非要约人又非承诺人。民间审计人员的过失（包括普通过失）给依赖审计财务报表（经民间审计人员审计过的财务报表）的受益第三者造成了损失,受益第三者也可以指控民间审计人员具有过失而向法院提出诉讼,追回遭受的损失。

（2）民间审计人员对于其他第三者的责任。犯有普通过失的民间审计人员不对未曾指明的(或不可预见的)第三者负责;但如果民间审计人员犯有重大过失或欺诈行为,则应当对未指明(或不可预见)的第三者负责。

3. 成文法下民间审计人员对第三者的责任

成文法是指由联邦或州立法机构以文字形式所制定的法律,法院只能按照有关法律的字面内容进行精确解释。

(1) 1933年《证券法》。1933年《证券法》规定:凡是公开发行证券(包括股票和债券)的公司,必须向证券交易委员会呈送登记表,其中包括民间审计人员审计过的财务报表。民间审计人员犯有普通过失,就对第三者(证券原始购买人)负有责任,但举证责任转向被告方。

(2) 1934年《证券交易法》。1934年《证券交易法》将大部分的举证责任也转向被告方,但将民间审计人员的责任限定于重大过失或欺诈行为。

(二)中国民间审计人员的法律责任

1. 对民间审计人员法律责任的认定

从法律角度来看,审计人员法律责任的确定应当服从过错责任原则。即:只有当审计人员源自本身过错给被审计单位或第三者造成损失,民间审计人员才负法律责任。民间审计人员的法律责任的认定包括以下内容。

第一,违约。它是指合同的一方或几方未能达到合同条款的要求。当违约给他人造成损失时,民间审计人员应负违约责任。例如,会计师事务所在商定的期间内,未能按时完成约定审计任务。

第二,过失。它纯属是一个法律概念,指专业人员在履行法定义务时没有保持职业上应有的认真和谨慎而造成的失误。在法律上,过失责任的确立需要具备四个要素:一是法律上存在着谨慎责任;二是违反这种谨慎责任;三是因过失而导致的损失;四是违反责任与导致损失之间有合理的因果联系。对于民间审计人员而言,过失主要是指未能遵循专业准则的要求执行业务。过失按其程度可分为普通过失和重大过失:

(1) 普通过失也称一般过失(ordinary negligence),是指审计人员在执业过程中缺乏应有的"合理的谨慎"(reasonable care),即未能严格按专业准则的要求从事审计工作,这是引起诉讼的最主要原因。例如,未按特定审计项目取得必要和充分的审计证据的情况,可视为普通过失。

(2) 重大过失(gross negligence),是指审计人员在执业过程中缺乏"最起码的谨慎"(minimum care),即在审计工作中没有遵守专业准则的最低要求。例如,审计不以审计准则为依据,可视为重大过失。

民间审计人员要分析过失的层次,不但要重视上述普通过失与重大过失的区别,而且要重视引入"共同过失"(contributory negligence)和"比较过失"(comparative negligence)的概念,以便量化民间审计人员的法律责任。所谓"比较过失",是指根据各过失者犯有过失的程度,而分配其所应负担的损失赔偿额。

第三,欺诈又称审计人员舞弊,按其情节可分为推定欺诈和实际欺诈两种:

(1) 推定欺诈(constructive fraud),是非故意的欺诈,主要指没有合理的依据就相信财务报表的表述是真实、公允的,由于其过失特别严重,因而视作欺诈。

(2) 实际欺诈(fact fraud),是以欺骗或坑害他人为目的的故意欺诈。审计人员明知财务报表的虚假而故意地作不实证明或故意隐瞒重要事实,这是最严重的。

对民间审计人员违约责任的认定是以合同为依据的,对欺诈责任的认定需要有故意行为的证据。而考虑过失责任时主要以合理的职业谨慎和审计准则为标准来判断。"重要性"和"内部控制"这两个概念有助于区分普通过失和重大过失,如表7-1所示。

表7-1　普通过失和重大过失的区别

判　断　标　准	普　通　过　失	重　大　过　失
专业准则遵守情况	没有完全遵守	完全没有遵守
合理谨慎保持情况	没有保持应有的职业谨慎	连最起码的职业谨慎都不保持
内部控制情况	内部控制良好未发现报表重大错报	内部控制失效未发现报表重大错报
重大错报构成情况(重要性)	**重大错报由许多小错误累积而成**	**重大错报由重大错误引起**

2. 中国民间审计人员法律责任的处罚

民间审计人员因违约、过失或欺诈对被审计单位或第三者造成损失的,按照有关法律和规定,可能被判行政责任、民事责任或刑事责任。这三种责任可单处,也可并处。

(1) 行政责任。由国家有关部门分别情况予以处罚。对民间审计人员来说,包括警告、没收违法所得、罚款、暂停执业部分或全部业务、吊销有关执业许可证、吊销证书等处分;对民间审计组织而言,包括警告、没收违法所得、罚款、暂停执业部分或全部业务、撤销等处罚。

(2) 民事责任。由法院作出的裁决,赔偿受害人的损失。

(3) 刑事责任。由法院作出的裁决,按有关法律程序判处一定的徒刑。

一般来说,因违约和过失可能使民间审计人员负行政责任和民事责任,因欺诈可能使民间审计人员民事责任和刑事责任。

3. 重要经济法律法规中对法律责任条款的规定

目前涉及民间审计人员法律责任条款的,其中比较重要的经济法律法规有《中华人民共和国注册会计师法》(简称《注册会计师法》)、《中华人民共和国公司法》(简称《公司法》)、《中华人民共和国证券法》(简称《证券法》)、《中华人民共和国刑法》(简称《刑法》)等。

第一,民事责任。

(1)《注册会计师法》的规定。《注册会计师法》第42条规定:"会计师事务所违反本法规定,给委托人、其他利害关系人造成损失的应当依法承担赔偿责任。"

(2)《证券法》的规定。《证券法》第173条规定:"证券服务机构制作、出具的文件有虚假记载、误导性陈述或者重大遗漏,给他人造成损失的,应当与发行人、上市公司承担连带赔偿责任,但是能够证明自己没有过错的除外。"

(3)《公司法》的规定。《公司法》第208条第3款规定:"承担资产评估、验资或者验证的机构因出具的评估结果、验资或者验证证明不实,给公司债权人造成损失的,除能够证明自己没有过错外,在其评估或者证明不实的金额范围内承担赔偿责任。"

第二,行政责任和刑事责任。

(1)《注册会计师法》的规定,会计师事务所有欺诈行为的,由省级以上人民政府的财政部门给予警告、没收违法所得、并可处违法所得1~5倍的罚款;注册会计师有欺诈行为的,由省级以上人民政府的财政部门给予警告,情节严重的,暂停执业资格,吊销注册会计师证书。

（2）《证券法》的规定，为股票的上市等活动出具审计报告等文件的机构和人员，如违反规定买卖股票的，责令依法处理非法持有的股票，没收违法所得，并处以买卖股票等值以下罚款；在证券交易活动中作出虚假陈述或者信息误导的，责令改正，处以 3 万元以上 20 万元以下的罚款；属于国家工作人员的，还应受到行政处分；证券服务机构未勤勉尽责、所制作、出具的文件有虚假记载、误导性陈述或者重大遗漏的，没收业务收入，暂停或者撤销证券服务业务许可，并处业务收入 1～5 倍的罚款。对直接负责的主管人员和其他责任人员给予警告、撤销证券从业资格，并处 3 万～10 万元罚款；会计师事务所作为证券服务机构未按规定保存有关文件和资料的，给予警告，并处 3 万～30 万元的罚款，隐匿、伪造、篡改或毁损文件资料的，给予警告，并处 30 万～60 万元的罚款。

（3）《公司法》的规定，会计师事务所在验资等工作中提供虚假材料的，由公司登记机关没收违法所得，并处违法所得 1～5 倍的罚款；因过失提供重大遗漏报告的，由公司登记机关处所得收入 1～5 倍的罚款，并可由主管部门责令停业、吊销直接责任人员的资格证书，吊销营业执照。

（4）《刑法》的规定，承担资产评估、验资、会计、审计、法律服务等职责的中介组织的人员故意提供虚假证明文件，情况严重的，处 5 年以下有期徒刑或拘役，并处罚金。索取他人财物或者非法收受他人财物，犯前款罪的，处 5 年以上 10 年以下有期徒刑，并处罚金。

四、《司法解释》13 条

最高人民法院《关于审理涉及会计师在审计业务活动中民事侵权赔偿案件的若干规定》（简称《规定》）。最高人民法院 2007 年 6 月 15 日施行《规定》，对虚假陈述民事赔偿中的会计责任和审计责任作了法律区分，完善了审计业务及其后果的法律责任界定，使得我国证券侵权法律制度与国际保持一致。

（一）事务所侵权责任产生的事由（第 1 条）

1. 注册会计师的法定业务

根据《注册会计师法》第 14 条，注册会计师执行以下四类审计业务，即：

（1）企业财务报表审计。

（2）企业验资。

（3）企业合并、分立、清算中的审计。

（4）法律、行政法规规定的其他审计业务（2011 年，新增加企业内部控制审计业务）。

2. 人民法院依法受理条件（第 1 条）

如果利害关系人以会计师事务所在从事"注册会计师法第十四条规定的审计业务活动"中出具不实报告并致其遭受损失为由，向人民法院提起民事侵权赔偿诉讼的，人民法院应当依法受理。

3. 事务所执行不同审计业务都要按照《司法解释》的相关规定承担民事侵权赔偿责任（第 1 条）

会计师事务所无论是执行验资业务还是财务报表审计业务，无论是执行一般审计业务还是证券审计业务，无论是执行企业审计还是将来可能出现的公立医院、高校、基金会等非营利组织审计业务，其在承担民事侵权赔偿责任时都适用相同的法律规定，即《司法解释》的相关规定。

4. 对"不实报告"的界定（第 2 条第 2 款）

（1）"不实报告"。会计师事务所违反法律法规、中国注册会计师协会依法拟定并经国务院财政部门批准后施行的执业准则和规则以及诚信公允原则,出具的具有虚假记载、误导性陈述或者重大遗漏的审计业务报告,应认定为不实报告。

（2）在界定"不实报告"时,关键依据会计师事务所执业行为过程中是否违反了下列法律法规：① 法律法规,比如《注册会计师法》。② 执业准则,注册会计师执业准则是一个完整的体系,请参见本教材第六章第三节。③ 诚信公允原则。

（3）在界定"不实报告"时,主要看审计业务报告是否存在以下"瑕疵"：① 虚假记载。② 误导性陈述。③ 重大遗漏。

（二）利害关系人的范围（第2条第1款）

1. 利害关系人的含义

因合理信赖或者使用会计师事务所出具的"不实报告",与被审计单位进行交易或者从事与被审计单位的股票、债券等有关的交易活动而遭受损失的自然人、法人或者其他组织,应认定为《注册会计师法》规定的利害关系人。

2. 事务所民事责任认定问题的实质

会计师事务所民事责任认定问题的实质是依侵权行为法的逻辑,贯彻了民法的公平原则,在"被审计单位—事务所—第三人"（即财务信息提供人—财务信息鉴证人—财务信息使用人）之间公平分配因被审计单位经营失败或舞弊、事务所审计失败而导致的利害关系人损失。

3. 事务所的赔偿责任

事务所应当对一切合理依赖或使用其出具的不实审计报告而受到损失的利害关系人承担赔偿责任,与利害关系人发生交易的被审计单位应当承担第一位责任,事务所仅应对其过错及其过错程度承担相应的赔偿责任,在利害关系人存在过错时,应当减轻事务所的赔偿责任。

（三）诉讼当事人的列置（第3条）

1. 诉讼当事人列置

（1）利害关系人未对被审计单位提起诉讼而直接对会计师事务所提起诉讼的,人民法院应当告知其对会计师事务所和被审计单位一并提起诉讼。

（2）在利害关系人拒不起诉被审计单位的,人民法院应当通知被审计单位作为共同被告参加诉讼。

（3）利害关系人对会计师事务所的分支机构提起诉讼的,人民法院可以将该会计师事务所列为共同被告参加诉讼。

（4）利害关系人提出被审计单位的出资人虚假出资或者出资不实或抽逃出资,且事后未补足的,人民法院可以将该出资人列为第三人参加诉讼。

2. 三个民事主体

三个民事主体是指被审计单位、分支机构所属事务所和被审计单位的出资人。

3. 两类诉讼当事人

两类诉讼当事人是指三个民事主体在事务所侵权赔偿案件中应被分别列为共同被告或第三人。

（四）执业准则的法律地位（第2条第2款、第4条第2款、第6条和第7条）

（1）会计师事务所是否遵循了执业准则的要求作为判断其有无故意和过失的重要依据。

（2）注册会计师是否应承担法律责任,关键在于注册会计师是否有过失或欺诈行为。

（3）判断注册会计师是否具有过失的关键在于注册会计师是否按照执业准则的要求执业。

（五）归责原则和举证责任分配（第4条）

1. 归责原则

（1）过错推定原则下,采取举证责任倒置模式。

（2）会计师事务所因在审计业务活动中对外出具不实报告给利害关系人造成损失的,应当承担侵权赔偿责任,但其能够证明自己没有过错的除外。

2. 举证分配

会计师事务所可以通过向人民法院提交相关执业准则以及审计工作底稿等证明自己没有过错。

（六）事务所的连带责任和补充责任（第5条）

1. 连带责任含义

（1）连带责任是指债务人为多数的情况下,债权人既有权请求所有的债务人清偿债务,也有权请求其中任何一个债务人单独清偿债务的一部分或者全部。

（2）清偿了全部债务的债务人,有权就其清偿超过自己应分担的部分,要求其他的债务人按各自应承担的部分给予补偿。

2. 补充责任含义

（1）补充责任是指对主责任的补充清偿责任。

（2）所谓主责任,是指行为人本人首先承担的民事责任,这里的主责任是被审计单位。

（3）当主责任人的财产不足以清偿债务时,不足部分由承担补充责任的人来清偿,这里的补充责任人是会计师事务所。

3. 连带责任的认定

注册会计师在审计业务活动中存在下列情形之一,出具不实报告并给利害关系人造成损失的,人民法院应当认定会计师事务所与被审计单位承担连带赔偿责任。具体情形包括:

（1）与被审计单位恶意串通。

（2）明知被审计单位对重要事项的财务会计处理与国家有关规定相抵触,而不予指明。

（3）明知被审计单位的财务会计处理会直接损害利害关系人的利益,而予以隐瞒或者作不实报告。

（4）明知被审计单位的财务会计处理会导致利害关系人产生重大误解,而不予指明。

（5）明知被审计单位的财务报表的重要事项有不实的内容,而不予指明。

（6）被审计单位示意其作不实报告,而不予拒绝。

（七）事务所过失责任和过失认定标准（第6条）

1. 过失责任

会计师事务所在审计业务活动中因过失出具不实报告,并给利害关系人造成损失的,人民法院应当根据其过失大小确定其赔偿责任。

2. 类型（普通过失和重大过失）

（1）普通过失是指注册会计师在执业过程中没有保持应有的职业关注,没有严格按照执业准则的要求从事审计工作。

（2）重大过失是指注册会计师在执业活动中缺乏最起码的关注，没有遵守审计准则的最低要求。

3. 过失责任的情形

注册会计师在审计过程中未保持必要的职业谨慎，存在下列情形之一，并导致报告不实的，人民法院应当认定会计师事务所存在过失。具体情形包括：

（1）违反《注册会计师法》第 20 条第（二）、第（三）项的规定。

（2）负责审计的注册会计师以低于行业一般成员应具备的专业水准执业。

（3）制定的审计计划存在明显疏漏。

（4）未依据执业准则、规则执行必要的审计程序。

（5）在发现可能存在错误和舞弊的迹象时，未能追加必要的审计程序予以证实或者排除。

（6）未能合理地运用执业准则和规则所要求的重要性原则。

（7）未根据审计的要求采用必要的调查方法获取充分的审计证据。

（8）明知对总体结论有重大影响的特定审计对象缺少判断能力，未能寻求专家意见而直接形成审计结论。

（9）错误判断和评价审计证据。

（10）其他违反执业准则、规则确定的工作程序的行为。

（八）事务所免除责任的事由（第 7 条）

1. 侵权责任的四个要素

（1）民法学界一般采纳"四要件"来界定民事侵权赔偿责任，"四要件"依次是：① 行为人主观过错。② 实际损失的发生。③ 过错与损失之间的因果关系。④ 行为人违法。

如果不能满足这四个构成要件，侵权责任主体就可以提出抗辩，要求免责或者减责。

（2）对会计师事务所民事侵权赔偿责任的界定也是"四要件"，针对注册会计师行业具体表现为：① 注册会计师出具了不实报告。② 利害关系人遭受损失。③ 会计师事务所的过失与利害关系人遭受损失存在因果关系。④ 注册会计师有过失。

（3）事务所的抗辩事由。如果事务所能够证明自己在上述四个方面的特定方面不符合这些构成要件的规定，那么事务所就可以提出抗辩，其中是否存在过错和因果关系两个方面是事务所免责的情形。

2. 举证免除民事责任情形

会计师事务所能够证明存在以下情形之一的，不承担民事责任。具体包括以下五种情形：

（1）已经遵守执业准则、规则确定的工作程序并保持必要的职业谨慎，但仍未能发现被审计单位的会计资料错误。

（2）审计业务所必须依赖的金融机构等单位提供虚假或者不实的证明文件，会计师事务所在保持必要的职业谨慎下仍未能发现虚假或者不实。

（3）已对被审计单位的舞弊迹象提出警告并在审计报告中予以指明。

（4）已经遵照验资程序进行审核并出具报告，但被审验单位在注册登记后抽逃资金。

（5）为登记时未出资或者未足额出资的出资人出具不实报告，但出资人在登记后已补足出资。

其中，上述第（1）、（2）和（3）属于没有过错而免责的情形；第（4）和（5）属于因没有因果关系而免责的情形。

（九）事务所减责事由（第8条）

利害关系人明知报告不实而仍然使用报告并受到损失的,其损失与不实报告之间可以说是不存在直接因果关系的,人民法院应当酌情减轻会计师事务所的赔偿责任。

（十）无效免责（第9条）

会计师事务所出具的审计业务报告,其用途已为法律法规所规定,事务所无权限定审计报告的用途,如果事务所在报告中注明"本报告仅供年检使用""本报告仅供工商登记使用"等类似内容的,不能作为其免责的事由,是无效免责。

（十一）赔偿顺位（第10条）

1. 赔偿顺位的前提条件

如果多个责任主体之间没有连带关系,且存在补充责任,则需要确定这些责任主体之间的赔偿顺序。

2. 事务所与被审计单位之间的责任顺位

审计报告使用人由于信赖不实审计报告而从事相关交易导致损失,从因果关系的角度看,被审计单位的违约或欺诈行为是导致报告使用人损失的直接原因,不实审计报告只是间接原因,对于报告使用人的损失,应当由被审计单位承担第一顺位的责任,事务所承担在后顺位的责任。

3. 事务所与被审计单位、瑕疵出资股东之间的责任顺位（"第一、第二、第三赔"）

在被审计单位的出资人虚假出资、不实出资或者抽逃出资,事后未补足的前提下:

(1) 依法强制执行被审计单位财产（被审计单位为"第一赔"）。

(2) 依法强制执行被审计单位财产后仍不足以赔偿损失的,出资人应在虚假出资、不实出资或者抽逃出资数额范围内向利害关系人承担补充赔偿责任（出资人为"第二赔"）。

(3) 如果对被审计单位、出资人的财产依法强制执行后仍不足以赔偿损失的,由事务所在其不实审计金额范围内承担相应的赔偿责任（事务所为"第三赔"）。

（十二）侵权赔偿责任范围（即赔偿最高限额）（第10条,区分故意和过失两种情况）

1. 故意出具不实报告

事务所因故意出具不实报告而承担连带责任时,没有最高赔偿额的限定,事务所应当承担的赔偿数额由具体案件中利害关系人的损失数额和其他责任主体赔偿能力决定。

2. 过失出具不实报告

事务所因过失出具不实报告而承担补充赔偿责任时,事务所就其所出具的不实审计报告承担赔偿责任的最高限额为该审计报告中的不实审计金额。

（十三）事务所对其分支机构的连带责任（第11条）

(1) 分支机构在法律地位上属于事务所的组成部分,其民事责任由事务所承担。

(2) 会计师事务所与其分支机构作为共同被告的,会计师事务所对其分支机构的责任承担连带赔偿责任。

（十四）事务所未经审判被擅自追加为被执行人无效（第12条）

(1) 法院在事务所与被审计单位等其他民事赔偿责任主体不具有特定的法律关系的情况下,未经审判擅自追加事务所为被执行人,强制执行事务所财产,属于无效行为。

(2) 事务所侵权赔偿纠纷未经审判,人民法院不得将会计师事务所追加为被执行人。

第三节　审计法律诉讼的避免

面对民间审计人员法律责任的扩展和被控诉案件的急剧增加，整个审计职业界都在积极研究如何避免法律诉讼。这对于提高民间审计人员的鉴证水平、增强发现重大错误与舞弊的能力都有较大帮助。民间审计人员必须在执行法定业务时尽量减少过失行为，杜绝和防止欺诈行为，具体有如下措施和对策。

（一）严格遵循职业道德和专业准则的要求执行业务并出具报告

当然，我们不能苛求民间审计人员对财务报表中的所有错报事项都要承担法律责任，民间审计人员是否承担法律责任，关键在于民间审计人员是否有过失或欺诈行为。而判别民间审计人员是否具有过失的关键在于民间审计人员是否遵循专业准则的要求执业。因此，保持良好的职业道德，严格遵循专业准则的要求执行业务、出具报告，对于避免法律诉讼或在提及的诉讼中保护民间审计人员，具有无比的重要性。

（二）优化审计人员的法律环境

加强社会公众与审计人员的沟通、理解，以避免和控制审计人员遭受诉讼的审计风险，缩小"期望偏差"的差距，完善相关的法律规范，加强民事制裁。由于民事责任日益重要，必须尽快出台有关审计民事责任的法律条文，并且要在更大程度上严肃对民间审计人员的民事制裁，形成以民事制裁为主、行政和刑事制裁为辅的法律责任体系。

（三）做好审计前大量细致的准备和调查

注意审前调查所取得的被审计单位及其环境的背景资料是否清楚和翔实。审计人员要运用各种方法对被审计单位的情况进行调查了解，如召开座谈会，查阅有关年度档案资料、走访有关部门进行实地考察等，为评估确认预期审计风险水平做好准备。调查了解重点应放在企业的经营环境、经营目标、经营条件、企业管理层的经营理念和诚信程度以及企业的财务状况和经营成果上，应对其进行仔细的风险分析，以把握被审计单位的整体情况和审计风险的可控性。

（四）审慎挑选客户

大的项目和风险高的项目最好在签约前经过专业小组的风险评估。在现阶段，有三类客户是要坚决予以拒绝的：一是明显不讲诚信的客户，即公司管理层或大股东缺乏起码的诚信和正直；二是持续能力（盈利能力和财务支付能力）受到质疑的客户，一般其经营目标、战略措施和经营活动整体上存在严重问题而易遭到起诉；三是为了达到大股东或高管层的某种目的而凌驾于内部控制之上执意歪曲财务报表的客户。对此，会计师事务所不能抱有任何侥幸和赌博心理。

（五）与委托人签订业务约定书

签订业务约定书一方面能有利于保护审计人员缩小其承担责任范围，另一方面也有利于审计人员明确自己的责任所在，提高依法审计的质量和水平，尽可能地减少审计风险，还能在发生法律诉讼时将一切口舌争辩减少到最低限度。审计人员在签约过程中要注意保护好自己：一是要客户承诺、查出问题要按规定调账并公开披露；二是对独立核算的下属单位可延伸进行审计；三是若委托审计有特定目的的需另作专门签约或商议。

（六）合理配置审计人员

选派适当数量具有专业胜任能力的审计人员组成审计项目小组，项目小组在执行相关项目的风险控制时,要充分考虑被审计单位的实际情况、审计项目的繁简程度,以及审计人员的专业特长,将最合适的人安排在最合适的审计项目上,尤其是重要审计项目以及那些容易发生重大错误、舞弊和违法行为的委托项目,更要分派具备相应知识和技能的人员或利用专家的工作,并进行相应的督导。

（六）深入了解被审计单位的经济业务

在很多审计失败案件中,审计人员之所以未能发现比较明显的舞弊和虚假,一个根本原因就是他们未能深入生产经营实务现场,未能真实地了解客户的经营过程,而是仅仅凭借事后审核原始资料和翻阅财务报表,就轻易作出错误的审计结论。这种只认资料不认活动,只查问题现象不查问题实质,只认可财务信息在形式上是否按照会计准则编制而不专门审核这些信息背后有否舞弊迹象,再加上审计成本、时间、方法的限制,审计人员就不可能对每一张有怀疑的单据和发票进行追查和核对,对每一个可能隐匿的漏洞和舞弊进行分析判断,也就难免发现不了舞弊和虚假,从而导致审计失败。

（八）建立规范的审计运行机制

一是完善公司治理结构,扩大和改进财务报表的披露要求;二是改变审计委托方式,建立审计委员会制度,通过审计委员会对审计人员与管理层之间的分歧和冲突进行沟通,保护审计人员的独立性,并向董事会和股东大会报告;三是建立与风险导向审计相联系的审计收费体系,改革和提高收费标准,使其既要符合权利和义务相一致的法律原则,也要符合风险与收益相平衡的经济规律,以收费角度体现审计人员的社会价值。

（九）严格执行分级复核制度

对审计工作底稿的复核可分为两个层次,即项目组内部复核和独立的项目质量控制复核。审计人员在编写审计报告前必须对审计工作底稿进行仔细检查、复核和分析。严格审计工作底稿的复核制度、层层控制、层层把关,是确认审计工作达到审计计划要求、清除审计人员专业判断中可能存在的偏差、确保审计报告质量以及控制审计报告风险的关键所在。

（十）聘请懂行的律师

在审计过程中,注册会计师应聘请熟悉注册会计师法律责任的律师,并详细讨论所有潜在的危险情况并仔细考虑律师的建议。一旦发生法律诉讼,也要请有经验的律师参与诉讼。

（十一）设立注册会计师法律责任鉴定委员会

鉴于审计业务的高度专业化与审计证据的复杂化,如果相关诉讼中只按普通民事诉讼证据规则予以举证、质证与认定,那么由此得出的裁判结论很可能出现专业上的不足和缺陷。可以考虑由中国注册会计师协会出面,成立一个由法律界、企业界和注册会计师业内人士组成的法律责任鉴定委员会,专门负责在司法审判中进行责任鉴定,这其中也可以邀请被诉审计机构的竞争对手参加。

另外,投保充分的责任保险也是会计师事务所一项极为重要的预防措施,这项措施能防止或减少诉讼失败时会计师事务所所发生的经济损失。我国《注册会计师法》也规定了会计师事务所应当按规定建立职业风险基金,办理职业保险。

主 要 术 语

1. 审计责任	2. 工作责任
3. 法律责任	4. 会计责任
5. 治理层责任	6. 管理层责任

7. "深口袋"理论   8. "风险社会化"理论

9. 诉讼爆炸   10. 保险危机

11. 错误、舞弊和违反法规行为   12. 经营失败

13. 审计失败   14. 违约

15. 普通过失   16. 重大过失

17. 推定欺诈   18. 实际欺诈

19. 共同过失   20. 比较过失

21. 民事责任   22. 行政责任

23. 刑事责任   24. 习惯法

25. 成文法

复习思考题

1. 简述国外民间审计人员的法律责任。

2. 中国民间审计人员的法律责任主要包括哪些?

3. 民间审计人员应如何避免法律诉讼?

练习题

一、单项选择题

1. 注册会计师法律责任正在逐步扩展,以下有关注册会计师职业受到影响甚至受到阻碍或冲击的原因的表述中,不恰当的是(   )。

A. 消费者利益的保护主义兴起

B. 诉讼爆炸

C. 有关保险的新概念得到运用

D. 所有商业领域注册会计师的参与日益增加

2. 下列关于经营失败与审计失败的表述中,不恰当的是(   )。

A. 经营失败是指企业由于经济或经营条件的变化,如经济衰退、不当的管理决策或出现意料之外的行业竞争等,而无法满足投资者的预期

B. 审计失败则是指注册会计师由于没有遵守审计准则的要求而发表了错误的审计意见

C. 审计风险是指财务报表中存在重大错报,而注册会计师发表不恰当审计意见的可能性

D. 经营失败必然会导致审计失败

3. 以下关于注册会计师过失的说法中,不正确的是(   )。

A. 过失是指在一定条件下,缺少应具有的合理的谨慎

B. 普通过失是指注册会计师没有完全遵循专业准则的要求

C. 重大过失是指注册会计师根本没有遵循专业准则或没有按专业准则的基本要求执行审计

D. 注册会计师一旦出现过失就要赔偿损失

4. 注册会计师减少过失和防止欺诈的基本要求不包括(   )。

A. 强化执业监督   B. 保持职业谨慎

C. 签订业务约定书   D. 增强执业独立性

5. 以下关于注册会计师避免法律诉讼的具体措施中,不能认同的是( )。

A. 会计师事务所在承担审计业务时,应当按照业务约定书准则的要求与委托人签订约定书,但在验资业务时可以不要求签约

B. 如果一个会计师事务所质量管理不严,很有可能因某一个人或一个部门的原因导致整个会计师事务所遭受灭顶之灾

C. 不能苛求注册会计师对于财务报表中的所有错报事项都要承担法律责任,注册会计师是否应承担法律责任,关键在于注册会计师是否有过失或欺诈行为

D. 我国《注册会计师法》规定了会计师事务所应当按规定建立职业风险基金,办理职业保险

二、多项选择题

1. 注册会计师法律责任是由于以下( )方面相关联的结果。

A. 违反合约条款　　　　　　　　　　B. 民事侵权

C. 应有职业谨慎　　　　　　　　　　D. 犯罪

2. 注册会计师法律责任的表现形式有( )。

A. 诉讼爆炸　　　B. 共同过失　　　C. 涉嫌欺诈　　　D. 保险危机

3. 注册会计师因为以下( )的原因可能导致承担法律责任。

A. 重大过失　　　B. 欺诈　　　　　C. 行政责任　　　D. 违约

4. 以下( )的法律因素要求注册会计师承担相应的法律责任。

A. 成文法律　　　B. 习惯法　　　　C. 过失　　　　　D. 合约

5. 会计师事务所有可能承担以下( )的行政责任。

A. 暂停执业　　　　　　　　　　　　B. 没收违法所得并罚款

C. 撤销　　　　　　　　　　　　　　D. 警告

三、判断题

1. 法律责任的出现,经常是因为注册会计师在执业时没有保持职业谨慎,并因此导致了对其他人权利的损害。　　　　　　　　　　　　　　　　　　　　( )

2. 应有的职业谨慎指的是注册会计师应当具备的专业知识和业务能力,按照执业准则的要求执业。在执业谨慎方面出现问题就构成了过失。　　　　　　　　( )

3. 注册会计师在执业谨慎方面出现问题就构成了过失。　　　　　　　　( )

4. 在绝大多数情况下,当注册会计师未能发现重大错报并出具了错误的审计意见时,就可能产生注册会计师是否恪守应有的职业谨慎的法律问题。　　　　　　( )

5. 一般来说,因违约和过失可能使民间审计人员负行政责任和民事责任,因欺诈可能使民间审计人员承担刑事责任。　　　　　　　　　　　　　　　　　　( )

四、案例分析

【案例分析7-1】　注册会计师李民在对 ABC 公司 20×8 年度财务报表审计时,通过与该公司治理层、管理层和前任注册会计师的沟通,察觉到可能存在导致该公司年度财务报表失实的重大错误与舞弊,请回答:

(1) 李民对查明 ABC 公司财务报表可能存在的重大错误与舞弊的责任。

(2) 李民对 ABC 公司存在的重大错误与舞弊的报告责任。

【案例分析7-2】　甲、乙、丙 3 位出资人共同投资设立丁有限责任公司(以下简称丁公司)。甲、乙出资人按照出资协议的约定按期缴纳了出资额,丙出资人通过与银行串通编造

虚假的银行进账单,虚构了出资。ABC 会计师事务所的分支机构接受委托对拟设立的丁公司的注册资本进行审验,并委派 A 注册会计师担任项目合伙人。审验过程中,A 注册会计师按照执业准则的要求,实施了检查文件记录、向银行函证等必要的程序,保持了应有的职业谨慎,但未能发现丙出资人的虚假出资情况。A 注册会计师在出具的验资报告中认为,各出资人已全部缴足出资额,并在验资报告的说明段中注明"本报告仅供工商登记使用"。丁公司注册登记半年后,丙出资人补足虚构的出资额。1 年后,乙出资人抽逃其全部出资额。2 年后,丁公司因资金短缺和经营不善等原因导致资不抵债,无力偿付戊供应商的材料款。戊供应商以 ABC 会计师事务所出具不实验资报告为由,向法院提起民事诉讼,要求ABC 会计师事务所承担连带赔偿责任。ABC 会计师事务所提出三项抗辩理由,要求免于承担民事责任:

一是审验工作乃分支机构所为,与本会计师事务所无关。

二是戊供应商与本会计师事务所及分支机构不存在合约关系,因而不是利害关系人。

三是验资报告已经注明"仅供工商登记使用",戊供应商因不当使用验资报告而遭受损失与本会计师事务所无关。

要求:回答下列问题,并简要说明理由:

(1) 戊供应商可以对哪些单位或个人提起民事诉讼?

(2) ABC 会计师事务所提供的抗辩理由是否成立?

(3) ABC 会计师事务所是否可以免于承担民事责任?

五、参考答案

【单项选择题】　1. B　2. D　3. D　4. C　5. A

【多项选择题】　1. ABD　2. AD　3. ABD　4. ABD　5. ABCD

【判断题】　1. ×　2. ×　3. √　4. √　5. ×

【案例分析】

【案例分析 7 - 1】　题解

(1) 李民对查明 ABC 公司可能存在的重大错误与舞弊的责任为:① 评估 ABC 公司可能发生的错误与舞弊导致财务报表严重失实的风险。② 在规划审计工作时,提供能查明财务报表中可能存在重大错误与舞弊的合理保证。③ 在编制和实施审计计划时,应以应有的职业怀疑态度取得查明导致财务报表严重失实的重大错误与舞弊的合理保证。

(2) 李民对 ABC 公司存在的重大错误与舞弊的报告责任为:① 李民应以适当方式向ABC 公司管理当局告知审计过程中发现的重大错误及所有舞弊,并详细记录于工作底稿。② 对于涉嫌管理当局重大错误或舞弊的人员,李民应当向 ABC 公司治理层报告。③ 当怀疑 ABC 公司治理层涉及舞弊时,李明应当考虑采取适当的措施。必要时,应当征求律师意见或解除业务约定。

【案例分析 7 - 2】　题解

(1) 戊供应商可以对丁公司、丁公司的乙出资人(和丙出资人)、ABC 会计师事务所及其分支机构提起民事诉讼。

按照《司法解释》第 3 条的规定,利害关系人应对会计师事务所和被审计单位一并(共同被告)提起诉讼。

同时,对虚假出资或出资不实、抽逃出资,且事后未补足的,人民法院可以将该出资人列为第三人参加诉讼。

（2）抗辩理由不能成立。

一是依据《司法解释》第3条规定，分支机构在法律地位上属于事务所的组成部分，ABC会计师事务所及其分支机构应当作为共同被告。

二是依据《司法解释》第2条规定，戊供应商合理依赖ABC会计师事务所分支机构的不实报告而与丁公司进行交易并遭受损失，应当认定为注册会计师法规定的利害关系人。

三是依据《司法解释》第9条规定，会计师事务所在报告中注明"本报告仅供工商登记使用"，不能作为免责的事由。

（3）ABC会计师事务所可以免于承担民事责任，理由有四：

一是已经遵守执业准则确定的工作程序并保持必要的职业谨慎。

二是验资业务所必须依赖的银行提供了虚假证明文件，导致未能发现丙出资人虚假出资情况。

三是已经遵照验资程序进行审核并出具报告，但乙出资人在注册登记后抽逃资金。

四是尽管在出具验资报告时，丙出资人出资不到位，但在公司登记半年后已补足出资。

本章要点概览

1. 审计在为社会提供鉴证服务的同时，也必须对其鉴证业务的质量和行为后果承担责任。

政府审计、内部审计和民间审计的审计责任会有所区别。民间审计人员的审计责任可分为工作责任和法律责任两个方面。

2. 财务报表编制与财务报表审计是财务信息生存链上的两个不同环节，由此产生的会计责任与审计责任是不能相互取代的，必须各司其职。

3. 民间审计人员被控告的原因是多方面的，但被审计单位方面的责任和民间审计人员方面的责任是最重要的。审计准则既不能要求民间审计人员对所有未查出财务报表中的错误和舞弊情况负责，也不意味对未查出财务报表中重大错误与舞弊情况没有任何责任，关键看是否源自民间审计人员本身的过错。经营失败有可能导致审计失败，也有可能产生审计风险。一般来讲，因违约和过失可能要负行政责任和民事责任，因欺诈可能要负民事责任和刑事责任。

4. 为避免和减轻民间审计人员的法律责任，必须通过政府、法律界、注册会计师行业、企业以及社会公众的共同努力，重建一个健全、良好的民间审计体系。本章提出了应对措施。

【例题1·多选题】 会计师事务所在违反以下（　　）法律法规并且出具的审计业务报告中存在虚假记载、误导性陈述或者重大遗漏，这样的审计业务报告可能被界定为不实报告。

A.《注册会计师法》　　　　　　　B. 注册会计师执业准则

C.《企业内部控审计指引》　　　　D. 诚信公允原则

【答案】 ABCD

【解析】 《司法解释》第2条明确规定选项A、B、D均为不可违反的规定或原则，选项C的《企业内部控审计指引》也是部门法规，注册会计师在执行企业财务报告内部控制审计时需要遵循。

【例题2·多选题】 注册会计师在执行下列审计业务活动中，如果存在以下（　　）情形则可能以出具不实报告给利害关系人造成损失为由追究连带责任。

A. 与被审计单位恶意串通

B. 被审计单位示意作不实报告而不予拒绝

C. 明知被审计单位的财务会计处理直接损害利害关系人的利益而予以隐瞒或作不实报告

D. 明知被审计单位对重要事项的财务会计处理与国家有关规定相抵触而不予指明

【答案】　ABCD

【解析】《司法解释》第5条明确了六种典型的可能被追究连带责任的情形,以上四个选项均属于将被追究连带责任的情形。

第八章 风险评估

学习目的与要求

　　本章旨在说明风险评估程序的定义、要求以及注册会计师对重大错报风险的评估、沟通和记录。通过本章学习，要求掌握报表审计中风险评估程序含义，了解可能产生风险的事项和情形，以及注册会计师的风险评估要求，并就风险评估中发现的问题尤其是内部控制的缺陷及重大错报风险与管理层和治理层进行沟通，将风险评估的内容加以记录。

课前预习题

　　1. 如何理解风险评估程序的含义？
　　2. 可能产生风险的事项和情形有哪些？
　　3. 风险评估对注册会计师有何要求？
　　4. 注册会计师在实施风险评估程序后，应就哪些内容与管理层和治理层进行沟通？

第一节　风险评估概述

　　任何经济组织在经营活动中都会面临各种各样的风险，风险对其生存和竞争能力产生影响。很多风险并不是经济组织能够控制的，管理层应该根据自身能够承受的风险水平，并识别所面临的各种风险，进而采取一定的应对措施。风险评估过程的作用在于识别、评估和管理影响被审计单位实现经营目标能力的各种风险。

　　可能产生风险的事项和情形包括：① 监管及经营环境的变化。② 新员工的加入。③ 新信息系统的使用或对原系统进行升级。④ 业务快速扩张。⑤ 新技术采用。⑥ 新生产型号、产品和业务活动。⑦ 企业重组。⑧ 发展海外经营。⑨ 新会计准则的采用等。

　　注册会计师实施审计，其目标是对财务报表不存在由于错误或舞弊导致的重大错报获取合理保证。风险导向审计是当今主流的审计方法，它要求注册会计师识别和评估重大错报风险，设计和实施进一步审计程序以应对评估的错报风险，并根据审计结果出具恰当的审计报告。本章和第九章介绍如何对重大错报风险进行识别、评估和应对,并最终将审计风险降至可接受的低水平。

一、风险识别和评估的概念

在风险导向审计模式下,注册会计师以重大错报风险的识别、评估和应对为审计工作的主线,最终将审计风险控制在可接受的低水平。风险的识别和评估是审计风险控制流程的起点。风险识别和评估是指注册会计师通过实施风险评估程序,识别和评估财务报表层次和认定层次的重大错报风险。其中,风险识别是指找出财务报表层次和认定层次的重大错报风险;风险评估是指对重大错报发生的可能性和后果严重程度进行评估。

二、风险识别和评估的作用

《中国注册会计师审计准则第1211号——通过了解被审计单位及其环境识别和评估重大错报风险》作为专门规范风险评估的准则,规定注册会计师应当了解被审计单位及其环境,以充分识别和评估财务报表重大错报风险,设计和实施进一步审计程序。

了解被审计单位及其环境是必要程序,特别是为注册会计师在下列关键环节作出职业判断提供重要基础:

(1)确定重要性水平,并随着审计工作的进程评估对重要性水平的判断是否仍然适当。

(2)考虑会计政策的选择和运用是否恰当,以及财务报表的列报是否适当。

(3)识别需要特别考虑的领域,包括关联方交易、管理层运用持续经营假设的合理性,或交易是否具有合理的商业目的等。

(4)确定在实施分析程序时所使用的预期值。

(5)设计和实施进一步审计程序,以将审计风险降至可接受的低水平。

(6)评价所获取审计证据的充分性和适当性。

了解被审计单位及其环境是一个连续和动态地收集、更新与分析信息的过程,贯穿于整个审计过程的始终。注册会计师应当运用职业判断确定需要了解被审计单位及其环境的程度。

评价对被审计单位及其环境了解的程度是否恰当,关键是看注册会计师对被审计单位及其环境的了解是否足以识别和评估财务报表的重大错报风险。如果了解被审计单位及其环境获得的信息足以识别和评估财务报表的重大错报风险,设计和实施进一步审计程序,那么,了解的程度就是恰当的。当然,要求注册会计师对被审计单位及其环境了解的程度,要低于管理层为经营管理企业而对被审计单位及其环境需要了解的程度。

第二节 风险评估程序、信息来源以及项目组内部讨论

一、风险评估程序和信息来源

(一)风险评估程序

注册会计师了解被审计单位及其环境,目的是为了识别和评估财务报表中的重大错报风险。为了解被审计单位及其环境而实施的程序称为"风险评估程序"。注册会计师实施风险评估程序获取的信息是审计证据的一个组成部分,应当依据实施这些审计程序所获取的信息,评估重大错报风险。

注册会计师应当实施下列风险评估程序,以了解被审计单位及其环境。

1. 询问被审计单位管理层和内部其他相关人员

注册会计师可以考虑向管理层和财务负责人询问下列事项和内容：

(1) 管理层所关注的主要问题，如新的竞争对手、主要客户和供应商的流失、新的税收法规的实施以及经营目标或战略的变化等。

(2) 被审计单位最近的财务状况、经营成果和现金流量。

(3) 可能影响财务报告的交易和事项，或者目前发生的重大会计处理问题，如重大的购并事宜等。

(4) 被审计单位发生的其他重要变化，如所有权结构、组织结构的变化，以及内部控制的变化等。

除了询问管理层和财务负责人之外，注册会计师还可以询问被审计单位内部其他人员，包括内部审计人员、采购人员、生产人员、销售人员等其他人员，并考虑询问不同级别的员工，以获取对识别重大错报风险有用的信息。需要询问的其他人员，是注册会计师根据判断认为可能拥有某些信息的人员，这些信息有助于识别由于舞弊或错误导致的重大错报风险。例如，询问治理层，以了解财务报表编制的环境；询问内部审计人员，以了解其针对被审计单位内部设计和运行有效性而实施的工作，以及管理层对内部审计发现的问题是否采取适当的措施；询问参与生成、处理或记录复杂或异常交易的员工，以帮助评估被审计单位选择和运用某项会计政策的适当性；询问内部法律顾问，以帮助了解有关法律法规的遵循情况、产品保证和售后服务责任、与业务合作伙伴的安排（如合营企业）、合同条款的含义以及诉讼情况等；询问营销或销售人员，以帮助了解被审计单位的营销策略及其变化、销售趋势以及与客户的合同安排；询问采购人员和生产人员，以帮助了解被审计单位原材料采购和产品生产情况等；询问仓库人员，以帮助了解原材料、产成品等存货的进出、保管和盘点情况等。

2. 实施分析程序

分析程序是指注册会计师通过研究不同财务数据之间以及财务数据与非财务数据之间的内在关系，对财务信息作出评价。分析程序还包括调查是别处的、与其他相关信息不一致或与预期数据严重偏离的波动关系。分析程序既可以用作风险评估程序和实质性程序，也可用于对财务报表的总体复核。

注册会计师实施分析程序，有助于识别异常的交易或事项，以及对财务报表和审计产生影响的金额、比率和趋势。在实施分析程序时，注册会计师应当预期可能存在的合理关系，并与被审计单位记录的金额、依据记录金额计算的比率或趋势相比较；如果发现异常或未预期到的关系，注册会计师应当在识别重大错报风险时考虑这些比较结果。如果使用了高度汇总的数据，实施分析程序的结果仅可能初步显示财务报表存在重大错报风险，注册会计师应当将分析结果连同识别重大错报风险时获取的其他信息一并考虑。

3. 观察和检查

观察和检查程序可以印证对管理层和其他相关人员的询问结果，并可提供有关被审计单位及其环境的信息，注册会计师应当实施下列观察和检查程序：

(1) 观察被审计单位的生产经营活动。例如，观察被审计单位人员正在从事的生产活动和内部控制活动，增加注册会计师对被审计单位如何进行生产经营活动及实施内部控制的了解。

(2) 检查文件、记录和内部控制手册。例如，检查被审计单位的章程，与其他单位签订的合同、协议,各业务流程操作指引和内部控制手册等,了解被审计单位的结构和内部控制的建立健全情况。

(3)阅读由管理层和治理层编制的报告,包括年度和中期财务报告,股东大会、董事会会议、高级管理层会议的会议记录或纪要,管理层的讨论和分析资料,经营计划和战略,对重要经营环节和外部因素的评价,被审计单位内部管理报告以及其他特殊目的的报告等。

(4)实地查看被审计单位的生产经营场所和设备。

(5)追踪交易在财务报告信息系统中的处理过程。

(二)其他审计程序和信息来源

如果根据职业判断认为从被审计单位外部获取的信息有助于识别重大错报风险,注册会计师应当实施其他审计程序以获取这些信息,如询问被审计单位品评的外部法律顾问、专业评估师等。

注册会计师应当考虑在承接客户或保持过程中获取的信息;如果项目合伙人已为被审计单位执行了其他业务,项目合伙人应当考虑所获取的信息是否与识别重大错报风险相关;如果拟利用以往与被审计单位交往的经验和以前审计中实施审计程序获取的信息,注册会计师应当确定被审计单位及其环境自以前审计后是否已发生变化,进而可能影响这些信息对本期审计的相关性。通常,对新的审计业务,注册会计师应当在业务承接阶段对被审计单位及其环境有一个初步的了解,以确定是否承接该业务。而对于连续审计业务,注册会计师也应在每年的续约过程中对上年审计作总体评价,并更新对被审计单位的了解和风险评估结果,以确定是否续约。注册会计师还应当考虑向被审计单位提供其他服务(如执行中期财务报表审阅业务)所获得的经验是否有助于识别重大错报风险。对于连续审计业务,如果拟利用在以前期间获取的信息,注册会计师应当确定被审计单位及其环境是否已经发生变化,以及该变化是否可能影响以前获取的信息在本期审计中的相关性。

二、项目组内部的讨论

注册会计师应当组织项目组成员对财务报表存在重大错报的可能性进行讨论,并运用职业判断确定讨论的目标、内容、人员、时间和方式。

(一)讨论的目标

项目组内部的讨论为项目组成员提供了交流信息和分享见解的机会。通过讨论,项目组成员可以更好地了解在各自负责的领域中,由于舞弊或错误导致财务报表重大错报的可能性,并了解各自实施审计程序的结果如何影响审计的其他方面,包括对确定进一步审计程序的性质、时间和范围的影响。

(二)讨论的内容

项目组应当讨论被审计单位面临的经营风险、财务报表容易发生错报的领域、发生重大错报的可能性和方式,以及如何根据被审计单位的具体情况实施适用的财务报告编制基础。项目合伙人应当确定向未参与讨论的项目组成员通报哪些事项。

(三)参与讨论的人员

注册会计师应当运用职业判断确定项目组内部参与讨论的成员,项目组的关键成员应当参与讨论。如果项目组需要拥有信息技术或其他特殊技能的专家,这些专家也应参与讨论。参与讨论人员的范围受到项目组成员的职责、经验和信息需要的影响,比如,在跨地区审计中,每个重要地区项目组的关键成员都应该参加讨论。

（四）讨论的时间和方式

项目组应当根据审计的具体情况，在整个审计过程中持续交换有关财务报表发生重大错报可能性的信息。项目组在讨论时应当强调在整个审计过程中保持职业怀疑态度，警惕可能发生重大错报的迹象，并对这些迹象进行严格跟踪。通过讨论，项目组成员可以交流和分享在整个审计过程中获得的信息，包括可能对重大错报风险评估产生影响的信息或针对这些风险实施审计程序的信息。项目组还可以根据实际情况，讨论其他重要事项。

第三节　了解被审计单位及其环境

一、总体要求

注册会计师应当实施下列风险评估程序，以了解被审计单位及其环境：

（1）相关行业状况、法律环境和监管环境及其他外部因素，包括适用的财务报告编制基础。

（2）被审计单位的性质，包括经营活动、所有权和治理结构、正在实施和计划实施的投资（包括对特殊目的实体的投资）的类型、组织结构和筹资方式。了解被审计单位的性质，可以使注册会计师了解预期在财务报表中反映的各类交易、账户余额和披露。

（3）被审计单位对会计政策的选择和运用，包括变更会计政策的原因。注册会计师应当根据被审计单位的经营活动，评价会计政策是否适当，并与适用的财务报告编制基础、相关行业使用的会计政策保持一致。

（4）被审计单位的目标、战略以及可能导致重大错报风险的相关经营风险。

（5）被审计单位财务业绩的衡量和评价。

（6）被审计单位的内部控制。

针对上述各项确定风险评估程序的性质、时间和范围，注册会计师应当考虑审计业务的具体情况和相关审计经验，并识别前述各项与以前期间相比发生的重大变化。

二、行业状况、法律环境与监管环境及其他外部因素

行业状况、法律环境与监管环境以及其他外部因素会对被审计单位的经营活动乃至财务报表产生影响，因此注册会计师应当对这些外部因素进行了解。

（一）行业状况

注册会计师应当了解被审计单位的行业状况，主要包括：

（1）所处行业的市场供求与竞争。

（2）生产经营的季节性和周期性。

（3）产品生产技术的变化。

（4）能源供应与成本。

（5）行业的关键指标和统计数据。

（二）法律环境与监管环境

注册会计师应当了解被审计单位所处的法律环境及监管环境，主要包括：

（1）适用的会计准则、会计制度和行业特定惯例。

（2）对经营活动产生重大影响的法律法规及监管活动。

（3）对开展业务产生重大影响的政府政策，包括货币、财政、税收和贸易等政策。

（4）与被审计单位所处行业和所从事经营活动相关的环保要求。

（三）其他外部因素

注册会计师应当了解影响被审计单位经营的其他外部因素,主要包括:

(1) 宏观经济的景气程度。

(2) 利率和资金供求状况。

(3) 通货膨胀水平及币值变动。

(4) 国际经济环境和汇率变动。

注册会计师应当考虑被审计单位所在行业的业务性质或监管程度是否可能导致特定的重大错报风险,考虑项目组是否配备了具有相关知识和经验的成员。

（四）实施风险评估程序

针对被审计单位的行业状况、法律环境与监管环境以及其他外部因素,注册会计师具体运用的风险评估程序可能包括下列方面:

(1) 查阅以前年度的审计工作底稿。

(2) 询问被审计单位管理层和员工。

(3) 查阅内部与外部的信息资料。内部信息资料主要包括中期财务报告(包括管理层的讨论和分析)、管理报告、其他特殊目的的报告,以及股东大会、董事会会议、高级管理层会议的记录或纪要;外部信息资料包括外部顾问、代理机构、证券分析师等编制的关于被审计单位及其所处行业的报告,政府部门或民间行业组织发布的行业报告、宏观经济统计数据、行业统计数据以及贸易和商业杂志等信息资料。

(4) 与项目组成员或熟悉被审计单位所处行业的其他人员讨论。

(5) 实施分析程序。

三、被审计单位的性质

（一）了解被审计单位的性质

了解被审计单位的性质有助于注册会计师理解预期在财务报表中反映的各类交易、账户余额、列报。注册会计师应当主要从下列方面了解被审计单位的性质:

(1) 所有权结构。

(2) 治理结构。

(3) 组织结构。

(4) 经营活动。

(5) 投资活动。

(6) 筹资活动。

（二）实施风险评估程序

在了解被审计单位的性质时,除了查阅以前年度的审计工作底稿、与项目组成员或其他有经验的人员或行业专家讨论、利用业务惩戒和续约过程中获取的信息,注册会计师运用的风险评估程序还包括下列方面:

(1) 询问被审计单位管理层和内部其他相关人员。

(2) 查阅文件和报告。

(3) 实地查看被审计单位的主要生产经营场所。

(4) 实施分析程序。

四、被审计单位对会计政策的选择和运用

注册会计师应当了解被审计单位对会计政策的选择和运用,是否符合适用的会计准则和相关会计制度,是否符合被审计单位的具体情况。

（一）了解的具体内容

在了解被审计单位对会计政策的选择和运用是否适当时,注册会计师应当关注下列事项:

(1) 重要项目的会计政策和行业惯例。

(2) 重大和异常交易的会计处理方法。

(3) 在新领域和缺乏权威性标准或共识的领域,采用重要会计政策产生的影响。

(4) 会计政策的变更。

(5) 被审计单位何时采用以及如何采用新颁布的会计准则和相关会计制度。

注册会计师除了需要考虑与会计政策选择和运用相关的事项,还应对被审计单位的下列与会计政策运用相关的情况予以关注: ① 是否采用激进的会计政策、方法、估计和判断。② 财会人员是否拥有足够的运用会计准则的知识、经验和能力。③ 是否拥有足够的资源支持会计政策的运用,如人力资源及培训、信息技术的采用、数据和信息的采集等。

注册会计师应当考虑,被审计单位是否按照适用的会计准则和相关的会计制度的规定恰当地进行了列报,并披露了重要事项。列报和披露的主要内容包括:财务报表及其附注的格式、结构安排、内容,财务报表项目使用的术语、披露信息的明细程度,项目在财务报表中的分类以及列报信息的来源等。注册会计师应当考虑被审计单位是否已对特定事项作了适当的列报和披露。

（二）实施风险评估程序

在了解被审计单位对会计政策的选择和运用时,注册会计师实施的风险评估程序包括:查阅以前年度的审计工作底稿,询问被审计单位管理层和员工,查阅被审计单位的财务资料和内部报告(如会计工作手册和操作指引)等。注册会计师还可以结合对被审计单位及其环境等方面的了解,考虑被审计单位选用的会计政策是否符合其具体情况。

值得注意的是,注册会计师应当关注被审计单位本期会计政策的选用与前期相比发生的重大变化,包括对本期新发生的交易或事项选用的会计政策,对前期不重大而本期重大的交易或事项选用的会计政策,重要会计政策的变更以及新会计准则发布实施的影响等。

五、被审计单位的目标、战略以及相关经营风险

注册会计师应当了解被审计单位的目标和战略,以及可能导致财务报表重大错报的相关经营风险。

（一）了解的具体内容

(1) 目标、战略与经营风险。

(2) 经营风险对重大错报风险的影响。

(3) 被审计单位的风险评估过程。

(4) 对小型被审计单位的考虑。

（二）实施风险评估程序

注册会计师可以通过与管理层沟通,查阅经营规划和其他文件,获取对被审计单位目标和战略的了解;还可以通过询问不同的管理层成员,进一步了解被审计单位的目标和战略、政策和程序,以及管理层期望和关注的事项。同时,注册会计师还可以利用对被审计单位所处外部环境、行业状况以及被审计单位性质的了解,考虑被审计单位的战略是否可以实现该目标以及它们之间的差距或不一致之处。注册会计师还应当考虑被审计单位的目标和战略是否与其各项内部和外部因素相适应,并评估是否存在经营风险和潜在的财务报表重大错报风险。

六、被审计单位财务业绩的衡量和评价

被审计单位管理层经常会衡量和评价关键业绩指标(包括财务和非财务的)、预算及差异分析、分部信息和分支机构、部门或其他层次的业绩报告以及与竞争对手的业绩比较。此外,外部机构也会衡量和评价被审计单位的财务业绩,如分析师的报告和信用评级机构的报告等。

被审计单位内部或外部对财务业绩的衡量和评价可能对管理层产生压力,促使其采取行动改善财务业绩或歪曲财务报表。注册会计师应当了解被审计单位财务业绩的衡量和评价情况,考虑这种压力是否可能导致管理层采取行动,以至于增加财务报表发生重大错报的风险。

(一)了解的主要方面

在了解被审计单位财务业绩衡量和评价情况时,注册会计师应当关注下列信息:

(1)关键业绩指标。

(2)业绩趋势。

(3)预测、预算和差异分析。

(4)管理层和员工业绩考核与激励性报酬政策。

(5)分部信息与不同层次部门的业绩报告。

(6)与竞争对手的业绩比较。

(7)外部机构提出的报告。

(二)关注内部财务业绩衡量的结果

注册会计师应当关注被审计单位内部财务业绩衡量所显示的未预期到的结果或趋势、管理层的调查结果和纠正措施,以及相关信息是否显示财务报表可能存在重大错报。

(三)考虑财务业绩衡量指标的可靠性

如果拟利用被审计单位内部信息系统生成的财务业绩衡量指标,注册会计师应当考虑相关信息是否可靠,以及利用这些信息是否足以实现审计目标。

许多财务业绩衡量中使用的信息可能由被审计单位的信息系统生成,如果被审计单位管理层在没有合理基础的情况下,认为内部生成的衡量财务业绩的信息是准确的,而实际上信息有误,那么根据有误的信息得出的结论也可能是错误的。如果注册会计师计划在审计中(如实施分析程序时)利用财务业绩指标,应当考虑相关信息是否可靠,以及在实施审计程序时利用这些信息是否足以发现重大错报。

第四节 了解被审计单位的内部控制

一、内部控制的含义和要素

通过内部控制理论研究和实务拓展的历史,我们可以了解到内部控制从早期的内部牵制这一单一要素阶段,逐步过渡到内部会计控制和内部管理控制的两要素阶段,进而过渡到后来的三要素、五要素甚至八要素。而目前普遍接受和使用的仍然是 COSO1992 年报告中论述的五要素。我国的相关规范也全面借鉴了这个观点,财政部等五部委 2008 年发布的《企业内部控制基本规范》中将内部控制定义为"由企业董事会、监事会、经理层和全体员工

实施的、旨在实现控制目标的过程"，其中目标包括合理保证企业经营管理合法合规、资产安全、财务报告及相关信息真实完整、提高经营效率效果、促进企业实现发展战略。内部控制包括下列五要素。

（一）控制环境

控制环境一般包括治理结构、机构设置和权责分配、内部审计、人力资源政策、企业文化等。良好的内部控制环境是实施有效内部控制的基础。

（二）风险评估

企业应及时识别、系统分析经营活动中与实现内部控制目标相关的风险，合理确定风险应对策略。任何经济组织在经营活动中都会面临各种各样的风险，风险对其生存和竞争能力产生影响。很多风险并不是经济组织能够控制的，管理层应该根据自身能够承受的风险水平，并识别所面临的各种风险，进而采取一定的应对措施。可能产生风险的事项和情形包括：① 监管及经营环境的变化。② 新员工的加入。③ 新信息系统的使用或对原系统进行升级。④ 业务快速扩张。⑤ 新技术采用。⑥ 新生产型号、产品和业务活动。⑦ 企业重组。⑧ 发展海外经营。⑨ 新会计准则的采用等。

（三）控制活动

控制活动是企业根据风险评估结果，采用相应的控制措施，将风险控制在可承受度之内。控制活动有助于确保贯彻管理层的指令得以执行的政策和程序，包括与授权、业绩评价、信息处理、实物控制和职责分离等相关的活动。

（四）信息与沟通

信息与沟通是企业及时、准确地收集、传递与内部控制相关的信息，确保信息在企业内部、企业与外部之间进行有效沟通。信息与沟通的质量直接影响到管理层对经营活动作出正确决策和编制可靠财务报告的能力。

与财务报告相关的信息包括用以生成、记录、处理和报告交易或者事项和情况，对相关资产、负债和所有者权益履行经营管理责任的程序和记录。

与财务报告相关的信息通常包括下列职能：① 识别与记录所有的有效交易。② 及时、详细地描述交易，以便在财务报告中对交易作出恰当分类。③ 恰当计量交易，以便在财务报告中对交易的金额作出准确记录。④ 恰当确定交易生成的会计期间。⑤ 在财务报表中恰当列报交易。

与财务报告相关的沟通包括使员工了解各自在与财务报告有关的内部控制方面的角色和职责、员工之间的工作联系，以及向适当级别的管理层报告例外事项的方式。

公开的沟通渠道有助于确保例外情况得到报告和处理。沟通的方式多种多样，既可以采用政策手册、会计和财务报告手册和备忘录等形式进行，也可以通过电子邮件、口头沟通和管理层的行动来进行。

（五）内部监督

内部监督是企业对内部控制建立与实施情况进行监督检查，评价内部控制的有效性，发现内部控制缺陷，应当及时加以改进。管理层的重要职责之一就是建立和维护控制并保证其持续有效运行，内部监督就是实现这一目标的途径。监督是由适当的人员，在适当、及时的基础上，评估控制的设计和运行情况的过程。例如，管理层对是否定期编制银行存款余额调节表进行复核、内部审计人员评价销售人员是否遵守公司关于销售合同条款的政策、法律部门定期监控公司的道德规范和商务行为准则是否得以遵循等都属于监督控制的内容。

二、了解内部控制

注册会计师应当了解与审计相关的内部控制。需要说明的是,虽然大部分与审计相关的控制可能与财务报告相关,但并非所有与财务报告相关的控制都与审计相关。因此,在确定一项控制单独或连同其他控制是否与审计相关时,需要注册会计师作出职业判断。2002 年 SOX 法案颁布之后,美国监管部门要求公众公司在年报中披露管理层对财务报告内部控制的声明,并要求注册会计师对其进行审计,这与年报审计中对内部控制的了解并不相同;我国自 2012 年起在主板上市公司中实施内部控制基本规范和配套指引,其要求与审计中对内部控制的关注也不相同。为节约审计资源并提高审计的效率效果,注册会计师可以将年报审计与财务报告内部控制审计整合起来进行。

在年报审计中,注册会计师在了解与审计相关的控制时应综合运用询问被审计单位内部人员和其他程序,以评价这些控制的设计并确定其是否得到执行。

审计人员可以调阅企业有关方针政策和规章制度,了解企业组织结构系统和各级管理人员的业务范围和素质状况;了解会计凭证的填制和传递程序;可以对企业管理层和业务人员进行询问;可以对经济业务的处理程序进行实地观察;还可以参考以前的审计报告和审计档案,从而对企业的内部控制有一定的认识。

对内部控制的了解通常是在了解被审计单位及其环境时展开的。除了对内部控制的设计进行评价外,还需要初步确定其是否得到执行。评价控制在设计时只考虑一项控制单独或连同其他控制是否能够有效防止或发现并纠正重大错报。控制得到执行是指某项控制存在且正在被审计单位使用。设计不当的控制可能表明内部控制存在重大缺陷。注册会计师在确定是否考虑控制得到执行时,应当首先考虑控制的设计;如果控制设计不当,就不需要再考虑控制是否得到执行。在对被审计单位的内部控制进行了解和评价时,注册会计师需要从被审计单位整体层面、业务流程层面两个角度展开。

（一）在整体层面对内部控制了解和评估

1. 控制环境的了解

注册会计师应当了解管理层在治理层的监督下,是否营造并保持了诚实守信和合乎道德的文化,控制环境总体上的优势是否为内部控制的其他要素奠定了适当的基础,以及这些其他要素是否未被控制环境中存在的缺陷所削弱。在评价控制环境的各个要素时,注册会计师应当考虑控制环境各个要素是否得到执行。在确定构成控制环境的要素是否得到执行时,注册会计师应当考虑将询问和其他风险评估程序结合起来以获取有关证据。通过询问管理层和员工,注册会计师可能了解管理层如何就业务程序和道德价值观念与员工进行沟通;通过观察和检查,注册会计师可能了解管理层是否建立了正式的行为守则,并在日常工作中严格遵守这些行为手册,以及管理层如何处理违反行为守则的情形。

由于控制环境对审计风险的评估具有广泛影响,因此注册会计师应当考虑被审计单位控制环境的整体情况,并判断控制环境的总体优势是否为内部控制的其他要素提供了适当的基础,而且该基础未被控制环境中存在的缺陷所削弱。显然,如果被审计单位存在令人满意的控制环境,虽不能绝对防止舞弊,但却有助于降低发生舞弊的风险。需要说明的是,控制环境本身并不能防止或发现并纠正各类交易、账户余额、列报认定层次的重大错报,注册会计师还需要将控制环境连同其他内部控制要素(如监督和具体控制活动)产生的影响一并考虑。

2. 了解风险评估过程

被审计单位的风险评估过程包括识别与财务报告有关的经营风险,以及针对这些风险采取的措施。任何经济组织在经营活动中都会面临各种各样的风险,如监管或经营环境的变化、新信息系统的使用、新员工加入、新技术的采纳、企业重组或海外经营等。注册会计师应当了解被审计单位的风险评估过程,包括识别与财务报告目标相关的经营风险,估计风险的重要性,评估风险发生的可能性,并决定应对这些风险的措施。

对识别出的经营风险,注册会计师应当询问管理层,并考虑这些风险是否可能导致重大错报风险。此外,还可以检查有关文件,以确定被审计单位的风险评估过程是否也发现了该风险。如果预期被审计单位风险评估过程应当识别出而未识别的风险,注册会计师应当了解风险评估过程未能识别出的原因,并评价风险评估过程是否适合具体情况,或者确定与风险评估过程相关的内部控制是否存在值得关注的内部控制缺陷。如在销售循环中,如果发现了销售的截止性错报的风险,注册会计师应当考虑管理层是否也识别了该错报风险,以及管理层如何应对该风险。

如果被审计单位未建立风险评估过程,或具有非正式的风险评估过程,注册会计师应当与管理层讨论是否识别出与财务报告目标相关的经营风险以及如何应对这些风险。注册会计师应当评价缺少记录的风险评估过程是否适合具体情况,或确定是否表明存在值得关注的内部控制缺陷。

3. 对控制活动的了解

注册会计师应当了解与审计相关的控制活动。与审计相关的控制活动,是注册会计师为评估认定层次重大错报风险并设计进一步审计程序应对评估的风险而认为有必要了解的控制活动。审计并不要求了解与财务报表中每类重大交易、账户余额和披露或与其每项认定相关的所有控制活动。

注册会计师应当了解的控制活动包括:与授权有关的控制活动;与业绩评价有关的控制活动;与信息处理有关的内部控制;实物控制(主要包括了解对资产和记录采取适当的安全保护措施、对访问计算机程序和数据文件设置授权,以及定期盘点并将盘点记录与会计记录相核对);职责分离(主要包括了解被审计单位如何将交易授权、交易记录以及资产保管等职责分配给不同员工)。

在了解被审计单位控制活动时,注册会计师应当了解被审计单位如何应对信息技术导致的风险。

4. 信息系统与沟通

首先,注册会计师应当从下列方面了解与财务报告相关的信息系统:

(1) 在被审计单位经营过程中,对财务报表具有重大影响的各类交易。

(2) 在信息技术和人工系统中,交易生成、记录、处理、必要的更正、结账至总长以及在财务报表中报告的程序。

(3) 用以生成、记录、处理和报告(包括纠正不正确的信息以及信息如何结转至总账)交易的会计记录、支持性信息和财务报表中的特定账户。企业信息系统通常包括使用标准的会计分录,以记录销售、采购和现金付款等重复发生的交易,或记录管理层定期作出的会计估计,如应收账款可回收金额的变化。信息系统还包括使用非标准的分录,以记录不重复发生的、异常的交易或调整事项,如企业合并、资产减值等。

(4) 信息系统如何获取除各类交易之外的对财务报表具有重大影响的事项和情况的信

息,如对固定资产和无形资产计提折旧或摊销、对应收账款计提坏账准备等。

（5）用于编制被审计单位财务报表的财务报告过程,包括作出的重大会计估计和披露。编制财务报告的程序应当同时确保适用的会计准则和相关会计制度要求披露的信息得以收集、记录、处理和汇总,并在财务报告中得到充分披露。

（6）与会计分录相关的控制,这些分录包括用以记录非经常性的、异常的交易或调整的非标准会计分录。

在了解与财务报告相关的信息系统时,注册会计师应当特别关注由于管理层凌驾于账户记录控制之上,或规避控制行为而产生的重大错报风险,并考虑被审计单位如何纠正不正确的交易处理。

其次,注册会计师应当了解被审计单位如何沟通与财务报告相关的人员的角色和职责以及与财务报告相关的重大事项。

注册会计师还应当了解管理层与治理层（特别是审计委员会）之间的沟通,以及被审计单位与外部（包括与监管部门）的沟通。

5. 内部监督

注册会计师应当了解被审计单位对与财务报告相关的内部控制的监督活动,并了解如何采取纠正措施。

如果被审计单位设有内部审计,注册会计师则需要了解内部审计的职能范围及其在被审计单位组织结构中的地位和作用,并了解内部审计已经实施或准备实施的活动,以确定其是否可能与审计相关。

审计人员对被审计单位整体层面的内部控制进行了解和评估,通常由项目组中对被审计单位情况比较了解且较有经验的成员负责,同时需要项目组其他成员的参与和配合。对于连续审计,注册会计师可以重点关注整体层面内部控制的变化情况,包括由于被审计单位及其环境的变化而导致内部控制发生的变化以及采取的对策。注册会计师还需要特别考虑因舞弊而导致重大错报的可能性及其影响。在方法上,注册会计师可以考虑与询问、观察、检查、执行穿行测试等方式相结合,来获取相关的审计证据,并将对被审计单位整体层面内部控制的各要素的了解点和实施的风险评估程序及其结果等形成工作记录,并对影响注册会计师对整体层面内部控制有效性进行判断的因素加以详细记录。需要指出的是,被审计单位整体层面的内部控制是否有效将直接影响重要业务流程层面控制的有效性。

（二）在业务层面了解和评价内部控制

根据我国审计准则的规定,注册会计师应当从被审计单位重要业务流程层面了解内部控制,并据此评估认定层次的重大错报风险,进而针对评估的风险设计和实施进一步的审计程序。

在业务流程层面对内部控制的了解和评价程序则包括如下六个步骤：

（1）确定被审计单位的重要业务流程和重要交易类别。

（2）了解重要交易流程,并记录获得的了解。

（3）确定可能发生错报的环节。

（4）识别和了解相关控制。

（5）执行穿行测试,证实对交易流程和相关控制的了解。

（6）进行初步评价和风险评估。

第五节　评估重大错报风险

注册会计师应当识别和评估财务报表层次以及各类交易、账户余额、列报认定层次的重大错报风险。

一、识别和评估重大错报风险的审计程序

在识别和评估重大错报风险时,注册会计师应当实施下列审计程序:

(1) 在了解被审计单位及其环境的整个过程中识别风险,并考虑各类交易、账户余额、列报。例如,被审计单位因为相关环境法规的实施需要更新设备,可能面临原有设备闲置或贬值的风险;宏观经济的低迷可能预示应收账款的回收存在问题;竞争者开发的新产品上市,可能导致被审计单位的主要产品在短期内过时,预示将出现存货跌价和长期资产(如固定资产)的减值。

(2) 将识别的风险与认定层次可能发生错报的领域相联系。例如,销售困难使产品的市场价格下降,可能导致年末存货成本高于其可变现净值而需要计提存货跌价准备,这显示存货的计价认定可能产生错报。

(3) 考虑识别的风险是否重大。例如,销售困难使产品面临市场价格下降的风险,注册会计师除考虑产品市场价格下降因素外,还应当考虑产品市场价格下降的幅度、该产品在被审计单位产品中的比重等,以确定识别的风险对财务报表的影响是否重大。假如产品市场价格大幅下降,导致产品销售收入不能补偿成本,毛利率为负,那么年末存货跌价问题严重,存货计价认定发生错报的风险重大;假如价格下降的产品在被审计单位销售收入中所占比重很小,被审计单位其他产品销售毛利率很高,尽管该产品的毛利率为负,但可能不会使年末存货发生重大跌价问题。

(4) 考虑识别的风险导致财务报表发生重大错报的可能性。注册会计师应当利用实施风险评估程序获取的信息,包括在评价控制涉及和确定是否得到执行时获取的审计证据,作为支持风险评估结果的审计证据。注册会计师应当根据风险评估结果,确定实施进一步审计程序的性质、时间和范围。

二、可能表明被审计单位存在重大错报风险的事项和情况

下列事项和情况可能表明被审计单位存在重大错报风险,注册会计师应当予以关注:

(1) 在经济不稳定的国家或地区开展业务。

(2) 在高度波动的市场开展业务。

(3) 在严厉、复杂的监管环境中开展业务。

(4) 持续经营和资产流动性出现问题,包括重要客户流失。

(5) 融资能力受到限制。

(6) 行业环境发生变化。

(7) 供应链发生变化。

(8) 开发新产品或提供新服务,或进入新的业务领域。

(9) 开辟新的经营场所。

(10) 发生重大收购、重组或其他非经常性事项。

(11) 拟出售分支机构或业务分部。

(12) 复杂的联营或合资。

（13）运用表外融资、特殊目的实体以及其他复杂的融资协议。

（14）重大的关联方交易。

（15）缺乏具备胜任能力的会计人员。

（16）关键人员变动。

（17）内部控制薄弱。

（18）信息技术战略与经营战略不协调。

（19）信息技术环境发生变化。

（20）安装新的与财务报告有关的重大信息技术系统。

（21）经营活动或财务报告受到监管机构的调查。

（22）以往存在重大错报或本期期末出现重大会计调整。

（23）发生重大的非常规交易。

（24）按照管理层特定意图记录的交易。

（25）应用新颁布的会计准则或相关会计制度。

（26）会计计量过程复杂。

（27）事项或交易在计量时存在重大不确定性。

（28）存在未决诉讼和或有负债。

注册会计师应当充分关注可能表明被审计单位存在重大错报风险的上述事项和情况，并考虑由于上述事项和情况导致的风险是否重大，以及该风险导致财务报表发生重大错报的可能性。

三、两个层次的重大错报风险

在对重大错报风险进行识别和评估后，注册会计师应当确定，识别的重大错报风险是与特定的某类交易、账户余额、列报的认定相关，还是与财务报表整体广泛相关，进而影响多项认定。

某些重大错报风险可能与特定的某类交易、账户余额、列报的认定相关，如被审计单位存在复杂的联营或合资，这一事项表明长期股权投资账户的认定可能存在重大错报风险。某些重大错报风险可能与财务报表整体广泛相关，进而影响多项认定，如在经济不稳定的国家和地区开展业务、资产的流动性出现问题、重要客户流失、融资能力受到限制等，可能导致注册会计师对被审计单位的持续经营能力产生重大疑虑。

四、控制环境对评估财务报表层次重大错报风险的影响

财务报表层次的重大错报风险很可能源于薄弱的控制环境。薄弱的控制环境带来的风险可能对财务报表产生广泛影响，难以限于某类交易、账户余额、列报，注册会计师应当采取总体应对措施。例如，被审计单位治理层、管理层对内部控制的重要性缺乏认识，没有建立必要的制度和程序；或管理层经营理念过于激进，又缺乏实现激进目标的人力资源等，这些缺陷可能对财务报表产生广泛的影响。

五、控制对评估认定层次重大错报风险的影响

在评估重大错报风险时，注册会计师应当将所了解的控制与特定认定相联系。这是由于控制有助于防止或发现并纠正认定层次的重大错报。在评估重大错报发生的可能性时，除了考虑可能的风险外，还要考虑控制对风险的抵消和遏制作用。控制与认定直接或间接相关，关系越间接，控制对防止或发现并纠正认定错报的效果越小。注册会计师可能识别出有助于防止或发现并纠正特定认定发生重大错报的控制，在确定这些控制是否能够实现

上述目标时,注册会计师应当将控制活动和其他要素综合考虑。

注册会计师应当考虑对识别的各类交易、账户余额和列报认定层次的重大错报风险,以确定进一步审计程序的性质、时间和范围。

六、考虑财务报表的可审计性

注册会计师在了解被审计单位的内部控制后,可能对被审计单位财务报表的可审计性产生怀疑。如果通过对内部控制的了解发现下列情况,并对财务报表局部或整体的可审计性产生怀疑,注册会计师应当考虑出具保留意见或无法表示意见的审计报告:

(1)被审计单位会计记录的状况和可靠性存在重大问题,不能获取充分、适当的审计证据以发表无保留意见。

(2)对管理层的诚信存在重大疑虑。

必要时,注册会计师应当考虑解除业务约定。

七、需要特别考虑的重大错报风险

注册会计师应当运用职业判断,确定哪些识别的风险是需要特别考虑的重大错报风险。

(一)确定特别风险时需要考虑的事项

在确定哪些风险是特别风险时,注册会计师应当在考虑识别出的控制对相关风险的抵消效果前,根据风险的性质、潜在错报的重要程度(包括该风险是否可能导致多项错报)和发生的可能性,判断风险是否属于特别风险。

在确定风险的性质时,注册会计师应当考虑下列事项:

(1)风险是否属于舞弊风险。

(2)风险是否与近期经济环境、会计处理方法和其他方面的重大变化相关,因而需要特别关注。

(3)交易的复杂程度。

(4)风险是否涉及重大的关联方交易。

(5)财务信息计量的主观程度,特别是对计量结果是否具有高度不确定性。

(6)风险是否涉及异常或超出正常经营过程的重大交易。

如果认为存在特别风险,注册会计师应当了解被审计单位与该风险相关的控制(包括控制活动)。

(二)非常规交易和判断事项导致的特别风险

日常的、不复杂的、经正规处理的交易不太可能产生特别风险。特别风险通常与重大的非常规交易和判断事项有关。

非常规交易是指由于金额或性质异常而不经常发生的交易,如企业购并、债务重组、重大或有事项等。由于非常规交易具有下列特征,与重大非常规交易相关的特别风险可能导致更高的重大错报风险:① 管理层更多地介入会计处理。② 数据收集和处理涉及更多的人工成分。③ 复杂的计算或会计处理方法。④ 非常规交易的性质可能使被审计单位难以对由此产生的特别风险实施有效控制。

判断事项通常包括作出的会计估计,如资产减值金额的估计、需要运用复杂估值技术确定的公允价值计量等。由于下列原因,与重大判断事项相关的特别风险可能导致更高的重大错报风险:① 对涉及会计估计、收入确认等方面的会计原则存在不同的理解。② 所要求的判断可能是主观和复杂的,或需要对未来事项作出假设。

（三）考虑与特别风险相关的控制

了解与特别风险相关的控制,有助于注册会计师制定有效的审计方案。对特别风险,注册会计师应当评价相关控制的设计情况,并确定其是否已经得到执行。由于与重大非常规交易或判断事项相关的风险很少受到日常控制的约束,注册会计师应当了解被审计单位是否针对该特别风险设计和实施了控制。

如果管理层未能实施控制以恰当应对特别风险,注册会计师应当认为内部控制存在重大缺陷,并考虑其对风险评估的影响,并就此类事项与治理层沟通。

八、仅通过实质性程序无法应对的重大错报风险

作为风险评估的一部分,如果认为仅通过实质性程序获取的审计证据无法将认定层次的重大错报风险降至可接受的低水平,注册会计师应当评价被审计单位针对这些风险设计的控制,并确定其执行情况。

在被审计单位对日常交易采用高度自动化处理的情况下,审计证据可能仅以电子形式存在,其充分性和适当性通常取决于自动化信息系统相关控制的有效性,注册会计师应当考虑仅通过实施实质性程序不能获取充分、适当审计证据的可能性。如果认为仅通过实施实质性程序不能获取充分、适当的审计证据,注册会计师应当考虑依赖的相关控制的有效性,并对其进行了解、评估和测试。

九、对风险评估的修正

注册会计师对认定层次重大错报风险的评估应以获取的审计证据为基础,并可能随着不断获取审计证据而作出相应的变化。

如果通过实施进一步审计程序获取的审计证据与初始的评估获取的审计证据相矛盾时,注册会计师应当修正风险评估结果,并相应修改原审计计划实施的进一步审计程序。

第六节 与治理层和管理层沟通并记录审计工作

一、就内部控制重大缺陷与治理层和管理层沟通

被审计单位管理层有责任在治理层的监督下,建立、执行和维护有效的内部控制,以合理保证企业各项目标的实现。注册会计师在了解和测试内部控制的过程中,可能会注意到内部控制存在重大缺陷,注册会计师应当将其告知适当层次的管理层或治理层,这将有助于管理层和治理层履行其在内部控制方面的职责。因此,注册会计师应当及时将注意到的内部控制设计或执行方面的重大缺陷,告知适当层次的管理层或治理层。

根据我国财政部发布的《内部控制审计指引实施意见》,内部控制存在的缺陷按其严重程度分为重大缺陷、重要缺陷和一般缺陷。重大缺陷是内部控制中存在的、可能导致不能及时防止或发现并纠正财务报表出现重大错报的一项控制缺陷或多项控制缺陷的组合。尽管国内外监管部门对内部控制缺陷的定义并不完全一致,但基本都采取了列举方式说明内部控制可能存在重大缺陷的迹象,如注册会计师发现董事(监事)和高管人员舞弊、被审计单位重述以前发布的财务报表,以更正由于舞弊或错误导致的重大错报、注册会计师发现当期财务报表存在重大错报,而被审计单位内部控制在运行过程中未能发现该错报,以及审计委员会和内部审计机构对内部控制的监督无效等。

在了解和测试内部控制的过程中可能发现偏差,偏差是否构成重大缺陷,取决于偏差

的性质、频率和后果,注册会计师需要作出职业判断。

二、就重大错报风险的控制与治理层沟通

如果识别出被审计单位未加控制或控制不当的重大错报风险,或认为被审计单位的风险评估过程存在重大缺陷,注册会计师应当就此类内部控制缺陷与治理层沟通。

目前,包括美国、日本、中国在内的诸多经济体中,监管部门均要求上市公司管理层建立健全并维护有效的内部控制,并要求审计师出具相应的审计报告。因此,读者应了解公司所处的外部环境和监管要求,并适当关注相应的审计准则或法律法规的要求。以中国为例,在新的审计准则《向治理层和管理层通报内部控制缺陷》中,要求注册会计师根据已经执行的审计工作,确定是否识别出内部控制缺陷,如果存在缺陷,则需要注册会计师确定该缺陷单独或连同其他缺陷是否构成值得关注的内部控制缺陷,并以书面形式及时向治理层通报识别出的值得关注的内部控制缺陷。

三、审计工作记录

(一)记录的内容

注册会计师应当就下列内容形成工作记录:

(1)项目组对由于舞弊或错误导致财务报表发生重大错报的可能性进行的讨论,以及得出的重要结论。

(2)注册会计师对被审计单位及其环境各个方面的了解要点(包括对内部控制各项要素的了解点)、信息来源以及实施的风险评估程序。

(3)注册会计师在财务报表层次和认定层次识别、评估出的重大错报风险。

(4)注册会计师识别出的特别风险和仅通过实质性程序无法应对的重大错报风险,以及对相关控制的评估。

(二)记录的方式

注册会计师需要运用职业判断,确定对上述事项记录的方式,常见的记录方式包括文字叙述、问卷、核对表和流程图等。

记录的方式和范围受被审计单位性质、规模、复杂程度、内部控制、被审计单位信息的可获得性以及审计过程中使用的具体审计方法和技术的影响。例如,被审计单位通过复杂的信息系统,生成、记录、处理和报告大量交易,注册会计师在了解该信息系统后,可能采用的记录方式包括流程图、问卷或决策表。对于很少使用或不使用信息技术的信息系统,或者只处理少量交易(如长期借款)的信息系统,注册会计师仅以备忘录的形式对其进行记录就已足够。通常被审计单位经营活动越复杂,注册会计师实施审计程序的范围越广,审计工作记录也就越复杂。

主 要 术 语

1. 风险评估
2. 风险评估程序
3. 分析程序
4. 经营风险
5. 内部控制
6. 内部环境
7. 风险评估过程
8. 信息与沟通
9. 控制活动
10. 内部监督
11. 重大错报风险
12. 特别风险
13. 与治理层和管理层沟通

复习思考题

1. 风险评估的总体要求有哪些?

2. 为了解被审计单位及其环境,注册会计师应当实施哪些风险评估程序?

3. 注册会计师应了解的被审计单位及其环境内容有哪些?

4. 在识别和评估重大错报风险时,注册会计师应当实施哪些审计程序?

5. 什么叫内部控制重大缺陷?哪些情况表明被审计单位存在内部控制重大缺陷?

练 习 题

一、单项选择题

1. 了解被审计单位及其环境一般在下列( )的时间段内进行。

A. 在承接客户和续约时　　　　　　B. 在进行审计计划时

C. 在进行期中审计时　　　　　　　D. 贯穿于整个审计过程的始终

2. 在确定与那些适当人员沟通特定事项时,注册会计师应当利用在了解被审计单位及其环境时获取的有关( )信息。

A. 财务报告过程　　　　　　　　　B. 治理结构和治理过程

C. 业务约定条款　　　　　　　　　D. 经营活动和业务流程

3. 下列各项中,与公司财务报表层次重大错报风险评估最相关的是( )。

A. 公司应收账款周转率呈明显下降趋势

B. 公司持有大量高价值且易被盗窃的资产

C. 公司的生产成本计算过程相当复杂

D. 公司控制环境薄弱

4. 在进行风险评估时,注册会计师通常采用的审计程序是( )。

A. 将财务报表与其所依据的会计记录相核对

B. 实施分析程序以识别异常的交易或事项,以及对财务报表和审计产生影响的金额、比率和趋势

C. 对应收账款进行函证

D. 以人工方式或使用计算机辅助审计技术,对记录或文件中的数据计算准确性进行核对

5. 内部控制无论如何设计和执行只能对财务报告的可行性提供合理保证,其原因是( )。

A. 建立和维护内部控制是公司管理层的职责

B. 内部控制的成本不应超过预期带来的收益

C. 在决策时人为判断可能出现错误

D. 对资产和记录采取适当的安全保护措施是公司管理层应当履行的经管责任

二、多项选择题

1. 注册会计师应当根据具体情况判断某一事项是否属于重大事项,重大事项包括( )。

A. 引起特别风险的事项

B. 导致注册会计师难以实施必要审计程序的情形

C. 导致出具非标准审计报告的事项

D. 实施审计程序的结果,该结果表明财务信息可能存在重大错报,或需要修正以前对重大错报风险的评估和针对这些风险拟采取的应对措施

2. 内部控制的要素包括(　　　)。

A. 控制环境、控制活动　　　　　　　B. 风险评估过程

C. 信息系统与沟通　　　　　　　　　D. 对控制的监督

3. 注册会计师负责对 A 公司 20×9 年度财务报表进行审计。在了解 A 公司控制环境时,注册会计师应当关注的内容有(　　　)。

A. A 公司治理层相对于管理层的独立性

B. A 公司管理层的理念和经营风格

C. A 公司员工整体的道德价值观

D. A 公司对控制的监督

4. 在了解被审计单位内部控制时,注册会计师通常采用的程序有(　　　)。

A. 查阅内部控制手册

B. 追踪交易在财务报告信息系统中的处理过程

C. 重新执行某项控制

D. 现场观察某项控制的运行

5. 在测试内部控制的运行有效性时,注册会计师应当获取的审计证据有(　　　)。

A. 控制是否存在

B. 控制在所审计期间不同时点是如何运行的

C. 控制是否得到一贯执行

D. 控制由谁执行

三、判断题

1. 注册会计师对内部控制的了解可以替代对控制有效性的测试。　　　　　　(　　　)

2. 注册会计师无需了解被审计单位的所有内部控制,而只需了解与审计相关的内部控制。　　　　　　(　　　)

3. 重大错报风险评估结果一旦确定,不应当再予以更新。　　　　　　(　　　)

4. 对于一项自动化的应用控制,注册会计师可以利用该项控制得以执行的审计证据和信息技术一般控制运行有效的审计证据,作为支持该项控制在相关期间运行有效性的重要审计证据。　　　　　　(　　　)

5. 了解被审计单位及其环境是一个连续和动态地收集、更新与分析信息的过程,贯穿于整个审计过程的始终.注册会计师应当运用职业判断确定需要了解被审计单位及其环境的程度。　　　　　　(　　　)

四、案例分析

【案例分析 8-1】　甲公司财务科有 A、B、C 3 个会计人员,他们要完成的会计工作主要包括:① 记录总账。② 记录应付款明细账。③ 记录应收款明细账。④ 开具支票,以便主管人员签章,并记载现金日记账。⑤ 开具退货拒付通知书。⑥ 调节银行对账单。⑦ 处理并送存所收入的现金。

现已知 3 个会计人员均具有相当的业务处理能力,除了调节银行对账单、签发拒付通知书工作量较小外,其他几项会计工作量基本相等。

【要求】 请将上述几项工作分配给 A、B、C 3 个会计人员,使会计工作起到较好的内部牵制作用,形成合理分工。

【案例分析 8-2】 ABC 会计师事务所注册会计师 A 和 B 接受事务所的委派,对 XYZ 公司 20×8 年度财务报表进行审计。在预备调查阶段,通过调查问卷等形式了解到 XYZ 公司销售与收款循环的内控会计制度,描述如下:

(1)销售部门收到顾客的订单后,由经理甲对品种、规格、数量、价格、付款条件、结算方式等详细审核后签章,交仓库办理发货手续。

(2)仓库在发运商品出库时,均必须由管理员乙根据经批准的订单,填制一式四联的销售单。在各联上签章后,第一联作为发运单,由工作人员配货并随货交顾客;第二联送会计部;第三联送应收账款专管员丙;第四联则由乙按编号顺序连同订单一并归档保存,作为盘存的依据。

(3)会计部收到销货单后,根据单中所列资料,开具统一的销售发票,将顾客联寄送顾客,将销售联交应收账款专管员丙,作为记账和收款的凭证。

(4)应收账款专管员丙收到发票后,将发票和销货单核对,如无错误,据以登记应收账款明细账,并将发票和销货单按顾客顺序归档保存。

【要求】
(1)指出 XYZ 公司在销售与收款循环内部会计控制中存在的缺陷。
(2)针对上述存在的缺陷,提出改进完善措施。

五、参考答案

【单项选择题】 1. D 2. B 3. D 4. B 5. C

【多项选择题】 1. ABCD 2. ABCD 3. ABC 4. ABD 5. BCD

【判断题】 1. × 2. √ 3. × 4. √ 5. √

【案例分析】

【案例分析 8-1】 题解

首先应确定不相容的职务,并将其分离:

(1)记录总账与记录明细账。

(2)记录总账与记录日记账。

(3)开具支票与调节银行对账单。

(4)记录应付应收明细账与开具退货拒付通知书。

根据以上不相容职务分工分离原则,并考虑七项工作的工作量大小,可作如下分工。会计人员 A(总账):①记录总账。②开具退货拒付通知单。③调节银行对账单。会计人员 B(明细账):①记录应付款明细账。②记录应收款明细账。会计人员 C(出纳):①开具支票,以便主管人员签章,并记录现金日记账。②处理并送存所收入的现金。

【案例分析 8-2】 题解

(1)缺陷:①不应由销售经理审核。②销售单不应由仓库部门编制,也不能代替装运凭证。③货物的发货与装运的职责不应由同一部门承担。④会计部门开具销售发票时,没有核定装运凭证、销售单和商品价目表。⑤负责销售账和收款两项不相容职务不应由一人办理。⑥没有对销售收款循环进行独立稽核。

(2)改进措施:①销售部门必须根据批准的订单编制一式多联连续编号的销售通知单,分别用于批准赊销、审核、发货与装运货物、记录发货数量及向顾客开具账单。②货物的发货与装运,由仓库和运输部门分别办理。③ 运输部门必须根据已批准的销售单将提货单一式多联连续编号,装运货物;仓库部门核对经批准的销售单与提货单后发货。④ 会计部门必须在核对装运凭证(提货单)、销售单和商品价目表无误的情况下,才能开具发票。⑤ 将收款业务和负责销售账的业务分开。⑥ 设置独立稽核人员,专门审核销售发票的单价、加总、入账日期等。

本章要点概览

1. 风险评估要求注册会计师应当对被审计单位及其环境进行充分、深入的了解,据此识别和评估财务报表层次和认定层次的重大错报风险,从而为设计和实施针对评估的重大错报风险采取的应对措施提供基础。

2. 常见的风险评估程序包括询问、分析程序、观察与检查等。

3. 注册会计师应从以下六个方面了解被审计单位及其环境:相关行业状况、法律环境和监管环境及其他外部因素;被审计单位的性质;被审计单位对会计政策的选择和运用;被审计单位的目标、战略以及可能导致重大错报风险的相关经营风险;被审计单位的内部控制。

4. 在了解与审计相关的控制时,注册会计师应综合运用询问被审计单位内部人员和其他程序,以评价这些控制的设计并确定其是否得到执行。

5. 注册会计师针对内部控制,应了解的内容包括控制环境、风险评估过程、财务报告相关的信息系统、沟通与财务报告相关的人员角色和职责以及与财务报告相关的重大事项、控制活动、监督等。

6. 注册会计师在识别和评估重大错报风险时,应评价相关风险是否与财务报表整体相关,并结合对拟测试的相关控制,将识别的风险与认定层次可能发生错报的领域相联系,考虑发生错报的可能性。

7. 注册会计师应就风险评估过程中所采取的审计程序、识别出的风险、所了解的相关控制等予以记录。

第九章 风险应对

学习目的与要求

　　注册会计师应当针对评估的财务报表层次的重大错报风险确定总体应对措施,并针对评估的认定层次重大错报风险设计和实施进一步审计程序,以便将审计风险降至可接受的低水平。本章旨在对进一步审计程序的类型、控制测试及实质性程序的定义、性质、时间和范围等进行阐述,并介绍管理建议书的形式和内容以体现注册会计师的增值服务。

课前预习题

　　1. 进一步审计程序的类型有哪些?
　　2. 什么是控制测试? 其内容有哪些?
　　3. 什么是实质性程序? 其内容有哪些?
　　4. 注册会计师审计如何体现增值服务?

第一节 风险应对概述

一、风险应对概述

　　我国的审计准则中要求注册会计师在审计过程中贯彻风险导向审计的理念,围绕财务报表重大错报风险的识别、评估和应对,来计划和实施工作。其中,《中国注册会计师审计准则第 1231 号——针对评估的重大错报风险采取的应对措施》中,明确指出注册会计师的目标是针对评估的重大错报风险,通过设计和实施恰当的应对措施,获取充分、适当的审计证据。简言之,准则要求注册会计师应对重大错报风险,应当遵守以下规定:

　　(1) 注册会计师应当针对评估的财务报表层次的重大错报风险制定总体应对措施,包括向审计项目组强调在获取审计证据过程中保持职业怀疑态度的必要性、分派更有经验或具有特殊技能的审计人员,或利用专家向审计项目组提供更多督导等。

　　(2) 注册会计师应当针对评估的认定层次的重大错报风险设计和实施进一步审计程序,包括审计程序的性质、时间安排和范围。

（3）注册会计师应当评价风险评估的结果是否适当，并确定是否已经获取充分、适当的审计证据。

（4）注册会计师应当将实施的关键审计程序形成工作记录。

二、总体应对措施

（一）财务报表层次重大错报风险的总体应对措施

注册会计师应当针对评估的财务报表层次重大错报风险确定下列总体应对措施：

（1）向审计项目组强调，在收集和评价审计证据的过程中保持职业怀疑态度的必要性。

（2）分派更有经验或具有特殊技能的审计人员，或利用专家的工作。

（3）提供更多的督导。

（4）在选择进一步审计程序时，应当注意使某些程序不被管理层预见或实现了解。

（5）对拟实施审计程序的性质、时间和范围作出总体修改。

在内部控制中，控制环境的影响非常广泛，财务报表层次的重大错报风险就很可能来自薄弱的控制环境，因此注册会计师对控制环境的了解会影响到其对财务报表层次重大错报风险的评估。在被审计单位的控制环境存在缺陷时，注册会计师需要考虑对拟实施的审计程序的性质、时间和范围作出总体修改，如：

（1）在期末而非期中实施更多的审计程序。

（2）主要依赖实质性程序获取审计证据。

（3）调整拟实施审计程序的类别及组合，通过修改审计程序的性质获取更有说服力的审计证据。

（4）扩大审计程序的范围，包括扩大样本量，或采用更详细的数据实施分析程序。

在确定总体审计策略时，注册会计师需要考虑被审计单位可能存在的舞弊导致的重大错报风险，并采取适当的应对措施，如：根据舞弊导致的重大错报风险的评估结果，分配具备相应知识和技能的人员或利用专家的工作，并进行适当的督导；考虑被审计单位采用的会计政策，特别是涉及主观计量或复杂的交易，并收集证据证明管理层是否通过操纵利润对财务信息作出虚假陈述；在选择进一步审计程序时有意识地避免被审计单位内部人员预先了解或预见等，以提高审计程序的效果。

（二）增强审计程序的不可预见性

为了提高审计程序的效果，避免被审计单位预先了解或熟悉审计程序而进行人为的操纵以掩盖财务信息的错误和舞弊，注册会计师通常会在实务中增强审计程序的不可预见性。

1. 增加审计程序不可预见性的方法

（1）对某些以前未测试的低于设定的重要性水平或风险较小的账户余额和认定实施实质性程序。注册会计师可以关注以前未曾关注过的审计领域，尽管这些领域可能重要程度比较低。

（2）调整实施审计程序的时间，使其超出被审计单位的预期。

（3）采取不同的审计抽样方法，使当年抽取的测试样本与以前有所不同。

（4）选取不同的地点实施审计程序，或预先不告知被审计单位所选定的测试地点。

2. 增加审计程序不可预见性的实施要点

（1）注册会计师需要与被审计单位的高层管理人员事先沟通，要求实施具有不可预见性的审计程序，但不能告知其具体内容。注册会计师可以在签订审计业务约定书时明确提出这一要求。

（2）虽然对于不可预见性程度没有量化的规定，但项目组可根据对舞弊风险的评估等确定具有不可预见性的审计程序。审计项目组可以汇总那些具有不可预见性的审计程序，并记录在审计工作底稿中。

（3）项目负责人需要安排项目组成员有效地实施具有不可预见性的审计程序，但同时需要避免使项目组成员处于困难境地。

3. 具有不可预见性的审计程序示例

表9-1举例说明了一些具有不可预见性的审计程序。

表9-1　不可预见性审计程序

审计领域	一些可能适用的具有不可预见性的审计程序
存货	（1）向以前审计过程中接触不多的被审计单位员工询问，如采购、销售、生产人员等 （2）在不事先通知被审计单位的情况下，选择一些以前未曾访问过的盘点地点进行存货监盘
销售/应收账款	（1）向以前审计过程中接触不多或未曾接触过的被审计单位员工询问，如负责处理大客户账户的销售部人员 （2）改变实施实质性分析程序的对象，如对收入按细类进行分析 （3）针对销售和销售退回延长截止测试期间 （4）实施以前未曾考虑过的审计程序，例如： 　① 函证确认销售条款或者选定销售额不重要、以前未曾关注的销售交易，如对出口销售实施实质性程序 　② 实施更细致的分析程序，如使用计算机辅助审计技术审阅销售及客户账户 　③ 测试以前未曾函证过的账户余额，如金额为负或是零的账户，或者余额低于以前设定的重要性水平的账户 　④ 改变函证日期，即把所函证账户的截止日期提前或者推迟 　⑤ 对关联公司销售和相关账户余额，除了进行详细函证外，再实施其他审计程序进行验证
采购/应付账款	（1）如果以前未曾对应付账款余额普遍进行函证，可考虑直接向供应商函证确认余额。如果经常采用函证方式，可考虑改变函证的范围或者时间 （2）对以前由于低于设定的重要性水平而未曾测试过的采购项目，进行细节测试 （3）使用计算机辅助审计技术审阅采购和付款账户，以发现一些特殊项目，如是否有不同的供应商使用相同的银行账户
现金/银行存款	（1）多选几个月银行存款余额调节表进行测试 （2）对有大量银行账户的，考虑改变抽样方法
固定资产	对以前由于低于设定的重要性水平而未曾测试过的固定资产进行测试，如考虑实地盘查一些价值较低的固定资产，如汽车、电脑和其他设备等
集团审计项目	修改组成部分审计工作的范围或区域（如增加某些不重要的组成部分的审计工作量，或实地去组成部分开展审计工作）

第二节　进一步审计程序

进一步审计程序是指注册会计师针对评估的各类交易、账户余额、列报认定层次重大错报风险实施的审计程序,包括控制测试和实质性程序。

在设计进一步审计程序时,注册会计师应当考虑下列因素:

(1)风险的重要性。风险的重要性是指风险造成的后果的严重程度。风险的后果越严重,就越需要注册会计师关注和重视,越需要精心设计有针对性的进一步审计程序。

(2)重大错报发生的可能性。重大错报发生的可能性越大,同样越需要注册会计师精心设计进一步审计程序。

(3)涉及的各类交易、账户余额和披露的特征。不同的交易、账户余额和披露,产生的认定层次的重大错报风险也会存在差异,适用的审计程序也有差别,需要注册会计师区别对待,并设计有针对性的进一步审计程序予以应对。

(4)被审计单位采用的特定控制的性质。不同性质的控制(尤其是人工控制或自动化控制)对注册会计师设计进一步审计程序具有重要影响。

(5)注册会计师是否拟获取审计证据,以确定内部控制在防止或发现并纠正重大错报方面的有效性。如果注册会计师在风险评估时预期内部控制运行有效,随后拟实施的进一步审计程序就必须包括控制测试,且实质性程序自然会受到之前控制测试结果的影响。

综合上述几方面因素,注册会计师对认定层次重大错报风险的评估为确定进一步审计程序的总体审计方案奠定了基础。因此,注册会计师应当根据对认定层次重大错报风险的评估结果,恰当选用实质性方案或综合性方案。通常情况下,注册会计师出于成本效益的考虑可以采用综合性方案设计进一步审计程序,即将测试控制运行的有效性与实质性程序结合使用。但在某些情况下(如仅通过实质性程序无法应对重大错报风险),注册会计师必须通过实施控制测试,才可能有效应对评估出的某一认定的重大错报风险;而在另一些情况下(如注册会计师的风险评估程序未能识别出与认定相关的任何控制,或注册会计师认为控制测试很可能不符合成本效益原则),注册会计师可能认为仅实施实质性程序就是适当的。

小型被审计单位可能不存在能够被注册会计师识别的控制活动,注册会计师实施的进一步审计程序可能主要是实质性程序。但是,注册会计师始终应当考虑在缺乏控制的情况下,仅通过实施实质性程序是否能够获取充分、适当的审计证据。

还需要特别说明的是,注册会计师对重大错报风险的评估毕竟是一种主观判断,可能无法充分识别所有的重大错报风险,同时内部控制存在固有局限性(特别是存在管理层凌驾于内部控制之上的可能性),因此,无论选择何种方案,注册会计师都应当对所有重大类别的交易、账户余额和披露设计和实施实质性程序。

一、进一步审计程序的性质

进一步审计程序的性质是指进一步审计程序的目的和类型。

进一步审计程序的目的包括:通过实施控制测试以确定内部控制运行的有效性;通过实施实质性程序以发现认定层次的重大错报。

进一步审计程序的类型包括检查、观察、询问、函证、重新计算、重新执行和分析程序。在确定进一步审计程序的性质时,首先,注册会计师需要考虑认定层次重大错报风险的评估结果,并据此选择审计程序。评估的认定层次重大错报风险越高,对通过实质性程序获取的审计证据的相关性和可靠性的要求越高,从而可能影响进一步审计程序的类型及其综合运用。其次,注册会计师应当考虑评估的认定层次重大错报风险产生的原因,包括各类交易、账户余额、列报的具体特征以及内部控制。

如果在实施进一步审计程序时需要利用被审计单位信息系统生成的信息,注册会计师应当就此信息的准确性和完整性获取审计证据。例如,被审计单位采用电算化系统生成电子财务报表,审计人员需要对电算化系统的健全、有效进行测试和评价,并获取有关的审计证据。

二、进一步审计程序的时间

进一步审计程序的时间是指注册会计师何时实施进一步审计程序,或审计证据适用的期间或时点。

注册会计师应当权衡期中与期末实施审计程序的关系,并权衡期中审计证据与期末审计证据的关系,以及权衡以前审计获取的审计证据与本期审计获取的审计证据的关系。

当评估的重大错报风险较高时,注册会计师应当考虑在期末或接近期末实施实质性程序,或采取不通知的方式,或在管理层不能预见的时间实施审计程序。

注册会计师在期中实施审计程序可能发挥积极的作用。例如,有助于注册会计师在审计工作初期识别重大事项,并在管理层的协助下及时解决这些事项,或针对这些事项制定更为有效的实质性方案或综合性方案,并在一定程度上减轻注册会计师在期末实施实质性程序的资源消耗。但由于期中的审计证据不足以形成期末财务报表的证明,如在期中到期末这段剩余时间发生了重大的交易或事项,对财务报表的认定产生了重大的影响,因此注册会计师在期中实施了进一步审计程序后,还应当针对剩余期间实施审计程序以获取审计证据。

注册会计师在具体确定是期中还是期末或接近期末的时间来实施审计程序时,应当考虑被审计单位的控制环境,何时能够得到相关信息、错报风险的性质、审计证据适用的期间或时点等因素,并根据具体的情况选择实施进一步审计程序的时间。需要说明的是,有些审计程序只能在期末或期末以后实施,如将财务报表与会计记录相核对,检查财务报表编制过程中所作的会计调整等。如果被审计单位在期末或接近期末发生了重大交易,或重大交易在期末尚未完成,注册会计师应当考虑交易发生或截止等认定可能存在的重大错报风险,并在期末或期末以后检查此类交易。

三、进一步审计程序的范围

进一步审计程序的范围是指实施进一步审计程序的数量,包括抽取的样本量,对某项控制活动的观察次数等。

注册会计师在确定审计程序的范围时,需要考虑以下因素:

(1)确定的重要性水平,重要性水平越低,所需实施的进一步审计程序范围越广。

(2)评估的重大错报风险。评估的重大错报风险越高,对拟获取审计证据的相关性、可靠性的要求越高,需要实施的进一步审计程序的范围也就越广。

(3)计划获取的保证程度。这是指注册会计师通过所实施的审计程序对测试结果可靠性所获取的信息。计划获取的保证程度越高,对测试结果的可靠性要求越高,所需实施的进一步审计程序的范围越广。

在确定进一步审计程序的范围时,注册会计师可以使用计算机辅助审计技术对电子化的交易和账户文档进行广泛的测试,因此使用计算机辅助审计技术具有积极的作用。

由于舞弊导致的重大错报风险属于特别风险,因此注册会计师需要针对舞弊导致的认定层次重大错报风险实施一定的审计程序,如改变拟实施的审计程序的性质,以获取更为有效、相关的审计证据,或获取其他佐证性信息,包括更加重视实地观察或检查,在实施函证程序时改变常规函证的内容(如除了函证余额之外,还对交易的结算方式、发货条款、退货条款等进行函证),询问被审计单位的非财务人员等;改变实质性程序的时间,更多地选择在期末或接近期末实施实质性程序,或针对本期较早期间发生的交易事项或贯穿于整个本期的交易事项实施测试;改变实质性程序的范围,包括扩大样本量等。需要说明的是,注册会计师针对舞弊导致的认定层次重大错报风险所采取的具体应对措施,取决于已经发现的舞弊风险因素类型以及各类具体的交易、账户余额相关认定,财务报表虚假陈述与资产侵占的舞弊风险,就有不同的审计程序加以应对,注册会计师应针对具体情况,结合财务报表项目或业务循环设计和实施恰当的应对程序。

第三节　控制测试

根据我国审计准则的规定,除非存在某些可以使控制得到一贯运行的自动化控制,注册会计师对内部控制的了解并不能够代替对控制运行有效性的测试。对内部控制设计是否合理和运行是否有效而实施的测试称为控制测试。控制设计测试所要解决的问题是被审计单位的内部控制政策和程序是否设计合理、适当,能不能防止或发现和纠正特定财务报表认定的重大错报;而控制执行测试所要解决的问题是被审计单位的内部控制政策和程序是否实际发挥作用。在对某项控制运行的有效性进行测试时,审计人员应着重查明以下几个问题:这项控制在所审计期间的相关时点是如何运行的? 是否得到一贯执行? 由谁或以何种方式执行? 显然,如果某项控制在年度内是由被授权的人员适当且一贯地应用,那么该项控制政策或程序就得到了有效的执行;反之,如果该项控制政策或程序未能适当且一贯地应用,或由未被授权的人员来应用,则说明控制执行失效。在审计中,这种控制执行的失效或不当被习惯地称为"偏差""偶发事件"或"例外",而不称为"错报"。原因在于当某项控制执行失效或不当,只意味着会计记录中可能会发生错误或舞弊,并不是实际一定会出错。

一、控制测试的性质、时间和范围

(一)控制测试的性质

控制测试的性质是指执行测试将使用什么样的审计程序。在设计和实施控制测试时,注册会计师应将询问与其他审计程序结合使用,以获取有关控制运行有效性的审计证据,并确定拟测试的控制是否依赖其他控制(如依赖其他控制,则需确定是否有必要获取支持这些间接控制有效运行的审计证据)。可选用的控制测试程序有:检查交易或者事项的凭证;询问并实地观察未留下审计轨迹的内部控制的运行情况;重新执行相关内部控制程序。

(二)控制测试的时间

注册会计师执行控制测试的时间通常在期中工作中执行。由于注册会计师必须取得被审财务报表所覆盖的整个年度里控制有效性的证据,而控制测试很可能在审计年度结束前几个月里进行,因此从审计有效性的角度看,控制测试应尽可能安排在期中的后期进行。如果已获取有关控制在期中运行有效性的审计证据,注册会计师应当:① 获取这些控制在剩余期间发生重大变化的审计证据。② 确定针对剩余期间还需获取的补充审计证据。

(三)控制测试的范围

从理论上讲,控制测试的范围越大,所能提供的有关控制政策或程序执行有效性的证据就越充分。但在审计实务中,注册会计师执行的控制测试范围并不是越大越好,而是要求注册会计师从最经济有效地实现审计目标的总体需要出发,合理确定测试的范围,这受到注册会计师计划的财务报表重大错报风险估计水平以及被审计单位内部控制有效性的影响。

二、控制运行的有效性评价

注册会计师在实施控制测试后,需依据所获取的审计证据对控制运行的有效性进行评价。如果认定控制是有效的,则可以减少进一步审计程序的性质、时间和范围。在此过程中,一方面注册会计师应评价通过实施实质性程序发现的错报是否表明控制未得到有效运行;另一方面注册会计师应明确,通过实质性程序未发现错报,并不能证明与所测试认定相关的控制是有效的。

在对所获取的审计证据进行分析评价时,注册会计师可能发现拟信赖的控制出现偏差。在这种情况下,注册会计师应进行专门查询以了解上述偏差及其潜在后果,在此基础上确定:

(1)已实施的控制测试是否为信赖这些控制提供了适当的基础。

(2)是否有必要实施追加的控制测试。

(3)是否需要针对潜在的错报风险实施实质性程序。

三、控制测试的记录

对于某一审计目标的控制测试,审计人员需要记录以下内容:

(1)相关控制,并将控制与重要账户或列报、认定相联系。

(2)相关控制是否可以防止或发现舞弊或错误。

(3)控制设计是否健全、合理?是否在实践中得到一贯的执行?

(4)基于对控制的测试,评价并记录控制运行的有效性及索引至有关审计工作底稿。

表9-2列示了销售业务测试和评价的内容。

注册会计师在完成内部控制的测试后,应对内部控制的设计和是否得到执行进行评价,以确定进一步审计程序。

第四节 管理建议书

一、管理建议书的含义

管理建议书是指注册会计师针对审计过程中注意到的、可能导致被审计单位财务报表产生重大错报的内部控制重大缺陷而提出的书面建议。根据有关规定,注册会计师对审计过程中发现的内部控制重大缺陷,应当告知被审计单位管理当局,必要时,可出具管理建议书;对审计过程中注意到的内部控制的一般问题,可以口头或其他适当方式向被审计单位有关人员提出。

在审计过程中,注册会计师可能了解到被审计单位内部控制的重大缺陷以及经营中的不足。此时,注册会计师可以通过管理建议书的形式为被审计单位管理层掌握经营管理中存在的问题提供帮助。此外,管理建议书还可以为被审计单位改进内部控制的设计和执行、强化会计管理质量提供建议。被审计单位管理层借助注册会计师提供的建议对控制和管理进行改善,以增强企业的生存和竞争能力,因此管理建议书被看做是注册会计师提供的最有价值的服务之一。

表 9-2　销售业务内部控制的了解和评价

控制	防止或发现舞弊的控制	重要账户或列报	完整性	存在/发生	准确性	截止	计价/分摊	权利/义务	分类/可理解性	了解内控 执行审计程序的结果	了解内控 工作底稿索引号	评价控制的执行 审计程序的性质和范围	评价控制的执行 控制测试结果	评价控制的执行 执行人及日期	评价控制的执行 工作底稿索引号
销售合同经过管理层的适当批准	是	收入 应收账款		是						设计合理并得以执行	C1-1（略）	抽取30份销售合同，检查是否经过管理层的适当批准	有效	BB 20×8年 ×月×日	L2-1
登记入账的销售业务由经批准的销售单、发运单支持	是	收入 应收账款		是	是		是			设计合理并得以执行	C1-1（略）	抽取30笔已确认的销售交易，检查是否有经批准的销售单和发运单支持，并将入账金额与其相核对	有效	BB 20×8年 ×月×日	L2-2
出库单、发运单和销售发票均事先编号，并且检查会计人员每月已开出的发运单和销售发票是否均已入账，并计入恰当的期间	是	收入 应收账款	是			是				设计合理并得以执行	E1-1（略）	检查出库单、发运单和销售发票的开票系统；抽取2个月的内部检查发运单及销售发票的记录	有效	GG 20×8年 ×月×日	E1-2
每季度/每月向每一客户寄送对账单并对客户的回函进行跟进	是	收入 应收账款	是							设计合理并得以执行	C1-1（略）	抽取30张向客户发送的对账单，检查客户的回函档案，并与账户余额相核对	有效	BB 20×8年 ×月×日	L2-4

二、管理建议书的特征

(一)管理建议书仅是一种增值服务,不具有公证性和强制性

实务中,管理建议书提及的内部控制重大缺陷往往是注册会计师在审计过程中注意到的,并非内部控制可能存在的全部缺陷,而管理建议书也不应视为注册会计师对被审计单位内部控制整体发表意见,更不能减轻或免除被审计单位管理当局建立健全内部控制的责任。此外,管理建议书的报送对象一般仅限于被审计单位的管理部门或治理层,不对外公布,也并不影响注册会计师应当发表的审计意见,其内容富于建设性,而非公证性和强制性。

(二)管理建议书的优劣,在一定程度上能衡量审计服务的质量

一般来说,管理建议书的出具并不是审计程序中必不可少的一环,只有注册会计师认为必要时,或者审计业务约定书中有特别约定时才会出具。管理建议书中提出的建议应当描述准确、有一定深度,对于企业提高经营管理效率、改进管理水平有帮助价值,并从中反映出注册会计师的执业水平和审计能力。因此,管理建议书的优劣,也可以用来鉴定注册会计师的服务水平、职业责任,甚至委托人会在特定条件下将管理建议书作为是否聘任或委托注册会计师担任审计的重要因素。

三、管理建议书的内容

管理建议书通常会说明审查的范围、发现的内部控制缺陷,提出关于内部控制重大缺陷对财务报表重大错报风险影响的判断意见以及改进建议。其内容一般包括:

(1)标题。统一规范为"管理建议书"。

(2)收件人。一般是被审计单位管理当局。

(3)财务报表的审计目的、会计责任与审计责任。

(4)管理建议书的性质。

(5)前期建议改进但未改进、本期审计发现的内部控制重大缺陷及其影响和改进建议。

(6)使用范围及使用责任。管理建议书应指明其使用范围,因使用不当造成的后果,与注册会计师及其所在的会计师事务所无关。

(7)签章。管理建议书应由注册会计师签章,并加盖会计师事务所公章。

(8)日期。管理建议书应注明日期。

管理建议书的结构和内容举例说明如下:

管理建议书

XYZ股份有限公司管理当局:

我们接受委托对贵公司20×7年的年度财务报表进行审计。我们的责任是在实施审计工作的基础上对财务报表发表审计意见。我们提供的这份管理建议书,不在审计业务约定书约定项目之内,而是我们基于为贵公司服务的目的,根据审计过程中发现的内部控制问题提出的。因为我们主要从事的是对贵公司年度财务报表的审计,考虑的是与财务报表编制相关的内部控制,所实施的审计范围是有限的,不可能全面了解贵公司所有的内部控制,所以管理建议书中包括的内部控制重大缺陷仅仅是我们注意到的,不应被视为对贵公司的内部控制发表鉴证意见,所提建议不具有强制性和公正性。

在审计过程中,我们根据中国注册会计师审计准则的规定执行审计工作,在此过程中最终我们了解了贵公司内部控制中有关会计制度、会计工作机构和人员职责、财产管理制度、信息技术、内部审计制度等有关方面的情况,并作了分析研究。我们认为贵公司现有的

内部控制总体上还是健全的,但为了适应贵公司进一步提高经营效率和改进管理水平的需要,使内部控制更加完善,现将我们发现的内部控制方面的某些问题及改进建议提供给你们,希望引起你们的注意,以便完善内部控制。

一、关于会计制度方面问题的评价及建议

贵公司的会计核算符合要求,基本上能够准确、及时地反映经济业务,并遵守国家有关会计制度的规定;会计科目的设置包含了会计核算范围内的基本内容,会计凭证及账务处理基本服务的有关要求。但在审计中,我们发现了以下一些问题。

(一)部分会计科目设置欠妥

贵公司目前设置的会计科目中,主要是根据自身管理要求建立的,与我国企业会计制度的设置要求有一定距离。

根据我国企业会计制度规定,设置会计科目时,应符合会计制度的统一要求,只有会计制度中没有要求的科目,企业可根据自身特点和管理需要设置。建议贵公司对照我国企业会计制度的规定,对原有会计科目进行适当的调整。

(二)有关会计凭证问题

贵公司在发生购货退回时,没有立即通知财会部门和采购部门,并由采购部门签发进货退出通知单交供货单位。

我国会计制度对这一内容已作了明确规定,对这一做法的不当性,我们已向有关人员提出,他们愿意考虑我们的意见。

二、会计工作机构、人员职责及内部稽核制度

贵公司会计机构设置比较健全,会计人员职责规定较为明确。但会计人员数量较少,每个人要承担多种职责,没有完全达到不相容职务的分工要求,对凭证的复核工作做得不仔细。在审计过程中,我们发现部分凭证没有复核人的签章。我们认为,凭证是记录企业生产经营业务的基本资料,凭证的审核工作是进行会计核算的基本内容,建议贵公司予以重视。

三、财产管理制度(略)

四、信息技术(略)

五、内部审计制度方面的问题(略)

对于上述内部控制问题,我们已经与有关管理部门或人员交换过意见,他们已确认上述问题的真实性。

本管理建议书只提供给贵公司。另外,我们是接受贵公司董事会的委托进行审计工作,根据他们的要求,请将管理建议书内容转达给他们。因使用管理建议书不当造成的后果,与注册会计师及其所在会计师事务所无关。

中国注册会计师:×××(签章)

××会计师事务所(印章)

20×8年2月26日

第五节　实质性程序

一、实质性程序的含义

实质性程序是指注册会计师针对风险评估中识别出的重大错报风险实施的直接用以

发现认定层次重大错报的审计程序。理论上,无论评估的重大错报风险结果如何,注册会计师都应当针对所有重大类别的交易、账户余额和披露,设计和实施实质性程序。

根据我国审计准则的要求,注册会计师应当针对评估的重大错报风险设计和实施实质性程序,以发现认定层次的重大错报。实质性程序包括对各类交易、账户余额、列报的细节测试以及实质性分析程序。

细节测试是对各类交易、账户余额、列报的具体细节进行测试,目的在于直接识别财务报表认定是否存在错报。细节测试适用于对各类交易、账户余额、列报认定的测试,尤其是对存在或发生、计价认定的测试。

实质性分析程序从技术特征上讲仍然是分析程序,主要是通过研究数据间关系评价信息,用以识别各类交易、账户余额、列报及相关认定是否存在错报。注册会计师在针对一段时期内存在可预期关系的大量交易时,可以考虑实施实质性分析程序。

二、实质性程序的相关要求

注册会计师实施的实质性程序应当包括下列与财务报表编制完成阶段相关的审计程序:

(1) 将财务报表与其所依据的会计记录相核对或调节。

(2) 检查财务报表编制过程中作出的重大会计分录和其他会计调整。

注册会计师对会计分录和其他会计调整检查的性质和范围,取决于被审计单位财务报告过程的性质和复杂程度以及由此产生的重大错报风险。考虑到重大错报风险的评估是一种职业判断,且内部控制存在一定的固有局限,因此注册会计师应当针对所有重大的各类交易、账户余额、列报实施实质性程序。

三、针对特别风险实施的实质性程序

如果认为评估的认定层次重大错报风险是特别风险,注册会计师应当专门针对该风险实施实质性程序。例如,注册会计师在了解被审计单位及其环境后认为,管理层面临实现盈利指标的压力而可能提前确认收入。为获取充分、适当的审计证据,注册会计师需要使用细节测试,或将细节测试与实质性分析程序结合使用。为此,注册会计师在设计询证函时不仅考虑函证应收账款的账户余额,还应当考虑询证有关销售协议的细节条款,如交货要求、结算条款、退货条件等,还可以在实施函证的基础上针对销售协议及其变动情况询问被审计单位的非财务人员。如果针对特别风险仅实施实质性程序,注册会计师应当使用细节测试,或将细节测试和实质性分析程序结合使用,以获取充分适当的审计证据。

表 9-3 列示了特别风险应对措施及结果汇总示例。

四、实质性程序的性质、时间和范围

(一)实质性程序的性质

实质性程序的性质是指实质性程序的类型及其组合,包括细节测试和实质性分析程序。注册会计师应当针对不同认定层次所评估的重大错报风险设计细节测试,获取充分、适当的审计证据,以达到认定层次所计划的保证水平。

在设计实质性分析程序时,注册会计师需要考虑的因素包括:① 对特定认定使用实质性分析程序的适当性。② 对已记录的金额或比率作出预期时,所依据的内部或外部数据的可靠性。③ 作出预期的准确程度是否足以在计划的保证水平上识别重大错报。④ 已记录金额与预期值之间可接受的差异额。考虑到数据及分析的可靠性,当实施实质性分析程序时,如果注册会计师使用了被审计单位编制的信息,应当考虑测试与信息编制相关的控制,以及这些信息是否在本期或前期经过审计。

表9-3 特别风险应对措施及结果汇总表

项目	经营目标	经营风险	特别风险	管理层应对或控制措施	财务报表项目及认定	审计措施	向被审计单位报告的事项
简要填写说明	被审计单位的经营目标可以是高层次的战略目标,也可以是低层次的经营方面,财务方面或遵守法规方面的具体目标。为了从被审计单位的经营目标中识别出经营风险,审计项目组通常需要了解被审计单位对审计有重大影响的经营目标,只有那些可能给注册会计师影响财务报告发现的经营目标,才记录于该表格上	经营风险是指任何可能导致被审计单位实现经营目标不能实现的风险,表现为被审计单位当期经营风险或长期经营风险。只有那些可能影响财务报告的潜在经营风险	该列是用来特别记录需要考虑的重大错报风险。记录特别风险应具体,并与所影响的财务报表项目认定相联系	采用适当应对经营风险的方法是管理层的责任。不论是否信赖管理层应对特别风险的控制,注册会计师都应了解和评价这些应对措施,并将管理层应对措施记录于表格之中。注册会计师还应注明这些控制是否经已测试或测试结果去证实这些控制。如果信赖,注册会计师要去测试控制程序。在考虑管理层针对特别风险采取的应对措施时,注册会计师需要评价被审计单位的控制目标,风险和控制措施是否匹配	表格这一栏应填写财务报表项目或其他可能受影响的财务项目及特别风险与财务报表项目及认定相联系	列出应对特别风险的进一步审计程序的方案,所列措施作底稿中具体的审计程序	该列记录向被审计单位报告的事项。例如,注册会计师应当能给被审计单位发现存在重大缺陷,内部控制风险,或者被审计单位的目标和控制不匹配
举例	被审计单位通过发展中小城市的新客户和放款授信额度争取销售收入比上一年增加30%	不严格执行对新客户信用放款授信的调查和筛选,放款信额度增加都会坏账风险	应收账款坏账准备计提可能性不足	财务部每月编制账龄分析报告;对超过1年未收回的账款由销售人员与各客户签订还款协议;其条款需区域销售经理和销售总监批准	应收账款(相关认定计价)	1.与销售总监讨论所执行的坏账风险评估程序;2.与财务经理讨论坏账准备计提;3.审阅账龄分析报告及执行报告签订及还款协议和销售还款协议;4.抽查贷款收回议和销售收款情况	无或详见管理建议书

（二）实质性程序的时间

实质性程序的时间是指注册会计师何时实施实质性程序，或审计证据适用的期间或时点。注册会计师在考虑实质性程序的时间时，需要关注以下三个方面。

1. 如何考虑是否在期中实施实质性程序

期中实施实质性程序，既消耗了审计资源，又不能将所获取的审计证据直接作为期末财务报表认定的审计证据。因此，注册会计师需要慎重考虑期中实施的实质性程序，并在实施期中程序之后，还消耗一定的审计资源，使期中审计证据能够合理延伸至期末，同时权衡期中实施实质性程序和期末的进一步审计程序所消耗的审计资源是否能够显著小于完全在期末实施实质性程序所消耗的审计资源。在此过程中，注册会计师应当考虑以下因素：控制环境和其他相关的控制；实施审计程序所需信息在期中之后的可获得性；实质性程序的目标；评估的重大错报风险；各类交易或账户余额以及相关认定的性质；针对剩余期间，能够通过实施实质性程序或将实质性程序与控制测试相结合，降低期末存在错报而未被发现的风险等。

2. 如何考虑期中审计证据

如果在期中实施了实质性程序，注册会计师应当针对剩余期间实施进一步的实质性程序，或将实质性程序和控制测试结合使用，以将期中测试得出的结论合理延伸至期末。如果拟将期中测试得出的结论延伸至期末，注册会计师应当考虑针对剩余期间仅实施实质性程序是否足够，如果必要，还应测试剩余期间相关控制运行的有效性或针对期末实施实质性程序。

对于舞弊导致的重大错报风险，注册会计师更应慎重考虑是否能将期中测试得出的结论延伸至期末，而应当在期末或接近期末实施实质性程序。

如果已在期中实施了实质性程序，或将控制测试与实质性程序相结合，并拟信赖期中测试得出的结论，注册会计师应当将期末信息和期中的可比信息进行比较、调节，识别和调查出现的异常金额，并针对剩余期间实施实质性分析程序或细节测试。

在确定针对剩余期间拟实施的实质性程序时，注册会计师应当考虑是否已在期中实施控制测试，并考虑与财务报告相关的信息系统能够充分提供与期末账户余额及剩余期间交易有关的信息，同时还应当重点关注并调查重大的异常交易或分录、重大波动以及各类交易或账户余额在构成上的重大或异常变动。

如果拟针对剩余期间实施实质性分析程序，注册会计师应当考虑某类交易的期末累计发生额或账户期末余额在金额、相对重要性及构成方面能否被合理预期。

如果在期中检查出某类交易或账户余额存在错报，注册会计师应当考虑修改与该类交易或账户余额相关的风险评估以及针对剩余期间拟实施实质性程序的性质、时间和范围，或考虑在期末扩大实质性程序的范围或重新实施实质性程序。

3. 如何考虑以前审计获取的审计证据

在以前审计中实施实质性程序获取的审计证据，通常对本期的证据效率很弱，不足以应对本期的重大错报风险。只有当以前获取的审计证据及其相关事项未发生重大变化时（如前期的某项诉讼在本期仍然没有实质性进展），以前获取的审计证据才可能用作本期的有效审计证据。注册会计师在准备使用以前审计中获取的审计证据时，需要在本期实施审计程序以确定这些审计证据是否具有持续相关性。

（三）实质性程序的范围

注册会计师在确定实质性程序的范围时，需要考虑评定的认定层次重大错报风险以及实施控制测试的结果。评估的认定层次重大错报风险越高,需要实施实质性程序的范围越广;注册会计师对控制测试的结果越不满意,就更应当考虑扩大实质性程序的范围。

在细节测试的设计过程中,注册会计师需要从样本量、选样方法的有效性等角度考虑测试范围。在实质性分析程序的范围确定中,注册会计师应当确定已记录金额与预期值之间可接受的差异额,该差异额的确定应当主要考虑各类交易、账户余额、列报及相关认定的重要性和计划的保证水平。同时,注册会计师从以下两个方面考虑实质性程序的范围:一是对高度汇总的财务数据层次分析,还是根据重大错报风险的性质和水平调整分析层次;二是针对偏差的幅度和性质展开进一步调查。

第六节　评价列报的适当性

注册会计师应当实施审计程序,评价财务报表列报总体是否符合适用的会计准则和相关会计制度的规定。例如,我国的《企业会计准则第30号——财务报表列报》对财务报表的列报作出了明确的规范,要求财务报表列报应符合一致性、可比性等总体要求,并就财务报表各组成部分的列报提出了具体的要求。例如,规定财务报表至少应当包括资产负债表、利润表、现金流量表、所有者权益(或股东权益)变动表和附注。

一、资产负债表

资产负债表中的资产和负债应当分别流动资产和非流动资产、流动负债和非流动负债列示。资产类至少应当单独列示反映下列信息的项目:货币资金、应收及预付款项、交易性金融资产、存货、持有至到期投资、长期股权投资、投资性房地产、固定资产、生物性资产、递延所得税资产、无形资产。负债类至少应当单独列示反映下列信息的项目:短期借款、应付及预付款项、应交税费、应付职工薪酬、预计负债、长期借款、长期应付款、应付债券、递延所得税负债。所有者权益项目至少应当单独列示反映下列信息:实收资本(或股本)、资本公积、盈余公积、未分配利润。合并资产负债表中应当在所有者权益类中单独列示少数股东权益。

二、利润表

利润表至少应当单独列示反映下列信息的项目:营业收入、营业成本、营业税金及附加、管理费用、销售费用、财务费用、投资收益、公允价值变动损益、资产减值损失、非流动资产处置损益、所得税费用、净利润。在合并利润表中企业应当在净利润项目之下单独列示归属于母公司的损益和归属于少数股东的损益。所有者权益变动表应当反映构成所有者权益的各组成部分当期的增减变动情况。当期损益、直接计入所有者权益的利得和损失以及与所有者(或股东)的资本交易导致的所有者权益的变动,应当分别列示。

三、现金流量表

现金流量表应当分别经营活动、投资活动和筹资活动列报现金流量。经营活动产生的现金流量至少应当单独列示反映下列信息的项目:销售商品、提供劳务收到的现金,收到的税费返还,收到其他与经营活动有关的现金,购买商品、接受劳务支付的现金,支付给职工以及为职工支付的现金,支付的各项税费,支付其他与经营活动有关的现金。投资活动产生的现金流量至少应当单独列示反映下列信息的项目:收回投资收到的现金,取得投资收益收到的现金,处置固定资产、无形资产和其他长期资产收回的现金净额,处置子公司和其他营业单位收到的现金净额,收到其他与投资活动有关的现金,购建固定资产、无形资产和其他长期资产支付的现金,投资支付的现金,取得子公司及其他营业单位支付的现金净额,支付其他与投资活动有关的现金。筹资活动产生的现金流量至少应当单独列示反映下列信息的项目:吸收投资收到的现金,取得借款收到的现金,收到其他与筹资活动有关的现金,偿还债务支付的现金,分配股利、利润或偿付利息支付的现金,支付其他与筹资活动有关的现金。企业应当在附注中披露将净利润调节为经营活动现金流量的信息,至少应当单独披露对净利润进行调节的下列项目:资产减值准备,固定资产折旧、油气资产折耗、生产性生物资产折旧,无形资产摊销,长期待摊费用摊销,处置固定资产、无形资产和其他长期资产的损益,固定资产报废损失,公允价值变动损失,财务费用,投资损失,递延所得税资产和递延所得税负债,存货,经营性应收项目,经营性应付项目。与此同时,企业应当在附注中以总额披露当期取得或处置子公司及其他营业单位的下列信息:取得或处置价格,取得或处置价格中以现金支付的部分,取得或处置子公司及其他营业单位收到的现金,取得或处置子公司及其他营业单位按照主要类别分类的非现金资产和负债。此外,企业应当在附注中披露不涉及当期现金收支,但影响企业财务状况或在未来可能影响企业现金流量的重大投资和筹资活动,并同时披露与现金和现金等价物有关的下列信息:现金和现金等价物的构成及其在资产负债表中的相应金额,企业持有但不能由母公司或集团内其他子公司使用的大额现金和现金等价物金额。

四、所有者权益变动表

所有者权益变动表应当单独列示反映下列信息的项目:净利润,直接计入所有者权益的利得和损失项目及其总额,会计政策变更和差错更正的累积影响金额,所有者投入资本和向所有者分配利润等,按照规定提取的盈余公积,实收资本(或股本)、资本公积、盈余公积、未分配利润的期初和期末余额及其调节情况。

五、附注

附注应当披露财务报表的编制基础,相关信息应当与资产负债表、利润表、现金流量表和所有者权益变动表中列示的项目相互参照。具体而言,附注一般应按照下列顺序披露财务报表的编制基础、遵循企业会计准则的说明、重要会计政策的说明,包括财务报表项目的计量基础和会计政策的确定依据等;重要会计估计的说明,包括下一会计期间内很可能导致资产、负债账面价值重大调整的会计估计的确定依据等;会计政策和会计估计变更以及差错更正的说明;对已在资产负债表、利润表、现金流量表和所有者权益变动表中列示的重要项目的进一步说明,包括终止经营税后利润的金额及其构成情况等;或有和承诺事项、资产负债表日后非调整事项、关联方关系及其交易等需要说明的事项;企业在资产负债表日后、财务报告批准报出日前提议或宣布发放的股利总额和每股股利金额(或向投资者分配的利润总额)。企业注册地、组织形式和总部地址,企业的业务性质和主要经营活动,母公司以及集团最终母公司的名称等事项未在与财务报表一起公布的其他信息中披露的,也应当在附注中加以披露。

在评价财务报表总体列报时,注册会计师应当考虑评估的认定层次重大错报风险。注册会计师应当考虑财务报表是否正确反映财务信息及其分类,以及对重大事项的披露是否充分。在评价财务报表列报时,注册会计师通常考虑财务报表各组成部分的格式、内容、报表项目的分类、所用术语的可理解性、所披露金额或其他信息的详细程度等方面。

第七节 审计证据评价及记录

一、评价审计证据的充分性和适当性

注册会计师在完成审计工作前以及形成审计意见时,需要对审计证据的充分性和适当性进行评价。

(一)完成审计工作前对进一步审计程序所获取审计证据的评价

在完成审计工作前对审计程序所获取审计证据的评价,主要体现在根据发现的错报或控制执行偏差考虑修正重大错报风险的评估结果。通过实施进一步审计程序,注册会计师需要考虑获取的审计证据是否可能影响此前对认定层次的重大风险的评估结果。如果获取的信息与风险评估时所依据的信息有重大差异,注册会计师考虑修正风险评估结果,并据以修改原计划的其他审计程序的性质、时间和范围。

在实施控制测试时,如果发现被审计单位的控制运行出现偏差,注册会计师应当了解这些偏差及其潜在后果,并确定已实施的控制测试是否为信赖控制提供了充分、适当的审计证据,是否需要实施进一步的控制测试或实质性程序以应对潜在的错报风险。

注册会计师应当考虑审计中发现的舞弊或错误对所评估的重大错报风险的影响。在完成审计工作前,注册会计师应当评价是否已将审计风险降至可接受的低水平,是否需要重新考虑已实施审计程序的性质、时间和范围。

(二)形成审议意见时对审计证据的综合评价

在形成审计意见时,注册会计师应当从总体上评价是否已经获取充分、适当的审计证据,以将审计风险降至可接受的低水平。注册会计师考虑所有相关的审计证据,包括能够印证或与财务报表认定相矛盾的审计证据。

由于审计结论的作出主要依赖审计证据的充分性和适当性,因此注册会计师需要运用职业判断,对整个审计过程中作出的各项审计结论评价相关审计证据的充分性和适当性。在评价过程中,注册会计师应当考虑以下因素:

(1)认定发生潜在错报的重要程度,以及潜在错报单独或连同其他潜在错报对财务报表产生重大影响的可能性。

(2)管理层应对和控制风险的有效性。

(3)在以前审计中获取的关于类似潜在错报的经验。

(4)实施审计程序的结果,包括审计程序是否识别出错误或舞弊的具体情形。

(5)可获得信息的来源和可靠性。

(6)审计证据的说服力。

(7)对被审计单位及其环境的了解。

如果注册会计师认为没有对有关重大的财务报表认定获取充分、适当的审计证据,应当尽可能获取进一步的审计证据,如果不能获取充分、适当的审计证据,注册会计师应当根据不同的原因和性质出具保留意见或无法表示意见的审计报告。

二、审计工作记录

注册会计师应当就下列事项形成审计工作记录:

(1)对评估的财务报表层次重大错报风险采取的总体应对措施。

(2)实施进一步审计程序的性质、时间和范围。

（3）实施进一步审计程序与评估的认定层次重大错报风险的联系。

（4）实施进一步审计程序的结果。

如果注册会计师在本期审计中准备信赖以前审计中获取的有关控制运行有效性的审计证据，注册会计师也应当加以记录，并明确信赖这些控制的理由和结论。

主 要 术 语

1. 风险应对   2. 总体应对措施

3. 职业怀疑态度   4. 进一步审计程序

5. 控制测试   6. 实质性程序

7. 细节测试   8. 实质性分析程序

9. 管理建议书

复 习 思 考 题

1. 注册会计师针对评估的财务报表层次重大错报风险，应确定哪些总体应对措施？

2. 注册会计师通常会在实务中怎样增强审计程序的不可预见性？

3. 在设计进一步审计程序时，注册会计师应当考虑哪些因素？

4. 什么叫控制测试？如何进行控制测试？

5. 管理建议书的特征和内容有哪些？

6. 什么叫实质性程序？针对特别风险采用的实质性程序有哪些？

练 习 题

一、单项选择题

1. 下列关于特别风险的说法中，不正确的是（   ）。

A. 针对特别风险，注册会计师实施进一步审计程序仅应采取实质性方案。

B. 舞弊导致的重大错报风险属于特别风险

C. 特别风险通常与重大的非常规交易和判断事项相关

D. 对于舞弊导致的特别风险，注册会计师应当专门针对该风险实施实质性程序

2. 如果控制环境存在缺陷，注册会计师在对拟实施审计程序的性质、时间和范围作出总体修改时，应当考虑在（   ）实施更多的审计程序。

A. 期初   B. 期中

C. 期末   D. 期中或期末

3. 针对评估的财务报表层次的重大错报风险，注册会计师应当恰当选择拟实施的进一步审计程序的总体应对方案。在下列（   ）情况下，注册会计师最应当选择综合性方案作为总体应对方案。

A. 被审计单位采用高度自动化系统处理和记录重要交易

B. 注册会计师认为实施控制测试不符合成本效益的原则

C. 注册会计师被审计单位不存在与特定认定相关的内部控制

D. 被审计单位广泛存在管理层凌驾于主要的内部控制的情况

4. 注册会计师应当针对评估的财务报表层次重大错报风险确定总体应对措施，这类措施不包括（   ）。

A. 向项目组强调在收集和评价审计证据过程中保持职业怀疑态度的必要性

B. 分派更有经验或具有特殊技能的审计人员,或利用专家的工作

C. 审计项目组该级别的人员向其他成员提供更多的督导并加强项目质量复核

D. 在选择进一步审计程序时,应加强与被审计单位管理层的沟通

5. 进一步审计程序是指注册会计师针对评估的各类交易、账户余额、列报认定层次重大错报风险实施的审计程序。以下关于进一步审计程序的说法中,不正确的是(　　)。

A. 风险的后果越严重,就越需要注册会计师关注和重视,越需要精心设计有针对性的进一步审计程序

B. 重大错报发生的可能性越大,同样越需要注册会计师精心设计进一步审计程序

C. 不同性质的控制(尤其是人工控制还是自动化控制)对注册会计师设计进一步的审计程序具有重要影响

D. 不同的交易、账户余额和列报产生的认定层次的重大错报风险的差异越大,适用的审计程序的性质的差别越大

二、多项选择题

1. 如果控制环境存在缺陷,注册会计师应当对你实施审计程序的性质、时间和范围作出总体修改时应考虑下列(　　)的内容。

A. 在期末而非期中实施更多的审计程序

B. 主要依赖实质性程序获取审计证据

C. 修改审计程序的性质,获取更具说服力的审计证据

D. 扩大审计程序的范围

2. 针对财务报表层次重大错报风险的总体应对措施有(　　)。

A. 提供更多的督导

B. 向项目组强调在收集和评价审计证据过程中保持职业谨慎态度

C. 选择实质性方案实施进一步审计程序

D. 只在期末实施实质性程序

3. 在设计进一步审计程序时,注册会计师需要考虑下列(　　)的因素。

A. 风险的重要性、重大错报发生的可能性

B. 注册会计师是否拟获取审计证据,以确定内部控制在防止或发现并纠正重大错报方面的有效性

C. 涉及的各类交易、账户余额和列报的特征

D. 被审计单位采用的特定控制的性质

4. 下列与控制测试有关的表述中,正确的有(　　)。

A. 如果控制设计不合理,则不必实施控制测试

B. 如果在评估认定层次重大错报风险时预期控制的运行是有效的,则应当实施控制测试

C. 如果认为仅实施实质性程序不足以提供认定层次充分、适当的证据,则应当实施控制测试

D. 对特别风险,即使拟信赖的相关控制没有发生变化,也应当在本次审计中实施控制测试

5. 在确定控制测试的范围时,注册会计师通常考虑的因素有(　　)。

A. 总体变异性

B. 在风险评估时拟信赖控制运行有效性的程度

C. 控制的预期偏差

D. 控制的执行频率

三、判断题

1. 如果被审计单位控制在剩余期间发生了变化,注册会计师可以决定信赖期中获取的审计证据。 （ ）

2. 无论评估的重大错报风险结果如何,注册会计师都应当针对所有重大的各类交易、账户余额、列报实施实质性程序。 （ ）

3. 注册会计师设计和实施的控制测试和实质性程序的性质、时间、范围,应当与评估的认定层次重大错风险具有明确的对应关系。 （ ）

4. 注册会计师应当针对评估的财务报表层次重大错报风险确定总体应对措施,并针对评估的认定层次重大错报风险设计和实施进一步审计程序,以将审计风险降至可接受的低水平。 （ ）

5. 在财务报表重大错报风险的评估过程中,注册会计师应当确定识别的重大错报风险是与特定的某类交易、账户余额、列报的认定相关,还是与财务报表整体广泛相关,进而影响多项认定。 （ ）

四、案例分析

某公司是一家生产和销售高端清洁用品的外商独资公司,其产品主要用于星级酒店宾馆和大型饭店。公司提供的财务报表显示:20×8年度销售收入为112 655 260元,比上一年增长21%(董事会制订的当年预算目标为增长20%)。20×8年12月31日应收账款余额为39 560 810元,组成情况如下:共226个客户,其中9个客户的余额在100万元以上,占应收账款总额的38%,其余客户的余额均小于30万元。此外,余额为10万元以上且账龄超过1年的应收账款客户有15家。

20×8年12月31日坏账准备余额为1 879 830元。公司采用账龄分析法和个别认定法相结合的方法计提坏账准备,其中账龄分析法为:账龄6个月以上1年以下:10%;1年以上2年以下:50%;2年以上:100%。

	20×8年	20×7年
应收账款	39 560 810	27 765 338
坏账准备	(1 879 830)	(1 707 400)
销售收入	112 655 260	93 103 520
应收账款周转天数	108天	92天

该公司20×8年度的税前利润为8 475 623元,总体重要性水平为423 781元(税前利润的5%)。

要求:考虑到销售业务的重要性及其固有风险,注册会计师认为销售收入和应收账款层次的"发生或存在"和"准确性"认定存在重大错报风险,请问注册会计师如何对销售业务流程实施进一步审计程序。

五、参考答案

【单项选择题】 1. A 2. C 3. A 4. D 5. D

【多项选择题】 1. ABCD 2. AB 3. ABCD 4. ABCD 5. BCD

【判断题】 1. × 2. √ 3. √ 4. √ 5. √

【案例分析】 题解

注册会计师针对销售收入、应收账款余额和坏账准备实施的风险评估和进一步审计程序如下：

(1) 被审计单位在20×8年度以放宽授信额度来增加销售收入，导致货款回收速度放缓，应收账款余额大幅上升，但坏账准备余额基本与去年持平，可认为应收账款的计价认定存在特别风险，即年末坏账准备计提可能不足。

(2) 注册会计师根据职业判断及对公司的了解，应从以下方面采取进一步审计程序。

第一，控制测试。注册会计师从销售流程选取一些关键的控制进行测试，如销售主管每月审核按客户分列的销售收入和应收账款汇总表，对其中的重大差异和异常情况进行跟进分析，编制分析报告并呈报销售经理和总经理，由总经理和销售经理审阅后讨论解决措施，针对该项月度控制，注册会计师抽取几个月进行测试，并分别与总经理和销售经理对所抽取月份的分析报告进行讨论，证实他们确实审阅了该报告并对重大差异和异常情况进行了调查和跟进；对每一笔销售收入，销售部专职秘书将客户订单、客户已签收的送货单以及发票上的客户名称、货物品种、数量、价格进行核对，并在发票记账联盖"核对确认无误"章，交给财务部作为确认销售收入的凭证，对于数据不符的交易进行调查并调整，针对该人工控制，注册会计师抽取每月5个共60个样本进行测试，核对客户订单、客户已签收的送货单以及发票，以检查有关信息是否一致，发票记账联上是否有"核对确认无误"章，以及入账金额是否准确；订单分为"待批准""已批准"和"已执行"三种状态，订单已经批准就会自动生成相应的送货单，已发货的订单在系统中被设置为"已执行"状态，每月末系统会自动配比当月的"已执行"订单、送货单和当月入账的销售收入（均有订单号索引），对未确认收入的订单生成"已执行订单未入账报告"，财务人员对该报告进行跟踪调查，补记漏记的销售收入，针对该项自动化应用控制，注册会计师应查阅上年测试记录，并了解到该控制在本年度有无变化，并结合信息技术一般控制的运行有效性测试，决定是否进行自动化控制测试。

第二，评估针对特别风险的控制。注册会计师了解企业针对应收账款账龄增长及由此带来的坏账增加的风险，发现公司管理层采取了与账龄逾期一年以上的客户签订还款协议的方式，要求客户对归还旧账的时间和金额作出书面承诺，如果客户未按照协议执行，则暂停供货。注册会计师应对该项控制进行评估，以决定其设计是否恰当，并得到有效执行。

第三，实质性程序。根据前述两个程序的结果，注册会计师对销售收入及应收账款实施实质性程序，包括对销售收入及应收账款实施实质性分析程序；对应收账款和坏账准备实施细节测试（如应收账款函证；回函的处理；未回函的替代审计；没有函证的，结合控制测试和实质性分析程序，判断其重大错报风险；验证账龄分析报告的准确性；向总经理和销售经理询问他们对应收账款可收回性的评估；重新计算坏账准备的计提；对账龄较长且未计提坏账准备的应收账款余额，查看还款协议和实际付款记录，并在必要时建议作审计调整并向管理层报告有关事项；销售截至测试等）。

本章要点概览

1. 注册会计师应针对评估的财务报表层次的重大错报风险制定总体应对措施。

2. 注册会计师应针对评估的认定层次的重大错报风险设计和实施进一步审计程序。

3. 注册会计师应评价风险评估的结果是否适当，并确定是否已经获取充分、适当的审计证据。

4. 在评估认定层次重大错报风险时，预期控制的运行是有效的，或仅实施实质性程序并不能提供认定层次充分、适当的审计证据时，注册会计师应设计和实施控制测试。

5. 无论评估的重大错报风险结果如何，注册会计师都应针对所有重大类别的交易、账户余额和披露，设计和实施实质性程序。

6. 注册会计师应实施审计程序，评价财务报表的总体列报与相关披露是否符合适用的财务报告编制基础的规定。

7. 注册会计师应评价审计证据的充分性和适当性，并就风险应对程序相关事项形成工作底稿。

第十章 舞弊审计

学习目的与要求

本章旨在阐述舞弊审计内容与方法。通过本章的学习,要求全面了解舞弊的含义、种类以及注册会计师的责任;掌握识别和评估舞弊导致的重大错报风险;重点掌握应对舞弊导致的重大错报风险;一般了解评价审计证据。

课前预习题

1. 一般意义上的舞弊与财务报表审计中的舞弊有何不同?
2. 如何有效防范舞弊?
3. 如何界定注册会计师发现舞弊的责任?
4. 查证舞弊应该采用哪些手段?

第一节 舞 弊 概 述

一、舞弊的含义与种类

舞弊是指被审计单位的管理层、治理层、员工或第三方使用欺骗手段获取不当或非法利益的故意行为。舞弊和错误的区别在于:舞弊是故意行为,而错误是非故意行为。因此,舞弊通常经过掩饰而不易察觉,而错误因未经掩饰而较容易发现。舞弊是一个宽泛的法律概念。舞弊可按不同的标注进行分类:按舞弊主体,可分为一般雇员舞弊和管理层舞弊;按舞弊行为对象,可分为侵占资产舞弊和财务报表舞弊;按舞弊性质,可分为组织舞弊和职务舞弊;按舞弊者与公司关系,可分为内部舞弊和外部舞弊。

二、与财务报表审计相关的舞弊

不同的舞弊行为,其表现形式很多,有些舞弊会对财务报表产生影响,而有些则没有影响。审计准则只要求注册会计师识别和应对对财务报表有影响的舞弊行为,这类舞弊行为分为两类,即对财务信息作出虚假报告的行为和侵占资产行为。这样考虑的原因主要有两方面:一方面,当舞弊行为对财务报表不产生重大影响时,注册会计师用以识别和应对财务报表重大错报风险的审计程序可能无法涉及这些行为;另一方面,注册会计师也不具备合适的资格和身份对舞弊是否已经发生作出法律意义上的判定。所以,注册会计师对现在的舞弊行为的着眼点在于:这种舞弊行为是否可能导致财务报表出现重大错报,一旦可能影响到财务报表,这种行为就会影响到财务报表审计目标的实现。

在财务报表审计中,注册会计师关注的是导致财务报表发生重大错报的舞弊。与财务报表审计相关的故意错报,包括编制虚假财务报告导致的错报和侵占资产导致的错报。

（一）编制虚假财务报告导致的错报

编制虚假财务报告涉及为欺骗财务报表使用者而作出的故意错报(包括对财务报表金额或披露的遗漏)。这可能是由于以下三种原因:

(1) 管理层通过操纵利润来影响财务报表使用者对被审计单位业绩和盈利能力的看法而造成的。此类利润操纵可能从一些小的行为,或对假设的不恰当调整和对管理层判断的不恰当改变开始。

(2) 压力和动机可能使这些行为上升到编制虚假财务报告的程度。

(3) 由于承受迎合市场预期的压力或追求以业绩为基础的个人报酬最大化,管理层可能故意通过编制存在重大错报的财务报表而导致虚假财务报告。例如,在某些被审计单位,管理层可能有计划大幅降低利润以降低税负,或虚增利润以向银行或资本市场融资。

管理层可能通过以下方式编制虚假财务报告:

(1) 对编制财务报表所依据的会计记录或支持性文件进行操纵、弄虚作假(包括伪造)或篡改。

(2) 在财务报表中错误表达或故意漏记事项、交易或其他重要信息。

(3) 故意地错误使用与金额、分类、列报或披露相关的会计原则。

编制虚假财务报告通常涉及管理层凌驾于控制之上,而这些控制却看似有效运行。管理层通过凌驾于控制之上实施舞弊的手段主要包括:

(1) 作出虚假会计分录,特别是在临近会计期末时,从而操纵经营成果或实现其他目的。

(2) 不恰当地调整对账户余额作出估计时使用的假设和判断。

(3) 在财务报表中漏记、提前或推迟确认报告期内发生的事项和交易。

(4) 隐瞒或不予披露可能影响财务报表金额的事实。

(5) 构造复杂交易,以歪曲财务状况或经营成果。

(6) 篡改与重大和异常交易相关的记录和条款。

在现代经济环境下,企业管理层财务报表舞弊的手段更加隐蔽,与特定的经济行为结合,或与其他经济主体串通舞弊。通过关联交易进行财务舞弊在我国尤为普遍。

（二）侵占资产导致的错报

1. 侵占资产的含义

侵占资产包括盗窃被审计单位资产,通常的做法是员工盗窃金额相对较小且不重要的资产。侵占资产也可能涉及管理层,他们通常更能够通过难以发现的手段掩饰或隐瞒侵占资产的行为。

2. 侵占资产的方式

侵占资产可以通过以下方式实现:

(1) 贪污收到的款项。例如,侵占收到的应收账款或将与已注销账户相关的收款转移至个人银行账户。

（2）盗窃实物资产或无形资产。例如,盗窃存货以自用或出售、盗窃废料以再销售、通过向被审计单位竞争者泄露技术资料与其串通以获取回报。

（3）使被审计单位对未收到的商品或未接受的劳务付款。例如,向虚构的供应商支付款项、供应商向采购人员提供回扣以作为其提高采购价格的回报、向虚构的员工支付工资。

（4）将被审计单位资产挪为私用。例如,将被审计单位的资产作为个人或关联方贷款的抵押。

侵占资产通常伴随着虚假或误导性的记录或文件,其目的是隐瞒资产丢失或未经适当授权而被抵押的事实。由于侵占资产会直接导致企业账实不符,因此注册会计师应予以关注。

第二节　治理层、管理层对舞弊的责任和注册会计师的责任

一、治理层和管理层对舞弊的责任

（一）被审计单位治理层和管理层对防止或发现舞弊负有主要责任

（1）管理层在治理层的监督下,高度重视对舞弊的防范和遏制是非常重要的。

（2）对舞弊进行防范可以减少舞弊发生的机会。

（3）对舞弊进行遏制,即发现和惩罚舞弊行为,能够警示被审计单位人员不要实施舞弊。

（二）对舞弊的防范和遏制需要管理层营造诚实守信和合乎道德的文化,具体措施有:

（1）营造和保持讲诚信、讲道德的文化。

（2）评估舞弊风险并实施方案以控制、化解风险。

（3）建立适当的舞弊监督程序,如由审计委员会监督内部控制和财务报告。治理层的监督包括考虑管理层凌驾于控制之上或对财务报告过程施加其他不当影响的可能性。

二、注册会计师在发现舞弊方面的责任

（一）注册会计师在发现舞弊方面的责任界定

（1）在按照审计准则的规定执行审计工作时,注册会计师有责任对财务报表整体是否不存在由于舞弊或错误导致的重大错报获取合理保证。

（2）由于审计的固有限制,即使注册会计师按照审计准则的规定恰当计划和执行了审计工作,也不可避免地存在财务报表中的某些重大错报未被发现的风险。因此,注册会计师不能对财务报表整体不存在重大错报获取绝对保证。

串通舞弊可能导致原本虚假的审计证据被注册会计师误认为具有说服力。

（二）影响注册会计师发现舞弊的能力的因素

注册会计师发现舞弊的能力除取决于自己的执业素质外,还是具体舞弊的影响,影响注册会计师发现舞弊的舞弊因素有:

（1）舞弊者实施舞弊的技巧。

（2）舞弊者操纵会计记录的频率和范围。

（3）舞弊者操纵的每笔金额的大小。

（4）舞弊者在被审计单位的职位级别。

（5）串通舞弊的程度。

即使可以识别出实施舞弊的潜在机会，但对于诸如会计估计等判断领域的错报，注册会计师也难以确定这类错报是由于舞弊还是错误导致的。

管理层舞弊导致的重大错报未被发现的风险，通常大于员工舞弊导致的重大错报未被发现的风险。

如果在完成审计工作后发现舞弊导致的财务报表重大错报，特别是串通舞弊或伪造文件记录导致的重大错报，并不必然表明注册会计师没有遵守审计准则。

注册会计师是否按照审计准则的规定实施了审计工作，取决于其是否根据具体情况实施了审计程序，是否获取了充分、适当的审计证据，以及是否根据证据评价结果出具了恰当的审计报告。

第三节　风险评估程序和相关活动

注册会计师在财务报表审计中考虑舞弊时，同样需要采用风险导向审计的总体思路，即首先识别和评估舞弊风险，然后采取恰当的措施有针对性地予以应对。同时由于舞弊的隐蔽性，注册会计师在对与财务报表相关舞弊实施审计程序时，应特别保持执业怀疑态度。注册会计师通常采用下列程序评估舞弊风险。

一、询问

（一）询问对象

注册会计师通过询问管理层可以获取有关员工舞弊导致的财务报表重大错报风险的有用信息。

注册会计师还应当询问被审计单位内部的其他相关人员，为这些人员提供机会，使他们能够向注册会计师传递一些信息，而这些信息是他们本没有机会与其他人沟通的。注册会计师应当考虑向被审计单位内部的下列人员询问：

（1）不直接参与财务报告过程的业务人员。

（2）拥有不同级别权限的人员。

（3）参与生成、处理或记录复杂或异常交易的人员及对其进行监督的人员。

（4）内部法律顾问。

（5）负责道德事务的主管人员或承担类似职责的人员。

（6）负责处理舞弊指控的人员。

（二）询问内容

在了解被审计单位及其环境时，注册会计师应当向管理层询问下列事项：

（1）管理层对财务报表可能存在由于舞弊导致的重大错报风险的评估，包括评估的性质、范围和频率等。

（2）管理层对舞弊风险的识别和应对过程，包括管理层识别出的或注意到的特定舞弊风险，或可能存在舞弊风险的各类交易、账户余额或披露。

（3）管理层就其对舞弊风险的识别和应对过程向治理层的通报。

（4）管理层就其经营理念和道德观念向员工的通报。

除非治理层全部成员参与管理被审计单位，注册会计师应当了解治理层如何监督管理层对舞弊风险的识别和应对过程，以及为降低舞弊风险而建立的内部控制；应当询问治理层,以确定其是否知悉任何影响被审计单位的舞弊事实、舞弊嫌疑或舞弊指控。

如果被审计单位设有内部审计,注册会计师应当询问内部审计人员,以确定其是否知悉任何影响被审计单位的舞弊事实、舞弊嫌疑或舞弊指控,并获取这些人员对舞弊风险的看法。

（三）获取管理层和治理层声明

注册会计师应当就下列事项向管理层和治理层(如适用)获取书面声明:

（1）管理层和治理层认可其设计、执行和维护内部控制以防止和发现舞弊的责任。

（2）管理层和治理层已向注册会计师披露了管理层对由于舞弊导致的财务报表重大错报风险的评估结果。

（3）管理层和治理层已向注册会计师披露了已知的涉及管理层、在内部控制中承担重要职责的员工以及其他人员(在舞弊行为导致财务报表出现重大错报的情况下)的舞弊或舞弊嫌疑。

（4）管理层和治理层已向注册会计师披露了从现任和前任员工、分析师、监管机构等方面获知的、影响财务报表的舞弊指控或舞弊嫌疑。

二、评价舞弊风险因素

存在舞弊风险因素并不必然表明发生了舞弊,但在舞弊发生时通常存在舞弊风险因素,因此,舞弊风险因素可能表明存在由于舞弊导致的重大错报风险。根据舞弊"三角理论",舞弊的形成通常具有舞弊动机或机会、舞弊机会和借口等三个因素。这些风险因素具体如下。

（一）动机或压力

舞弊者具有舞弊的动机是发生舞弊的首要条件。例如,高级管理人员的报酬与财务业绩或公司股票的市场表现挂钩、公司正在申请融资等情况都可能促使管理层产生舞弊的动机。

与编制虚假财务报告导致的错报相关的舞弊风险因素表现为以下四个方面

（1）财务稳定性或盈利能力受到经济环境、行业状况或被审计单位经营情况的威胁,体现在以下方面:

第一,竞争激烈或市场饱和,且伴随着利润率的下降。

第二,难以应对技术变革、产品过时、利率调整等因素的急剧变化。

第三,客户需求大幅下降,所在行业或总体经济环境中经营失败的情况增多。

第四,经营亏损使被审计单位可能破产、丧失抵押品赎回权或遭恶意收购。

第五,在财务报表显示盈利或利润增长的情况下,经营活动产生的现金流量经常出现负数,或经营活动不能产生现金流入。

第六,高速增长或具有异常的盈利能力,特别是在与同行业其他企业相比时。

第七,新发布的会计准则,法律、法规或监管要求。

（2）管理层为满足第三方要求或预期而承受过度的压力,这些压力来源于以下方面:

第一,投资分析师、机构投资者、重要债权人或其他外部人士对盈利能力或增长趋势存在预期(特别是过分激进的或不切实际的预期),包括管理层在过于乐观的新闻报道和年报信息中作出的预期。

第二,需要进行额外的举债或权益融资以保持竞争力,包括为重大研发项目或资本性支出融资。

第三，满足交易所的上市要求、偿债要求或其他债务合同要求的能力较弱。

第四，报告较差财务成果将对正在进行的重大交易(如企业合并或签订合同)产生可察觉的或实际的不利影响。

(3)管理层或治理层的个人财务状况受到被审计单位财务业绩的影响：

第一，在被审计单位中拥有重大经济利益。

第二，其报酬中有相当一部分(如奖金、股票期权、基于盈利能力的支付计划)取决于被审计单位能否实现激进的目标(如在股价、经营成果、财务状况或现金流量方面)。

第三，个人为被审计单位的债务提供了担保。

(4)管理层或经营者受到更高级管理层或治理层对财务或经营指标过高要求的压力。例如，治理层为管理层设定了过高的销售业绩或盈利能力等激励指标，这些指标完成的好坏直接决定着高管的薪酬水平、升迁，甚至是否留任等。

与侵占资产导致的错报相关的舞弊风险因素表现为以下两个方面

(1)个人的生活方式或财务状况问题。接触现金或其他易被侵占(通过盗窃)资产的管理层或员工负有个人债务，可能会产生侵占这些资产的压力。

(2)接触现金或其他易被盗窃资产的员工与被审计单位之间存在紧张关系：

第一，已知或预期会发生裁员。

第二，近期或预期员工报酬或福利计划会发生变动。

第三，晋升、报酬或其他奖励与预期不符。

(二)机会

舞弊者需要具有舞弊的机会，舞弊才可能成功。舞弊的机会一般源于内部控制在设计和运行上的缺陷，如公司对资产管理松懈，公司管理层能够凌驾于内部控制之上而可以随意操纵会计记录等。

与编制虚假财务报告导致的错报相关的舞弊风险因素表现为以下四个方面

(1)被审计单位所在行业或其业务的性质为编制虚假财务报告提供了机会，这种机会可能来源于以下几个方面：

第一，从事超出正常经营过程的重大关联方交易，或者与未经审计或由其他会计师事务所审计的关联企业进行重大交易。

第二，被审计单位具有强大的财务实力或能力，使其在特定行业中处于主导地位，能够对与供应商或客户签订的条款或条件作出强制规定，从而可能导致不适当或不公允的交易。

第三，资产、负债、收入或费用建立在重大估计的基础上，这些估计涉及主观判断或不确定性，难以印证。

第四，从事重大、异常或高度复杂的交易(特别是临近期末发生的复杂交易，对该交易是否按照"实质重于形式"原则处理存在疑问)。

第五，在经济环境及文化背景不同的国家或地区从事重大经营或重大跨境经营。

第六，利用商业中介，而此项安排似乎不具有明确的商业理由。

第七，在属于"避税天堂"的国家或地区开立重要银行账户或者设立子公司或分公司进行经营，而此类安排似乎不具有明确的商业理由。

(2)组织结构复杂或不稳定，体现在以下几个方面：

第一，难以确定对被审计单位持有控制性权益的组织或个人。

第二,组织结构过于复杂,存在异常的法律实体或管理层级。

第三,高级管理人员、法律顾问或治理层频繁更换。

(3) 对管理层的监督由于以下原因失效:

第一,管理层由一人或少数人控制(在非业主管理的实体中),且缺乏补偿性控制。

第二,治理层对财务报告过程和内部控制实施的监督无效。

(4) 内部控制要素由于以下原因存在缺陷:

第一,体积小、易于销售或不易识别所有权归属的固定资产对控制的监督不充分,包括自动化控制以及针对中期财务报告(如要求对外报告)的控制。

第二,由于会计人员、内部审计人员或信息技术人员不能胜任而频繁更换。

第三,会计系统和信息系统无效,包括内部控制存在值得关注的缺陷的情况。

<u>与侵占资产导致的错报相关的舞弊风险因素表现为以下两个方面</u>

(1) 资产的某些特性或特定情形可能增加其被侵占的可能性:

第一,持有或处理大额现金。

第二,体积小、价值高或需求较大的存货。

第三,易于转手的资产,如无记名债券、钻石或计算机芯片。

第四,体积小、易于销售或不易识别所有权归属的固定资产。

(2) 与资产相关的不恰当的内部控制可能增加资产被侵占的可能性:

第一,职责分离或独立审核不充分。

第二,对高级管理人员的支出(如差旅费及其他报销费用)的监督不足。

第三,管理层对负责保管资产的员工的监管不足(如对保管处于偏远地区的资产的员工监管不足)。

第四,对接触资产的员工选聘不严格。

第五,对资产的记录不充分。

第六,对交易(如采购)的授权及批准制度不健全。

第七,对现金、投资、存货或固定资产等的实物保管措施不充分。

第八,未对资产作出完整、及时的核对调节。

第九,未对交易作出及时、适当的记录(如销货退回未作冲销处理)。

第十,对处于关键控制岗位的员工未实行强制休假制度。

第十一,管理层对信息技术缺乏了解,从而使信息技术人员有机会侵占资产。

第十二,对自动生成的记录的访问控制(包括对计算机系统日志的控制和复核)不充分。

(三) 借口

借口是指存在某种态度、性格或价值观念,使得管理层或雇员能够作出不诚实的行为,或者管理层或雇员所处的环境促使其能够将舞弊行为予以合理化。借口是舞弊发生的重要条件之一。只有舞弊者能够对舞弊行为予以合理化,舞弊者才可能作出舞弊行为,作出舞弊行为后才能心安理得。例如,侵占资产的员工可能认为单位对自身的待遇不公;编制虚假财务报告者可能认为造假不是出于个人私利而是出于公司集体利益。

<u>与编制虚假财务报告导致的错报相关的舞弊风险因素表现为以下两个方面</u>

(1) 管理层态度不端或缺乏诚信:

第一,管理层未能有效地传递、执行、支持或贯彻被审计单位的价值观或道德标准,或传递了不适当的价值观或道德标准。

第二,非财务管理人员过度参与或过于关注会计政策的选择或重大会计估计的确定。

第三,被审计单位、高级管理人员或治理层存在违反证券法或其他法律、法规的历史记录,或由于舞弊或违反法律、法规而被指控。

第四,管理层过于关注保持或提高被审计单位的股票价格或利润趋势。

第五,管理层向分析师、债权人或其他第三方承诺实现激进的或不切实际的预期。

第六,管理层未能及时纠正发现的值得关注的内部控制缺陷。

第七,为了避税的目的,管理层表现出有意通过使用不适当的方法使报告利润最小化。

第八,高级管理人员缺乏士气。

第九,业主兼经理未对个人事务与公司业务进行区分。

第十,股东人数有限的被审计单位股东之间存在争议。

另外,还有管理层总是试图基于重要性原则解释处于临界水平的或不适当的会计处理。

(2)管理层与现任或前任注册会计师之间的关系紧张,表现为以下几个方面:

第一,在会计、审计或报告事项上经常与现任或前任注册会计师发生争议。

第二,对注册会计师提出不合理的要求,如对完成审计工作或出具审计报告提出不合理的时间限制。

第三,对注册会计师接触某些人员、信息或与治理层进行有效沟通施加不适当的限制。

第四,管理层对注册会计师表现出盛气凌人的态度,特别是试图影响注册会计师的工作范围,或者影响对执行审计业务的人员或被咨询人员的选择和保持。

<u>与侵占资产导致的错报相关的舞弊风险因素表现为以下两个方面</u>

(1)管理层或员工不重视相关控制:

第一,忽视监控或降低与侵占资产相关的风险的必要性。

第二,忽视与侵占资产相关的内部控制,如凌驾于现有的控制之上或未对已知的内部控制缺陷采取适当的补救措施。

第三,被审计单位人员在行为或生活方式方面发生的变化可能表明资产已被侵占。

第四,容忍小额盗窃资产的行为。

(2)对被审计单位存在不满甚至敌对情绪。被审计单位人员的行为表明其对被审计单位感到不满,或对被审计单位对待员工的态度感到不满。

三、实施分析程序

注册会计师实施分析程序有助于识别异常的交易或事项,以及对财务报表和审计产生影响的金额、比率和趋势。分析程序通常通过同行业比较、与历史数据比较、与预期值的比较以及分析报表内数据的勾稽关系及财务数据与非财务数据的合理关系等得到重大异常的舞弊迹象。

在实施分析程序以了解被审计单位及其环境时,注册会计师应当考评识别出的异常关系或偏离预期的关系(包括与收入账户有关的关系),是否表明存在由于舞弊导致的重大错报风险。

四、考虑其他信息

注册会计师应当考虑获取的其他信息是否表明被审计单位存在舞弊导致的重大错报风险。其他信息可能来源于项目组内部的讨论、客户承接或续约过程以及向被审计单位提供其他服务所获得的经验,包括媒体上的报道。

五、组织项目组讨论

项目组内部讨论的内容可能包括:

(1)项目组成员认为财务报表易于发生由于舞弊导致的重大错报的方式和领域、管理层可能编制和隐瞒虚假财务报告的方式,以及侵占资产的方式等。

(2)可能表明管理层操纵利润的迹象,以及管理层可能采取的导致虚假财务报告的利润操纵手段。

(3)已知悉的对被审计单位产生影响的外部和内部因素,这些因素可能产生动机或压力使管理层或其他人员实施舞弊、可能提供实施舞弊的机会、可能表明存在为舞弊行为寻找借口的文化或环境。

(4)对接触现金或其他易被侵占资产的员工,管理层对其实施监督的情况。

(5)注意到的管理层或员工在行为或生活方式上出现的异常或无法解释的变化。

(6)强调在整个审计过程中对由于舞弊导致重大错报的可能性保持适当关注的重要性。

(7)遇到的哪些情形可能表明存在舞弊。

(8)如何在拟实施审计程序的性质、时间安排和范围中增加不可预见性。

(9)为应对由于舞弊导致财务报表发生重大错报的可能性而选择实施的审计程序,以及特定类型的审计程序是否比其他审计程序更为有效。

(10)注册会计师注意到的舞弊指控。

(11)管理层凌驾于控制之上的风险。

第四节　识别和评估舞弊导致的
重大错报风险

一、舞弊风险是特别风险

舞弊导致的重大错报风险属于需要注册会计师特别考虑的重大错报风险,即特别风险。在识别和评估财务报表层次以及各类交易、账户余额、披露认定层次的重大错报风险时,注册会计师应当识别和评估舞弊导致的重大错报风险。

二、收入舞弊假设

由于收入是最容易遭到舞弊的项目,所以《中国注册会计师审计准则第1141号——财务报表审计中与舞弊相关的责任》规定,在识别和评估由于舞弊导致的重大错报风险时,注册会计师应当基于收入确认存在舞弊风险的假定,评价哪些类型的收入、收入交易或认定导致舞弊风险。

如果认为收入确认存在舞弊风险的假定不适用于业务的具体情况,从而未将收入确认作为由于舞弊导致的重大错报风险领域,注册会计师应当如在审计工作底稿中记录得出该结论的理由。

三、财务报表主要项目的舞弊识别与评估

注册会计师首先通过对被审计单位的了解与分析性程序,对与整体财务报表相关的舞弊进行识别和评估,然后再对财务报表项目的舞弊进行识别和评估。现将报表项目舞弊迹象的识别与评估方法分述如下。

（一）资产负债表项目舞弊的识别方法

1. 货币资金

（1）规模是否适当。

（2）货币资金内控的健全和执行情况。

（3）利用借款、白条抵库、循环入账进行挪用现金。这里的循环入账就是通过将后期收入抵作上次收入达到挪用现金的目的。例如，一笔100万元的销售，如分5次收款，每次20万元，在收款内控不严的情况下，收款人可将第一笔挪用，后将第二笔收款作为第一笔的收款入账，如此将第三笔冲作第二笔，最后将第一笔收入作为最后一笔入账，这样就达到了挪用20万元的目的。

（4）通过少列现金收入、利用空白发票多计费用、虚列凭证虚构内容、公款私存贪污利息、虚报坏账贪污公款、非法出售资产收入、截留其他罚没收入等贪污现金。

（5）对于银行存款要注意：不当使用支票、擅自提现、有意签发空头支票、出借转账支票、出租出借账号，开立黑户等。尤其要主要定期存单是否已被抵押，抵押借款被转移导致定期存单名存实亡。

2. 应收账款

规模、质量、账龄分析、管理政策、长期挂账、延期兑付收取酬金、有无真实贸易背景、坏账准备是否充足、是否"回收站"、其他应收账款是否"蓄水池"。

3. 存货

（1）公司性质对存货品种金额保管的影响。高估存货舞弊迹象主要表现为存货增长高于销售增长、存货占总资产的比重逐期增加、周转率逐期下降、运输成本占存货成本逐期下降、销售毛利率逐期提高。

（2）存货账的重大调整与冲回。

（3）存货有无所有权。

（4）存货计价：成本不实、随意变更计价方法、盘盈盘亏不作账务处理、不报毁损虚盈实亏、监守自盗虚报损失、材料假出库虚列成本费用、虚计在产品完工程度调整完工产品成本、分期发出销售商品、不按比例结转成本、跌价准备计提不充分。

（5）账外物资"小金库"：购进未使用列入成本费用、领用不使用列入成本费用、回收边角料不入账、自制材料不入账。

4. 长期投资

投资金额是否适当、安全性、收益性，投资方向与企业总体战略经营目标是否一致，减值准备等。

（1）长期债权投资质量分析：账龄、债务人构成、投资收益与利息收入现金差异、是否截留利息、是否不摊或少摊债券折价或溢价。

（2）长期股权投资质量分析：投资构成（投资方向、规模、比率等）、投资收益与股权投资收入现金差异、是否隐藏投资收益、是否采用成本法和权益法调节利润。

5. 固定资产

固定资产规模与公司发展是否匹配，低值易耗品与固定资产、经营租赁和融资租赁的划分是否正确，租金收入挂"其他应付款"、清理收益不按营业外收入入账、固定资产折旧计提不充足、计价方法不科学、价值构成不正确，是否采购质次价高产品并存在收受回扣问题、运杂费是否张冠李戴、是否掺入了旅游参观费、是否接受贿赂虚构重估价值、是否转移工程借款利息调节利润等。

6. 流动负债

流动负债的性质和数额、虚提银行借款调节利润、短期借款计入长期借款、应付账款与预收账款长期挂账隐匿收入与偷逃税款、故意增大应付账款将现金套出私分、非法超标开支认为列入"应付账款"缓冲；利用工薪调节利润，冒领贪污工薪。

7. 长期负债

长期借款的效益性、利息挂账不入费用、混淆资本化利息；应付债券的发行、利率水平、资本性支出和收益性支出的界限、债券使用范围；长期应付款的虚列账户、期满后继续付款、混淆融资租赁和经营租赁；表外负债或有负债：直接表外负债（经营租赁、代销商品、售后回租、来料加工），间接表外负债（如通过占用可控制的企业借款），转移表外负债（应收票据贴现、出售有追索权的应收账款），交叉结盟（如将风险转移到"壳公司"）。

8. 所有者权益

为逃税将当期收益计入盈余公积、盈余公积提取顺序和基数不对、将盈余公积挪作他用等。

（二）利润表项目舞弊识别

1. 收入项目

（1）明确企业目前发展的战略主要是追求收入还是利润。

（2）分析企业营业收入的各种构成：品种构成、地区构成、关联交易收入所占比重、主营收入比重。

（3）主营业务收入舞弊：发票管理漏洞、入账时间、入账金额、故意藏匿收入、白条出库做销售，预收账款提前转作销售收入、向预付款单位发出商品时不作销售处理、虚设公司调整利税、延期办理托收承付调节当年利润、延期结算代销商品经办人员获利私吞、销售折让折扣处理不规范、在建工程领用产成品不作销售处理。

（4）其他业务收入：提前推迟确认、入账金额不对、材料销售直接冲减成本、乱用科目调整收入。

（5）企业收入 3 年趋势分析。

2. 费用项目

（1）综合评价企业成本水平，考虑可控和不可控因素。

（2）物流费用是否合理。

（3）识别成本费用舞弊行为：将不属于成本的费用列入成本项目、违法成本费用的开支范围、加大成本、减少利润、对外投资的支出计入成本费用项目、固定资产修理费重复计入成本、成本在产品间分配不合理（包括改变分配方法）、未用材料不退库、虚估约当产量调节利润、期间费用计入成本、已销产品不结转销售成本、随意调节成本差异率、分期销售不按比例结转成本。

3. 投资收益

（1）分析投资收益来源及其风险。

（2）交易性金融资产过多，是否炒股。

（3）是否存在转移股利收入挂往来账、出售股票收益用于职工福利等舞弊行为。

4. 所得税

不考虑所得额和利润总额的差异、所得税和利润总额的比重是否正常、期间费用是否正常。

第五节 应对舞弊导致的重大错报风险

在识别和评估舞弊导致的重大错报风险后,注册会计师需要采取适当的应对措施,以将审计风险降至可接受的低水平。

注册会计师通常从四个方面应对此类风险:① 总体应对措施。② 针对舞弊导致的认定层次重大错报风险实施的审计程序。③ 具体应对措施——由于侵占资产导致的错报。④ 针对管理层凌驾于控制之上的风险实施的程序。

一、总体应对措施

在针对评估的由于舞弊导致的财务报表层次重大错报风险确定总体应对措施时,注册会计师应当:

(1) 在分派和督导项目组成员时,考虑承担重要业务职责的项目组成员所具备的知识、技能和能力,并考虑由于舞弊导致的重大错报风险的评估结果。

(2) 评价被审计单位对会计政策(特别是涉及主观计量和复杂交易的会计政策)的选择和运用,是否可能表明管理层通过操纵利润对财务信息作出虚假报告。

(3) 在选择审计程序的性质、时间安排和范围时,增加审计程序的不可预见性。

二、针对舞弊导致的认定层次重大错报风险实施的审计程序

按照《中国注册会计师审计准则第 1231 号——针对评估的重大错报风险采取的应对措施》的规定,注册会计师应当设计和实施进一步审计程序,审计程序的性质、时间安排和范围应当能够应对评估由于舞弊导致的认定层次重大错报风险。

注册会计师应当考虑通过下列方式,应对舞弊导致的认定层次重大错报风险三个环节:

(1) 改变拟实施审计程序的性质,以获取更为可靠、相关的审计证据,或获取其他佐证性信息,包括更加重视实地观察或检查,在实施函证程序时改变常规函证内容,询问被审计单位的非财务人员等。

(2) 改变实质性程序的时间,包括在期末或接近期末实施实质性程序,或针对本期较早时间发生的交易事项或贯穿于本会计期间的交易事项实施测试。

(3) 改变审计程序的范围,包括扩大样本规模、采用更详细的数据实施分析程序等。

具体应对措施——由于编制虚假财务报告导致的错报。注册会计师针对舞弊导致的认定层次重大错报风险所采取的具体应对措施,取决于已发现的舞弊风险因素类型以及各类具体的交易、账户余额相关认定。

1. 收入确认

(1) 针对收入项目,使用分解的数据实施实质性分析程序。例如,按照月份、产品线或业务分部将本期收入与具有可比性的以前期间收入进行比较。利用计算机辅助审计技术可能有助于发现异常的或未预期到的收入关系或交易。

(2) 向被审计单位的客户函证相关的特定合同条款以及是否存在背后协议。因为相关的会计处理是否适当,往往会受到这些合同条款或协议的影响,并且这些合同条款或协议所涉及的销售折扣或其相关期间往往记录得不清楚。例如,商品接受标准、交货与付款条件、不承担期后或持续性的卖方义务、退货权、保证转售金额以及撤销或退款等条款在此种情形下通常是相关的。

（3）向被审计单位的销售和营销人员或内部法律顾问询问临近期末的销售或发货情况，以及他们所了解的与这些交易相关的异常条款或条件。

（4）期末在被审计单位的一处或多处发货现场实地观察发货情况或准备发出的货物情况（或待处理的退货），并实施其他适当的销售及存货截止测试。实施此类程序的目的在于验证收入的真实性和确认截止时点的准确性。

（5）对于通过电子方式自动生成、处理、记录的销售交易实施控制测试。此类控制测试非常必要，可以确定这些控制是否能够为所记录的收入交易已真实发生并得到适当地记录。

2. 存货数量

（1）检查被审计单位的存货记录，以识别在被审计单位盘点过程中或结束后需要特别关注的存货存放地点或存货项目。

（2）在不预先通知的情况下对特定存放地点的存货实施监盘，或在同一天对所有存放地点实施存货监盘。

（3）要求被审计单位在报告期末或临近期末的时点实施存货盘点。例如，更严格地检查包装箱中的货物、货物堆放方式（如堆为中空）或标记方式、液态物质（如香水、特殊的化学物质）的质量特征（如纯度、品级或浓度）。利用专家的工作可能在此方面有所帮助。

（4）按照存货的等级或类别、存放地点或其他分类标准，将本期存货数量与前期进行比较，或将盘点数量与永续盘存记录进行比较。

（5）利用计算机辅助审计技术进一步测试存货实物盘点目录的编制。例如，按标签号进行检索以测试存货的标签控制，或按照项目的顺序编号进行整理以检查是否存在漏记或重复编号。

3. 管理层估计

（1）聘用专家作出独立估计，并与管理层的估计进行比较。

（2）将询问范围延伸至管理层和会计部门以外的人员，以印证管理层完成与作出会计估计相关的计划的能力和意图。

三、具体应对措施——由于侵占资产导致的错报

1. 货币资金、有价证券

（1）在期末或临近期末对现金或有价证券进行监盘。

（2）直接向被审计单位的客户询证所审计期间的交易活动，包括赊销记录、销售退回情况、付款日期等。

（3）分析已注销账户的恢复使用情况。

2. 存货

（1）按照存货存放地点或产品类型分析存货短缺情况。

（2）将关键存货指标与行业正常水平进行比较，如存货周转率、存货周转天数等。

（3）对于发生减记的永续盘存记录，复核其支持性文件。

3. 采购活动

利用计算机技术将供货商名单与被审计单位员工名单进行对比，以识别地址或电话号码相同的数据。该程序可用于识别员工在采购环节牟取私利的行为。

4. 劳务（包括应付工资、相关费用等）

（1）利用计算机技术检查工资单记录中是否存在重复的地址、员工身份证明、纳税识别编号或银行账号。该程序可用于识别虚领工资或薪酬的行为。

（2）检查人事档案中是否存在只有很少记录或缺乏记录的档案，如缺少绩效考评的档案。该程序可用于识别虚假的员工身份记录及潜在舞弊（如虚领工资、虚开劳务报酬）。

5. 销售活动

（1）分析销售折扣和销售退回等。该程序可以识别异常的模式或趋势。

（2）向第三方函证合同的具体条款。

（3）获取合同是否按照规定的条款得以执行的审计证据。

6. 费用开支

（1）复核大额和异常的费用开支是否适当。

（2）复核高级管理人员提交的费用报告的金额及适当性。

7. 向员工提供资金或担保

（略）

四、针对管理层凌驾于控制之上的风险实施的程序

管理层凌驾于内部控制之上的风险属于特别风险。无论对管理层凌驾于控制之上的风险的评估结果如何，注册会计师都应当设计和实施审计程序，用于：

（1）测试日常会计核算过程中作出的会计分录以及编制财务报表过程中作出的其他调整是否适当。注册会计师应当：

第一，向参与财务报告过程的人员询问与处理会计分录和其他调整相关的不恰当或异常的活动。

第二，选择在报告期末作出的会计分录和其他调整。

第三，考虑是否有必要测试整个会计期间的会计分录和其他调整。

（2）复核会计估计是否存在偏向，并评价产生这种偏向的环境是否表明存在由于**舞弊**导致的重大错报风险。在复核会计估计是否存在偏向时，注册会计师应当：

第一，评价管理层在作出会计估计时所作的判断和决策是否反映出管理层的某种偏向（即使判断和决策单独看起来是合理的），从而可能表明存在由于**舞弊**导致的重大错报风险。如果存在偏向，注册会计师应当从整体上重新评价会计估计。

第二，追溯复核与以前年度财务报表反映的重大会计估计相关的管理层判断和假设。

（3）对于超出被审计单位正常经营过程的重大交易，或基于对被审计单位及其环境的了解以及在审计过程中获取的其他信息而显得异常的重大交易，评价其商业理由（或缺乏商业理由）是否表明被审计单位从事交易的目的是为了对财务信息作出虚假报告或掩盖侵占资产的行为。

以下迹象可能表明被审计单位从事超出其正常经营过程的重大交易或虽然未超出其正常经营过程但显得异常的重大交易，从事这些交易的目的可能是为了对财务信息作出虚假报告或掩盖侵占资产的行为：

（1）交易的形式显得过于复杂（例如交易涉及集团内部多个实体，或涉及多个非关联的第三方）。

（2）管理层未与治理层就此类交易的性质和会计处理进行过讨论，且缺乏充分的记录。

（3）管理层更强调采用某种特定的会计处理的需要，而不是交易的经济实质。

（4）对于涉及不纳入合并范围的关联方（包括特殊目的实体）的交易，治理层未进行适当的审核与批准。

（5）交易涉及以往未识别出的关联方，或涉及在没有被审计单位帮助的情况下不具备物质基础或财务能力完成交易的第三方。

另外,由于舞弊或舞弊嫌疑导致出现错报,致使注册会计师遇到对其继续执行审计业务的能力产生怀疑的异常情形,注册会计师应当:① 确定适用于具体情况的职业责任和法律责任,包括是否需要向审计业务委托人或监管机构报告。② 在相关法律、法规允许的情况下,考虑是否需要解除业务约定。

第六节　评价审计证据

一、发现舞弊时对审计的影响

(1) 注册会计师应当在整个审计过程中对舞弊导致的重大错报风险保持警惕,在评价审计证据时也要体现这一原则。

(2) 如果发现某项错报,注册会计师应当考虑该项错报是否表明存在舞弊。如果认为错报是舞弊或可能是舞弊导致的,即使错报金额对财务报表的影响并不重大,注册会计师仍应考虑错报涉及的人员在被审计单位中的职位。

(3) 如果错报涉及较高级别的管理层,即使错报金额对财务报表的影响并不重大,也可能表明存在更具广泛影响的问题。在这种情况下,注册会计师应当采取下列措施:

第一,重新评估舞弊导致的重大错报风险,并考虑重新评估的结果对审计程序的性质、时间安排和范围的影响。

第二,重新考虑此前获取的审计证据的可靠性,包括管理层声明的完整性和可信性,以及作为审计证据的文件和会计记录的真实性,并考虑管理层与员工或第三方串通舞弊的可能性。

二、考虑对审计报告的影响

如果认为财务报表存在舞弊导致的重大错报,或虽认为存在舞弊但无法确定其对财务报表的影响,注册会计师应当根据《中国注册会计师审计准则第 1221 号——计划和执行审计工作时的重要性》和《中国注册会计师审计准则第 1502 号——在审计报告中发表非无保留意见》的要求,考虑错报对审计意见的影响。

三、与管理层、治理层和监管机构的沟通

(一) 与管理层的沟通

(1) 当注册会计师已获取的信息表明存在或可能存在舞弊,尽快提请适当层级的管理层关注这一事项是很重要的。即使该事项(如被审计单位组织结构中处于较低职位的员工挪用小额公款)可能被认为不重要,注册会计师也应当这样做。

(2) 确定拟沟通的适当层级的管理层,需要运用职业判断,并且这一决定受串通舞弊的可能性、舞弊嫌疑的性质和重要程度等事项的影响。

通常情况下,适当层级的管理层至少要比涉嫌舞弊的人员高出一个级别。

(二) 与治理层的沟通

如果确定或怀疑舞弊涉及管理层、在内部控制中承担重要职责的员工以及其舞弊行为可能导致财务报表重大错报的其他人员,注册会计师应当尽早就此类事项与治理层沟通。

如果怀疑舞弊涉及管理层,注册会计师应当将此怀疑向治理层通报,并与其讨论为完成审计工作所必需的审计程序的性质、时间安排和范围。

如果根据判断认为还存在与治理层职责相关的、涉及舞弊的其他事项,注册会计师应

当就此与治理层沟通。这些事项可能包括：

（1）对管理层评估的性质、范围和频率的疑虑，这些评估是针对旨在防止和发现舞弊的控制及财务报表可能存在的重大错报风险而实施的。

（2）管理层未能恰当应对识别出的值得关注的内部控制缺陷或舞弊。

（3）注册会计师对被审计单位控制环境的评价，包括对管理层胜任能力和诚信的疑虑。

（4）可能表明存在编制虚假财务报告的管理层行为。

（5）对超出正常经营过程的交易的授权的适当性和完整性的疑虑。

（三）与监管机构的沟通

如果识别出舞弊或怀疑存在舞弊，注册会计师应当确定是否有责任向被审计单位以外的机构报告。

尽管注册会计师对客户信息负有的保密义务可能妨碍这种报告，但如果法律、法规要求注册会计师履行报告责任，注册会计师应当遵守法律法规的规定。

主 要 术 语

1. 舞弊
2. 财务舞弊
3. 侵占资产
4. 职业怀疑态度
5. 舞弊识别
6. 舞弊风险评估
7. 舞弊风险应对
8. 分析性程序
9. 舞弊责任

复 习 思 考 题

1. 简述舞弊含义与种类。
2. 简述治理层和管理层对防范舞弊的责任。
3. 简述注册会计师对舞弊的审计责任。
4. 注册会计师如何对与财务报表审计相关的舞弊进行识别与评估？
5. 注册会计师如何应对与财务报表审计相关的舞弊风险？

练 习 题

一、单项选择题

1. 针对舞弊，注册会计师和被审计单位的治理层以及管理层各自承担着不同的责任，以下说法中，错误的是（　　）。

A. 注册会计师的责任是防止或发现舞弊，以保证财务报表不存在重大错报

B. 治理层和管理层对防止或发现舞弊负有主要责任

C. 治理层的监督包括考虑管理层凌驾于控制之上或对财务报告过程施加其他不当影响的可能性

D. 注册会计师有责任按照审计准则的规定实施审计工作，合理保证财务报表整体不存在重大错报

2. 以舞弊风险的具体示例中，属于舞弊因素中"动机或压力"的是（　　）。

A. 从事重大、异常或高度复杂的交易

B. 利用商业中介，而此安排似乎不具有明确的商业理由

C. 高速增长或具有异常的盈利能力,特别是在与同行业其他企业相比时

D. 在经济环境及文化背景不同的国家或地区从事重大经营或重大跨境经营

3. 以下描述中,不属于舞弊的"动机或压力"的因素有( )。

A. 客户需求大幅下降,企业所处行业或总体经济环境中的经营失败的情况增多

B. 高层管理人员缺乏士气

C. 企业需要进行额外的举债或权益融资以保持竞争力

D. 销售收入高速增长或具有异常的盈利能力,特别是在与同行业其他企业相比时

4. 舞弊导致的重大错报风险属于特别风险,注册会计师为应对此类风险需要设计相应的审计程序,以下做法中,错误的是( )。

A. 制定总体应对措施

B. 针对舞弊导致的认定层次的重大错报风险实施审计程序

C. 针对管理层凌驾于控制之上的风险实施审计程序

D. 与被审计单位管理层沟通具体审计计划,以使审计工作能深入进行

5. 如果注册会计师在审计过程中发现了被审计单位存在舞弊,应考虑与适当人员进行沟通,以下说法中,不正确的是( )。

A. 拟沟通的管理层应当比涉嫌舞弊的人员至少高出一个级别

B. 如果发现舞弊涉及管理层应当就此事与治理层沟通

C. 如果发现管理层未能恰当应对内部控制的缺陷或舞弊,应当与高一级别的管理层或治理层沟通

D. 如果识别出舞弊或怀疑舞弊,注册会计师应当确定是否有责任向被审计单位以外的机构报告

二、多项选择题

1. 舞弊是一个宽泛的法律概念,在财务报表审计中,通常需要注册会计师关注的情形有( )。

A. 侵占资产导致的错报

B. 计算错误导致的错报

C. 编制虚假财务报告导致的错报

D. 在作出会计估计时判断失误导致的错报

2. 针对舞弊,以下被审计单位治理层、管理层以及注册会计师的观点中,正确的有( )。

A. 注册会计师有责任在整个审计过程中保持职业怀疑,考虑管理层凌驾于控制之上的可能性

B. 对舞弊的防范和遏制需要管理层营造诚实守信和合乎道德的文化,并且这一文化能够在治理层的有效监督下得到强化

C. 注册会计师发现舞弊的能力取决于舞弊者实施舞弊的技巧、舞弊者操纵会计记录的频率和范围、舞弊者操纵的每笔金额的大小、舞弊者在被审计单位的职位级别以及串通舞弊程度等因素

D. 如果在完成审计工作后发现舞弊导致的财务报表重大错报,特别是串通舞弊或伪造文件记录导致的重大错报,并不必然表明注册会计师没有遵守审计准则

3. 注册会计师在评估舞弊风险时,通常可以询问的对象有( )。

A. 治理层和管理层　　　　　　　　　　B. 内部审计人员

C. 不直接参与财务报告过程的业务人员

D. 负责生成、处理或记录复杂或异常交易的人员及其监督人员

4. 在了解被审计单位及其环境时,注册会计师应当向管理层询问(　　　)事项。

A. 管理层对财务报表可能存在由于舞弊导致的重大错报风险的评估

B. 管理层对舞弊风险的识别和应对过程

C. 管理层就其对舞弊风险的识别和应对过程向治理层的通报

D. 管理层就其经营理念及道德观念向员工的通报

5. 舞弊风险因素可能表明存在由于舞弊导致的重大错报风险,以下各项中,属于舞弊的风险因素的有(　　　)。

A. 实施舞弊的动机或压力　　　　　　　B. 为舞弊行为寻找借口的能力

C. 实施舞弊的时间　　　　　　　　　　D. 实施舞弊的机会

三、判断题

1. 如果公司管理层能够凌驾于内部控制之上,可以随意操纵会计记录使得舞弊者具备了舞弊的机会。　　　　　　　　　　　　　　　　　　　　　　　　　　　　(　　)

2. 如果评估的重大错报风险为高水平,注册会计师应对舞弊的审计时间应当考虑更多的期中审计。　　　　　　　　　　　　　　　　　　　　　　　　　　　　　　　(　　)

3. 如果注册会计师查明因舞弊导致的错报金额本身不重大,对财务报表的影响也不重大,则注册会计师无须特别关注。　　　　　　　　　　　　　　　　　　　　　　(　　)

4. 注册会计师实施舞弊风险评估程序的目的在于应对舞弊导致的重大错报风险。

(　　)

5. 与财务报表审计相关的故意错报,包括编制虚假财务报告导致的错报和侵占资产导致的错报。　　　　　　　　　　　　　　　　　　　　　　　　　　　　　　　　(　　)

四、案例分析

【案例分析 10-1】 某家电企业 20×7 年与 20×6 年成本与销售价格相当。由于国家的家电下乡补助政策的落实,20×7 年该企业的家电产量和销售量均有较大幅度的增长。根据 20×7 年该企业利润表,该企业 20×6 年与 20×7 年主营业务收入分别为 10 亿元和 13 亿元,20×6 年与 20×7 年的主营业务成本分别为 7 亿元和 9.5 亿元。20×6 年年报已经注册会计师审计并签署了无保留意见审计报告。

要求:请根据所给资料,分析该企业 20×7 年利润表是否存在财务舞弊迹象。

【案例分析 10-2】 某地方国有控股上市公司,公司董事长与总经理均由当地政府国资委代表国有股股东任命,且两位均在公司任职达 10 年以上。董事会和总经理和其他多位高管都是董事会成员,公司聘用了多名董事长、总经理的老同学——现为一些高校的法律和会计教授担任公司独立董事。当地政府为了提高企业业绩,对企业高管制定了严格的考核制度,并将企业高管薪酬与财务业绩紧密挂钩,同时对高管实施了股票激励。公司为了完成政府的经营目标,提高职工积极性,制定了严格的奖惩制度,从而导致职工收入差距巨大。

要求:根据以上资料,用舞弊三要素理论分析该企业财务舞弊的动机与机会。并谈谈如何防范该企业的财务舞弊。

【案例分析 10-3】 注册会计师在审计 X 股份有限公司 20×7 年度财务报表时,获

取部分资料如下(见表10-2、表10-3):

(1)当年5月新增管理部门使用的车辆3部,当月投入使用,确认的固定资产原值为96万元,固定资产其他没变化。(车辆按8年,采用直线法计提折旧,不考虑净残值)

(2)全年购进生产用原材料成本共8 000万元。

(3)企业流转税税种为增值税,当年计提增值税435元,缴纳增值税456万元。

(4)有关营业收入及营业成本资料(企业仅发生生产销售一种产品的营业收入和营业成本)。

表10-2　20×6年度和20×7年度营业收入和营业成本对比(假设两年供销形势无变化)

年　份	营业收入	营业成本
20×6	10 100万元	6 000万元
20×7	12 000万元	6 100万元

表10-3　20×7年度营业收入和营业成本分析

销售方式	营业收入	营业成本
直接销售	5 000万元	2 600万元
通过销售商代理销售	7 000万元	3 500万元
合　计	12 000万元	6 100万元

(5)20×7年部分管理费用项目为:折旧费45万元(20×6年该项管理费为41万元),保险费8万元(20×6年该项管理费为8.5万元)。

(6)企业购销增值税率均为17%。

要求:根据以上资料,通过实质性分析性程序,指出存在的重大差异。

五、参考答案

【单项选择题】　1. A　2. C　3. B　4. D　5. C

【多项选择题】　1. AC　2. ABCD　3. ABCD　4. ABCD　5. ABD

【判断题】　1. √　2. ×　3. ×　4. ×　5. √

【案例分析】

【案例分析10-1】　题解

20×7年与20×6年成本与价格相当,20×7年产销增长30%,但20×7年毛利率近27%,20×6年毛利率为30%,20×7年毛利率反而低于20×6年,与经营杠杆原理矛盾。如20×6年报表无重大差错,则说明20×7年报表存在重大差错的可能。

【案例分析10-2】　题解

该案例中财务舞弊的动机是:高管为获取高额薪酬或推高股价博取股权激励的巨额收益,会虚增业绩推高股价,同时对国有企业领导,一般都有动机虚增利润,以保证留任与升迁。

舞弊的机会:国有股一股独大,董事长和总经理长期在同一领导岗位上,容易形成凌驾于内控之上的权力,多位高管是董事会成员,多位独立董事是董事长和总经理的老同学,使董事会的独立性和客观性值得怀疑,容易导致经营者操纵董事会。

该企业应通过股权改革,完善公司治理,强化监管,引入一般员工参与管理等措施以防范财务舞弊。

【案例分析 10 - 3】 题解

通过实质性分析程序发现存在的重大差异有：

（1）20×7 年毛利率为 49%，20×6 年毛利率为 40%，2 年供销形势无变化，毛利率变化较大，存在重大差异。

（2）直接销售毛利率为 48%，通过代理商销售毛利率为 50%，通过代理商销售毛利率高于直接销售的毛利率，不符合常识。

（3）20×7 年管理费中的固定资产折旧项目 20×7 年比 20×6 年应增加：$(96 \div 8) \times (7 \div 12) = 7$（万元），而账上反映 20×7 年该项费用比 20×6 年仅增加 4 万元，存在重大差异。

（4）20×7 年管理部门增加了 3 辆车，没有减少固定资产，管理费用中固定资产保险费不增反降，属于重大异常。

（5）20×7 年计提的增值税存在重大差异。分析性测试应为：$12\,000 \times 17\% - 8\,000 \times 17\% = 680$（万元），账上仅反映 435 万元。

本章要点概览

1. 舞弊是宽泛的概念，舞弊和错误的区别在于，导致财务报表发生错报的行为是故意行为还是非故意行为。

2. 注册会计师关注的是导致财务报表发生重大错报的舞弊。与财务报表审计相关的故意错报，包括编制虚假财务报告导致的错报和侵占资产导致的错报。

3. 被审计单位治理层和管理层对防止或发现舞弊负有主要责任。

4. 在按照审计准则的规定执行审计工作时，注册会计师有责任对财务报表整体是否不存在由于舞弊或错误导致的重大错报获取合理保证。由于审计的固有限制，即使注册会计师按照审计准则的规定恰当计划和执行了审计工作，也不可避免地存在财务报表中的某些重大错报未被发现的风险。

5. 注册会计师对与财务报表相关的舞弊审计的目标是：① 识别和评估由于舞弊导致的财务报表重大错报风险。② 通过设计和实施恰当的应对措施，针对评估的由于舞弊导致的重大错报风险，获取充分、适当的审计证据。③ 恰当应对审计过程中识别出的舞弊或舞弊嫌疑。

6. 注册会计师应当在财务报表层次和各类交易、账户余额、披露的认定层次识别和评估由于舞弊导致的重大错报风险。

7. 注册会计师应当针对评估的由于舞弊导致的财务报表层次重大错报风险确定总体应对措施。

8. 注册会计师应当设计和实施进一步审计程序。审计程序的性质、时间安排和范围应当能够应对评估的由于舞弊导致的认定层次重大错报风险。

第十一章 审计证据

学习目的与要求

本章旨在阐述审计证据的基本概念,内容主要包括审计证据的含义、审计证据的种类、审计证据的特征、审计证据的取得、审计证据的评价。通过本章的学习,要求全面了解审计证据的定义,明确审计证据特征,确立审计证据概念;了解审计证据的获取途径;明确审计证据的主要特征;了解审计证据充分性与适当性之间的关系;掌握审计证据的鉴定。

课前预习题

1. 如何理解审计证据的作用?
2. 审计证据有哪些来源?
3. 审计证据有哪些主要特征?
4. 法律证据与审计证据有何异同?
5. 如何收集审计证据?

第一节 审计证据的含义及种类

一、审计证据的概念

（一）审计证据的含义

审计证据是注册会计师在执行审计业务中为证明审计事项,形成审计意见而获取的各种凭据。

审计证据是注册会计师为了得出审计结论、形成审计意见而使用的所有信息,包括构成财务报表基础的会计记录所含有的信息和其他信息。证据是一个适用性较广的概念,不仅注册会计师执行审计业务需要证据,科学家和法官、律师在执业中也需要证据。在科学实验中,科学家需要获取证据,以得出关于某项理论的结论;在法律案件中,法官需要根据严密确凿的证据,以提出审判结论;注册会计师必须在每项审计工作中获取充分、适当的审计证据,以满足发表审计意见的要求。

（二）审计证据的来源

依据会计记录编制财务报表是被审计单位管理层的责任，注册会计师应当测试会计记录以获取审计证据。

财务报表依据的会计记录一般包括对初始分录的记录和支持性记录，如支票、电子资金转账记录、发票、合同、总账、明细账、记账凭证和未在记账凭证中反映的对财务报表的其他调整，以及支持成本分配、计算、调节和披露的手工计算表和电子数据表。上述会计记录是编制财务报表的基础，是构成注册会计师执行财务报表审计业务所需获取的审计证据的重要部分。

会计记录中含有的信息本身并不足以提供充分的审计证据作为对财务报表发表审计意见的基础，所以注册会计师还应当获取用作审计证据的其他信息。可用作审计证据的其他信息包括：

（1）注册会计师从被审计单位内部或外部获取的会计记录以外的信息，如被审计单位会议记录、内部控制手册、询证函的回函、分析师的报告、与竞争者的比较数据等。

（2）通过询问、观察和检查等审计程序获取的信息，如通过检查存货获取存货存在的证据等。

（3）自身编制或获取的可以通过合理推断得出结论的信息，如注册会计师编制的各种计算表、分析表等。

（三）审计证据的作用

审计目的就某种意义来讲，就是为了取得充分、适当的审计证据，因为没有审计证据就没有发言权，审计意见也就无从谈起，所以说审计实施的过程，实质上就是收集和评价审计证据的过程。只有通过审计证据的收集和评价，才能证明被审计单位财务报表的合法性和公允性，才能证明其经济活动的合法性和效益性，从而证明审计人员所作结论和所提意见的正确性。

审计师必须获取足够和适当的审计证据，为其审计观点提供合理的结论。审计证据的作用如下：

（1）审计证据是审计意见的支柱。

（2）审计证据是审计人员形成审计结论的基础。

（3）审计证据是解除或追究被审计人经济责任的依据。

（4）审计证据是控制审计工作质量的关键。

二、审计证据的种类

审计证据分类的目的，在于找出更合理、更有效、更具有证明力的证据，以达到较好的证明效果，从而有利于审计工作的顺利完成。审计证据可按不同划分标准进行分类。

（一）审计证据按外表形式分类

审计证据按外表形式分类，可以分为实物证据、书面证据、电子证据、口头证据和环境证据。

1. 实物证据

实物证据是指注册会计师通过实地观察和参加清查盘点所获得的，用以证明有关实物资产是否确实存在的证据。

实物证据是指以实物的外部特征和内含性能来证明事物真相的各种财产物资。实物证据主要用以证明实物的客观存在、数量的正确性。实物证据对某项实物资产是否存在的证明力最强,效果最为显著。它可以对该实物的状态、数量、特征给予有力的证明。

(1)通过实际观察或清点所取得的、可以确定某些实物资产是否确实存在,是证明存在非常有说服力的证据,如在对现金、存货、固定资产等项目进行审计时,注册会计师应首先考虑通过清查、监督或参与盘点来取得实物证据以证明它们是否存在,但并不完全能证实被审计单位对其拥有所有权。

(2)某些实物资产的清点,虽然可以确定其实物数量,但质量好坏(它将影响资产的价值)有时难以通过实物清点来加以判断。例如,我们不难发现一些看似污秽不堪、质量极差的实物(如设备)才刚刚投入使用,对它的预计使用寿命也刚开始。与此相反,某些外观崭新、光泽鉴人的设备可能已接近它预计使用寿命的终点。因此,对于取得实物证据的账面资产,还应就其所有权归属及其价值情况另行审计。

(3)就实物资产的所有权而言,也许注册会计师看到纳入盘存清点的实物中包括外单位寄存的实物、被审计单位经营性租入的设备、已售出待发运的商品。毋庸置疑,这些实物的所有权与被审计单位毫不相干。因此,实物证据不能证实资产价值和所有权的认定,可以说是它的一种局限性,这种局限性需要通过其他形式的审计证据方可得以完善补充。

2. 书面证据

书面证据是注册会计师所获取的各种以书面文件为形式的一类证据。它包括与审计有关的各种原始凭证、会计记录(记账凭证、会计账簿和各种明细表)、各种会议记录和文件、各种合同、通知书、报告书及函件等。在审计过程中,注册会计师往往要大量地获取和利用书面证据。书面证据是审计证据的主要组成部分,故可称之为基本证据。书面证据按其获取途径不同可以分为外部证据和内部证据两类。

1)外部证据

外部证据是由被审计单位以外的机构或人士编制的书面证据。它一般具有较强的证明力。外部证据包括由被审计单位以外的机构或人士编制,并由其直接递交注册会计师的外部证据和由被审计单位以外的机构或人士编制,但为被审计单位持有并提交注册会计师的书面证据两种。前者如应收账款函证回函,被审计单位律师与其他独立的专家关于被审计单位资产所有权和或有负债等的证明函件,保险公司、寄售企业、证券经纪人的证明等。此类证据不仅由完全独立于被审计单位的外界机构或人员提供,而且未经被审计单位有关职员之手流转,从而排除了伪造、变造凭证或业务记录的可能性,因而其证明力最强;后者如银行对账单、购货发票、应收票据、顾客订购单、有关的契约、合同等,由于此类证据已经过被审计单位职员之手,在评价其可靠性时,注册会计师应考虑被涂改或伪造的难易程度及其已被涂改的可能性。当获取的书面证据有被涂改或伪造的痕迹时,注册会计师应予以高度警觉。尽管如此,在一般情况下,外部证据仍是比被审计单位的内部证据更具证明力的一种书面证据。

此外,在外部证据中,往往还包括注册会计师为证明某个事项而自己动手编制的各种计算表、分析表等。

2)内部证据

内部证据是由被审计单位内部机构或职员编制和提供的书面证据。它包括被审计单位的会计记录、被审计单位管理当局声明书,以及其他各种由被审计单位编制和提供的有关书面文件。

　　一般而言,内部证据不如外部证据可靠。但如果内部证据在外部流转,并获得其他单位或个人的承认(如销货发票、付款支票等),则具有较强的可靠性。即使只在被审计单位内部流转的书面证据,其可靠程度也因审计单位内部控制的好坏而异。若内部证据(如收料单与发料单)经过了被审计单位不同部门的审核、签章,且所有凭据预先都有连续编号并按序号依次处理,则这些内部证据也具有较强的可靠性;相反,若被审计单位的内部控制不健全,注册会计师就不能过分地信赖其内部自制的书面证据。

　　(1)会计记录。会计记录包括各种自制的原始凭证、记账凭证、账簿记录等,它是注册会计师取自被审计单位内部的一类非常重要的审计证据。注册会计师在检查财务报表项目时,往往需要追溯检查被审计单位的会计账簿和各种凭证。他们通常需由分类账追查至日记账与记账凭证,然后再追查至支票、发票及其他原始凭证。会计记录的可靠性,主要取决于被审计单位在填制时内部控制的完善程度。例如,注册会计师要查明在审计年度内被审计单位出售的一台机器设备是否经适当记载时,首先要查阅固定资产明细账,检查机器设备在持有年度内的累计折旧额是否等于出售时所转销的"累计折旧"的账面金额,并检查明细账上所列的原始成本金额是否与出售时贷记"固定资产"账户的金额一致,同时还应检查出售所得的货币收入是否已恰当地记入现金或银行存款日记账。假如,固定资产明细账、总账和日记账分别由 3 位职员独立负责,或由具有良好内部控制的电子计算机系统所产生,且各种证据彼此一致,则这些证据就能强有力地证明:机器设备的出售业务已经被恰当地记录。至于注册会计师是否需进一步检查某些相关文件,诸如核准出售的通知书等,则应视机器设备所涉及金额的相对重要性和其他审计环境而定。除各种会计凭证、会计账簿外,可作为这一类审计证据的还有被审计单位编制的各种试算表和汇总表等。

　　(2)被审计单位管理当局书面声明。被审计单位管理当局声明书是注册会计师从被审计单位管理当局所获取的书面声明,其主要内容是以书面的形式确认被审计单位在审计过程中所作的各种重要的陈述或保证。被审计单位管理当局声明书属于可靠性较低的内部证据,不可替代注册会计师实施其他必要的审计程序。

　　(3)其他书面文件。其他书面文件是指被审计单位提供的其他有助于注册会计师形成审计结论和意见的书面文件,如被审计单位管理当局声明书中所提及的董事会及股东大会会议记录,重要的计划、合同资料,被审计单位的或有损失,关联方交易等。

　　3. 电子证据

　　电子证据是指以电子形式存在的、用作证据使用的一切材料及其派生物。它既包括反映法律关系产生、变更或消灭的电子信息正文本身,又包括反映电子信息生成、存储、传递、修改、增删等过程的电子记录,还包括电子信息所处的硬件和软件环境。电子邮件、电子数据交换、网上聊天记录、网络博客、手机短信、电子签名、域名均视为电子证据。

　　电子证据具有以下特点:

　　(1)表现形式的多样性。电子证据超越了以往所有的证据形式,不仅可以用文字、图像和声音等多种方式存储,还可以以多媒体形式存在。例如,某出版社出版的"大百科图书光盘",通过计算机播放,不仅有文字,而且配有图像、动画甚至电影片段,还有优美的解说,这种将多种表现形式融为一体的特点是电子证据所特有的。

　　(2)存储介质的电子性。电子证据依据计算机技术产生,化为一组组电子信息存储在特定的电子介质上。例如,计算机硬盘和光盘等,它的产生和重现必须依赖于这些特定的电子介质,而传统的证据(例如笔录)则无需依赖于其他介质就可以独立重现,这点也正是电子证据的弱点,直接削弱了它的证明力度。因为,如果有人在电子介质上做手脚,如运用黑客手段入侵电脑网络,就能改变电子证据的本来面目,给证据的认定带来困难。

(3)准确性。电子信息严格按照运行于计算机上的各种软件和技术标准产生和运行,其结果完全是"铁面无私"的机器内部对一组组二进制编码的运行结果,丝毫不会受到感情、经验等多种主观因素的影响。因此,如果没有人为的蓄意修改或毁坏,电子证据能准确地反映整个事件的完整过程和每一细节,准确度非常高。

(4)脆弱性。书面文件使用纸张为载体,不仅真实记录有签署人的笔迹和各种特征,而且可以长久保存,如有任何改动或添加,都会留下"蛛丝马迹"。但电子证据使用电磁介质,储存的数据修改简单而且不易留下痕迹,这导致了当有人利用非法手段入侵系统、操作人员误操作和网络故障等情况发生时,电子证据均有可能被轻易地盗取、修改甚至全盘毁灭而不留下任何证据。电子证据的这种特点,使计算机罪犯的作案行为变得更轻易而事后追踪和复原变得更困难。

(5)数据的挥发性。在计算机系统中,有些紧急事件的数据必须在一定的时间内获得才有效,这就是数据的"挥发性",即经过一段时间后数据可能就无法得到或失效了,就像"挥发"了一样。因此,在收集电子证据时必须充分考虑到数据的挥发性,在数据的有效期内及时收集数据。

电子证据有以下认证规则:

(1)电子证据可靠性、关联性、完整性的认定。

运营商承担主要举证责任,因此,对于运营商提供的证据如何进行认定也是一个值得探讨的问题,也就是说,运营商提供的证据具有多大的证明力。所谓证明力,是指证据在证明待证事实上体现其价值大小与强弱状态或程度。考察电子证据的证明力是指要认定电子证据本身或者电子证据与案件中其他证据一起能否证明待证事实以及在多大程度上能够证明待证事实。通常认定证据证明力通过审查其可靠性、关联性以及完整性来判断,电子证据也不例外。

(2)比较多份证据。比较多份电子证据的证明力有这样一些原则:第一,电子证据原件的证明力大于复印件的证明力。但是在电子证据中,电子证据有时无法以原件方式保存,如何才能达到与原件一样的证明力?北京市高级人民法院颁行的《关于办理各类案件有关证据问题的规定(试行)》第5条规定:用有形载体固定或者表现的电子证据交换、电子邮件、电子数据等电脑贮存资料的复印件,其制作应经公证或者经对方当事人确认后,才具有与原件同等的证明力。第二,经公证电子证据的证明力大于非经公证的电子证据。从实践中看,对电子证据的收集过程进行公证的更有限的方式是开展网络公证。网络公证不仅需要公证员懂得计算机技术,而且要有一套适合对虚拟的计算机空间进行监控的公证软件。第三,由不利方保存的电子证据的证明力最大,由中立的第三方保存的电子证据的证明力次之,由有利方保存的电子证据的证明力最小。由于主体的身份不同,他们同案件的利害关系也不同,这就导致他们对证据的处理可能大相径庭。从情理上讲,当事人往往会隐匿对自己不利的证据,而第三方则可能较为客观地保管证据。相比而言,凡是某一电子证据是有对其不利的那一方当事人所保管的,则其可靠性要大一些,甚至可以直接推定其真实性。反之,凡是某一电子证据是由对其有利的那一方当事人所保管的,则此人出于对计算机系统的熟悉及便利条件,更容易伪造或变造电子证据,故其可靠性最差。至于由第三方保管的电子证据,因为较为客观,所以其证明力居中。

4. 口头证据

口头证据是被审计单位职员或其他有关人员对注册会计师的提问进行口头答复而形成的一类证据。通常在审计过程中,注册会计师会向被审计单位的有关人员询问会计记录、文件的存放地点,采用特别会计政策和方法的理由,收回逾期应收账款的可能性等。对于这些问题的口头答复,就构成了口头证据。一般而言,口头证据本身并不足以证明事情的真相,但注册会计师往往可以通过口头证据发掘出一些重要的线索,从而有利于对某些需审核的情况作进一步的调查,以收集到更为可靠的证据。例如,注册会计师在对应收账款进行账龄分析后,可以询问应收账款负责人对收回逾期应收账款的可能性的意见。如果其意见与注册会计师自行估计的坏账损失基本一致,则这一口头证据就可成为证实注册会计师有关坏账损失判断的重要证据。

在审计过程中,注册会计师应把各种重要的口头证据尽快形成记录,并注明是何人、何时、在何种情况下所作的口头陈述,必要时还应获得被询问者的签名确认。相对而言,不同人员对同一问题所作的口头陈述相同时,口头证据具有较高的可靠性。但在一般情况下,口头证据往往需要得到其他旁证的支持。

5. 环境证据

环境证据也称状况证据,是指对被审计单位产生影响的各种环境事实。具体而言,它又包括以下几种:

(1)有关内部控制情况。如果被审计单位有着良好的内部控制,就可增加其会计资料的可信赖程度。当注册会计师确认被审计单位有良好的内部控制,且其日常管理又一贯地遵守其内部控制中有关的规定时,就可认为被审计单位现行的内部控制为财务报表项目的可靠性提供了强有力的证据。内部控制越健全、越严密,所需的其他各类审计证据就越少;否则,注册会计师就必须获取较大数量的其他审计证据。

(2)被审计单位管理人员的素质。被审计单位管理人员的素质越高,则其所提供的证据发生差错的可能性就越小。例如,当被审计单位会计人员的素质较高时,其会计记录就不容易发生错误。因此,会计人员的素质对会计资料的可靠性会产生影响。

(3)各种管理条件和管理水平。良好的管理条件和较高的管理水平,也是影响其所提供证据的可靠程度的一个重要因素。

环境证据一般不属于基本证据,但它可帮助注册会计师了解被审计单位及其经济活动所处的环境,是注册会计师进行判断所必须掌握的资料。

(二)审计证据按相关程度分类

审计证据按相关程度分类,可以分为直接证据和间接证据。

1. 直接证据

直接证据是指对审计事项具有直接证明力,能单独、直接地证明审计事项真相的资料和事实。例如,审计人员在亲自监督实物和现金盘点情况下取得的盘点实物和现金的记录,就是证明实物和现金实存数的直接证据。审计人员有了直接证据,就能根据直接证据作出判断,进而得出审计事项的结论。

直接证据的证明力比间接证据强。

2. 间接证据

间接证据又称旁证,是指对审计事项只起间接证明作用,需要与其他证据结合起来,经过分析、判断、核实才能证明审计事项真相的资料和事实。如:应证明事项是财务报表的公允性,就凭证而言,虽然凭证是财务报表的基础资料,但两者并没有直接的关系,所以对财务报表公允性的证明,凭证是间接证据。

在审计工作中,只有直接证据就能直接影响审计人员的意见和结论的情况并不多见。一般情况下,在直接证据以外,往往需要一系列的间接证据才能对审计事项作出完整的判断。当然,直接和间接是相对的,仍以凭证为例,凭证对于财务报表是间接证据,而对于账簿则是直接证据。

(三)审计证据按来源不同分类

按获取审计证据来源分类,可以分为自然证据和加工证据。

1. 自然证据

自然证据是指审计人员在其审计过程中可以随时获得的、不需要加工的资料和事实。自然证据既可以从被审计单位内部获得,如被审计单位的凭证、账簿、报表和记录等,又可以从被审计单位以外的单位或个人获得,如向外函证的答复资料和购货发票等。

2. 加工证据

加工证据是指审计人员在审计过程中亲自对书面证据、实物证据等进行分析、整理、归类和制作所形成的较系统和明晰的资料,如现金盘点表等。加工证据的可靠性和证明力比较强,也不需再作过多的检查和验证。但是,加工证据也不可避免地存在着人为的不确定性,证据的质量主要取决于审计人员的业务水平和判断能力。

审计人员在审计过程中可以得到许多自然证据,但往往不足以使其对一定的审计事项作出判断并提出意见。在这种情况下,审计人员设法形成更多的加工证据,以对审计事项作出判断,避免审计意见由于缺乏足够的证据而失去公允性。这类证据不是由企业或外单位提供的,是审计人员自己工作的结果,所以称为加工证据,包括审计差异调整表、内部控制调查表等。

(四)审计证据按重要性分类

按审计证据的重要性进行分类,可以分为基本证据、辅助证据和矛盾证据。

1. 基本证据

基本证据是指对审计人员形成审计意见、作出审计结论具有直接影响作用的重要审计证据。例如,证明被审计单位财务状况好坏时,被审计单位的财务报表账簿等就是基本证据。审计人员如果离开了基本证据,就无法提出审计意见和作出审计结论。

2. 辅助证据

辅助证据是作为基本证据的一种必要的补充说明的证据。如要证明账簿记录的真实性,各种记账凭证是基本证据。而附在记账凭证后面的各种原始凭证,是编制记账凭证的依据,它们补充说明记账凭证以证明账簿的真实性,因而它们是辅助证据。

3. 矛盾证据

矛盾证据是指证明的方向与基本证据相反,或证明的内容与基本证据不一致的证据。如总分类账是编制财务报表的基本证据,被审计单位财务报表的流动负债是5 000万元,而总分类账中流动负债却是2 000万元。

遇到矛盾证据,审计人员应进一步收集审计证据,并加以深入分析和鉴定,以肯定或否定证据间的矛盾。

第二节　审计证据的特征

一、对注册会计师获取审计证据的总体要求

收集和评价审计证据是注册会计师得出审计结论、支撑审计意见的基础。注册会计师应当保持职业怀疑态度，运用职业判断，评价审计证据的充分性和适当性。

这里的职业怀疑态度是指注册会计师以质疑的思维方式评价所获取审计证据的有效性，并对相互矛盾的审计证据，以及引起对文件记录或管理层和治理层提供的信息的可靠性产生怀疑的审计证据保持警觉。换言之，职业怀疑态度就是要求注册会计师对审计证据进行批判性评价。注册会计师不能假定管理层一定是诚实的，而应当考虑他们不诚实的可能性。

职业怀疑态度应该包括：

（1）职业怀疑态度要求注册会计师如果在审计过程中发现了舞弊，那么不应该将其视为孤立发生的事项，还要考虑在某一特定领域存在舞弊，是否会导致更高更大风险的可能性。

（2）如果发现了相互矛盾的审计证据或者不可靠的审计证据，职业怀疑态度要求注册会计师应追加必要的审计程序。也就是审计过程中识别出异常的情况，注册会计师应进一步调查拟实施的审计程序，直至将情况查明。

二、审计证据的充分性（足够性）——定量（数量特征）

审计证据的充分性又称足够性，它是指审计证据的数量足以支持注册会计师的审计意见。因此，它是注册会计师为形成审计意见所需审计证据的最低数量要求。

审计证据的充分性是对审计证据数量的衡量，主要与注册会计师确定的样本量有关。例如，对某个审计项目实施某一选定的审计程序，从200个样本中获得的证据要比从100个样本中获得的证据更充分。

注册会计师需要获取的审计证据的数量受错报风险的影响。错报风险越大，需要的审计证据可能越多。具体来说，在可接受的审计风险水平一定的情况下，重大错报风险越大，注册会计师就应实施越多的测试工作，将检查风险降至可接受水平，以将审计风险控制在可接受的低水平范围内。

例如，注册会计师对某电脑公司进行审计，经过分析认为，受被审计单位行业性质的影响，存货陈旧的可能性相当高，存货计价的错报可能性就比较大。为此，注册会计师在审计中，就要选取更多的存货样本进行测试，以确定存货陈旧的程度，从而确认存货的价值是否被高估。

客观公正的审计意见必须建立在有足够数量的审计证据的基础之上，但是这并不是说审计证据的数量越多越好。为了使注册会计师进行有效率、有效益的审计，注册会计师通常把需要足够数量审计证据的范围降低到最低限度。

注册会计师判断审计证据是否充分，应当考虑下列主要因素。

（一）审计风险

审计风险由重大错报风险（固有风险和控制风险难以分割）和检查风险两部分组成。这里，注册会计师判断审计证据是否充分，应考虑的是重大错报风险。一般来说，如果注册

会计师对财务报表层和账户余额或某类交易层重大错报风险的性质估计得严重,其风险水平估计得很高,那么所需收集的证据的数量就多;反之,所需收集的证据的数量就少。可见,注册会计师对重大错报风险的估计水平与所需证据的数量是同向变动关系。检查风险与审计证据成反向关系,审计风险与审计证据之间成反向变动关系。重大错报风险具体又受以下因素的影响:

(1)项目的性质。如果所审计的被审计单位项目较为激进,偏向于投机冒险,则注册会计师的审计就要冒很大的风险。由于这类情况多发生在新创立的被审计单位,因此注册会计师在对新创立的被审计单位进行审计时,应做好有关的调查工作,在第一次进行审计时要有意识地提高审计证据的质量,增加审计证据的数量。

(2)内部控制的性质和强弱。一般而言,内部控制越健全,其审计的相对风险就越小;反之,被审计单位的内部控制越薄弱,其审计的相对风险就越大。因此,当发现被审计单位的内部控制出现重要弱点乃至失控时,注册会计师必须获取充足的审计证据,以降低因内部控制存在缺陷所带来的审计风险。

(3)业务经营性质。被审计单位经营的业务越复杂,审计的错报风险越大,则所需的证据数量也越多,注册会计师可能承担的风险就越高。即使有的时候注册会计师能搜集到很多的高质量审计证据也难以证实经济业务的性质,那么注册会计师就需要冒很大的审计风险。因此,注册会计师考虑接受委托时,应对此表示充分的关注,给予充分的估计,做到防患于未然,并且在审计过程中针对这种情况应断然采取措施,进行相应的处理。

(4)管理当局的可信赖程度。当被审计单位管理当局的可信赖程度较差甚至根本不可信赖时,最容易发生重大案件,因此注册会计师应格外注意这一方面的迹象。例如,当股东对被审计单位管理部门不满或怀疑管理人员有舞弊行为时,均有可能是管理部门不可信赖所致。注册会计师在审计过程中如遇到这种情况,则应注意提高警惕。

(5)财务状况。当被审计单位的财务状况不佳时,有时可能会采用不正当的手段来加以掩饰。例如,当被审计单位经营亏损或资金周转困难时,可能会延期注销坏账损失和废旧存货,或故意漏列负债等。在这种情况下,注册会计师必须注意提高审计证据的质量或适当增加审计证据的数量。

(6)经常更换会计师事务所。若被审计单位经常无正当理由更换会计师事务所时,大多数是因为其对审计报告不满。在这种情况下,后任注册会计师就要冒很大的审计风险。此时,后任注册会计师往往需提高审计证据的质量或相对增加审计证据的数量。

(二)具体审计项目的重要性

越是重要的审计项目,注册会计师就越需获取充分的审计证据以支持其审计结论或意见;否则一旦出现判断错误,就会影响注册会计师对审计整体的判断,从而导致注册会计师的整体判断失误。相对而言,对于不太重要的审计项目,即使注册会计师出现判断上的偏差,也不至于引发注册会计师的整体判断失误,故此时注册会计师可减少审计证据的数量。

(三)注册会计师及其业务助理人员的审计经验

丰富的审计经验,可使注册会计师及其助理人员从较少的审计证据中判断出被审事项是否存在错误或舞弊行为。相对来说,此时就可减少对审计证据数量的依赖程度;相反,当注册会计师及其助理人员缺乏审计经验时,少量的审计证据就不一定能使其发现被审事项是否存在错误或舞弊行为,因而应增加审计证据的需要量。

（四）审计过程中是否发现错误或舞弊

一旦审计过程中发现了被审事项存在错误或舞弊的行为，则被审计单位整体财务报表存在问题的可能性就增加，因此注册会计师需增加审计证据的数量，以确保能作出合理的审计结论，形成恰当的审计意见。

（五）审计证据的类型与获取途径

如果大多数审计证据都是从独立于被审计单位的第三者所获取的，而且这些证据本身不易伪造，则审计证据的质量就较高。相对而言，注册会计师所需获取的审计证据的数量就可减少；反之，审计证据的数量就应增加。

三、审计证据的适当性——定性（质量特征）

（一）审计证据的适当性的含义

审计证据的适当性是对审计证据质量的衡量，即审计证据在支持各类交易、账户余额、列报（包括披露，下同）的相关认定，或发现其中存在错报方面所具有的相关性和可靠性。相关性和可靠性是审计证据适当性的核心内容，只有相关且可靠的审计证据才是高质量的。相关性是指审计证据与审计目标相关联；可靠性是指审计证据应能如实地反映客观事实。

（二）审计证据的相关性

审计证据要有证明力，必须与注册会计师的审计目标相关。注册会计师只能利用与审计目的相关联的审计证据来证实被审计单位所认定的事项。例如，注册会计师在审计过程中怀疑被审计单位发出存货却没有给顾客开票，需要确认销售是否完整。注册会计师应当从发货单中选取样本，追查与每张发货单相应的销售发票副本，以确定是否每张发货单均已开具发票。如果注册会计师从销售发票中选取样本，并追查至与每张发票相应的发货单，由此所获得的证据与完整性目标就不相关。审计证据是否相关，必须结合具体审计目标来考虑。在确定审计证据的相关性时，注册会计师应当考虑：

特定的审计程序可能只为某些认定提供相关的审计证据，而与其他认定无关。例如，检查期后应收账款收回的记录和文件可以提供有关存在和计价的审计证据，但是不一定与期末截止是否适当相关。

针对同一项认定可以从不同来源获取审计证据或获取不同性质的审计证据。例如，注册会计师可以分析应收账款的账龄和应收账款情况，以获取与坏账准备计价有关的审计证据。只与特定认定相关的审计证据并不能替代与其他认定相关的审计证据。例如，有关存货实物存在的审计证据并不能够替代与存货计价相关的审计证据。

（三）审计证据的可靠性

审计证据的可靠性是指证据的可信程度。例如，注册会计师亲自检查存货所获得的证据，就比被审计单位管理层提供给注册会计师的存货数据更可靠。

审计证据的可靠性受其来源和性质的影响，并取决于获取审计证据的具体环境。注册会计师在判断审计证据的可靠性时，通常会考虑下列原则：

（1）从外部独立来源获取的审计证据比从其他来源获取的审计证据更可靠。从外部独立来源获取审计证据由完全独立于被审计单位以外的机构或人士编制并提供，未经被审计单位有关职员之手流转，从而减少了伪造、变造凭证或业务记录的可能性，因而其证明力最强。此类证据如银行询证函回函、应收账款询证函回函、保险公司等机构出具的证明等。相反，从其他来源获取的审计证据，由于证据提供者与被审计单位存在经济或行政关系等原因，其可靠性应受到质疑。此类证据如被审计单位内部的会计记录、会议记录等。

（2）内部控制有效时内部生成的审计证据比内部控制薄弱时内部生成的审计证据更可靠。如果被审计单位有着健全的内部控制且在日常管理中得到一贯地执行，会计记录的可信赖程度将会增加。如果被审计单位的内部控制薄弱，甚至不存在任何内部控制，被审计单位内部凭证记录的可靠性就大为降低。例如，如果与销售业务相关的内部控制有效，注册会计师就能从销售发票和发货单中取得比内部控制不健全时更加可靠的审计证据。

（3）直接获取的审计证据比间接获取或推论得出的审计证据更可靠。例如，注册会计师观察某项控制的运行得到的证据比询问被审计单位某项内部控制的运行得到的证据更可靠。间接获取的证据有被涂改伪造的可能性，降低了可信赖程度。其推论得出的审计证据主观性较强，人为因素较多，可信赖程度也受到一定影响。

（4）以文件、记录形式（无论是纸质、电子或其他介质）存在的审计证据比口头形式的审计证据更可靠。例如，会议的同步书面记录比对讨论事项事后的口头表述更可靠。口头证据本身并不足以证明事实的真相，仅仅提供一些重要线索，为进一步调查确认所用。在一般情况下，口头证据往往需要得到其他相应证据的支持。

（5）从原件获取的审计证据比从传真件或复印件获取的审计证据更可靠。注册会计师可审查原件是否有被涂改或伪造的迹象，排除伪证，提高证据的可信赖程度。而传真件或复印件容易是变造或伪造的结果，可靠性较低。

（6）越及时的证据越可靠。

（7）客观证据比主观证据可靠。

注册会计师获取审计证据时，可以考虑成本-效益原则。在获取充分、适当的审计证据的前提下，实现成本最小化也是会计师事务所增强竞争能力和获利能力所必需的。需要注意的是，对于重要的审计项目，注册会计师不应以审计成本的高低或获取审计证据的难易程度作为减少必要审计程序的理由。此时，注册会计师如无法取得充分且适当的审计证据，则应视情况发表保留意见或无法表示意见的审计报告。

审计证据与法律证据并不完全相同，两者在证据取得与鉴定方面均有所区别。法律证据由诉讼双方提供，裁决者并不参与证据的收集；审计证据则需由注册会计师收集，并由其根据审计证据作出判断。法律上通常要求以最可靠的证据来证实所起诉的内容。在审计过程中，什么可作为证据，如何取得适当的证据，应由注册会计师根据审计目标与自己的专业经验加以判定。

四、充分性和适当性之间的关系

充分性和适当性是审计证据的两个重要特性，两者缺一不可，只有充分且适当的审计证据才是有证明力的。审计证据的充分性和适当性密切相关、审计证据的适当会影响其充分性。一般而言，审计证据的相关与可靠程度越高，则所需审计证据的数量就可减少；反之，审计证据的数量就要相应增加。两者密切相关，适当性会影响充分性，但并不是说充分性也会影响适当性。尽管审计证据的充分性和适当性相关，但如果审计证据的质量存在缺陷，注册会计师仅靠获取更多的审计证据，也可能无法弥补其质量上的缺陷。

注册会计师需要获取的审计证据的数量也受审计证据质量的影响。审计证据质量越高，需要的审计证据数量可能越少。也就是说，审计证据的适当性会影响审计证据的充分性。例如，被审计单位内部控制健全时生成的审计证据更可靠，注册会计师只需获取适量的审计证据,就可以为发表审计意见提供合理的基础。

需要注意的是,尽管审计证据的充分性和适当性相关,但如果审计证据的质量存在缺陷,那么注册会计师仅靠获取更多的审计证据亦可能无法弥补其质量上的缺陷。

第三节　审计证据的收集

注册会计师为获取必要的审计证据,应采取一些相应的审计程序获取审计证据。以下主要介绍审计程序的目的及具体审计程序,分析会计数据和其他相关信息的生成和储存方式对审计程序的影响。

一、审计程序的目的

按审计程序的目的可将注册会计师为获取充分、适当的审计证据而实施的审计程序分为风险评估程序、控制测试(必要时或决定测试时)和实质性程序。

注册会计师应通过实施风险评估程序、控制测试(必要时或决定测试时)和实质性程序,获取充分、适当的审计证据,得出合理的审计结论,作为形成审计意见的基础。

(一)风险评估程序

注册会计师应当实施风险评估程序,以此作为评估财务报表层次和认定层次重大错报风险的基础。风险评估程序为注册会计师确定重要性水平、识别需要特别考虑的领域、设计和实施进一步审计程序等工作提供了重要基础,有助于注册会计师合理分配审计资源,获取充分、适当的审计证据。

需要注意的是,风险评估程序并不能识别出所有的重大错报风险,虽然它可作为评估财务报表层次和认定层次重大错报风险的基础,但并不能为发表审计意见提供充分、适当的审计证据。为了获取充分、适当的审计证据,注册会计师还需要实施进一步程序,包括实施控制测试(必要时或决定测试时)和实质性程序。

(二)控制测试

《中国注册会计师审计准则第1301号——审计证据》第22条规定,当存在下列情形之一时,控制测试是必要的:

(1)在评估认定层次重大错报风险时,预期控制的运行是有效的,注册会计师应当实施控制测试以支持评估结果。

(2)仅实施实质性程序不足以提供有关认定层次的充分、适当的审计证据,注册会计师应当实施控制测试,以获取内部控制运行有效性的审计证据。

实施控制测试的目的是测试内部控制在防止、发现并纠正认定层次重大错报方面的运行有效性,从而支持或修正重大错报风险的评估结果,据以确定实质性程序的性质、时间和范围。

(三)实质性程序

注册会计师应当计划和实施实质性程序,以应对评估的重大错报风险。实质性程序包括对各类交易、账户余额、列报的细节测试以及实质性分析程序。注册会计师对重大错报风险的评估是一种判断,可能无法充分识别所有的重大错报风险,并且由于内部控制存在固有局限性,无论对重大错报风险的评估结果如何,注册会计师都应当针对所有重大的各类交易、账户余额、列报实施实质性程序。可见,注册会计师应当执行实质性程序,以获取充分、适当的审计证据。

二、审计程序的类型

注册会计师可以使用的具体审计程序的类型及其与审计程序的目的之间的关系：注册会计师可以采用检查记录或文件、检查有形资产、观察、询问、函证、重新计算、重新执行和分析程序等具体审计程序来获取审计证据。

在实施风险评估程序、控制测试或实质性程序时，注册会计师可根据需要单独或综合运用上述程序，以获取充分、适当的审计证据。

注册会计师使用的具体审计程序有如下类型。

（一）检查

检查是指注册会计师对被审计单位内部或外部生成的，以纸质、电子或其他介质形式存在的记录或文件进行审查，或对资产进行实物审查。检查记录或文件可以提供可靠程度不同的审计证据。审计证据的可靠性取决于内部记录或文件的性质和来源，而在检查内部记录或文件时，其可靠性则取决于生成该记录或文件的内部控制的有效性。将检查用作控制测试的一个例子，是检查记录以获取关于授权的审计证据。

某些文件是表明一项资产存在的直接审计证据，如构成金融工具的股票或债券，但检查此类文件并不一定能提供有关所有权或计价的审计证据。此外，检查已执行的合同可以提供与被审计单位运用会计政策（如收入确认）相关的审计证据。

检查有形资产可为其存在性提供可靠的审计证据，但不一定能够为权利和义务或计价认定提供可靠的审计证据。对个别存货项目进行的检查，可与存货监盘一同实施。

（二）观察

观察是指注册会计师察看相关人员正在从事的活动或执行的程序。例如，对客户执行的存货盘点或控制活动进行观察。

观察提供的审计证据仅限于观察发生的时点，并且在相关人员已知被观察时，相关人员从事活动或执行程序可能性与日常的做法不同，从而会影响注册会计师对真实情况的了解。因此，注册会计师有必要获取其他类型的佐证证据。

（三）询问

询问是指注册会计师以书面或口头方式，向被审计单位内部或外部的知情人员获取财务信息和非财务信息，并对答复进行评价的过程。

知情人员对询问的答复可能为注册会计师提供尚未获悉的信息或佐证证据，也可能提供与已获悉信息存在重大差异的信息。注册会计师应当根据询问结果考虑修改审计程序或实施追加的审计程序。询问本身不足以发现认定层次存在的重大错报，也不足以测试内部控制运行的有效性。注册会计师还应当实施其他审计程序以获取充分、适当的审计证据。

针对某些事项，注册会计师可能认为有必要向管理层和治理层（如适用）获取书面声明，以证实对口头询问的答复。

（四）函证

函证是指注册会计师直接从第三方（被询证者）获取书面答复以作为审计证据的过程，书面答复可以采用纸质、电子或其他介质等形式。当针对的是与特定账户余额及其项目相关的认定时，函证常常是相关的程序。但是，函证不必仅仅局限于账户余额。例如，注册会计师可能要求对被审计单位与第三方之间的协议和交易条款进行函证。注册会计师可能在询证函中询问协议是否作过修改；如果做过修改，要求被询证者提供相关的详细信息。

此外,函证程序还可以用以获取不存在某些情况的审计证据,如不存在可能影响被审计单位收入确认的"背后协议"。

通过函证获取的证据可靠性较高,因此,函证是受到高度重视并经常被使用的一种重要程序。

（五）重新计算

重新计算是指注册会计师以手工方式或使用计算机辅助审计技术,对记录或文件中的数据计算的准确性进行核对。重新计算通常包括计算销售发票和存货的总金额、加总日记账和明细账、检查折旧费用和预付费用的计算以及检查应纳税额的计算等。

注册会计师进行重新计算的目的在于验证被审计单位的凭证、账簿和报表中的数字是否正确。注册会计师运用重新计算方法取证时,应采用与被审计单位确定的政策和选定的方法相一致,但在计算形式和顺序上可以按注册会计师认为最有利于提高效率的方式进行,不一定要遵循被审计单位的原定方式和方法。

例如,注册会计师为验证累计折旧计提的正确性,应先将被审计单位确定的计提基础时期（即是按本期余额还是按上期余额计提折旧）、计提折旧方法、使用年限、净残值率、计提折旧范围（即哪些固定资产可以计提折旧）等予以审核采用,然后收集有关数据进行重新计算;重新计算时一般以 1 年为计算期,而被审计单位的计算期可能是每个月计算累加而得的。注册会计师应对计算过程中的准确性和计算结果以及其他差错（如过账和转账）等予以关注。重新计算取证的另外一种形式是对会计资料中有关项目进行加总或其他运算。其中加总可以横向数据加总,也可以纵向数据加总。横向加总主要是验证借、贷、余三栏金额的正确性和多栏式明细账中各明细项目数据与总数据的正确关系;纵向加总对于验证合计数、累计数的正确性不失为很有效的方法。

（六）重新执行

重新执行是指注册会计师以人工方式或使用计算机辅助审计技术,重新独立执行作为被审计单位内部控制组成部分的程序或控制。例如,注册会计师利用被审计单位的银行存款日记账和银行对账单,重新编制银行存款余额调节表,并与被审计单位编制的银行存款余额调节表进行比较。

（七）分析程序

分析程序是指注册会计师通过研究不同财务数据之间以及财务数据与非财务数据之间的内在关系,对财务信息作出评价。分析程序还包括调查识别出的、与其他相关信息不一致或与预期数据严重偏离的波动和关系。

分析程序通过分析被审计单位重要的比率或趋势,包括调查这些比率或趋势的异常变动及其与预期数额和相关信息的差异,可以获得有关项目存在异常变动的证据。对于异常变动项目,注册会计师应重新考虑所采用审计方法的适当性,必要时应追加审计程序,以获取更为可靠的审计证据。在实施分析程序时,注册会计师可以使用简易比较、比率分析、结构百分比分析和趋势比率分析方法,同时应考虑数据之间是否存在某种预期关系,如果不存在预期关系,不应运用分析程序。

三、信息生成和储存方式对审计程序的影响

审计程序的性质和时间可能受会计数据和其他相关信息的生成和储存方式的影响,注册会计师应当提请被审计单位保存某些信息以供查阅,或在可获得该信息的期间执行审计程序。

某些会计数据和其他信息只能以电子形式存在，或只能在某一时点或某一期间得到，注册会计师应当考虑这些特点对审计程序的性质和时间的影响。

随着信息化的发展，可获得的被审计单位各种有关记录大部分是电子形式的记录。例如，在电子商务中，被审计单位及其顾客或供应商使用通过公共网络（如因特网）连接的计算机进行商业活动，采购、运输、开具账单、现金收讫和现金支出交易通常全部以电子处理的方式完成。在图像处理系统中，文件可以被扫描和转换成电子图像以便于存储和检索，而原始凭证可能在转换后未被保存。某些电子信息可能只存在于特定的时点，注册会计师应当考虑会计数据和其他相关信息的生成和储存方式对实施审计程序的影响。当信息以电子形式存在时，注册会计师可以通过使用计算机辅助审计技术实施某些审计程序。

第四节　审计证据的整理

注册会计师为了使所收集到的分散的、个别的审计证据变成充分、适当的证据，以正确评价被审计单位财务报表是否在所有重大方面公允地反映了其财务状况、经营成果及现金流量，就必须按照一定的方法对审计证据进行整理与分析，使之条理化、系统化。只有这样，注册会计师才能对各种审计证据合理地进行审计小结，并在此基础上恰当地形成整体的审计意见。

一、审计证据整理的意义

首先，通过各种审计方法所获取的大部分审计证据，在注册会计师对其进行分析评价之前，都还是一种原始状态的证据。这些证据往往是初始的、凌乱的、无序的和彼此孤立的，且证据的形式也复杂多样。因此，注册会计师只有按照一定的程序、目的和方法进行科学的加工整理，才能使其变成有序的、系统化的、彼此联系的审计证据。

其次，初始状态的审计证据必须与审计目的相联系，并就其性质和重要程度以及同其他证据之间的关系进行分析、计算和比较，以对被审计单位的各个方面作出评价，并形成比较完整的认识，否则就难以正确地评价和运用审计证据并形成正确的审计结论和意见。在整理过程中，对发现证据不足的地方，还可进行补充收集，以便获取新的证据材料，把审计工作引向深入。

最后，在审计过程中，通过注册会计师的分析、研究，还可能产生一些有价值的新的证据，从而对被审计单位作出较为恰当的结论。

审计证据的收集与整理、分析并非是互不相关的独立的环节；相反，它们经常是交叉进行的。

二、审计证据整理的方法

一般而言，审计证据整理、分析有如下方法：

（1）分类是指将各种审计证据按其证明力的强弱，或按与审计目标的关系是否直接等分门别类排列成序。

（2）计算是指按照一定的方法对数据方面的审计证据进行计算，并从计算中得出所需要的新的证据。

（3）比较，包括两方面的内容：一方面要将各种审计证据进行比较，从中分析出被审计单位经济业务的变动趋势及其特征；另一方面还要与审计目标进行比较，判断其是否符合要求（如不符合要求，则需补充收集有关的审计证据）。

（4）小结是指对审计证据在上述分类、计算和比较的基础上，注册会计师对审计证据进行归纳、总结，得出具有说服力的局部的审计结论。

（5）综合是指注册会计师对各类审计证据及其所形成的局部的审计结论进行综合分析，最终形成整体的审计意见。

三、审计证据整理应注意的几个问题

注册会计师在对审计证据进行整理与分析时，应着重注意以下事项。

（一）审计证据的取舍

注册会计师不必也不可能把审计证据所反映的内容全部都包括到审计报告之中。在编写审计报告之前，他必须对反映不同内容的审计证据作适当的取舍，舍弃那些无关紧要的、不必在审计报告中反映的次要证据，只选择那些具有代表性的、典型的审计证据在审计报告中加以反映。审计证据取舍的标准大体有：

（1）金额大小。对于金额较大、足以对被审计单位财务状况和经营成果的反映产生重大影响的证据，应当作为重要的审计证据。

在确定未遵守《企业会计准则》的重要性时，可选用某种用来比较的基数，如净收益、资产总额、营运资本合计等，将错误的金额与基数比较判断是否重要。有时注册会计师还必须将全部未改正的错误金额汇总起来，判断原来并不重要的个别错误在汇总后是否对财务报表构成严重影响。

（2）问题性质的严重程度。有的审计证据本身所揭露问题的金额也许并不很大，但这类问题的性质较为严重，它可能导致其他重要问题的产生或与其他可能存在的重要问题有关，则这类审计证据也应作为重要的证据。比如非法交易或舞弊，金额再小，其性质也是严重的。

（二）分清事实的现象与本质

某些审计证据所反映的可能只是一种假象，注册会计师必须对其加以认真分析研究，透过现象找出它所反映事物的本质，而不能被表面的假象所迷惑。审计证据的真实性，主要是指审计证据所反映的内容是对客观存在的经济活动及其变化的真实描写。具体包括：

（1）审计证据必须是对经济活动完全逼真的描写，而不能在其中夹杂审计人员的主观意见。

（2）审计证据中的时间、地点、事实、当事人都要准确无误。

（3）审计证据所描述的经济活动变化的环境、条件、因果关系也必须真实可靠。

（4）审计证据中各种数字、计量单位必须正确。

（5）审计证据的语言，要求明晰、准确。

（三）排除伪证抑或假证

所谓伪证是指被审计单位等审计证据的提供者出于某种动机而伪造的证据。这些证据因精心炮制而貌似真实证据，或与被审计事实之间存在某种巧合，如不认真排除，往往会鱼目混珠，以假乱真。假证则是数据不真实的证据，如添油加醋或改变其证据数量（增减均有可能）。

第五节 审计证据的综合评价

审计人员采取一定的方法整理挑选取得审计证据以后，接下来的工作是如何根据审计

目标选择适当的审计证据,也就是要对审计证据的强弱作出综合评判。

(一) 审计证据的可靠性

审计证据的可靠性是指证据的可信程度。审计证据因其来源不同其可靠性也不一样,证据的可靠性与提供证据的来源有关。审计证据的可靠性包括两个方面的内容:一是审计证据的来源必须可靠;二是审计证据本身是确实可靠的。

(二) 审计证据的充分性

审计证据的充分性是指审计结论具有说服力而使人们完全相信(不留任何怀疑)所需审计证据的数量。究竟需要多少审计证据才足够作为作出审计结论的依据? 这在很大程度上取决于审计人员的主观判断和准备承担的风险。在审计人员决定需要多少证据才是足够的、充分的这个问题上,审计人员必须掌握的界限是:必须获得充分的审计证据去满足一位明智的人所可能提出的一切合理的疑问。也就是说,审计证据的数量要达到能"胜过合理的怀疑"这样一种程度,这时可认为审计证据是足够的、充分的。

(三) 审计证据的证明力

审计证据的证明力是在上述可靠性、重要性和充分性的基础之上形成的。审计证据的证明力不仅需要可靠性,而且必须具备重要性和充分性。审计人员为支持其审计意见,就必须决定需要何种审计证据。这又迫使审计人员不得不首先考虑审计证据证明力的强度。审计证据的种类是多种多样的,由于审计证据的种类不同,审计证据的证明力也就不一样。审计人员的主要目标应放在证明力最强的审计证据之上。

一般来说,被审计单位对审计证据的支配力越小,其证明力就越强;反之,对审计证据的支配力越大,其证明力就越弱。审计人员了解不同种类审计证据证明力的强弱,有助于其在选择审计证据时作出正确的判断。

(四) 审计证据的经济性

从理论上讲,为了证实审计结论,审计人员应该取得足够有说服力的审计证据。但从另一方面讲,审计人员不得不考虑审计证据的效用与收集、鉴定这些审计证据的成本之间的关系,即审计证据经济性的概念。有时往往考虑到由于收集和鉴定审计证据所需的成本过高,而使审计人员不得不放弃"理想的审计证据",代之以不很理想但仍可使用的证据。审计人员应该使用最有效又最经济的方法,从可以收集到的审计证据中挑选出合适的审计证据以支持其审计结论和审计意见。

审计证据的评价,贯穿于审计工作的始终,从制订审计计划开始到发表审计意见、提出审计报告都有一个审计证据的评价问题。① 在制订审计计划时,审计人员首先应该了解审计目标,明确需要证明哪些事项,要证明这些事项需要什么类型的审计证据,需要多少审计证据,这样才能决定为收集这些审计证据应办理哪些审计手续,采取哪些审计程序。这种评价虽然是事前的,但仍然是必不可少的。② 当审计人员实施一定的审计程序并已经收集到关于审计事项的所有审计证据后,就应从充分性、证明力、可信性和经济性等各方面作出鉴定。鉴定的结果如果未达到上述标准,则应采取补充的审计程序和更改审计技术或扩大审计范围,直到取得具有足够证明力来支持审计结论的审计证据为止。③ 在审计报告阶段,在对审计证据进行鉴定的基础,通过综合鉴定,取得对被审计单位财务报表评价的客观依据。在综合评价过程中,审计人员凭借政策水平、专业知识和业务经验对相关证据进行归纳、分析,综合形成最终意见和评价。

主 要 术 语

1. 审计证据
2. 实物证据
3. 书面证据
4. 口头证据
5. 环境证据
6. 直接证据
7. 间接证据
8. 基本证据
9. 审计证据的充分性
10. 审计证据的适当性
11. 风险评估程序
12. 控制测试
13. 实质性程序
14. 审计证据评价

复 习 思 考 题

1. 什么是审计证据? 审计证据的主要类型有哪些?
2. 获取审计证据有哪些方法?
3. 审计证据的充分性与适当性之间的关系是什么?
4. 如何鉴定审计证据?
5. 口头证据的可信度如何? 如何有效利用口头证据判断审计事项?

练 习 题

一、单项选择题

1. 审计证据的可靠性受其来源和性质的影响。以下关于可靠性的说法中,不正确的是( )。

A. 以纸质形式存在的证据比以电子形式存在的证据更为可靠

B. 从原件获取的证据比从复印件及传真件获取的证据更为可靠

C. 电子文件形式的审计证据比口头方式审计证据更为可靠

D. 询问有关人员的口头证据比被审计单位网页上下载的文件更可靠

2. 按审计证据的可靠性由高到低的顺序,在注册会计师所获取的下列审计证据中,你认可的顺序排列是( )。

A. 银行存款函证回函、购货发票、销货发票副本、应收账款明细账

B. 购货发票、应收账款明细账、银行存款函证回函、销货发票副本

C. 销货发票副本、购货发票、银行存款函证回函、应收账款明细账

D. 应收账款明细账、银行存款函证回函、销货发票副本、购货发票

3. 在不考虑审计成本、样本规模一定的前提下,下列选样方法中的( )取得的证据最具有相关性。

A. 只在总体中金额较大的项目中选取

B. 仅在总体中金额很小的项目中选取

C. 包含大量的大金额项目和少量的小金额项目

D. 包含大量的小金额项目和少量的大金额项目

4. 乙会计师事务所的审计小组在审查 K 公司 20×7 年度财务报表时,对应收账款实施了充分的函证程序,获取了大量的函证回函作为审计证据,并由此得出了 K 公司应收账款总体上不存在重大差错的审计结论。但在外勤审计工作结束前,乙会计师事务所接到一个

自称 K 公司债务单位 L 公司财务人员的电话,电话声称:L 公司函证回函上的签字是在 L 公司主管人员的授意下伪造的。经查,K 公司应收 L 公司的货款占 K 公司全部应收账款的 50%,相应的金额超过了审计小组确定的 K 公司财务报表层次的重要性水平。根据以上情况,你认为乙会计师事务所首先应当( )。

    A. 以检查 K 公司向 L 公司的发货凭证为替代程序

    B. 基于谨慎性考虑,请相关鉴定机构鉴定函件真伪

    C. 考虑函件寄发与接收的各个环节上是否存在漏洞

    D. 按审计范围受限程度对 K 公司财务报表发表保留意见

5. 乙注册会计师为了查明导致 B 公司财务报表严重失实的错误与舞弊,主要应当实施( )。

    A. 分析程序   B. 控制测试程序

    C. 实质性程序   D. 穿行测试程序

二、多项选择题

1. 注册会计师事通常认为从外部独立来源获取的证据比从其他来源获取的证据更可靠。除此之外,还常常按照下列( )原则考虑证据的可靠性。

    A. 直接获取的证据比间接获取或推论得出的证据更可靠

    B. 内部控制有效时内部生成的证据比内部控制薄弱时内部生成的证据更可靠

    C. 从原件获取证据比从传真或复印件获取的证据更可靠

    D. 以文件记录形式存在的证据比口头形式的证据更可靠

2. 注册会计师应当充分运用各类交易、账户余额、列报与披露认定,作为( )的基础。

    A. 评估重大错报风险

    B. 实施进一步审计程序

    C. 形成正确的审计结论

    D. 确定审计意见类型

3. 在财务报表审计业务中,注册会计师实施审计程序,获取充分、适当的审计证据,为的是实现( )目的。

    A. 对各类交易、账户余额、列报与披露的细节进行测试及实施实质性分析

    B. 了解被审计单位及其环境,以评估财务报表及认定层次的重大错报风险

    C. 测试内部控制在防止或发现并纠正报表层次重大错报方面运行的有效性

    D. 发现认定层次的重大错报

4. 在以下有关内部控制与审计证据充分性和适当性的说法中,正确的是( )。

    A. 内部控制健全、有效性影响审计证据的充分性。确切地说,内部控制的健全、有效程度与审计证据的数量成反向变动关系

    B. 通常,注册会计师应当从控制测试与实质性程序两方面考虑审计证据的相关性,内部控制健全、有效性影响审计证据的相关性

    C. 内部控制健全、有效性影响审计证据的可靠性。一般而言,来自健全、有效的内部控制的审计证据具有更高的可靠性

    D. 内部控制健全、有效性影响审计证据的充分性和适当性

5. 外部证据是由被审计单位以外的组织机构或人士所编制和提供的审计证据。以下

审计证据中,属于外部证据的是( )。

    A. 注册会计师持有的应收账款函证回函

    B. 注册会计师持有银行存款函证回函

    C. 被审计单位持有的购货发票

    D. 被审计单位管理层对外开具的销售发票

三、判断题

1. 检查 M 公司应收账款时,注册会计师张华向 M 公司债务人 N 公司发函询证,回函确认的金额与 M 公司凭证、账面反映的金额之间出现了重大差异。张华认为某项审计证据可能不可靠,追加了审计程序。 ( )

2. 如注册会计师根据对被审计单位及其环境的了解,得知本期在生产成本中占较大比重的原材料成本大幅上升,但通过分析程序发现本期与上期的毛利率变化不大。注册会计师可能据此认为销售成本存在重大错报风险。 ( )

3. 如果注意到可能导致对鉴证对象信息重大修改的某个事项,即使执行的是有限保证鉴证业务,注册会计师也应执行其他足够的程序追踪该事项,以支持其报告。 ( )

4. 实质性程序包括两类,注册会计师可以运用这两类实质性程序分别证明管理层对财务报表各项认定的公允性和报表数据之间关系的合理性。 ( )

5. 注册会计师可以利用检查文件资料的程序来进行控制测试和实质性程序,但在不同种类的测试中,检查的对象是不同的。 ( )

四、案例分析

1. A 注册会计师是 Q 公司 20×7 年度财务报表审计负责人,在审计过程中,需对负责负债项目审计的助理人员提出的相关问题予以解答,并对其编制的审计工作底稿进行复核。请代为作出正确的专业判断。

在对短期借款实施相关审计程序后,需对所取得的审计证据进行评价。以下有关短期借款审计证据可靠性的论述中,正确的有( )。

(1) 从第三方获取的有关短期借款的证据比直接从 Q 公司获得的相关证据更可靠

(2) 短期借款的控制风险为低水平时产生的会计数据比控制风险为高水平时产生的会计数据更为可靠

(3) 短期借款的控制风险为高水平时产生的会计数据比控制风险为低水平时产生的会计数据更为可靠

(4) Q 公司提供的短期借款合同尽管有借贷双方的签章,但如果没有其他证据佐证,也不可靠

2. L 注册会计师在对 F 公司 20×7 年度财务报表进行审计时,收集到以下六组审计证据:

(1) 收料单与购货发票。

(2) 销货发票副本与产品出库单。

(3) 领料单与材料成本计算表。

(4) 工资计算单与工资发放单。

(5) 存货盘点表与存货监盘记录。

(6) 银行询证函回函与银行对账单。

要求:请分别说明每组审计证据中哪项审计证据较为可靠,并简要说明理由。

五、参考答案

【单项选择题】　1. D　2. A　3. C　4. C　5. C

1. [答案] D

[解析] 以文件记录形式(无论是纸质、电子或其他介质)存在的审计证据比口头形式的审计证据可靠。

2. [答案] A

[解析] 银行存款函证回函为直接交给注册会计师的外部证据,证明力最强,购货发票为由审计单位持有的外部证据,销货发票副本属于在外部流转的内部证据,而应收账款明细账为未在外部流转的内部证据。

3. [答案] C

[解析] 方法 A 可以验证大金额项目,但无法获知是否存在"小金额错报漏报的累计超过重要性"的情况。方法 B 更无法证实是否在所有重大问题的处理上都公允。C 在四种方法中是最合理的。D 是与 C 相反的方法,它仅比 B 合理些,比其余的方法都差。如果将这四种方法按照合理性来排序,应当是 C、A、D、B。

4. [答案] C

[解析] 发货凭证属于内部证据。对于重大事项,以内部凭证作为审计证据难以满足"适当性"要求;虽然必要时可以请相关机构鉴定笔迹的真伪性,但一般情况下审计业务不涉及证据真伪性的鉴别;审计人员首先应做的是检查自身工作程序是否符合审计准则的要求,C 就是这样的程序。在审计人员"有计可施"的情况下不应按审计范围受限处理。

5. [答案] C

[解析] 舞弊与具体的交易或事项相关,A 不适当。控制测试 B 及其穿行测试 D 均是用于对内部控制制度的测试程序,与交易、余额均无关,均不能选。

【多项选择题】　1. ABCD　2. AB　3. BD　4. ABCD　5. ABC

1. [答案] ABCD

[解析] 鉴证业务基本准则的规定。

2. [答案] AB

[解析] 形成审计结论、确定审计意见的基础应当是审计证据。

3. [答案] BD

[解析] A 的说法不符合审计准则的规定;C 中"报表"层次应改为"认定"层次,且该目的不是必需的。

4. [答案] ABCD

[解析] 命题本身就是解释性和总结性的。

5. [答案] ABC

[解析] 判断证据的内、外属性,依据的是形成于被审计单位的内、外,而不是保存、持有状态的内、外。

【判断题】　1. √　2. √　3. √　4. √　5. √

1. [答案] √

[解析] 如果从不同来源获取的审计证据或获取的不同性质审计证据不一致,可能表明某项审计证据不可靠,注册会计师应当追加必要的审计程序。

2. [答案] √

［解析］当实际情形与合理的预期不一致时,常常意味着重大错报风险的存在。

3.［答案］√

［解析］无论是合理保证的鉴证业务还是有限保证的鉴证业务,如果注册会计师注意到某事项可能导致其对鉴证对象信息是否需要重大修改产生疑虑,注册会计师应当执行其他足够的程序追踪该事项以支持其报告。

4.［答案］√

［解析］实质性程序包括两部分:其一是对交易和余额进行详细测试,其二是对会计信息和非会计信息进行分析程序。实质性程序主要用来证实管理层对财务报表各项认定的公允性,其中的第二部分则可以证实财务报表中各数据之间有关关系的合理性。

5.［答案］√

［解析］检查文件资料的对象有二,一是会计记录,二是其他书面文件。会计记录的内容主要是交易与余额,此种检查属于实质性程序;书面文件的内容是广泛的,包含被审计单位的规章管理制度、经济合同与协议等,检查这样的内容属于控制测试。

【案例分析】 1.【正确答案】被审计单位助理人员对短期借款审计证据可靠性判断的(1)、(2)、(4)项正确。【题解】本题的要点为结合短期借款审计程序,考虑获取审计证据的可靠性。(3)应为:控制风险为低水平时产生的会计数据比控制风险为高水平时产生的会计数据更为可靠。所以该审计助理人员的这项判断错误。

2.【正确答案】

(1) 购货发票较为可靠。购货发票是注册会计师从被审计单位以外的单位获取的审计证据较被审计单位提供的收料单更可靠。

(2) 销货发票副本较为可靠。销货发票副本属于被审计单位在外部流转的证据,这会比仅在被审计单位内部流转的产品出库单更可靠。

(3) 领料单较为可靠。材料成本计算表所依据的原始凭证是收料单,因此,收料单较材料成本计算表更可靠。

(4) 工资发放单较为可靠。工资发放单上有受领人的签字,所以,工资发放单较工资计算表更可靠。

(5) 存货监盘记录较为可靠。存货盘点表是被审计单位对存货盘点的记录,而存货监盘记录表是注册会计师实施存货的监盘程序取得的记录。所以,存货监盘记录较存货盘点表更可靠。

(6) 银行询证函回函较为可靠。注册会计师直接获取的银行存款函证的回函较被审计单位提供的银行对账单更可靠。

本章要点概览

1. 审计证据是注册会计师为得出审计结论、形成审计意见而使用的所有信息,包括财务报表依据的会计记录中含有的信息和其他信息。要实现审计目标,必须收集和评价审计证据。

2. 审计证据可按不同划分标准进行分类。审计证据按外表形式分类,可以分为实物证据、书面证据、口头证据和环境证据。按相关程度分类,可以分为直接证据和间接证据。按获取来源分类,可以分为自然证据和加工证据。按重要性分类,可以分为基本证据、辅助证据和矛盾证据。

3. 注册会计师应当获取充分、适当的审计证据,以便得出合理的审计结论,作为形成审计意见的基础。

审计证据的充分性亦称足够性,它要求审计证据的数量足以支持注册会计师的审计意见。充分性是注册会计师为形成审计意见所需审计证据的最低数量要求,是对审计证据数量的衡量。

审计证据的适当性则是对审计证据质量的衡量,即审计证据在支持各类交易、账户余额、列报(包括披露)的相关认定,或发现其中存在错报方面具有相关性和可靠性。

4. 注册会计师判断审计证据是否充分、适当,应考虑下列主要因素:审计风险、具体审计项目的重要性、注册会计师及其助理人员的审计经验、审计中是否发现错误或舞弊、审计证据的类型与获取途径。

第十二章　审计工作底稿

学习目的与要求

　　本章旨在阐述审计工作底稿的基本概念。内容主要包括审计工作底稿的含义、审计工作底稿的种类、审计工作底稿的作用、审计工作底稿的格式及内容、审计工作底稿的复核与归档。通过本章的学习,要求全面了解审计工作底稿的定义,明确审计工作底稿重要作用,确立审计工作底稿概念;了解审计工作底稿的格式;明确审计工作底稿的主要内容;了解审计工作底稿分级复核制度;掌握审计工作底稿的归档及保存期限。

课前预习题

1. 了解什么是审计工作底稿?
2. 审计工作底稿的编制是如何完成的?
3. 审计工作底稿有哪些存在形式?
4. 审计工作底稿的格式及主要内容有哪些?
5. 如何监督审计业务进程?

第一节　审计工作底稿的含义、分类及作用

一、审计工作底稿的含义和编制目的

（一）审计工作底稿的含义

　　审计工作底稿是指注册会计师对制定的审计计划、实施的审计程序、获取的相关审计证据,以及得出的审计结论作出的记录。审计工作底稿是审计证据的载体,是注册会计师在审计过程中形成的全部审计工作记录和获取的资料。它形成于审计过程,并反映整个审计过程。

　　审计工作底稿的内容包括注册会计师在制定和实施审计计划时直接编制的、用以反映其审计思路和审计过程的工作记录,注册会计师从被审计单位或其他有关部门取得的、用作审计证据的各种原始资料,以及注册会计师接受并审阅他人代为编制的审计记录。审计工作底稿的内容是注册会计师形成审计结论、发表审计意见的直接依据。

（二）审计工作底稿的编制目的

注册会计师应当及时编制审计工作底稿，以实现下列目的：① 提供充分、适当的记录，作为审计报告的基础。② 提供证据，证明其按照中国注册会计师审计准则的规定执行了审计工作。

除上述目的外，编制审计工作底稿还可以实现以下目的：

（1）有助于项目组计划和执行审计工作。

（2）有助于负责督导的项目组成员按照质量控制准则完成指导、监督与复核审计工作的责任。

（3）便于项目组说明其执行审计工作情况。

（4）保留对未来审计工作持续产生重大影响的事项的记录。

（5）便于会计师事务所实施质量控制复核与检查。

（6）便于监管机构对会计师事务所实施执业质量检查。

审计工作底稿是注册会计师形成审计结论、发表审计意见的直接证据。在会计师事务所因执业质量而涉及诉讼或有关监管机构进行执业质量检查时，审计工作底稿能够提供证据，证明会计师事务所是否按照审计准则的规定执行了审计工作。

及时编制审计工作底稿有助于提高审计工作的质量，便于在出具审计报告之前，对取得的审计证据和得出的审计结论进行有效复核和评价。如果时间拖延过久，注册会计师可能会遗忘某些事项，使得审计工作底稿的记录不能全面地反映注册会计师所执行的审计工作。一般情况下，在审计工作执行过程中编制的审计工作底稿比事后编制的审计工作底稿更准确。

（三）编制审计工作底稿使用的文字

编制审计工作底稿的文字应当使用中文。少数民族自治地区可以同时使用少数民族文字；中国境内的中外合作会计师事务所、国际会计公司成员所和联系所可以同时使用某种外国文字；会计师事务所执行涉外业务时可以同时使用某种外国文字。

（四）审计工作底稿的控制程序

会计师事务所应当按照《质量控制准则第 5101 号——会计师事务所对所执行的财务报表审计和审阅、其他鉴证和相关服务实施的质量控制》的规定，对审计工作底稿实施适当的控制程序，以满足下列要求：

（1）安全保管审计工作底稿并对审计工作底稿保密。

（2）保证审计工作底稿的完整性。

（3）便于对审计工作底稿的使用和检索。

（4）按照规定的期限保存审计工作底稿。

为了保证审计工作底稿的完整性，注册会计师不得对其进行不当删除、废弃和改动。

二、审计工作底稿的性质

（一）审计工作底稿的存在形式

审计工作底稿可以以纸质、电子或其他介质形式存在。随着信息技术的广泛运用，审计工作底稿的形式从传统的纸质形式扩展到电子或其他介质形式。但无论审计工作底稿以哪种形式存在，会计师事务所都应当针对审计工作底稿设计和实施适当的控制，以实现下列目的：

（1）使审计工作底稿清晰地显示其生成、修改及复核的时间和人员。

（2）在审计业务的所有阶段，尤其是在项目组成员共享信息或通过互联网将信息传递给其他人员时，保护信息的完整性和安全性。

（3）防止未经授权改动审计工作底稿。

（4）允许项目组和其他经授权的人员为适当履行职责而接触审计工作底稿。

在实务中，为便于复核，注册会计师可以将以电子或其他介质形式存在的审计工作底稿通过打印等方式，转换成纸质形式的审计工作底稿，并与其他纸质形式的审计工作底稿一并归档。同时，单独保存这些以电子或其他介质形式存在的审计工作底稿。

（二）审计工作底稿通常包括的内容

审计工作底稿通常包括总体审计策略、具体审计计划、分析表、问题备忘录、重大事项概要、询证函回函、管理层声明书、核对表、有关重大事项的往来信件（包括电子邮件），以及对被审计单位文件记录的摘要或复印件等。

一般情况下，分析表主要是指对被审计单位财务信息执行分析程序的记录。例如，记录对被审计单位本年各月收入与上一年度的同期数据进行比较的情况，记录对差异的分析等。问题备忘录一般是指对某一事项或问题的概要的汇总记录。在问题备忘录中，注册会计师通常记录该事项或问题的基本情况、执行的审计程序或具体审计步骤，以及得出的审计结论。例如，有关存货监盘审计程序或审计过程中发现问题的备忘录。

核对表一般是指会计师事务所内部使用的、为便于核对某些特定审计工作或程序的完成情况的表格。例如，特定项目（如财务报表列报）审计程序核对表、审计工作完成情况核对表等。它通常以列举的方式列出审计过程中注册会计师应当进行的审计工作或程序，以及特别需要提醒注意的问题，并在适当情况下索引至其他审计工作底稿，便于注册会计师核对是否已按照审计准则的规定进行审计。在实务中，会计师事务所通常采取以下方法从整体上提高工作（包括复核工作）效率及工作质量，并进行统一质量管理：

（1）会计师事务所基于审计准则及在实务中的经验等统一制定某些格式、索引及涵盖内容等方面相对固定的审计工作底稿模板和范例，如核对表、审计计划及业务约定书范例等，某些重要的或不可删减的工作会在这些模板或范例中予以特别标识。

（2）在此基础上，注册会计师再根据各具体业务的特点加以必要的修改，制定适用于具体项目的审计工作底稿。

此外，审计工作底稿通常还包括业务约定书、管理建议书、项目组内部或项目组与被审计单位举行的会议记录、与其他人士（如其他注册会计师、律师、专家等）的沟通文件及错报汇总表等。

（三）审计工作底稿通常不包括的内容

审计工作底稿通常不包括已被取代的审计工作底稿的草稿或财务报表的草稿、对不全面或初步思考的记录、存在印刷错误或其他错误而作废的文本，以及重复的文件记录等。由于这些草稿、错误的文本或重复的文件记录不直接构成审计结论和审计意见的支持性证据，因此，注册会计师通常无需保留这些记录。

三、审计工作底稿的作用

审计工作底稿是注册会计师审计业务中普遍使用的专业工具。编制或取得审计工作底稿是注册会计师最主要的审计工作。审计工作底稿的主要作用表现在以下几个方面。

（一）审计工作底稿是联结整个审计工作的纽带

审计项目小组一般由多人组成，项目小组内要进行合理的分工，不同的审计程序、不同会计账项的审计往往由不同人员执行。而最终形成审计结论和发表审计意见时,则主要针对被审计单位的财务报表进行。因此,必须把不同人员的审计工作有机联结起来,以便对整体财务报表发表意见,而这种联结必须借助于审计工作底稿。

（二）审计工作底稿是注册会计师形成审计结论、发表审计意见的直接依据

审计结论和审计意见是根据注册会计师获取的各种审计证据以及注册会计师一系列的专业判断而形成的。注册会计师所收集到的审计证据和所作出的专业判断,都完整地记载于审计工作底稿中。因此,审计工作底稿理应成为审计结论与审计意见的直接依据。

（三）审计工作底稿是明确注册会计师的审计责任、考评注册会计师工作业绩的依据

注册会计师依照独立审计准则实施了必要的审计程序,方可解脱或减轻其审计责任。注册会计师专业能力的大小、工作业绩的好坏,主要体现在对审计程序的选择、执行和有关的专业判断上,而注册会计师是否实施了必要的审计程序,审计程序的选择是否合理,专业判断是否准确,都必须通过审计工作底稿来体现和衡量。

（四）审计工作底稿为审计质量控制与质量检查提供了可能

会计师事务所进行审计质量控制,主要是指导和监督注册会计师选择实施审计程序,编制审计工作底稿,并对审计工作底稿进行严格复核。注册会计师协会或其他有关单位依法进行审计质量检查,也主要是对审计工作底稿的检查。因此,没有审计工作底稿,审计质量的控制与检查就无法落到实处。

（五）审计工作底稿对未来的审计业务具有参考备查价值

审计业务有一定的连续性,同一被审计单位前后年度的审计业务具有众多联系或共同点。因此,当年度的审计工作底稿对以后年度审计业务具有很大的参考或备查作用。

第二节　审计工作底稿的格式及内容

一、总体要求

（一）编制审计工作底稿应达到的总体要求

（1）注册会计师编制的审计工作底稿,应当使未曾接触该项审计工作的有经验的专业人士清楚地了解：① 按照审计准则的规定实施的审计程序的性质、时间和范围。② 实施审计程序的结果和获取的审计证据。③ 就重大事项得出的结论。

（2）有经验的专业人士是指对下列方面有合理了解的人士：① 审计过程。② 相关法律法规和审计准则的规定。③ 被审计单位所处的经营环境。④ 与被审计单位所处行业相关的会计和审计问题。

注册会计师在确定审计工作底稿的格式、内容和范围时,应该按此要求考虑如何恰当地编制审计工作底稿。

（二）确定审计工作底稿的格式、内容和范围时应考虑的因素

1. 实施审计程序的性质

通常,不同的审计程序会使得注册会计师获取不同性质的审计证据,由此注册会计师可能会编制不同格式、内容和范围的审计工作底稿。例如,注册会计师编制的有关函证程序的审计工作底稿(包括询证函及回函、有关不符事项的分析等)和存货监盘程序的审计工作底稿(包括盘点表、注册会计师对存货的测试记录等)在内容、格式及范围方面是不同的。

2. 已识别的重大错报风险

识别和评估的重大错报风险水平的不同可能导致注册会计师实施的审计程序和获取的审计证据不尽相同。例如，如果注册会计师识别出应收账款存在较高的重大错报风险，而其他应收款的重大错报风险较低，则注册会计师可能对应收账款实施较多的审计程序并获取较多的审计证据，因而对测试应收账款的记录会比针对测试其他应收款记录的内容多且范围广。

3. 在执行审计工作和评价审计结果时需要作出判断的范围

审计程序的选择和实施及审计结果的评价通常需要不同程度的职业判断。例如，运用非统计抽样的方法选取样本进行应收账款函证程序时，注册会计师可能基于应收账款账龄、以前的审计经验及是否为关联方欠款等因素，考虑哪些应收账款存在较高的重大错报风险，并运用职业判断在总体中选取样本，并对作出职业判断时的考虑事项进行适当的记录。因此，在作出职业判断时所考虑的因素及范围可能使注册会师作出不同的内容和范围的记录。

4. 已获取审计证据的重要程度

注册会计师通过执行多项审计程序可能会获取不同的审计证据，有些审计证据的相关性和可靠性较高，有些质量则较差，注册会计师可能区分不同的审计证据进行有选择性的记录，因此，审计证据的重要程度也会影响审计工作底稿的格式、内容和范围。

5. 已识别的例外事项的性质和范围

有时注册会计师在执行审计程序时会发现例外事项，由此可能导致审计工作底稿在格式、内容和范围方面的不同。例如，某个函证的回函表明存在不符事项，如果在实施恰当的追查后发现该例外事项并未构成错报，注册会计师可能只在审计工作底稿中解释发生该例外事项的原因及影响；反之，如果该例外事项构成错报，注册会计师可能需要执行额外的审计程序并获取更多的审计证据，由此编制的审计工作底稿在内容和范围方面可能有很大不同。

6. 当从已执行审计工作或获取审计证据的记录中不易确定结论或结论的基础时，记录结论或结论基础的必要性

在某些情况下，特别是在涉及复杂的事项时，注册会计师仅将已执行的审计工作或获取的审计证据记录下来，并不容易使其他有经验的注册会计师通过合理的分析，得出审计结论或结论的基础。此时，注册会计师应当考虑是否需要进一步说明并记录得出结论的基础（即得出结论的过程）及该事项的结论。

7. 使用的审计方法和工具

使用的审计方法和工具可能影响审计工作底稿的格式、内容和范围。例如，如果使用计算机辅助审计技术在对应收账款的账龄重新计算时，通常可以针对总体进行测试；而采用人工方式重新计算时，则可能会针对样本进行测试。

考虑以上因素有助于注册会计师确定审计工作底稿的格式、内容和范围是否恰当。注册会计师在考虑以上因素时需注意，根据不同情况确定审计工作底稿的格式、内容和范围均是为达到执业准则中所述的编制审计工作底稿的目的，特别是提供审计证据的目的。例如，细节测试和实质性分析程序的审计工作底稿所记录的审计程序有所不同，但两类审计工作底稿都应当充分、适当地反映注册会计师执行的审计程序。

二、审计工作底稿的内容

（一）审计工作底稿的要素

通常，审计工作底稿包括下列全部或部分要素：① 审计工作底稿的标题；② 审计过程

记录；③ 审计结论；④ 审计标识及其说明；⑤ 索引号及编号；⑥ 编制者姓名及编制日期；⑦ 复核者姓名及复核日期；⑧ 其他应说明事项。

下面分别对以上所述要素中的第②～第⑦项进行说明。

（二）审计过程记录

1. 记录特定项目或事项的识别特征

在记录实施审计程序的性质、时间和范围时，注册会计师应当记录测试的特定项目或事项的识别特征。记录特定项目或事项的识别特征可以实现多种目的。例如，便于对例外事项或不符事项进行检查，以及对测试的项目或事项进行复核。

识别特征是指被测试的项目或事项表现出的征象或标志。识别特征因审计程序的性质和所测试的项目或事项不同而不同。对某一个具体项目或事项而言，其识别特征通常具有唯一性。这种特性可以使其他人员根据识别特征在总体中识别该项目或事项并重新执行该测试。以下列举部分审计程序中所测试的样本的识别特征。

例如，在对被审计单位生成的订购单进行细节测试时，注册会计师可能以订购单的日期或编号作为测试订购单的识别特征。需要注意的是，在以日期或编号作为识别特征时，注册会计师需要同时考虑被审计单位对订购单编号的方式，若被审计单位按年对订购单依次编号，则识别特征是××××年的××号；若被审计单位仅以序列号进行编号，则可以直接将该号码作为识别特征。

对于需要选取或复核既定总体内一定金额以上的所有项目的审计程序，注册会计师可能会以实施审计程序的范围作为识别特征。例如，总账中一定金额以上的所有会计分录。对于需要系统化抽样的审计程序，注册会计师可能会通过记录样本的来源、抽样的起点及抽样间隔来识别已选取的样本。例如，若被审计单位对发运单顺序编号，测试的发运单的识别特征可以是，对 4 月 1 日至 9 月 30 日的发运台账，从第 12345 号发运单开始每隔 125 号系统抽取发运单。

对于需要询问被审计单位中特定人员的审计程序，注册会计师可能会以询问的时间、被询问人的姓名及职位作为识别特征。

对于观察程序，注册会计师可能会以观察的对象或观察过程、观察的地点和时间作为识别特征。

2. 重大事项

注册会计师应当根据具体情况判断某一事项是否属于重大事项。重大事项通常包括：

（1）引起特别风险的事项。

（2）实施审计程序的结果。该结果表明财务信息可能存在重大错报，或需要修正以前对重大错报风险的评估和针对这些风险拟采取的应对措施。

（3）导致注册会计师难以实施必要审计程序的情形。

（4）导致出具非标准审计报告的事项。

注册会计师应当及时记录与管理层、治理层和其他人员对重大事项的讨论，包括讨论的内容、时间、地点和参加人员。

有关重大事项的记录可能分散在审计工作底稿的不同部分。将这些分散在审计工作底稿中的有关重大事项的记录汇总在重大事项概要中，不仅可以帮助注册会计师集中考虑重大事项对审计工作的影响，还便于审计工作的复核人员全面、快速地了解重大事项，从而提高复核工作的效率。对于大型、复杂的审计项目，重大事项概要的作用尤为重要。因此,注册会计师应当考虑编制重大事项概要,将其作为审计工作底稿的组成部分,以有效地复核和检查审计工作底稿,并评价重大事项的影响。

重大事项概要包括审计过程中识别的重大事项及其如何得到解决,或对其他支持性审计工作底稿的交叉索引。

3. 记录针对重大事项如何处理矛盾或不一致的情况

如果识别出的信息与针对某重大事项得出的最终结论相矛盾或不一致,注册会计师应当记录形成最终结论时如何处理该矛盾或不一致的情况。

上述情况包括但不限于注册会计师针对该信息执行的审计程序、项目组成员对某事项的职业判断不同而向专业技术部门的咨询情况,以及项目组成员和被咨询人员不同意见(如项目组与专业技术部门的不同意见)的解决情况。

记录如何处理识别出的信息与针对重大事项得出的结论相矛盾或不一致的情况是非常必要的,它有助于注册会计师关注这些矛盾或不一致,并对此执行必要的审计程序以恰当地解决这些矛盾或不一致。

但是,对如何解决这些矛盾或不一致的记录要求并不意味着注册会计师需要保留不正确的或被取代的资料。例如,某些信息初步显示与针对某重大事项得出的最终结论相矛盾或不一致,注册会计师发现这些信息是错误的或不完整的。并且初步显示的矛盾或不一致可以通过获取正确或完整的信息得到满意的解决,则注册会计师无需保留这些错误的或不完整的信息。此外,对于职业判断的差异,若初步的判断意见是基于不完整的资料或数据,则注册会计师也无需保留这些初步的判断意见。

4. 其他准则中的相关记录要求

注册会计师编制审计工作底稿,除要遵守《中国注册会计师审计准则第1131号——审计工作底稿》以外,还要遵守其他准则中关于审计工作记录的相关规定。

(三)审计结论

注册会计师恰当地记录审计结论非常重要,注册会计师需要根据所实施的审计程序及获取的审计证据得出结论,并以此作为对财务报表形成审计意见的基础。在记录审计结论时需注意,在审计工作底稿中记录的审计程序和审计证据是否足以支持所得出的审计结论。

(四)审计标识及其说明

审计工作底稿中可使用各种审计标识,但应说明其含义,并保持前后一致。以下是注册会计师在审计工作底稿中列明标识并说明其含义的例子,供参考。在实务中,注册会计师也可以依据实际情况运用更多的审计标识。

∧:纵加核对

<:横加核对

B:与上年结转数核对一致

T:与原始凭证核对一致

G:与总分类账核对一致

S:与明细账核对一致

T/B:与试算平衡表核对一致

C:已发询证函

C\:已收回询证函

（五）索引号及编号

通常，审计工作底稿需要注明索引号及顺序编号，相关审计工作底稿之间需要保持清晰的勾稽关系。在实务中，注册会计师可以按照所记录的审计工作的内容层次进行编号。例如，固定资产汇总表的编号为 C1，按类别列示的固定资产明细表的编号为 C1-1，以及列示单个固定资产原值及累计折旧的明细表编号，包括房屋建筑物（编号为 C1-1-1）、机器设备（编号为 C1-1-2）、运输工具（编号为 C1-1-3）及其他设备（编号为 C1-1-4）。相互引用时，需要在审计工作底稿中交叉注明索引号。

以下是不同审计工作底稿之间相互索引的例子：

例如，固定资产的原值、累计折旧及净值的总额应分别与固定资产明细表的数字互相勾稽。以下是从固定资产汇总表工作底稿（见表 12-1）及固定资产明细表工作底稿（见表 12-2）中节选的部分，以作相互索引的示范。

表 12-1 固定资产汇总表 （工作底稿索引号：C1）（节选）

工作底稿索引号	固定资产	20×7 年 12 月 31 日	20×6 年 12 月 31 日
C1-1	原　值	×××G	×××
C1-1	累计折旧	×××G	×××
	净　值	×××T/BΛ	×××BΛ

表 12-2 固定资产明细表 （工作底稿索引号：C1-1）（节选）

工作底稿索引号	固定资产	期初余额	本期增加	本期减少	期末余额
	原值				
C1-1-1	1. 房屋建筑物	×××		×××	×××S
C1-1-2	2. 机器设备	×××	×××		×××S
C1-1-3	3. 运输工具	×××			×××S
C1-1-4	4. 其他设备	×××			×××S
	小计	×××BΛ	×××Λ	×××Λ	×××<C1Λ
	累计折旧				
C1-1-1	1. 房屋建筑物	×××			×××S
C1-1-2	2. 机器设备	×××	×××		×××S
C1-1-3	3. 运输工具	×××			×××S
C1-1-4	4. 其他设备	×××			×××S
	小计	×××BΛ	×××Λ	×××Λ	×××<C1Λ
	净值	×××BΛ			×××C1Λ

（六）编制人员和复核人员及日期

在记录实施审计程序的性质、时间和范围时，注册会计师应当记录：① 审计工作的执行人员及完成该项审计工作的日期。② 审计工作的复核人员及复核的日期和范围。在需要项目质量控制复核的情况下,还需要注明项目质量控制复核人员及复核的日期。

通常,需要在每一张审计工作底稿上注明执行审计工作的人员和复核人员、完成该项审计工作的日期以及完成复核的日期。

在实务中,如果若干页的审计工作底稿记录同一性质的具体审计程序或事项,并编制在同一个索引号中,此时可以仅在审计工作底稿的第一页上记录审计工作的执行人员和复核人员并注明日期。例如,应收账款函证核对表的索引号为 L3-1-1/21,相对应的询证函回函共有 20 份,每一份应收账款询证函回函索引号以 L3-1-2/21,L3-1-3/21,…,L3-1-21/21 表示。对于这种情况,就可以仅在应收账款函证核对表上记录审计工作的执行人员和复核人员并注明日期。

进一步审计程序工作底稿格式范例如表 12-3 所示。

表 12-3 进一步审计程序工作底稿格式范例控制测试工作底稿格式范例

被审计单位名称	财务报表期间	工作底稿索引号
〔金帝公司〕	〔截至 20×7 年 12 月 31 日止〕	〔L2-1〕

编制人及复核人员签字:

编制人:〔戴德〕	日期:〔20×8 年 2 月 8 日〕
复核人〔如项目经理/项目负责人〕:〔波波〕	日期:〔20×8 年 2 月 25 日〕
项目质量控制复核人(如适用):〔畅畅〕	日期:〔20×8 年 3 月 12 日〕

本工作底稿的目的是记录针对某项控制的控制测试的过程及结果。其内容主要包括以下部分:
● 测试目标
● 针对的相关控制
● 样本选取方法和审计程序
● 测试结果及结论
    1. 测试目标

控制测试的目标	进一步审计程序表索引号
〔在本期间内该项控制的运行是有效的〕	〔L1 第 3.2 部分〕

    2. 针对的相关控制
    所测试的控制:销售合同经过管理层的适当批准。
    3. 样本选取方法和审计程序

重大错报风险评估结果〔高〕

    3.1 确定测试项目的选取方法和审计程序

确定测试项目的选取方法和审计程序	工作底稿索引号(如有)
〔采用审计抽样检查销售合同是否经过批准,签订人是否经过适当的授权,即在权限列表之内。对于超出一定金额的销售合同,是否由上一级授权人员批准〕	〔见以下 3-5 部分〕

    3.2 界定总体及抽样单元

〔总体:20×7 年签订的所有销售合同　　抽样单元:一份销售合同〕

3.3　审计抽样的考虑(如采用审计抽样的方法)

样本设计、样本规模和样本选取方法	工作底稿索引号
[样本规模：20 份销售合同预计误差率：0]	L2-1-1(略)
选取样本方法[随意选样]	L2-1-2(略)

3.4　界定误差构成条件

[销售合同没有经过管理层的适当批准]

3.5　实施审计程序

实施审计程序[如果内容较多,也可以单独作为一张工作底稿,并与上述 3.1 部分索引]

[检查销售合同是否经过批准,签订人员是否经过适当的授权,即在权限列表之内。对于超出一定金额的销售合同,是否经由上一级授权人员批准]

序号	签订日期	销售合同号	销售合同经适当批准
	20×7 年×月×日	11119005	是
	20×7 年×月×日	11119125	是
	20×7 年×月×日	11119223	是

测试结果及结论

测 试 结 果

[没有发现销售合同未经管理层适当批准的情况]

结　　论

[在本期间内该项控制的运行是有效的]

细节测试工作底稿格式范例如表 12-4 所示。

表 12-4　细节测试工作底稿格式范例
——应收账款函证

被审计单位名称	财务报表期间	工作底稿索引号
[金帝公司]	[截至 20×7 年 12 月 31 日止]	[L3-1]

编制人及复核人员签字：

编制人：[戴德]	日期：[20×8 年 2 月 8 日]
复核人[如项目经理/项目负责人]：[波波]	日期：[20×8 年 2 月 25 日]
项目质量控制复核人(如适用)：[畅畅]	日期：[20×8 年 3 月 12 日]

本工作底稿的目的是记录针对应收账款函证的过程及结果。其内容主要包括以下部分：
● 测试目标
● 样本选取方法和审计程序
● 测试结果及结论

　　1. 测试目标

细节测试的目标	进一步审计程序表索引号
[应收账款的存在及计价和分摊]	[L1 第 3.3 部分]

　　2. 样本选取的方法和审计程序

重大错报风险评估结果[高]

2.1　确定测试项目的选取方法和审计程序

确定测试项目的选取方法和审计程序(包括跟进及替代性程序)	工作底稿索引号(如有)
[选取特定项目,选取单项应收客户款余额超过人民币 50 万元的项目进行函证;对于收到的回函,检查对方确认的金额是否与账面金额一致,如果有不符事项,分析产生不符事项的原因,考虑该事项是否构成错报及对财务报表的影响;如果未得到对方的回函,实施替代审计程序,例如,检查期后收回款项的资料或组成该应收款余额的支持性资料,如销售合同、客户确认的发运单等]	[L3-1-1]

2.2　界定总体及抽样单元

[总体:截至 20×7 年 12 月 31 日的应收账款　抽样单元:单项应收客户款余额超过人民币 50 万元的项目]

2.3　审计抽样的考虑(如采用审计抽样的方法)

样本设计、样本规模和样本选取方法	工作底稿索引号
[样本规模:　　　　　　] [预计误差额:　　　　　] [包括评估总体的预计误差额、确定是否分层等,以及确定样本规模]	[不适用]
样本选取方法 [基本方法包括使用随机数表或计算机辅助审计技术选样、系统选样和随意选样]	[不适用]
总体误差额的计算	[不适用]

2.4　界定误差构成条件

[不符事项的金额高于或低于账户余额人民币 5 万元,并且被审计单位不能合理解释其差异并提供相应依据]

3. 测试结果及结论

测 试 结 果

[没有发现误差]

对误差的分析[只适用于细节测试]

	金 额 单 位
A——已识别的误差	
B——推断出的总体误差(扣除已识别的误差)	
(A+B)	

结　　论

[基于以上获取的审计证据,在应收账款的存在及计价和分摊方面,没有重大错报]

实质性分析程序工作底稿格式范例如表 12-5 所示。

表 12-5　实质性分析程序工作底稿格式范例

被审计单位名称	财务报表期间	工作底稿索引号
[金帝公司]	[截至 20×7 年 12 月 31 日]	[L3-4]

编制人及复核人员签字:

编制人：[戴德]	日期：[20×8年2月9日]
复核人[如项目经理/项目负责人]：[波波]	日期：[20×8年2月25日]
项目质量控制复核人(如适用)：[畅畅]	日期：[20×8年3月12日]

本工作底稿的目的是记录实质性分析程序的过程及结果。其内容主要包括以下部分：

● 实质性分析程序的目标
● 分析程序
● 对偏离预期数据的重大波动或关系实施的审计程序
● 结论

1. 实质性分析程序的目标

实质性分析程序的目标	进一步审计程序索引号
[审计目标编号2：坏账准备的计价和分摊,管理费用——坏账的准确性]	[L1第4.2部分]
重大错报风险评估结果[高]	

2. 分析程序

预　　期

[该公司前两年的应收账款周转天数分别是70天和72天。通过询问销售部门负责人,获知本期提供给客户的信用条件没有变化,均为60天。因此,预期本期的应收账款周转天数为72天]

可接受的差异额

[基于重要性水平和计划的保证水平,确定可接受的差异额为：应收账款周转天数与预期值相差5天]

项　目	本期	预期值	差异	可接受的差异额
[应收账款周转天数]	[80天]	[72天]	[8天]	[5天]

3. 对偏离预期数据的重大波动或关系实施的审计程序

发现偏离预期数据的重大波动或关系及实施的审计程序
[应收账款周转天数的重大波动主要原因是A公司为扩大销售吸引了一批新的客户,部分新客户的应收账款账龄超过了A公司提供的还款期。管理层已对这些客户的资信状况进行了跟进了解,这些新客户多为房地产企业,资金周转周期较长。通过检查这些新客户资信状况资料,没有发现重大的支付能力异常情况]

4. 结论

[基于以上的分析程序,应收账款的实际周转情况与预期数据之间没有重大异常情况]

第三节　审计工作底稿的复核与归档

一、审计工作底稿的复核

（一）审计工作底稿复核制度与复核的作用

一张审计工作底稿往往由一名专业人员独立完成,编制者对有关资料的引用、对有关事项的判断、对会计数据的加计复算等都可能出现误差。因此,在审计工作底稿编制完成后,通过一定的程序,经过多层次的复核显得十分必要。会计师事务所应结合本所实际情况制定出实用有效的复核制度。审计工作底稿复核制度,就是会计师事务所对有关复核人级别、复核程序与要点、复核人职责等作出的明文规定。

审计工作底稿复核的作用主要体现在以下三个方面:

(1) 减少或消除人为的审计误差,以降低审计风险,提高审计质量。

(2) 及时发现和解决问题,保证审计计划顺利执行,并能够不断地协调审计进度、节约审计时间,提高审计效率。

(3) 便于上级管理人员对注册会计师进行审计质量监控和工作业绩考评。

(二) 审计工作底稿的复核要点

会计师事务所应当建立多层次的审计工作底稿复核制度,而不同层次的复核人可能有不同的复核重点,但就复核工作的基本要点来看,不外乎以下几点:

(1) 所引用的有关资料是否翔实、可靠。

(2) 所获取的审计证据是否充分、适当。

(3) 审计判断是否有理有据。

(4) 审计结论是否恰当。

(三) 审计工作底稿复核的基本要求

复核是会计师事务所进行审计项目质量控制的一项重要程序,必须有严格和明确的规则。一般来说,复核时应做好下面几项工作:

(1) 做好复核记录,对审计工作底稿中存在的问题和疑点要明确指出,并以文字记录于审计工作底稿中。

(2) 复核人签名的签署日期,这样,有利于划清审计责任,也有利于上级复核人对下级复核人的监督。

(3) 书面表示复核意见。

(4) 督促编制人及时修改、完善审计工作底稿。

二、审计工作底稿分级复核制度

会计师事务所应当建立完善的审计工作底稿分级复核制度。如前所述,对审计工作底稿的复核可分为两个层次:项目组内部复核和项目质量控制复核。

(一) 项目组内部复核

《中国注册会计师审计准则第1121号——对财务报表审计实施的质量控制》规定,由项目组内经验较多的人员(包括项目合伙人)复核经验较少人员的工作时,复核人员应当考虑:

(1) 审计工作是否已按照法律法规、相关职业道德要求和审计准则的规定执行。

(2) 重大事项是否已提请进一步考虑。

(3) 相关事项是否已进行适当咨询,由此形成的结论是否得到记录和执行。

(4) 是否需要修改已执行审计工作的性质、时间安排和范围。

(5) 已执行的审计工作是否支持形成的结论,并已得到适当记录。

(6) 获取的审计证据是否充分、适当,足以支持审计结论。

(7) 审计程序的目标是否已经实现。

为了监督审计业务的进程,并考虑助理人员是否具备足够的专业技能和胜任能力,以执行分派的审计工作,了解审计指令及按照总体审计策略和具体审计计划执行工作,有必要对执行业务的助理人员进行适当的督导和复核。

复核人员应当知悉并解决重大的会计和审计问题,考虑其重要程度并适当修改总体审计审计策略和具体审计计划。此外,项目组成员与客户的专业判断分歧应当得到解决,必要时,应当寻求恰当的咨询。

复核工作应当由至少具备同等专业胜任能力的人员完成,复核时应考虑是否已按照具体审计计划执行审计工作,审计工作和审计结论是否予以充分记录,所有重大事项是否已得到解决或在审计结论中予以反映,审计程序的目标是否已实现,审计结论是否与审计工作的结果一致并支持审计意见。

(1)项目经理复核。复核范围因审计规模、审计复杂程度以及工作安排的不同而存在显著差异。有时由高级助理人员复核低层次助理人员执行的工作,有时由项目经理完成,并最终由项目合伙人复核。如上所述,对工作底稿的复核必须留下证据,一般由复核者在相关审计工作底稿上签名并署明日期。

(2)项目合伙人的复核。这里的项目合伙人是指会计师事务所中负责某项业务及其执行,并代表会计师事务所在报告上签字的合伙人。在有限责任制的会计师事务所,项目合伙人是指主任会计师、副主任会计师或具有同等职位的高级管理人员。如果项目合伙人以外的其他注册会计师在业务报告上签字,中国注册会计师职业道德守则对项目合伙人作出的规定也适用于该签字注册会计师。

可以通过填列和复核财务报表检查清单的方式来进行。很多会计师事务所都备有详细的财务报表检查清单,甚至为不同的行业、不同性质的被审计单位准备了不同的检查清单。

检查清单的完成和复核,不仅可对那些经常容易被忽视的审计方面起到提醒的作用,还有利于检查审计证据的充分性和适当性。

表 12 - 6 是财务报表检查清单中有关审计工作完成核对部分的一个范例,仅供参考。

表 12 - 6　审计工作完成核对清单(项目合伙人复核)

检　查　项　目	是	否	不适用
1. 以前期间审计所结转下来的事项是否全部处理			
2. 各项审计程序是否全部完成			
3. 审计范围是否完全没有受到限制			
4. 期后承诺对财务的影响是否考虑过			
5. 审计报告日以前的董事会会议、股东大会以及其他相关的会议纪要是否都检查			
6. 关键管理人员的报酬证明是否已获得			
7. 对借款合约、信托契约等有没有发生违约情况的检查是否感到满意			
8. 审计中发现的所有重大事项是否都已在审计总结中反映,并已得到满意的解决			

（续表）

检　查　项　目	是	否	不适用
9. 审计项目组成员的分工事项是否都已分别完成			
10. 如果出具非标准无保留意见的审计报告，所使用的表达形式是否经主任会计师批准			
11. 下一期间审计时需要考虑的重要事项的备忘录是否已经存档			
12. 是否收到相关事项的声明书			
13. 董事会或管理层是否已经批准已审财务报表及其附注，并已采纳我们的审计报告			

（二）项目质量控制复核（独立复核）

《中国注册会计师审计准则第1121号——对财务报表审计实施的质量控制》规定，注册会计师在出具审计报告前，会计师事务所应当指定专门的机构或人员对审计项目组执行的审计实施项目质量控制复核。

项目合伙人有责任采取以下措施：

（1）确定会计师事务所已委派项目质量控制人员。

（2）与项目质量控制复核人员讨论在审计过程中遇到的重大事项，包括项目质量控制复核中识别的重大事项。

（3）在项目质量控制复核完成后，才能出具审计报告。

项目质量控制复核应当包括客观评价下列事项：

（1）项目组作出的重大判断。

（2）在准备审计报告时得出的结论。

会计师事务所采用制衡制度，以确保委派独立的、有经验的审计人员作为其所熟悉行业的项目质量控制复核人员。复核范围取决于审计项目的复杂程度以及未能根据具体情况出具审计报告的风险。很多会计师事务所不仅对上市公司审计进行项目质量控制复核，也会联系审计客户的组合，对那些高风险或涉及公众利益的审计项目实施项目质量控制复核。

三、审计工作底稿归档的相关规定

《质量控制准则第5101号——会计师事务所对执行财务报表审计和审阅、其他鉴证和相关服务业务实施的质量控制》和《中国注册会计师审计准则第1131号——审计工作底稿》对审计工作底稿的归档作出了具体规定，涉及归档工作的性质和期限、审计工作底稿保管期限等方面。

（一）审计工作底稿归档工作的性质

在出具审计报告前，注册会计师应完成所有必要的审计程序，取得充分、适当的审计证据并得出适当的审计结论。由此，在审计报告日后将审计工作底稿归整为最终审计档案是一项事务性的工作，不涉及实施新的审计程序或得出新的结论。

如果在归档期间对审计工作底稿作出的变动属于事务性的，注册会计师可以作出变动，主要包括：

（1）删除或废弃被取代的审计工作底稿。

（2）对审计工作底稿进行分类、整理和交叉索引。

（3）对审计档案归整工作的完成核对表签字认可。

（4）记录在审计报告日前获取的、与项目组相关成员进行讨论并达成一致意见的审计证据。

（二）审计档案的结构

对每项具体审计业务，注册会计师应当将审计工作底稿归整为审计档案。

以下是典型的审计档案结构。

1. 沟通和报告相关工作底稿

（1）审计报告和经审计的财务报表。

（2）与主审注册会计师的沟通和报告。

（3）与治理层的沟通和报告。

（4）与管理层的沟通和报告。

（5）管理建议书。

2. 审计完成阶段工作底稿

（1）审计工作完成情况核对表。

（2）管理层声明书原件。

（3）重大事项概要。

（4）错报汇总表。

（5）被审计单位财务报表和试算平衡表。

（6）有关列报的工作底稿（如现金流量表、关联方和关联交易的披露等）。

（7）财务报表所属期间的董事会会议纪要。

（8）总结会会议纪要。

3. 审计计划阶段工作底稿

（1）总体审计策略和具体审计计划。

（2）对内部审计职能的评价。

（3）对外部专家的评价。

（4）对服务机构的评价。

（5）被审计单位提交资料清单。

（6）主审注册会计师的指示。

（7）前期审计报告和经审计的财务报表。

（8）预备会会议纪要。

4. 特定项目审计程序表

（1）舞弊。

（2）持续经营。

（3）对法律法规的考虑。

（4）关联方。

5. 进一步审计程序工作底稿

（1）有关控制测试工作底稿。

（2）有关实质性程序工作底稿（包括实质性分析程序和细节测试）。

审计档案的组成范例如表 12-7 所示。

表 12－7　审计档案的组成范例

档案清单
（一）沟通和报告相关工作底稿
● 审计报告和经审计的财务报表
● 与主审注册会计师的沟通和报告
● 与治理层的沟通和报告
● 与管理层的沟通和报告
● 管理建议书
● 其他
（二）审计完成阶段工作底稿
● 审计工作完成情况核对表
● 管理层声明书原件
● 重大事项概要
● 错报汇总表
● 被审计单位财务报表试算平衡表
● 有关列报的工作底稿
［如现金流量表、关联方和关联交易的披露等］
● 财务报表所属期间的董事会会议纪要
● 总结会会议纪要
● 其他
（三）审计计划阶段工作底稿
● 总体审计策略和具体审计计划
● 对内部审计职能的评价
● 对外部专家的评价
● 对服务机构的评价
● 被审计单位提交资料清单
● 主审注册会计师的指示
● 前期审计报告和经审计的财务报表
● 预备会会议纪要
● 其他
（四）特定项目审计程序表
● 舞弊
● 持续经营
● 对法律法规的考虑
● 关联方
● 其他
（五）进一步审计程序工作底稿（可以按会计科目、某类交易或列报划分）
● 进一步审计程序表
● 有关控制测试工作底稿
● 有关实质性测试工作底稿（包括实质性分析程序和细节测试）
（六）合并财务报表的工作底稿（如适用）
（七）其他

（三）审计工作底稿归档的期限

注册会计师应当按照会计师事务所质量控制政策和程序的规定，及时将审计工作底稿归整为最终审计档案。审计工作底稿的归档期限为审计报告日后 60 天内。如果注册会计师未能完成审计业务，审计工作底稿的归档期限为审计业务中止后的 60 天内。

如果针对客户的同一财务信息执行不同的委托业务，出具两个或多个不同的报告，会计师事务所应当将其视为不同的业务,根据会计师事务所内部制定的政策和程序,在规定的归档期限内分别将审计工作底稿归整为最终审计档案。

（四）审计工作底稿归档后的变动

在完成最终审计档案的归整工作后,注册会计师不应在规定的保存期限届满前删除或废弃任何性质的审计工作底稿。

1. 需要变动审计工作底稿的情形

注册会计师发现有必要修改现有审计工作底稿或增加新的审计工作底稿的情形主要有以下两种:

（1）注册会计师已实施了必要的审计程序,取得了充分、适当的审计证据并得出了恰当的审计结论,但审计工作底稿的记录不够充分。

（2）审计报告日后,发现例外情况要求注册会计师实施新的或追加的审计程序,或导致注册会计师得出新的结论。例外情况主要是指审计报告日后发现与已审计财务信息相关,且在审计报告日已经存在的事实,该事实如果被注册会计师在审计报告日前获知,可能影响审计报告。例如,注册会计师在审计报告日后才获知法院在审计报告日前已对被审计单位的诉讼、索赔事项作出最终判决结果。例外情况可能在审计报告日后发现,也可能在财务报表报出日后发现,注册会计师应当按照《中国注册会计师审计准则第 1332 号——期后事项》有关"财务报表报出后发现的事实"的相关规定,对例外事项实施新的或追加的审计程序。

2. 变动审计工作底稿时的记录要求

在完成最终审计档案的归整工作后,如果发现有必要修改现有审计工作底稿或增加新的审计工作底稿,无论修改或增加的性质如何,注册会计师均应当记录下列事项:

（1）修改或增加审计工作底稿的具体理由;

（2）修改或增加审计工作底稿的时间和人员,以及复核的时间和人员。

（五）审计工作底稿的保存期限

会计师事务所应当自审计报告日起,对审计工作底稿至少保存 10 年。如果注册会计师未能完成审计业务,会计师事务所应当自审计业务中止日起,对审计工作底稿至少保存10 年。

在完成最终审计档案的归整工作后,注册会计师不应在规定的保存期限届满前删除或废弃任何性质的审计工作底稿。

主 要 术 语

1. 审计工作底稿   2. 审计工作底稿的归档
3. 审计档案   4. 永久档案
5. 当期档案   6. 审计工作底稿分级复核制度
7. 保存期限   8. 例外情况

复 习 思 考 题

1. 什么是审计工作底稿? 审计工作底稿的作用有哪些?
2. 编制审计工作底稿的目的是什么?
3. 审计工作底稿的主要分类有哪些?

4. 如何对审计工作底稿进行归档管理?

5. 审计工作底稿如何进行分级复核?

6. 如何对待例外情况的发生?

练 习 题

一、单项选择题

1. 以下关于分析程序的说法中,不正确的是(　　)。

A. 在风险评估过程中使用的分析程序所进行比较的性质、预期值的精确程度,以及所进行的分析和调查的范围都不足以提供很高的保证水平

B. 实质性分析程序必须与细节测试程序结合运用

C. 实质性分析程序所提供的证据的证明力相对较弱

D. 当重大错报风险较低且数据之间具有稳定的预期关系,注册会计师单独使用实质性分析程序也能获取充分、适当的证据

2. 乙会计师事务所承接了 B 公司 20×7 年度财务报表的审计业务。该所质量部门负责人要求审计小组成员在编制 B 公司审计业务的工作底稿时,要遵循编制审计工作底稿的基本要求,对每张工作底稿均应做到格式规范、内容完整、范围适当,以便使(　　)的注册会计师通过工作底稿清楚了解实施的审计程序、获取的审计证据和形成的审计结论。

A. 未学过审计准则和相关要求

B. 不了解 B 公司所处的具体经营环境

C. 未曾接触过 B 公司审计工作

D. 不了解 B 公司所属行业的会计问题

3. 注册会计师对被审计单位的关联方进行调查所形成的工作底稿应属于(　　)。

A. 当期档案　　　　　　　　　　　B. 业务类工作底稿

C. 永久性档案　　　　　　　　　　D. 管理层声明书

4. 按照审计工作底稿相关准则的规定,对于审计档案,会计师事务所应自(　　)起至少保存 10 年。

A. 审计报告签署日　　　　　　　　B. 审计报告定稿日

C. 财务报表公布日　　　　　　　　D. 后续审计中止日

5. 丁会计师事务所于 2018 年 3 月 6 日向 F 公司董事会提交了关于 F 公司 2017 年度财务报表的保留意见审计报告。审计报告于 2018 年 3 月 4 日签发并加盖丁会计师事务所的公章,审计报告上签署的日期为 2018 年 3 月 2 日,相关的审计工作底稿于 2018 年 3 月 10 日归整完毕,则丁会计师事务所应将该项审计业务的审计档案(　　)。

A. 全部保存至 2028 年 3 月 2 日　　B. 至少保存至 2028 年 3 月 4 日

C. 至少保存至 2028 年 3 月 6 日　　D. 至少保存至 2028 年 3 月 10 日

二、多项选择题

1. 审计工作底稿是指注册会计师对(　　)作出的记录。

A. 制定的审计计划　　　　　　　　B. 实施的审计程序

C. 获取的审计证据　　　　　　　　D. 确定的审计意见

2. A 会计师事务所承接了 X 公司 20×7 年度财务报表的审计业务。对于在执业过程中形成的审计工作底稿,A 会计师事务所应按会计师事务所业务质量控制的要求实施适当

的控制程序,以满足( )要求。

A. 对审计工作底稿安全保管和保密

B. 保证审计工作底稿的完整性

C. 便于对审计工作底稿的使用和检索

D. 按照规定的期限保管审计工作底稿

3. 注册会计师张杉在审计C公司20×7年度财务报表时,应当根据具体情况判断某一事项是否属于重大事项,并进而考虑在审计工作底稿中以重大事项概要的形式加以记录。如果实施一项审计程序的结果表明( ),则张杉应将该结果归入重大事项。

A. 以前对重大风险的评估正确　　　　B. 审计报告的意见类型需要修正

C. 无需修正应对重大风险的措施　　　D. 财务报表可能存在重大错报

4. 审计档案有当期档案与永久性档案之分。以下有关当期档案的说法中,不正确的是( )。

A. 当期档案是指仅供本期和下期使用的审计档案

B. 记录企业规章制度的审计档案属于当期档案

C. 在控制测试中形成的审计档案属于当期档案

D. 记录在实质性程序的审计档案不属于当期档案

5. 丙会计师事务所承接了G公司20×7年度财务报表的审计业务。在实施外勤审计工作时,由于始终无法与G公司在国外的控股子公司取得联系,该子公司的资产、收入、利润等均占G公司资产总额、收入总额及利润总额的10%～20%,注册会计师于20×8年2月25日出具保留意见审计报告。相关的审计档案已于20×8年2月28日归整完毕。20×8年5月2日,丙会计师事务所得到了上述子公司的复函及其所在国会计师事务所的审计报告。注册会计师据此实施了追加的审计程序,所获得的审计证据支持G公司编制20×7年度财务报表时所引用的相关数据。对此,注册会计师应对审计工作底稿作出如下( )的变动。

A. 将所收复函及国外的审计报告补充到审计工作底稿中

B. 记录所实施的追加审计程序及其获取的证据和形成的结论

C. 以新的工作底稿代替原有的记录审计范围受限的工作底稿

D. 记载对审计工作底稿作出变动及其复核的时间和人员

三、判断题

1. 审计工作底稿与审计证据之间存在着密切的联系。注册会计师所获取的每一个审计证据都要通过审计工作底稿加以记载,反之,每一张工作底稿都为证明被审计单位的财务报表是否存在重大错报提供了审计证据。　　　　　　　　　　　　　　　　　　( )

2. Z会计师事务所于20×8年3月20日提交了对T公司20×7年度财务报表的审计报告,4月20日将相关的工作底稿归档。6月20日,Z事务所基于某种原因按规定替换了原已归档的相关工作底稿,则被替换的工作底稿应从6月20日起至少保管10年。( )

3. 在执行U公司20×7年度财务报表审计业务过程中,注册会计师I根据具体情况向U公司的全部20个债务人发出询证函,并全部收到回函,这些回函作为审计工作底稿的索引号依次为L-3-1,L-3-2,L-3-3,…,L-3-20。L注册会计师负责对这些审计工作底稿进行复核。在完成复核工作后,L并未在每张工作底稿上签名,而只在应收账款函证核对表上签名。　　　　　　　　　　　　　　　　　　　　　　　　　　　( )

4. 审计 E 公司 2017 年度财务报表时,由于注册会计师刘新对 E 公司的一项未决诉讼心存疑虑,最终出具了带有强调事项段的无保留意见审计报告。2012 年 6 月,审理相关诉讼的法院终审判决原告败诉,E 公司无需向其作出任何经济赔偿,刘新对该未决诉讼的疑虑也随之消失。据此,刘新根据法院判决书形成了关于此项诉讼的新的工作底稿以取代原工作底稿。　　　　　　　　　　　　　　　　　　　　　　　　　　　　　　　　　　　（　　）

5. 会计师事务所在接受注册会计师协会和监管机构依法进行质量检查时,在取得客户授权后可以将执行该客户业务的工作底稿交给注协和监管机构。　　　　（　　）

四、案例分析

1. A 会计师事务所原负责审计档案管理的 B 职员调离岗位,C 职员自 2018 年 2 月起继任。C 职员在工作中遇到一系列问题。A 会计师事务所相关负责人予以解答。根据审计准则和质量控制准则的相关要求,请判断相关解答是否正确。

G 公司 2016 年度、2017 年度财务报表审计业务均由 M 注册会计师负责。在审计 G 公司 2017 年度财务报表时,M 注册会计师调阅了 2016 年度的有关审计工作底稿。2018 年 5 月,M 注册会计师将 2016 年度工作底稿退还时,C 职员发现某些底稿页中存有修改痕迹。C 职员将相关事项报告 A 会计师事务所相关负责人,该负责人指示 C 职员,应要求 M 注册会计师书面说明修改理由,并对 2016 年度审计工作底稿修改内容予以恢复后归档。

2. A 会计师事务所原负责审计档案管理的 B 职员调离岗位,C 职员自 2018 年 2 月起继任。C 职员在工作中遇到一系列问题。A 会计师事务所相关负责人予以解答。根据审计准则和质量控制准则的相关要求,请判断相关解答是否正确。

N 注册会计师将 T 公司 2011 年度财务报表审计工作底稿于 2018 年 4 月归档。2018 年 5 月初,N 注册会计师要求用刚收到的一张 T 公司应付账款询证函回函原件,更换已归档底稿中有 N 注册会计师直接接收的应付账款回函传真件。C 职员检查了原件和传真件,未发现内容差异,但仍作了请示。A 会计师事务所相关负责人指示 C 职员,同意 N 注册会计师更换,但应在相关审计工作底稿中说明此更换事项。　　　　　　　　　　　　　　（　　）

3. A 会计师事务所原负责审计档案管理的 B 职员调离岗位,C 职员自 2018 年 2 月起继任。C 职员在工作中遇到一系列问题。A 会计师事务所相关负责人予以解答。根据审计准则和质量控制准则的相关要求,请判断相关解答是否正确。

2018 年 6 月,C 职员在清理审计档案时发现,2004 年 2 月至 2006 年 2 月期间归档的审计 S 公司的一批审计档案,包括审计报告副本、已审计会计报表以及相关审计测试工作底稿等。2006 年 2 月后,A 会计师事务所除在 2009 年 5 月向 S 公司提供一项内部控制设计服务外,未向其提供任何其他服务。C 职员请示该批审计档案能否销毁。A 会计师事务所相关负责人指示,在经主任会计师批准,并按规定履行相关手续后可以全部销毁。　　（　　）

五、参考答案

【单项选择题】 1. B　2. C　3. C　4. A　5. A

1. [答案] B

[解析] 当使用分析程序比细节测试能更有效地将认定层次的检查风险降至可接受的水平时,注册会计师可以考虑单独运用实质性分析程序。

2. [答案] C

[解析] 审计工作底稿应使未曾接触该项审计工作的有经验的注册会计师清楚了解与审计程序、证据和结论相关的问题。其中,所谓"有经验的注册会计师",应当对 A、B、D 中

相关内容有合理的了解。

　　3.［答案］C

　　［解析］永久性档案的特征之一是记录的内容稳定。关联方往往具有相对稳定性。

　　4.［答案］A

　　［解析］在审计中,资产负债表日、外勤审计结束日、审计报告签署日、审计报告签发日等各有其特殊的含义,应注意加以区分。

　　5.［答案］A

　　［解析］保存期限应自审计报告日(3月2日)开始算起。

【多项选择题】 1. ABC　2. ABCD　3. BD　4. ABD　5. ABD

　　1.［答案］ABC

　　［解析］审计工作底稿是指注册会计师对制定的审计计划、实施的审计程序、获取的相关审计证据,以及得出的审计结论作出的记录。

　　2.［答案］ABCD

　　［解析］这四项内容都是审计准则的相关规定。

　　3.［答案］BD

　　［解析］如果实施审计程序的结果表明财务信息可能存在重大错报,或需要修正以前对重大风险的评估和针对这些风险拟采取的应对措施,则应将该结果作为重大事项。

　　4.［答案］ABD

　　［解析］A:当期档案仅供本期使用;B:企业规章制度具有稳定性,相应的工作底稿应属于永久性档案;D:记录实质性程序的档案属于当期档案。

　　5.［答案］ABD

　　［解析］在完成最终审计档案的归整工作后,注册会计师不得在规定的保存期届满前删除或废弃审计工作底稿。

【判断题】 1. ×　2. √　3. √　4. ×　5. ×

　　1.［答案］×

　　［解析］命题不正确。审计计划作为工作底稿就无法证实财务报表是否存在重大错报。

　　2.［答案］√

　　［解析］审计工作底稿的有关资料如果在某一个审计期间被替换,被替换资料可以从被替换的年度起至少保存10年。

　　3.［答案］√

　　［解析］如果注册会计师执行审计工作形成的工作底稿具有连续的索引号,可以统一签名而不必在每张底稿上签名。

　　4.［答案］×

　　［解析］在完成最终审计档案的归整工作后,注册会计师不得在规定的保存期届满前删除或废弃审计工作底稿。

　　5.［答案］×

　　［解析］在本题的所述情况下,事务所无需取得客户的同意即可将工作底稿交予行业协会及监管机构检查。

【案例分析】 1.**【正确答案】** ×

　　【解析】 本题知识点为审计工作底稿的调阅。注册会计师调阅了2016年度的有关审计工作底稿,如有必要,可以修改审计工作底稿。应要求 M 注册会计师记录修改内容。

2.【正确答案】×

【解析】本题知识点为审计档案的管理。T 公司 2017 年度财务报表审计工作底稿于归档前,注册会计师应获得应付账款询证函回函原件,方可作出职业判断。

3.【正确答案】√

【解析】本题考核点为审计档案的保管年限。审计档案的保管年限如下:① 当期档案自审计报告签发之日起至少保存 10 年。② 永久性档案应长期保存。③ 不再继续审计的被审计单位,永久性档案的保管年限与最近 1 年当期档案的保管年限相同。A 会计师事务所 2009 年 5 月后不再继续审计 S 公司,2004 年 2 月至 2006 年 2 月期间归档的审计 S 公司的审计档案,其保管年限与最近 1 年当期档案的保管年限相同,应自审计报告签发之日起至少保存 10 年。提供一项内部控制设计服务不属于审计业务。

本章要点概览

1. 审计工作底稿是指注册会计师对制定的审计计划、实施的审计程序、获取的相关审计证据,以及得出的审计结论作出的记录。

2. 注册会计师应当及时编制审计工作底稿,以实现下列目的:提供充分、适当的记录,作为审计报告的基础;提供证据,证明其按照中国注册会计师审计准则的规定执行了审计工作。

3. 审计工作底稿通常包括总体审计策略、具体审计计划、分析表、问题备忘录、重大事项概要、询证函回函、管理层声明书、核对表、有关重大事项的往来信件,以及对被审计单位文件记录的摘要或复印件等。

4. 对每项具体审计业务,注册会计师应当将审计工作底稿归整为审计档案。

注册会计师应当按照会计师事务所质量控制政策和程序的规定,及时将审计工作底稿归整为最终审计档案。审计工作底稿的归档期限为审计报告日后 60 天内。如果注册会计师未能完成审计业务,审计工作底稿的归档期限为审计业务中止后的 60 天内。

第十三章 审计计划、重要性和审计风险

学习目的与要求

本章旨在阐述审计计划的内容与编制及审计风险和重要性两个重要概念。通过本章的学习,要求全面了解总体审计计划和具体审计计划的编制;掌握审计重要性和审计风险的概念;了解重要性水平的确定、重大错报风险的评估及检查风险的控制等内容。

课前预习题

1. 审计准备阶段有哪些工作?
2. 审计程序的性质、时间和范围是什么?
3. 审计业务约定书包括哪些内容?
4. 审计对待差错与会计对待差错的区别是什么?
5. 导致注册会计师法律责任的原因有哪些?

第一节 审计计划

一、审计计划的含义和作用

审计计划是指注册会计师为了完成审计业务,达到预期的审计目的,在具体执行审计程序之前编制和审计过程中不断修订的工作计划,是注册会计师为了完成预定的审计业务,达到预期的审计目的,而对审计的内容、程序、时间、进度和范围制定的一个总体战略和一套详细的方案。

审计计划具有以下几个方面的作用。"凡事预则立、不预则废"。审计过程是个复杂系统的过程,适当的审计计划是提高审计效率、保证审计效果的必要内容。审计计划的具体作用是:

(1) 审计计划有利于审计工作按步骤进行,掌握审计工作进度。通过审计计划,审计项目负责人可以全面了解审计工作的整体安排和各审计步骤的具体实际安排,掌握好审计工作的进程。同时,一般审计人员也可通过审计计划明确自己在审计过程的各个阶段中应做

的工作、要求及时间安排等,做到心中有数,从而有利于做好审计工作。

(2)审计计划有利于对所进行的审计工作实行监督和检查。通过审计工作计划与实际工作结果的对比,可以检查在审计过程中究竟完成了哪些应完成的工作,所完成的工作是否符合计划要求,是否存在重大遗漏问题等。

(3)审计计划有利于审计人员与被审计单位协调工作,避免误解。通过审计计划,审计人员可据此对被审计单位提出要求,进行协调,也可避免被审计单位对审计人员可能发生的误解。

(4)通过制定和实施审计计划,可使注册会计师能根据具体情况收集充分、适当的证据。通过制定审计计划,可从总体上明确审计的预期目的,有利于各级审计人员在实施审计之前对审计业务的范围和重点作出较为全面的分析,明确为达到预期目的所采取的措施和策略,以保证实施审计计划后,注册会计师能根据具体情况收集充分、适当的证据。

中国注册会计师协会在颁发的《中国注册会计师鉴证业务基本准则》第28条中指出:"注册会计师应当以职业怀疑态度计划和执行鉴证业务,获取有关鉴证对象信息是否不存在重大错报的充分、适当的证据。"同时还颁发了《中国注册会计师审计准则第1201号——计划审计工作》,要求注册会计师应当计划审计工作,使审计业务以有效的方式得到执行。

我们讨论的审计业务主要是指注册会计师执行的财务报表审计业务,对注册会计师如何计划财务报表审计业务进行阐述。

二、计划审计工作

计划审计工作主要在审计过程的计划阶段完成,通常应该包括以下几个步骤。

(一)初步业务活动

初步业务活动是指注册会计师计划审计工作前开展的有利于计划和执行审计工作,实现审计目标的活动的总称。

1. 初步业务活动的目的

注册会计师应当在本期审计业务开始时开展下列初步业务活动,其目的是确保在计划审计工作时达到下列要求:① 注册会计师已具备执行业务所需要的独立性和专业胜任能力。② 不存在因管理层诚信问题而影响注册会计师保持该项业务意愿的情况。③ 与被审计单位不存在对业务约定条款的误解。

2. 初步业务活动的内容

具体来说,这些初步业务活动主要包括以下内容:

(1)针对保持客户关系和具体审计业务实施相应的质量控制程序。注册会计师应当针对保持客户关系和具体审计业务实施相应的质量控制程序,并且根据实施相应程序的结果作出适当的决策。注册会计师应当考虑主要事项,以确定保持客户关系和具体审计业务的结论是恰当的。这些主要事项有:被审计单位的主要股东、关键管理人员和治理层是否诚信;项目组是否具备执行审计业务的专业胜任能力以及必要的时间和资源;会计师事务所和项目组能否遵守职业道德规范。

(2)评价遵守职业道德规范的情况。职业道德规范要求项目组成员恪守独立、客观、公正的原则,保持专业胜任能力和应有的关注,并对审计过程中获知的信息保密。

由于在审计工作中情况会发生变化,注册会计师应当将保持客户关系和具体审计业务以及评价职业道德的工作贯穿于审计业务的全过程。

(3)及时签订或修改审计业务约定书。在作出接受或保持客户关系及具体审计业务的决策后,注册会计师应在审计业务开始前,与被审计单位就审计业务约定条款达成一致意见,签订或修改审计业务约定书,以避免双方对审计业务的理解产生分歧。

审计业务约定书的具体内容可能因被审计单位的不同而存在差异,但应当包括这些主要方面:财务报表审计的目标;管理层对财务报表的责任;管理层编制财务报表采用的会计准则和相关会计制度;审计范围;执行审计工作的安排;审计报告格式和对审计结果的其他沟通形式;由于测试的性质和审计的其他固有限制,以及内部控制的固有局限性,不可避免地存在着某些重大错报可能仍然未被发现的风险;管理层为注册会计师提供必要的工作条件和协助;注册会计师不受限制地接触任何与审计有关的记录、文件和所需要的其他信息;管理层对其作出的与审计有关的声明予以书面确认;注册会计师对执业过程中获知的信息保密;审计收费,包括收费的计算基础和收费安排;违约责任;解决争议的方法;签约双方法定代表人或其授权代表的签字盖章,以及签约双方加盖的公章。

(二)审计计划的制订

在完成初步业务活动后,下一步工作就是制订审计计划。注册会计师编制的审计计划应包括总体审计策略和具体审计计划两个层次,用于指导审计工作及时、有效地进行。

1. 总体审计策略的制定

注册会计师执行财务报表审计工作,应当为审计工作制定总体审计策略,确定审计范围、时间和方向,并指导制订具体审计计划。总体审计策略用以确定审计范围、时间和方向,并指导制订具体审计计划。总体审计策略的详略程度应当随被审计单位的规模及该项审计业务的复杂程度的不同而变化。在小型被审计单位审计中,全部审计工作可能由一个很小的审计项目组执行,项目组成员间容易沟通和协调,总体审计策略可以相对简单。

具体来说,总体审计策略的内容应当包括:

(1)审计范围。总体审计策略的制定应当确定审计业务的特征,包括采用的会计准则和相关会计制度、特定行业的报告要求以及被审计单位组成部分的分布等,以界定审计范围。

在确定审计范围时,注册会计师需要考虑下列事项:

第一,编制财务报表适用的会计准则和相关会计制度。

第二,特定行业的报告要求,如某些行业的监管部门要求提交的报告。

第三,预期的审计工作涵盖范围,包括需审计的集团内组成部分的数量及所在地点。

第四,母公司和集团内其他组成部分之间存在的控制关系的性质,以确定如何编制合并财务报表。

第五,其他注册会计师参与组成部分审计的范围。

第六,需审计的业务分部性质,包括是否需要具备专门知识。

第七,外币业务的核算方法及外币财务报表折算和合并方法。

第八,除对合并财务报表审计之外,是否需要对组成部分的财务报表单独进行审计。

第九,内部审计工作的可利用性及对内部审计工作的拟依赖程度。

第十,被审计单位使用服务机构的情况,以及注册会计师如何取得有关服务机构内部控制设计、执行和运行有效性的证据。

第十一,拟利用在以前期间审计工作中获取的审计证据的程度,如获取的与风险评估程序和控制测试相关的审计证据。

第十二,信息技术对审计程序的影响,包括数据的可获得性和预期使用计算机辅助审计技术的情况。

第十三，根据中期财务信息审阅及在审阅中所获信息对审计的影响，相应调整审计涵盖范围和时间安排。

第十四，与为被审计单位提供其他服务的会计师事务所人员讨论可能影响审计的事项。

第十五，被审计单位的人员和相关数据可利用性。

（2）报告目标。总体审计策略的制定应当明确审计业务的报告目标，以计划审计的时间安排和所需沟通的性质，包括提交审计报告的时间要求，预期与管理层和治理层沟通的重要日期等。

为计划报告目标、时间安排和所需沟通，注册会计师需要考虑下列事项：

第一，被审计单位的财务报告时间表。

第二，与管理层和治理层就审计工作的性质、范围和时间所举行的会议的组织工作。

第三，与管理层和治理层讨论预期签发报告和其他沟通文件的类型及提交时间，如审计报告、管理建议书和与治理层沟通函等。

第四，就组成部分的报告和其他沟通文件的类型及提交时间与负责组成部分审计的注册会计师沟通。

第五，项目组成员之间预期沟通的性质和时间安排，包括项目组会议的性质和时间安排及复核工作的时间安排。

第六，是否需要跟第三方沟通，包括与审计相关的法律、法规规定和业务约定书约定的报告责任。

第七，与管理层讨论预期在整个审计过程中通报审计工作进展及审计结果的方式。

（3）审计方向（审计重点）。总体审计策略的制定应当考虑影响审计业务的重要因素，以确定项目组工作方向，包括确定适当的重要性水平，初步识别可能存在较高的重大错报风险的领域，初步识别重要的组成部分和账户余额，评价是否需要针对内部控制的有效性获取审计证据，识别被审计单位、所处行业、财务报告要求及其他相关方面最近发生的重大变化等。

在确定审计方向时，注册会计师需要考虑下列事项：

第一，重要性方面。具体包括：① 在制定审计计划时确定的重要性水平。② 为组成部分确定重要性且与组成部分的注册会计师沟通。③ 在审计过程中重新考虑重要性。④ 识别重要的组成部分和账户余额。

第二，重大错报风险较高的审计领域。

第三，评估的财务报表层次的重大错报风险对指导、监督及复核的影响。

第四，项目组成员的选择（在必要时包括项目质量控制复核人员）和工作分工，包括向重大错报风险较高的审计领域分派具备适当经验的人员。

第五，项目预算，包括考虑为重大错报风险可能较高的审计领域分配适当的工作时间。

第六，向项目组成员强调在收集和评价审计证据过程中保持职业怀疑必要性的方式。

第七，以往审计中对内部控制运行有效性评价的结果，包括所识别的控制缺陷的性质及应对措施。

第八，管理层重视设计和实施健全的内部控制的相关证据，包括这些内部控制得以适当记录的证据。

第九,业务交易量规模,以基于审计效率的考虑确定是否信赖内部控制。

第十,管理层对内部控制重要性的重视程度。

第十一,影响被审计单位经营的重大发展变化,包括信息技术和业务流程的变化,关键管理人员变化,以及收购、兼并和分立。

第十二,重大的行业发展情况,如行业法规变化和新的报告规定。

第十三,会计准则及会计制度的变化。

第十四,其他重大变化,如影响被审计单位的法律环境的变化。

(4) 审计资源的分配。总体审计策略应能恰当地反映注册会计师考虑审计范围、时间和方向的结果。注册会计师应当在总体审计策略中清楚地说明下列内容:

第一,向具体审计领域调配的资源,包括向高风险领域分派有适当经验的项目组成员,就复杂的问题利用专家工作等。

第二,向具体审计领域分配资源的数量,包括安排到重要存货存放地观察存货盘点的项目组成员的数量,对其他注册会计师工作的复核范围,对高风险领域安排的审计时间预算等。

第三,何时调配这些资源,包括是在期中审计阶段还是在关键的截止日期调配资源等。

第四,如何管理、指导、监督这些资源的利用,包括预期何时召开项目组预备会和总结会,预期项目负责人和经理如何进行复核,是否需要实施项目质量控制复核等。

在制定总体审计策略时,注册会计师还应考虑初步业务活动的结果,以及为被审计单位提供其他服务时所获得的经验。

2. 具体审计计划的制订

注册会计师应当为审计工作制订具体审计计划。具体审计计划是依据总体审计策略制定的,对实施总体审计策略所需要的审计程序的性质、时间、范围所作的详细规划与说明。具体审计计划比总体审计策略更加详细,其内容包括为获取充分、适当的审计证据将审计风险降至可接受的低水平,项目组成员拟实施的审计程序的性质、时间和范围。具体审计计划的内容应包括:

(1) 风险评估程序。为了足够识别和评估财务报表重大错报风险,注册会计师应当具体计划实施的风险评估程序的性质、时间和范围。同时,注册会计师应当兼顾其他特定项目应执行的程序和记录要求,如注册会计师对财务报表审计舞弊、持续经营、关联方等执行的审计程序。同时,被审计单位所处行业、环境各不相同,特定项目可能也有所不同,如有些被审计单位可能涉及环境事项、电子商务等,在实务中注册会计师应根据被审计单位的具体情况确定特定项目性执行相应的审计程序。这些具体程序、时间和范围都应该在具体审计计划中进行说明。

(2) 计划实施的进一步审计程序。注册会计师在具体计划中记录针对评估的认定层次的重大错报风险而实施的进一步审计程序的性质、时间和范围。审计程序的性质是指控制测试、实质性测试、实质性分析程序、细节测试等;审计时间主要指期中审计还是期末审计;审计范围是审计内容、时间跨度和审计项目范围、抽样范围等。随着审计工作的推进,对审计程序的计划会进一步深入,并贯穿于整个审计过程。例如,计划风险评估程序通常在审计开始阶段进行,计划进一步审计程序则需要依据风险评估程序的结果进行。因此,为达到编制具体审计计划的要求,注册会计师需要完成风险评估程序,评估和识别重大错报风险,并针对评估的层次的重大错报风险,计划实施进一步审计程序的性质、时间和范围。

通常,注册会计师计划的进一步程序可以分为进一步审计程序的总体方案和拟实施的具体审计程序(包括进一步审计程序的性质、时间和范围)两个层次。进一步审计程序的总体方案主要是指注册会计师针对各类交易、账户余额和列报决定采用的总体方案(包括实质性方案——查账表重大错报或综合性方案——包括内控及查账表重大错报)。具体审计程序则是对进一步审计程序的总体方案的延伸和深化,它通常包括控制测试和实质性程序的性质、时间和范围。

(3)进一步实施的其他审计程序。具体审计计划还应当包括注册会计师针对审计业务需要实施的其他审计程序。这些审计程序是风险评估程序以外、进一步程序的计划中也没有涵盖的,而根据其他审计准则的要求注册会计师又应当执行的既定程序。例如,阅读含有已审计财务报表的文件中的其他信息、与被审计单位律师直接沟通等。

3. 总体审计策略与具体审计计划的关系

总体审计策略一经制定,注册会计师应当针对总体审计策略中所识别的不同事项,制定具体审计计划,并考虑通过有效利用审计资源以实现审计目标。虽然编制总体审计策略的过程通常在具体审计计划之前,但是两项计划活动并不是孤立、不连续的过程,而是内在紧密联系的,制定总体审计策略和具体审计计划的过程紧密联系,两者的内容也紧密相关,对其中一项的决定可能会影响甚至改变对另外一项的决定。例如,注册会计师在了解被审计单位及其环境的过程中,注意到被审计单位对主要业务的处理依赖复杂的自动化信息系统,因此计算机信息系统的可靠性及有效性对其经营、管理、决策以及编制可靠的财务报表具有重大影响。对此,注册会计师可能会在具体审计计划中制定相应的审计程序,并相应调整总体审计策略的内容,作出利用信息技术专家的工作的决定。《中国注册会计师审计准则第1201号——计划审计工作》明确规定,注册会计师应当根据实施风险评估程序的结果,对总体审计策略的内容予以调整。

(三)审计过程中对计划的审核

项目合伙人和项目组其他关键成员应当参与计划审计工作,包括参与项目组成员的讨论。为了保证审计计划的合理和完善,对审计计划的审核是一项必不可少的工作程序。审计计划的审核和批准应当具有更高的专业水平,通常由审计机构的有关业务负责人审核和批准。

1. 总体审计策略的审核

总体审计策略应由项目负责人编制并经部门经理审核。在审计项目质量控制系统中,审计计划的编制与审核必须分离,并由专人负责。

为了有效地进行事务所质量控制,只有审核后的审计计划方能实施。对总体审计策略应审核以下主要事项:① 审计目的、审计范围及重点审计领域的确定是否恰当。② 时间预算是否合理。③ 审计小组成员的选派和分工是否恰当。④ 对被审计单位的内部控制的信赖程度是否恰当。⑤ 对审计重要性的确定和审计风险的评估是否恰当。⑥ 对专家、内审人员及其他审计人员工作的利用是否恰当。

2. 具体审计计划审核

对具体审计计划的审核主要包括下列事项:① 审计程序能否达到审计目标。② 审计程序是否适合各审计项目的具体情况。③ 重点审计领域中各审计项目的审计程序是否恰当。④ 重点审计程序的制定是否恰当。

对在审核中发现的问题,应及时修改、补充、完善,并经审计机构的有关业务负责人同意,在工作底稿中加以记载和说明。

三、首次接受委托时对审计计划的补充考虑

由于首次接受委托审计的情况比较复杂,注册会计师的审计风险相对来说较大。因此,我们需要特别提到首次接受委托时如何计划审计工作。

注册会计师需要扩展初步业务活动。首次接受审计委托包括接受新客户而建立客户关系和承接现有客户(因对其提供了其他服务)的审计业务委托两种情况。在这两种情况下,尤其是接受新客户的情况下,注册会计师通常缺乏前期审计经验以评估与客户及业务承接相关的风险,因而需要扩展初步业务活动。

具体来说,在首次接受审计委托前,注册会计师需要执行下列程序。

1. 建立质量控制程序

在首次接受审计委托时注册会计师应当根据《中国注册会计师审计准则第1121号——历史财务信息审计的质量控制准则》中的有关规定开展工作,针对建立客户和承接具体客户关系和承接具体审计业务实施相应的质量控制程序。

2. 与前任注册会计师沟通

在被审计单位变更了会计师事务所的情况下,注册会计师除了执行与连续审计下相同的业务以外,还需要按照职业道德规范和审计准则的规定,与前任注册会计师沟通。相关规定依照《中国注册会计师审计准则第1152号——前后任注册会计师的沟通》的规定执行。此时,注册会计师还需要结合现实的环境分析承接客户及业务的风险,如可能需要特别关注更换会计师事务所的原因等。

同时,对于首次接受审计委托,在制定总体审计策略和具体审计计划时,注册会计师还应当考虑下列事项:① 就与前任注册会计师沟通作出安排,包括查阅前任注册会计师的工作底稿等。② 与管理层讨论的有关首次接受审计委托的重大问题,就这些重大问题与治理层沟通的情况,以及这些重大问题是如何影响总体审计策略和具体审计计划的。③ 针对期初余额获取充分、适当的审计证据而计划实施的审计程序。④ 针对预见到的特别风险,分派具有相应素质和专业胜任能力的人员。⑤ 根据会计师事务所关于首次接受审计委托的质量控制制度实施的其他程序。

在实务中,注册会计师获取首次接受委托单位的信息来源主要包括以下方面:① 通过向被审计单位管理层询问和与其沟通获取的财务及其他信息,如年度报告等。② 从银行、监管机构等第三方获取的信息。③ 有关政府部门、有影响力的媒体等公布的信息,如按某些指标进行的企业排名等。④ 向工商管理部门查询。⑤ 与前任注册会计师沟通。⑥ 基于对被审计单位所处行业的了解,与同行业其他企业所作的比较及评估。⑦ 利用外部调查机构,特别是针对高风险的行业及被审计单位。

四、审计过程中对计划的更改

计划审计工作是一个持续的、不断修正的过程,贯穿于整个审计业务的始终。由于未预期事项、条件的变化或在实施审计程序中获取的审计证据等原因,注册会计师应当在审计过程中对总体审计策略和具体审计计划作出必要的更新和修改。注册会计师应在审计过程中根据掌握的被审计单位的新情况,对审计策略、审计程序、审计范围、审计重点、审计重要性和审计风险等审计计划的重要内容作不断的修订。例如,如果审计人员在审计准备阶段,通过了解认为被审计单位内控良好,重大错报风险较小,因而拟采用更多依赖内控测试的审计策略,但在审计过程中发现该单位内控的健全性和执行情况离预期差距较远,则

要更正审计策略,采用较多的实质性测试,尤其是细节测试程序。

第二节　审计重要性

一、对重要性概念的理解

重要性是审计学中一个非常重要的概念。我国注册会计师审计准则认为:"重要性取决于在具体环境下对错报金额和性质的判断。如果一项错报单独或连同其他错报可能影响财务报表使用者依据财务报表作出的经济决策,则该项错报是重大的。"

为了更清楚地理解重要性的概念,需要注意以下几点:

(1)重要性概念中的错报包含漏报。财务报表错报包括财务报表金额的错报和财务报表披露的错报。

(2)重要性包括对数量和性质两个方面的考虑。所谓数量,是指错报金额大小;性质则指错报的性质。一般来说,金额大的错报比金额小的错报更重要。但小金额错报或漏报的累计,可能会对财务报表产生重大影响,这一累计错报也是重要的。某些金额的错报从数量上看并不重要,但从性质上考虑,则可能是重要的。如涉及舞弊与违法行为的错报或漏报,在此情况下,无论金额大小都是重要的,因为舞弊与违法行为反映了管理当局或会计人员的诚实和可信性存在问题,对于财务报表使用者而言,蓄意错报或漏报比相同金额的笔误更重要。

(3)重要性概念是针对财务报表使用者决策的信息需求而言的。判断一项错报重要与否,应视其对财务报表使用者依据财务报表作出经济决策的影响程度而定。如果财务报表中的某项错报足以改变或影响财务报表使用者的相关决策,则该项错报就是重要的;否则,就不重要。

值得说明的是,在通用目的财务报表的审计中,注册会计师对重要性的判断是基于将财务报表使用者作为具有一定的理解能力并能理性地作出相关决策的一个集体来考虑的。注册会计师难以考虑错报对具体的单个使用者可能产生的影响,因为他们的需求千差万别。在审计这类企业的财务报表时,投资者群体可被视为所有信息使用者的代表,投资者的信息需求是确定重要性的合适的参考依据。所谓通用目的财务报表,是指被审计单位按照适用的会计准则和相关会计制度的规定编制的、用以满足广大使用者的共同信息需求的财务报表。在审计实务中,注册会计师通常本着执业谨慎的态度,规定相对严格的较小的重要性水平。

如果注册会计师对特殊目的审计业务出具审计报告,在确定重要性时需要考虑特定使用者的信息需求,以实现特殊审计目标。

(4)重要性的确定离不开具体环境。由于不同的被审计单位面临不同的环境,不同的报表使用者有着不同的信息需求,因此注册会计师确定的重要性也不相同。某一金额的错报对某被审计单位的财务报表来说是重要的,而对另一个被审计单位的财务报表来说可能不重要。例如,错报10万元对一个小公司来说可能是重要的,而对另一个大公司来说则可能不重要。

(5)对重要性的评估需要运用职业判断。影响重要性的因素很多,注册会计师应当根据被审计单位面临的环境,并综合考虑其他因素,合理确定重要性水平。不同的注册会计师在确定同一被审计单位重要性水平时,得出的结果可能不同,这主要是因为对影响重要性的各因素的判断存在差异。因此,注册会计师需要运用职业判断来合理评估重要性。

二、重要性的初步判断

重要性水平的确定贯穿于审计整个过程,审计各阶段重要性的运用具有不同的意义。在审计的计划阶段,重要性的初步判断是编制审计计划的重要依据;在审计实施阶段,重要性影响着审计程序性质和范围;在审计报告阶段,重要性是确定错报是否要调整及审计意见的依据。以下着重叙述重要性的初步判断。

(一)影响重要性初步判断的因素

审计人员在计划审计工作时,必须对重要性作出初步判断,以便为检查数量上的重要错报确定一个可接受的重要性水平。这里,重要性的初步判断是指审计人员认为财务报表中出现的可能改变有理性的人员经济决策的最小错报数额,对于达到或超过这一数量的错报,即认为是重要错误,不能接受。审计计划阶段初步判断的重要性通常称为"计划重要性"。

由于财务报表的阅读者不同,企业的具体情况也不同,因此,对重要性的初步判断也没有统一的规定。在国外,各国权威部门或审计准则也未对重要性作统一规定。一般来说,在实际工作中对重要性作初步判断要考虑以下几个因素:

(1)被审计单位的经营规模及业务性质。规模不同的企业,其重要性水平也有所不同。规模大的企业,其重要性水平的绝对值一般比规模小的企业要大,但相对值一般要比规模小的企业小。企业所处行业的性质对重要性水平也有较大影响,因为不同行业的企业,其会计核算的工作组织以及所遵循的会计规范均存在较大的差异。同时被审计单位法律环境、监管环境等其他外部因素会影响被审计单位的经营风险,从而对注册会计师对重要性水平的判断产生影响。

(2)内部控制与审计风险的评估结果。如果被审计单位内部控制较为健全,可信赖程度较高,可以将重要性水平定得高一些,以节省审计成本。如果审计风险评估为高水平,则意味着重要性水平较低。

(3)有关法规对财务会计的要求。一般地说,审计人员执行财务报表审计时,应当谨慎判断重要性水平,因为有关法规对企业财务报表的编制可能存在特别的要求。如果被审计单位存在可由管理当局自主决定处理的会计事项,审计人员必须从严确定重要性水平。

(4)审计的目标,包括特定报告要求。信息使用者的要求等因素会影响注册会计师对重要性水平的确定。例如,对特定财务报表项目进行审计的业务,其重要性水平可能需要以该项目金额,而不是以财务报表的一些汇总性财务数据为基础加以确定。

(5)财务报表各项目的性质及其相互关系。财务报表使用者对不同的报表项目关心程度不同。对不同的项目,就会有不同的重要性标准。一般而言,财务报表十分关心流动性较高的项目,因此审计人员应当从严制定重要性水平。同时,由于财务报表各项目之间是相互联系的,注册会计师在确定重要性水平时,需要考虑这种相互联系。

(6)财务报表项目的金额及其波动幅度。财务报表项目的金额及其波动幅度可能促使财务报表使用者作出不同的反应。因此,注册会计师在确定重要性水平时,应当深入研究这些项目的金额及其波动幅度。

(7)错报或漏报的性质。如涉及舞弊与违法行为的错报或漏报、能引起履行合同义务的错报或漏报、影响收益趋势的错报或漏报、不期望出现的错报或漏报等,不论其错报或漏报的金额多少,注册会计师都必须将其视为是重要的。

（8）以往的审计经验。如果以前年度所使用的重要性水平适当,可以作为本次审计确定的直接依据。如果被审计单位的经营环境、业务范围或职责发生变化,可作相应调整。

总之,只要影响预期财务报表使用者决策的因素,都可能对重要性水平产生影响。注册会计师应当在计划阶段充分考虑这些因素,并采用合理的方法,确定重要性水平,这一切均取决于注册会计师的职业判断。

需要说明的是,重要性及其在各项目中进行分配并不是一成不变的,它可随具体情况而作适当变动。如果在准备阶段确定的重要性初步判断过大,则在实施阶段可酌情修改,定得小些,反之亦然。在分配重要性初步判断时,如果某一项目可容错误定得过大,以后也可改得小些,与此同时,其他项目可容错误就可改得大些。

重要性标准的确定及分配主要取决于注册会计师的职业判断,主观因素起很大作用,但主观因素的发挥与职业判断应从报表使用者角度,结合具体环境作出尽量客观、谨慎的评价。

（二）财务报表层次的重要性

由于财务报表审计的目标是注册会计师通过执行审计工作对财务报表发表审计意见,因此,注册会计师首先应当考虑财务报表层次的重要性。只有这样,才能得出财务报表是否公允反映的结论。注册会计师在制定总体审计策略时,应当确定财务报表层次的重要性水平。确定多大错报会影响到财务报表使用者所作的决策,是注册会计师运用职业判断的结果。注册会计师通常会先选择一个恰当的基准,再选用适当的百分比乘以该基准,从而得出财务报表层次的重要性水平。

在选择基准时,需要考虑的因素:

（1）财务报表要素（如资产、负债、所有者权益、收入和费用）。

（2）是否存在特定会计主体的财务报表使用者特别关注的项目（如为了评价财务业绩,使用者可能更关注利润、收入或净资产）。

（3）被审计单位的性质、所处的生命周期阶段以及所处行业和经济环境。

（4）被审计单位的所有权结构和融资方式（例如,如果被审计单位仅通过债务而非权益进行融资,财务报表使用者可能更关注资产及资产的索偿权,而非被审计单位的收益）。

（5）基准的相对波动性。

适当的基准取决于被审计单位的具体情况,包括各类报告收益（如税前利润、营业收入、毛利和费用总额）,以及所有者权益或净资产。对于以营利为目的的实体,通常以经常性业务的税前利润作为基准。如果经常性业务的税前利润不稳定,选用其他基准可能更加合适,如毛利或营业收入。就选定的基准而言,相关的财务数据通常包括前期财务成果和财务状况、本期最新的财务成果和财务状况、本期的预算和预测结果。当然,本期最新的财务成果和财务状况、本期的预算和预测结果需要根据被审计单位情况的重大变化（如重大的企业并购）和被审计单位所处行业和经济环境情况的相关变化等作出调整。例如,当按照经常性业务的税前利润的一定百分比确定被审计单位财务报表整体的重要性时,如果被审计单位本年度税前利润因情况变化出现意外增加或减少,注册会计师可能认为按照近几年经常性业务的平均税前利润确定财务报表整体的重要性更加合适。

表 13-1 举例说明了一些实务中较为常用的基准。

表 13-1　常用的基准

被审计单位的情况	可能选择的基准
1. 企业的盈利水平保持稳定	经常性业务的税前利润
2. 企业近年来经营状况大幅度波动,盈利和亏损交替发生,或者由正常盈利变为微盈、微亏,或者本年度税前利润因情况变化而出现意外增加或减少	过去 3 年经常性业务的平均税前利润或亏损(取绝对值),或其他基准,例如营业收入
3. 企业为新设企业,处于开办期,尚未开始经营,目前正在建造厂房及购买机器设备	总资产
4. 企业处于新兴行业,目前侧重于抢占市场份额、扩大企业知名度和影响力	营业收入
5. 开放式基金,致力于优化投资组合、提高基金净值、为基金持有人创造投资价值	净资产
6. 国际企业集团设立的研发中心,主要为集团下属各企业提供研发服务,并以成本加成的方式向相关企业收取费用	成本与营业费用总额
7. 公益性质的基金会	捐赠收入或捐赠支出总额

在通常情况下,对于以营利为目的的企业,利润可能是大多数财务报表使用者最为关注的财务指标,因此,注册会计师可能考虑选取经常性业务的税前利润作为基准。但是在某些情况下,例如企业处于微利或微亏状态时,采用经常性业务的税前利润为基准确定重要性可能影响审计的效率和效果。

注册会计师可以考虑采用以下方法确定基准:

(1) 如果微利或微亏状态是由宏观经济环境的波动或企业自身经营的周期性所导致,可以考虑采用过去 3～5 年经常性业务的平均税前利润作为基准。

(2) 采用财务报表使用者关注的其他财务指标作为基准,如营业收入、总资产等。

注册会计师要注意的是,如果被审计单位的经营规模较上年度没有重大变化,通常使用替代性基准确定的重要性不宜超过上年度的重要性。

注册会计师为被审计单位选择的基准在各年度中通常会保持稳定,但是并非必须保持一贯不变。注册会计师可以根据经济形势、行业状况和被审计单位具体情况的变化对采用的基准作出调整。例如,被审计单位处在新设立阶段时注册会计师可能采用总资产作为基准,被审计单位处在成长期时注册会计师可能采用营业收入作为基准,被审计单位进入经营成熟期后注册会计师可能采用经常性业务的税前利润作为基准。

为选定的基准确定百分比需要运用职业判断。百分比和选定的基准之间存在一定的联系,如经常性业务的税前利润对应的百分比通常比营业收入对应的百分比要高。例如,对以营利为目的的制造行业实体,注册会计师可能认为经常性业务的税前利润的 5% 是适当的;而对非营利组织,注册会计师可能认为总收入或费用总额的 1% 是适当的。百分比无论是高一些还是低一些,只要符合具体情况,都是适当的,根据实际情况因地制宜。

(三)特定类别交易、账户余额或披露的重要性水平

根据被审计单位的特定情况,下列因素可能表明存在一个或多个特定类别的交易、账户余额或披露,其发生的错报金额虽然低于财务报表整体的重要性,但合理预期将影响财

务报表使用者依据财务报表作出的经济决策：

（1）法律法规或适用的财务报告编制基础是否影响财务报表使用者对特定项目（如关联方交易、管理层和治理层的薪酬）计量或披露的预期。

（2）与被审计单位所处行业相关的关键性披露（如制药企业的研究与开发成本）。

（3）财务报表使用者是否特别关注财务报表中单独披露的业务的特定方面（如新收购的业务）。

在根据被审计单位的特定情况考虑是否存在上述交易、账户余额或披露时，了解治理层和管理层的看法和预期通常是有用的。

（四）实际执行的重要性

实际执行的重要性是指注册会计师确定的低于财务报表整体重要性的一个或多个金额，旨在将未更正和未发现错报的汇总数超过财务报表整体的重要性的可能性降至适当的低水平。如果适用，实际执行的重要性还指注册会计师确定的低于特定类别的交易、账户余额或披露的重要性水平的一个或多个金额。

仅为发现单项重大的错报而计划审计工作将忽视这样一个事实，即单项非重大错报的汇总数可能导致财务报表出现重大错报，更不用说还没有考虑可能存在的未发现错报。确定财务报表整体的实际执行的重要性（根据定义可能是一个或多个金额），旨在将财务报表中未更正和未发现错报的汇总数超过财务报表整体的重要性的可能性降至适当的低水平。

与确定特定类别的交易、账户余额或披露的重要性水平相关的实际执行的重要性，旨在将这些交易、账户余额或披露中未更正与未发现错报的汇总数超过这些交易、账户余额或披露的重要性水平的可能性降至适当的低水平。

确定实际执行的重要性并非简单机械的计算，需要注册会计师运用职业判断，并考虑下列因素的影响：① 对被审计单位的了解（这些了解在实施风险评估程序的过程中得到更新）；② 前期审计工作中识别出的错报的性质和范围；③ 根据前期识别出的错报对本期错报作出的预期。

通常而言，实际执行的重要性通常为财务报表整体重要性的50%～75%。

如果存在下列情况，注册会计师可能考虑选择较低的百分比来确定实际执行的重要性：

（1）首次接受委托的审计项目。

（2）连续审计项目，以前年度审计调整较多。

（3）项目总体风险较高，例如处于高风险行业、管理层能力欠缺、面临较大市场竞争压力或业绩压力等。

（4）存在或预期存在值得关注的内部控制缺陷。

如果存在下列情况，注册会计师可能考虑选择较高的百分比来确定实际执行的重要性：

（1）连续审计项目，以前年度审计调整较少。

（2）项目总体风险为低到中等，例如处于非高风险行业、管理层有足够能力、面临较低的市场竞争压力和业绩压力等。

（3）以前期间的审计经验表明内部控制运行有效。

审计准则要求注册会计师确定低于财务报表整体重要性的一个或多个金额作为实际执行的重要性，注册会计师无须通过将财务报表整体的重要性平均分配或按比例分配至各

个报表项目的方法来确定实际执行的重要性，而是根据对报表项目的风险评估结果，确定

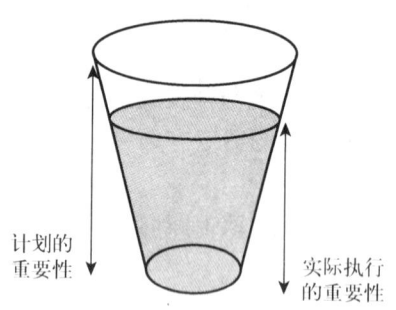

图 13-1　实际执行的重要性

如何确定一个或多个实际执行的重要性。例如，根据以前期间的审计经验和本期审计计划阶段的风险评估结果，注册会计师认为可以以财务报表整体重要性的 75% 作为大多数报表项目的实际执行的重要性；与营业收入项目相关的内部控制存在控制缺陷，而且以前年度审计中存在审计调整，因此考虑以财务报表整体重要性的 50% 作为营业收入项目的实际执行的重要性，从而有针对性地对高风险领域执行更多的审计工作。

计划的重要性与实际执行的重要性之间的关系如图 13-1 所示。

（五）审计过程中修改重要性

由于存在下列原因，注册会计师可能需要修改财务报表整体的重要性和特定类别的交易、账户余额或披露的重要性水平（如适用）：① 审计过程中情况发生重大变化（如决定处置被审计单位的一个重要组成部分）；② 获取新信息；③ 通过实施进一步审计程序，注册会计师对被审计单位及其经营所了解的情况发生变化。例如，注册会计师在审计过程中发现，实际财务成果与最初确定财务报表整体的重要性时使用的预期本期财务成果相比存在着很大差异，则需要修改重要性。

（六）在审计中运用实际执行的重要性

实际执行的重要性在审计中的作用主要体现在以下几个方面：

（1）注册会计师在计划审计工作时可以根据实际执行的重要性确定需要对哪些类型的交易、账户余额和披露实施进一步审计程序，即通常选取金额超过实际执行的重要性的财务报表项目，因为这些财务报表项目有可能导致财务报表出现重大错报。但是，这不代表注册会计师可以对所有金额低于实际执行的重要性的财务报表项目不实施进一步审计程序，这主要出于以下考虑：① 单个金额低于实际执行的重要性的财务报表项目汇总起来可能金额重大（可能远远超过财务报表整体的重要性），注册会计师需要考虑汇总后的潜在错报风险；② 对于存在低估风险的财务报表项目，不能仅仅因为其金额低于实际执行的重要性而不实施进一步审计程序；③ 对于识别出存在舞弊风险的财务报表项目，不能因为其金额低于实际执行的重要性而不实施进一步审计程序。

（2）运用实际执行的重要性确定进一步审计程序的性质、时间安排和范围。例如，在实施实质性分析程序时，注册会计师确定的已记录金额与预期值之间的可接受差异额通常不超过实际执行的重要性；在运用审计抽样实施细节测试时，注册会计师可以将可容忍错报的金额设定为等于或低于实际执行的重要性。

三、审计重要性和审计风险、审计证据数量的关系

（一）审计重要性与审计风险的关系是反向关系

重要性水平越高，审计风险越低；重要性水平越低，审计风险越高。注册会计师在确定审计程序的性质、时间和范围时应当考虑这种反向关系。如果重要性水平是 2 000 元，则意味着低于 2 000 元的错报不会影响到财务报表使用者的判断与决策，审计人员仅仅需要通过执行有关审计程序查出达到或高于 2 000 元的错报；如果重要性水平是 1 000 元，则金额在 1 000～2 000 元之间的错报仍然会影响到财务报表使用者的判断与决策，审计人员需要

通过执行有关审计程序查出金额在 1 000～2 000 元之间的错报。显然,重要性水平为 2 000 元时的审计风险要比重要性水平为 1 000 元时的审计风险低。由于重要性与审计风险之间存在反向关系,如果原本 2 000 元的错报才会影响到财务报表使用者的判断和决策,但审计人员将重要性水平确定为 1 000 元,这时审计人员就会扩大审计程序的范围或追加审计程序,而实际上无此必要,这样就会导致时间和人力的浪费,从而影响审计效率。同时,注册会计师不可以无限度地将重要性水平估计很高,重要性水平估计过高,表面上意味着审计风险降低,但势必导致审计测试不充分,很可能未发现那些本应发现的重大错报,从而影响审计效果,并可能误导财务报表使用者,最终容易导致审计风险的大幅提高。如客观上 1 000 元的错报就会影响财务报表使用者的判断或决策,但审计人员将重要性水平确定为 2 000 元,这时审计人员所执行的审计程序要比原本应当执行的审计程序少、审计范围小,这就容易导致审计人员得出错误的审计结论,导致审计失败,酿成审计风险。现实中,注册会计师应从财务报表使用者角度出发,保持应有的职业谨慎,合理估计重要性水平。

（二）重要性和审计证据数量之间的反向变动关系

重要性越低,审计风险越高,注册会计师需要收集的有效的审计证据数量就越多,以便将审计风险降至可接受的低水平。因此,重要性和审计证据之间也是反向变动关系。重要性和审计风险实质上是统一的,是一个事情的两个方面,从财务报表使用者角度考虑,是重要性,从注册会计师本身考虑,是审计风险,因此,低重要性水平和高审计风险是指同一件事情,只是考虑的角度不同。

四、评价错报的影响

审计人员在完成外勤审计工作后,应汇总所有在审计过程中发现的尚未更正错报,并对这些尚未更正错报的汇总数对财务报表的影响进行评价,从而形成审计结果。

（一）尚未更正错报的汇总数

尚未更正错报数包括已经识别的具体错报和推断误差。

（1）已经识别的具体错报是指注册会计师在审计过程中发现的、能够准确计量的错报,包括对事实的错报和涉及主观决策的错报两类。对事实的错报产生于被审计单位收集和处理数据的错误,对事实的忽略或误解,或故意舞弊行为;涉及主观决策的错报可能产生于管理层和注册会计师对会计估计的判断差异,也可能产生于管理层和注册会计师对选择和运用会计政策的判断差异。

（2）推断误差也称"可能误差",是注册会计师对不能明确、具体地识别的其他错报的最佳估计数。推断误差包括通过测试样本估计出的总体的错报减去在测试中发现的已经识别的具体错报以及通过实质性分析程序推断出的估计错报。

（二）评价尚未更正错报汇总数的影响

注册会计师需要在出具审计报告之前,评估尚未更正错报单独或累积的影响是否重大。在评估时,注册会计师应当从特定的某类交易、账户余额及列报认定层次和财务报表层次考虑这些错报的金额和性质,以及这些错报发生的特定环境。在将尚未更正错报与财务报表层次重要性水平相比,如果尚未更正错报汇总数低于重要性水平,并且特定项目的尚未更正错报也低于考虑其性质所设定的更低的重要性水平,这对财务报表的影响不重大,注册会计师可以发表无保留审计意见的审计报告。

但是以下三种情况则需要引起注意:

（1）尚未更正错报汇总数高于重要性水平。如果尚未更正错报汇总数高于重要性水平,对财务报表的影响可能是重大的,注册会计师应当考虑通过扩大审计程序的范围或要求管理层调整财务报表降低审计风险。在任何一种情况下,注册会计师都应当要求管理层就已识别的错报调整财务报表。如果管理层拒绝调整财务报表,并且扩大审计程序范围的结果不能使注册会计师认为尚未更正错报的汇总数不重大,注册会计师应当考虑出具非无保留意见的审计报告。

(2)尚未更正错报汇总数接近重要性水平。如果尚未更正错报汇总数接近重要性水平,注册会计师应当考虑该汇总数连同尚未发现的错报是否可能超过重要性水平,并考虑通过实施追加的审计程序,或要求管理层调整财务报表降低审计风险。

(3)错报从性质上看是重大的。考虑到某些错报发生的环境,即使其金额低于计划的重要性水平,注册会计师仍可能认为其单独或连同其他错报从性质上看是重大的。可能影响注册会计师评估错报从性质上看是否重大的因素包括错报是否与违反监管要求或合同规定有关;是否掩盖了收益或其他趋势的变化;是否影响用来评价被审计单位财务状况、经营成果和现金流量的相关比率;是否会导致管理层报酬的增加;是否影响财务报表中列示的分部信息等。

如果某项错报是(或可能是)由舞弊造成的,无论其金额大小,注册会计师均应当按照《中国注册会计师审计准则第1141号——财务报表审计中对舞弊的考虑》的规定,考虑其对整个财务报表审计的影响。

第三节　审　计　风　险

一、审计风险的构成要素及其相互关系

(一)审计风险的定义

《中国注册会计师审计准则第1101号——财务报表审计的目标和一般原则》指出:审计风险是指财务报表存在重大错报而注册会计师发表了不恰当审计意见的可能性。这一"审计风险"的定义至少包括三层含义:

(1)财务报表存在重大错报,如果不存在错报,或者存在非重大错报,审计风险就不存在。

(2)审计人员发表了不恰当的审计意见,如果审计人员发表了恰当的审计意见,或者不发表审计意见,审计风险就不存在。

(3)是一种可能性。即因此导致审计失误是可能的,而不是必然的、肯定的。

应当注意,现实中注册会计师出具不恰当审计意见的表现主要有两种形式:一是被审计单位财务报表不符合合法性和公允性,但注册会计师认为财务报表不存在重大错报,是合法的和公允的;二是注册会计师认为财务报表存在重大错报,但实际上被审计单位财务报表不存在重大错报,是合法的和公允的。我国审计准则和国际审计准则对审计风险的定义均指第一种情况。

由于审计所处的环境日益复杂,审计所面临的任务日趋艰巨;审计也需支持成本效益原则。这些原因的存在决定了现实中审计风险必然存在。注册会计师只能评估风险大小,采取相应措施,以尽量避免和控制风险。

另外,上文中对审计风险的定义其实是从财务报表使用者角度来说的。对财务报表使用者来说,只要财务报表存在重大错报,注册会计师在审计意见中未能适当反映,报表使用

者就可能因被误导而产生损失的可能性,对其就构成了审计风险。但从审计主体来说,出具了不恰当审计意见,并不必然会被报表使用者发现,即使被发现,也并不必然会被公开而产生声誉上的损失,并不必然会遭到起诉而产生经济上的损失。同时,上文对审计风险的定义也未明确注册会计师是故意还是无意出具了不恰当审计意见,如果是故意的,那就不属于审计风险而是审计欺诈。因此,若从审计主体来定义审计风险,"审计风险"应是被审计单位财务报表存在重大错报,而注册会计师由于无意的过失而出具了不恰当审计意见,并进而导致声誉上或经济上的损失的可能性。

显然,从财务报表使用者角度定义的审计风险与从审计主体定义的审计风险,两者并不完全一致。审计准则是从保护财务报表使用者的角度来定义审计风险的,而现实中审计主体考虑审计风险是从自身角度出发的,审计主体度量审计风险的大小就是评估若审计意见没能反映报表上的重大错报,是否会给自己带来损失以及损失的大小。

（二）审计风险的构成要素

审计风险取决于重大错报风险和检查风险。注册会计师应当实施审计程序,评估重大错报风险,并根据评估结果设计和实施进一步审计程序,以控制检查风险。

1. 重大错报风险

重大错报风险是指财务报表在审计前存在重大错报的可能性。在设计审计程序以确定财务报表整体是否存在重大错报时,注册会计师应当从财务报表层次和各类交易、账户余额、列报认定层次考虑重大错报风险。其中,认定层次的重大错报风险又可以进一步细分为固有风险和控制风险。

固有风险指假设不存在相关的内部控制,某一认定发生重大错报的可能性。某些类别的交易、账户余额、列报及其认定,固有风险较高。例如,复杂的计算比简单计算更可能出错;受重大计量不确定性影响的会计估计发生错报的可能性较大。产生经营风险的外部因素也可能影响固有风险,比如,技术进步可能导致某项产品陈旧,进而导致存货易于发生高估错报（计价认定）。被审计单位及其环境中的某些因素还可能与多个甚至所有类别的交易、账户余额、列报有关,进而影响多个认定的固有风险。这些因素包括维持经营的流动资金匮乏、被审计单位处于夕阳行业等。

控制风险是指某项认定发生了重大错报,而该错报没有被企业的内部控制及时防止、发现和纠正的可能性。控制风险取决于与财务报表编制有关的内部控制的设计和运行的有效性。由于控制的固有局限性,某种程度的控制风险必然存在。

由于一些固有风险和控制风险不可分割地交织在一起,有时无法单独进行评估。再者,在实务中固有风险的评估难以把握,通常就是以100%和50%两个标准来衡量,而且大多情况下都直接将固有风险定为100%,从而失去了单独界定和评估固有风险的意义。因此,现行审计准则中的审计风险模型不再将固有风险和控制风险作为两个单独的风险要素,而是将两者合并为"重大错报风险"。但这并不意味着,注册会计师不可以单独对固有风险和控制风险进行评估。相反,注册会计师既可以对两者进行单独评估,也可以对两者进行合并评估。具体采用的评估方法取决于会计师事务所偏好的审计技术和方法及实务上的考虑。

2. 检查风险

（1）检查风险的定义。《中国注册会计师审计准则第1101号——财务报表审计的目标和一般原则》指出:检查风险是指某一认定存在错报,该错报单独或连同其他错报是重大的,但注册会计师未能发现这种错报的可能性。

　　从上述定义可以看出:① 检查风险与审计风险不同,审计风险界定的重大错报只是可能的,而检查风险界定的重大错报是实际存在的。② 检查风险审计人员未能发现存在的重大错报也只是一种可能性。通过实施审计程序,审计人员也可能发现存在的重大错报,也可能未能发现存在的重大错报。

　　(2) 检查风险取决于审计程序设计的合理性和执行的有效性。由于注册会计师通常并不对所有的交易、账户余额和列报进行检查,检查风险不可能降低为零。其他原因包括注册会计师可能选择了不恰当的审计程序、审计程序执行不当,或者错误理解了审计结论。

　　这些其他因素可以通过适当计划、在项目组成员之间进行恰当的职责分配、保持职业怀疑态度以及监督、指导和复核助理人员所执行的审计工作得以解决。

　　检查风险独立地存在于整个审计过程中。检查风险是不受重大错报风险(固有风险和控制风险)的影响而独立地存在于审计过程中的一种风险。检查风险是审计风险的独立变量,任何一个环节的失误都会导致检查风险产生。

　　检查风险与注册会计师工作的有效性直接相关。检查风险是审计程序的有效性和注册会计师运用审计程序的有效性的函数。与重大错报风险(固有风险和控制风险)不同,检查风险的实际水平与注册会计师的工作有关,它是唯一能够通过注册会计师的主观努力而加以控制的风险。例如,使用比较有效的审计程序可导致比较低的检查风险。同样的,在资产负债表日或接近资产负债表日执行的实质性测试比其他任何其中日期执行实质性测试,更有利于降低检查风险。

　　(3) 检查风险与重大错报风险的反向关系。在既定的审计风险水平下,可接受的检查风险水平与认定层次重大错报风险的评估结果成反向关系。评估的重大错报风险越高,可接受的检查风险越低;评估的重大错报风险越低,可接受的检查风险越高。

　　3. 从定量和定性两个方面分析风险

　　对审计风险、重大错报风险与检查风险之间的关系可从定量和定性两个方面进行分析。

　　(1) 定量分析。审计风险、重大错报风险与检查风险之间的关系用模型表示为:

$$审计风险=重大错报风险×检查风险$$

若将重大错报风险细分为固有风险和控制风险,则该模型可转换为:

$$审计风险=固有风险×控制风险×检查风险$$

　　在可接受的审计风险下,在确定重大错报风险后,可以推算出可接受的检查风险,进而根据可接受的检查风险,计划下一步的审计程序性质、时间和范围。

$$检查风险=审计风险÷重大错报风险$$

或　　　　　　　　　$$检查风险=审计风险÷(固有风险×控制风险)$$

　　例如,注册会计师确定的可接受的审计风险为5%,经过对财务报表层次和认定层次重大错报风险的评估,被审计单位的重大错报风险为50%,那么,计划的检查风险为:

$$检查风险=审计风险÷重大错报风险=5\%÷50\%=10\%$$

　　(2) 定性分析。在总体审计风险一定的情况下,重大错报风险和检查风险之间的关系如表 13-3 所示。

表 13-3 检查风险与重大错报风险关系

注册会计师对重大错报风险的评估	高	中	低
注册会计师可以接受的检查风险	低	中	高

若将重大错报风险细分为固有风险和控制风险,并将其与检查风险一起考虑,它们之间的相互关系如表 13-4 所示。

表 13-4 检查风险与固有风险和控制风险关系

注册会计师对固有风险的评估	注册会计师对控制风险的评估		
	高	中	低
	注册会计师可以接受的检查风险		
高	最低	较低	中等
中	较低	中等	较高
低	中等	较高	最高

可以看出,检查风险与固有风险和控制风险的综合水平之间存在反比关系,也就是说,检查风险与重大错报风险成反比关系。在可接受的审计风险一定的情况下,重大错报风险越高,审计人员可接受的检查风险就越低,审计人员必须扩大审计范围,收集更多的审计证据,以保证将检查风险降低到可接受的水平。

在对财务报表的审计中,审计人员对财务报表层次和认定层次使用的审计风险是相同的。如果审计人员对不同账户和不同认定使用不同的审计风险水平,那么最终无法根据这些不同的审计风险水平来确定整个财务报表已达到的总审计风险水平。但是,重大错报风险的估计水平,以及检查风险的可接受水平,却可以随着每个账户和认定的不同而变化。因为重大错报风险和检查风险只是针对各类交易、账户余额以及列报层次的个别认定而确定的,并不针对整个财务报表。

二、审计风险评估

(一)风险评估程序

被审计单位的环境因素会对被审计单位的经营活动乃至财务报表产生影响,因此注册会计师应当对这些外部因素进行了解。注册会计师为了识别和评估财务报表重大错报风险,了解被审计单位及其环境而实施的程序称为风险评估程序。注册会计师应当依据实施这些程序所获取的信息,评估重大错报风险。详见第八章第二节。

(二)评估重大错报风险

在上述了解被审计单位及其环境以及被审计单位内部控制的基础上,注册会计师应当识别和评估重大错报风险,并确定重大错报风险是与特定的某类交易、账户余额、列报的认定相关,还是与财务报表整体广泛相关,进而影响多项认定。详见第八章第五节。

三、审计风险应对措施

注册会计师通过实施风险评估程序,识别和评估财务报表层次以及各类交易、账户余额、列报认定层次的重大错报风险以后,注册会计师应当针对已评估的重大错报风险确定总体应对措施,设计和实施进一步审计程序,以将审计风险降至可接受的低水平。同时,在财务报表重大错报风险的评估过程中,注册会计师应当确定,识别的重大错报风险是与特定的某类交易、账户余额、列报的认定相关,还是与财务报表整体广泛相关,进而影响多项认定。如果是前者,属于认定层次的重大错报风险;如果是后者,则属于财务报表层次的重大错报风险。详见第九章。

主 要 术 语

1. 审计计划　　　　　　　　　　2. 初步业务活动
3. 总体审计策略　　　　　　　　4. 具体审计计划
5. 重要性　　　　　　　　　　　6. 错报
7. 财务报表层次的重要性　　　　8. 认定层次的重要性
9. 审计风险　　　　　　　　　　10. 审计风险评估
11. 重大错报风险　　　　　　　　12. 检查风险
13. 审计风险应对措施　　　　　　14. 总体应对措施
15. 进一步审计程序　　　　　　　16. 舞弊

复 习 思 考 题

1. 什么是审计计划? 它具有什么样的作用?
2. 审计人员在计划审计工作前,应该做好哪些初步业务活动?
3. 什么是审计业务约定书? 它包括哪些内容? 它有何作用?
4. 审计人员应如何制定审计计划?
5. 首次接受委托审计人员在制定审计计划时应该注意哪些事项?
6. 什么是重要性? 为什么审计人员在审计过程中要考虑重要性的概念?
7. 在计划审计工作中,审计人员主要从哪几个方面初步判断审计重要性?
8. 如何考虑重要性水平的分配?
9. 评价审计结果时如何考虑重要性?
10. 简述审计风险的定义及其组成要素之间的相互关系。
11. 注册会计师如何进行风险评估以及采取相应的风险应对措施?
12. 简述重要性水平与审计风险之间的关系。
13. 注册会计师如何应对舞弊导致的风险?

练 习 题

一、单项选择题

1. 在执行审计业务时,C注册会计师应当确定合理的重要性水平。下列做法中,正确的是( )。

A. 通过调高重要性水平,降低评估的重大错报风险

B. 通过调低重要性水平,降低评估的重大错报风险

C. 在确定计划的重要性水平时,应当考虑对丙公司及其环境的了解

D. 在确定计划的重要性水平时,应当考虑实施进一步审计程序的结果

2. 在确定计划实施的审计程序后,如果C注册会计师决定接受更低的重要性水平,审计风险将增加。下列做法中,正确的是(　　)。

A. 如有可能,通过扩大控制测试范围或实施追加控制测试,降低评估的检查风险

B. 通过修改计划实施的实质性程序的性质、时间和范围,降低检查风险

C. 如有可能,通过扩大实质性程序范围或实施追加的实质性程序,降低评估的重大错报风险

D. 通过修改计划实施的控制测试的性质、时间和范围,降低评估的审计风险

3. 审计风险取决于重大错报风险和检查风险,下列表述中,正确的是(　　)。

A. 在既定的审计风险水平下,C注册会计师应当实施审计程序,将重大错报风险降至可接受的低水平

B. C注册会计师应当合理设计审计程序的性质、时间和范围,并有效执行审计程序,以控制重大错报风险

C. C注册会计师应当合理设计审计程序的性质、时间和范围,并有效执行审计程序,以消除检查风险

D. C注册会计师应当获得认定层次充分、适当的审计证据,以便在完成审计工作时,能够以可接受的低审计风险对财务报表整体发表意见

4. 注册会计师需要获取的审计证据的数量受错报风险的影响。下列表述中,正确的是(　　)。

A. 评估的错报风险越高,则可接受的检查风险越低,需要的审计证据可能越多

B. 评估的错报风险越高,则可接受的检查风险越高,需要的审计证据可能越少

C. 评估的错报风险越低,则可接受的检查风险越低,需要的审计证据可能越少

D. 评估的错报风险越低,则可接受的检查风险越高,需要的审计证据可能越多

5. 下列各项中,与丙公司财务报表层次重大错报风险评估最相关的是(　　)。

A. 丙公司应收账款周转率呈明显下降趋势

B. 丙公司持有大量高价值且易被盗窃的资产

C. 丙公司的生产成本计算过程相当复杂

D. 丙公司控制环境薄弱

二、多项选择题

1. 注册会计师在制定总体审计策略时,应当考虑影响审计范围的事项有(　　)。

A. 编制财务报表适用的会计准则和相关会计制度

B. 其他注册会计师参与审计集团内组成部分的范围

C. 需审计的业务分部性质,包括是否需要具备专门知识

D. 评估的财务报表层次的重大错报风险对指导、监督及复核的影响

2. 下列关于计划审计工作的说法中,不正确的有(　　)。

A. 计划审计工作一旦确定,无须进行修改

B. 计划审计工作通常由项目组经验最多的人的完成,项目负责人审核批准

C. 小型被审单位无须制定总体审计策略

D. 项目负责人和项目组其他关键成员应当参与计划审计工作

3. 在评价审计结果时,如被审单位尚未调整的错报的汇总数超过了重要性水平,注册会计师应当采取的措施包括(　　)。

A. 扩大审计程序

B. 扩大控制测试

C. 提请管理层调整财务报表

D. 发表保留意见

4. 下列关于检查风险的说法中,不正确的有(   )。

A. 在既定审计风险水平下,可接受的检查风险与评估的财务报表层次的重大错报风险成正向关系

B. 检查风险的控制效果取决于设计的审计程序的合理性和执行审计程序的有效性

C. 注册会计师将重要账户的检查风险水平降低会影响其审计程序

D. 在既定审计风险水平下,可接受的检查风险与评估的财务报表层次的重大错报风险成反向关系

5. 注册会计师在确定计划的重要性水平时,需要考虑的主要因素有(   )。

A. 对被审单位及其环境的了解

B. 审计目标

C. 财务报表个项目性质及其相互关系

D. 财务报表项目金额及其波动幅度

三、判断题

1. 只要已识别但尚未更正错报的汇总数小于重要性水平,注册会计师均应发表无保留意见的审计报告。   （   ）

2. 注册会计师在计划审计工作后,需要开展初步业务活动。   （   ）

3. 在计划审计工作时,注册会计师应当考虑导致财务报表发生重大错报的原因,并应当在了解被审单位及其环境的基础上,确定一个可接受的认定层次的重要性水平。（   ）

4. 注册会计师需要不断在审计执行过程中修正计划的重要性水平。 （   ）

5. 审计业务是一种高保证程度的鉴证业务,可接受的审计风险应当足够低,以使注册会计师能够合理保证已审财务报表不存在重大错报。   （   ）

四、案例分析

【案例分析 13-1】 A 和 B 注册会计师对 XYZ 股份有限公司 20×7 年度财务报表进行审计,其未经审计的有关财务报表项目及金额见表 13-5(单位:人民币万元)。

表 13-5 财务报表项目及金额

财务报表项目名称	金 额	财务报表项目名称	金 额
资产总额	360 000	利润总额	72 000
净资产	176 000	净利润	48 240
营业收入	480 000		

【要求】

(1) 如果以资产总额、净资产、营业收入和净利润作为判断基础,并假定固定百分比的数值分别为 0.5%,1%,0.5%和 5%,请代 A 和 B 注册会计师计算确定 XYZ 公司 20×7 年度财务报表层次的重要性水平。

(2) 简要说明财务报表层次的重要性水平与报表项目重要性水平作用的关系。

【**案例分析 13－2**】　某注册会计师在评估被审计单位的审计风险时,分别设计了以下四种情况决定可接受的检查风险水平(见表 13－6)。

表 13－6　可接受的检查风险水平

风险类别	情况 A	情况 B	情况 C	情况 D
可接受审计风险(%)	4	4	2	2
固有风险(%)	100	80	100	80
控制风险(%)	100	50	100	50

请回答:

(1) 上述四种情况下的检查风险水平分别是多少?

(2) 哪种情况需要注册会计师获取最多的审计证据?为什么?

五、参考答案

【**单项选择题**】　1. C　2. B　3. D　4. A　5. D

【**多项选择题**】　1. ABC　2. ABC　3. AC　4. BCD　5. ABCD

【**判断题**】　1. ×　2. ×　3. ×　4. ×　5. √

【**案例分析**】

【**案例分析 13－1**】　题解

(1) 根据资产总额、净资产、营业收入和净利润计算的重要性水平分别是:1 800 元(360 000×0.5%)、1 760 元(176 000×1%)、2 400 元(480 000×0.5%)、2 412 元(48 240×5%),报表层次重要性水平应选金额最低的一个数,因此,是 1 760 元。

(2) 财务报表层次的重要性水平:主要作审计意见考虑。

报表项目重要性水平:主要作调整与披露考虑。

【**案例分析 13－2**】　题解

(1) A:检查风险＝4%÷100%×100%＝4%

　　　B:检查风险＝4%÷80%×50%＝10%

　　　C:检查风险＝2%÷100%×100%＝2%

　　　D:检查风险＝2%÷80%×50%＝5%

(2) 情况 C。因检查风险与审计证据成反向关系。

本章要点概览

1. 计划审计工作前要进行初步业务活动,确保执行业务所需的独立性和专业胜任能力、不存在管理层诚信问题而影响注册会计师的保持该业务意愿的情况,并确保不存在与被审计单位在业务约定条款上的误解。

2. 审计计划包括总体审计策略和具体审计计划,总体审计策略要明确审计范围、报告目标、审计方向、审计时间等问题;具体审计计划内容包括风险评估程序、进一步审计程序和其他审计程序。

3. 审计计划是一个持续不断修订的过程,贯穿于整个审计过程。

4. 审计重要性是可能影响财务报表使用者经济决策的错报,重要性应从金额和性质两方面进行评估。重要性分为报表和交易、余额、列报两个层次。错报的重要性是发表审计意见的重要依据。

5. 审计风险由重大错报风险和检查风险构成,认定层次的重大错报风险是由固定风险和控制风险构成。注册会计师应对被审计单位的重大错报风险进行合理评估,并制定相应的应对措施,以控制检查风险,确保审计风险达到可接受水平。

第十四章 销售与收款循环的审计

学习目的与要求

本章旨在阐述销售与收款循环审计内容与方法。通过本章的学习,要求全面了解销售与收款循环审计含义及审计程序;掌握销售与收款循环审计特点;重点掌握营业收入、应收账款、坏账准备的审计程序;一般了解销售与收款循环相关账户的审计。

课 前 预 习 题

1. 会计业务循环与审计业务循环的区别?
2. 为什么先审计营业收入?
3. 销售确认应该发货在前,还是开出发票在前?
4. 函证程序可以实现哪些审计目标?
5. 坏账准备在财务报表中是如何列示的?

第一节 业务循环概述

自本章起至第二十章,将以上市公司(一般制造业)的财务报表审计为例,介绍业务循环审计的具体内容,重点介绍财务报表项目以及与之相关的一些特殊项目审计测试。

审计测试包括内部控制测试和交易、账户余额的实质性程序。

内部控制测试通常按照业务循环审计更具效率。业务循环是指处理某类业务(或作业)的工作程序和先后顺序。业务循环审计是指按照业务循环了解、检查和评价被审计单位内部控制制度的建立、健全情况及其执行情况,从而对财务报表的合法性及公允性进行审计的方法。一般而言,可以依据被审计业务性质和规模不同,可将其交易和账户余额划分为若干业务循环。在此,我们将一家典型的以制造业为主体的被审计单位的交易和账户余额划分为销售与收款循环、采购与付款循环、生产与存货循环、投资与筹资循环、货币资金循环。

交易和账户余额的实质性细节测试既可按财务报表项目组织实施分项审计,也可按业务循环组织实施切块审计。从形式上看,分项审计法与被审计单位账户设置体系及财务报表格式相吻合,循环审计法与内控测试更加贴近,更便于审计人员对被审计单位经济业务的深入了解,便于审计分工,更适合风险导向审计模式,以利提高审计的效率与效果。

其实从本质上看,业务循环与财务报表项目两者是相通的,兹将业务循环与主要报表项目对照如表 14-1 所示。

表 14-1　业务循环与主要财务报表项目对照表

业务循环	资产负债表项目	利润表项目
销售与收款循环	应收票据及应收账款、长期应收款、预收款项、应交税费	营业收入、税金及附加
采购与付款循环	预付款项、固定资产、在建工程、无形资产、开发支出、商誉、长期待摊费用、应付票据及应付账款、长期应付款	销售费用、管理费用
生产与存货循环	存货(包括材料采购或在途物资、原材料、材料成本差异、库存商品、发出商品、商品进销差价、委托加工物资、委托代销商品、受托代销商品、周转材料、生产成本、制造费用、劳务成本、存货跌价准备、受托代销商品款等)	营业成本
人力资源与工薪循环	应付职工薪酬	营业成本、销售费用、管理费用
投资与筹资循环	交易性金融资产、应收利息、应收股利、其他应收款、其他流动资产、可供出售金融资产、持有至到期投资、长期股权投资、投资性房地产、递延所得税资产、其他非流动资产、短期借款、交易性金融负债、应付利息、应付股利、其他应付款、其他流动负债、长期借款、应付债券、专项应付款、预计负债、递延所得税负债、其他非流动负债、实收资本(或股本)、资本公积、盈余公积、未分配利润	财务费用、资产减值损失、公允价值变动损益、投资收益、营业外收入、营业外支出、所得税费用

在财务报表审计中将被审计单位的所有交易和账户余额划分为多个业务循环,并不意味着各业务循环之间互不关联。事实上,各业务循环之间存在一定联系,如投资与筹资循环同采购与付款循环紧密联系,生产与存货循环则同其他所有业务循环均紧密联系。各业务循环之间的流转关系如图 14-1 所示。

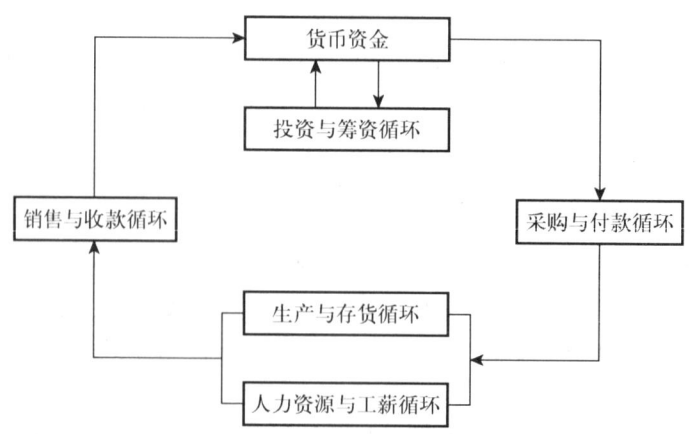

图 14-1　各业务循环之间的关系

第二节 销售与收款循环的特性

销售与收款循环所涉及的资产负债表项目主要有应收票据、应收账款、长期应收款、预收款项、应交税费;所涉及的利润表项目主要有营业收入、营业税金及附加、销售费用。

一、销售与收款循环的主要业务活动及其凭证和会计记录

(一)接受顾客订单

接受顾客订单是整个销售与收款循环的起点。企业可以通过销售人员或其他途径,如采用信函、电话、网络等向现有的及潜在的顾客发送订货单等方式接受订货,取得顾客订货单。

企业一般都列出了已批准销售的顾客名单,销售部门在决定是否同意接受某顾客的订单时,应追查已批准销售的顾客名单。只有在符合企业管理当局的授权标准时,顾客的订单才能被接受;如果该顾客未被列入顾客名单,则通常需要由销售部门的主管来决定是否同意销售。

企业销售部门在批准了顾客订单后,应编制一式数联的销售单。销售单是证明管理当局有关销售交易的"发生"认定的凭据之一,也是销售交易轨迹的起点。

(二)批准赊销信用

批准赊销信用,应由信用部门执行。在收到销售部门的销售单后,信用部门应将销售单与该顾客授信用额度以及应收账款余额加以比较。企业应对每一新增顾客进行信用调查。无论批准赊销与否,信用部门人员在销售单上必须签署明确意见,然后再将其送回销售部门。

信用批准控制的目的是为了降低坏账风险,该控制与应收账款净额的"计价和分摊"认定有关。

(三)按销售单供货

已批准的销售单的一联通常应送达仓库,作为仓库按销售单供货和发货给装运部门的授权依据。设立该控制程序的目的是为了防止仓库在未经授权的情况下擅自发货。

(四)按销售单装运货物

将按经批准的销售单供货与按销售单装运货物职责相分离,有助于避免装运职员在未经授权的情况下装运产品。

发运凭证提供了商品确实已装运的证据,因此,它是证实销货交易"发生"认定的另一种形式的凭证。而定期检查装运凭证是否均已附有相应的销售发票,有助于保证销货交易"完整性"的认定。

(五)向顾客开具发票

销售发票是销售成立的最重要的原始凭证,应该由会计部门向顾客开具。销售发票是一种用来表明已销售商品的规格、数量、销售金额、运费和保险费的价格、开票日期、付款条件等内容的凭证。销售发票也是在会计账簿中登记销售业务的基本凭证。开具发票,这项功能所针对的主要问题是:① 是否对所有装运的货物都开具了发票(即"完整性"认定问题)? ② 是否只对实际装运的货物才开具发票,有无重复或虚构交易(即"发生"认定问题)? ③ 是否按已授权批准的商品价目表所列价格计价开具发票(即"准确性"认定问题)?

商品价目表是列示已经授权批准的、可供销售的商品价格清单。

为了降低开具账单过程中出现遗漏、重复、错误计价等差错的风险,应设立以下控制程序:

（1）会计部门在编制销售发票之前,应独立检查是否存在发运凭证和已经批准的销售单。

（2）应根据已授批的商品价目表编制销售发票。

（3）将发运凭证上的商品总数、规格与相对应的销售发票上的商品总数、规格进行比较。

上述的控制程序有助于保证销售发票的正确性。这些控制与销货交易的"发生""完整性"以及"准确性"认定有关。

（六）记录销售

针对赊销、现销业务,会计需要分别编制转账记账凭证或现金、银行存款收款凭证,据以登账。

记录销售的控制程序的主要内容有:

（1）记录销售的职责应与处理销售交易的其他职责相分离,对记录过程中所涉及的有关记录的接触予以限制,以减少未经授权批准的记录发生。

（2）检查销售记录的依据性与有效性,其集中表现为"三单合一性":只依据附有有效装运凭证和销售单的销售发票记录销售。这些装运凭证和销售单应能证明销货交易的发生及其发生的日期。

（3）独立检查已处理销售发票上的销售金额同会计记录金额的一致性;定期独立检查应收账款的明细账与总账的一致性。

（4）定期向顾客寄送对账单,并要求顾客将任何例外情况直接向指定的会计主管报告。

顾客月末对账单是一种定期寄送给顾客的用于购销双方定期核对账目的凭证。顾客月末对账单上应注明应收账款的月初余额、本月各项销售业务的金额、本月已收到的货款、各贷项通知单的数额以及月末余额等内容。

以上控制与"发生""完整性""准确性"以及"计价和分摊"认定有关。

（七）办理和记录现金、银行存款收入

处理货币资金收入时最重要的是要保证全部货币资金都必须如数、及时地记入现金、银行存款日记账或应收账款明细账,并如数、及时地将现金存入银行。在这方面,汇款通知书起着很重要的作用。

汇款通知书是一种与销售发票一起寄给顾客,由顾客在付款时再寄回销货单位的凭证。这种凭证注明顾客的姓名、销售发票号码、销货单位开户银行账号以及金额等内容,如果顾客没有将汇款通知书随同货款一并寄回,一般应由收受邮件的人员在开拆邮件时再代编一份汇款通知书。采用汇款通知书能使现金立即存入银行,可以完善资产保管的控制。

（八）办理和记录销售退回、销售折扣与折让

销售发生现金折扣和销售折扣与折让,必须经授权批准,并应确保与办理此事有关的部门和职员各司其职,分别控制实物流转和会计处理。在这方面采用贷项通知单会起到关键的作用。

贷项通知单是一种用来表示由于销货退回或经批准的折让而引起的应收销货款减少的凭证。这种凭证的格式通常与销售发票的格式相同,只不过它不是用来说明应收账款的增加,而是用来说明应收账款的减少。贷项通知单一般格式如表 14-2 所示。

表 14－2　贷项通知单的格式

<u>贷项通知单</u>　　　　　　　　　　No.

××公司　　　　　　　（地址）
　　兹贷记你方账户如下：
退货(或折让)　　　　　　　　　　　　金额
(我方原发票日期_____号码_____)

　　　　　　　　　　　　　　　　　　制单公司(签章)
　　　　　　　　　　　　　　　　　　日期

（九）注销坏账

销货企业若有无法收回的应收账款,应先填列坏账审批表,并经授批后应及时注销。坏账审批表是一种用来批准将某些应收款项注销为坏账的企业内部原始凭证。

（十）提取坏账准备

坏账准备提取的数额应该与企业预计的无法收回的应收账款相当。

二、销售与收款循环的主要账户及其对应关系

销售与收款循环的主要账户对应关系如图 14－2 所示。

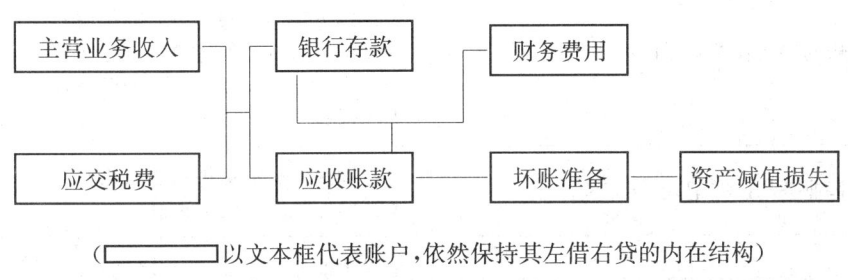

（▭▭▭以文本框代表账户,依然保持其左借右贷的内在结构）

图 14－2　销售与收款循环主要账户对应图

三、销售与收款循环的主要审计目标

　　销售与收款循环的审计目标包括交易、余额、列报三方面,因有些内容存在交叉、重叠的关系,因此可以将其整合为销售的六大目标,具体如表 14－3 所示。

表 14－3　销售的主要审计目标

销售交易审计目标主要内涵	涉及目标认定
登记入账的销售业务确系已经发货给真实的顾客	发　生
所有销售业务均已登记入账	完整性
登记入账的销货数量确系已发货的数量,并已正确开具发票并登记入账	计价和分摊
销售业务的分类恰当	分　类
销售业务的记录及时	截　止
销售业务已经正确地记入明细账,并经正确汇总	准确性、计价和分摊

四、销售与收款循环的风险评估

（一）确定重要业务流程和重要交易类别

对企业而言,销售与收款循环几乎都是重要的业务流程。销售和收款通常是重要交易类别,而主营业务收入与应收账款通常是被确定为存在较高重大错报风险的账户。

（1）销售交易流程。销售交易流程主要包括上述销售与收款循环活动的（一）至（六）及（八）。

（2）收款交易流程。收款交易流程主要包括上述销售与收款循环活动的（七）至（十）。

（二）了解与记录重要业务流程

在确定了重要业务流程和重要交易类别后,注册会计师便可着手了解销售与收款循环的具体交易流程与信息处理流程。这是确定被审计单位在哪个或哪些环节可能发生错报的基础。

（三）确定销售与收款错报可能发生的环节

结合销售与收款循环的主要审计目标,列举若干销售与收款错报可能发生的环节,如表 14-4 所示。

表 14-4 错报可能发生的环节示例表

销售交易审计主要目标	错报可能发生的环节示例
1. 登记入账的销售业务确系已经发货给真实的顾客（发生）	怎样避免记录虚假与重复的销售？ 怎样确保将货物发运给正确的客户？ 怎样确保不在发货前开具和记录发票？ 怎样确保货物单据只在发货时开具？
2. 所有销售业务均已登记入账（完整性）	怎样确保所有的销售均已入账？ 怎样确保收款的编码正确？
3. 登记入账的销货数量确系已发货的数量,并已正确开具发票并登记入账（计价和分摊）	怎样确保发票正确反映发货数量？ 怎样确保发票正确的价格、折扣和税款？ 怎样确保发票正确反映发货数量？
4. 销售业务的分类恰当（分类）	怎样确保销售发票的货物类别已正确归类？ 怎样确保发货与销售发票品名的一致性？
5. 销售业务的记录及时（截止）	怎样确保发货在正确的期间予以记录？
6. 销售业务已经正确地记入明细账,并经正确汇总（准确性、计价和分摊）	怎样确保原始凭证之间的一致性？ 怎样确保原始凭证与记账凭证的一致性？

（四）识别与了解相关内控

识别与了解销售与收款循环中的"发生与存在"的审计目标,宜采用自上而下法（或者说"从高到低"法）,特别适合结合检查性控制。

识别与了解销售与收款循环中的"完整性"的审计目标,宜采用自下而上法（或者说"从低到高"法）,特别适合结合预防性控制。

（五）执行销售与收款的穿行测试

无论是否打算信赖被审计单位的销售与收款循环的内控,注册会计师都要对其执行穿行测试,以确认以前对整个业务流程及可能发生错报环节的了解的准确性和完整性;以确认重要的流程是否存在显著的变化,注册会计师应当根据变化的性质,及其对相关账户发生重大错报的影响程度,考虑是否需要对变化前后的业务都执行穿行测试。

（六）初步评价和风险评估

对销售与收款循环内控的初步评价和风险评估,其主要功能是:

（1）对被审计单位的销售与收款循环内控予以初步归类。

（2）确定是否更多地信赖被审计单位的控制并拟实施控制测试。

五、根据重大错报风险评估结果设计进一步审计程序

注册会计师基于销售与收款循环的重大错报风险评估结果,制定实施进一步审计程序的总体方案(包括综合性方案和实质性方案)(见表14-5),继而实施控制测试和实质性程序,以应对识别出的认定层次的重大错报风险。注册会计师通过控制测试和实质性程序获取的审计证据综合起来应足以应对识别出的认定层次的重大错报风险。

表 14-5　销售与收款循环的重大错报风险和进一步审计程序总体方案

重大错报风险描述	相关财务报表项目及认定	风险程度	是否信赖控制	进一步审计程序的总体方案	拟从控制测试中获取的保证程度	拟从实质性程序中获取的保证程度
销售收入可能未真实发生	收入:发生应收账款:存在	特别	是	综合性方案	高	中
销售收入记录可能不完整	收入/应收账款:完整性	一般	否	实质性方案	无	低
期末收入交易可能未计入正确的期间	收入:截止应收账款:存在/完整性	特别	否	实质性方案	无	高
发生的收入交易未能得到准确记录	收入:准确性应收账款:计价和分摊	一般	是	综合性方案	部分	低
应收账款坏账准备的计提不准确	应收账款:计价和分摊	一般	否	实质性方案	无	中

注:"拟从控制测试中获取的保证程度"一列所列示的"高、部分和无"以及"拟从实质性程序中获取的保证程度"一列所列示的"高、中、低"的级别的确定属于注册会计师的职业判断。针对不同的风险级别,其对应的拟获取的保证程度并非一定如表所示。

第三节　内部控制和控制测试

在初步了解的基础上,如果注册会计师拟对被审计单位的销售与收款循环的内控实施控制测试,可以选择以下两条测试路径。

一、销售交易按审计主要目标归类的关键控制与控制测试

在具体阐述销售交易的内部控制和控制测试、销售交易的实质性测试之前,先概述一下销售交易审计目标、关键内部控制、常用的内部控制测试的基本内容,如表14-6所示。

表 14 - 6　销售交易审计目标、关键内部控制、常用的内部控制测试一览表

销售交易审计目标	关键内部控制	常用的内部控制测试
登记入账的销售业务确系已经发货给真实的顾客（发生）	销售业务是以经过审核的发运凭证及经过批准的顾客订单为依据登记入账 在发货前，顾客的赊购已经被授权批准 销售发票均经事先编号，并已恰当地登记入账 每月向顾客寄送对账单，对顾客提出的意见作专门追查	检查销售发票副联是否附有发运凭证（或提货单）及顾客订单 检查顾客的赊购是否经授权批准 检查销售发票连续编号的完整性 观察是否寄发对账单，并检查顾客回函档案
所有销售业务均已登记入账（完整性）	发运凭证（或提货货单）均经事先编号并已经登记入账 销售发票均经事先编号，并已登记入账	检查发运凭证连续编号的完整性 检查销售发票连续编号的完整性
登记入账的销货数量确系已发货的数量，并已正确开具收款账单并登记入账（计价和分摊）	销售价格、付款条件、运费和销售折扣的确定已经适当的授权批准 由独立人员对销售发票的编制、填写作内部核查	检查销售发票是否已经适当的授权批准 检查有关凭证上的内部核查标记
销售业务的分类恰当（分类）	采用适当的会计科目表 内部复核和核查	检查会计科目表是否适当 检查有关凭证上内部复核和核查的标记
销售业务的记录及时（截止）	采用尽量能在销售发生时开具收款账单和登记入账的控制办法 内部核查	检查尚未开具收款账单的发货和尚未登记入账的销售业务 检查有关凭证上内部核查的标记
销售业务已经正确地记入明细账，并经正确汇总（准确性、计价和分摊）	每月定期给顾客寄送对账单 由独立人员对应收账款明细账作内部核查 将应收账款明细账余额合计数与其总账进行比较	观察对账单是否已经寄出 检查内部核查标记 检查应收账款明细账余额合计数与总账进行比较的标记

二、销售交易按控制要素归类的内部控制与控制测试

注册会计师通常利用在了解被审计单位环境的资料后来评价内部控制风险。下面结合表 14 - 6 进一步讨论销售交易按控制要素归类的内部控制和相应的控制测试。

（一）适当的职责分离

适当的职责分离是执行预防性控制、检查性控制等系列控制的有效前提，因此，其在相当程度上有助于防止各类错误。

财政部发布的《企业内部控制具体规范——销售与收款》中规定，单位应当将办理销售、发货、收款三项业务的部门（或岗位）分别设立；单位在销售合同订立前，应当指定专门人员就销售价格、信用政策、发货及收款方式等具体事项与客户进行谈判。谈判人员至少应有两人以上，并与订立合同的人员相分离；编制销售发票通知单的人员与开具销售发票的人员应相互分离；销售人员应当避免接触销售现款；单位应收票据的取得和贴现必须经由保管票据以外的主管人员的书面批准。这些都是对单位提出的、有关销售与收款业务相关职责适当分离的基本要求，以确保办理销售与收款业务的不相容岗位相互分离、制约和

监督。

按照职能部门的划分，一般可以将销售业务划分为销售部门、信用部门、仓储部门、运输部门、会计部门、内审部门这六个不相容的基本部门，当然还应该将每个部门进一步分解、细化为若干个具体不相容岗位。

注册会计师通常通过观察有关人员的活动，以及与相关人员进行讨论，来实施职责分离的控制测试。

（二）正确的授权审批

对于授权审批问题，注册会计师应当关注以下四个关键点上的审批程序，具体列表如表14－7。

表 14－7　销售授权审批的关键内容

授批环节	具　体　内　容	控　制　目　的
赊销审批	在销货发生之前，已经正确赊销审批	防止企业财产因向虚构的或者无力支付货款的顾客发货而蒙受损失
发货审批	非经正当审批，不得发出货物	
销售审批	销售价格、销售条件、运费、折扣等必须经过审批	保证销货业务按照企业定价政策规定的价格开票收款
范围审批	审批人应当根据销售与收款授权批准制度的规定，在授权范围内进行审批，不得超越审批权限。对于超过单位既定销售政策和信用政策规定范围的特殊销售业务，单位应当进行集体决策	防止因审批人决策失误而造成严重损失

通过检查凭证在上述四个关键点的审批，可以容易地测试授权审批方面的内控效果。

（三）完善的凭证与记录控制

1. 充分的凭证和记录

虽然每个企业交易的产生、处理和记录等制度都有其特点，但是有一点是共同的，那就是只有具备充分的记录手续，才有可能实现其他各项控制目标。定期清点核对销售发票、销售通知单、发运单，漏开发票的情形就较难出现，即便出现也能得以纠正。

2. 自制凭证的预先编号

对自制凭证预先进行编号，旨在防止销售后没有向顾客开具发票或登账，也可防止重复开票或记账。常用的测试程序是清点各种凭证，检查编号是否连续，有无缺号和重号。测试程序提供了有关真实性和完整性目标的证据。

3. 按月寄发对账单

应由独立的会计人员，按月向顾客寄发对账单，能及时反馈应收账款出错的信息。注册会计师观察指定人员寄送对账单和检查顾客复函档案，是行之有效的控制测试。

（四）内部核查程序

由内部审计人员或其他独立人员核查销售业务的处理和记录，是实现内部控制目标必不可少的一项控制措施。注册会计师可以采用检查内部审计人员的报告，或其他独立人员在核查的凭证上的签字等方法实施控制测试。

销售与收款循环控制测试的目的是测试其控制运行的有效性。注意在此注册会计师需要抽取足够数量的交易,以检查与判断销售与收款循环控制是否能够在不同的时点按照既定设计得以一贯执行。控制测试的结果还会进一步影响实质性程序的性质、时间与范围。

注册会计师对销售交易重大错报风险的评估与判断,可能无法充分识别所有的重大错报风险,并且由于内控存在固有局限性,无论评估的重大错报风险结果如何,控制测试的结果如何,注册会计师都应当针对销售交易、账户余额、列报实施进一步的实质性程序。

第四节 营业收入审计

一、营业收入的审计目标

营业收入报表项目的审计目标一般包括:① 确定营业收入的内容正确性与发生性,且与被审计单位的有关性——A. 发生性;② 确定营业收入记录完整——B. 完整性;③ 确定与营业收入有关的金额及其他数据记录恰当性——C. 准确性;④ 确定营业收入记录期间的正确性——D. 截止;⑤ 营业收入已经记录于恰当账户——E. 分类;⑥ 确定营业收入的列报恰当性——F. 列报。

针对营业收入的发生性,注册会计师首要关注的是销售高估错误。此类常见的错误有:一是未曾发货却已将销售业务登记入账,包括向真实的顾客虚假发货并作为销售业务登记入账;二是销售业务重复入账;三是向虚构的顾客发货,并作为销售业务登记入账。前两类错误可能是有意的,也可能是无意的,而第三类错误往往是有意的。将不真实的销售登记入账所导致的错报性质很严重,因为这会导致资产和收入、股东权益的高估。

针对存在或发生的认定审计,一般用逆查更胜一筹,即审计程序的指向往往从明细账到凭证。下面列表14-8予以说明。

表 14-8 销售高估的针对性审计程序表

错报类型	专用审计程序	通用审计程序
未发货已确认销售	从主营业务收入明细账中抽取若干笔分录,追查有无发运凭证及其他佐证凭证,借以查明有无事实上没有发货却已登记入账的销货业务;如果对发运凭证等的真实性也有怀疑,就可能有必要再进一步追查存货的永续盘存记录,测试存货余额有无减少	追查应收账款明细账中贷方发生额的记录。如果应收账款最终得以收回货款或者收到退货,则记录入账的销售业务一开始通常是真实的;如果贷方发生额是注销坏账,或者直到审计时所欠货款仍未收回,就必须详细追查相应的发运凭证和顾客订单等,因为这些迹象都表明可能存在虚构的销售业务
销售重复	检查企业的销售交易记录清单以确定是否存在重号、缺号	
虚构销售	检查主营业务收入明细账中与销售分录相应的销售单,以确定销售是否经过赊销批准手续和发货审批手续	

需要说明的是上述专用程序的有效性要高于通用审计程序,一般而言,前者程序总是有效,后者程序部分有效,因为有些应收账款有可能在审计日后才收到。

销售高估的错报为什么需要采用针对性审计程序,而不直接采用应收账款函证审计程序? 需要指出的是,应收账款函证由于受到函证量、函证时间、函证方式等诸多因素的影响与制约,很难确保仅凭单一函证程序就能够发现销售多报的错误。

一般而言,只有在注册会计师认为被审计单位由于缺乏足够的内部控制而可能出现舞弊时,才有必要进行上述实质性程序。

销售业务的审计一般更关注于高估资产与收入的问题,但如果被审计单位该内控不健全,比如没有由发运凭证追查至主营业务收入明细账这一独立内部核查程序,就有必要实施交易完整性实质性程序。

从发货部门的档案中选取发运凭证,追查至有关的销售发票(副本)和主营业务收入明细账,是测试未开票的发货的一种有效程序。要使其有效,注册会计师必须确信全部发运凭证是否均已归档,这可通过检查发运凭证的编号顺序来查明。

由原始凭证追查至明细账与从明细账追查至原始凭证是有区别的:前者用来测试遗漏的业务("完整性"目标),后者用来测试不真实的业务("发生"目标,即真实性目标)。

测试真实性目标时,起点是明细账,即从主营业务收入明细账中抽取一个发票号码样本,追查至销售发票(存根)、发运凭证以及顾客订货单;测试完整性目标时,起点应是发货凭证,即从发运凭证中选取样本,追查至销售发票(存根)和主营业务收入明细账,以测试是否存在遗漏事项。

设计发生性目标和完整性目标的审计程序时,确定追查的起点即审计方向很重要,下面用销售交易的测试方向图(见图14-3)说明。

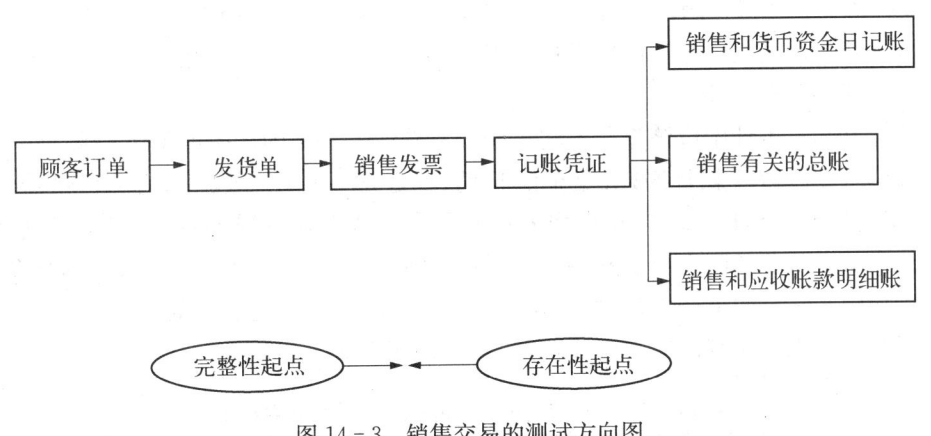

图 14-3　销售交易的测试方向图

二、营业收入的实质性程序

(一)主营业务收入的实质性程序

主营业务收入的实质性程序一般包括以下内容。

1. 编制主营业务收入项目明细表

编制主营业务收入项目明细表,与总账和明细账核对相符,结合其他业务收入与报表核对相符。

2. 选择运用实质性分析程序

(1)将本期与上期的主营业务收入进行比较,分析产品销售的结构和价格的变动是否正常,并分析异常变动的原因。

(2)比较本期各月各种主营业务收入的波动情况是否正常,是否符合被审计单位季节性、周期性的经营规律大波动的原因;分析其变动趋势是否正常并查明异常和重大波动的现象及其原因。

（3）计算本期重要产品、重要客户的毛利率,分析比较本期与上期同类毛利率变化情况,注意收入与成本内容、数量、时间上是否匹配,查明重大波动和异常情况的原因。

（4）将上述分析结果与同行业企业本期相关资料进行对比分析,检查是否存在异常。

（5）根据增值税发票申报表估算全年收入,与被审计单位实际入账的收入核对,并检查是否存在虚开发票或少开发票的情况。

3. 实施细节测试

在细节测试中,应进一步查明被审计单位主营业务收入的确认原则、方法,是否符合会计准则和会计制度规定的收入实现条件,前后期是否一致。特别关注周期性、偶然性的收入是否符合既定的收入确认原则和方法;是否严格按照企业会计准则关于收入确认的条件要求,确认与计量产品销售收入。具体还可以选择以下针对性程序:

（1）获取产品价格目录,抽查售价是否符合定价政策,并注意销售给关联方或关系密切的重要客户的产品价格是否合理,有无低价或高价结算以转移收入和利润的现象。

（2）抽取本期一定数量的销售发票,检查开票、记账、发货日期是否相符,品名、数量、单价、金额等是否与发运凭证、销售合同或协议、记账凭证等一致。

（3）抽取本期一定数量的记账凭证,检查入账日期、品名、数量、单价金额等是否与销售发票、发运凭证、销售合同或协议等一致。

（4）实施销售的截止测试。对主营业务收入实施截止测试,其目的主要在于确定被审计单位主营业务收入的会计记录归属期是否正确;应计入本期或下期的主营业务收入有否递延至下期或提前至本期。

注册会计师在审计中应该充分关注三个与主营业务收入确认有着密切关系的日期:一是发票开具日期或者收款日期;二是记账日期;三是发货日期(服务业则是提供劳务的日期)。这里的发票开具日期是指开具增值税专用发票或普通发票的日期;记账日期是指被审计单位确认主营业务收入实现并将该笔经济业务已记入主营业务收入账户的日期;发货日期是指仓库开具出库单并发出库存商品的日期。检查三者是否归属于同一适当会计期间是主营业务收入截止测试的关键所在,如表 14-9 所示。

表 14-9　销售收入截止性测试的审计路线对比表

起 点	路 线	目 的	优 点	缺 点
账簿记录	从报表日前后若干天的账簿记录→记账凭证,检查发票存根与发货凭证	证实已入账收入是否在同一期间已开具发票发货,有无多记收入,防止高估营业收入	直观,易追查至相关凭证记录	缺乏全面性和连贯性,只能查多记,无法查漏记
销售发票	发票存根→发货凭证与账簿记录	确认已开具发票的货物是否已发货并于同一会计期间确认收入,防止低估收入	较全面连贯,易发现漏记收入	较费时费力,难以查找相应的发货及账簿记录,不易发现多记收入
发运凭证	发货凭证→发票开具情况与账簿记录	确认收入是否已计入适当的会计期间,防止低估收入		

上述审计路线,在实务中可以根据需要灵活运用,既可单用,也可并用。

（5）结合应收账款的函证程序，检查有无虚构的大额销售。

（6）检查销售折扣、销售退回与折让的真实性、完整性，相关手续的合规性，以及会计处理的正确性。

（7）检查特殊交易的实质，确定恰当的审计程序进行复核：① 外销的确认条件是否真实，外币收入折算汇率是否正确，会计处理是否恰当。② 附有销售退回条件的商品销售，如果对退货部分能合理估计的，确定其是否按估计不会退回部分确认收入；如果对退货部分不能作合理估计的，确定其是否在退货期满时确认收入。③ 售后回购，分析特定销售回购的实质，判断其是属于真正的销售交易，还是属于融资行为。④ 售后租回，若售后租回形成一项融资租赁，检查是否对售价与资产账面价值之间的差额予以递延，并按该项租赁资产的折旧进度进行分摊，作为折旧费用的调整；若售后租回形成经营租赁，检查是否也对售价与资产账面值之间的差额予以递延，并在租赁期内按照与确认租金费用相一致的方法进行分摊，作为租金费用的调整。但对有确凿证据表明售后租回交易是按照公允价值达成的，检查售价、与资产账面价值是否已经计入当期损益。

（8）调查集团内部销售、关联方销售的情况，检查并记录其交易价格、数量和金额，前者应确认其在合并财务报表时是否已予以抵销，后者应关注其占主营业务收入的比例。

（9）确定主营业务收入的列报是否恰当。

（二）其他业务收入的实质性程序

其他业务收入的实质性程序一般包括以下内容：

（1）编制其他业务收入明细表，与总账和明细账核对相符，结合主营业务收入与报表核对相符。

（2）计算本期其他业务收入与其他业务成本的比率，并与上期该比率比较，检查是否有重大波动，如有，应查明原因。

（3）检查其他业务收入内容是否真实、合法，收入确认原则及会计处理是否符合规定，择要抽查原始凭证予以核实。

（4）对异常项目，应追查入账依据及有关法律文件是否充分。

（5）抽查资产负债表日前后一定数量的记账凭证，实施截止测试，追踪到发票、收据等，确定入账时间是否正确，对于重大跨期事项作必要的审计调整。

（6）确定其他业务收入的列报是否恰当。

第五节　应收账款审计

资产负债表上的"应收账款"项目取决于"应收账款""预收账款""坏账准备"三个账户，预收账款的内容将在下一节"其他相关账户审计"中介绍，本节将着重介绍应收账款、坏账准备审计的内容。

企业的应收账款是在销售交易或提供劳务过程中产生的，因此，应收账款的审计应结合销售交易来进行。

坏账是指企业无法收回或收回的可能性极小的应收款项（包括应收票据、应收账款、预付款项、其他应收款和长期应收款等）。由于发生坏账而产生的损失称为坏账损失。企业通常应采用备抵法按期估计坏账损失，形成坏账准备。正是坏账准备计提与应收账款的联动性，将两者一并阐述。

一、应收账款的审计目标

应收账款的审计目标一般包括:确定应收账款是否存在;确定应收账款是否归被审计单位所有;确定应收账款及其坏账准备的记录是否完整;确定应收账款是否可收回,坏账准备的计提方法和比例是否恰当,计提是否充分;确定应收账款及其坏账准备期末余额是否正确;确定应收账款及其坏账准备的列报是否恰当。

二、应收账款的实质性程序

(一)编制应收账款明细表

(1)复核应收账款明细表,与总账和明细账核对相符;结合预收账款、坏账准备与报表数核对相符。

(2)检查外币应收账款折算汇率的正确性。

(3)检查贷方余额的项目及其原因,必要时作重分类调整。

(4)结合预收款项等往来明细项目,查明有无与其同名项目或与销售无关的其他款项,必要时作审计调整。

(二)对应收账款实施实质性分析程序

(1)复核应收账款借方发生额与主营业务收入对应关系的正确性,如情况异常应查明原因。

(2)在明细表上标注重要客户,并编制对重要客户的应收账款增减变动表,与上期比较分析是否发生变动,并分析其变动合理性。

(3)计算应收账款周转率等指标,与上年、同业指标对比分析,检查是否存在异常。

(4)检查应收账款账龄分析是否正确。注册会计师可以通过编制应收账款账龄分析表来分析应收账款的账龄,以便了解应收账款的可收回性。应收账款账龄分析表参考格式如表 14-10 所示。

表 14-10 应收账款账龄分析表

年   月   日   单位:

顾客名称	期末余额	账 龄			
		1 年以内	1~2 年	2~3 年	3 年以上
合 计					

应收账款的账龄是指资产负债表中的应收账款从销售实现、产生应收账款之日起至资产负债表日止所经历的时间。编制应收账款账龄分析表时,应该将重要的顾客及其余额单独列示,而将不重要的或余额较小的可以汇总列示。

应收账款账龄分析表往往作为函证、核对账户、抽样总体的依据。应当高度重视其账龄信息的准确性,采用分析程序,验证其计算的正确性。一般的验证复核公式有:某账龄(不包括最后账龄)的年末数≤上一账龄的年初数;最后账龄的年末数≤最后账龄的年初数+(最后账龄-1)的年初数。

(5)检查是否按正确的账龄、规定的方法计提坏账准备与确认坏账。

(三)向债务人函证应收账款

函证是指注册会计师为了获取影响财务报表或相关列报认定的项目的信息,通过直接来自第三方对有关信息和现存状况的声明,获取和评价审计证据的过程。

1. 函证应收账款的目的

函证应收账款的目的在于证实应收账款账户余额的真实性,防止或发现被审计单位及其有关人员在销售交易中发生的错误或舞弊行为。通过函证应收账款,可以比较有效地证明被询证者(即债务人)的存在和被审计单位记录的可靠性。因此,应收账款函证是一种必要和重要实质性程序。

注册会计师应当考虑被审计单位的环境、应收账款账户的性质、被询证者处理询证函的习惯做法及回函的可能性等,以确定应收账款函证的范围、对象、方式和时间。

2. 函证的范围和对象

除非有充分证据表明应收账款对被审计单位财务报表而言是不重要的,或者函证很可能是无效的。否则,注册会计师应当对应收账款进行函证。如果注册会计师不对应收账款进行函证,则应当在工作底稿中注明理由。如果认为函证很可能是无效的,注册会计师应当实施替代审计程序,获取充分、适当的审计证据。函证数量的多少、范围主要取决于以下因素:

(1) 应收账款在全部资产中的比重。若应收账款在全部资产中所占的比重较大,则函证的范围应相应大一些。

(2) 被审计单位重大错报风险。若重大错报风险低,则可以相应减少函证量;反之,则应相应扩大函证范围。

(3) 以前期间的函证结果。若以前期间函证中发现过重大差异,或欠款纠纷较多,则函证范围应相应扩大一些。

(4) 函证方式的选择。若采用积极的函证方式,则可以相应减少函证量;若采用消极的函证方式,则要相应增加函证量。

一般情况下,注册会计师应选择以下项目作为函证对象:大额或账龄较长的项目;与债务人发生纠纷的项目;关联方项目;主要客户(包括关系密切的客户)项目;交易频繁但期末余额较小甚至余额为零的项目;可能产生重大错报或舞弊的非常项目。

3. 询证函的编制与寄发

虽然应收账款的信息是由被审计单位提供的,函证也是以被审计单位的名义进行的,但是询证函的编制与寄发均应掌控于注册会计师之手,回函的收件人应是会计师事务所。

4. 函证方式

函证方式分为积极的函证方式和消极的函证方式。注册会计师可采用积极的或消极的函证方式实施函证,也可将两种方式结合使用。

(1) 积极的函证方式。如果采用积极的函证方式,注册会计师应当要求被询证者在所有情况下必须回函,确认询证函所列示信息是否正确,或填列询证函要求的信息。

积极的函证方式又分为两种:一种是在询证函中列明拟函证的账户余额或其他信息,要求被询证者确认所函证的款项是否正确。通常认为,对这种询证函的回复能够提供可靠的审计证据。但是,其缺点是被询证者可能对所列示信息根本不加以验证就予以回函确认。为了避免这种风险,注册会计师可以采用另外一种询证函,即在询证函中不列明账户余额或其他信息,而要求被询证者填写有关信息或提供进一步信息。由于这种询证函要求被询证者作出更多的努力,可能会导致回函率降低,进而导致注册会计师执行更多的替代程序。

在采用积极的函证方式时,只有注册会计师收到回函,才能为财务报表认定提供审计证据。注册会计师没有收到回函,可能是由于被询证者根本不存在,或是由于被询证者没有收到询证函,也可能是由于询证者没有理会询证函,因此,无法判断函证信息的正确与否。

积极式询证函(格式一)

企 业 询 证 函

编号:

××(公司):

本公司聘请的××会计师事务所正在对本公司××××年度财务报表进行审计,按照中国注册会计师审计准则的要求,应当询证本公司与贵公司的往来账项等事项。下列数据出自本公司账簿记录,如与贵公司记录相符,请在本函下端"信息证明无误"处签章证明;如有不符,请在"信息不符"处列明不符金额。回函请直接寄至××会计师事务所。

回函地址:

邮编:　　　　　电话:　　　　　传真:　　　　　联系人:

1. 本公司与贵公司的往来账项列示如下:

截止日期	贵公司欠	欠贵公司	备　　注

2. 其他事项

本函仅为复核账目之用,并非催款结算。若款项在上述日期之后已经付清,仍请及时函复为盼。

(公司盖章)

年　月　日

结论:1. 信息证明无误

(公司盖章)

年　月　日

经办人:

2. 信息不符,请列明不符的详细情况

(公司盖章)

年　月　日

经办人:

积极式询证函(格式二)

企 业 询 证 函

编号:

××(公司):

本公司聘请的××会计师事务所正在对本公司××年度财务报表进行审计,按照中国注册会计师审计准则的要求,应当询证本公司与贵公司的往来账项等事项。请列示截至××××年×月×日贵公司与本公司往来款项余额。回函请直接寄至××会计师事务所。

回函地址:

邮编:　　　　电话:　　　　传真:　　　　联系人:

本函仅为复核账目之用,并非催款结算。若款项在上述日期之后已经付清,仍请及时函复为盼。

（公司盖章）

年　月　日

1. 贵公司与本公司的往来账项列示如下:

截止日期	贵公司欠	欠贵公司	备　　注

2. 其他事项

（公司盖章）

年　月　日

经办人:

(2) 消极的函证方式。如果采用消极的函证方式,注册会计师只要求被询证者仅在否定询证函列示信息的情况下才予以回函。

在采用消极的函证方式时,如果收到回函,能够为财务报表认定提供说服力强的审计证据。未收到回函可能是因为被询证者已收到询证函且核对无误,也可能是因为被询证者根本就没有收到询证函。因此,消极的函证方式通常没有积极的函证方式提供的审计证据可靠。因而在采用消极的方式函证时,注册会计师往往还需辅之其他审计程序。

当同时存在下列情况时,注册会计师可考虑采用消极的函证方式:① 重大错报风险评估为低水平。② 涉及大量余额较小的账户。③ 预期不存在大量的错误。④有理由相信被询证者会认真对待函证。

在审计实务中,注册会计师也可将这两种方式结合使用。当应收账款的余额是由少量的大额应收账款和大量的小额应收账款构成时,注册会计师可以对大额的应收账款采用积极函证方式,对小额采用消极的函证方式。

消极式询证函:

企业询证函

编号:

××(公司):

本公司聘请的××会计师事务所正在对本公司××××年度财务报表进行审计,按照中国注册会计师审计准则的要求,应当询证本公司与贵公司的往来账项等事项。下列数据出自本公司账簿记录,如与贵公司记录相符,则无需回复;如有不符,请直接通知会计师事务所,并请在空白处列明贵公司认为正确的信息。回函请直接寄至××

会计师事务所。

回函地址：

邮编：　　　　　电话：　　　　　传真：　　　　　联系人：

1. 本公司与贵公司的往来账项列示如下：

截止日期	贵公司欠	欠贵公司	备　　注

2. 其他事项：

本函仅为复核账目之用，并非催款结算。若款项在上述日期之后已经付清，仍请及时核对为盼。

（公司盖章）

年　　月　　日

××会计师事务所：上面的信息不正确，差异如下：

（公司盖章）

年　　月　　日

经办人：

5. 函证时间的选择

注册会计师通常以资产负债表日或资产负债表日后适当日期实施函证。如果被审计单位的重大错报风险评估为低水平，注册会计师可选择资产负债表日之前实施函证，并对所函证项目自该截止日起至资产负债表日止发生的变动实施其他的实质性程序。

6. 函证的过程控制

注册会计师通常利用被审计单位提供的应收账款明细账户名称及客户地址等资料据以编制询证函，但注册会计师应当对函证对象选择、询证函设计以及发收询证函保持控制。出于掩盖错误、舞弊的目的，被审计单位可能设法拦截或更改询证函及回函的内容。如果注册会计师对函证程序控制不严，就可能给被审计单位造成可乘之机，导致函证结果发生偏差和函证程序失效。

注册会计师应当采取下列措施对函证实施过程进行控制：

（1）将被询证者的名称、地址与被审计单位有关记录核对。

（2）将询证函中列示的账户余额或其他信息与被审计单位有关资料核对。

（3）询证函经被审计单位盖章后，由注册会计师直接发出。

（4）在询证函中指明直接向接受审计业务委托的会计师事务所回函。

（5）将发出询证函的情况形成审计工作记录。

（6）将收到的回函形成审计工作记录，并汇总统计函证结果。

在审计实务中，注册会计师经常会遇到被询证者以传真、电子邮件等方式回函的情况。这些方式确实能使注册会计师及时得到回函信息，但由于这些方式易被截留、篡改或难以确定回函者的真实身份，因此，注册会计师应当直接接收，并要求被询证者及时寄回询证函原件。

在审计实务中，注册会计师还经常会遇到采用积极的函证方式实施函证而未能收到回函的情况。对此,注册会计师应当考虑与被询证者联系,要求对方作出回应或再次寄发询证函。如果未能得到被询证者的回应,注册会计师应当实施替代审计程序。

(7) 对未回函项目实施替代程序。如果未收到被询证方的回函,注册会计师应当实施替代审计程序,例如:① 检查资产负债表日后收回的货款,值得注意的是,注册会计师不能仅查看应收账款的贷方发生额,而是要查看相关的收款单据,以证实付款方确为该客户且确与资产负债表日的应收账款相关;② 检查相关的销售合同、销售单、发运凭证等文件。注册会计师需要根据被审计单位的收入确认条件和时点,确定能够证明收入发生的凭证;③ 检查被审计单位与客户之间的往来邮件,如有关发货、对账、催款等事宜邮件。

在某些情况下,注册会计师可能认为取得积极式函证回函是获取充分、适当的审计证据的必要程序,尤其是识别出有关收入确认的舞弊风险,导致注册会计师不能信赖从被审计单位取得的审计证据,则替代程序不能提供注册会计师需要的审计证据。在这种情况下,如果未获取回函,注册会计师应当确定其对审计工作和审计意见的影响。

需要指出的是,注册会计师应当将询证函回函作为审计证据,纳入审计工作底稿管理,询证函回函的所有权归属所在会计师事务所。

注册会计师通过函证结果汇总表的方式对询证函的收回情况加以控制。函证结果汇总表如表 14 – 11 所示。

表 14 – 11 应收账款函证结果汇总表

被审计单位名称: 制表: 日期:
结账日: 年 月 日 复核: 日期:

询证函编号	债务人名称	债务人地址及联系方式	账面金额	函证方式	函证日期		回函日期	替代程序	确认余额	差异金额说明	备注
					第一次	第二次					
合　计											

7. 对函证结果差异(不符事项)的处理

收回的询证函若有差异,即函证出现了不符事项,注册会计师应当首先提请被审计单位查明原因,并作进一步分析和核实。不符事项的原因可能是由于双方登记入账的时间不同,或是由于一方或双方记账错误,也可能是被审计单位的舞弊行为。对应收账款而言,登记入账的时间不同而产生的不符事项主要表现为:① 询证函发出时,被审计单位的货物已经发出并已做销售记录,但货物仍在途中,债务人尚未收到货物。② 询证函发出时,债务人已经付款,而被审计单位尚未收到货款。③ 债务人由于某种原因将货物退回,而被审计单位尚未收到。④ 债务人对收到的货物的数量、质量及价格等方面有异议而全部或部分拒付货款等。

如果不符事项构成错报,注册会计师应当重新考虑所实施审计程序的性质、时间和范围。

8. 对函证结果的总结和评价

注册会计师应将函证的过程和情况记录在工作底稿中,并据以评价函证的可靠性。在评价函证的可靠性时,注册会计师应当考虑:① 对询证函的设计、发出及收回的控制情况。② 被询证者的胜任能力、独立性、授权回函情况、对函证项目的了解及其客观性。③ 被审计单位施加的限制或回函中的限制。

注册会计师对函证结果可进行如下评价:

(1) 如果函证结果表明没有审计差异,则注册会计师可以合理地推论,全部应收账款总体是正确的。

(2) 如果函证结果表明存在审计差异,注册会计师则应当估算应收账款总额中可能出现的累计差错是多少,估算未被选中进行函证的应收账款的累计差错是多少。注册会计师应重新考虑:对内部控制的原有评价是否适当;控制测试的结果是否适当;分析程序的结果是否适当;相关的风险评价是否适当等。为取得对应收账款累计差错更加准确的估计,也可以进一步扩大函证范围。

(四)检查未函证应收账款

由于注册会计师不可能对所有应收账款进行函证,因此,对于未函证应收账款执行替代程序显得尤为重要:注册会计师可以检查与销售有关的文件,如销售合同、销售订单、销售发票副本及发运凭证等,以验证应收账款确认的真实性。

(五)确定并检查已收回的应收账款金额

本程序可以相当程度上用来验证被审计单位在资产负债表日已确认的应收账款的真伪性。具体操作,可以提请被审计单位协助,在应收账款明细表上标出至审计时已收回的应收账款。对已收回金额较大的款项作例行检查,如核对收款凭证、银行进账单、销售发票等,并注意凭证发生日期的合理性。

(六)检查应收账款余额

(1) 检查应收账款是否有不附追溯权出售的,误作质押的会计处理。

(2) 检查应收账款明细,确认不属于结算业务性质的债权,不在应收账款中核算。

(3) 检查应收账款明细余额,是否存在贷方余额,应查明原因,并建议作重分类调整。

(七)确定应收账款的列报是否恰当

如果被审计单位为上市公司,则其财务报表附注通常应列报期初、期末余额的账龄分析,期末欠款金额较大的单位账款,以及持有 5% 及以上股份的股东单位账款等情况。

三、坏账准备的实质性程序

《企业会计准则》规定,企业应当在期末对应收款项进行检查,并预计可能产生的坏账损失。应收款项包括应收票据、应收账款、预付款项、其他应收款和长期应收款等。以下着重以应收账款相关的坏账准备为例,阐述坏账准备审计常用的实质性程序。

(1) 获取或编制坏账准备明细表,与坏账准备总账、明细账核对相符。

(2) 将应收账款坏账准备本期计提数与资产减值损失相应明细项目的发生额核对相符。

(3) 实施分析程序。通过计算坏账准备余额占应收账款余额的比例并和以前的相关比例比较,评价应收账款坏账准备计提的合理性。

(4) 检查应收账款坏账准备计提和核销的批准程序,评价坏账准备所依据的资料、假设及计提方法。采用备抵法核算计提坏账准备的具体方法由企业自行确定;企业应当列出目录,具体注明计提坏账准备的范围、提取方法、账龄的划分和提取比例,按照管理权限,经股东大会或董事会,或经理(厂长)会议或类似机构批准,并且按照法律、行政法规的规定报有关各方备案,同时,备置于公司所在地,以供投资者查阅。坏账准备提取方法一经确定,不得随意变更。如需变更,仍然应按上述程序经批准后报经有关各方备案,并在财务报表附注中说明变更的内容和理由、变更的影响数等。

(5)实际发生坏账损失的,检查转销依据是否符合有关规定,会计处理是否正确。对于被审计单位在被审计期间内发生的坏账损失,注册会计师应检查其原因是否清楚,是否符合有关规定,有无授权批准,有无已作坏账处理后又重新收回的应收账款,相应的会计处理是否正确。对有确凿证据表明确实无法收回的应收账款,如债务单位已撤销、破产、资不抵债、现金流量严重不足等,企业应根据管理权限,经股东(大)会或董事会,或经理(厂长)办公会或类似机构批准作为坏账损失,冲销提取的坏账准备。

(6)结合应收账款项目,验证与检查坏账准备的余额:① 检查长期挂账应收账款。注册会计师应检查应收账款明细账及相关原始凭证,查找有无资产负债表日后仍未收回的长期挂账应收账款,如有,应提请被审计单位作适当处理。② 检查函证应收账款结果。对债务人回函中反映的例外事项及存在争议的余额。注册会计师应查明原因并作记录。必要时,作审计调整。

(7)确定应收账款坏账准备的列报是否恰当。企业应当在财务报表附注中说明坏账的确认标准、坏账准备的计提方法和计提比例。并且,上市公司还应在财务报表附注中分项列报以下事项:① 本期全额计提坏账准备,或计提坏账准备的比例较大的(计提比例一般超过40%及以上的,下同),应说明计提的比例以及理由。② 以前期间已全额计提坏账准备,或计提坏账准备的比例较大但在本期又全额或部分收回的,或通过重组等其他方式收回的,应说明其原因、原估计计提比例的理由以及原估计计提比例的合理性。③ 对某些金额较大的应收账款不计提坏账准备或计提坏账准备比例较低(一般为≤5%)的理由。④ 本期实际冲销的应收款项及其理由,其中,实际冲销的关联交易产生的应收款项应单独列报。

第六节　其他相关账户审计

一、应收票据审计

(一)应收票据审计目标

应收票据审计目标可以参见应收账款审计目标,两者基本相似。

(二)应收票据的实质性程序

(1)获取或编制应收票据明细表,与总账、明细账核对相符;结合坏账准备科目与报表数核对相符。应收票据明细表通常包括出票人姓名、出票日、到期日、金额和利率等资料。在复核的基础上,注册会计师应抽查部分票据,并追查至相关文件资料,判断其内容是否正确,有无应转应收账款的逾期应收票据,以及虽未逾期但有确凿证据表明不能够收回或收回可能性不大的应收票据。

(2)对应收票据执行分析程序:① 复核带息票据的利息计算是否正确,注意逾期应收票据是否已按规定停止计提利息并检查其会计处理是否正确。如果注册会计师复算得出的应计利息金额与账面所列金额不符,应加以分析,特别要对"财务费用——利息收入"账户中哪些与应收票据账户中所列任何票据均不相关的贷方金额加以注意,因为这些贷项可能代表据以收取利息的票据未曾入账。② 对贴现的应收票据,复核其贴现息计算是否正确,会计处理是否正确。编制已贴现和已转让但未到期的商业承兑汇票清单,并检查是否存在贴现保证金。企业以应收票据向银行等金融机构贴现,应比照应收账款等应收债权贴现的有关规定。即:根据实质重于形式的原则,如果与所贴现应收票据有关的风险和报酬并未转移,申请贴现的企业应按照以应收票据为质押取得借款的规定进行会计处理;如果有关的风险和报酬业已转移,应视同应收票据出售进行会计处理。

(3) 取得被审计单位"应收票据备查簿",核对其是否与账面记录一致。请被审计单位协助,在应收票据明细表上标出至审计时已兑现或已贴现的应收票据,作常规检查,如核对收款凭证等,以确认其在资产负债表日的真实性。

(4) 检查库存票据,注意票据的种类、号数、签收的日期、到期日、票面金额、合同交易号、付款人、承兑人、背书人姓名或单位名称,以及利率、贴现率、收款日期、收回金额等是否与应收票据登记簿的记录相符;关注是否对背书转让的票据负有连带责任;注意是否存在已作质押的票据和银行退回的票据。

(5) 必要时选取部分票据(特别关注有疑问的商业承兑汇票)向出票人函证,证实其存在性和可收回性,并编制函证结果汇总表。

(6) 对于大额票据,应取得相应销售合同或协议、销售发票和出库单等原始交易资料进行核对,以证实是否存在真实的交易。

(7) 检查外币应收票据汇率折算的正确性。

(8) 对应收票据相关的坏账准备进行审计(审计程序可参见与应收账款相关坏账准备的审计程序)。

(9) 确定应收票据的列报恰当性。注册会计师应检查被审计单位资产负债表中应收票据项目的数额是否与审定数相符,是否剔除了有关的风险和报酬业已转移的已贴现票据。如果被审计单位是一般企业,其已贴现的商业承兑汇票应在报表下端补充资料内的"已贴现的商业承兑汇票"项目中加以反映;如果被审计单位是上市公司,其财务报表附注通常应列报贴现或用作抵押的应收票据的情况和原因说明,以及持有股份≥5%以上的股东单位欠款情况。

二、长期应收款审计

(一) 长期应收款的审计目标

长期应收款的审计目标一般包括:确定长期应收款和未实现融资收益是否存在;确定长期应收款和未实现融资收益是否归被审计单位所有;确定长期应收款的发生、收回和未实现融资收益的入账、摊销的记录是否完整;确定长期应收款是否可收回,坏账准备的计提方法和比例是否恰当,计提是否充分,其坏账准备增减变动的记录是否完整;确定长期应收款及其坏账准备和未实现融资收益期末余额是否正确;确定长期应收款及其坏账准备和未实现融资收益的列报是否恰当。

(二) 长期应收款的实质性程序

(1) 获取或编制长期应收款明细表,与总账和明细账核对相符,结合未实现融资收益科目与报表数核对相符。

(2) 向债务人函证重大的长期应收款。

(3) 检查长期应收款明细内容,确定其会计处理是否正确:① 检查企业对外融资租赁形成的长期应收款内容是否合规,会计处理是否正确。② 检查对于采用递延方式、有融资性质的销售形成的长期应收款项,其相关会计处理是否正确。

(4) 对与长期应收款相关的坏账准备进行审计(审计程序参见与应收账款相关坏账准

备的审计程序)。

(5) 如果被审计单位为上市公司,应标明应收关联方或大股东[包括持股 5%以上(含 5%)股东]的款项,执行关联方及其交易审计程序,并注明合并报表时应予抵销的金额。

(6) 检查外币的长期应收款、折算汇率的正确性。

(7) 确定长期应收款列报的恰当性,注意 1 年内到期的长期应收款是否在列报时已重分类至 1 年内到期的非流动资产。

(三) 未实现融资收益的实质性程序

(1) 获取或编制未实现融资收益明细表,与总账与明细账核对相符,结合长期应收款、坏账准备与报表数核对。

(2) 检查未实现融资收益的明细内容,确定其收益摊销确认是否正确:① 是否按合同的规定摊销确认收益,收益适用的实际利率是否正确,收益分摊的期限是否正确。② 相关的会计处理是否正确。

(3) 检查未实现融资收益期末余额是否恰当。

(4) 确定未实现融资收益的列报是否恰当。

三、预收款项审计

预收款项是在企业销售交易成立以前,预先收取的部分货款。因此,注册会计师应结合企业销售交易对预收款项进行审计。

(一) 预收款项的审计目标

预收款项的审计目标一般包括:确定预收款项是否存在;确定预收款项是否为被审计单位的义务;确定预收款项的发生及偿还记录是否完整;确定预收款项的期末余额是否正确;确定预收款项的列报是否恰当。

(二) 预收款项的实质性程序

1. 获取或编制预收款项明细表,并进行以下检查:

(1) 与报表、总账和明细账核对相符。

(2) 检查外币预收款项的汇率折算是否正确。

(3) 检查是否存在借方余额,必要时进行重分类调整。

(4) 检查是否存在应收、预收两方挂账的项目,必要时作出调整。

2. 检查预收款项交易的发生性,余额的存在性:

(1) 抽查预收款项有关的销售合同或协议、仓库发货记录、货运单据和收款凭证,检查已实现销售的商品是否及时转销预收款项,确定预收款项期末余额的正确性和合理性。

(2) 提请被审计单位协助,在预收款项明细表上标出截至审计日已转销的预收款项,对已转销金额较大的预收款项进行检查,核对记账凭证、仓库发货单、货运单据、销售发票等,并注意这些凭证日期的合理性。

(3) 选择预收款项的函证,编制函证结果汇总表。函证测试样本通常应考虑选择大额或账龄较长的项目、关联方项目以及主要客户项目。对于回函金额不符的,应查明原因并作出记录或建议作适当调整;对于未回函的,应再次函证或通过检查资产负债表日后已转销的预收款项是否与仓库发运凭证、销售发票相一致等替代程序,确定其真实性。

3. 确定预收款项的列报是否恰当

检查账龄超过 1 年的预收款项未结转的原因并作出记录。

如果被审计单位是上市公司,其财务报表附注通常应列报持股≥5%以上的股东单位账款情况,并说明账龄超过1年的预收款项未结转的原因。

四、应交税费审计

企业在一定时期内取得的营业收入和实现的利润,应按权责发生制原则预提计入应交税费,在尚未缴纳前就形成了企业的一项负债。

(一)应交税费的审计目标

应交税费的审计目标一般包括:确定期末应交税费存在性;确定应计和已交税费的记录完整性;确定期末应交税费义务性;确定应交税费的列报性。

(二)应交税费的实质性程序

(1)获取或编制应交税费明细表,并进行以下检查:① 与报表、总账和明细账核对相符。② 核对年初应交税费与税务机关的认定数是否一致,必要时建议作适当调整。

(2)首次接受委托时,取得被审计单位的纳税鉴定、纳税通知、减免税批准文件等,了解被审计单位适用的税种、附加税费、计税(费)基础、税(费)率,以及抵、免、减税(费)的范围与期限。

(3)取得税务部门汇算清缴或其他确认文件、有关政府部门的专项检查报告、税务代理机构专业报告、被审计单位纳税申报资料等,分析其有效性,并与上述明细表及账面数据进行核对。必要时,向主管税务部门函证应交税费的本期应交数和期末未交数。对于超过法定缴纳期限的税费,应取得主管税务机关的批准文件。

(4)检查被审计单位获得税费减免、返还、退税的会计处理是否正确,依据是否充分、合法和有效。

(5)检查应交税费的明细内容,判断其会计处理是否合法、完整、正确:① 获取或编制各种税费明细表,与明细账、申报表核对是否相符,不符应查明原因,作出记录与调整。② 判断对利前税(费)、利后税(费)会计处理上是否作了恰当的区分,对代扣税费项目是否如实进行了账务处理。③ 税费是否按税法、税制的要求计算,基础(依据)是否正确,内容、范围是否完整、正确。④ 税费的缴纳是否及时足额,缴付凭证是否完整。⑤ 税费的对应科目的会计处理是否正确。

(6)确定应交税费的列报是否恰当。如果被审计单位是上市公司,在其财务报表附注中应按税费种类分项列示应交税费金额,并说明本期执行的法定税(费)率。对于超过法定缴纳期限的,应列示主管税务部门的批准文件。

五、税金及附加审计

税金及附加是指企业由于销售产品、提供劳务等负担的税金及附加,包括消费税、城市维护建设税、资源税和教育费附加,以及与投资性房地产相关的房产税、土地使用税等。对税金及附加的实质性程序,应在查明被审计单位应缴纳的税种基础上结合"税金及附加""应交税费"等账户实施,必要时应向有关方面查询。

(一)税金及附加的审计目标

税金及附加的审计目标一般包括:确定记录的税金及附加是否已发生,且与被审计单位有关;确定税金及附加记录是否完整;确定与税金及附加有关的金额及其他数据是否已恰当记录;确定税金及附加是否已记录于正确的会计期间;确定税金及附加的列报是否恰当。

(二)税金及附加的实质性程序

(1)获取或编制税金及附加明细表,与报表数、总账数和明细账核对相符,复核税费与应交税费等项目的勾稽关系。

（2）确定被审计单位的纳税（费）范围与税（费）种是否符合国家规定,检查税金及附加的明细内容,判断其会计处理的正确性:① 计算、复核本期应纳税额、消费税税额、资源税税额。② 检查城市维护建设税、教育费附加等项目的计算依据是否和本期应纳增值税、消费税合计数一致,并按规定适用的税率或费率计算、复核本期应纳城市维护建设税、教育费附加等。③ 确定被审计单位减免税的项目是否真实,理由是否充分,手续是否完备。

（3）确定税金及附加是否已在利润表上作恰当列报。如果被审计单位是上市公司,在其财务报表附注中应分项列示本期税金及附加的计缴标准及金额。

六、销售费用审计

（一）销售费用的审计目标

销售费用的审计目标一般包括:确定记录的销售费用是否已发生,且与被审计单位有关;确定销售费用记录是否完整;确定销售费用是否已记录于正确的会计期间;确定销售费用的列报是否恰当。

（二）销售费用的实质性程序

（1）获取或编制销售费用明细表,与报表、总账、明细账核对相符。

（2）对销售费用执行实质性分析程序:① 将本期和上期的销售费用作明细比较分析。② 将本期各月的销售费用作比较分析。如有重大波动和异常应作追踪审计。

（3）检查销售费用的明细项目,判断会计处理是否正确:① 检查明细内容,判断其是否与销售有关。② 针对重要、异常明细项目,进行凭证测试。

（4）抽取资产负债表日前后一定数量的凭证,实施截止测试,对于跨期项目,作出审计调整。

（5）确定销售费用的列报是否恰当。

主 要 术 语

1. 销售单
2. 贷项通知单
3. 汇款通知书
4. 坏账审批表
5. 坏账备查登记簿
6. 销售截止测试
7. 应收账款函证
8. 应收账款与预收款项的重分类调整
9. 跨期项目

复 习 思 考 题

1. 销售交易的职责分离的基本要求有哪些?
2. 针对登记入账的销售交易是真实的实质性的审计程序有哪些?
3. 针对营业收入如何运用实质性分析程序?
4. 销售交易的记录及时有哪几方面的要求?
5. 应收账款的函证与应付账款函证的主要区别是什么?
6. 应收账款函证的方式有哪几种?
7. 对应收账款函证不符事项的处理要求是什么?
8. 上市公司针对坏账准备的分项列报要求是什么?

练 习 题

一、单项选择题

1. 以下说法中,不正确的是( )。

A. 检查是否向所有装运的货物都开具了账单,可以实现"发生性"目标

B. 销售发票需要事先连续编号

C. 开具账单部门职员在开具每张销售发票前,独立检查是否存在装运凭证和相应的经批准的销售单

D. 仓库只有在收到经过批准的销售单时才能供货

2. 设计信用批准控制与应收账款账面余额最相关的认定是( )。

A. 存在   B. 完整性

C. 计价和分摊   D. 权利和义务

3. 为证实所有销售交易均已登记入账,注册会计师在执行审计程序时,常用的交易实质性程序是( )。

A. 检查证明销售交易分类正确的原始证据

B. 将发运凭证与相关的销售发票和主营业务收入明细账及应收账款明细账中的分录进行核对

C. 追查主营业务收入明细账中的分录至销售单、销售发票副联及发运凭证

D. 将主营业务收入明细账中的分录与销售单中的赊销审批和发运审批进行核对

4. 对询证函的以下处理方法中,恰当的是( )。

A. 将询证函以被审计单位的名义发出,可交由被审计单位填写,然后由注册会计师亲自寄发

B. 注册会计师认为对方会认真对待询证函的,采用消极式函证方式

C. 注册会计师应在函证时,对某一账户50万元的应收账款,在函证中故意多写为80万元

D. 注册会计师先根据10封询证函的传真件回函得出的相应的审计结论,但要求被询证者将原件盖章后寄至会计师事务所

5. 选择以下项目作为函证对象,主要是为了证实应收账款的真实性,但下列函证对象中,属于例外的是( )。

A. 交易频繁但期末余额为零的项目   B. 关联方项目

C. 与债务人发生纠纷的项目   D. 主要客户项目及非正常项目

二、多项选择题

1. 收入交易和余额存在的固有风险可能包括( )。

A. 管理层凌驾于控制之上的风险   B. 管理层对收入造假的偏好和动因

C. 款项无法收回的风险   D. 低估应收账款坏账准备的压力

2. 在以下销售与收款授权审批关键点控制中,下列选项中,能够做到恰当控制的有( )。

A. 销售价格、销售条件、运费、折扣等必须经过审批

B. 对于超过既定销售政策和信用政策规定范围的特殊销售业务,被审计单位采用集体决策方式

C. 在销售发生之前,赊销已经正确审批

D. 非经正当审批,不得发出货物

3. 下列关于 W 公司收入确认的表述中,注册会计师认为正确的有(　　)。

A. 销售商品涉及商业折扣的,应当按照扣除商业折扣后的金额确定销售商品收入金额

B. 合同或协议价款的收取采用递延方式,如分期收款销售商品,实质上具有融资性质的,应当按照应收的合同或协议价款确定销售商品收入金额

C. 根据收入和费用配比原则,与同一项销售有关的收入和成本应在同一会计期间予以确认。成本不能可靠计量,相关的收入也不能确认

D. 卖方仅仅为了到期收回货款而保留商品的法定产权,则销售成立,相应的收入应予以确认

4. 注册会计师在对主营业务收入进行审计时,如果认为必要可能会实施分析程序,下列说法中,正确的有(　　)。

A. 根据增值税发票申报表或普通发票,分析产品销售的结构和价格变动是否异常,并分析异常变动的原因

B. 将本期重要产品的毛利率与同行业进行对比分析,估算全年收入,与实际收入金额比较

C. 将本期重要产品的毛利率,与上期比较,检查是否存在异常,各期之间是否存在重大波动,查明原因

D. 比较本期各月各类主营业务收入的波动情况,分析其变动趋势是否正常,是否符合被审计单位季节性、周期性的经营规律

5. 注册会计师在决定函证数量时,在下列情况中,应增加函证数量及范围的有(　　)。

A. 应收账款账户的重要性水平较高

B. 应收账款在全部资产中所占比重较大

C. 相关的内部控制是有效的

D. 相关的内部控制是无效的

三、判断题

1. 函证应收账款的目的在于证实应收账款账户余额的真实性、完整性。　　　　(　　)

2. 在询证函中列明拟函证的账户余额或其他信息,要求被询证者确认所函证的款项是否正确,其缺点是被询证者可能对所列示信息根本不加以验证就予以回函确认。(　　)

3. 注册会计师会遇到采用积极的函证方式实施函证而未能收到回函的情况。对此,注册会计师应当直接实施替代审计程序。　　　　(　　)

4. 注册会计师实施主营业务收入截止测试时应当以该年度的销售发票为起点,以检查主营业务收入是否虚计。　　　　(　　)

5. 应收账款询证函回函的所有权归属被审计单位。　　　　(　　)

四、案例分析

【案例分析 14-1】 被审计单位的应收账款账龄分析如表 14-12 所示,要求运用分析程序,指出其中可能存在的错误。

表 14-12　应收账款账龄分析表　　　　　　　　　　　单位：元

账　龄	年　初　数	年　末　数
≤1Y	8 392	10 915
1~2Y	1 186	1 399
2~3Y	1 161	1 365
>3Y	1 421	2 874
合　计	12 160	16 553

【案例分析 14-2】　企业 20×5 年应收账款余额为 2 000 000 元；20×6 年确认坏账损失为 30 000 元，年末应收账款余额为 4 000 000 元；20×7 年收回已转销的坏账 20 000 元，年末应收账款余额为 3 500 000 元。企业从 20×5 年起计提坏账准备，采用应收账款余额百分比法，计提比例为 0.5%。请审计该企业 3 年内计提坏账准备应记入损益账户的累计金额为多少？

【案例分析 14-3】　会计师事务所的注册会计师对 Y 公司 20×7 年度进行审计，经审计发现该公司存在以下两种情况：

(1) Y 公司采用备抵法核算坏账，坏账准备按期末应收款项、其他应收款余额的 6% 计提。20×7 年未经审计的资产负债表反映的应收账款项目为借方余额 21 000 万元，其他应收款项目的余额为 1 692 万元，应付账款项目为贷方余额 8 080 万元，预收款项（全部为预收账款项目）为贷方余额 1 350 万元。"坏账准备"科目为贷方余额 1 266 万元，其中应收账款计提数为 1 260 万元，其他应收款计提数为 6 万元。应付账款项目和预收账款项目的明细项目列示见表 14-13（单位：万元）：

表 14-13　应付账款和预收账款明细及金额

应付账款明细	金　额	预收账款明细	金　额
A	6 000	F	2 100
B	−1 500	G	1 000
C	2 080	H	−2 000
D	1 000	I	190
E	500	J	60
合　计	8 080	合　计	1 350

如果不考虑重要性水平，请直接列示审计调整分录（审计调整分录均不考虑对 Y 公司 20×7 年度的企业所得税、期末结转损益及利润分配的影响，分录金额单位以万元表示）。

(2) 注册会计师在对 Y 公司主营业务收入实施实质性测试程序时，抽查到一笔 Y 公司对 N 公司确认的销售收入计 1 000 万元（不含税，增值税税率为 17%），其相关记录确切显示：销售给 N 公司的产品系 Y 公司生产的半成品，其成本为 900 万元，Y 公司已开具增值税专用发票且已经收到货款；N 公司对其购进的上述半成品进行加工后又以 1 100 万元的价格（不含税，增值税税率为 17%）销售给 Y 公司，N 公司已开具增值税专用发票且已收到货款,Y公司已作存货购进处理。

五、参考答案

【单项选择题】 1. A 2. C 3. B 4. B 5. B

【多项选择题】 1. ABCD 2. ABCD 3. ACD 4. BD 5. BD

【判断题】 1. × 2. ✓ 3. × 4. × 5. ×

【案例分析】

【案例分析 14-1】 题解

可能存在的错误有:

(1)年初数1～2年的1 186元与年末数1 365元勾稽关系有问题,因为后者大于前者。

(2)年初数2～3年的1 161元与>3年的1 421元之和与年末数>3年的2 874元勾稽关系有问题,因为后者大于前两者之和。

【案例分析 14-2】 题解

3年内计提坏账准备应计入损益账户的累计金额＝3 500 000×0.5%＋(30 000－20 000)＝27 500(元)

【案例分析 14-3】 题解

针对事项(1)

将应付账款中的借方余额通过财务报表重分类分录调整至预付款项,作会计分录如下(分录金额单位为万元):

借:预付款项——B　　　　　　　　　　　　　　　　　　　　　　　1 500

　贷:应付账款——B　　　　　　　　　　　　　　　　　　　　　　　　1 500

将预收账款中的借方余额通过财务报表重分类分录调整至应收账款,作会计分录如下:

借:应收账款——H　　　　　　　　　　　　　　　　　　　　　　　2 000

　贷:预收款项——H　　　　　　　　　　　　　　　　　　　　　　　　2 000

编制审计调整分录如下:

借:资产减值损失[(21 000＋1 260＋2 000)×6%－1 260]　　　　　　195.6

　贷:应收账款　　　　　　　　　　　　　　　　　　　　　　　　　　195.6

针对事项(2)

应建议Y公司调整20×7年度的内部虚假销售相关的财务报表项目,作以下调整分录:

借:营业收入——主营业务收入　　　　　　　　　　　　　　　　　　1 000

　应交税费——应交增值税(销项税额)　　　　　　　　　　　　　　　170

　其他应收款　　　　　　　　　　　　　　　　　　　　　　　　　　117

　贷:应交税费——应交增值税(进项税额)　　　　　　　　　　　　　　187

　　存货　　　　　　　　　　　　　　　　　　　　　　　　　　　1 100

借:存货　　　　　　　　　　　　　　　　　　　　　　　　　　　　900

　贷:营业成本——主营业务成本　　　　　　　　　　　　　　　　　　900

借:资产减值损失[(1 692＋6＋117)×6%－6]　　　　　　　　　　　102.9

　贷:其他应收款　　　　　　　　　　　　　　　　　　　　　　　　102.9

本章要点概览

1. 销售与收款循环是业务循环中重要的业务循环,审计由此向采购与付款循环,生产与存货循环层层递进深入。销售与收款循环的最主要的审计目标是防高估。

2. 识别与了解销售与收款循环重要内控宜采用自上而下法。

3. 销售业务按照职能部门的划分,一般可以分为销售部门、信用部门、仓储部门、运输部门、会计部门、内审部门这六个不相容的基本部门,正确授权批准是销售业务内部控制的关键。

4. 营业收入的审计目标是防高估,审计程序是逆查,其中又有专用审计程序与通用审计程序之分,主营业务收入是审计的核心内容,销售确认审计,销售的截止测试程序是实质性程序的主要内容。

5. 应收账款实质性程序最主要的是函证程序与未函证的审计程序,以及列报中的应收账款与预收款项的重分类调整。

6. 坏账准备的审计主要涉及坏账准备所对应的报表项目的审计、坏账准备的确认与计量审计。

第十五章　采购与付款循环的审计

学 习 目 的 与 要 求

本章旨在阐述采购与付款循环审计内容与方法。通过本章的学习,要求全面了解采购与付款循环审计含义及审计程序;掌握采购与付款循环审计特点;重点掌握应付账款、固定资产的审计程序;一般了解采购与付款循环相关账户的审计。

课 前 预 习 题

1. 采购与付款循环的最主要的审计目标是什么?
2. 应付账款的函证与应收账款函证哪一个效果更好?
3. 固定资产在现金流量表中属于何种活动的范畴,与审计循环的列示是否相同?
4. 查证固定资产报表项目应该从哪几个账户入手?

第一节　采购与付款循环审计的特性

企业中的采购商品业务,主要涉及采购与付款两大方面。不同的企业性质决定企业除了有一些共性的费用支出外,还会发生一些不同类型的支出。表 15-1 列示了不同企业通常会发生的一些支出情况,这些支出未包括经营用房产支出和人工费用支出在内。

表 15-1　不同行业类型的采购和费用

行业类型	典型的采购和费用支出
贸易业	产品的选择和购买、产品的存储和运输、广告促销费用、售后服务费用
一般制造业	生产过程所需的原材料、易耗品、配件的购买与存储支出,市场经营费用,把产成品运达顾客或零售商处发生的运输费用,管理费用
专业服务业	律师、会计师、财务顾问的费用支出包括印刷、通信、差旅费,书籍资料和研究设施的费用
金融服务业	给付储户的存款利息,支付其他银行的资金拆借利息、手续费,现金存放、现金运送和网络银行设施的安全维护费用,客户关系维护费用

（续表）

行业类型	典型的采购和费用支出
建筑业	建材支出,建筑设备和器材的租金或购置费用,支付给分包商的费用;保险支出和安保成本;建筑保证金和许可审批方面的支出;交通费、通讯费等。当在外地施工时还会发生建筑工人的食宿费用

一、采购交易

（一）请购商品和劳务

请购商品和劳务主要由仓库负责或其他请购部门负责。前者对已列入存货清单的项目填写请购单,后者对未列入存货清单的项目编制请购单。请购商品和劳务分一般授权与特殊授权两种。大多数情况下,对正常经营所需的物资的购买均作一般授权;但对资本支出项目通常要求作特别授权,只允许指定部门、人员提出请购。请购单可采用人工或计算机编制。由于诸多部门、人员都可填列请购单,因此很难强调事先的连续编号,但为加强内控,每张请购单必须经过对该预算负责的主管人员签批。请购单是证明有关采购交易的"发生"认定的凭据之一,也是采购交易轨迹的起点。

（二）编制订购单

采购部门在收到经过授批的请购单后,填发订购单。对每张订购单,采购部门应确定合适的供应来源。

订购单应正确填写所需要的商品品名、数量、价格,厂商名称和地址等商品信息,预先编号并经被授权的采购人员签名。订购单一般一式五联。正联应送交供应商,副联则送至企业内部的验收部门、应付凭单部门和编制请购单的部门及采购部门留存。应独立检查订购单的处理流程,以确定是否确实收到商品并正确入账。该检查与采购交易的"完整性"认定有关。

（三）验收商品

有效的订购单代表企业已授权验收部门接受供应商发运来的商品。验收部门首先应比较所收商品与订购单上的要求是否相符,然后再盘点商品并检查商品质量。

验收部门应对已收货的每张订购单编制一式四联、预先编号的验收单,作为验收和检验商品的依据。验收人员将商品送交仓库或其他请购部门时,应取得经过签字的收据,或要求其在验收单的副联上签收,以确立他们对所采购的资产应负的保管责任。验收人员还应将一联验收单送交应付凭单部门。

验收单是支持资产或费用以及与采购有关的负债的"存在或发生"认定的重要凭证。通过定期独立检查验收单的顺序的方式,可以确定发生的每笔采购交易都已编制凭证,则与采购交易的"完整性"认定有关。

（四）储存商品存货

储存商品存货与采购的其他职责相分离,可以减少未经授权的采购和盗用商品的风险。该控制措施与商品的"存在"认定有关。

（五）编制付款凭单

记录采购交易之前,应由应付凭单部门编制付款凭单。付款凭单的重要性在于:

（1）确定供应商发票计算的正确性,确定发票的内容与相关的验收单、订购单的一致性。

（2）检查付款凭单的支持性凭证，如订购单、验收单和供应商发票等。

（3）在付款凭单上填入应借记的资产或费用账户名称。

（4）由被授权人员在凭单上签字，以示照此凭单要求付款。所有未付款凭单应妥善保存，以备日后付款之需。这些控制与"存在""发生""完整性""权利和义务"和"计价和分摊"等认定有关。

（六）确认与记录负债

对于已确认的验收货物和已接受劳务，会计部门应准确、及时地记录其负债。会计部门有责任核查购置的财产，并在应付凭单登记簿或应付账款明细账中加以记录。在收到供应商发票时，会计部门应将发票上所记载的内容与订货单、验收单上的相关资料进行比对。

在人工系统下，应将已批准的未付款凭单送达会计部门，据以编制记账凭证和登账。会计主管应监督记账凭证中账户分类的适当性；通过定期核对编制记账凭证的日期与凭单副联的日期，监督入账的及时性。审核人员应核对所记录的凭单总数与应付凭单部门送来的每日凭单汇总表的一致性，并定期检查应付账款总账余额与应付凭单部门未付款凭单总额的一致性。月末还应该及时与卖方对账单核对。

卖方对账单是由供货方按月编制的，标明期初余额、本期购买、本期支付给卖方的款项和期末余额的凭证。如果不考虑买卖双方在收发货物上可能存在的时差等因素，期末余额通常应与采购方相应的应付账款期末余额一致。

二、付款交易

（一）付款

通常是由应付凭单部门负责确定未付凭单的到期付款日，由出纳部门负责付款。编制和签署原始付款凭证的出纳控制包括：

（1）检查签发付款金额与付款凭单的金额的一致性。

（2）确定每张原始付款凭证都附有一张已经授批的未付款凭单，并确定受款人姓名和金额与凭单内容的一致。

（3）原始付款凭证一经签署，就应在其相应的凭单和支持性凭证上用加盖印戳或打洞等方式作出显著标记，以免重复付款。

（二）记录现金、银行存款支出

会计部门应根据已签发的原始付款凭证编制记账凭证，并据以登记银行存款日记账及其他相关账簿。以记录银行存款支出为例，其专门控制包括会计主管应独立检查记入银行存款日记账和应付账款明细账的金额的一致性，以及与付款汇总记录的一致性。

三、采购和付款循环的主要审计目标

采购和付款循环中的最主要的部分是采购交易，可以将其整合为六大审计目标，以表15－2列示如下。

表 15－2　采购交易的主要审计目标

采购交易审计目标主要内涵	涉及目标认定
1. 所记录的采购都确已收到物品或已接受劳务，并符合采购方真实意愿	存在性
2. 已发生的采购交易均已记录	完整性

（续表）

采购交易审计目标主要内涵	涉及目标认定
3. 所记录的采购交易估价正确	准确性、计价和分摊
4. 采购交易分类正确	分类
5. 采购交易按正确的日期记录	截止
6. 采购交易已正确记入应付账款和存货等明细账中，汇总正确	准确性、计价和分摊

四、采购和付款循环的风险评估

（一）确定重要业务流程和重要交易类别

采购和付款循环通常属于重要的业务流程。采购和付款通常是重要交易类别，而固定资产、累计折旧、存货（主要在存货与仓储循环中阐述）与应付账款等通常是被确定为存在较高重大错报风险的账户。

（1）采购交易流程主要包括请购商品、编制订单、验收商品、储存商品存货、编制付款凭单、确认与记录负债六个环节的内容。

（2）付款交易流程主要包括付款与记录支出两个环节。

（二）了解与记录重要业务流程

在确定了重要业务流程和重要交易类别后，注册会计师便可着手了解采购和付款循环的具体交易流程与信息处理流程。这是确定被审计单位在哪些环节可能发生错报的基础。

（三）确定采购与付款错报可能发生的环节

注册会计师应当结合对购货和付款交易程序的了解结果，确定被审计单位需要在哪些环节设计与加强内控，以防止并纠正交易流程中的错报。至于错报可能发生的环节，可以比照销售与收款循环中的"错报可能发生的环节示例表"。

（四）识别与了解相关内控

如果说注册会计师在识别与了解采购与付款循环的相关内控是充分的，应该做到以下几点要求：① 识别所有重要交易类别。② 指出在业务处理流程中"在什么环节可能出错"，即在什么环节需要控制。③ 描述针对"在什么环节可能出错"建立的预防性控制与检查性控制，而且指出了这些控制由谁执行以及如何执行。

（五）执行采购与付款的穿行测试

无论是否打算信赖被审计单位的采购与付款循环的内控，注册会计师都应当选择若干笔交易执行穿行测试。例如，针对采购业务，追踪从请购单处理→选择供应商→签约→验收入库→复核发票→采购明细表→采购和应付账款账户的整个流程，以确认以前对整个业务流程及可能发生错报环节的了解的准确性和完整性，以确认相关控制是否得到执行。

（六）初步评价和风险评估

对采购与付款循环内控的初步评价和风险评估的目的在于：确定注册会计师是否应该信赖内部控制，评定认定层次的重大错报风险，以确定进一步审计程序的性质、时间和范围。如果拟信赖内控，则应对其进行控制测试，否则，直接转入实质性程序。

五、根据重大错报风险的评估结果设计进一步审计程序

针对评估的财务报表层次重大错报风险，注册会计师应计划进一步审计程序的总体

方案,包括确定针对相关认定计划采用综合性方案还是实质性方案,以及考虑审计程序的性质、时间安排和范围。当存在下列情形之一时,注册会计师应当设计和实施控制测试:

(1)在评估认定层次重大错报风险时,预期控制的运行是有效的(即在确定实质性程序的性质、时间安排和范围时,注册会计师拟信赖控制运行的有效性);

(2)仅实施实质性程序并不能够提供认定层次充分、适当的审计证据。

综合控制测试及实质性程序,注册会计师需要评价获取的审计证据是否足以应对识别出的认定层次重大错报风险。

表15-3为假定评估应付账款为重要账户,且相关认定包括存在/发生、完整性、准确性及截止的前提下,注册会计师计划的进一步审计程序总体方案示例(见表15-3)。

表15-3　采购及付款循环的重大错报风险及进一步审计程序总体审计方案

重大错报风险描述	相关财务报表科目及认定	风险程度	是否信赖控制	进一步的审计程序的总体方案	拟从控制测试中获取的保证程度	拟从实质性程序中获取的保证程度
确认的负债及费用并未实际发生	应付账款/其他应付款:存在 销售费用/管理费用:发生	一般	是	综合性方案	高	低
不计提采购相关的负债或不计提尚未付款的已经购买的服务支出	应付账款/其他应付款:完整销售费用/管理费用:完整	特别	是	综合性方案	高	中
采用不正确的费用支出截止期,例如将本期的支出延迟到下期确认	应付账款/其他应付款:存在/完整销售费用/管理费用:截止	一般	否	实质性方案	无	高
发生的采购未能以正确的金额记录	应付账款/其他应付款:准确性销售费用/管理费用:计价和分摊	一般	是	综合性方案	高	低

第二节　内部控制和控制测试

在初步了解的基础上,如果注册会计师拟对被审计单位的采购与付款循环的内控实施控制测试,可以选择以下两条测试路径。

一、采购交易按审计主要目标归类的关键控制与控制测试

在具体阐述采购交易的内部控制和控制测试、采购交易的实质性程序之前,首先概述一下采购交易审计目标、关键内部控制、常用控制测试的基本内容,如表15-4所示。

表 15-4　采购交易审计目标、关键内部控制、常用控制测试一览表

采购交易审计目标	关键内部控制	常用控制测试
所记录的采购都确已收到物品或已接受劳务,并符合采购方真实意愿	付款凭单后附的请购单、订货单、验收单、卖方发票一应俱全 采购按正确的级别授批 注销作废凭证以防重复使用 对卖方发票,验收单、订货单、请购单作内部核查	查验付款凭单后是否附有单据 检查准购标记 检查注销凭证的标记 检查内部核查的标记
已发生的采购交易均已记录	订货单、验收单、卖方发票均应事先编号并已入账	检查订货单、验收单、卖方发票的连续编号的完整性
所记录的采购交易估价正确	计算和金额已经内部核查 采购价格和折扣已获授批	检查内部核查和审批采购价格和折扣标记
采购交易分类正确	采用适当会计科目 分类内部核查	检查工作手册和会计科目表 检查内部核查的标记
采购交易按正确的日期记录	要求收到商品或接受劳务后及时记录采购交易 内部核查	检查工作手册并观察有无未记录的卖方发票 检查内部核查的标记
采购交易已正确计入应付账款和存货等明细账中,汇总正确	应付账款明细账内容的内部核查	检查内部核查的标记

二、采购交易按控制要素归类的内部控制与控制测试

注册会计师通常利用在了解被审计单位环境的资料后来评价内部控制风险。下面结合表 15-4,进一步讨论采购交易控制要素归类的内部控制和相应的控制测试。

采购业务与销货业务无论在控制目标、关键内部控制方面,还是在控制测试与交易实质性程序方面,原理基本相仿。下面仅其特殊之处予以简析。

（一）适当的职责分离

适当的职责分离有助于防止有意的或无意的错误。财政部发布的《内部会计控制规范——采购与付款》规定,单位应当建立采购与付款业务的岗位责任制,明确相关部门和岗位的职责、权限,确保办理采购与付款业务的不相容岗位相互分离、制约和监督。采购与付款业务不相容岗位至少包括:请购与审批;询价与确定供应商;采购合同的订立与审批;采购与验收;采购、验收与相关会计记录;付款审批与付款执行。这些都是对单位提出的、有关采购与付款业务相关职责适当分离的基本要求,以确保办理采购与付款业务的不相容岗位相互分离、制约和监督。

（二）内部核查程序

《内部会计控制规范——采购与付款》还规定单位监督检查机构或人员应通过实施内控测试和实质性程序检查采购与付款业务内部控制制度是否健全,各项规定是否得到有效执行,而且明确了采购与付款内部控制监督检查的主要内容,包括:

（1）采购与付款业务相关岗位及人员的设置情况。重点检查是否存在采购与付款业务不相容职务混岗的现象。

（2）采购与付款业务授权批准制度的执行情况。重点检查大宗采购与付款业务的授权

批准手续是否健全,是否存在越权审批的行为。

(3) 应付账款和预付账款的管理。重点审查应付账款和预付账款支付的正确性、时效性和合法性。

(4) 有关单据、凭证和文件的使用和保管情况。重点检查凭证的登记、领用、传递、保管、注销手续是否健全,使用和保管制度是否存在漏洞。

三、固定资产与在建工程的内部控制和控制测试

(一) 固定资产内部控制制度

1. 职责分工制度

对固定资产的预算、授批、取得、记录、保管、使用、维修、处置等,均应明确划分责任,由专门部门和专人负责。明确的职责分工制度,有利于防止舞弊,降低控制风险。

2. 资本预算制度

资本预算制度是固定资产内控环节中最重要的一环。在大型企业,通常要编制年度资本预算,以控制固定资产支出,合理运筹资金;在小企业,即便缺乏正式的预算,但对固定资产的购建也要加以计划,从而合理安排资金,提高资金运作效率。

3. 授权批准制度

固定资产的授权批准制度包括:企业资本预算只有经过董事会等高层管理机构批准方可生效;所有固定资产的取得和处置均需经企业管理当局的书面认可。

4. 资本性支出和收益性支出的区分制度

企业应制定区分资本性支出和收益性支出的书面标准。通常须明确资本性支出的范围和最低金额,凡不属于资本性支出的范围,金额低于下限的任何支出,均应列作费用并抵减当期收益。

5. 账簿记录制度

除固定资产总账外,还须设置固定资产明细分类账和固定资产登记卡,按固定资产类别、使用部门和每项固定资产进行明细核算。固定资产的增减变化均应有充分的原始凭证。一套设置完善的固定资产账、卡系统,将为分析固定资产的取得和处置、复核折旧费用和修理支出的合理性提供可靠的依据。

6. 固定资产的维护保养制度

固定资产应有严密的维护保养制度,以防止其因自然或者人为的因素而遭受损失,并应建立日常维护和定期检修制度,以延长其使用寿命。

虽然资产投保不是固定资产内控的独特范畴,但是通过了解固定资产的保险情况,可以从侧面感知被审计单位管理当局对固定资产账簿记录的确认程度,对固定资产安全的重视程度,以及对固定资产的保养程度。

7. 固定资产的处置制度

固定资产的处置包括投资转出、报废、出售等,均要有一定的申请报批程序。

8. 固定资产的定期盘点制度

对固定资产定期实地盘点,是验证账面资产真实存在、了解资产放置地点和使用状况的必要手段,是保护企业财产安全、完整的有效措施。

(二) 在建工程内部会计控制

在建工程虽然属于广义固定资产范畴,但有其特殊性。财政部的《内部会计控制规范——工程项目》规定的在建工程内部控制包括以下内容。

1. 岗位分工与授权批准

（1）单位应当建立工程项目业务的岗位责任制，明确相关部门和岗位的职责、权限，确保办理工程项目的不相容岗位相互分离、制约和监督。工程项目业务不相容岗位一般包括：项目建议、可行性研究与项目决策；概预算编制与审核；项目实施与价款支付；竣工决算与竣工审计。

（2）单位应当对工程项目相关业务建立严格的授权批准制度，明确审批人的授权批准方式、权限、程序、责任及相关控制措施，规定经办人的职责范围和工作要求。审批人应当根据工程项目相关业务授权批准制度的规定，在授权范围内进行审批，不得超越审批权限。经办人应当在职责范围内，按照审批人的批准意见办理工程项目业务。对于审批人超越授权范围审批的工程项目业务，经办人有权拒绝办理，并及时向审批人的上级授权部门报告。

（3）单位应当制定工程项目业务流程，明确项目决策、概预算编制、价款支付、竣工决算等环节的控制要求，并设置相应的记录或凭证，如实记载各环节业务的开展情况，确保工程项目全过程得到有效控制。

2. 项目决策控制

单位应当建立工程项目决策环节的控制制度，对项目建议书和可行性研究报告的编制、项目决策程序等作出明确规定，确保项目决策科学、合理。

3. 概预算控制

单位应当建立工程项目概预算环节的控制制度，对概预算的编制、审核等作出明确规定，确保概预算编制科学、合理。

4. 价款支付控制

单位应当建立工程进度价款支付环节的控制制度，对价款支付的条件、方式以及会计核算程序作出明确规定，确保价款支付及时、正确。

5. 竣工决算控制

单位应当建立竣工决算环节的控制制度，对竣工清理、竣工决算、竣工审计、竣工验收等作出明确规定，确保竣工决算真实、完整、及时。

6. 监督检查

单位应当建立对工程项目内部控制的监督检查制度，明确监督检查机构或人员的职责权限，定期或不定期地进行检查。内容主要包括：

（1）工程项目业务相关岗位及人员的设置情况。重点检查是否存在不相容职务混岗的现象。

（2）工程项目业务授权批准制度的执行情况。重点检查重要业务的授权批准手续是否健全，是否存在越权审批行为。

（3）工程项目决策责任制的建立及执行情况。重点检查责任制度是否健全，奖惩措施是否落实到位。

（4）概预算控制制度的执行情况。重点检查概预算编制的依据是否真实，是否按规定对概预算进行审核。

（5）各类款项支付制度的执行情况。重点检查工程款、材料设备款及其他费用的支付是否符合相关法规、制度和合同的要求。

（6）竣工决算制度的执行情况。重点检查是否按规定办理竣工决算、实施决算审计。

第三节　应付账款审计

在采购与付款循环中核心业务是赊购交易,注册会计师应结合赊购业务进行应付账款的审计。

一、应付账款的审计目标

应付账款的审计目标一般包括:确定应付账款的发生和偿还记录是否存在、完整;确定应付账款期末余额是否正确;确定应付账款在财务报表上的列报是否恰当。

二、应付账款审计的实质性程序

(1) 编制应付账款明细表,与报表、总账、明细账核对是否相符。

(2) 选择执行实质性分析程序:

第一,对本期期末应付账款余额与上期期末余额进行比较,分析其波动原因。

第二,分析长期挂账的应付账款,要求被审计单位作出解释,判断其是否缺乏偿债能力或利用应付账款隐瞒利润等。

第三,计算应付账款对存货的比率、应付账款对流动负债的比率,并与以前年度对比分析,评价应付账款整体的合理性。

第四,结合存货、营业收入和营业成本的增减变动幅度,判断应付账款增减变动的合理性。

(3) 函证应付账款。虽然应付账款函证是非必需的审计程序,这是因为函证不能保证查出未记录的应付账款,但是如果被审计单位重大错报风险较高,或某应付账款明细账户金额较大,则应进行应付账款的函证。

第一,函证对象的选择。进行函证时,注册会计师应选择较大金额的债权人,以及那些在资产负债表日金额不大,甚至为零,但为企业重要供货人的债权人,作为函证对象。

第二,函证方式。函证方式最好采用积极形式。

第三,函证控制。同应收账款的函证一样,注册会计师必须对函证的过程进行控制,要求债权人直接回函,并根据回函情况编制与分析函证结果汇总表,对未回函的,应考虑是否再次函证。

如果存在未回函的重大项目,注册会计师应采用替代审计程序:如检查资产负债表日后应付账款明细账及货币资金日记账中的支付记录,同时检查该笔债务的相关书面凭证资料,核实交易事项的真实性。

(4) 检查未入账、未函证的应付账款。为了防止企业低估负债,注册会计师应检查被审计单位有无故意漏记应付账款行为。例如,结合存货监盘,检查被审计单位在资产负债表日是否存在料到单未到的经济业务;检查资产负债表日后收到的购货发票,关注其日期,确认其入账时间是否正确;检查资产负债表日后应付账款明细账贷方发生额及其相应凭证,确认其入账时间是否正确。检查时还可以通过询问被审计单位的会计和采购人员,查阅资本预算、工作通知单和基建合同的方式来进行。

如果审计发现未入账的应付账款,应将其记入审计底稿,然后根据其重要性确定是否需要作进一步的审计调整。

(5) 检查应付账款的一些特定会计处理是否正确。

第一,检查现金折扣的应付账款是否按总价法入账。

第二,结合债务重组的特殊项目的审计检查有关的会计处理正确性。

第三,检查外币应付账款汇率折算正确性。

(6)验明应付账款在资产负债表上的列报是否恰当。一般来说,"应付账款"项目应根据"应付账款"和"预付账款"账户所属明细账户的期末贷方余额的合计数填列。

第一,检查应付账款是否存在借方余额。如有应查明原因,必要时作重分类调整。

第二,结合预付账款、其他应付款的明细余额,查明有否在应付账款和预付账款同时挂账的项目,或者有无不属于应付账款的其他应付款。如有应作记录,必要时作审计重分类调整。

第三,标明应付关联方账款,执行关联方及其交易的审计程序,并注明应予抵消的金额。

第四,如果被审计单位为上市公司,则通常在其财务报表附注中应说明有无欠大股东(持有大于等于5%以上表决权股份的股东)单位账款;说明超龄(账龄超过3年的大额应付账款)未偿还的原因,并在期后事项中反映资产负债表日后是否偿还。

第四节　固定资产审计

固定资产的审计范围包括固定资产及其相关项目两个方面:固定资产项目有固定资产、累计折旧、固定资产减值准备、固定资产清理。此外,由于固定资产的增加包括购置、建造、投资者投入、融资租入、更新改造、以非现金资产抵偿债务方式取得或以应收债权换入、以非货币性交易换入、经批准无偿调入、接受捐赠和盘盈等多种途径,相应涉及"银行存款""应付账款""预付账款""在建工程""股本""资本公积""长期应付款""递延所得税负债"等账户;企业的固定资产又因清理、投资转出、捐赠转出、抵债转出、以非货币性交易换出、无偿调出、毁损和盘亏等原因而减少,与固定资产清理、其他应收款、营业外收入和营业外支出等项目有关。另外,固定资产又因计提折旧,与制造费用、营业费用、管理费用等项目联系在一起;最后,企业还会因计提固定资产减值准备,与"资产减值损失"账户发生对应联系。

一、固定资产的审计目标

固定资产的审计目标一般包括:① 确定固定资产是否存在,确定固定资产是否归被审计单位所有或控制。② 确定固定资产的计价方法是否恰当。③ 确定固定资产的折旧政策是否恰当,确定折旧费用的分摊是否合理、一贯。④ 确定固定资产减值准备的计提是否充分、完整,方法是否恰当。⑤ 固定资产、累计折旧和固定资产减值准备的记录是否完整。⑥ 确定固定资产的列报是否恰当。

固定资产表项涉及"固定资产""累计折旧""固定资产减值准备"三个账户的内容,对其进行实质性程序分述如下。

二、固定资产——账面余额的实质性程序

1. 编制固定资产及累计折旧明细表

固定资产及累计折旧明细表又称汇总表或综合分析表,是固定资产审计的重要工作底稿。它既可以由被审计单位提供,也可以由审计人员根据被审计单位的有关资料自行编制。格式如表15-5所示。

表 15－5　固定资产及累计折旧明细表

年　月　日

编制：　　　日期：
复核：　　　日期：

被审计单位：

固定资产类别	固定资产								累计折旧											
	期初余额	去年12月增加	本期增加		去年12月减少	本期减少		期末余额	折旧方法/折旧年限	月折旧额/月折旧率	期初余额	本期增加							本期减少	期末余额
			1～11月增加	12月增加		1～11月减少	12月减少					本期计提增加						合计		
												去年计提折旧额	去年未提足全年折旧部分	本年增加折旧	本年减少折旧	小计	其他原因增加			
合计																				

（1）固定资产部分。固定资产中期初余额部分应根据情况区别对待。如果被审计单位是连续常年审计，则应当与上年审计工作底稿核对相符；如果被审计单位系变更委托，则审计人员应同前任注册会计师联系，借调、参阅前任审计人员有关工作底稿；如果被审计单位属初次审计，则应对固定资产期初余额进行较全面的审计。由于现行制度规定，本月"累计折旧"的计提是根据上个月的月末"固定资产"余额作为基准的，因此，在累计折旧计提的增减与固定资产的增减之间存在 1 个月的时差。所以，需要在本期固定资产的增减之前，增列去年 12 月份增减项目，在本期增减的内容里，又需要区分 1～11 月增减，与 12 月增减。

（2）累计折旧部分。累计折旧的关键在于本期增加部分的审计。需要将其区分为本年计提增加与其他原因增加，尤其要对本年计提增加予以分析。在采用直线法计提折旧的情况下，其勾稽关系如下：本年计提增加＝去年计提折旧额＋去年未提足全年折旧部分＋本年增加折旧（去年 12 月至本年 11 月增加的需计提折旧的固定资产）－本年减少折旧（去年 12 月至本年 11 月减少的原需计提折旧的固定资产及已提足折旧不再需要计提折旧的固定资产）。

2. 选择实施实质性分析程序：

（1）计算固定资产总成本与全年产量比率（该比率计算分析更适合资本密集型的企业），并与以前年度比较，分析其波动原因，可能发现闲置固定资产或已减少固定资产未销户的问题或错误。

（2）计算累计折旧/固定资产总成本比率，将其与上期比较，旨在发现累计折旧核算上的错误。

（3）计算本期计提折旧额/固定资产总成本比率，将其与上期比较，旨在发现本期折旧额计算上的错误。

（4）比较本期与以前各期的固定资产增加和减少。由于被审计单位的生产经营情况的变化，各期固定资产增加和减少的数额可能相差很大。注册会计师应当深入分析其差异，并结合生产经营趋势，判断差异产生的原因是否合理。

（5）比较本期各月之间、本期与以前各期之间的修理及维修费用，旨在发现资本性支出和收益性支出区分上可能存在的错误。

（6）分析固定资产的构成及其变动情况，与在建工程、现金流量表、生产能力等相关信息交叉复核，检查固定资产相关金额的合理性和准确性。

3. 检查固定资产的增加与对购入的固定资产进行实地观察

固定资产的增加有购置、自建、投资者投入、租入、接受捐赠、债务人抵债等途径。固定资产增加是否真实、可靠将对财务报表的可信性产生长期影响。因此，审查固定资产的增加，是固定资产实质性程序的重要内容。

（1）对于购置的固定资产。对于购置的固定资产，通过核对合同、发票、保险单、发运凭证等文件，抽查测试其计价是否正确，授权批准手续是否齐备，会计处理是否正确。

（2）对于在建工程转入的固定资产。对于在建工程转入的固定资产，应该追溯审计"工程物资""在建工程"项目的正确性。

（3）对于投资者投入的固定资产。对于投资者投入的固定资产，应检查其入账价值与投资合同中关于固定资产作价的规定是否一致，须经评估确认的是否有评估报告并经国有资产管理部门（如涉及国有资产评估）等确认；固定资产交接手续是否齐全。

（4）对于固定资产后续支出。首先应该查明固定资产的后续支出是否满足资本化条件，其次应查明增加的固定资产原值是否真实；重新确定的剩余折旧年限是否恰当。

（5）对于企业合并、债务重组、非货币性资产交换而获得的固定资产。应检查过户手续是否齐备，固定资产计价及确认的损益和负债是否符合相关的规定。

（6）对于租入增加的固定资产。经营租入的固定资产，不是企业的资产，应另设租入固定资产备查簿予以登记。但因经营租入的固定资产涉及表外（资产负债表）融资，所以，注册会计师对此项业务应引起关注，并提请被审计单位予以列报。

融资租入的固定资产应按企业的固定资产予以管理，并计提折旧、进行维修。在检查融资租入的固定资产时，尤其要注意融资偿付的利息，其利率的计算是否适当，融资租入固定资产的计价是否正确，是否进行了正确的会计处理。

（7）对于固定资产计价的特别关注。对计入固定资产的借款费用，应结合负债项目审计，确定其资本化金额及其会计处理的正确性。

对需要预计弃置费用的固定资产，应检查其会计处理的正确性。

检查被审计单位，年末对固定资产的使用寿命、预计净残值和折旧方法复核结果的合理性，必要时，提请审计调整。

实施固定资产实地观察程序时，注册会计师既可以固定资产明细分类账为起点，进行实地追查，以证明会计记录中所列固定资产确实存在，并了解其目前的使用状况；也可以实际的固定资产为起点，追查至固定资产明细分类账，以获取实际存在的固定资产均已入账的证据。

一般而言，注册会计师实地观察的重点是本期新增加的重要固定资产，当然，有时观察范围也会扩展到以前期间增加的固定资产(如初次审计等)。观察范围的确定有赖于被审计单位重大错报风险以及注册会计师的职业判断。

4. 检查固定资产的减少与固定资产清理

固定资产的减少主要包括出售、向其他单位投资转出、向债权人抵债转出、报废、毁损、盘亏等。审计固定资产减少的主要目的在于查明业已减少的固定资产是否已作适当的会计处理。其审计要点如下:

(1)检查减少固定资产的授权批准文件。

(2)检查因不同原因减少固定资产的会计处理是否符合有关规定,验证其数额计算的准确性。

(3)结合"固定资产清理"和"待处理财产损溢"账户,抽查固定资产账面转销额是否正确。

(4)检查是否存在未作会计记录的固定资产减少业务。

复核本期是否有新增加的固定资产替换了原有固定资产;分析营业外收支等账户,查明有无处置固定资产所带来的收支;若有产品因故停产,追查其专用设备等的处理情况。

5. 检查固定资产的所有权及其相关事宜

对各类固定资产,注册会计师应获取、汇集不同的证据以确定其是否归被审计单位所有:对外购的机器设备等固定资产,通常审核采购发票、购货合同等予以确定;对于房地产类固定资产,尚需查阅有关的合同、产权证明、财产税单、抵押借款的还款凭据、保险单等书面文件;对融资租入的固定资产,应验证有关融资租赁合同,证实并非经营租赁;对汽车等运输设备,应验证有关运营证件等;对受留置权限制的固定资产,通常还应结合对银行借款等的检查,了解固定资产存在抵押、担保的情况,并提请被审计单位作必要列报。

最后,通过检查固定资产的保险,一方面可以查证被审计单位维护其资产的安全性措施,另一方面又可以间接查证其资产的所有权。

6. 确定固定资产在资产负债表上列报的恰当性

财务报表附注通常应说明固定资产的标准、分类、计价方法和折旧方法;融资租入固定资产的计价方法;固定资产的预计使用寿命和预计净残值;对固定资产所有权的限制及其金额(这一列报要求是指企业因贷款或其他原出而以固定资产,进行抵押、质押或担保的类别、金额、时间等情况);已承诺将为购买固定资产支付的金额;暂时闲置的固定资产账面价值(这一列报要求是指,企业应列报暂时闲置的固定资产账面价值,导致固定资产暂时闲置的原因,如开工不足、自然灾害或其他情况等);已提足折旧仍继续使用的固定资产账面价值;已退废和准备处置的固定资产账面价值:固定资产因使用磨损或其他原因而需退废时,企业应及时对其处置;如果其已处于处置状态而尚未转销时,企业应披露这些固定资产的账面价值。

如果被审计单位是上市公司,则通常应在其财务报表附注中按类别分项列示固定资产期初余额、本期增加额、本期减少额及期末余额;说明固定资产中存在的在建工程转入、出售、置换、抵押或担保等情况;披露通过融资租赁租入的固定资产每类租入资产的账面原值、累计折旧、账面净值;披露通过经营租赁租出的固定资产每类资产的账面价值。

三、固定资产——累计折旧的实质性程序

固定资产不同于流动资产的一个重要特征,是它能连续在若干生产周期内使用仍保持其原有的实物形态,而其价值将随着固定资产的损耗而逐步转移到产品成本或期间费用中

去,这部分随着固定资产磨损而逐渐转移的价值就是固定资产折旧。企业正确计提折旧是真实核算成本与损益,保证固定资产更新,确保税负公允的必要条件。因此,审计人员应加强对固定资产折旧的审查。

（1）编制固定资产及累计折旧明细表,与总账、明细账核对相符。

（2）检查被审计单位制定的折旧政策和方法是否符合有关企业会计制度的规定,确定其所采用的折旧方法能否在固定资产使用年限内合理分摊其成本,前后是否一致。

（3）选择执行实质性分析程序:

第一,对折旧计提的总体合理性进行复核,是测试折旧正确与否的一个有效办法。具体复核的办法,主要是利用"固定资产与累计折旧明细表"进行。如果总的计算结果和被审计单位的折旧总额相近,且企业的相关内控比较健全,就可以适当减少累计折旧和折旧费用的实质性程序工作量。

第二,计算累计折旧占固定资产总成本的比率,评估固定资产的成新率,并估计因闲置、报废等原因可能发生的固定资产损失。

第三,计算本期计提折旧额占固定资产总成本的比率,并与上期比较,分析本期折旧计提额的合理性和准确性。

（4）检查折旧的计提和分配,将"累计折旧"账户贷方的本期计提折旧额与相应的成本费用账户中的折旧费用的借方相比较,以查明所计提折旧金额是否已全部摊入本期产品成本或费用。一旦发现差异,应及时追查原因,并考虑是否建议调整;即便没有差异,仍应执行以下审计程序:

第一,计算复核本期折旧费用的计提是否正确。

第二,检查折旧费用的分配是否合理,与上期分配方法是否一致。

第三,注意固定资产增减变动时,计提固定资产减值准备时,折旧的会计处理是否作了相应调整。

第四,检查累计折旧的计提是否正确无误,追查至固定资产卡片。特别应注意有无已提足折旧的固定资产继续超提折旧和在用固定资产不提或少提折旧的情况。

（5）确定累计折旧的列报恰当性。如果被审计单位是上市公司,通常应在财务报表附注中按固定资产类别分项列示累计折旧期初余额、本期计提额、本期减少额及期末余额。

四、固定资产——固定资产减值准备

（1）编制固定资产减值准备明细表,与总账、明细账核对相符。

（2）选择实施实质性分析程序,计算本期末固定资产减值准备占期末固定资产总成本的比率,并与期初数比较,分析固定资产的质量状况。

（3）检查固定资产减值准备计提依据的充分性与会计处理的正确性。尤其要关注按资产组的认定计提减值准备的恰当性。

（4）检查处置固定资产的书面批准文件,确定固定资产减值准备的同步结转。

（5）确定固定资产减值准备的列报恰当性。

如果企业计提了固定资产减值准备,应当在财务报表附注中列报:① 当期确认的固定资产减值损失金额。② 企业提取的固定资产减值准备累计金额。如果发生重大固定资产减值损失的,还应当说明导致重大固定资产减值损失的原因,固定资产可收回金额的确定方法,以及当期确认的重大固定资产减值损失的金额。

如果被审计单位是上市公司,其财务报表附注中还应分项列示计提的固定资产减值准

备金额、增减变动情况以及计提的原因。

第五节　其他相关账户审计

在购付循环中,除以上的各项外,还包括预付款项、在建工程、工程物资、固定资产清理、无形资产、开发支出、商誉、长期待摊费用、应付票据、长期应付款和管理费用等项目。对这些项目,仅对其特殊程序作原则性的阐述。

一、预付款项审计

预付款项是企业采购合同的规定,预先支付给供货单位的货款,也包括企业进行在建工程预付的工程价款,财务上在"预付账款"或"应付账款"账户核算。

（一）预付款项的审计目标

预付款项的审计目标一般包括:确定预付款项是否存在,是否归被审计单位所有;确定预付款项及其坏账准备增减变动是否完整,坏账准备的计提方法和比例是否恰当;确定预付款项的列报是否恰当。

（二）预付款项——预付账款的实质性程序

（1）编制预付账款明细表,与总账、明细账核对。

（2）选择执行实质性分析程序:

第一,比较期末余额与期初余额,分析其波动原因。

第二,分析预付账款的账龄是否正确。

第三,计算预付购货款借方发生额与主营业务成本的比率,与以前各期比较,分析异常变动的原因。

第四,将预付购货款余额的增减幅度与主营业务成本的增减幅度比较,分析异常变动的原因。

（3）选择执行函证程序。选择大额或异常的预付款项重要项目（包括零账户）,函证其余额是否正确,并根据回函情况编制函证结果汇总表;回函金额不符的,要查明原因作出记录或建议作审计调整;未回函的,应再次函证,后可采用替代程序进行检查,如检查该笔债权的相关凭证资料,或抽查资产负债表日后预付账款明细账及存货、在建工程明细账,核实是否已收到货物、转销预付账款,并根据替代检查结果判断其债权的真实性或出现坏账的可能性。

（4）检查预付账款的一些特定会计处理的正确性。

第一,检查大额预付工程款增加或者结转是否有相应的审批手续,与相关合同,工程进度是否一致。

第二,对于外币的预付账款,检查汇率折算的正确性。

（5）确定预付账款的列报是否恰当。

第一,分析预付账款账龄及款项构成,关注账龄超过 1 年的款项未结转的原因;检查预付款项长期挂账的原因。确定是否存在无法收回的预付款项,或者因供货单位破产、撤销等原因已无法再收到所购货物的预付款项。如有应提请审计调整。

第二,检查预付款项是否存在贷方余额,如有应查明原因,必要时建议作重分类调整;结合应付账款检查有无重复付款或将同笔已付清的账款,在预付账款和应付账款这两个项目同时挂账的情况,必要时建议作审计调整。

第三,关注是否存在预付关联方账款。如有,应通过了解关联交易事项目的、价格和条件,检查采购合同等方法确认该预付款项的合法性和合理性;通过向关联方或其他注册会计师查询及函证等方法,以确认交易的真实性。

第四,如果被审计单位是上市公司,通常应在其财务报表附注中按不同账龄段列示预付账款余额、各账龄段余额占预付款项总额的比例;说明账龄超过 1 年的预付款项未收回的原因,以及大股东(持有 5% 及以上表决权股份的股东)单位账款等情况。

（三）预付款项——坏账准备的实质性审计程序

（1）编制坏账准备明细表,与总账、明细账核对是否相符。

（2）执行实质性分析程序。将预付款项坏账准备本期计提数、转销数与资产减值损失相应明细项目的发生额核对,是否相符。

（3）执行细节测试。

第一,检查预付款项坏账准备计提和核销的批准程序,取得书面报告等证明文件。

第二,评价坏账准备所依据的资料、假设及计提方法。

第三,复核预付款项坏账准备是否按经股东（大）会或董事会批准的既定方法和比例提取,其计算和会计处理是否正确。

第四,实际发生坏账损失的,检查转销依据是否符合有关规定,会计处理是否正确。

第五,已经确认并转销的坏账重新收回的,检查其会计处理是否正确。

第六,通过比较前期坏账准备计提数和实际发生数,以及检查期后事项,判断预付款项坏账准备计提的合理性。

（4）确定预付款项的坏账准备的列报是否恰当。

二、在建工程审计

（一）在建工程的审计目标

在建工程的审计目标包括:确定在建工程是否存在,是否归被审计单位所有;确定在建工程增减变动的记录是否完整;确定在建工程的计价方法是否正确;确定在建工程减值准备的计提是否充分、完整,方法是否恰当,确定在建工程减值准备的会计处理是否正确;确定在建工程列报是否恰当。

（二）在建工程——在建工程的实质性程序

（1）编制在建工程明细表,与总账、明细账核对,结合减值准备账户与报表项目核对。

（2）检查本期在建工程的增加数:

第一,对于重大建设项目,取得有关工程项目的立项批文、预算总额和建设批准文件,以及施工承包合同、现场监理施工进度报告等业务资料。

第二,对于支付的工程款,应抽查其是否按照合同、协议、工程进度或监理进度报告分期支付,取得监理报告等资料检查估计的发包进度是否合理。付款授批手续是否齐备,会计处理是否正确。

第三,对于领用的工程物资,抽查工程物资的领用是否有审批手续,会计处理是否正确。

第四,对于应负担的职工薪酬,结合应付职工薪酬的审计,检查应计入在建工程的职工薪酬范围、计量和会计处理的正确性。

第五,对于借款费用资本化,应结合借款项目的审计,检查借款费用资本化金额是否合理,会计处理是否正确。

第六,检查与工程有关的税费资本化的金额及其会计处理是否正确。

(3)检查本期在建工程的减少数:

第一,了解在建工程结转固定资产的政策,并结合固定资产审计,检查在建工程结转是否正确,是否存在将已经达到预计可使用状态的固定资产挂列在建工程、少计折旧的情况。

第二,检查已完工程项目的竣工决算报告、验收交接单等相关凭证以及其他转出数的原始凭证,检查会计处理是否正确。

第三,取得因自然灾害等原因造成的单项工程或单位工程报废或毁损的相关资料,检查其会计处理是否正确。

(4)检查在建工程进行负荷联合试车生产时发生的费用及试车生产形成的产品或副产品,在对外销售或转为库存时的会计处理是否正确。

(5)检查在建工程项目期末余额,并实地观察工程现场:

第一,确定在建工程是否存在。

第二,观察工程项目的实际完工程度。

第三,检查是否存在已达到预计可使用状态,但未办理竣工决算手续、未及时进行会计处理的项目。

第四,检查是否有长期挂账的在建工程,如有,关注是否可能发生损失,检查减值准备计提是否正确。

(6)查询在建工程项目保险情况,复核保险范围和金额是否足够。

(7)确定在建工程的列报是否恰当。

第一,检查有无与关联方的工程建造或代开发业务,是否经适当授权,交易价格是否公允。

第二,结合借款审计,了解在建工程是否存在抵押、担保情况。如有,应提请被审计单位作必要列报。

第三,如果被审计单位是上市公司,其财务报表附注中通常应分项列示在建工程的名称、预算数、期初余额、本期增加额、本期转入固定资产额、其他减少数、期末余额、资金来源、工程投入占预算的比例;分项列示期初余额、本期增加额、本期转入固定资产、其他减少数和期末余额中所包含的借款费用资本化金额。其工程项目资金来源应区分募股资金、金融机构贷款和其他来源等,用于确定利息资本化金额的资本化率应单独列报。

(三)在建工程——在建工程减值准备的实质性程序

(1)编制在建工程减值准备明细表,与总账、明细账核对相符。

(2)检查在建工程减值准备计提依据的充分性和会计处理的正确性。检查已计提减值准备的原有项目的进展与可行性,必要时作出审计调整。

(3)检查被审计单位处置在建工程时,原计提的减值准备是否同步结转。

(4)确定在建工程减值准备的列报的恰当性。

如果企业计提了在建工程减值准备,应当在财务报表附注中列报:① 当期确认的在建工程减值损失金额。② 企业提取的在建工程减值准备累计金额。如果发生重大在建工程减值损失的,还应当说明导致重大在建工程减值损失的原因以及当期确认的重大在建工程减值损失的金额。

如果被审计单位为上市公司,通常还应分项列示在建工程减值准备金额、增减变动情况以及计提的原因。

三、固定资产清理审计

（一）固定资产清理的审计目标

固定资产清理的审计目标包括：确定固定资产清理记录的完整性，核算内容的正确性；确定固定资产清理列报的恰当性。

（二）固定资产清理的实质性程序

（1）编制固定资产清理明细表，与总账、明细账核对相符。

（2）检查固定资产清理原因的正当性，依据的充分性，会计处理的正确性。检查有无长期挂账的固定资产清理项目。必要时作出审计调整。

（3）结合固定资产等的审计，检查固定资产、固定资产减值准备、累计折旧等结转是否正确。

（4）检查固定资产清理收入、清理费用的发生是否真实，清理净损益的计算与会计处理的正确性。

（5）确定固定资产清理列报的恰当性。

四、无形资产审计

无形资产是指企业拥有或者控制的没有实物形态的可辨认资产，包括专利权、非专利技术、商标权、著作权、土地使用权等。

（一）无形资产的审计目标

无形资产的审计目标包括：确定无形资产是否存在，确定为被审计单位所有；确定无形资产增减变动及其记录是否完整，无形资产的摊销政策是否恰当，无形资产减值准备计提、转销是否充分、完整，方法是否恰当；确定无形资产的列报恰当性。

（二）无形资产——账面余额的实质性程序

（1）编制无形资产明细表，与总账、明细账核对相符，结合累计摊销、无形资产减值准备账户与报表数核对相符。

（2）确定无形资产的所有权和存在性。检查无形资产的权属证书原件、非专利技术的持有和保密状况等，并获取有关协议和董事会纪要等文件资料，检查无形资产的性质、构成内容、计价依据、使用状况和受益期限，确定其所有权和存在性。

（3）检查无形资产的增加：

第一，检查投资者投入的无形资产是否按投资各方确认的价值入账。

第二，对自行研发取得，购入或接受捐赠的无形资产，检查其原始凭证，确认计价正确性，法律程序完备性，会计处理的正确性。

第三，对债务重组或非货币性资产交换取得的无形资产，检查有关协议等资料，确认其计价和会计处理的正确性。

第四，检查无形资产的后续支出合理性，会计处理的正确性。

（4）检查无形资产的减少。

第一，取得无形资产处置的相关合同、协议，检查其会计处理的正确性。若有无形资产预计不能为被审计单位带来经济利益的，是否转销计入营业外支出。

第二，检查被审计单位确定无形资产使用寿命的合理性。

对于使用寿命有限的无形资产，应逐项检查减值迹象；对于使用寿命不确定的无形资产，都应复核其减值测试。

（5）确定无形资产列报的恰当性。结合负债项目审计，若有用于债务担保的无形资产，应提请充分列报。

（三）无形资产——累计摊销的实质性程序

（1）编制无形资产累计摊销明细表，与总账、明细账核对相符。

（2）检查无形资产摊销政策的合规性，摊销依据充分性，适用对象的正确性。注意使用期限不确定的无形资产不应摊销，但应当在每一会计期间对其使用寿命进行复核；对使用寿命有限的无形资产的使用寿命和摊销方法进行复核，其复核结果是否合理。

（3）复核本期摊销的正确性，与管理费用等账户的对应一致性。

（4）确定累计摊销的列报恰当性。

（四）无形资产——减值准备的实质性程序

（1）编制无形资产减值准备明细表，与总账、明细账核对相符。

（2）检查无形资产减值准备计提的依据的充分性，计算和会计处理的正确性。

通过检查期后事项，以及比较前期无形资产减值准备数与实际发生数，评价无形资产减值准备的合理性。

（3）检查无形资产转让与处置时，相应的减值准备是否一并结转，会计处理是否正确。

（4）确定无形资产减值准备的列报是否恰当。

五、开发支出审计

（一）开发支出的审计目标

开发支出的审计目标包括：确定开发支出是否存在，是否与被审计单位的研发项目的资本化项目有关；确定开发支出增减变动的记录是否完整；确定开发支出的列报是否恰当。

（二）开发支出的实质性程序

（1）编制开发支出明细表，与报表、研发支出总账、明细账核对相符。

（2）检查开发支出明细内容，是否和研发支出项目核对相符。

（3）确定开发支出的列报的适当性。

六、商誉审计

（一）商誉的审计目标

商誉的审计目标一般包括：确定商誉入账记录是否完整；确定商誉的减值准备计提是否充分、完整，方法是否恰当；确定商誉的列报是否恰当。

（二）商誉——账面余额的实质性程序

（1）编制商誉明细表，与总账数和明细账核对相符，结合商誉减值准备账户与报表数核对相符。

（2）结合对企业合并的审计，检查商誉增加是否真实，金额和会计处理是否正确。

（3）检查本期商誉减少原因，分析其合理性，会计处理的正确性。

（4）确定商誉的列报是否恰当。

（三）商誉——商誉减值准备的实质性程序

（1）编制商誉减值准备明细表，与总账、明细账核对相符。

（2）对商誉减值准备实施细节测试：

第一，检查商誉减值准备计提和转销的批准程序，取得书面报告等证明文件。

第二，检查被审计单位是否在期末结合与商誉相关的资产组或资产组组合对商誉进行了减值测试。计提商誉减值准备的依据是否充分，会计处理是否正确。

第三，检查期后事项，评价商誉减值准备的合理性。

第四,检查商誉减少时,相应的减值准备同步结转性。

（3）确定商誉减值准备的列报是否恰当。

七、长期待摊费用审计

（一）长期待摊费用的审计目标

长期待摊费用的审计目标一般包括：确定长期待摊费用的会计政策是否恰当;确定长期待摊费用增减变动记录是否完整;确定长期待摊费用的列报是否恰当。

（二）长期待摊费用的实质性程序

（1）编制长期待摊费用明细表,与报表、总账、明细账核对相符。

（2）抽查长期待摊费用的原始凭证,查阅有关合同、协议等资料,检查是否经授权批准,确定其合法性和真实性,会计处理是否正确。

对于经营租赁方式租入的固定资产发生的改良支出,应检查相关原始资料,确定改良支出金额是否正确,摊销期限是否合理,摊销额的计算及会计处理是否正确。

（3）检查摊销政策是否符合会计制度的规定,复核计算摊销额及相关的会计处理是否正确,前后期是否保持一致,是否存在随意调节利润的情况。

检查是否将预期不能为其带来经济利益的长期待摊费用项目的摊余价值及时转销。

（4）确定长期待摊费用的列报是否恰当。

八、应付票据审计

应付票据是企业因购买材料、商品和接受劳务供应等开出、承兑的商票,对应付票据的审计需结合购付交易一并进行。

（一）应付票据的审计目标

应付票据的审计目标一般包括：确定期末应付票据是否存在;确定期末应付票据是否为被审计单位应履行的偿还义务;确定应付票据的发生及偿还记录是否完整;确定应付票据的列报是否恰当。

（二）应付票据的实质性程序

（1）编制应付票据明细表,与应付票据备查簿、报表数、总账数和明细账核对相符。

应付票据明细表一般应列示票据类别及编号、出票日期、面额、到期日、收款人名称、利率、付息条件以及抵押品的名称、数量和金额等。审计时应注意被审计单位有无漏报、错报票据;有无漏列作为抵押的资产;有无属于应付账款的票据;有无少计、多计应付利息费用等情况。

（2）实施实质性分析程序。其一,证实应付票据的完整性和合理性及发现特别需要加以关注的事项;其二,复核带息应付票据利息是否足额计提,其会计处理是否正确;其三,复核外币应付票据的折算汇率的正确性。

（3）选择应付票据重要项目(包括零账户),函证其余额是否正确,并根据回函情况,编制与分析函证结果汇总表。对未回函的,可再次函证,或采用其他替代审计程序以确定应付票据的真实性。

询证的内容通常应包括出票日、到期日、票面金额、未付金额、已付息期间、利率以及票据的抵押担保品等项内容。

（4）检查应付票据备查簿,结合凭证测试,确定其真实性：

第一,检查与债务的相关合同、发票、货物验收单等资料,核实交易事项的真实性,复核其应存入银行的承兑保证金,并与其他货币资金账户的相关项目核对。

第二,抽查资产负债表日后应付票据明细账及货币资金日记账,核实期后是否已付款并转销。

第三，对截至资产负债表日已偿付的应付票据，检查其入账凭证与入账日期的合理性。

（5）确定应付票据是否已在资产负债表上恰当列报。

第一，检查逾期未兑付应付票据的会计处理是否正确，并建议作充分列报。

第二，关注是否存在应付关联方的票据。如有应通过了解关联交易事项的目的、价格和条件，检查采购合同等方法确认该应付票据的合法性和合理性；通过向关联方或其他注册会计师查询和函证等方法，以确认交易的真实性。

第三，如果被审计单位是上市公司，则其财务报表附注通常应列报大股东（持股 5% 及以上股东）单位的应付票据等内容，并按应付票据的种类分项列示其金额。

九、长期应付款审计

（一）长期应付款的审计目标

长期应付款的审计目标一般包括：确定期末长期应付款、未确认融资费用是否存在；确定期末长期应付款是否为被审计单位应履行的偿还义务；确定长期应付款的发生、偿还及计息的记录是否完整；确定未确认融资费用入账和摊销的记录是否完整；确定长期应付款、未确认融资费用的期末余额是否正确；确定长期应付款的列报是否恰当。

（二）长期应付款——账面余额的实质性程序

（1）编制长期应付款明细表，结合未确认融资费用与报表、总账和明细账核对相符。

（2）对于融资租入固定资产的应付款，对于购入有关资产超过正常信用条件延期支付价款或分期付款购入长期资产形成的应付款：

第一，取得相关的合同或契约，检查对方是否履行了融资租赁合约规定的义务，授批手续是否齐全，有无抵押情况，并作记录。

第二，对于融资租入固定资产的应付款，检查最低租赁付款额、每期租金、租赁期和初始直接费用等的确定是否正确，相关会计处理是否正确；对于购入有关资产超过正常信用条件延期支付价款或分期付款购入长期资产形成的应付款检查合同规定的售价、收款期和折现率等要素，检查入账价值和会计处理是否正确。

第三，检查应付租赁款的支付情况，有无违反合同付款，如有应查明原因并记录。

（3）除现场查看交易涉及的资产外，必要时，向债权人函证长期应付款。

（4）检查外币的长期应付款汇率折算的正确性。

（5）确定长期应付款的列报恰当性，注意 1 年内到期的长期应付款是否在编制报表时重分类至 1 年内到期的非流动负债。

（三）长期应付款——未确认融资费用的实质性程序

（1）编制确认融资费用明细表，结合长期应付款，与报表、总账和明细账核对相符。

（2）检查未确认融资费用的本期增加额，审阅融资租赁合同及相关资料，结合固定资产等的审计，确定未确认融资费用的入账金额与会计处理是否正确。

（3）检查未确认融资费用本期摊销额，其中为购建固定资产等而发生的借款费用资本化金额是否正确，摊销政策是否与前期一致，计算和会计处理是否正确。

（4）确定未确认融资费用的列报是否恰当。

十、管理费用的审计目标

（一）管理费用的审计目标

管理费用的审计目标一般包括：确定记录的管理费用是否已发生，且与被审计单位有关;确定管理费用记录是否完整;确定与管理费用有关的金额及其他数据是否已恰当记录;确定管理费用是否已记录于正确的会计期间;确定管理费用的内容是否正确;确定管理费用的列报是否恰当。

(二)管理费用的实质性程序

(1)编制管理费用明细表,与报表、总账、明细账核对是否相符。

(2)执行实质性分析程序。

第一,将本期、上期管理费用各明细项目作比较分析,必要时比较各月份管理费用,对有重大波动和异常情况的项目应查明原因,考虑是否提请审计调整。

第二,将管理费用中列支的职工薪酬、研究费用、折旧费以及无形资产、长期待摊费用、其他长期的摊销额等项目与相关账户进行交叉复核。

(3)执行细节测试。

第一,检查管理费用项目的核算内容与范围是否符合规定。

第二,选择金额较大,以及本期与上期比较变化异常的项目作凭证测试。

第三,实施截止测试。抽取资产负债表日前后一定数量的凭证,实施截止测试,对于跨期项目建议审计调整。

(4)确定管理费用列报的恰当性。

主 要 术 语

1. 付款凭单   2. 应付账款函证
3. 固定资产和累计折旧分类汇总表   4. 应付账款与预付款项的重分类调整
5. 交叉复核   6. 长期挂账

复 习 思 考 题

1. 付款凭单的主要控制功能。
2. 已发生的采购交易均已记录的关键内控有哪些?
3. 采购交易的职责分离的基本要求。
4. 固定资产内控的主要内容。
5. 工程项目不相容岗位的基本内容。
6. 如何检查未入账的应付账款?
7. 如何利用固定资产和累计折旧分类汇总表进行实质性分析?

练 习 题

一、单项选择题

1. 注册会计师负责对丙公司20×5年度账务报表进行审计。在查找已提前报废但尚未作出会计处理的固定资产时,以下审计程序中,注册会计师最有可能实施的是(　　)。

A. 以检查固定资产实物为起点,检查固定资产的明细账和投保情况

B. 以检查固定资产明细账为起点,检查固定资产实物和投保情况

C. 以分析折旧费用为起点,检查固定资产实物

D. 以检查固定资产实物为起点,分析固定资产维修和保养费用

2. 以下审计程序中,注册会计师最有可能获取固定资产存在的审计证据的是(　　)。

A. 观察经营活动,并将固定资产本期余额与上期余额进行比较

B. 询问被审计单位的管理当局和生产部门

C. 以检查固定资产实物为起点,检查固定资产明细账和相关凭证

D. 以检查固定资产明细账为起点,检查固定资产实物和相关凭证

3. 验证应付账款余额不存在漏报时,注册会计师获取的以下审计证据中,证明力最强的是(　　)。

A. 供应商开具的销售发票　　　　　　B. 供应商提供的月对账单

C. 公司编制的连续编号的验收报告　　D. 公司编制的连续编号的订货单

4. 采购与付款循环中"发生"认定的关键内部控制程序是(　　)。

A. 已填制的验收单均已登记入账

B. 注销凭证以防重复使用

C. 采购的价格和折扣均经适当批准

D. 内部核查应付账款明细账的内容

5. 在审查对外公布财务报表时,资产类审计与负债类审计的最大区别是(　　)。

A. 前者侧重于审查所有权,后者侧重于审查义务

B. 前者侧重于应收账款,后者侧重于应付账款

C. 前者侧重于防高估和虚列,后者侧重于防低估和漏列

D. 前者与损益无关,后者与损益有关

二、多项选择题

1. 计算固定资产原值与本期产品产量的比率,并与以前年度相关指标进行比较,注册会计师可能发现(　　)。

A. 资本性支出和收益性支出区分的错误

B. 闲置的固定资产

C. 增加的固定资产尚未作会计处理

D. 减少的固定资产尚未作会计处理

2. 适当的职责分离有助于防止各种有意的或无意的错误。以下采购与付款业务中,不相容岗位包括(　　)。

A. 询价与确定供应商　　　　　　　　B. 采购、验收与相关会计记录

C. 付款审批与付款执行　　　　　　　D. 采购合同的订立与审批

3. 函证应付账款时,一般选择金额较大的债权人,以及那些金额不大甚至为零的债权人作为函证的对象,其原因是(　　)。

A. 为了防止大金额在应付账款中可能存在的高估

B. 金额为零的应付账款可能存在低估

C. 大金额的应付账款从金额方面来说是重要的

D. 防止低估应付账款不是应付账款审计的唯一目的

4. 注册会计师对商誉减值准备的实质性程序恰当的有(　　)。

A. 检查商誉减值准备计提和转销的批准程序,取得书面报告等证明文件

B. 检查被审计单位是否在期末结合与商誉相关的资产组或资产组组合对商誉进行了减值测试。计提商誉减值准备的依据是否充分,会计处理是否正确

C. 检查商誉减值准备的计算和会计处理是否正确

D. 检查商誉减少时,相应的减值准备是否一并结转,会计处理是否正确

5. 以下各项中,属于固定资产内部控制制度要求的有(　　)。

A. 资本预算　　　　　　　　　　　　B. 投保

C. 维护保养　　　　　　　　　　　　D. 账簿记录制度

三、判断题

1. 注册会计师对固定资产进行实地观察时,可以固定资产明细分类账为起点,重点观察本期新增加的重要固定资产。　　　　　　　　　　　　　　　　　　　　(　　)

2. 注册会计师在对固定资产实施实质性程序时,常常将固定资产的分类汇总表与累计折旧的分类汇总表合并编制。　　　　　　　　　　　　　　　　　　　　　　(　　)

3. 应付账款通常不需函证,如函证,最好采用消极式函证。　　　　　　　　(　　)

4. 实施实地检查审计程序时,注册会计师可以以固定资产明细分类账为起点,进行实地追查,以证明会计记录中所列固定资产确实存在,并了解其目前的使用状况;也可以以实地为起点,追查至固定资产明细分类账,以获取实际存在的固定资产均已入账的证据。　(　　)

5. 正常使用届满的固定资产经常出现营业外收入,意味着企业在使用过程中少提折旧与固定资产减值准备。　　　　　　　　　　　　　　　　　　　　　　　　　(　　)

四、案例分析

【案例分析15-1】　某公司20×7年1月1日应计提折旧固定资产余额为16 000 000元,1月25日增加固定资产1 600 000元,4月10日增加固定资产800 000元,1月15日减少固定资产960 000元,9月10日减少1 280 000元,按分类计提折旧,其年折旧率为8%。计算复核年折旧额?

【案例分析15-2】　20×7年1月起,×公司开始研发一项产品专利技术,董事会认为研发该项目具有可靠的技术和财务等资源的支持,并且一旦研发成功,将显著降低×公司的产品成本,因此予以批准。20×7年11月30日,该项专利技术达到预期效果,结转研发支出,确认无形资产。该无形资产的估计使用寿命为5年,净残值为零,并按直线法摊销。×公司在研发过程中发生材料费30 000 000元,工资费用6 000 000元,其他相关费用4 000 000元,共40 000 000元,其中符合资本化条件的支出为18 000 000元。×公司在20×8年度作了如下会计处理:在发生研发支出时,借记"研发支出——费用化支出"22 000 000元、"研发支出——资本化支出"18 000 000元,贷记"原材料"30 000 000元、"应付职工薪酬"6 000 000元、"银行存款"4 000 000元;在结转研发支出——费用化支出时,借记"管理费用"22 000 000元,贷记"研发支出——费用化支出"22 000 000元;在确认无形资产时,借记"无形资产"18 000 000元,贷记"研发支出——资本化支出"18 000 000元;在摊销该项无形资产时,借记"制造费用——专利技术"300 000元,贷记"累计摊销"300 000元。审核被审计单位业务处理的正确性,如有错,编制相应的审计调整分录(审计调整分录不考虑对×公司20×7年度的税费、递延所得税资产和负债、期末结转损益及利润分配的影响)。

五、参考答案

【单项选择题】　1. B　2. D　3. B　4. B　5. C

【多项选择题】　1. BCD　2. ABCD　3. BCD　4. ABCD　5. ACD

【判断题】　1. √　2. √　3. ×　4. √　5. ×

【案例分析】

【案例分析15-1】　题解

年折旧额＝(16 000 000＋11/12×1 600 000＋8/12×800 000－11/12×960 000－3/12×1 280 000)×8‰＝1 344 000(元)

【案例分析 15－2】 题解

无形资产实际摊销计算错误,应为 2 个月的摊销,建议补记摊销。

借:存货/营业成本   300 000

   贷:无形资产——累计摊销   300 000

本章要点概览

1. 采购与付款循环的最主要的审计目标是防应付账款低估。

2. 采购与付款的业务不相容岗位至少包括:请购与审批;询价与确定供应商;采购合同的订立与审批;采购与验收;采购、验收与相关会计记录;付款审批与付款执行。

3. 固定资产内控最重要的一环是资本预算制度。

4. 应付账款的实质性程序中最主要的是函证程序,其次是未入账、未函证的实施检查审计程序。

5. 固定资产重要的实质性程序有:运用固定资产及累计折旧明细表进行折旧计提的分析程序;固定资产的实地观察;检查固定资产的所有权。

第十六章　生产与存货循环的审计

学习目的与要求

本章旨在阐述生产与存货循环审计内容与方法。通过本章的学习,要求全面了解生产与存货循环审计含义及审计程序;掌握生产与存货循环审计特点;重点掌握存货监盘的审计程序;熟悉营业成本审计;了解应付职工薪酬审计。

课前预习题

1. 一般制造业中,资产负债表里最容易发生错误与舞弊的报表项目有哪些?
2. 费用、存货与营业成本的三者关系。
3. 存货监盘可以查证哪些审计认定目标?
4. 存货监盘一定是实质性程序吗?
5. 存货监盘是否存在满意的替代程序?

第一节　生产与存货循环的特性

生产与存货循环涉及的内容主要是存货的管理及生产成本的计算等。该循环所涉及的资产负债表项目主要是存货、应付职工薪酬等;所涉及的利润表项目主要是营业成本等项目。存货又包括材料采购或在途物资、原材料、周转材料、材料成本差异、自制半成品、库存商品、发出商品、商品进销差价、委托加工物资、生产成本、制造费用、劳务成本、存货跌价准备等。

存货的性质由于被审计单位业务的不同而有很大的差别,表 16-1 列示不同行业类型的经营主体的存货性质。

表 16-1　不同行业类型的存货性质

行业类型	存货性质
一般制造业	采购的原材料、低值易耗品和配件等、生产的半成品和产成品
贸易业	从厂商、批发商或其他零售商处采购的商品

（续表）

行业类型	存货性质
餐饮业	用于加工食品的食材、饮料等
建筑业	建筑材料、在建项目成本（一般包括建造活动发生的直接材料、直接人工成本和间接费用，以及支付给分包商的建造成本等）

一、生产与存货循环的主要业务活动及其凭证和记录

（一）生产与存货循环的主要业务活动

生产与存货循环主要业务活动包括计划和安排生产、发出材料、生产产品、核算生产成本、储存产成品、发出产成品等。上述业务活动通常涉及以下职能部门：生产计划、仓库、生产、人事、销售、会计等部门。

1. 计划和安排生产

生产计划部门的职责是根据顾客订单或者对销售预测和存货需求的分析来决定生产授权。如果决定授权生产，即签发预先编号的生产任务通知单（又称生产指令）。该部门通常应将发出的所有生产通知单编号并加以记录控制。此外，还需要编制一份材料需求报告，列示所需要的材料和零件及其库存。

2. 发出材料

仓库部门的责任是根据从生产部门收到的领料单发出原材料。领料单上必须列示所需的材料数量和种类，以及领料部门的名称。领料单可以一料一单，也可以一单多料，但至少一式三联。仓库发料后，以其中一联连同材料交还领料部门，其余两联经仓库登记材料明细账后，送会计部门进行材料收发核算和成本核算。

3. 生产产品

生产部门在收到生产通知单及领取原材料后，便将生产任务分配到生产工人，将所领取的原材料交给生产工人，执行生产任务。生产工人在完成生产任务后，将完成的产品交生产部门查点，然后转交检验员验收并办理入库手续；或是将所完成的产品移交下一个步骤或部门，以进一步加工。

4. 核算产品成本

为了正确地核算产品成本，对在产品进行有效控制，必须建立健全成本会计制度，将生产控制和成本核算有机结合在一起。一方面，生产过程中的各项记录、生产通知单、领料单、计工单、入库单等文件资料都要汇集到会计部门，由会计部门对其进行检查和核对，了解和控制生产过程中存货的实物流转。另一方面，会计部门要设置相应的会计账户，会同有关部门对生产过程中的成本进行核算和控制。完善的标准成本制度，它可以持续地记录所有材料处理、在产品和产成品，并产生成本差异的分析报告。完善的成本会计制度应该提供原材料转为在产品，在产品转为产成品，以及按成本中心、分批生产任务通知单或生产周期所消耗的材料、人工和间接费用的分配与归集的详细资料。

5. 储存产成品

产成品入库，需由仓库部门先行点验和检查，然后签收。签收后，将实际入库数量通知会计部门。据此，仓库部门确立了本身应承担的责任，并对验收部门的工作进行验证。除此之外，仓库部门还应根据产成品的品质特征分类存放，并填制标签。

6. 发出产成品

由独立的发运部门进行产成品的发出。装运产成品时必须持有经有关部门核准的发运通知单,并据此编制出库单。出库单至少一式四联,一联交仓库部门,一联发运部门留存,一联送交顾客,一联作为给顾客开具发票的依据。

(二)生产与存货循环的凭证和记录

生产与存货循环是由原材料转化为产成品的有关活动组成。该循环包括制造产品品种和数量的生产计划,控制、保持存货水平以及与制造过程有关的交易和事项。

该循环交易从领料生产到加工、销售产成品时结束。循环所涉及的凭证和记录主要包括以下内容。

1. 生产指令

生产指令又称"生产任务通知单",是企业下达制造产品等生产任务的书面文件,用以通知生产车间组织产品制造,供应部门组织材料发放,会计部门组织成本计算。

2. 领发料凭证

领发料凭证是企业为控制材料发出所采用的凭证,如材料发出汇总表、领料单、限额领料单、退料单等。

3. 产量和工时记录

产量和工时记录是登记工人或生产班组在出勤内完成产品数量、质量和生产产品所耗费工时数量的原始记录。常见的产量和工时记录有工作通知单、工序进程单、工作班产量报告、产量通知单、产量明细表、废品通知单等。

4. 工薪汇总表及工薪费用分配表

工薪汇总表是为了反映企业全部工资的结算情况,并据以进行工资结算总分类核算和汇总整个企业工资费用而编制的,它是企业进行工资费用分配的依据。工薪费用分配表反映了生产车间产品应负担的生产工人薪酬。

5. 材料费用分配表

材料费用分配表是用来汇总反映生产车间产品所耗费的材料费用的原始记录。

6. 制造费用分配汇总表

制造费用分配汇总表是用来汇总反映生产车间产品所应负担的制造费用的原始记录。

7. 成本计算单

成本计算单是用来归集成本计算对象所应承担的生产费用,包含成本计算对象的总成本和单位成本的信息。

8. 存货明细账

存货明细账是用来反映存货增减变动情况和期末库存数量及相关成本信息的会计记录。

(三)生产活动、部门、凭证与记录、认定对照表

此部分内容如表 16 - 2 所示。

表 16 - 2　生产活动、部门、凭证与记录、认定对照表

主要业务活动	部门	对应的凭证及记录	相关的认定	关键控制点
1. 计划和安排生产	生产计划	生产通知单(连续编号)	存在或发生、完整性	生产指令的授权批准

（续表）

主要业务活动	部门	对应的凭证及记录	相关的认定	关键控制点
2. 发出原材料	仓库	领料单（很难连续编号）	完整性	领料单的授权批准
3. 生产产品	生产	生产通知单、领料单、计工单、入库单（连续编号）	存在或发生、完整性	凭证预先编号
4. 核算产品成本	会计	生产通知单、领料单、计工单、入库单 材料费用分配表、工薪费用分配表 制造费用分配汇总表 成本计算单	存在或发生	内部核查
5. 储存产成品	仓库	入库单、标签（连续编号）、存货明细账	存在或发生、完整性、计价或分摊	存货保管人员与记录职务分离
6. 发出产成品	发运	发运通知单、出库单、存货明细账	存在或发生、完整性、计价或分摊	

二、存货的特点与存货审计的重要性

（一）存货的特点

最能反映企业生产经营状况的存货具有以下特点：

（1）流动性较强较快，介于其他流动资产和非流动资产之间。其周转速度受制于生产经营中的较低者。

（2）空间的累积性与不可逆转性。由于成本费用具有"步步累积、层层叠加"的性质，所以，在不同生产环节的同一在产品，随着加工程度的深入，其单位成本呈不断递增的特征，这就赋予了存货成本的累积性与不可逆转性。即：存货的"上游"失控，就必然导致"下游"的"劫难"；反之，"下游"的灾情又往往同"上游"的流速、流量、流径密切相关。

（3）时间的跨期性。同一存货可能存在于不同的会计期间。这些不同的会计期间又有前期、当期（本期）、后期之分。

（4）存在的实物性。虽然存货处于连续不断的变化之中，但万变不离其宗，它总会以某一实物形式而存在，可通过实地盘点确证其数量。这为运用"财富法"计量与验证利润提供了现实可能。

（5）价值流转的假定性。由于存货实物流转具有以上诸多特性，尤其是流转的连续性，因此，势必带来存货价值流转计量与计价的相当假定性。衡量这种计量、计价假定性的合适与公允与否，成为审计的目标之一。

（二）存货审计的重要性

以制造业为例，一个企业虚计利润，资产不实，在"存货"项目上最常见。存货的借记，必然会引起其他资产或负债的贷记；存货的贷记，亦必然会引起营业成本的借记。存货，作为生产与存货循环上的重要一环，作为费用成本核算链上的重要一节，对资产、负债、所有者权益、费用、利润等会计要素的计量影响，举足轻重。以下从两方面阐述存货审计的重要性。

1. 存货对资产负债表和利润表的双重影响

存货的增加(借记),必然会引起其他资产的减少与负债的增加(贷记);存货的减少(贷记),必然伴随着销售成本的增加。因此,存货对资产负债表和利润表的影响如下:

(1)存货对资产负债表的影响。① 存货直接对资产负债表存货项目构成影响。② 存货通过会计账项中的对应关系,间接影响列示于资产负债表的其他资产项目、负债项目和所有者权益项目(主要是其中的"未分配利润",该部分由利润表的"营业成本""所得税费用""净利润"等项目提供)。

(2)存货对利润表的影响。什么是存货?什么是营业成本?如果将费用成本比作一条耗费之河,那么,留存在费用成本之河中的便是存货,流出费用成本之河的便为营业成本。显然,△存货+△营业成本=0(此处的△是指由于人为的费用成本分配所带来的对存货、销售成本的增量影响,两者符号始终相反)。又由于△利润=-△营业成本,所以△存货=△利润。即:虚增当期期末存货的成本,就会虚减当期的营业成本,虚增当期利润。这就是存货"与生俱来"的可以用于调节利润的"蓄水池"功效!

存货一般在一个企业流动资产中占有较大的比重,其分布面较广,对应的会计账项繁复,这不得不令注册会计师考虑存货审计对于整个财务报表审计的影响。

2. 存货审计对整个财务报表审计的影响

(1)审计范围。存货项目与被审计单位经济活动及其载体的关系非常密切,由此决定了其在审计范围中的核心地位。

(2)审计重要性与审计风险。审计重要性的判断,往往视存货、应收账款等为首选项目;审计固有风险包括存货价值流转假定之风险。审计控制风险的重点在于与销售收款循环、采购付款循环、仓储存货循环等及其相关的存货内控制度,审计检查风险的高低则与存货项目的重大错报风险成反向关系。

(3)审计程序与方法。审计程序中一般均要安排相对较多的控制测试、实质性程序于存货项目。此外,存货审计较其他事项更加灵活、复杂,对注册会计师自身的专业素质与业务能力要求更高,能否高效灵活地运用分析程序,恰当地运用监盘程序,成为存货审计与整个财务报表审计成败的关键。

(4)审计证据和审计底稿。提供翔实充分的审计证据和工作底稿,存货项目是其中重要的一环。

(5)审计结论。存货项目的审计结论直接影响到整个财务报表的审计意见的类型。

三、生产与存货循环主要审计目标

生产与存货循环可以分解为成本会计制度与薪酬两大核心内容,现列表 16-3、表 16-4 分别加以说明。

表 16-3　成本会计制度主要审计目标

成本会计制度审计目标主要内涵	涉及目标认定
生产业务是根据管理当局一般或特定的授权进行的	发生
记录成本为实际发生的而非虚构	发生
所有耗费均已反映在成本中	完整性
成本以正确的金额,在恰当的会计期间及时记录于适当的账户	发生、完整性、准确性、计价和分摊

（续表）

成本会计制度审计目标主要内涵	涉及目标认定
对存货实施保护措施,保管人员与记录、批准人员相互独立	完整性
账面存货与实际存货定期核对相符	存在、完整性、计价和分摊

表 16－4 薪酬主要审计目标

薪酬审计目标主要内涵	涉及目标认定
工薪账项均经正确批准	发生
记录的工薪为实际发生的而非虚构的	发生
所有已发生的工薪支出已记录	完整性
工薪以正确的金额,在恰当的会计期间及时记录于适当的账户	发生、完整性、准确性、计价和分摊
人事、考勤、工薪发放、记录之间相互分离	准确性

四、生产与存货循环的风险评估

（一）确定重要业务流程和重要交易类别

生产与存货循环属于重要的业务流程。实物流转控制和价值流转控制是重要交易类别,而生产成本、应付职工薪酬、营业成本通常是被确定为存在较高重大错报风险的账户。

（1）实物流转控制流程,主要包括存货收发存三个环节的实物流转。

（2）价值流转控制流程,主要包括成本会计控制与薪酬控制。

（二）了解与记录重要业务流程

在确定了重要业务流程和重要交易类别后,注册会计师便可了解生产与存货循环的具体交易流程与信息处理流程。这是确定被审计单位在哪些环节可能发生错报的基础。

（三）确定生产与存货错报可能发生的环节

注册会计师应当结合对生产与存货交易程序的了解结果,确定被审计单位需要在哪些环节设计与加强内控,以防止并纠正交易流程中的错报。

（四）识别与了解相关内控

识别与了解生产与存货循环的内控,可以对照表 16－5 的基本内容执行。

表 16－5 存货内控环节、目标、措施一览表

内控环节	总体目标	基本内控措施	更有效内控措施
1. 采购	所有交易都已获得适当授权与批准	使用购货订单	使用预先编号、采购价格已定、并获得批准的购货订单,并且存在定期清点核算程序
2. 验收	所有收到的货物都已得到记录	使用验收报告单	由一个独立设置的部门负责验收货物,该独立设置的部门具有存货实物验收、确定所记录的存货数量、编制验收报告,将验收报告传送至会计核算部门以及运送货物至仓库等一系列职能

（续表）

内控环节	总体目标	基本内控措施	更有效内控措施
3. 存储	确保与存货的接触必须得到管理当局批准	使用围障	使用复杂的保安措施以保护存货免受意外毁损或盗窃，并设置适当的存储设施以保护存货免受意外损毁或破坏
4. 领用	所有存货的领用均应得到批准	使用存货领用申请单	对存货领用申请单进行清点核算
5. 生产	所有的生产过程均已适当记录	使用生产报告	使用产品质量缺陷报告和零废物件报告
6. 装运	所有装运都得到了记录	使用装运文件	由销售部门作出装运指令，使用预先编号的装运单以便定期清点核算，并由此形成日后开具收款账单的依据

（五）执行生产与存货循环的穿行测试

无论是否打算信赖被审计单位的生产与存货的内控，注册会计师都要对其执行穿行测试，以确认以前对整个业务流程及可能发生错报环节的了解的准确性和完整性，以确认重要的流程是否存在显著的变化。注册会计师应当根据变化的性质，及其对相关账户发生重大错报的影响程度，考虑是否需要对变化前后的业务都执行穿行测试。

（六）初步评价和风险评估

对被审计单位重大错报风险的评估，应该从表列的两个层面进行，如表16-6所示。

表 16-6　存货常见错报风险因素一览表

错报风险层次与因素	举　　　例
财报层次错报风险	
行业性质	
生产经营周期	制造业：飞机制造和酒饮料酿制行业存货风险较高
采购周期	商业：服装与时装相关行业，鲜活易腐商品行业存货风险较高
生产周期	
销售周期	
科技含量	高科技的存货，由于技术进步，此类易于过时
业务性质复杂性	金融业存在衍生金融工具产品
行业的环境因素	
市场	波动性强，风险高
结算方式	固定价格合约。其涉及预期发生的成本具有不确定性
认定层次错报风险	

（续表）

错报风险层次与因素	举 例
存货数量	数量繁多的企业，风险较高
存货种类	种类的多少与风险呈负相关
存货计价	单价高昂的存货。例如珠宝金饰首饰类。
成本归集难易程度运用估计和判断程度	存货跌价准备账户
容易遭受损失或被挪用的资产	易损、易盗及容易民用的存货

注册会计师应当将认定层次的控制因素和其他因素相结合，评估认定层次的重大错报风险，以确定进一步审计程序的性质、时间、范围。

（七）根据风险评估设计总体方案

生产和存货循环的重大错报风险和进一步审计程序总体方案如表16-7所示。

表16-7 生产和存货循环的重大错报风险和进一步审计程序总体方案

重大错报风险描述	相关财务报表项目及认定	风险程度	是否信赖控制	进一步审计程序的总体方案	拟从控制测试中获取的保证程度	拟从实质性程序中获取的保证程度
存货实物可能不存在	存货：存在	特别	是	综合性	中	高
存货的单位成本可能存在计算错误	存货：计价和分摊 营业成本：准确性	一般	是	综合性	中	低
已销售产品的成本可能没有准确结转至营业成本	存货：计价和分摊 营业成本：准确性	一般	是	综合性	中	低
存货的账面价值可能无法实现	存货：计价和分摊	特别	否	实质性无	高	

然而，无论是采用综合性方案还是实质性方案，获取的审计证据都应当能够从认定层次应对所识别的重大错报风险，直至针对该风险所涉及的全部相关认定均已获取了足够的保证程度。

第二节 内部控制和控制测试

在初步了解的基础上，如果注册会计师拟对被审计单位的生产与存货循环的内控实施控制测试，可以参照以下内容进行。

一、生产与存货循环按审计主要目标归类的关键控制与控制测试

总体上看，生产与存货循环的内部控制主要包括成本会计制度、薪酬的控制两大核心内容。

表16-8为成本会计制度的审计目标、关键控制程序、常用控制测试。

表 16 - 8　成本会计制度的审计目标、关键控制程序、常用控制测试

成本会计制度的审计目标	关键控制程序	常用控制测试
生产业务是根据管理当局一般或特定的授权进行的	对以下三个关键点,应通过恰当手续,经过特别审批或一般审批:(1) 生产指令的授权批准;(2) 领料单的授权批准;(3) 工薪的授权批准	检查凭证中是否包括这三个关键点的恰当审批
记录成本为实际发生的而非虚构	成本的核算是以经过审核的生产通知单、领发料凭证,产量和工时记录、工薪费用分配表、材料费用分配表,制造费用分配表为依据的	检查有关成本的记账凭证是否附有生产通知单、领发料凭证、产量和工时记录、工薪费用分配表,材料费用分配表、制造费用分配表等原始凭证的顺序编号是否完整
所有耗费均已反映在成本中	生产通知单、领发料凭证、产量和工时记录、人工费用分配表、材料费用分配表、制造费用分配表均事先编号并已经登记入账	检查生产通知单、领发料凭证、产量和工时记录、工薪费用分配表、材料费用分配表、制造费用分配表的顺序编号是否完整
成本以正确的金额,在恰当的会计期间及时记录于适当的账户	采用适当的成本核算方法,并且前后各期一致;采用适当的费用分配方法,并且前后各期一致;采用适当的成本核算流程和账务处理流程;内部核查	选取样本测试各种费用的归集和分配以及成本的计算;测试是否按照规定的成本核算流程和账务处理流程进行核算和账务处理
对存货实施保护措施,保管人员与记录、批准人员相互独立	存货保管人员与记录人员职务相分离	询问和观察存货与记录的接触以及相应的批准程序
账面存货与实际存货定期核对相符	定期进行存货盘点	询问和观察存货盘点程序

表 16 - 9 为薪酬的审计目标、关键控制程序、常用控制测试。

表 16 - 9　薪酬的审计目标、关键控制程序、常用控制测试

薪酬的审计目标	关键控制程序	常用控制测试
工薪账项均经正确批准	对以下五个关键点,应通过恰当手续,经过特别审批或一般审批:批准上工;工作时间,特别是加班时间;工资、薪金或佣金;代扣款项;工资结算表和工资汇总表	检查人事档案;检查工时卡的有关核准说明;检查工薪记录中有关内部检查标记;检查人事档案中的授权;检查工薪记录中有关核准的标记
记录的工薪为实际发生的而非虚构的	工时卡领班核准;用生产记录钟记录工时	检查工时卡的核准说明;检查工时卡;复核人事政策、组织结构图
所有已发生的工薪支出已记录	工薪分配表、工薪汇总表完整反映已发生的工薪支出	检查工薪分配表、工薪汇总表、工薪结算表,并核对员工工资手册、员工手册等
工薪以正确的金额,在恰当的会计期间及时记录于适当的账户	采用适当的工薪费用分配办法,并且前后各期一致;采用适当的账务处理流程	选取样本测试工薪费用的归集和分配;测试是否按照规定的账务处理流程进行账务处理
人事、考勤、工薪发放、记录之间相互分离	人事、考勤、工薪发放、记录等职务相互分离	询问和观察职责执行情况

二、生产与存货循环的内部控制测试

（一）成本会计制度的测试

成本会计制度的测试,包括直接材料成本测试、直接人工成本测试、制造费用测试和生产成本在当期完工产品与在产品之间分配的测试四项内容。

1. 直接材料成本测试

对采用定额单耗的企业,选择具有代表性的产品成本计算单,获取样本的生产指令或产量统计记录及其直接材料单耗定额,根据材料明细账中的直接材料的单位实际成本,计算直接材料的总消耗量和总成本,与该样本成本计算单中的直接材料成本核对,并注意生产指令是否经过授批,定额单耗和材料成本计价方法是否适当,是否重大变更。

对非采用定额单耗的企业,可获取材料费用分配汇总表、材料发出汇总表(或领料单)、材料明细账中直接材料的单位成本,检查成本计算单中直接材料成本、材料费用分配汇总表中的直接材料费用是否相符,分配的标准是否合理,抽取材料发出汇总表或领料单中若干种直接材料的发出总量和材料的实际单位成本之积,与材料费用分配汇总表中材料费用进行比较,并注意领料单的签发是否经过授批,材料发出汇总表是否经过适当的复核,材料单位成本计价方法是否适当,有何重大变更。

对采用标准成本法的企业,获取样本的生产指令或产量统计记录、直接材料单位标准用量、直接材料标准单价及发出材料汇总表或领料单,检查根据生产量、直接材料单位标准用量和标准单价计算的标准成本与成本计算单中的直接材料成本核对是否相符,直接材料成本差异的计算与账务处理是否正确,并注意标准成本有无重大变更。

2. 直接人工成本测试

对采用计时工资制的企业,获取样本的实际工时统计记录、职员分类表和职员工资手册(工资率)及人工费用分配汇总表,检查成本计算单中直接人工成本、工薪费用分配汇总表中直接人工费用核对是否相符,样本的实际工时统计记录与工薪费用分配汇总表中该样本的实际工时核对是否相符,抽取生产部门若干天的工时台账与实际工时统计记录核对是否相符;当没有实际工时统计记录时,则可根据职员分类表及职员工资手册中的工资率,计算复核工薪费用分配汇总表中样本的直接人工费用是否合理。

对采用计件工资制的企业,获取样本的产量统计报告、个人(小组)产量记录和经批准的单位工资标准或计件工资制度,检查下列事项:根据样本的统计产量和单位工资标准计算的人工费用与成本计算单中直接人工成本核对是否相符;抽取若干个直接人工(小组)的产量记录,检查是否被汇总记入产量统计报告。

对采用标准成本法的企业,获取样本的生产指令或产量统计报告、工时统计报告和经批准的单位标准工时、标准工时工资率、直接人工的工资汇总表等资料,检查根据产量和单位标准工时计算的标准工时总量与标准工时工资率之积同成本计算单中直接人工成本核对是否相符,直接人工成本差异的计算与账务处理是否正确,并注意直接人工的标准成本有无重大变更。

3. 制造费用测试

获取样本的制造费用分配汇总表、按项目分列的制造费用明细账、与制造费用分配标准有关的统计报告及其相关原始记录,作如下检查:制造费用分配汇总表中,样本分担的制造费用与成本计算单中的制造费用核对是否相符;制造费用分配汇总表中的合计数与样本所属成本报告期的制造费用明细账总计数核对是否相符;制造费用分配汇总表选择的分配

标准与相关的统计报告或原始记录核对是否相符,并对费用分配标准的合理性作出评价;如企业采用预计费用分配率分配制造费用,则应针对制造费用分配过多或过少的差额,检查其是否作了适当的账务处理;如果企业采用标准成本法,则应检查样本中标准制造费用的确定是否合理,计入成本计算单的数额是否正确,制造费用差异的计算与账务处理是否正确,并注意标准制造费用有无重大变更。

4. 生产成本在当期完工产品与在产品之间分配的测试

检查成本计算单中在产品数量与生产统计报告或在产品盘存表中的数量是否一致;检查在产品约当产量计算或其他分配标准是否合理;计算复核样本的总成本和单位成本,最终对企业的成本会计制度作出评价。

(二)工薪内部控制的测试

在测试工薪内部控制时,首先,应选择若干月份工薪汇总表,作如下检查:计算复核每月工薪汇总表;检查每份工薪汇总表是否业经授权批准;检查应付工资总额与人工费用分配汇总表中的合计数相符性;检查其代扣款项的账务处理正确性;检查实发工薪总额与银行付款凭单及银行存款对账单相符性。其次,从工薪单中选取若干个样本(应包括各种不同类型人员),作如下检查:检查员工工资卡或人事档案,确保工资发放有依据;检查员工工资率及实发工资额的计算;检查实际工时统计记录(或产量统计报告)与员工个人钟点卡(或产量记录)是否相符;检查员工加班加点记录与主管人员签证的月度加班费汇总表是否相符;检查员工扣款依据是否正确;检查员工的工资签收证明;实地抽查部分员工,证明其确在本公司工作,如已离开需人力资源部门证实。

第三节 存货审计

一般而言,存货是最能反映一个企业生产经营特点的资产。针对存货审计,主要把握数量与计价两个方面,前者主要通过存货的监盘来实现,后者主要通过存货的计价和截止测试来进行。

一、存货监盘

(一)存货监盘的含义和作用

存货监盘是注册会计师现场监督被审计单位存货的盘点,并对已盘点的存货进行适当的检查。存货监盘是一项复合审计程序,在存货监盘过程中,注册会计师应当现场观察被审计单位存货的盘点活动或盘点程序。例如,盘点表单的使用是否得到了有效的控制,盘点工作是否符合盘点计划的要求,是否充分关注了存货的状况并予以恰当的记录,对存货的移动是否进行了较好的控制。同时,注册会计师还应当对已盘点的存货进行适当检查,包括检查与存货相关的记录或文件并检查存货实物。检查存货实物也包括对被审计单位盘点的存货进行抽点。

年末存货的结存数量直接关系到财务报表存货项目的真实性与客观性。对年末存货数量的确定,构成了存货审计的重要内容。但在 20 世纪 30 年代前并非如此。那时的注册会计师的审计责任一般仅针对会计记录和数字计算审核,审计准则亦不要求审计人员对资产实物的实际存在和实际结存数量的正确性承担责任。但自从 1938 年发生了著名的麦克逊·罗宾斯"泡沫资产"一案后,这一审计历史才为后人所改写。此后,审计准则都强调了注册会计师对资产实物实际存在和实际结存数量正确性进行验证的责任。由此认为,注册会计师实地观察存货盘点是存货审计的必要程序,除非注册会计师无法实施实地观察盘点程序,且有可以依赖的替代程序选择,否则,注册会计师对未实施监盘抽点的存货应出具保留意见或无法表示意见。

存货监盘程序,可以获取存货账实两方面的审计证据,具体内容包括:① 观察管理层存货控制指令的执行情况,获取管理层存货盘点程序可靠性与否的审计证据。② 检查存货是否存在,评价存货状况,并对存货盘点结果进行测试。

注册会计师对存货的监盘,意在获取有关存货数量和状况的充分、适当的审计证据,以便确证被审计单位管理当局对财务报表的有关认定。存货监盘作为一项核心的审计程序,通常可同时实现与存在、完整性及权利和义务相关的审计目标。完整性及权利和义务相关的审计目标认定,往往还需要借助于其他审计程序。

（二）存货监盘计划

1. 制定存货监盘计划的基本要求

有效的存货监盘需要制定周密的计划。为了避免误解并有助于有效地实施存货监盘,注册会计师通常需要与被审计单位就存货监盘等问题达成一致意见。因此:

（1）注册会计师首先应充分了解被审计单位存货的特点、盘存制度和存货内部控制的有效性等情况,并考虑获取、审阅和评价被审计单位的预定盘点程序。存货存在与完整性的认定具有较高的重大错报风险,况且注册会计师通常只有一次机会通过存货的实地监盘对有关认定作出评价。

（2）根据计划过程所收集到的信息,注册会计师可确定参与监盘的地点以及存货监盘的程序。

存货监盘程序主要包括控制测试与实质性程序两种方式。注册会计师需要确定存货监盘程序以控制测试为主还是实质性程序为主,哪种方式更加有效。如果只有少数项目构成了存货的主要部分,注册会计师的实质性程序为主的审计方式获取与存在认定相关的证据更为有效。在这种情况下,对于单位价值较高的存货项目,应实施百分之百的实质性程序,而对于其他存货则可视情况进行抽查;在大多数审计业务中,注册会计师会发现以控制测试为主的审计方式更加有效。如果注册会计师拟采用以控制测试为主的审计方式,并准备信赖被审计单位存货盘点的控制措施与程序,那么,绝大部分的审计程序将限于询问、观察以及抽查。

2. 存货监盘计划的主要内容

（1）存货监盘的目标、范围及时间安排。存货监盘的主要目标包括获取被审计单位资产负债表日有关存货数量和状况以及有关管理层存货盘点程序可靠性的审计证据,检查存货数量是否存在完整,是否归属被审计单位,存货有无毁损、陈旧、过时、残次和短缺状况。

存货监盘的时间,应当与被审计单位实施存货盘点的时间同步协调。

（2）存货监盘的要点及关注事项。

（3）参加存货监盘人员的分工。

（4）检查存货的范围。

3. 制定存货监盘计划应实施的工作

在编制存货监盘计划时,注册会计师应当实施以下工作:

（1）了解存货的内容、性质、各存货项目的重要程度及存放场所。针对存货项目的重要程度,需要考虑:① 存货、净利润与其他资产的相对金额与内在联系。② 各类存货(原材料、在产品和产成品)的相对金额。③ 存放于各地点存货的相对金额。考虑并评价存货项目的重要程度直接关系到注册会计师投入的审计资源。

(2)了解存货会计系统及其相关的内部控制。无论被审计单位存货数量采用何种盘存制,注册会计师都必须参加其存货盘点。

(3)评估存货相关的重大错报风险。

(4)复核或与管理当局讨论其存货盘点计划。注册会计师应当考虑复核或与被审计单位管理当局讨论其存货盘点计划与盘点程序、以前年度存货审计中存在的问题,以及当期存货审计事项。

在复核或与管理当局讨论其存货盘点计划时,为了评价能否合理地确定存货的数量和状况,注册会计师应当考虑以下表列因素(见表 16-10)。

表 16-10 存货盘点计划主要因素表

存货基础管理工作
存货的计量工具和计量方法
在产品完工程度的确定方法
存货收发截止控制
存货的整理和排列,毁损、陈旧、过时、残次及所有权不属于被审计单位的存货区分
存货盘点的组织安排工作
盘点前的会议及任务布置
盘点的时间安排
存货盘点范围和场所的确定
盘点人员的分工及胜任能力
存货盘点设计与安排
盘点表单的设计、使用与控制
存放在外单位的存货盘点安排
盘点期间存货移动的控制
盘点结果的汇总及盘盈盘亏的分析、调查与处理

(5)考虑实地察看存货的存放场所。注册会计师可以考虑实地查看被审计单位的存货存放场所,这有助于注册会计师熟悉在库存货及其组织管理方式,也有助于注册会计师在盘点工作开始之前发现潜在问题,例如难以盘点的存货、周转缓慢的存货、过时存货、残次品以及代销存货。

注册会计师应特别关注所有存货存放地点,以防止被审计单位或自己发生任何遗漏。对多处存放存货的情况,注册会计师应当考虑被审计单位的内部控制措施和盘点惯例,评价审计风险以及除存货监盘以外的其他替代程序的可行性,从而确定需要参与盘点的范围。注册会计师通常不会参与所有子公司、分支机构的实地盘点。注册会计师通常会选定一部分进行监盘,并使用替代程序,例如分析性程序以及利用内部审计人员的工作,以便对其存货的准确性作出评价。

(6)利用专家的工作。注册会计师在确定一些对专业知识要求较高的存货的数量或实物状况时(例如矿石堆),或者在收集特殊类别存货的审计证据时(例如艺术品、珠宝玉器、房产、电器、机械、工程设计等),应该考虑充分利用专家的工作。

当在产品存货金额重大时,注册会计师可能面临如何评估完工程度的问题。注册会计师应当了解被审计单位的盘点程序。如果有关存货项目完工程度未明确标出或受到质疑,注册会计师应当考虑采用其他有助于评定完工程度的措施,如获取零部件明细清单、标准成本表以及作业成本表等,与企业的有关人员进行讨论,并运用职业判断。注册会计师也可根据存货生产过程中的复杂程度考虑利用专家工作的可能性。

（三）存货监盘程序

1. 观察管理层制定的盘点程序的执行情况,评价管理层用以记录和控制存货盘点结果的指令和程序

在被审计单位盘点存货前与盘点时,注册会计师应当观察盘点现场:

(1) 确定应纳入盘点范围的存货是否已经适当整理和排列,并附有盘点标识,防止遗漏或重复盘点。

(2) 对未纳入盘点范围的存货,注册会计师应当查明未纳入的原因。对所有权不属于被审计单位的存货,注册会计师应当取得其规格、数量等有关资料,确定是否已分别存放、标明,且未被纳入盘点范围。对于被审计单位持有的受托代存存货,注册会计师应视情况确定并执行有关的补充程序。此外,注册会计师还应当向受托代存存货的所有权人确证受托代存的存货属于所有权人,尤其在无法立即识别存货归属的情况下。

(3) 关注存货状况。注册会计师应当特别关注存货的状况,观察被审计单位是否已经恰当地区分所有毁损、陈旧、过时及残次的存货。存货的状况是被审计单位管理当局对存货计价认定的一部分,注册会计师还应当把所有毁损、陈旧、过时及残次存货的详细情况记录下来,以便事后追查以及编制存货跌价准备明细表。

注册会计师在实施存货监盘过程中,应当跟随被审计单位安排的存货盘点人员,注意观察被审计单位事先制定的存货盘点计划是否得到了贯彻执行,盘点人员是否准确无误地记录了被盘点存货的数量和状况。注册会计师还应当关注存货不同地点之间的移动以及截止日前后期间出入库的控制,获取有关截止性信息的复印件,有助于日后对存货移动的会计处理实施审计程序。

2. 检查存货与执行抽盘

注册会计师应当进行适当检查,将检查结果与被审计单位盘点记录(应取得相应的复印件)相核对,并形成相应记录。

(1) 检查目的。检查目的既可以是为了确证被审计单位的盘点计划得到了适当的执行(控制测试),也可以是为了证实被审计单位的存货实物总额(实质性程序)。如果观察程序能够表明被审计单位的组织管理得当,并存在充分有效的盘点、监督以及复核程序,那么注册会计师可决定多少所需检查的存货项目。当采用实质性程序时,注册会计师实施抽查的范围取决于存货的性质或样本选择方法。如果对价值较高的存货项目实施抽查程序,那么即使注册会计师主要采用的是控制测试,也能通过该实质性程序获得进一步的确证。注册会计师应考虑根据被审计单位的盘点记录选取检查项目。

(2) 检查范围。检查范围通常包括所有盘点工作小组的盘点内容以及难以盘点或隐蔽性较强的存货。如果注册会计师对被审计单位的有关程序不满意,或者注册会计师未能观察到相当比重的存货盘点项目,注册会计师应当实施实质性的盘点程序。需要特别说明的

是,注册会计师应尽可能地避免被审计单位了解自己的审计取向(即注册会计师将要检查与抽取测试的存货项目)。

(3) 检查程序。

首先,检查顺序。抽查时,注册会计师从存货盘点记录中选取项目追查至存货实物,以测试盘点记录的准确性;注册会计师还应当从存货实物中选取项目追查至存货盘点记录,以测试存货盘点记录的完整性。

其次,检查结合存货的移动与截止测试。注册会计师应当特别关注存货的移动情况,防止遗漏或重复盘点,并确定(例如通过实施必要的截止测试程序)被审计单位是否已经设置了相应程序,以便在适当的时间内对存货作出准确记录。

一是在存货监盘过程中,注册会计师应当获取存货验收入库、装运出库以及内部转移截止等信息,以便将来追查至被审计单位的会计记录。注册会计师通常可观察存货的验收入库地点和装运出库地点以执行截止测试。当被审计单位在存货入库和装运过程中均采用连续编号的凭证时,注册会计师应当关注截止日期前的最后编号以及未使用编号的凭证,注册会计师应当列出截止日期以前的最后几笔装运和入库记录。如果被审计单位使用运货车厢或拖车进行存储、运输或验收入库,注册会计师应当详细列出存货场地上满载和空载的车厢或拖车,并记录各自的存货状况。

二是注册会计师应当获取盘点日前后存货收发及移动的凭证,检查库存记录与会计记录期末截止是否正确。注册会计师在对期末存货进行截止测试时,通常应当关注:① 所有在截止日期以前入库的存货项目均已包括在盘点范围内并已反映在账簿之中,且任何在截止日期以后入库的存货项目均未包括在盘点范围内,也未反映在账簿记录之中。② 所有在截止日期以前装运出库的存货项目均未包括在盘点范围内且未反映在账簿之中,任何在截止日期以后装运出库的存货项目均已包括在盘点范围内,并反映在账簿之中。③ 所有已记录为购货、但尚未入库的存货均已包括在盘点范围内并已反映在账簿之中。④ 所有已确认为销售、但尚未装运出库的商品均未包括在盘点范围内且未反映在账簿之中。⑤ 在途存货和被审计单位直接向顾客发运的存货均已得到了适当会计处理。

再次,在检查过程中,注册会计师还需关注以下有关问题:

一是实施检查程序时,对于所选择的存货项目,注册会计师可对存货的描述说明作出验证,并将自己的检查结果与被审计单位的盘点结果进行核对。在可能的情况下,还可与永续存货记录进行核对。

二是检查是否存在未被盘点的存货时,应当了解存货是否加贴了标签。如果在存货上采用了盘点标签或其他盘点标记,注册会计师通常可寻找未加标签的存货项目。如果在存货上没有采用标签或其他盘点标记,注册会计师可以考虑将存货记录和盘点记录进行比较,并应特别关注大宗存货的漏记迹象。在对存货进行检查时,如有必要,注册会计师可要求将某些包装物打开或将存货挪动位置。

三是对于没有检查到的存货项目,注册会计师应考虑对其进行记录或复印相关项目的明细表,以便在获取期末存货完整性认定的审计证据时,与存货盘点明细报告核对。注册会计师还可以复核某些未被检查的存货项目的数量和名称。

四是注册会计师应将检查的内容予以记录,以便事后的追踪查证。

五是对所有权不属于被审计单位的存货,如受托代销或受托加工的存货,注册会计师应当实施必要的检查程序,取得并核对可证明这些存货所有权的有关资料,必要时向存货所有者实施函证程序,以确定存货的所有权。

（4）检查差异处理。如果注册会计师在实施检查程序时发现了差异,很可能表明被审计单位的存货盘点记录在准确性或完整性方面存在错误。由于检查的内容通常仅仅是存货盘点中的一部分,所以在检查中发现的错误很可能意味着在被审计单位的存货盘点中还存在着其他错误。一方面,注册会计师应当查明原因,并及时提请被审计单位更正;另一方面,被审计单位仅仅改正已发现的错误是不够的,注册会计师应当考虑错误的潜在范围和重大程度,在可能的情况下,增加检查范围以减少错误的发生。注册会计师还可要求被审计单位重新进行盘点。重新盘点的范围可限制在某一特殊领域或特定盘点小组。

3. 特殊监盘事项

（1）由于存货的性质和位置而无法实施监盘程序。

存货的特殊性质。由于被审计单位存货性质而可能导致注册会计师无法实施监盘,这种情况包括但不限于:① 存货涉及保密问题,例如商品在生产过程中需要特殊配方或制造工艺,或者涉及机密的政府合同。② 存货系危害性物质,例如辐射性化学物品或气体。

对于具有特殊性质的存货审计,通常需要存在值得信赖的内部控制。注册会计师应当审阅购货、生产和销售记录以获取必要的审计证据,通常情况下还可向能够接触到相关存货项目的第三方询证。此外,注册会计师还可以实施其他替代程序,例如对于危害性存货物质,如果被审计单位对其生产、使用和处置存在正式报告,注册会计师可通过追查至有关报告的方式确定此类危害性物质是否存在。

存货的特殊位置。由于被审计单位存货位置而可能导致注册会计师无法实施存货监盘,一种比较典型的情况是在途存货。由于此类项目通常仅占存货中的一部分,所以一般情况下可通过审查相关凭证加以查验。对于存放在独立于被审计单位的仓库中的存货,可通过函证方式审查。

如果由于被审计单位存货的性质或位置等原因导致无法实施存货监盘,注册会计师应当考虑能否实施替代审计程序,获取有关期末存货数量和状况的充分、适当的审计证据。注册会计师实施的替代审计程序主要包括:① 检查进货交易凭证或生产记录以及其他相关资料。② 检查资产负债表日后发生的销货交易凭证。③ 向顾客或供应商函证。

（2）因不可预见的因素导致无法在预定日期实施存货监盘。

不可预见的因素。由于某些不可预见的因素而可能导致注册会计师无法在预定日期实施存货监盘,有两种比较典型的情况:① 注册会计师无法亲临现场,即由于无法到达存货储放地点而无法参与被审计单位的存货盘点。② 气候因素,即由于恶劣的天气而导致注册会计师无法参与盘点,或是由于天气而无法观察存货(例如木材被积雪覆盖)。

对于上述情况,如果被审计单位存在良好内控,注册会计师可以考虑改变存货监盘日期,并对预定盘点日与改变后的存货监盘日之间发生的交易进行测试。

（3）委托其他单位保管的或已作质押的存货。

对被审计单位委托其他单位保管的或已作质押的存货,注册会计师应当向保管人或债权人函证。如果此类存货的金额占流动资产或总资产的比例较大,注册会计师还应当考虑实施存货监盘或利用其他注册会计师的工作。

如果被审计单位将存货存放于其他单位,注册会计师通常需要向该单位获取委托代管存货的书面确认函。如果存货已被质押,注册会计师应当向债权人函证与被质押存货有关的内容。对于此类存货,被审计单位可能设置(或未设置)可与第三方询证函相比较的独立会计记录。如果此类存货比较重要,注册会计师可考虑与被审计单位讨论其对委托代管存货或已作质押存货的控制程序,必要时对此类存货实施监盘程序。

(4) 特殊类型存货的盘点方法(见表16-11)。

表16-11 特殊类型存货的盘点方法

存货类型	盘点程序与潜在问题	可供实施的审计程序
木材、钢线圈、管子	通常无标签,但在盘点时会做上标记或用粉笔标识 可能存在的问题是确定存货的数量与等级	对标识作出复核 可利用专家或被审计单位企业内有经验的人员
堆积型存货(例如糖、煤、钢材)	通常既无标签也不做标记 在估计存货数量时存在困难	可运用工程估测、几何计算、高空调研,并信赖详细的存货记录 如果堆场中的存货堆不高,可进行实地盘点,或通过旋转存货堆加以估计
使用磅秤测量的存货项目	在估计存货数量时存在困难	在盘点前和盘点过程中均应检验磅秤的精准度,并留意磅秤的位置移动与重新调校程序 将检查和重新称量程序相结合 检查重量尺度的换算问题
散装物品(例如贮窖存货,使用桶、箱、罐、槽等容器储存的液、气体、谷类粮食、流体存货等)	在盘点时通常无法加以识别和确定 在估计存货数量时存在困难 在确定存货质量时存在困难	使用容器进行盘点或通过预先编号的清单列表加以确定 使用浸醮、测量棒、工程报告以及永续存货记录选择样品进行化验与分析,或利用专家的工作
贵金属、石器、艺术品与收藏品	在存货辨认与质量确定方面存在困难	选择样品进行化验与分析,或利用专家的工作
纸浆用木材、牲畜	在存货辨认与数量确定方面存在困难 可能无法对此类存货的移动实施控制	通过高空摄影证实其存在性,并可提供不同时点的比较,信赖永续存货记录

4. 存货监盘结束时的工作

在被审计单位存货盘点结束前,注册会计师应当:① 再次观察盘点现场,以确定所有应纳入盘点范围的存货是否均已盘点。② 取得并检查已填用、作废及未使用盘点表单的号码记录,确定其是否连续编号,查明已发放的表单是否均已收回,并与存货盘点的汇总记录进行核对。注册会计师应当根据自己在存货监盘过程中获取的信息对被审计单位最终的存货盘点汇总记录进行复核,并评估其是否准确地反映了实际盘点结果。

如果存货盘点日不是资产负债表日,注册会计师应当实施适当的审计程序,确定盘点日与资产负债表日之间存货的变动是否已作正确的记录。

如果被审计单位采用永续盘存制核算存货,注册会计师应当确定被审计单位永续盘存记录是否可靠,关注永续盘存制下的期末存货记录与存货盘点结果之间是否一致。如果这两者之间存在重大差异,注册会计师应当通过追加审计程序查明原因,并检查永续盘存记录是否已作了适当调整。

如果认为被审计单位的盘点方式及其结果无效,注册会计师应当提请被审计单位重新盘点。

（四）存货监盘结果对审计报告的影响

注册会计师应当根据已获取的审计证据,形成有关期末存货数量和状况的审计结论,并确定对审计报告的影响。

存货监盘是存货审计的一个重要部分,注册会计师应当根据已获取的相关审计证据,形成有关期末存货数量和状况的审计结论。需要指出的是,实施存货监盘程序并不能实现有关存货认定的所有审计目标,注册会计师还应当结合其他存货审计程序,形成合理的审计结论。

1. 审计范围受到限制的情况

如果无法实施存货监盘,也无法实施替代审计程序以获取有关期末存货数量和状况的充分、适当的审计证据,注册会计师应当考虑出具保留意见或无法表示意见的审计报告。

2. 被审计单位拒绝调整的情况

如果通过实施存货监盘发现被审计单位财务报表存在重大错报,且被审计单位拒绝调整,注册会计师应当考虑出具保留意见或否定意见的审计报告。

二、存货计价审计和截止测试

（一）存货计价测试

1. 存货计价测试基本步骤

在前述的审计盘点程序中,只是对存货的数量予以确认,但结果数量的确实性并不意味着存货价值流转记录的真实性。为了验证财务报表存货项目的真实性,还需对存货的计价进行测试。

不妨举一个最简单的实例。假定一个企业原先有库存商品数量 2 个单位,单价是1。如果企业会计作假为数量 1 个单位,单价为 2。两个库存商品都被销售了,其中一个是开票的,且入"主营业务收入",另一个是不开票的,且不入"主营业务收入"。结果,企业会计在结转成本的时候,将两个商品的成本全部结转到一个商品上。一方面隐瞒了主营业务收入,另一方面却又增大了主营业务成本,起到了虚减主营业务收入、虚减主营业务利润之目的。而其最终盘存结果为零,账上结存亦为零,两者核对"完全相符"（形式上的相符）。由此可见,存货计价测试的重要性。存货计价测试,一般分为以下几个步骤。

（1）样本的选择。计价测试的样本,应从存货数量已经盘点、单价和总额已经记入存货汇总表的结存存货中选择。选择时应着重选择结存余额较大且价格变化比较频繁、波动较大的项目,同时考虑所选样本的代表性。一般采用分层变量抽样法,抽样的规模应足以推断总体的情况。

（2）计价方法的确认测试。存货计价的方法多种多样,企业应结合会计准则要求选择适合自身特点的方法。注册会计师除应了解掌握企业的存货计价方法外,还应对该计价方法的适用性、合理性与一致性加以关注。

存货计价审计如表 16 - 12 所示。

表 16 - 12　存货计价审计表

日期	品名规格	购 入			发 出			余 额			备注
		数量	单价	金额	数量	单价	金额	数量	单价	金额	
1. 计价方法说明: 2. 情况说明及审计结论:											

进行计价测试时,注册会计师首先应对存货价格的组成内容予以审核,然后按照所了解的计价方法对所选择的存货样本进行计价测试。测试时,应排除企业已有计算程式和结果的影响,独立进行测试。测试结果出来后,再与企业账面记录比对,编制对比分析表,分析形成差异的原因,如果差异过大,应扩大范围继续测试,并根据测试结果作出审计调整。例如,被审企业的某种材料年末账面计价为单价 1 200 元,结存 10 000 个单位,存货计价采用先进先出法。审计人员可以从核对最近的购货发票开始,直到这 10 000 个单位的单价 1 200 元能够解释清楚为止。如果最近购入的是 7 000 个单位,每单位发票价格是 1 200 元,紧接着其购入的是 8 000 个单位,每单位发票价格是 1 100 元。那么,该企业年末这种材料的计价是不正确的,多计了 300 000 元。应该予以调增材料发出成本,调减材料结存金额。

2. 存货成本的计价测试

存货成本计价测试,亦就是按其成本项目的审计,即包括直接材料成本审计、直接人工成本审计、制造费用审计这三个部分。

(1) 直接材料成本审计。直接材料成本的审计一般采用逆查法,先从审阅材料和生产成本明细账入账,然后抽查有关的费用凭证,验证产品直接耗用材料的数量、计价和材料费用分配是否真实、合理。其主要内容包括:① 抽查产品成本计算单,检查直接材料成本的计算是否正确,材料费用的分配标准与计算方法是否合理和适当,是否与材料费用分配汇总表中该产品分摊的直接费用相符。② 审查直接材料耗用数量的真实性,检查有无将非生产用料计入直接材料费用。③ 分析比较同一产品前后各年度的直接材料成本,如有重大波动应查明原因。④ 抽查材料发出及领用的原始凭证,检查领料单的签发是否经过授权,材料发出汇总表是否经过适当的人员复核,材料单位成本计价方法是否适当,是否正确及时入账。⑤ 对采用定额成本或标准成本的企业,应检查直接材料成本差异的计算、分配与会计处理是否正确,并查明直接材料的定额成本、标准成本在本年度内有无重大差异。

(2) 直接人工成本审计。直接人工成本审计的主要内容包括:① 抽查产品成本计算单,检查产品成本中直接人工的计算是否正确,人工费用的分配标准与计算方法是否合理和适当,是否与人工费用分配汇总表中该产品分摊的直接人工费用相符。② 将本年度直接人工成本与前期进行比较,查明其异常波动的原因。③ 分析比较本年度各月份的人工费用发生额,如有异常波动,应查明原因。④ 结合应付职工薪酬的审查,抽查人工费用会计记录及其处理是否正确。⑤ 对采用标准成本法的企业,应抽查直接人工成本差异的计算、分配与会计处理是否正确,并查明直接人工的标准成本在本年度内有无重大变更。

（3）制造费用审计。制造费用是企业为生产产品或提供劳务而发生的间接费用,即生产单位为组织和管理生产而发生的费用。对其审计的基本要点包括:① 编制制造费用汇总表,并与明细账、总账核对,抽查制造费用中的重大数额项目及例外项目是否合理。② 审阅制造费用明细账,检查其核算内容及其范围是否正确,如存在异常会计事项,应追查至记账凭证及原始凭证,重点查明企业有无将不应列入成本费用的支出计入制造费用。③ 对制造费用实施截止测试,即检查资产负债表日前后若干天的制造费用明细账及其凭证,确定其有无跨期入账的情况。④ 审查制造费用的分配是否合理。重点查明制造费用的分配方法是否符合企业自身的生产技术条件,是否体现受益原则,分配方法有无随意变更的情况;分配率和分配额的计算是否正确。⑤ 对于采用标准成本法的企业,应抽查标准制造费用的确定是否合理,计入成本计算单的数额是否正确,制造费用的计算、分配与会计处理是否正确,并查明标准制造费用在本年度内有无重大变动。

（二）存货截止测试

在验证年底存货计价的正确性、完整性时,正确的购、销截止是关键因素。由于在阐述应收账款项目审计时,已经讨论了销售截止的复核,因此,这里着重对购货业务年底截止测试再作分析。

不妨从后面营业成本审计所论及的表 16-12"生产成本及主营业务成本倒轧表"看起。将表中所涉及的"材料采购""原材料""生产成本""库存商品"四个账户汇总相加,相同的借贷发生额抵销后,可以得到以下结果。如表 16-13 所示。

表 16-13　存　　货

★ 期初余额 ★ 本期购进 直接人工 制造费用	原材料其他发出额 ★ 主营业务成本 库存商品其他发出额
★期末余额	

一般而言,账户中的"直接人工""制造费用"波动较小,趋于常量;而"原材料其他发出额""库存商品其他发出额"数额小至可以忽略不计,这样,账户中就仅存"期初余额""本期购进""主营业务成本""期末余额"四项关键因素。由会计等式可知,"期初余额"与"本期购进"这两项决定与影响着"主营业务成本"与"期末余额"的数额与真伪;进而言之,"本期购进"主要决定着"主营业务成本",两者应该匹配。而其中"本期购进"是不应该"撒谎"的,如果它"撒谎"了,出现了"裂缝",那么,将会发现"水分"就会从"主营业务成本""期末存货"两项中"渗漏"出来！如果要消除"水分",除了进行存货购货业务截止测试之外,别无选择！

购货业务年底截止测试的审计目标是检查截至 12 月 31 日,当年所购入并已包括在 12 月 31 日存货盘点范围内的存货,在会计处理上,存货及其对应的会计账户是否一并记入当年财务报表内。购货业务正确截止的关键在于:存货实物纳入盘点范围的时间与购货事项所引起的借贷双方会计科目的入账时间都处于恰当的同一会计期间。只有做到这些,才有可能保证存货计价的正确性与可靠性。

至此,主要以生产成本为例总体介绍了存货监盘、计价审计、截止审计等审计程序。下面,再对其他存货构成账户(除生产成本外)的审计程序作一简介。

三、其他存货账户(除生产成本外)的审计程序

(一)材料采购的审计

首先,应编制材料采购明细表,与总账、明细账核对相符;其次,应检查期末材料采购,核对有关凭证,对大额材料采购,追查至相关的购货合同及购货发票,复核采购成本的正确性,并抽查期后入库情况。同时,注册会计师应查阅资产负债表日前后若干天内的材料采购增减变动的有关账簿记录和收料单等资料,检查有无跨期现象,必要时作审计调整。如采用计划成本核算,还应审核材料成本差异的会计处理的正确性。此外,还应审核有无长期挂账事项,必要时作审计调整。

(二)原材料的审计

首先,应编制原材料明细表,与总账、明细账核对;同时抽查核对明细账是否与仓库台账、卡片记录相符。其次,在此基础上实施以下审计程序:

(1)期末原材料余额与上期期末余额进行比较,对大额异常项目进行调查。

(2)现场观察被审计单位的期末原材料盘点情况,取得原材料盘点资料和盘盈、盘亏报告表,作重点检查,并注意查明账实不符原因,有关审批手续是否完备,账务处理是否正确;存放在外的库存材料,应现场查看或函证核实。

(3)检查原材料的入账基础和计价方法是否正确,是否前后期一致:在以实际成本计价条件下,应以样本的单位成本与原材料明细账及购货发票核对;在以计划成本计价条件下,应以样本的单位成本与原材料明细账、原材料成本差异明细账及购货发票核对。

(4)检查发出材料的计价基础,抽查发出材料汇总表的正确性。

(5)根据被审计单位原材料计价方法,抽查年末结存量较大的原材料的计价是否正确。若原材料以计划成本计价,还应检查材料成本差异处理的正确性。

(6)审核有无长期挂账原材料事项,必要时作调整。

(7)查阅资产负债表日前后若干天的原材料增减变动的有关账簿记录和原始凭证,检查有无跨期现象,必要时作调整。

(8)结合原材料的盘点,检查期末有无料到单未到情况,如有,应查明是否已暂估入账,其暂估价是否合理。

(三)周转材料的审计

对周转材料的审计,同样首先应编制周转材料明细表,与总账数、明细账合计数核对是否相符;同时抽查核对明细账是否与仓库台账、卡片记录相符。然后,对期末周转材料余额与上期期末余额进行比较。解释其被动原因,并对大额异常项目进行调查;现场观察被审计单位的期末周转材料盘点情况,取得周转材料盘点资料和盘盈、盘亏报告表,作重点抽查,应注意查明账实不符原因,有关审批手续是否完备,账务处理是否正确,存放在外的周转材料,应现场查看或函询核实;检查周转材料的入账基础和计价方法正确性,前后一致性;检查发出周转材料的计价基础,抽查若干月发出周转材料汇总表的正确性;根据被审计单位的周转材料计价方法,抽查期末结存量较大的周转材料的计价是否正确,若周转材料以计划成本计价,还应检查"材料成本差异"发生与结转金额的正确性;审核有无长期挂账周转材料事项,如有,应查明原因,必要时作调整;查阅资产负债表日前后若干天的周转材料增减变动的有关账簿记录和原始凭证,检查有无跨期现象,必要时作审计调整;结合周转

材料的盘点,检查期末有无料到单未到情况,如有,应查明是否已暂估入账。其暂估价是否合理;检查出租、出借周转材料会计处理是否正确。

（四）材料成本差异的审计

首先,应编制材料成本差异明细表,与总账、明细账核对相符。其次,在此基础上实施以下程序:对每月材料成本差异率运用分析程序,检查是否出现异常波动,注意是否存在调节成本现象;抽查若干月发出材料汇总表,检查材料成本差异的分配是否正确,并注意分配方法前后是否一致。

（五）库存商品的审计

首先应编制库存商品明细表,与总账、明细账核对;同时与仓库台账、卡片抽查核对相符。然后实施以下程序:

（1）现场观察被审计单位库存商品盘点情况,取得库存商品盘点表和盘盈、盘亏报告表,作重点抽查,并注重查明账实不符原因,有关审批手续是否完备,账务处理是否正确;对冷背、残次、呆滞的库存商品,关注其计价是否合理。

（2）查核库存商品的计价方法,检查其前后期是否一致:对自制商品产品等,在实际成本计价条件下,应以样本的单位成本与库存商品明细账及成本计算单核对;在计划成本计价条件下,应以样本的单位成本与库存商品明细账、商品成本差异明细账及成本计算单核对。对库存外购商品,在以实际成本计价条件下,应以样本的单位成本与库存商品明细账及购货发票核对;在以计划成本计价条件下,应以样本的单位成本与库存商品明细账、商品成本差异明细账及购货发票核对。

（3）抽查库存商品入库单,核对库存商品的品种、数量与入账记录是否一致,并检查入库库存商品的实际成本是否与"生产成本"账户的结转额相符。

（4）抽查库存商品的发出凭证,核对转出库存商品的品种、数量和实际成本与"主营业务成本"账户是否相符。

（5）审阅库存商品明细账,检查有无长期挂账库存商品事项,必要时作调整。

（六）委托加工物资的审计

首先应编制委托加工物资明细表,与总账、明细账核对相符。然后检查若干份委托加工业务合同,抽查有关发料凭证、加工费、运费结算凭证,核对其计费、计价是否正确,会计处理是否及时、正确;抽查加工完成物资的验收入库手续齐全性,会计处理的正确性;对委托加工物资的期末余额,应现场查看或函询核实;审核有无长期挂账的委托加工物资事项,必要时作审计调整。

（七）发出商品（委托代销商品）的审计

首先应编制发出商品明细表,与总账、明细账核对。在此基础上实施以下程序:检查若干份委托代销业务合同,抽查有关发货凭证,核对其会计处理是否及时、正确;检查是否定期收到委托代销商品销售月结单（对账单）,抽查若干月的销售月结单（对账单）,验明会计处理是否及时、正确;对委托代销商品的期末余额,应现场查看或函询核实;审核有无长期挂账的委托代销商品事项,必要时作审计调整。

（八）受托代销商品（代理业务资产）的审计

首先应编制受托代销商品明细表,与总账数、明细账核对;同时与仓库台账、卡片抽查结果一致。然后实施以下程序:检查若干份受托代销业务合同,抽查有关收货凭证,核对其会计处理是否及时、正确;检查是否定期发出受托代销商品销售月结单（对账单）,抽查若干月的销售月结单(对账单),验明会计处理是否及时、正确;对受托代销商品的期末余额,应现场查看其是否存在;审核有无长期挂账的受托代销商品事项,必要时作审计调整。

(九)存货跌价准备的审计

存货跌价准备的审计目标是:确定存货跌价准备的发生是否真实,转销是否合理;确定存货跌价准备发生和转销的记录是否完整;确定存货跌价准备的期末余额是否正确;确定存货跌价准备列报的恰当性。其审计程序通常包括:

(1)编制存货跌价准备明细表,结合其他存货账户与报表核对、与总账和明细账核对相符。

(2)检查被审计单位是否于期末对存货作检查分析,存货跌价准备计提的依据、方法是否合理,前后各期是否一致;计算及会计处理是否正确。

(3)抽查计提存货跌价准备的项目,其期后售价是否低于原始成本。

(4)检查存货跌价准备的期末余额是否已作纳税调整。

(5)确定存货跌价准备列报的恰当性。

根据企业会计准则的规定,企业应当在财务报表附注中披露存货可变现净值的确定依据、存货跌价准备的计提方法、当期计提的存货跌价准备的金额、当期转回的存货跌价准备的金额以及计提和转回的有关情况。

第四节　应付职工薪酬审计

应付职工薪酬是企业根据有关规定应付给员工的劳动报酬,其主要内容有工资、职工福利、社会保险费、住房公积金、工会经费、职工教育经费、非货币性福利、辞退福利、股份支付。工资一般最终都以现金的形式支付,因而相对于其他业务更容易发生错误或舞弊行为,如虚报冒领、重复支付和贪污等。同时,工资又是企业成本费用的重要构成项目,所以在审计中便显得十分重要。

随着经营管理水平的提高和技术手段的发展,工资业务中进行舞弊及掩饰的可能性已有缩小,因为有效的工资内部控制,可以及时地揭示错误和舞弊;使用电脑编制工资表和使用工资卡,提高了工资计算的准确性;通过有关机构,如税务部门、社会保障机构的复核,可相应防止工资核算的错误。

在一般企业中,工资费用在成本费用中所占比重较大。如果工资计算错误,就会影响到成本费用和利润的正确性。所以,注册会计师仍应重视对工资业务的审计。工资业务的审计涉及应付职工薪酬及相关成本费用账户。

一、审计目标

应付职工薪酬的审计目标主要是:① 确定应付职工薪酬计提和支出的记录是否完整,计提依据是否合理。② 确定应付职工薪酬期末余额是否正确。③ 确定应付职工薪酬的披露是否恰当。

二、应付职工薪酬的实质性程序

应付职工薪酬的实质性程序主要包括:

(1)编制应付职工薪酬明细表,与报表、总账和明细账核对相符。

(2)对本期职工薪酬费用的发生额,执行实质性分析程序:① 将本期职工薪酬费用总额、人均薪酬水平与上期进行比较,要求被审计单位解释其增减变动原因,并取得公司管理当局关于员工薪酬水平的决议。② 检查各月职工薪酬费用的发生额是否有异常波动,若有,则要求被审计单位予以解释。

（3）结合应付职工薪酬明细内容,检查职工薪酬的计提是否正确,分配方法是否与上期一致,并将应付职工薪酬计提数与相关的成本、费用项目核对一致。

（4）确定应付职工薪酬列报的恰当性。

第五节　营业成本审计

如果说存货在成本费用核算链的上中游的话,那么营业成本就在下游。营业成本与存货之间构成了梯度审计。下面以制造业为例,阐述营业成本的审计。

一、营业成本的审计目标

营业成本的审计目标包括：确定记录的营业成本是已发生,且与被审计单位有关;确定营业成本记录的完整性;确定营业成本记录的会计期间的正确性;确定营业成本与营业收入的配比性;确定营业成本列报的恰当性。

二、营业成本——主营业务成本的实质性程序

（1）编制主营业务成本汇总明细表,与总账、明细账核对,结合其他业务成本与报表核对相符。

（2）编制生产成本及主营业务成本倒轧表,与总账核对相符。

该倒轧表(见表 16 - 14)与主营业务成本审计底稿构成了交叉索引关系。在存货项目审计中之所以要引用该表,是因为该表充分反映与揭示购销之流量与结存之存量的依存关系。

表 16 - 14　生产成本及主营业务成本倒轧表

项　　目	未审数	调整或重分类金额	审定数
原材料期初余额			
加：本期购进			
减：原材料期末余额			
其他发出额			
直接材料成本			
加：直接人工成本			
制造费用			
生产成本			
加：在产品期初余额			
减：在产品期末余额			
产品生产成本			
加：库存商品期初余额			
减：库存商品期末余额			
其他发出额			
主营业务成本			

（3）执行实质性分析程序：① 利用钩稽关系,将主营业务成本汇总明细表,生产成本及主营业务成本倒轧表,"库存商品""生产成本"等账户进行复核。② 利用销售成本率指标,复核主营业务成本与主营业务收入的配比性,销售成本结转的恰当性。③ 利用存货周转率指标,分析存货与成本是否存在异常波动。④ 检查锁定某一产品,将本期分月的单位成本与前期进行比较,查明是否存在异常波动。

（4）执行细节测试：① 检查主营业务成本的内容和计算方法是否符合成本计算的规定流程,前后是否一贯。② 抽取若干产品、月份的主营业务成本结转的明细清单,结合生产成本的审计,检查销售成本结转的正确性。③ 检查销售退回等重大调整事项的会计处理是否正确。

（5）确定主营业务成本在报表列报的恰当性。

三、营业成本——其他业务成本的实质性程序

（1）编制其他业务收入、其他业务成本明细表,与总账、明细账核对。

（2）实施实质性分析程序：将其他业务收入、其他业务成本与上期比较,检查是否有重大波动。检查其他业务成本与其他业务收入的配比性,其他业务成本内容的完整性。

（3）实施细节测试,对重大、异常项目进行凭证测试。

（4）确定其他业务成本列报的恰当性。

主 要 术 语

1. 存货监盘
2. 存货重大错报风险
3. 存货的特殊性质
4. 存货计价测试
5. 购货业务截止测试
6. 生产成本及主营业务成本倒轧表

复 习 思 考 题

1. 生产与存货循环中控制测试的主要内容。
2. 存货审计的重要性。
3. 存货监盘程序的主要内涵。
4. 存货计价的必要性和具体内涵。
5. 存货截止测试的关键。
6. 如何利用生产成本及主营业务成本倒轧表实施实质性分析程序?

练 习 题

一、单项选择题

1. 在对存货实施监盘程序时,以下做法中,B 注册会计师不应该选择的是(　　)。

A. 对于已作质押的存货,向债权人函证与被质押存货相关的内容

B. 对于受托代存的存货,实施向存货所有权人函证等审计程序

C. 对于因性质特殊而无法监盘的存货,实施向顾客或供应商函证等审计程序

D. 乙公司相关人员完成存货盘点后,注册会计师进入存货存放地点对已盘点存货实施检查程序

2. 在对存货实施抽查程序时,以下做法中,B 注册会计师应该选择的是(　　)。

A. 尽量将难以盘点或隐蔽性较大的存货纳入抽查范围

B. 事先就拟抽取测试的存货项目与公司沟通,以提高存货监盘的效率

C. 从存货盘点记录中选取项目追查至存货实物,以测试盘点记录的完整性

D. 如果盘点记录与存货实物存在差异,要求公司更正盘点记录

3. 注册会计师在检查公司存货时,注意到某些存货项目实际盘点的数量大于永续盘存记录中的数量。假定不考虑其他因素,以下各项中,最可能导致这种情况的是(　　)。

A. 供应商向公司提供购货折扣　　　　　B. 公司向客户提供销货折扣

C. 公司已将购买的存货退给供应商　　　D. 客户已将购买的存货退给公司

4. 在对存货实施监盘程序时,以下做法中,注册会计师不应该选择的是(　　)。

A. 对于已作质押的存货,向债权人函证与被质押存货相关的内容

B. 对于受托代存的存货,实施向存货所有权人函证等审计程序

C. 对于因性质特殊而无法监盘的存货,实施向顾客或供应商函证等审计程序

D. 公司相关人员完成存货盘点后,注册会计师才进入存货存放地点对已盘点存货实施检查程序

5. K公司的主营业务成本均为所销售产成品的成本,K公司存货项目余额和生产成本发生额如表16-15所示(金额单位:人民币万元)。

表16-15　存货项目余额和生产成本发生额

存货项目余额	20×7年12月31日	20×6年12月31日
原材料余额	7 500	4 800
在产品余额	6 800	5 300
产成品余额	13 700	12 400
	2004年度	2003年度
生产成本发生额	175 000	119 000

假定不考虑其他因素,K公司20×7年度主营业务成本应为(　　)万元。

A. 169 500　　　　　　B. 172 200　　　　　　C. 173 700　　　　　　D. 177 800

6. 公司的会计政策规定,入库产成品按实际生产成本入账,发出产成品采用先进先出法核算。20×7年12月31日,公司甲产品期末结存数量为1 200件,期末余额为5 210万元。公司20×7年度甲产品的相关明细资料如表16-16所示(数量单位为件,金额单位为人民币万元,假定期初余额和所有的数量、入库单价均无误)。

表16-16　甲产品的相关明细资料

日期	摘要	入库			发出			结存		
		数量	单价	金额	数量	单价	金额	数量	单价	金额
1.1	期初余额							500		2 500
3.1	入库	400	5.1	2 040				900		4 540
4.1	销售				800	5.2	4 160	100		380
8.1	入库	1 600	4.6	7 360				1 700		7 740

（续表）

日期	摘要	入 库			发 出			结 存		
		数量	单价	金额	数量	单价	金额	数量	单价	金额
10.3	销售				400	4.6	1 840	1 300		5 900
12.1	入库	700	4.5	3 150				2 000		9 050
12.31	销售				800	4.8	3 840	1 200		5 210
12.31	期末余额							1 200		5 210

在进行相关测试后,A注册会计师应提出的审计调整建议是( )。

A. 调增主营业务成本190万元

B. 调减主营业务成本190万元

C. 调增主营业务成本240万元

D. 调减主营业务成本240万元

二、多项选择题

1. 以下工作中,注册会计师在编制存货监盘计划时应当实施的工作有( )。

A. 了解存货的内容、性质、各存货项目的重要程度及存放场所

B. 审阅以前年度的工作底稿,了解被审计单位的存货情况、存货盘点程序以及其他在以前年度存货审计中遇到的重大问题

C. 考虑实地查看存货存放场所,熟悉在库存货及其组织管理方式以及潜在问题

D. 让管理当局查阅往年的存货监盘底稿

2. 存货监盘程序一般可以实现( )审计认定。

A. 计价与分摊   B. 存在   C. 权利和义务   D. 完整性

3. 以下各项中,注册会计师对被审计单位存货监盘时应特别关注的问题有( )。

A. 注册会计师应当特别关注存货的移动情况,防止遗漏或重复盘点

B. 注册会计师应当特别关注存货的状况,观察被审计单位是否已经恰当地区分了所有毁损、陈旧、过时及残次的存货

C. 注册会计师应当获取盘点日前后存货收发及移动的凭证,检查库存记录与会计记录期末截止日期是否正确

D. 在存货监盘过程中,注册会计师应当获取存货验收入库、装运出库以及内部转移截止等信息,以便将来追查至被审计单位的会计记录

4. 如果由于被审计单位存货的性质或位置等原因导致无法实施存货监盘,注册会计师可实施( )替代审计程序获取有关期末存货数量和状况的充分、适当的审计证据。

A. 检查资产负债表日后发生的销货交易凭证

B. 检查进货交易凭证

C. 检查生产记录以及其他相关资料

D. 向顾客或供应商函证

5. 以下各项中,注册会计师对于被审计单位委托其他单位保管或已作质押的存货未进行监盘应实施的审计程序有( )。

A. 向保管人或债权人函证

B. 实施盘点

C. 利用其他注册会计师的工作

D. 对存放于外单位存货注册会计师通常需要向该单位获取委托代管存货的书面确认函

三、判断题

1. 公司在资产负债表日对一批账面价值为 100 万元、可变现净值为 84 万元的存货计提了跌价准备 16 万元。该批存货在资产负债表日至审计报告日出售了 50%，销售收入为 41 万元。助理人员确认公司对该批存货计提的跌价准备是合理的。　　　　　　　　　（　　）

2. 助理人员于 20×8 年 3 月 15 日对 R 公司的存货进行了监盘，监盘中按存货金额 45% 的比例进行了抽盘，抽盘结果显示抽盘日账实相符，据以得出资产负债表日存货真实存在的审计结论。　　　　　　　　　　　　　　　　　　　　　　　　　　　（　　）

3. 尽管实施存货监盘，获取有关期末存货数量和状况的充分、适当的审计证据是注册会计师的责任，但这并不能取代被审计单位管理层定期盘点存货，合理确定存货的数量和状况的责任。　　　　　　　　　　　　　　　　　　　　　　　　　　　　　（　　）

4. 存货监盘主要针对的是存货的存在认定、完整性认定以及计价和分摊的认定。
　　　　　　　　　　　　　　　　　　　　　　　　　　　　　　　　　　（　　）

5. 大多数情况下，存货监盘存在满意的替代审计程序。　　　　　　　　　（　　）

四、案例分析

【案例分析 16-1】　ABC 会计师事务所的 A 和 B 注册会计师负责审计甲公司 20×7 年度财务报表。20×7 年 11 月，A 和 B 注册会计师对甲公司的内部控制进行了初步了解和测试。

通过对甲公司内部控制的了解，A 和 B 注册会计师注意到了下列情况：

(1) 甲公司主要生产和销售电视机。

(2) 甲公司生产的电视机全部发往各地办事处和境外销售分公司销售。办事处除自行销售外，还将一部分电视机寄销在各商场。各月初，办事处将上月的收、发、存的数量汇总后报甲公司财务部门和销售部门，财务部门作相应会计处理。甲公司生产的电视机约有 30% 出口，出口的电视机先发往境外销售分公司，再分销到世界各地。境外销售分公司历年未经审计，20×7 年也计划不安排审计。

(3) 鉴于各年年末均处于电视机销售旺季，为保证各办事处和境外销售分公司货源，甲公司本部仓库在各年年末不保留产成品。

通过对甲公司内部控制的测试，A 和 B 注册会计师注意到，除下列情况表明存货相关内部控制可能存在缺陷外，其他内部控制均健全、有效：

(1) 甲公司在以前年度未对存货实施盘点，但有完整的存货会计记录和仓库记录。

(2) 甲公司发出电视机时未全部按顺序记录。

(3) 甲公司生产电视机所需的零星 C 材料由 XYZ 公司代管，但甲公司未对 C 材料的变动进行会计记录。

(4) 甲公司每年 12 月 25 日后发出的存货在仓库的明细账上记录，但未在财务部门的会计账上反映。

(5) 甲公司发出材料存在不按既定计价方法核算的现象。

(6) 甲公司财务部门会计记录和仓库明细账均反映了代 XYZ 公司保管的 E 材料。20×7 年 12 月 27 日，甲公司编制了存货盘点计划，并与 A 和 B 注册会计师讨论。存货盘点计划的部分内容如下：

(1) 甲公司本部的存货由采购、生产、销售、仓库和财务等部门相关人员组成的盘点小组,在20×7年12月31日进行盘点。办事处及境外存货的盘点分别由各办事处和境外销售分公司负责,在12月31日前后进行,盘点结束后分别将盘点资料报送财务部门和仓库部门。

(2) 限于人力,在各商场寄销的电视机以各办事处的账面记录为准,不进行盘点。

(3) 由于年底前后是销售旺季,在20×7年12月31日,生产54寸LED彩电的生产线不停产,仓库除发出54寸LED彩电之外,不再对外发出其他存货。

(4) 各盘点单位按存货类别和相关明细记录填写盘点清单,摆放存货,并填写连续编号的盘点标签。

(5) 由于XYZ公司寄存的E材料与公司自身的E材料并无区别,故未单独摆放。E材料的库存数以盘点数扣除XYZ公司寄存E材料的账面数确定;由XYZ公司代管的C材料不安排盘点,库存数直接根据XYZ公司的记录确定。

(6) 废品与毁损品不进行盘点,以财务部门和仓库部门的账面记录为准。

根据甲公司存货的内部控制情况和盘点计划,A和B注册会计师决定实施的监盘计划部门内容如下:

(1) 随机选择1/3的办事处进行存货监盘,其余直接审阅其盘点记录及账面记录。

(2) 对在各商场寄销的电视机以经审阅的办事处的账面记录为准。

(3) 对境外销售分公司的存货不进行监盘,直接审阅其盘点记录及账面记录。

(4) 对XYZ公司代管的C材料,采取向XYZ公司函证的方式确认。

(5) 在甲公司盘点后,审计人员按存货期末余额的5%复盘。若复盘结果表明误差低于2%的,则不要求甲公司重新盘点。

【要求】

(1) A和B注册会计师通过内部控制测试所注意到的各种情况是否实际构成存货内部控制缺陷？请作出判断并简要说明理由。

(2) 对于上述情况中确定存在内部控制缺陷的,为了证实其可能导致的财务报表错误,请代A和B注册会计师分别确定一项最主要的实质性程序,并分别说明实施各项程序能够实现的审计目标。

(3) 甲公司编制的上述盘点计划的相关内容有无不妥当之处？若有,请予以更正。

(4) A和B注册会计师编制的上述监盘计划的相关内容有无不妥当之处？若有,请予以更正。

【案例分析16-2】 购货业务正确截止的关键在于：存货实物纳入盘点范围的时间与购货事项所引起的借贷双方会计账户的入账时间都处于恰当的同一会计期间。试加以论证,并简要说明购货业务违反正确截止的审计程序。

五、参考答案

【单项选择题】 1. D　2. A　3. D　4. D　5. B　6. D

【多项选择题】 1. ABC　2. BCD　3. ABCD　4. ABCD　5. ACD

【判断题】 1. √　2. ×　3. √　4. ×　5. ×

【案例分析】

【案例分析16-1】 题解

(1)

情况序号	是否构成缺陷	理　　由
(1)	构成缺陷(甲公司以前年度未对存货实施盘点)	保证存货账实相符是内部控制的重要目标。而定期盘点是实现该目标的重要内部控制。所以,未对存货进行盘点属于严重的内控缺陷
(2)	构成缺陷(发出产品时未全部按顺序记录)	发出产品时未全部按顺序记录,出库单等原始凭证未连续编号,会导致销售业务不完整,未按顺序记录可能会出现销售业务提前或拖后入账的情况
(3)	构成缺陷(对委托代管材料的变动未进行会计记录)	只要属于企业的存货就应在账上进行相应的记录,而甲公司对由XYZ公司代管的C材料未对其变动进行记录,则不能反映C材料的购入和发出会导致存货成本不正确,也不能保证C材料的安全、完整
(4)	构成缺陷(存货明细账与财务部门的会计记录不符)	在一个会计期间内实物保管部门的明细账应与财务部门的会计记录完全相符。12月25日后发出的存货仓库已记录,而财务账上未记录则会导致资产负债表日记账、账实不符,存货成本低估,高估利润,没有做到会计记录的及时、完整
(5)	构成缺陷(发出材料没有按既定计价方法核算的现象)	发出材料存在不按既定计价方法核算的现象,导致会计处理方法的选用不一致,直接影响存货成本和期末存货价值的正确性
(6)	构成缺陷(受托保管的材料计入企业会计记录)	甲公司财务部门会计记录和仓库明细账均反映了代XYZ公司保管的E材料,实际上将不属于自己的存货纳入了自身的存货范围,使得存货不真实

(2)

情况序号	实 质 性 程 序	审 计 目 标
(1)	监盘存货	存货的真实性、完整性等
(2)	销售业务的截止测试(将12月31日前后的产品出库单、发票和账簿记录进行核对),并检查存货账簿	存货的完整性、真实性及存货成本的正确性
(3)	向XYZ公司函证C材料及增减变动情况;并检查C材料的明细账及原始凭证进行核对	C材料的所有权及其价值
(4)	检查12月25日后的出库单、核对仓库明细账和财务部门的存货明细账,进行截止测试	存货的真实性、完整性及存货成本的正确性
(5)	对发出存货进行计价审计	存货估价的正确性和计价方法的一贯性
(6)	向XYZ公司函证E材料,并检查E材料明细账	E材料的所有权

(3)

计划(1)中,无不妥之处。

计划(2)中,寄销的存货和各地办事处的存货不进行盘点,以账面记录为准不恰当,大量的存货在存货盘点计划中却不进行盘点,无法保证盘点结果的正确性。因此,注册会计师应当尽可能地实施盘点,或考虑利用其他注册会计师的工作。寄销的存货应纳入盘点范围,至少应进行函证,以确定实存数。

计划(3)中,生产线不停产不正确;盘点时,为保证准确性,存货应停止流动(如实在不能停的流水线,应采用"滞后盘点"技术)。

计划(4)中,无不当之处。

计划(5)中,代管的 E 材料未单独摆放不正确;应将代管和自身的存货单独摆放。E 材料的库存数倒挤确定不正确;应以实际盘点确认的 E 材料的实存数为准。在合并保管情况下,也应以全部实存数扣减经函证确认代管 E 材料的实存数为准。由 XYZ 公司代管的 C 材料不安排盘点不正确;只要属于企业的存货均应纳入盘点范围,但盘点方式可供选择,比如向 XYZ 公司函证。

计划(6)中,废品与毁损品不进行盘点,以财务部门和仓库部门的账面记录为准不正确;注册会计师应特别关注存货的质量状况,观察被审计单位是否正确地区分毁损和残次的存货,并注意确定这部分存货对整体存货价值的影响。

(4)

计划(1)中,随机抽 1/3 的办事处监盘不妥,应全部监盘。

计划(2)中,对在各商场寄销的电视机以经审阅的办事处的账面记录为准不妥;应以审阅盘点记录及函证各商场的结果为准。

计划(5)中,注册会计师以 5%进行复盘不妥,复盘量应不低于存货总量的 10%。

计划(6)中,审计人员在复盘结束后,与公司盘点人员分别在清单上签字,并视情况考虑是否索取盘点前的最后一张验收报告单(或入库单)和最后一张货运单(或出库单)不妥;注册会计师应与公司盘点人员在盘点表上签字,并同时索取盘点前的最后一张验收报告单(或入库单)和最后一张货运单(或出库单)。

【案例分析 16-2】 题解

【解答】

不妨先从两方面来论证一下这个命题,其一从正常的会计处理,其二从错误(或异常)的会计处理。

(一) 从购货业务正常的会计处理的分析

1. 单货同到(针对 12 月 31 日截止日而言,以下同)

在审计财务报表年度内单货同到,会计处理上是借记原材料,贷记应付账款(或银行存款)。如该批存货在 12 月 31 日仍旧结存在库的话(即未被领用),显然应属 12 月 31 日的盘点范围,入账时间亦在报表年度内,两者一致。

2. 单到,货未到

在审计财务报表年度内单到,货未到。该项存货的法定所有权已属企业名下,根据确定存货范围的基本原则可知,其应视为企业的存货。会计处理上是借记材料采购,贷记应付账款。显然,存货的盘点范围的时间与账务处理的时间都处于同一会计期间。

3. 货到,单未到

在审计财务报表年度内货到,单未到。由于企业已经获得了该项存货的实际控制权,所以,如果截至 12 月 31 日,该批存货仍旧结存在库,显然亦应该属 12 月 31 日的盘点范围。

在 12 月 31 日,会计需要按其计划成本(或合同价)予以暂估入账,会计分录为借记原材料,贷记应付账款。显然,这里存货盘点范围的时间与账务处理的时间都处于同一会计期间。从购货业务正常的会计处理的考察,可以发现:存货实物纳入盘点范围的时间与存货引起借贷双方账户入账时间都处于同一会计期间,且不会引起对资产、负债、利润的错误计量。

(二)从购货业务错误的会计处理的分析

1. 单货同到(业务本身)

(1)误作单到,货未到。这样,错误会计处理变为借记材料采购,贷记应付账款。结果将可能导致实际库存原材料的虚假盘盈,虚增利润。

(2)误作货到,单未到。这样,会计处理上为按所谓的暂估价借记原材料,贷记应付账款,结果将可能导致当期会计年度的利润虚计。

2. 单到,货未到(业务本身)

(1)误作当期单货同到。这样,借记原材料,必构成实际库存原材料的虚假盘亏,虚减当年利润。

(2)误作后期单货同到。这样的会计处理对当年利润并不构成影响,仅仅引起资产负债表少记一笔存货与少记一笔负债。

3. 货到,单未到(业务本身)

(1)误作当期单货同到。如果 12 月 31 日注册会计师到位审计的话,这样的可能性较小,因为外来的购货发票是不能随意变造的。一旦发生,仍会引起当期利润的虚计。

(2)误作后期单货同到。这样的会计处理,就会导致盘存日库存原材料的虚假盘盈。

从购货业务错误截止的考察,可以发现,存货实物纳入盘点范围的时间与存货引起借贷双方账户入账时间不处于同一会计期间,就有相当的可能引起对资产、负债、利润的错误计量。

上面已经回答了存货实物纳入盘点范围的时间与存货引起借贷双方账户入账时间处于同一会计期间的重要性。下面,再针对其中几种会引起当期利润虚计的、购货业务错误截止的问题,说明审计程序。

一种是单货同到,误作单到,货未到。可以通过查验 12 月份验收报告单(或入库单)的办法来加以发现。

另一种是单货同到,误作货到,单未到。可以通过核对供货合同,计划价格的办法,来确定差错究竟是无意的,还是故意的。

还有一种是单到货未到,误作单货同到。可以利用盘点结果,用剔除盘亏水分,缩小盘亏面的办法来加以发现。

最后一种是货到单未到,误作后期单货同到。可以通过查验 1 月份的记账凭证后面所附的验收报告(或入库单)的日期就可以真相大白了。因为其上的日期不是 1 月份的,而是上年 12 月份的。当然,亦可用缩小"盘盈"面的方法来发现问题。

本章要点概览

1. 生产与存货循环是重要的业务循环,在财务报表上存货属于重大错报风险较大的报表项目。

2. 存货监盘一般不存在满意的替代审计程序,其可以实现存在、完整性、权利与义务多项审计认定目标。完整性、权利与义务的认定还要借助于其他审计程序。

3. 存货盘点计划是被审计单位的责任,但注册会计师应当关注与指导存货盘点计划,无论被审计单位是否采用永续盘存制度,注册会计师都应参加存货盘点。

4. 执行存货监盘,应尽量增加审计程序的不可预见性,以获取更好的审计效果。

5. 对于存货账实同期的截止测试,是有效实施存货监盘程序的技术性要求。

6. 存货计价测试是实现存货审计重要目标之一,需要更多关注被审计单位的成本核算流程,存货计价方法,以及存货跌价准备的计提。

7. 存货错误或舞弊往往伴随或导致营业成本失实,出现过度盈余管理的情况。

第十七章 人力资源与工薪循环的审计

学习目的与要求

本章旨在阐述人力资源与工薪循环的概念,内容主要包括人力资源与工薪循环中对员工的雇用和工薪支付、人力资源与工薪循环相关的内部控制内容、应付职工薪酬的审计目标等。通过本章的学习,掌握审计人力资源与工薪循环的概念,明确人力资源与工薪循环相关的具体内容,掌握应付职工薪酬的审计目标和应付职工薪酬的实质性程序。

课前预习题

1. 人力资源与工薪循环的概念?
2. 人力资源与工薪循环有何特点?
3. 人力资源与工薪循环内部控制的内容是什么?
4. 应付职工薪酬的审计目标有哪些要求?
5. 应付职工薪酬的实质性程序通常包括哪些内容?

第一节 人力资源与工薪循环的特性

人力资源与工薪循环,包括员工雇用和离职、工作时间记录、工薪计算与记录、工薪费用的分配、工薪支付以及代扣代缴税金等。在制造业中,员工工薪影响两个重要的交易类型,即工薪的发放和直接工薪费用与间接工薪费用的分配。与其他循环相比,人力资源与工薪循环的特点更加明显:一是接受员工提供的劳务与向员工支付报酬都在短期内发生;二是交易比相关的资产负债表账户余额更为重要;三是与工薪相关的内部控制通常是有效的。

一、不同行业工薪的性质

无论在哪种行业,工薪都具有重要性。例如,在服务业中,企业属于劳动密集型,工薪支出在所有支出中占有重要比例。在高科技行业中,企业支付的工薪取决于员工的技能,这些企业可能设计出一套复杂的补偿方案雇用和留住最好的员工,以保持具备良好的持续经营能力。在制造业中,企业支付的工薪支出取决于产品生产过程的劳动密集程度。

在计划审计工作时,注册会计师需要了解工薪费用的重要性。一是人力资源政策的相对重要性以及它们对工薪费用和工薪负债的影响。二是所支付补偿的性质和复杂程度,包括小时工薪、月薪。三是企业在处理和保持员工记录时对计算机程序的依赖程度,以及工薪工作是否外包给了服务商。四是可能使管理层和高级员工产生对财务成果进行错报动机的性质,如与利润目标挂钩的股票期权和奖金。

在分析人力资源风险时,注册会计师应当考虑业绩指标。假如雇佣政策或补偿政策不能够吸引到具有较高技能的员工,或不能留住这些员工,则企业持续经营的能力将面临风险。管理层应当很好地识别出关键职位,以及该职位所必需的人员数量与资格,并要求就这些关键职位的空缺程度提供定期报告。

二、涉及的主要凭证与会计记录

人力资源与工薪循环开始于对员工的雇用,结束于对员工支付工薪。典型的人力资源与工薪循环涉及的主要凭证与会计记录有以下几种。

(一)人事和雇用记录

(1)人事记录。它包括雇用日期、工薪率、业绩评价、雇佣关系终止等方面的记录。

(2)扣款核准表。核准工薪预扣款的表格,包括预先扣除个人所得税。

(3)工薪率核准表。根据工薪合同、管理层的授权、董事会对管理层的授权,核准工薪率的一种表格。

(二)工时记录和工薪表

(1)工时卡。记录员工每天上下班时间和工时数的书面凭证。对大多数员工来说,工时卡是根据时钟或打卡机自动填列的。

(2)工时单。记录员工在既定时间内完成工作的书面凭证。通常在员工从事不同岗位的工作或没有固定部门时使用。

(3)工薪交易文件。由计算机生成的文件,包括一定期间(如1个月)内,通过会计系统处理的所有工薪交易。该文件含有输入系统的所有信息和每项交易的信息,如员工的姓名、日期、支付总额和支付净额、各种预扣金额、账户类别。

(4)应付职工薪酬明细账或清单。由工薪交易文件生成的报告,主要包括每项交易的员工的姓名、日期、工薪总额及工薪净额、预扣金额、账户类别等信息。

(5)工薪主文档。记录每位员工的每一工薪交易和保留已付员工总额的一种计算机文件。记录包括在每个工薪期间的工薪总额、预扣金额、工薪净额、支票号、日期等。

(三)支付工薪记录

向员工支付劳务的转账资金。转账资金应等于工薪总额减去税金和其他预扣款。

(四)个人所得税纳税申报表

个人所得税纳税申报表,即向税务部门申报的纳税表。

三、涉及的主要业务活动

人力资源与工薪循环是不同企业之间最可能具有共同性的领域,涉及的主要业务活动通常包括批准招聘、记录工作时间或产量、计算工薪总额和扣除、工薪支付等。

(一)批准招聘

批准雇用的文件,应当由负责人力资源与工薪相关事宜的人员编制,最好由在正式雇用过程中负责制定批准雇用、支付率和工薪扣除等政策的人力资源部门履行该职责。人力资源部门同时还负责编制支付率变动及员工合同期满的通知。

（二）记录工作时间或产量

员工工作的证据,以工时卡或考勤卡的形式产生,通过监督审核和批准程序予以控制。如果支付工薪的依据是产量而不是时间,数量也同样应经过审核,并且与产量记录或销售数据进行核对。

（三）计算工薪总额和扣除

在计算工薪总额和扣除时,需要将每名员工的交易数据,即本工薪期间的工作时间或产量记录,与基准数据进行匹配。在确定相关控制活动已经执行后,应当由一名适当的人员批准工薪的支付。同时由一名适当的人员审核工薪总额和扣除的合理性,并批准该金额。

（四）支付工薪

利用电子货币转账系统,将工薪支付给员工,有时也会使用现金支出方式。批准工薪支票,通常是工薪计算中不可分割的一部分,包括比较支票总额和工薪总额。有关使用支票支付工薪的职能划分,应该与使用现金支出的职责划分相同。

第二节　人力资源与工薪循环的 内部控制和控制测试

一、内部控制目标、内部控制与审计测试的关系

表 17-1 列示了内部控制目标、关键的内部控制与审计测试的关系。

表 17-1　工薪内部控制的控制目标、内部控制和测试一览表

内部控制目标	关键的内部控制	常用的控制测试	常用的交易实质性程序
工薪账项均经恰当的批准（发生）	对以下五个关键点,应履行恰当的批准手续,经过特别审批或一般审批:批准上工;工作时间,特别是加班时间;工薪、薪金或佣金;代扣款项;工薪结算表和工薪汇总表	检查人事档案;检查工时卡的有关核准;检查工薪记录中有关内部检查标记;检查人事档案中的授权;检查工薪记录中有关核准的标记	将工时卡与工时记录等进行比较
记录的工薪为实际发生的而非虚构的（发生）	工时卡经领班核准;用生产记录钟记录工时	检查工时卡的核准说明;检查工时卡;复核人事政策、组织结构图	对本期工薪费用实施分析程序;将有关费用明细账与工薪费用分配表、工薪汇总表、工薪结算表相核对
所有已发生的工薪支出已记录（完整性）	工薪分配表、工薪汇总表完整反映已发生的工薪支出	检查工薪分配表、工薪汇总表、工薪结算表,并核对员工工薪手册、员工手册等	对本期工薪费用的发生情况实施分析程序;将工薪费用分配表,工薪汇总表、工薪结算表与有关费用明细账相核对
工薪以正确的金额在恰当的会计期间及时记录于适当的账户（发生、完整性、准确性、计价和分摊）	采用适当的工薪费用分配方法,并且前后各期一致;采用适当的账务处理流程	选取样本测试工薪费用的归集和分配;测试是否按照规定的账务处理流程进行账务处理	对本期工薪费用实施分析程序;检查工薪的计提是否正确,分配方法是否与上期一致

（续表）

内部控制目标	关键的内部控制	常用的控制测试	常用的交易实质性程序
人事、考勤、工薪发放、记录之间相互分离（准确性）	人事、考勤、工薪发放、记录等职务相互分离	询问和观察各项职责执行情况	

二、人力资源与工薪循环的内部控制

人力资源与工薪循环的内部控制主要包括下面几个方面：

（1）适当的职责分离。为了防止向员工过量支付工薪，或向不存在的员工虚假支付工薪，责任分离非常重要。人力资源部门应独立于工薪职能，负责确定员工的雇用、解雇及其支付率和扣减额的变化。

（2）适当的授权。人力资源部门应当对员工的雇用与解雇负责。支付率和扣减额也应当进行适当授权。每一个员工的工作时间，特别是加班时间，都应经过主管人员的授权。所有工时卡都应表明核准情况，例外的加班时间也应当经过核准。

（3）适当的凭证和记录。适当的凭证和记录依赖于工薪系统的特性。例如，工时卡或工时记录只针对计时工薪，有些员工的工薪以计件工薪为基础。

（4）资产和记录的实物控制。应当限制接触未签字的工薪支票。支票应由有关专职人员签字，工薪应当由独立于工薪和考勤职能之外的人员发放。

（5）工作的独立检查。工薪的计算应当独立验证，包括将审批工薪总额与汇总报告进行比较。管理层成员或其他负责人应当复核工薪金额，以避免明显的错报和异常的金额。

三、评估重大错报风险

员工工薪包括每月支付给员工的固定薪水，这个数额每年经过审核。对于固定薪水的员工，注册会计师通过实施实质性分析程序和获取对期末余额的声明就能够对工薪交易和余额的完整性、截止、发生、准确性和分类认定获取高度的保证水平，这种实质性分析程序包括每周或每月对支出进行的趋势分析。

工薪费用可能具有较高的舞弊固有风险，因为企业可能为不存在的员工支付工薪。此外，由于围绕员工福利问题存在广泛的监管，以及工薪交易和余额包含了重要的交易类别，企业常常广泛采取预防性的控制活动。因此，剩余重大错报风险会降低。在这种情况下，注册会计师应当确定控制设计和实施的适当性，以支持评估为中或低的认定层次剩余重大风险。注册会计师拟依赖的特别重要的控制，是管理层在实施监控程序时实施的高层次控制。

工薪交易和余额的重大错报风险主要是由于以下原因产生的：

（1）在工薪单上虚构员工。

（2）由一位可以更改员工数据主文档的员工在没有授权的情况下更改总工薪的付费标准。

（3）为员工并未工作的工时支付工薪。

（4）在进行工薪处理过程中出错。

（5）工薪扣款可能是不正确的，或未经员工个人授权，导致应付工薪扣款的返还和支付不正确。

（6）电子货币转账系统的银行账户不正确。

（7）将工薪支付给错误的员工。

（8）由于工薪长期未支付造成挪用现象。

（9）支付应付工薪扣款的金额不正确。

企业有时向员工支付股票或股票期权。持股计划和股票期权对主管、高级行政人员及其他员工来说是通常采用的补偿方式。上述交易可能产生的重大错报风险包括：

（1）由工薪委员会（薪酬委员会）或未获得股东批准的董事会发起未经授权的股份基础支付交易。

（2）由于以下原因，为进行股份基础支付交易确定了不正确的公允价值：① 管理层不正确的假设或决定权益价值的经营环境变动；② 在估价模型中使用了不一致或不可靠的数据；③ 发起交易人员和进行估价人员之间不充分的职责分离。

（3）以股份为基础支付的交易价值不正确。

（4）已取消的股份基础支付以不正确的价值处理。

四、控制测试

（一）以内部控制目标为起点的控制测试

在测试工薪内部控制时，首先，应选择若干月份工薪汇总表，作如下检查：计算复核每一份工薪汇总表；检查每一份工薪汇总表是否已经授权批准；检查应付工薪总额与人工费用分配汇总表中的合计数是否相符；检查其代扣款项的账务处理是否正确；检查实发工薪总额与银行付款凭单及银行存款对账单是否相符，并正确过入相关账户。其次，从工薪单中选取若干个样本（应包括各种不同类型人员），作如下检查：检查员工工薪卡或人事档案，确保工薪发放有依据；检查员工工薪率及实发工薪额的计算；检查实际工时统计记录（或产量统计报告）与员工工时卡（或产量记录）是否相符；检查员工加班记录与主管人员签名的月度加班费汇总表是否相符；检查员工扣款依据是否正确；检查员工的工薪签收证明；实地抽查部分员工，证明其确在本公司工作，如已离开本企业，需获得管理层证实。

（二）以风险为起点的控制测试

表 17－2 列示了以风险为起点的控制测试。

表 17－2 人力资源和工薪循环的风险、控制和控制测试

风险	计算机控制	人工控制	控制测试
员工的雇用、解雇以及固定数据的变更			
员工名单中可能会有虚构的员工，或存在已解雇员工仍然保留在工薪单上的情况。总工薪率的变动、员工身份以及员工主文档中，固定数据的扣除未经授权	逻辑存取控制只允许经授权的员工在员工主文档中添加新员工或记录员工的解聘。员工主文档中所有固定数据的变更都生成打印记录。逻辑存取控制只允许经授权的高级员工更改员工主文档中的固定数据。员工主文档中所有固定数据的变更都生成打印记录	有权雇用和解雇员工的人员不应具有其他工薪职能。人力资源部门人员按照正式的程序对员工的雇用和解雇进行授权。只有经授权的人力资源员工能够开启连续编号的员工变动表格，改变员工主文档。所有关于员工固定数据变动所产生的打印文件都由高级管理层复核，以确保只有经授权的变更才有效。未付工薪受到严格的控制。只有经授权的人力资源员工可以修改员工固定数据，这种修改可以通过修改工薪率	通过询问和观察程序，确定有权雇用和解雇员工的人员不具有其他工薪方面的职能。检查员工变动表及解雇信，是否由经授权的人员签发，并且包含在员工个人档案中。检查管理层复核员工雇用和解雇打印文件的证据。检查解雇之后第一期的工薪单以确保不存在此类员工。现场参加工薪的发放，观察员工薪水的分配，记录未领工薪情况，并追查该员工的个人档案，以及后期的发放证据。

（续表）

风险	计算机控制	人工控制	控制测试
		和其他扣除进行。 所有关于员工固定数据变动的打印文件都由高级管理层复核，确保只作出了经授权的变更	获取员工主文档中所有员工的记录信息，清点员工人数，同时检查员工卡片。检查由经授权人员签发的员工变更表。 检查管理层复核固定数据变更的证据。 对固定数据变更进行抽样，检查相关支持性文档，以获取关于身份、工薪发放率、扣除率变动的证据
记录工作时间或提供的服务			
记录工作时间时出现错误或舞弊	使用员工智能卡，自动更新工作时间记录。 使用程序化控制保证总工作时间与生产工时、其他费用中心工时或空闲时间相等。周或月度工薪打印单，包括向相关费用中心或正在进行的工作的工薪分配打印单	对员工打卡上下班进行监督以确保员工仅为其本人打卡。 由生产管理人员、领班人员复核并签署周度时间卡片，批准正常工作时间和加班工作时间。 如果总工作时间是根据时间卡片上的信息人工计算得出的，应当在将总工作时间输入系统之前对时间计算进行独立检查。 如果时间记录职能实现了电算化，保证工时的打印文件都经过了复核和授权	观察打卡上下班的程序以确定该行为受到监督，并确定不存在一名员工为他人打卡的可能。 检查工时卡或工作时间输出记录的样本，以获取正常工作时间和加班时间已经批准的证据，检查工作时间计算的准确性
工薪的编制和记录			
在处理月薪时可能由于数据不正确或数据丢失而产生错误。工薪扣款可能是错误的或未经员工授权的	对工作时间进行程序化的限制和合理性检查，包括对员工姓名和编码的输入校验。 自动根据工时记录和工薪率计算月薪，以及工薪扣款和费用分配的计算，自动生成工薪打印文件和员工工薪单。 对于重复或遗漏的员工姓名或编码、加班时间、超出特定界限的总工薪率以及遗失数据（如未分配费用）生成例外报告	由工薪人员复核打印输出文件并批准总体控制总额。 复核例外报告并采取措施及时纠正错误。 复核工薪的变动与员工数量的变化是否一致——用前月（或周）加新增员工减解雇员工，并检查员工固定数据在期间内的变动。 由员工本人检查工薪单，如果发现错误金额，允许提出质疑。 复核例外报告，纠正错误，重新提交报告	选取部分周度和月度工薪记录的打印文件，检查负责核对准确性和授权的人员在上面的签名。 检查证明已根据雇用和解雇情况调节工薪单员工数量的证据。 检查是否存在员工提出质疑的情况及问题解决情况。 检查例外报告及跟进情况

(续表)

风险	计算机控制	人工控制	控制测试
记录工薪交易			
工薪交易可能被分配至不正确的总分类账户或根本未予以记录	工薪处理过程的程序化。控制自动更新相关总分类账户。对未分配至总分类账但暂时记在其他账户的金额出具例外报告,直到纠正并重新出具为止	由工薪人员进行监控,复核月薪以及例外报告以发现错误和遗漏。对工薪临时账户和应付扣款账户编制调节表和申报表	检查证明已监控例外报告、编制和核对调节表并更正错误的证据。检查编制和核对工薪调节表的证据
工薪的发放			
工薪可能发放给不正确的员工或通过电子支付系统支付给不正确的银行账号	对员工银行账户记录和银行信息变更执行逻辑存取控制。通过电子支付系统从预付工薪账户输出所有的员工净支付金额		现场参加工薪的发放,观察工薪发放中的控制运行。检查工薪打印单上工薪发放负责人员的签字(通常是两个人的签字)。检查月度银行对账的证据(对账针对预付工薪银行账户,并由高级管理层复核)。检查电子货币转账系统授权的证据,以及对员工主文档中固定数据变更进行复核的证据
工薪扣款并未完全支付或未及时支付		针对特定的应付扣款的返还和支付设置不同的职责。每一笔工薪记录的扣款金额加上企业缴纳的部分应当等于应缴纳的扣款总额。应付工薪扣款金额已支付并在相关总分类账上记录。对应付扣款账户进行调整或由工薪管理人员或高级会计人员定期复核,调查并纠正差异	检查定期返还、调节后进行工薪扣款分析和总分类账分析的证据。检查高级管理人员复核与付出金额或退还金额相匹配的证据
工薪监控			
上述所有风险		由相应层级的高级管理人员对以下问题实施监控:每月根据雇用或解雇的人员流动情况调整员工总人数。改变员工主文档中的固定数据。将总工薪数分配至相关费用中心。工薪调节至预付银行账户调节。	检查管理层实施监控程序的有效性以及使用关键业绩指标以防止、发现和纠正错误和舞弊的证据

（续表）

风险	计算机控制	人工控制	控制测试
		员工对不正确支付的抱怨。监控的关键业绩指标,包括实现的权益目标	

第三节　人力资源与工薪循环的实质性程序

工薪交易和相关余额主要的重大错报风险是对费用的高估,如向虚构员工发放工薪、对未实际发生工时支付工薪或以未授权的工薪率发放工薪等(存在和发生以及准确性认定)。由于严格的监管环境,以及工薪活动的敏感性和保密性、未遵守法律法规可能受到的严厉惩罚,管理层针对工薪系统实施严格的控制,在大多数情况下能够有效且预先发现并纠正错误和舞弊。因此,注册会计师在测试了关键控制后将工薪交易和余额中的重大错报风险评估为低。这将导致调整审计策略以获取为实施分析程序所需要的大多数实质性审计证据,减少细节测试。针对剩余重大错报风险,注册会计师应当采用细节测试在对期末应付工薪和工薪负债的完整性、准确性、计价以及权利和义务进行测试。

一、实质性分析程序

在人力资源和工薪循环的审计中,注册会计师为收集大多数审计证据,通常采用实质性分析程序。实质性分析程序在识别因错误或舞弊而导致的重大错报领域或证实支出列报和披露的公允性时非常有用。分析程序包括在对企业的核心进程和相关财务处理进行了解时进行的前期比较、比率分析,财务与非财务信息的比较等。

如果是连续审计,注册会计师在前期审计中积累了一些分析记录,根据这些记录形成对本年度分析的预期。这个预期应当根据经营和经济环境的变化而改变。

下列因素可能影响工薪金额的变化:

(1) 员工结构的变更以及针对不同种类的平均工薪水平和工薪范围。

(2) 员工数量的变化以及在季节性变化的情况下该数量的稳定性。

(3) 是否存在年度中由于企业经营或生产期限的限制而加班所支付的高工薪。

(4) 由于企业扩张而增加人员。

(5) 产量的变化,企业获得了大额合同,或丢失了主要客户或供应商,以较低产量生产。

如果不能合理预期工薪金额,则对于所抽取的月薪样本,注册会计师应当进行详细检查,发现大额或非正常的项目以供进一步调查。这些项目可能包括:与正常数额不相符的数额、额外的工作时间以及不存在或很少工薪扣除。注册会计师应当就未预期变化获取管理层的解释,并通过检查相关的文档或员工工薪或工薪记录来证实该解释。

注册会计师为了实现审计目标,通常实施以下实质性分析程序:

(1) 针对已识别需要运用分析程序的有关项目,并基于对被审计单位及其环境的了解,通过进行以下比较,同时考虑有关数据间关系的影响,以建立有关数据的期望值:① 比较被审计单位员工人数的变动情况,检查被审计单位各部门各月工薪费用的发生额是否有异常波动,若有,则查明波动原因是否合理。② 比较本期与上期工薪费用总额,要求被审计单位解释其增减变动原因,或取得公司管理层关于员工工薪标准的决议。③ 结合员工社保缴纳情况,明确被审计单员工范围,检查是否与关联公司员工工薪混淆列支。④ 核对下列相互独立部门的相关数据:工薪部门记录的工薪支出与出纳记录的工薪支付数;工薪部门记录的工时与生产部门记录的工时。⑤ 比较本期应付职工薪酬余额与上期应付职工薪酬余额,是否有异常变动。

(2) 确定可接受的差异额。

(3) 将实际的情况与期望值相比较,识别需要进一步调查差异。

(4) 如果其差额超过可接受的差异额,调查并获取充分的解释和恰当的佐证审计证据(如通过检查相关的凭证)。

(5) 评估分析程序的测试结果。

二、应付职工薪酬的审计

(一)审计目标

应付职工薪酬的审计目标一般包括:确定资产负债表中记录的应付职工薪酬是否存在;确定所有应当记录的应付职工薪酬是否均已记录;确定记录的应付职工薪酬是否为被审计单位应当履行的现时义务;确定应付职工薪酬是否以恰当的金额包括在财务报表中,与之相关的计价调整是否已恰当记录;确定应付职工薪酬是否已按照企业会计准则的规定在财务报表中作出恰当列报。

(二)应付职工薪酬的实质性程序

应付职工薪酬的实质性程序通常包括:

(1) 获取或编制应付职工薪酬明细表,复核加计是否正确,并与报表数、总账数和明细账合计数核对是否相符。

(2) 实施实质性分析程序:

第一,针对已识别需要运用分析程序的有关项目,并基于对被审计单位及其环境的了解,通过进行以下比较,同时考虑有关数据间关系的影响,以建立有关数据的期望值:① 比较被审计单位员工人数的变动情况,检查被审计单位各部门各月工薪费用的发生额是否有异常波动,若有,则查明波动原因是否合理。② 比较本期与上期工薪费用总额,要求被审计单位解释其增减变动原因,或取得公司管理层关于员工工薪标准的决议。③ 结合员工社保缴纳情况,明确被审计单位员工范围,检查是否与关联公司员工工薪混淆列支。④ 核对下列相互独立部门的相关数据:工薪部门记录的工薪支出与出纳记录的工薪支付数,工薪部门记录的工时与生产部门记录的工时。⑤ 比较本期应付职工薪酬余额与上期应付职工薪酬余额,是否有异常变动。

第二,确定可接受的差异额。

第三,将实际的情况与期望值相比较,识别需要进一步调查的差异。

第四,如果其差额超过可接受的差异额,调查并获取充分的解释和恰当的佐证审计证据(如通过检查相关的凭证)。

第五,评估实质性分析程序的测试结果。

(3) 检查工薪、奖金、津贴和补贴。

第一,计提是否正确,依据是否充分。将执行的工薪标准与有关规定核对,并对工薪总额进行测试;被审计单位如果实行工效挂钩的,应取得有关主管部门确认的效益工薪发放额认定证明,结合有关合同文件和实际完成的指标,检查其计提额是否正确,是否应作纳税调整。

第二,检查分配方法与上年是否一致。除因解除与职工的劳动关系给予的补偿直接计入管理费用外,被审计单位是否根据职工提供服务的受益对象,分别下列情况进行处理:① 应由生产产品、提供劳务负担的职工薪酬,计入产品成本或劳务成本;② 应由在建工程、无形资产负担的职工薪酬,计入建造固定资产或无形资产;③ 被审计单位为外商投资企业,按规定从净利润中提取的职工奖励及福利基金,是否以董事会决议为依据,是否相应记入"利润分配——提取的职工奖励及福利基金"账户;④ 其他职工薪酬,是否计入当期损益。

第三,检查发放金额是否正确,代扣的款项及其金额是否正确。

第四,检查是否存在属于拖欠性质的职工薪酬,并了解拖欠的原因。

(4) 检查社会保险费(包括医疗、养老、失业、工伤、生育保险费)、住房公积金、工会经费和职工教育经费等计提(分配)和支付(使用)的会计处理是否正确,依据是否充分。

(5) 检查辞退福利。

第一,对于职工没有选择权的辞退计划,检查按辞退职工数量、辞退补偿标准计提辞退福利负债金额是否正确。

第二,对于自愿接受裁减的建议,检查按接受裁减建议的预计职工数量、辞退补偿标准(该标准确定)等计提辞退福利负债金额是否正确。

第三,检查实质性辞退工作在一年内完成,但付款时间超过一年的辞退福利,是否按折现后的金额计量,折现率的选择是否合理。

第四,检查计提辞退福利负债的会计处理是否正确,是否将计提金额计入当期管理费用。

第五,检查辞退福利支付凭证是否真实正确。

(6) 检查非货币性福利。

第一,检查以自产产品发放给职工的非货币性福利,是否根据受益对象,按照该产品的公允价值,计入相关资产成本或当期损益,同时确认应付职工薪酬;对于难以认定受益对象的非货币性福利,是否直接计入当期损益和应付职工薪酬。

第二,检查无偿向职工提供住房的非货币性福利,是否根据受益对象,将该住房每期应计提的折旧计入相关资产成本或当期损益,同时确认应付职工薪酬。对于难以认定受益对象的非货币性福利,是否直接计入当期损益和应付职工薪酬。

第三,检查租赁住房等资产供职工无偿使用的非货币性福利,是否根据受益对象,将每期应付的租金计入相关资产成本或当期损益,并确认应付职工薪酬。对于难以认定受益对象的非货币性福利,是否直接计入当期损益和应付职工薪酬。

(7) 检查以现金与职工结算的股份支付。

第一,检查授予后立即可行权的以现金结算的股份支付,是否在授予日以承担负债的公允价值计入相关成本或费用。

第二,检查完成等待期内的服务或达到规定业绩条件以后才可行权的以现金结算的股份支付,在等待期内的每个资产负债表日,是否以可行权情况的最佳估计为基础,按照承担负债的公允价值金额,将当期取得的服务计入成本或费用。在资产负债表日,后续信息表明当期承担债务的公允价值与以前估计不同的,是否进行调整,并在可行权日调整至实际可行权水平。

第三,检查可行权日之后,以现金结算的股份支付当期公允价值的变动金额,是否借记或贷记"公允价值变动损益"账户。

第四,检查在可行权日,实际以现金结算的股份支付金额是否正确,会计处理是否恰当。

(8) 检查应付职工薪酬的期后付款情况,并关注在资产负债表日至财务报表批准报出日之间,是否有确凿证据表明需要调整资产负债表日原确认的应付职工薪酬事项。

(9) 检查应付职工薪酬是否已按照企业会计准则的规定在财务报表中作出恰当的列报。

第一,检查是否在附注中披露与职工薪酬有关的下列信息:① 应当支付给职工的工薪、奖金、津贴和补贴,及其期末应付未付金额;② 应当为职工缴纳的医疗、养老、失业、工伤和生育等社会保险费,及其期末应付未付金额;③ 应当为职工缴存的住房公积金,及其期末应付未付金额;④ 为职工提供的非货币性福利,及其计算依据;⑤ 应当支付的因解除劳动关系给予的补偿,及其期末应付未付金额;⑥ 其他职工薪酬。

第二,检查因自愿接受裁减建议的职工数量、补偿标准等不确定而产生的预计负债(应付职工薪酬),是否按照《企业会计准则第 13 号——或有事项》进行披露。

主 要 术 语

1. 应付职工薪酬　　　　　　　　2. 工薪交易和余额的重大错报风险
3. 工薪监控　　　　　　　　　　4. 工时卡
5. 工时单　　　　　　　　　　　6. 非货币性福利

复 习 思 考 题

1. 人力资源与工薪循环中控制测试的主要内容。
2. 人力资源与工薪循环审计的重要性。
3. 人力资源与工薪循环控制测试的主要步骤。
4. 人力资源与工薪循环重大错报风险产生的主要原因是什么?
5. 人力资源与工薪循环实质性程序的主要步骤为何?

练 习 题

一、单项选择题

1. 下列程序中,实现记录的工薪为实际发生的而非虚构的目标最佳的实质性程序是(　　)。

A. 将有关费用明细账与工薪费用分配表、工薪汇总表、工薪结算表相核对
B. 将工薪费用分配表、工薪汇总表、工薪结算表与有关费用明细账相核对
C. 检查工时卡
D. 检查工薪的计提是否正确,分配方法是否与上期一致

2. 对本期工薪费用实施分析程序不相关的认定是(　　)。

A. 发生　　　　　　　　　　　　B. 完整性
C. 准确性　　　　　　　　　　　D. 分类和可理解性

3. 关于人力资源与工薪循环的内部控制和审计测试,以下说法中不正确的是(　　)。

A. 将工薪费用分配表、工薪汇总表、工薪结算表与有关费用明细账核对可以实现完整性

B. 支票应由有关专职人员签字,工薪应当由独立于工薪和考勤职能之外的人员发放

C. 有权雇用和解雇员工的人员可兼管工薪的编制和记录

D. 在对人力资源与工薪循环实施审计时,管理层在实施监控程序时实施的高层次控制是注册会计师拟信赖的特别重要的控制

4. 为了防止向员工过量支付工薪,或向不存在的员工虚假支付工薪,下列最有效的内部控制措施是(　　)。

A. 资产和记录的实物控制 　　　　　B. 适当的凭证和记录

C. 适当的授权 　　　　　　　　　　D. 适当的职责分离

5. 下列关于人力资源与工薪循环的内部控制中,恰当的是(　　)。

A. 甲职员负责考勤制度的审核、工资的计算,乙职员负责工资的发放和审核

B. 甲职员负责考勤制度的管理、审核和工资的计算,同时对乙职员工资发放过程进行监督

C. 甲职员负责工薪支付的批复,乙职员负责工薪总额的计算审核和扣除额审核,并批准该金额

D. 甲职员负责工资支付的全过程

二、多项选择题

1. 下列可能导致工薪交易和余额产生重大错报风险的有(　　)。

A. 将工薪支付给错误的员工

B. 在工薪单上虚构员工

C. 在进行工薪处理过程中出错

D. 电子货币转账系统的银行账户不正确

2. 对本期工薪费用实施分析程序,检查工薪的计提是否正确、分配方法是否与上期一致,可以实现的审计目标有(　　)。

A. 完整性 　　　　　B. 发生 　　　　　C. 准确性 　　　　　D. 计价和分摊

3. 通常核对相互独立部门的相关数据的效果会更好一些,下列属于这种类型的分析程序有(　　)。

A. 比较本期与上期工薪费用总额

B. 工薪部门记录的工薪支出与出纳记录的工薪支付数

C. 比较本期应付职工薪酬余额与上期应付职工薪酬余额

D. 工薪部门记录的工时与生产部门记录的工时

4. 应付职工薪酬的核算内容包括(　　)。

A. 职工福利费 　　　　　　　　　　B. 现金结算的股份支付

C. 职工教育经费 　　　　　　　　　D. 住房公积金

5. 注册会计师正在对被审计单位的应付职工薪酬实施分析程序,下列分析可能发现数据异常波动的有(　　)。

A. 比较被审计单位员工人数的变动情况,检查被审计单位各部门各月工资费用的发生额

B. 比较本期与上期工资费用总额

C. 结合员工社保缴纳情况,明确被审计单位员工范围

D. 比较本期应付职工薪酬余额与上期应付职工薪酬余额

五、参考答案

【单项选择题】　1. A　2. D　3. C　4. D　5. C

【多项选择题】　1. ABCD　2. ABCD　3. BD　4. ABCD　5. ABCD

本章要点概览

1. 人力资源与工薪循环与其他循环相比特点更为明显:一是接受员工提供的劳务与向员工支付报酬都在短期内发生;二是交易比相关的资产负债表账户余额更为重要;三是与工薪相关的内部控制通常是有效的。

2. 人力资源与工薪循环开始于对员工的雇用,结束于对员工支付工薪。典型的人力资源与工薪循环涉及的主要凭证与会计记录有以下几种:人事和雇用记录、工时记录和工薪表、支付工薪记录、个人所得税纳税申报表。人力资源与工薪循环是不同企业之间最可能具有共同性的领域,涉及的主要业务活动通常包括批准招聘、记录工作时间或产量、计算工薪总额和扣除、工薪支付等。

3. 人力资源与工薪循环的内部控制主要包括下面几个方面:①适当的职责分离。人力资源部门应独立于工薪职能,负责确定员工的雇用、解雇及其支付率和扣减额的变化。②适当的授权。人力资源部门应当对员工的雇用与解雇负责。支付率和扣减额也应当进行适当授权。③适当的凭证和记录。适当的凭证和记录依赖于工薪系统的特性。④资产和记录的实物控制。应当限制接触未签字的工薪支票。⑤工作的独立检查。工薪的计算应当独立验证,包括将审批工薪总额与汇总报告进行比较。

4. 应付职工薪酬的审计目标一般包括:确定资产负债表中记录的应付职工薪酬是否存在;确定所有应当记录的应付职工薪酬是否均已记录;确定记录的应付职工薪酬是否为被审计单位应当履行的现时义务;确定应付职工薪酬是否以恰当的金额包括在财务报表中,与之相关的计价调整是否已恰当记录;确定应付职工薪酬是否已按照企业会计准则的规定在财务报表中作出恰当列报。

5. 应付职工薪酬的实质性程序通常包括:① 获取或编制应付职工薪酬明细表,复核加计是否正确,并与报表数、总账数和明细账合计数核对是否相符。② 实施实质性分析程序。针对已识别需要运用分析程序的有关项目,并基于对被审计单位及其环境的了解,通过进行以下比较,同时考虑有关数据间关系的影响,以建立有关数据的期望值。③ 检查工薪、奖金、津贴和补贴。④ 检查社会保险费(包括医疗、养老、失业、工伤、生育保险费)、住房公积金、工会经费和职工教育经费等计提(分配)和支付(使用)的会计处理是否正确,依据是否充分。⑤ 检查辞退福利。⑥ 检查非货币性福利。对于难以认定受益对象的非货币性福利,是否直接计入当期损益和应付职工薪酬。⑦ 检查以现金与职工结算的股份支付。⑧ 检查应付职工薪酬的期后付款情况,并关注在资产负债表日至财务报表批准报出日之间,是否有确凿证据表明需要调整资产负债表日原确认的应付职工薪酬事项。⑨ 检查应付职工薪酬是否已按照企业会计准则的规定在财务报表中作出恰当的列报。

第十八章　筹资与投资循环的审计

学习目的与要求

本章旨在阐述筹资与投资循环及其审计的程序与方法。通过本章的学习,要求全面了解投资与筹资循环的特性;掌握筹资投资循环的内部控制及其控制测试,了解投资与筹资循环相关账户的实质性审计程序与方法。

课前预习题

1. 筹资与投资循环的业务涉及的相关科目有哪些?
2. 筹资与投资的主要风险有哪些?
3. 长期股权投资的权益法和成本法的会计处理。
4. 企业如何防范财务风险?

第一节　筹资与投资循环的特性

筹资与投资循环是由筹资活动和投资活动的经济业务所构成。筹资活动主要由借款交易和股东权益交易组成。投资活动主要由权益性投资交易和债权性投资交易组成。

一、筹资与投资循环的主要活动

（一）筹资涉及的主要活动

1. 筹资活动的类别

筹资活动是指企业为满足生存和发展的需要而筹集资金的活动。筹集企业所需的资金是企业生存及发展的重要基础。适时足额筹措资金构成了企业资产的主要来源。

筹资活动主要由负债筹资和权益筹资组成,通过改变企业资本及债务规模和构成来实现筹集资金的目的。负债筹资包括向金融机构贷款、应付往来单位账款、应付债券筹资,以及有关本金和利息的偿还等。权益筹资包括向所有者筹资(向发起人筹资或向股东筹资)、企业减资以及股利支付等。

2. 筹资活动的程序

筹资活动一般包括以下几个程序:

（1）审批授权。企业通过借款筹集资金需经管理当局的审批，其中，债券的发行每次均要由董事会授权；企业发行股票必须依据国家有关法规或企业章程的规定，报经企业最高权力机构及国家有关管理部门批准。

（2）签订合同或协议。向银行或其他金融机构融资需签订借款合同，发行债券需签订债券契约和债券承销或包销合同。

（3）取得资金。企业实际取得银行或金融机构划入的款项或债券、股票的融入资金。企业首先应该核对金额是否正确，其次分配用途并备注说明还款方式、期限、数量，保证企业有充足的库存现金及能够随时动用银行存款，到具体还款日应与相应备注核对。

（4）计算利息或股利。企业应按有关合同或协议的规定，及时计算利息或股利。

（5）偿还本息或发放股利。银行借款或发行债券应按有关合同或协议的规定偿还本息，股本分红应根据股东大会的决定发放股利。

（二）投资涉及的主要活动

1. 投资活动的类别

投资活动是指企业为通过分配来增加财富，或为谋求其他利益，将资产让渡给其他单位而获得另一项资产的活动。广义的投资包括对外投资和对内固定资产投资。这里的投资是指对外的投资，包括金融资产投资、长期股权投资和投资性房地产等。其中，金融资产主要包括交易性金融资产和指定为以公允价值计量且变动计入当期损益的金融资产、可供出售金融资产、持有至到期投资以及对外贷款和应收款项。对外贷款和应收款项一般为证券化，且在其他循环介绍。因此，本章介绍这些交易性金融资产投资、可供出售金融资产、持有至到期投资、长期股权投资以及投资性房地产业务的实质性程序。

交易性金融资产是指企业持有的以公允价值计量且其变动计入当期损益的金融资产，包括为交易目的所持有的债券投资、股票投资、基金投资、权证投资等和直接指定为以公允价值计量且其变动计入当期损益的金融资产；持有至到期投资是指企业有明确意图并有能力持有至到期，到期日固定、回收金额固定或可确定的非衍生金融资产；可供出售金融资产是指初始确认时即被指定为可供出售的非衍生金融资产，以及下列各类资产之外的非衍生金融资产：贷款和应收款项、持有至到期投资、交易性金融资产。

长期股权投资是指除交易性金融资产、持有至到期投资、可供出售金融资产的投资。依据对被投资单位产生的影响，长期股权投资可以分为这样几种类型：① 企业持有的能够对被投资单位实施控制的权益性投资，即对子公司的投资。② 企业持有的能够与其他合营方一同对被投资单位实施共同控制的权益性投资，即对合营企业投资。③ 企业持有的能够对被投资单位施加重大影响的权益性投资，即对联营企业投资。

投资性房地产是指为赚取租金或资本增值，或两者兼有而持有的房地产，包括已出租的土地使用权、持有并准备增值后转让的土地使用权和已出租的建筑物。自用房地产和作为存货的房地产不属于投资性房地产。

2. 投资活动的程序

投资活动一般包括以下几个程序：

（1）审批授权。投资业务应由企业的高层管理机构进行审批。

（2）取得证券或其他投资。企业可以通过购买股票或债券进行投资，也可以通过与其他单位联合形成投资。

（3）取得投资收益。企业可以取得股权投资的股利收入、债券投资的利息收入和其他投资收益。

(4)转让证券或收回其他投资。企业可以通过转让实现投资的收回。

二、筹资与投资循环的凭证与会计记录

(一)筹资活动的凭证与会计记录

筹资活动的凭证和会计记录主要有:

(1)债券。这是公司依据法定程序发行、约定在一定期限内还本付息的有价证券。

(2)股票。这是公司签发的证明股东所持股份的凭证。

(3)债券契约。这是明确债券持有人与发行企业双方所拥有的权利与义务的法律性文件,其内容一般包括债券发行的标准、债券的明确表达、利息或利息率、受托管理人证书、登记和背书(如抵押证券所担保的财产)、债券发生拖欠情况如何处理等。

(4)股东名册。发行记名股票的公司应记载的内容一般包括:股东的姓名、住所;各股东所持股份数;各股东所持股票的编号;各股东取得其股份的日期;发行无记名股票的公司应当记载其股票的数量、编号及发行日期。

(5)公司债券存根簿。发行记名公司债券应记载的内容一般包括:债券持有人的姓名或者名称及住所,债券持有人取得债券的日期及债券的编号,债券总额、债券的票面金额、债券的利率、债券还本付息的期限及方式,债券的发行日期;发行无记名债券的应当在公司的债权存根簿上记载债券总额、利率、偿还期限和方式、发行日期和债券编号。

(6)承销或包销协议。公司向社会公开发行股票或债券时,应当由依法设立的证券经营机构承销或包销,公司应与其签订承销或包销协议。

(7)借款合同或协议。公司向银行或其他金融机构借入款项时与其签订的合同或协议。

(8)有关记账凭证。

(9)有关会计科目的明细账和总账。

筹资活动涉及的账户包括短期借款、长期借款、应付债券、股本、资本公积、财务费用、应付利息、应付股利、利润分配以及库存现金、银行存款等账户。

(二)投资活动的凭证与会计记录

投资活动的凭证和会计记录主要有:

(1)股票。

(2)债券。

(3)债券契约。

(4)经纪人通知书。

(5)企业的章程及有关协议。

(6)投资协议。

(7)有关记账凭证。

(8)有关会计科目的明细账和总账。

投资活动涉及的账户包括交易性金融资产、可供出售金融资产、持有至到期投资、长期股权投资、投资性房地产、应收利息、投资收益、应收股利、交易性金融负债等。

三、筹资和投资循环的特点

筹资和投资循环与其他循环相比具有如下特征:

(1)对一般工商企业而言,每年筹资与投资循环涉及的交易数量通常较少,而每笔交易

的金额通常较大;这就决定了对该循环涉及的财务报表项目,更可能采用实质性方案。

(2)漏记或不恰当地对一笔业务进行会计处理将会导致重大错误,从而对企业财务报表的公允反映产生较大的影响;对于从事投机性衍生金融工具交易的企业而言,尤其如此。公允价值的确定和交易记录的完整性等可能存在重大错报风险。

(3)筹资活动必须遵守国家法律法规和相关契约的规定。例如,债务契约可能限定借款人向股东分配利润,或规定借款单位的流动比率和速动比率不能低于某一水平。合法的借款利率目前也受到金融法规的一定约束。注册会计师了解被审计单位的筹资活动,可能对评估财务报表舞弊的风险、从性质角度考虑审计重要性、评估持续经营假设的适用性等有重要影响。

四、筹资与投资循环的风险评估

(一)筹资活动的风险评估

筹资活动产生风险的原因主要有:

(1)筹资计划不当。筹资计划应使得企业及时地以较低的筹资成本与风险获得足够的资金满足生产经营所需,如果筹资事先无计划、盲目筹资或筹资计划不当都会影响企业的正常生产。该环节出现问题将会使资金流量短缺或冗余,不能满足生产的需要或者增加筹资成本,从而增加重大错报的风险。

(2)筹资实施过程不合规不合法。企业筹资活动必须依照国家有关法规或企业章程的规定,需要报经管理部门批准。如果企业不经授权或批准进行非法筹资,将会增添重大错报风险。

(3)资金使用不合理。在实际工作中借款使用不当,不按规定用途使用借款,长期占用或挪用借款的情况较为普遍。

(4)还本付息。一方面可能存在利息计算不正确、财务处理不规范,利用利息调节利润等行为;另一方面借款归还不及时,甚至存有想坑害银行等债权人的心理现象存在等,应当予以关注。

(二)投资活动的风险评估

投资活动产生风险的原因主要有:

(1)投资计划不当。企业对外投资业务活动中常见的风险表现主要有盲目投资、投资效益差、投资发生巨亏等。

(2)投资实施过程不合规不合法。具体表现为:隐匿投资,保留账外资产;将投资收益移作他用,逃避税收;投资证券保管不妥,账实不符;投资会计处理错误,随意调节投资收益等。

(3)长期股权投资会计处理方法不当。在投资收益或损失的会计处理方法上,有的企业不按照企业会计制度的要求,随意采用成本法或权益法进行核算。按规定,投资企业能够对被投资单位实施控制的,应采用成本法核算,却采用了权益法;对被投资单位不能实施控制的,应采用权益法核算,却采用了成本法核算,造成企业投资收益或损失的会计信息不真实,会计处理不正确。

(4)对投资收益处理不当。在实际中,企业出于种种原因,不按签订的合同或协议的规定,未及时足额地将投资收益记入"投资收益"账户。有的将部分或全部投资收益挂账在"其他应付款"账户,隐瞒收入,或干脆转移到账外账,形成"小金库",造成收入不实、私分收益等漏洞,应严加防范。截留投资收益,形成账外资金;或截留投资资产,形成账外资产。

第二节　内部控制测试和交易的实质性测试

一、筹资与投资循环内部控制

(一)筹资活动内部控制

筹资活动内部控制要点主要有：

(1)适当的授权与批准。企业通过借款筹集资金必须经管理当局的授权与批准，其中债券的发行每次均要由董事会授权。申请发行债券时，应履行审批手续，向有关机关递交相关文件。凡涉及投入资本的增减业务，都必须依据国家有关法规或企业章程的规定，报经企业最高权力机构和国家有关管理部门批准。

(2)签订合同或协议。企业向银行或其他金融机构借款必须签订借款合同或协议。企业发行债券必须签订债券契约。企业向社会公开发行股票或债券时，应当聘请独立的证券经营机构承销或包销，且必须与其签订承销或包销协议。上述合同或协议应由专人负责保管。

(3)严格保管未发行的证券。对拟发行的证券必须预先编号，由专人保管或委托外部独立机构代为保管。同时，应设立证券库存登记簿，详细记录未发行证券的动用情况。已收回的到期债券必须及时作废注销，以防不合法使用。独立检查人员必须定期审视在库债券的数量与保管情况。

(4)取得资金。企业向银行或其他金融机构借入的款项，企业通过发行债券、发行股票所得款项应及时如数存入其开户银行。为保证投入资本的真实性，投入资本必须经注册会计师验资并出具验资报告。

(5)计算利息和股利。企业应按有关合同、协议或债券契约的规定及时计算借款或债券利息，根据公司章程和董事会决定计算应付股东的股利。

(6)偿还本息和发放股利。对于银行借款或债券，应按有关合同、协议或债券契约的规定支付利息；到期偿还本金。债券利息通常委托外部独立机构代理发放，以便加强控制。对债券的偿还和购回业务也要有董事会的正式授权批准。股利发放业务可由企业自己办理，也可委托证券交易所和金融机构代理发放。

(7)建立健全账簿体系和记录制度。企业对筹资活动必须建立严密完善的账簿体系和记录制度，并定期检查。对于借款交易，应保持完整的会计记录，分户登记各种借款项目。对于债券业务，企业应设置债券持有人明细账(债券存根簿)，由独立人员定期核对债券持有人明细账和总分类账的正确完整性。若这些记录由外部机构保存，则需定期同外部机构核对。此外，记录应付债券业务的会计人员不得参与债券发行。

如果企业发行股票，则应设置股票登记簿和股东名册，由专人负责登记。企业的所有股票必须事先统一编号，装订成登记簿。股票登记簿内的每张股票应附有存根，用于填写股份数、股票编号、股东姓名、成交日期。发行股票必须按编号顺序签发，同时填写存根。由有关部门负责人定期检查核对股票登记簿、股东名册及股本账，以确保产权关系明确，保护投资者的合法权益。

(二)投资活动内部控制

投资活动内部控制要点主要有：

（1）明确的授权和职责分工。为确保投资业务的合法，各项投资活动必须经过授权审批，而且在业务的授权、执行和会计记录以及投资资产的保管等方面应建立严格的职责分工。例如，投资证券业务必须经企业最高权力机构核准及高层负责人员授权签批，由财务经理或者不参与会计记录的指定人员办理证券的买卖业务，会计部门则负责投资业务的账务处理，并由专人保管证券。这种明确的分工与相互牵制，有利于避免或减少投资业务中发生错误或舞弊的可能性。

（2）严格的记名登记制度。企业可以通过购买股票或债券等进行证券投资，且所有的购入投资证券必须以企业名义登记。除无记名证券外，企业在购入股票或债券时，应在购入的当日尽快登记于企业名下，切忌登记于经办人员名下，防止冒名转移并借其他名义牟取私利的舞弊行为发生。企业也可以通过与其他单位联合形成投资，但必须与被投资单位签订投资合同、协议，并获取被投资单位出具的投资证明。

（3）健全的投资资产保管制度。企业应健全投资资产的保管制度。企业对投资资产（指证券资产）一般有两种保管方式：一种是委托独立的专门机构，如银行、证券公司、信托投资公司等进行保管。另一种是由企业自行保管，在这种方式下，必须建立严格的联合控制制度，即至少要由两名以上人员共同控制，不得单独一人接触任何证券。此外，应设立证券登记簿，详细记录各种存入或取出的证券与文件的名称、数量、价值及存取的日期，并由所有在场的经手人员签名。

（4）详细投资业务会计核算制度。企业对各项投资业务的增减变动及投资收益，都要进行完整的记录与账务处理。对每一种股票或债券要分别设立明细分类账，并详细记录其名称、面值、证券编号、数量、取得日期、经纪人名称、购入成本、收取的股利收入或利息收入等资料。对于联营投资类的其他投资，也应设置明细分类账，核算其他投资的投出、投资收益和投资收回等业务，并对投资的形式、接受投资单位、投资的计价以及投资收益等作出详细的记录。

（5）完善的定期盘点制度。对于企业所拥有的各种证券投资资产，应由内部审计人员或不参与投资业务的其他人员进行定期盘点，检查其所有权与完整性，并将盘点记录与账面记录相互核对是否一致，以及时发现投资证券的短缺或其他舞弊行为。

二、筹资和投资循环的控制测试

（一）筹资活动的控制测试

1. 了解筹资业务内部控制

对内部控制的了解，一般可以通过编制流程图、撰写内部控制说明、设计问答式调查表等方式进行。以债券筹资为例，在了解债券业务内部控制时，一般应注意以下问题：

（1）债券发行是否根据董事会授权、是否履行审批手续、是否符合有关法律规定进行。

（2）债券发行收入是否立即存入银行，并记入恰当的账户。

（3）取得债券契约，检查被审计单位是否按照约定及时支付利息或股利。

（4）检查债券入账会计处理是否正确。

（5）债券业务涉及的账簿是否指定专人妥善保管并定期核对。

（6）债务的偿还和购回以及股利支付是否根据董事会授权办理。

如果前一年度该企业的审计工作是由同一会计师事务所进行的，注册会计师应将调查重点放在企业内部控制的变动部分，掌握各项变动的原因和影响。如果在上一年度审计中，针对内部控制提出过管理建议，注册会计师还应证实各项管理建议是否已得到落实，并弄清未予落实的原因。

2. 测试筹资业务内部控制

注册会计师在了解筹资业务内部控制后,应运用一定的方法测试其健全、有效程度。

(1) 取得筹资业务法律性文件,如检查应付债券发行是否经董事会授权、是否履行了适当的审批手续、是否符合法律的规定。

(2) 检查企业筹资业务收入是否立即存入银行。

(3) 取得相关的契约,检查企业是否根据契约的规定支付债务利息和发放股利。

(4) 检查筹资入账的会计处理是否正确。

(5) 检查取得债务偿还和股利支付的董事会决议,检查债券的偿还和购回及股利支付是否按董事会的授权进行。

3. 分析评价筹资业务内部控制

注册会计师在完成上述程序后,应对企业筹资业务的内部控制进行分析、评价,以确定其在实质性程序工作中的影响,并针对薄弱环节提出改进建议。

筹资活动的控制目标、内部控制、控制测试及交易的实质性测试如表 18 - 1 所示。

表 18 - 1　筹资活动的控制目标、内部控制和测试一览表

内部控制目标	关键内部控制程序	内部控制测试	交易实质性测试
借款和所有者权益账面余额在资产负债表日确定存在,借款利息费用和已支付的股利是由被审计期间真实事项引起的(存在或发生)	借款或发行股票经过授权审批 签订借款合同或协议、债券契约、承销或包销协议等相关法律性文件	索取借款或发行股票的授权批准文件,检查权限恰当否,手续齐全否 索取借款合同或协议、债券契约、承销或包销协议	获取或编制借款和股本明细表,复核加计正确,并与报表数、总账数和明细账合计数核对相符 检查与借款或股票发行有关的原始凭证,确认其真实性,并与会计记录核对 检查利息计算的依据,复核应计利息的正确性,并确认全部利息记入相关账户
借款和所有者权益的增减变动及其利息和股利已登记入账(完整性)	筹资业务的会计记录、授权和执行等方面明确职责分工 借款合同或协议由专人保管;如保存债券持有人的明细资料,应同总分类账核对相符;如由外部机构保存,需定期同外部机构核对	观察并描述其职责分工 了解债券持有人明细资料的保管制度,检查被审计单位是否将其与总账或外部机构核对	检查年度内借款和所有者权益增减变动原始凭证,核实变动的真实性、合规性,检查授权批准手续是否完备、入账是否及时准确
借款均为被审计单位承担的债务,所有者权益代表所有者的法定求偿权(权利与义务)			向银行或其他金融机构、债券包销人函证,并与账面余额核对 检查股东是否已按合同、协议、章程约定时间缴付出资额,其出资是否经注册会计师审验

（续表）

内部控制目标	关键内部控制程序	内部控制测试	交易实质性测试
借款和所有者权益的期末余额正确（计价和分摊）	建立严密完善的账簿体系和记录制度 核算方法符合会计准则和会计制度的规定	抽查筹资业务的会计记录，从明细账抽取部分会计记录，按原始凭证到明细账、总账顺序核对有关数据和情况，判断其会计处理过程是否合规完整	
借款和所有者权益在资产负债表上披露正确（列报）	筹资业务明细账与总账的登记职务分离 筹资披露符合会计准则和会计制度的要求	观察职务是否分离	确定借款和所有者权益的披露是否恰当，注意1年内到期的借款是否列入流动负债

注：本表以获得初始借款交易为例，不包括偿还的利息和本息交易。

（二）投资活动的控制测试

1. 了解投资活动的内部控制

注册会计师必须全面了解被审计单位在审计年度的各种投资业务及其内部控制的情况，并采用一定方式加以描述，以便进行正常测试。如果是采用内部控制调查表，其调查的问题一般为：

（1）投资项目是否经授权批准。

（2）是否与被投资单位签订合同、协议，并获得被投资单位出具的证明。

（3）投资金额是否及时入账。

（4）投资证券的保管措施是否有效。

（5）是否定期盘点证券并与会计记录核对。

（6）证券保管人员是否处理会计记录。

（7）投资证券是否以企业名义及时登记。

（8）有价证券的买卖是否经过适当授权。

（9）是否建立投资证券的明细记录。

（10）投资收益的会计处理是否适当。

（11）是否提交投资业务的管理报告。

2. 进行抽查

抽查的具体办法是从每种投资业务的明细记录中选取部分会计记录，从原始凭证到明细账、总账顺序核对证券购售情况，以确定证券名称、买卖日期、编号、购入成本或出售价值、证券持有人等有关数据和资料是否相互一致，判断会计处理过程是否合规、完整，并据以核实相关的内部控制是否被有效执行。

3. 审阅内部盘核报告

被审计单位内部审计人员或其他授权人员对投资资产应定期盘核并编制盘核报告。在这种情况下，注册会计师应认真审阅其盘核报告。审阅时，应注意被审计单位的盘核方法是否适当，盘核的结果与会计账面记录是否存在差异以及出现差异的处理结果是否合规。如果各期盘核报告均未发现显著的差异，则可说明其投资业务的内部控制得到了有效执行,因而是可以信赖的。

4. 分析被审计单位投资业务管理报告

在作出长期股权投资决策之前,被审计单位最高管理层需对投资进行可行性研究和论证,并形成一定的记录。投资业务一经执行,又会形成一系列的投资凭证和文件,如证券投资的各类证券,联营投资中的投资协议、合同及章程等。因此,负责投资业务的管理人员(一般为财务经理)需定期(一般按月)向企业最高管理层报告有关投资业务的开展情况,即提交投资业务管理报告书。注册会计师应认真分析这些投资管理报告的具体内容,并据以对重大证券交易或者事项进行必要的调查,以判明企业长期投资业务的管理业绩。

5. 评价投资业务内部控制

根据上述内部控制测试结果,注册会计师取得了有关内部控制是否健全、有效的证据,即可对投资业务的内部控制作出评价,确定其存在的薄弱环节或尚需进一步调查的问题,并据以修改、补充或调整实质性程序的具体实施和重点。

投资活动的控制目标、内部控制、控制测试及交易实质性测试如表 18-2 所示。

表 18-2 投资活动的控制目标、内部控制和测试一览表

内部控制目标	关键内部控制程序	内部控制测试	交易实质性测试
投资账面余额为资产负债表日确实存在的投资,投资收益(或损失)是由被审期间实际事项引起(存在与发生)	投资业务经过授权审批 与被投资单位签订合同、协议,并获取被投资单位出具的投资证明	索取投资的授权批文,检查权限恰当否,手续齐全否 索取投资合同或协议,检查是否合理有效 索取被投资单位的投资证明,检查其是否合理有效	获取或编制投资明细表,复核加计正确,并与报表数、总账数和明细账合计数核对相符 向被投资单位函证投资金额、持股比例及发放股利情况
投资增减变动及其收益损失均已登记入账(完整性)	投资业务的会计记录与授权,执行和保管等方面明确职责分工健全证券投资资产的保管制度,或者委托专门机构保管,或者在内部建立至少两名人员以上的联合控制制度,证券的存取均需详细记录和签名	观察并描述业务的职责分工 了解证券资产的保管制度,检查被审计单位自行保管时,存取证券是否进行详细的记录并由所有经手人员签字	检查年度内增减变动的原始凭证,对于增加项目要核实其入账基础符合有关规定否,会计处理正确否;对于减少的项目要核实其变动原因及授权批准手续
投资均为被审计单位所有(权利与义务)	内部审计人员或其他不参与投资业务的人员定期盘点证券投资资产,检查是否为企业实际拥有	了解企业是否定期进行证券投资资产的盘点/审阅盘核报告 审阅盘核报告,检查盘点方法是否恰当、盘点结果与会计记录核对情况以及出现差异的处理是否合规	盘点证券投资资产 向委托的专门保管机构函证,以证实投资证券的真实存在

（续表）

内部控制目标	关键内部控制程序	内部控制测试	交易实质性测试
投资的计价方法正确,期末余额正确(计价和分摊)	建立详尽的会计核算制度,按每一种证券分别设立明细账,详细记录相关资料 核算方法符合准则的规定 期末成本与市价孰低,并正确记录投资跌价准备	抽查投资业务的会计记录,从明细账抽取部分会计记录,按顺序核对有关数据和情况,判断其会计处理过程是否合规完整	检查投资的入账价值是否符合投资合同、协议的规定,会计处理是否正确,重大投资项目,应查阅董事会有关决议,并取证 检查长期股权投资的核算是否符合会计准则的规定 检查长期债券投资的溢价或折价,是否按有关规定摊销
投资在资产负债上的披露正确(列报)	投资明细账与总账的登记职务分离 投资披露符合会计准则的要求	观察职务是否分离	验明投资的披露是否恰当,注意1年内到期的长期投资是否列入流动资产

注：本表以获得初始投资交易为例,不包括收到的投资收益、收回或变现投资、期末对投资计价进行调整等交易。

第三节 借款审计

在对筹资和投资循环进行审计时,注册会计师应当根据筹资和投资业务的各类交易、账户余额、列报的性质选择适当的实质性程序,包括实质性分析程序和细节测试。细节测试适用于筹资和投资业务交易、账户余额以及相关列报,尤其是对存在或发生、计价认定的测试;同时对在一段时期内存在可预期关系的交易,注册会计师可以考虑实施实质性分析程序。按照筹集资金的性质,筹资活动审计可以分为两大类：负债筹资审计和权益筹资审计。本节叙述借款涉及的主要科目的实质性测试。

一、借款审计概述

借款主要包括短期借款、长期借款、应付债券、长期应付款、财务费用等。在一般情况下,被审计单位不会高估负债,因为这样于自身不利,且难以与债权人的会计记录相互印证;注册会计师对借款筹资项目的审计,主要是防止被审计单位低估债务。低估债务经常伴随低估成本费用,从而高估利润的目的。因此,低估债务不仅影响财务状况的反映,而且还会极大地影响企业财务成果的反映。所以,注册会计师在执行负债项目审计时,应将被审计单位是否低估债务作为关注的要点。

概括来说,借款筹资业务审计目标为：确定借款筹资交易的记录是否正确;确定借款筹资业务账户的期末余额是否正确;确定借款筹资业务的披露是否恰当。注册会计师需要关注下列几项内容：

（1）了解并确定被审计单位有关借款筹资的内部控制是否存在、有效且一贯遵守。

（2）确定被审计单位在特定期间内发生的借款筹资业务是否均已记录完毕,有无遗漏。

（3）确认被审计单位所记录的借款在特定期间是否确实存在,是否为被审计单位所承担。

（4）确认被审计单位所有借款的会计处理是否正确。

（5）确定被审计单位各项借款的发生是否符合有关法律的规定，被审计单位是否遵守了有关债务契约的规定。

（6）确认被审计单位借款余额在有关财务报表上的反映是否恰当。

二、短期借款审计

短期借款是企业向银行或其他金融机构借入的偿还期在1年以内的款项。在对短期借款进行审计时，实质性测试程序主要有：

（1）获取或编制短期借款明细表。审计人员应首先获取或编制短期借款明细表，复核其加计数是否正确，并与明细账和总账核对相符。

（2）函证短期借款的实有数。为了确定短期借款的实有数，审计人员应在期末对余额较大或认为重要的短期借款向银行或其他债权人函证。这种函证可以结合银行存款余额的函证进行。如果回函金额不符，应查明原因并调节相符；如果函证无法收回，应实施替代审计程序。

（3）审查短期借款的增加和减少。对年度内增加的短期借款，审计人员应检查借款合同和授权批准，了解借款数额、借款条件、借款日期、还款期限、借款利率，并与相关会计记录相核对。对年度内减少的银行借款，审计人员应重点检查相关会计记录和原始凭证，核实还款数额。

（4）检查有无到期未偿还的短期借款。审计人员通过审查相关会计记录和原始凭证，以查明被审计单位有无到期未偿还的短期借款，如果有，则应查明是否已向银行提出申请并经同意后办理延期手续。

（5）复核短期借款利息。审计人员应根据短期借款的利率和期限，复核被审计单位短期借款的利息计算是否正确，有无多算或少算利息的情况，如有未计利息和多计利息，应作出记录，必要时进行调整。

（6）审查外币借款的折算。如果被审计单位有外币短期借款，审计人员应检查外币短期借款折合为记账本位币采用的折算汇率是否正确；折算差额是否按规定进行会计处理；折算方法是否前后期一致。

（7）确定短期借款在资产负债表上的反映是否恰当。企业的短期借款在资产负债表上通常在"短期借款"项目单独列示，对于因抵押而取得的短期借款，应在资产负债表附注中揭示，注册会计师应注意被审计单位对短期借款项目的反映是否充分。

同时，审计师应当对短期借款实施分析性程序，了解短期借款的合理性。这里选择合适的指标非常关键，一般来说，审计执行负债分析性程序常用的指标有：① 负债与资产总额比：负债总额÷资产总额。② 已赚取公司债利息：营业利润（息税前利润）÷公司债利息费用。③ 利息费用与负债比：利息费用÷平均债务。

审计可将这些比率的计算结果同以前年度的结果与预算值相比较，也可将其与行业数据相比较，如发现异常波动，应作进一步的调查。对于短期借款的分析性程序可以将上述比率作适当调整以适用于分析短期借款。进行分析程序应注意与以前年度预算以及行业水平进行比较。

三、长期借款审计

长期借款是企业向银行或其他金融机构借入的偿还期在1年以上的款项，长期借款实质性程序同短期借款实质性程序较为相似。注册会计师在对长期借款进行审计时，实施的实质性测试程序主要有：

（1）获取或编制长期借款明细表，复核其加计数是否正确，并与明细账和总账核对相符。

（2）了解金融机构对被审计单位的授信情况以及被审计单位的信用等级评估情况，了解被审计单位获得短期借款和长期借款的抵押和担保情况，评估被审计单位的信誉和融资能力。

（3）对年度内增加的长期借款，应检查借款合同和授权批准，了解借款数额、借款条件、借款日期、还款期限、借款利率，并与相关会计记录相核对；对年度内减少的长期借款，注册会计师应检查相关记录和原始凭证，核实还款数额。

（4）审查长期借款的使用是否符合借款合同的规定，重点审查长期借款使用的合理性。

（5）向银行或其他债权人函证重大的长期借款。

（6）检查年末有无到期未偿还的借款，逾期借款是否办理了延期手续。

（7）计算短期借款、长期借款的各个月份的平均余额，选取适用的利率匡算利息支出总额，并与财务费用的相关记录核对，判断被审计单位是否高估或低估利息支出，必要时进行适当调整。

（8）审查企业抵押期借款的抵押资产的所有权是否属于企业，其价值和现实状况是否与抵押契约中的规定相一致。

（9）检查非记账本位币折合记账本位币采用的折算汇率，折算差额是否按规定进行会计处理。

（10）检查企业重大的资产租赁合同，判断被审计单位是否存在资产负债表外融资的现象。

（11）检查借款费用的会计处理是否正确。借款费用指企业因借款而发生的利息及其他相关成本，包括折价或溢价的摊销、辅助费用以及因外币借款而发生的汇兑差额。按照《企业会计准则第 17 号——借款费用》的规定，企业发生的借款费用，可直接归属于符合资本化条件的资产的购建或生产的，应当予以资本化，计入相关资产成本；其他借款费用，应当在发生时根据其发生额确认费用，计入当期损益。

（12）确定长期借款是否已在资产负债表上充分披露。

长期借款在资产负债表上列示于长期负债类下，该项目应根据"长期借款"账户的期末余额扣减将于 1 年内到期的长期借款后的数额填列，该项扣除数应当填列在流动负债类下的"一年内到期的长期负债"项目单独反映。注册会计师应根据审计结果，确定被审计单位长期借款在资产负债表上的列示是否充分，并注意长期借款的抵押和担保是否已在财务报表附注中作了充分的说明。

同时，审计师可以实施实质性分析程序了解长期借款的合理性。审计人员将分期偿还额、应计利息与以前年度的对应数比较，检查有无漏记负债的情况。将本期财务费用与上期、本期各月份比较，分析是否存在异常。与短期借款分析性程序一样，审计师可以对前述三个指标进行调整以适用于分析长期借款。

如果被审计单位存在到期未偿还的借款，注册会计师应当分析计算逾期贷款的金额、比率和期限，判断被审计单位的资信程度和偿债能力及可持续经营能力。

四、应付债券审计

债券是债务人依法定程序发行，承诺在一定时间内还本付息的一种债务凭证。被审计单位应付债券业务不多,但每笔业务却可能都是重要的,因此注册会计师应高度重视应付债券审计。实质性程序的实质性测试程序主要有:

（1）取得或编制应付债券明细表。同其他负债项目的实质性程序一样,注册会计师应首先取得或编制应付债券明细表,并同有关的明细分类账和总分类账核对相符。

（2）检查债券交易的有关原始凭证。审查债券交易的各项原始凭证,是确定应付债券金额及其合法性的重要程序。这些原始凭证包括:现有债券副本、债券收入现金收据、银行对账单、债券偿还的支票存根等。

（3）审查应计利息、债券折（溢）价摊销及其会计处理是否正确。此项工作一般可通过审查债券利息、溢价、折价等账户分析表来进行。该表可让企业代为编制,注册会计师加以审查,也可由注册会计师自己编制。

（4）函证"应付债券"账户期末余额。为了确定"应付债券"账户期末余额的真实性,注册会计师可以直接向债权人及债券的承销人或包销人进行函证。函证内容应包括应付债券的名称、发行日、到期日、利率、已付利息期间、年内偿还的债券、资产负债表日尚未偿还的债权及其他注册会计师认为应包括的其他重要事项。

（5）审查到期债券的偿还。对到期债券的偿还,注册会计师应审查相关会计记录,检查其会计处理是否正确。

（6）检查借款费用的会计处理是否正确。

（7）确定应付债券是否已在资产负债表上充分披露。应付债券在资产负债表中列示于长期负债类下,该项目应根据"应付债券"账户的期末余额扣除将于 1 年内到期的应付债券后的数额填列,该扣除数应当填列在流动负债类下的"一年内到期的长期负债"项目单独反映。注册会计师应根据审计结果,确定被审计单位应付债券在财务报表上的反映是否充分,应注意有关应付债券的类别是否已在财务报表附注中作了充分的说明。同时,注册会计师还可以对应付债券执行分析性程序,对应付债券执行分析性程序更应注重企业应付债券负债状况以及偿付利息的压力。注册会计师应将这些比率的计算结果同以前年度的结果和预算值进行比较,特别要注意异常波动,对于发现的异常波动,要作进一步的调查。

五、长期应付款审计

长期应付款是指企业除了长期借款、应付债券以外的长期负债,包括应付融资租赁款和应付补偿贸易引进设备款。长期应付款审计,主要是审查有关长期应付款的计价、会计处理方法等的合理性、合法性及期末长期应付款余额的真实性等。长期应付款的实质性程序主要有:

（1）获取或编制长期应付款明细表,并与明细账和总账的余额核对相符。

（2）检查各项与长期应付款相关的契约有无抵押情况。对于融资租赁固定资产应付款,还应审阅融资租赁的授权批准手续是否齐全,并作出必要记录。

（3）向债权人函证重大的长期应付款。

（4）检查各项长期应付款本息计算是否准确,会计处理是否正确。

（5）检查与长期应付款有关的汇兑损益是否按规定进行了会计处理。

（6）检查 1 年内到期的长期应付款是否转列流动负债。

（7）检查长期应付款是否已在资产负债表上充分披露。

六、财务费用审计

财务费用指企业筹集生产经营过程中所需资金而发生的费用,包括利息支出（减去利息收入后的支出)、汇兑损失(减去汇兑收益后的损失)、金融机构手续费以及筹集生产经营资金发生的其他费用等。财务费用实质性程序主要包括：

(1) 获取或编制财务费用明细表，复核加计正确，与报表数、总账数及明细账合计数核对是否相符。

(2) 将本期、上期财务费用各明细项目作比较分析，必要时比较本期各月财务费用，如有重大波动和异常情况应追查原因，扩大审计范围或增加测试量。

(3) 检查利息支出明细账，确认利息收支的真实性及正确性。检查各项借款期末应计利息有无预计入账。注意检查现金折扣的会计处理是否正确。

(4) 检查汇兑损失明细账，检查汇兑损益计算方法是否正确，核对所用汇率是否正确，前后期是否一致。

(5) 检查"财务费用——其他"明细账，注意检查大额金融机构手续费的真实性与正确性。

(6) 审阅下期期初的财务费用明细账，检查财务费用各项目有无跨期入账的现象，对于重大跨期项目，应作必要调整。

(7) 检查财务费用的披露是否恰当。

第四节　所有者权益相关项目审计

一、所有者权益审计概述

所有者权益，即企业投资者对企业净资产的所有权，包括企业所有者投入资本以及企业存续过程中形成的资本公积、盈余公积和未分配利润。在资产负债表上，所有者权益数额等于全部资产减去全部负债后的余额，即企业净资产数额。因此，审计资产负债表时，审计人员只要对其列示的资产和负债进行充分的审计，验证两者的期初余额、本期变动额和期末余额都是正确的，便可从侧面为所有者权益的期末余额和本期变动的正确性提供有力的证据。同时，由于所有者权益具有增减变动业务较少、金额较大的特点，审计人员在审计了企业的资产和负债之后，往往只花费相对较少的时间对所有者权益进行审计。但由于所有者权益对财务报表的公允反映有重大影响，因而，在审计过程中，对所有者权益进行单独审计仍是十分必要的。

概括来说，所有者权益审计的审计目标为：确定所有者权益交易的记录是否正确；确定所有者权益业务账户的期末余额是否正确；确定所有者权益业务的披露是否恰当。所有者权益相关项目主要包括投入资本(实收资本或股本)、资本公积、盈余公积、未分配利润应付股利等。

二、投入资本审计

投入资本是指投资人在企业创建期间以一定方式投入企业的，或是企业经营期间追加投入的，在工商行政管理部门登记的注册资金，即开办企业的本钱，它是所有者权益的基本组成部分。股份有限公司接受的投入资本通过"股本"账户核算，其他类型企业接受的投入资本通过"实收资本"账户核算。

企业资本金的多少关系到企业的生产经营活动能否正常进行，按照规定，企业设立时必须拥有资本的最低限额，达不到法定最低限额的，不予注册登记。因此，要加强投入资本的审计，以确保各投资者认缴的资本能及时到位，确保企业投入资本的真实性和合法性。

投入资本的实质性程序主要包括：

（1）审查出资方式、出资期限和出资额。出资方式包括货币资金出资、实物出资和无形资产出资三种。投资者出资时必须严格遵守国家和企业合同、章程的规定，不得擅自改变出资方式，否则将构成违反合同、章程的行为。我国规定，企业申请开业，必须具备符合国家规定并与其生产经营和服务规模相适应的资本数额，而且对各类企业注册资本的最低限额，即法定资本作了明确规定。企业的注册资本不应低于法定资本。审计人员应检查投资者是否按合同、协议、章程约定时间缴付出资额，其出资额是否业经中国注册会计师验证，已验资者，应查阅验资报告。

（2）取得或编制实收资本或股本明细表。审计人员应向被审计单位索取或自行编制实收资本或股本明细表，作为永久性档案存档。实收资本或股本明细表应当详细记载投入资本的变动情况及有关的分析评价。编制时需将每次变动情况逐一记载并与有关原始凭证和会计记录进行核对。

（3）检查投入资本增减变动的原因。审查时，应注意企业有无未经批准随意增资或减资的现象。主要审查其是否具备注册资本变动的条件，是否符合有关法律文件的规定，查阅其是否与董事会纪要、补充合同、协议及有关法律性文件的规定一致；审查其实收资本增减变动的会计处理是否正确。

（4）审查投入资本的真实存在。审计人员应通过对有关原始凭证、会计记录的审阅和核对，向投资者函证实缴资本额，对有关财产和实物的价值进行鉴定等，确定被审计单位投入资本的真实存在。审查时，应注意投入的现金是否已确实存入企业的开户银行，并收到银行的收款通知书；投入的实物资产是否已办理了验收手续并填入实物投资清单；投入的无形资产应审查是否已办理了法律手续，接收了有关技术资料。同时审查投入资本的会计处理是否正确。

（5）审查外币出资时投入资本的折算。以外币出资的，根据有关制度规定，企业对实际收到的外币出资，可以按合同约定的市场汇率折合为记账本位币记账；合同没有约定的，按下列原则处理：登记注册的货币与记账本位币一致时，按收到时的市场汇率折合；登记注册的货币与记账本位币不一致时，按企业第一次收到出资额时的市场汇率折合。如果有关资产账户与实收资本账户所采用的折合汇率不一致时，产生的资本折算差额，作为资本公积处理。

（6）验明实收资本或股本是否已在资产负债表上恰当披露。企业的实收资本或股本应在资产负债表上单独列示，同时应在财务报表附注中说明实收资本或股本期初至期末间的重要变动，如所有者变更、注册资本增加或减少、各所有者出资额的变动以及股票的发行、收回等。审计人员应在实施上述审计程序的基础上，确定被审计单位资产负债表上的实收资本或股本的反映是否正确，并确定有关投入资本是否在财务报表附注中予以分类揭示。

同时，审计师应当对实收资本实施分析性程序，了解所有者权益余额的合理性。这些指标有：① 所有者权益报酬率：净利润÷所有者权益。② 权益负债比率：所有者权益÷负债总额。如果是股份有限公司，还可以通过计算每股盈余、每股账面价值以及股利支付率比率进行分析。每股盈余、每股账面价值以及股利支付率比率计算如下：① 每股盈余＝净利润÷普通股股数。② 每股账面价值＝所有者权益÷普通股股数。③ 股利支付率＝现金股利÷净利润。

审计时可将这些比率的计算结果同以前年度的结果进行比较，如发现异常波动，应作进一步的调查。

三、资本公积审计

资本公积是指企业因非经营性因素而取得的资本增值,主要包括资本或股本溢价和其他资本公积等。资本公积审计就是审查资本公积形成和使用的合法性、真实性,并对资本公积期末余额的真实性加以验证。

资本公积审计实质性程序一般包括以下内容:

(1)检查资本公积增减变动的内容及其依据,并查阅相关会计记录和原始凭证,以确认其增减变动的合法性和正确性。

(2)检查资本溢价或股本溢价。对资本溢价应检查是否在企业吸收新的投资者时形成,资本溢价的确定是否按实际出资额扣除其投资比例所占的资本额计算;对股本溢价应检查发行是否合法,是否将股票发行价格与其面值的差额全部计入资本公积,是否已扣除委托证券商代理发行股票而支付的手续费、佣金。

(3)检查以权益法核算的被投资单位除净损益以外所有者权益的变动,被审计单位是否已按其享有的份额入账,会计处理是否正确。

(4)对拨款转入,审阅有关拨款文件,检查拨款项目完成情况,结合专项应付款的审计,检查会计处理是否正确。

(5)以权益结算的股份支付,取得相关资料,检查在权益工具授予日和行权日的会计处理是否正确。

(6)对自用房地产或存货转换为以公允价值计量的投资性房地产,若转换日公允价值大于账面价值,差额是否正确记入本账户,若转换日公允价值小于账面价值,检查差额是否正确记入"公允价值变动损益"账户。

(7)对可供出售金融资产形成的资本公积,结合相关科目,检查金额和相关会计处理是否正确。

四、盈余公积审计

盈余公积是指企业按照规定从净利润中提取的各种积累资金。盈余公积是具有特定用途的留存收益,主要用于弥补亏损和转增资本,也可以按规定用于分配股利。盈余公积包括法定盈余公积和任意盈余公积。

盈余公积审计实质性程序主要包括:

(1)获取或编制盈余公积明细表,分别列示法定盈余公积和任意盈余公积,并与明细账和总账的余额核对相符。

(2)对盈余公积各明细项目的发生额,逐项审查其原始凭证。

(3)检查盈余公积各明细项目的提取比例是否符合有关规定。

(4)检查盈余公积减少数是否符合有关规定,会计处理是否正确。

(5)检查盈余公积是否已在资产负债表上恰当披露。

五、未分配利润审计

未分配利润是指企业留待以后年度进行分配的结存利润,即这部分利润没有分配给投资者,也未指定用途。它是企业历年积存的利润分配后的余额,也是所有者权益的一个重要组成部分。

未分配利润审计实质性程序主要包括:

(1)检查利润分配比例是否符合合同、协议、章程以及董事会纪要的规定,利润分配数额及年末分配数额是否正确。

(2) 根据审计结果调整本年损益数,直接增加或减少未分配利润。

(3) 确定调整后的未分配利润数。

(4) 检查未分配利润是否已在资产负债表上恰当披露。

六、应付股利审计

企业分配给投资者的现金股利或利润,在实际未支付给投资者之前,形成了一笔负债。在会计核算中设置"应付股利"账户进行核算。应付股利包括应付给投资者的现金股利、应付给国家以及其他单位和个人的利润等。

应付股利的实质性程序的内容如下:

(1) 获取或编制应付股利明细表,复核加计正确,并与报表数、总账数和明细账合计数核对是否相符。

(2) 审阅公司章程、股东大会和董事会会议纪要中有关股利的规定,了解股利分配标准和发放方式是否符合有关规定并经法定程序批准。

(3) 检查应付股利的发生额,是否根据董事会或股东大会决定的利润分配方案,从税后可供分配利润中计算确定,并复核应付股利计算和会计处理的正确性。

(4) 被审计单位董事会确定的上期利润分配预案,如股东大会决议作了修改,应按股东大会决定调整应付股利的期初数,检查有关会计处理是否正确。

(5) 检查股利支付的原始凭证的内容和金额是否正确。

(6) 检查应付股利的披露是否恰当。

特别需要注意的是,为更好地保护投资者利益,规范上市公司运用资产重组进行弥补亏损和资本公积的使用,中国证监会于2012年3月颁布了《对于上市公司实施重大资产重组后上市公司监管指引第1号——上市公司实施重大资产重组后存在未弥补亏损情形的监管要求》(证监会公告[2012]6号),明确指出新上市公司主体将由于存在未弥补亏损而长期无法向股东进行现金分红和通过公开发行证券进行再融资。对于上市公司因发行股份购买资产实施重大资产重组后可能导致长期不能弥补亏损,进而影响公司分红和公开发行证券的情形:

(1) 相关上市公司应当遵守《公司法》规定,公司的资本公积金不得用于弥补公司的亏损。

(2) 相关上市公司不得采用资本公积金转增股本同时缩股以弥补公司亏损的方式规避上述法律规定。

(3) 相关上市公司应当在临时公告和年报中充分披露不能弥补亏损的风险并作出特别风险提示。

(4) 相关上市公司在实施重大资产重组时,应当在重组报告书中充分披露全额承继亏损的影响并作出特别风险提示。

第五节 投资活动相关项目审计

投资活动相关项目主要包括长期股权投资、交易性金融资产、持有至到期投资、可供出售金融资产、投资性房地产以及其他相关项目等。

一、投资活动审计的主要目标

（1）确定投资是否存在。

（2）确定投资是否归被审计单位所有。

（3）确定投资的增减变动及其损益的记录是否完整。

（4）确定投资的计价方法是否正确。

（5）确定投资的年末余额是否正确。

（6）确定投资在财务报表上的披露是否恰当。

二、长期股权投资审计

长期股权投资审计的实质性程序主要有：

（1）获取或编制长期股权投资明细表。审计人员首先应获取或编制长期股权投资明细表。长期股权投资明细表按投资分类列示，审计人员据此可了解企业长期股权投资的全貌。其主要内容包括：投资种类及说明、年初余额、本年增加或减少数、年末余额、投资收益等，并且还需要说明该投资占接受投资企业实收资本的份额，以及会计方法的选择（成本法或权益法）。

（2）检查长期股权投资的真实性。为证实被审计单位的投资资产是否完整存在，以及账实是否相符或发现其他异常情况，注册会计师应对被审计单位自行保管的证券进行实地盘点，并对委托专门机构代为管理的证券发函询证。

库存证券的盘点通常与现金和其他流动证券的盘点同时执行，时间一般安排在期末结账日之前。执行这项测试时，应注意以下几点：一是在盘点过程中，证券保管人员都必须在场，盘点结果要记入盘点清单；二是退还证券时必须向保管人员索取收据；三是所有证券必须由注册会计师控制，直到盘点结束。被审计单位的库存证券可能保存在不同的地方，在这种情况下，除非能同时盘点所有证券，否则必须将证券贴上封条，直接盘点结果。如果盘点工作安排在结账日后进行，注册会计师应根据盘点结果和结账日与盘点日之间的证券增减变动业务的发生情况计算结账日长期股权投资余额。盘点结束后，注册会计师应将盘点清单与前述明细表中有关账户相核对，并经企业管理人员签章后列入审计工作底稿。对于外界人士保管的证券，注册会计师应采用积极式函证。证券函证程序与应收账款函证一样。注册会计师必须控制询证函的寄发和直接从保管人那里得到回复。

（3）检查长期股权投资核算方法的选用是否正确。长期股权投资通常可以采用成本法和权益法核算。审计人员应首先了解企业有哪些投资项目采用了成本法核算，检查股利分配的原始凭证及分配决议等资料，确定会计处理是否正确；对被审计单位实施控制而采用成本法核算的长期股权投资，比照权益法编制变动明细表，以备合并报表使用，并通过询问管理当局或函证被投资企业等方式，确认企业是否确实能够对被投资企业实施控制。对于采用权益法的，应获取被投资单位业经注册会计师审计的年度财务报表，如果未经注册会计师审计，则应考虑对被投资单位的财务报表实施适当的审计或审阅程序。

（4）检查年度内长期股权投资增减变动的原始凭证，并追索其变动的原因及授权批准手续。检查本期发生的重大股权变动事项对于当期（尤其是会计年度结束前）发生的重大股权转让，应当审阅股权转让合同、协议、董事会和股东大会决议，分析是否存在不等价交换，判断被审计单位是否通过不等价股权转让调节利润，粉饰财务状况。对于年度内取得股权的，应分析被审计单位根据接受投资单位的净损益确认投资收益时，是否以取得股权后发生的净损益为基础，应特别注意股权转让协议是否存在倒签日期的现象，股权转让涉及的款项是否已经实际支付或收到。

(5) 检查投资是否按实际购入成本入账。根据有关制度规定,企业应以实际购入成本确认投资的入账价值。查明证券购入时是否以实际购入成本即包括购价、经纪人佣金、手续费和其他有关费用正确入账,可以根据证券的投资明细账户记录追查至作为原始凭证的经纪人发票、费用单据和银行付款凭证。审计人员还应特别注意,如果购入证券所支付的价格中包含已宣告但尚未发放的股利或含有发售日至购买日之间已实现的利息,应检查其证券购入成本的确认是否正确,应计股利和应计利息的会计处理是否符合有关规定。任何高估或低估证券价值的做法,均应建议调整。对于企业以非货币性资产换入的长期股权投资,应查阅有关评估报告或协议文件、换出资产的账面记录以及相关原始资料等来验证该项投资入账价值的适当性。检查长期股权投资入账基础是否符合投资合同、协议的规定,会计处理是否正确,重大投资项目,应查阅董事会有关决议,并取证。

(6) 检查投资收益、应收股利是否按规定恰当地进行了核算。

(7) 确定长期股权投资是否已在资产负债表上恰当披露。

(8) 检查长期股权投资减值准备的计提是否符合制度规定,有无滥用会计政策和会计估计。

同时,审计人员应该进行分析性程序。计算长期股权投资所占的比例,分析长期股权投资的安全性,要求被审计单位估计潜在的长期股权投资损失。计算投资收益占利润总额的比例,分析判断被审计单位盈利能力的稳定性。将当期确认的投资收益与从被审计单位实际获得的现金流量进行比较分析,将重大投资项目与以前年度进行比较,分析是否存在异常变化。这主要包括两项内容:一是利用当期几个特定账户之间的相互关系进行分析,比如可将股利收入的变化与股票投资的变化相比较;二是利用比率进行分析,常用的比率有: ① 投资占资产总额比率=投资÷资产总额。② 投资报酬率=投资收益÷投资总额。审计人员可将这些比率计算的结果,同客户以前年度的可比资料和预算、期望值相比较。如发现有异常波动可以进一步调查原因。

三、金融资产审计

金融资产审计,包括交易性金融资产、可供出售金融资产以及持有至到期投资等项目审计。

(一) 交易性金融资产审计

交易性金融资产审计的实质性程序通常包括:

(1) 获取或编制交易性金融资产明细表,可以由审计人员根据被审计单位的会计资料自行编制,也可以由被审计单位会计部门提供,经审计人员审阅后使用。审计人员应复核金融资产加计数是否正确,并与报表数、总账的余额和明细账合计数核对相符。

(2) 检查交易性金融资产投资的真实性。通过盘点交易性金融资产证实其真实性。注册会计师会同被审计单位主管会计人员盘点并与相关账户余额进行核对,如有差异,应查明原因,并作出记录或进行适当调整。

(3) 对期末结存的相关交易性金融资产,向被审计单位核实其持有目的,检查本科目核算范围是否恰当。

(4) 检查交易性金融资产账户的记录。注册会计师应审阅被审计单位有关股票、债券及基金等交易流水单及被审计单位证券投资部门的交易记录,与明细账核对,检查会计记录是否完整,会计处理是否正确。

（5）向相关金融机构发函询证交易性金融资产期末数量以及是否存在变现限制，并记录函证过程。取得回函时应检查相关签章是否符合要求。

（6）抽取交易性金融资产增加的记账凭证，注意其原始凭证是否完整合法，成本、交易费用和相关利息或股利的会计处理是否符合规定。抽取交易性金融资产减少的记账凭证，检查其原始凭证是否完整合法，会计处理是否正确；注意出售交易性金融资产时其成本结转是否正确，原计入的公允价值变动损益有无调整至投资收益。

（7）复核与交易性金融资产相关的损益计算是否准确，并与公允价值变动损益及投资收益有关数据核对。

（8）复核股票、债券及基金等交易性金融资产的期末公允价值是否合理，相关会计处理是否正确。

（9）关注交易性金融资产是否存在重大的变现限制。

（10）检查交易性金融资产是否得以恰当披露。

（二）可供出售金融资产审计

可供出售金融资产的实质性程序通常包括：

（1）获取或编制可供出售金融资产明细表，复核加计数是否正确，并与总账的余额和明细账合计数核对相符。

（2）检查可供出售金融资产投资的真实性。检查库存可供出售金融资产并与相关账户余额进行核对，如有差异，应查明原因，并作出记录或进行适当调整。同时向相关金融机构发函询证可供出售金融资产的期末数量，并记录函证过程，取得回函时应检查相关签章是否符合要求。

（3）获取可供出售金融资产对账单，与明细账核对，并检查其会计处理是否正确。

（4）对期末结存的可供出售金融资产，向被审计单位核实其持有目的，检查本账户核对范围是否恰当。

（5）抽取可供出售金融资产增加的记账凭证，注意其原始凭证是否完整合法，成本、交易费用和相关利息或股利的会计处理是否符合规定；抽取可供出售金融资产减少的记账凭证，检查其原始凭证是否完整合法，会计处理是否正确。注意出售可供出售金融资产时相应的资本公积有无调整。

（6）复核可供出售金融资产的期末公允价值是否合理，检查会计处理是否正确。检查可供出售金融资产出售时，其相关损益计算及会计处理是否正确，已计入资本公积的公允价值累计变动额是否转让"投资收益"账户。如果可供出售金融资产的公允价值发生较大幅度下降，并且预期这种下降趋势属于非暂时性的，应当检查被审计单位是否计提资产减值准备，计提金额和相关会计处理是否正确。

（7）已确认减值损失的可供出售金融资产，当公允价值回升时，检查其相关会计处理是否正确。其中债券等债权工具应从"资产减值损失"账户转回；股票等权益工具则应从"资本公积"账户转回，不得从当期损益转回。

（8）若债务工具类可供出售金融资产发生减值，检查其相关利息的计算和会计处理是否正确。

（9）复核可供出售金融资产划转为持有至到期投资的依据是否充分，会计处理是否正确。

（10）检查债券投资计入损益的利息收入计算所采用的利率是否正确。

(11) 结合银行借款等账户,了解是否存在已用于债务担保的可供出售金融资产。如果存在已用于债务担保的可供出售金融资产,则应取证并作相应的记录,同时提请被审计单位作恰当披露。

(12) 确定可供出售金融资产的披露是否恰当。

(三) 持有至到期投资审计

持有至到期投资的实质性程序主要包括:

(1) 获取或编制持有至到期投资明细表,复核加计正确,并与总账的余额和明细账合计数核对相符。

(2) 获取持有至到期投资对账单,与明细账核对,并检查其会计处理是否正确。

(3) 检查库存持有至到期投资,并与账面余额核对,如有差异,应查明原因,并作出记录或进行适当调整。同时向相关金融机构发函询证持有至到期投资审计期末数量,并记录函证过程,取得回函时应检查相关签章是否符合要求。

(4) 对期末结存的持有至到期投资,核实被审计单位持有的目的和能力,检查本账户核算范围是否恰当。

(5) 抽取持有至到期投资增加的记账凭证,注意其原始凭证是否完整合法,成本、交易费用和相关利息的会计处理是否符合规定。抽取持有至到期投资减少的记账凭证,检查其原始凭证是否完整合法,会计处理是否正确。

(6) 根据相关资料,确定债券投资的计息类型,结合"投资收益"账户,复核计算利息采用的利率是否恰当,相关会计处理是否正确,检查持有至到期投资持有期间收到的利息会计处理是否正确。检查债券投资票面利率和实际利率有较大差异时,被审计单位采用的利率及其计算方法是否正确。

(7) 检查当持有目的改变时,持有至到期投资划转为可供出售金融资产的会计处理是否正确。

(8) 结合银行借款等账户,了解是否存在已用于债务担保的持有至到期投资。如果存在已用于债务担保的持有至到期投资,则应取证并作相应的记录,同时提请被审计单位作恰当披露。

(9) 当有客观证据表明持有至到期投资发生减值的,应当复核相关资产项目的预计未来现金流量现值,并与其账面价值进行比较,检查相关准备计提是否充分。若发生减值,检查相关利息的计算及处理是否正确。

(10) 确定持有至到期投资的披露是否恰当,注意 1 年内到期的持有至到期投资是否已重分类至 1 年内到期的非流动资产。

同时,在对金融资产进行审计注册会计师应当实施分析性程序,计算金融资产投资占资产总额的比例,分析金融资产投资的安全性,要求被审计单位估计潜在的金融资产投资损失。① 计算投资收益占利润总额的比例,分析被审计单位在多大程度上依赖投资收益,判断被审计单位盈利能力的稳定性。② 计算各种投资项目的投资收益与各投资总额的比率并与上期进行比较,将各投资项目本期余额与上期进行比较,分析是否存在异常变动及潜在的错误或弊端。

四、投资性房地产审计

投资性房地产是指为赚取租金或资本增值,或两者兼有而持有的房地产。投资性房地产的实质性审计程序主要包括:

（1）获取或编制投资性房地产明细表。投资性房地产明细表可以由注册会计师根据被审计单位的会计资料自行编制，也可以由被审计单位会计部门提供，经注册会计师审阅后使用。注册会计师应当复核加计数是否正确，并与明细账和总账的余额核对相符。

（2）检查投资性房地产的范围是否合理。投资性房地产包括：① 已出租的土地使用权。② 持有并准备增值后转让的土地使用权。③ 已出租的建筑物。不属于投资性房地产的是：① 自用房地产。② 作为存货房地产。注册会计师应查明房地产的范围是否超出了会计准则规定。

（3）检查投资性房地产的确认。投资性房地产的确认条件是：① 与该投资性房地产有关的经济利益很可能流入企业。② 该投资性房地产的成本能够可靠地计量。只有满足这两个条件的才能确认为投资性房地产。

（4）检查投资性房地产的初始计量。投资性房地产应当按照成本进行初始计量。例如，外购投资性房地产的成本，应包括购买价款、相关税费和可直接归属于该资产的其他支出；自行建造投资性房地产的成本由建造该项资产达到预定可使用状态前所发生的必要支出构成。注册会计师应检查投资性房地产初始计量的正确性。

（5）检查投资性房地产有关后续支出。只有符合一定条件的支出才能计入投资性房地产的成本，包括：① 与该投资性房地产有关的经济利益很可能流入企业。② 该投资性房地产的成本能够可靠地计量。不满足这两个条件的支出应当在发生时计入当期损益。注册会计师应当检查被审计单位对投资性房地产后续支出的处理是否符合规定。

（6）检查投资性房地产的后续计量。企业应当在资产负债表日采用成本模式对投资性房地产进行后续计量。但有确凿证据表明投资性房地产的公允价值能够持续可靠取得的，可以对投资性房地产采用公允价值模式进行后续计量。同时采用公允价值模式计量的应当同时满足两个条件，即：① 投资性房地产所在地有活跃的房地产交易市场。② 企业能够从房地产交易市场上取得同类或类似房地产的市场价格及其他相关信息，从而对房地产的公允价值作出合理的估计。注册会计师应重点检查被审计单位计量模式的选择是否正确。

（7）检查投资性房地产计量模式的变更。企业对投资性房地产的计量模式一经确定，不得随意变更。成本模式转为公允价值模式的，应当作为会计政策变更处理。已采用公允价值模式计量的投资性房地产，不得从公允价值模式转为成本模式。

（8）检查投资性房地产价值调整。采用公允价值模式计量的，不对投资性房地产计提折旧或进行摊销，应当以资产负债表日投资性房地产的公允价值为基础调整其账面价值，公允价值与原账面价值之间的差额计入当期损益。

（9）检查投资性房地产转换。投资性房地产转换指将其他资产转换为投资性房地产或者将投资性房地产转换为其他资产。注册会计师应检查转换是否有确凿的证据以及检查转换的会计处理是否符合规定。

（10）检查投资性房地产的处置。注册会计师应检查投资性房地产处置的原因是否合理，以及处置时相关会计处理是否符合规定。

五、交易性金融负债审计

交易性金融负债是指企业为了近期回购而持有的金融负债。在会计科目设置上，企业持有的直接指定为以公允价值计量且其变动计入当期损益的金融负债，也通过该科目核算。

交易性金融负债的实质性程序通常包括：

（1）获取或编制交易性金融负债明细表，复核加计是否正确，并与报表、总账和明细账核对相符。

（2）根据相关的债券交易资料，审查交易性金融负债内容的真实性和完整性。

（3）必要时，向对方单位函证。

（4）审查交易性金融负债的会计处理是否正确，特别注意公允价值的合理性，是否存在低估公允价值调增利润的情况。

（5）验明交易性金融负债的披露是否恰当。

第六节　其他相关项目审计

投资筹资活动循环的其他相关项目主要有应收利息、应收股利、投资收益、公允价值变动收益等项目。

一、应收利息审计

应收利息的实质性程序通常包括：

（1）获取或编制应收利息明细表，复核加计正确，并与总账数和明细账合计数核对相符，结合坏账准备科目与报表数核对相符。

（2）与长期股权投资、金融资产等相关项目的审计相结合，验证确定应收利息的计算是否充分、正确，检查会计处理是否正确。

（3）对于重大的应收利息项目，审阅相关文件，复核其计算的准确性。必要时，向有关单位函证并记录。

（4）检查应收利息减少有无异常。

（5）检查期后收款情况，对于审计时已收回金额较大的款项进行常规检查，如核对收款凭证、银行对账单、发票等。

（6）关注长期未收回及金额较大的应收利息，询问被审计单位管理人员及相关职员，确定应收利息的可收回性。必要时，向被投资单位函证利息支付情况，复核并记录函证结果。

（7）确定应收利息已恰当披露。

同时，在对应收利息进行审计时，还应当适当实施实质性分析程序。按照不同借款类别，将借款平均余额与平均利率的乘积，与账面利息收入相比较，确定两者差异额是否合理。

二、应收股利审计

应收股利的实质性程序通常包括：

（1）获取或编制应收股利明细表，复核加计正确，并与总账数和明细账合计数核对相符，与报表数核对相符。

（2）与长期股权投资、金融资产等相关项目的审计结合，验证确定应收股利的计算是否正确，检查会计处理是否正确。

（3）重大的应收股利项目，应审阅相关文件，测试其计算的准确性。必要时，应向被投资单位函证并记录。

（4）检查应收股利减少有无异常。

（5）检查期后收款情况，对至审计时已收回金额较大的款项进行常规检查，如核对收款凭证、银行对账单、股利分配方案等。

（6）关注长期未收回且金额较大的应收股利,询问被审计单位管理人员及相关职员或者查询被投资单位的情况,确定应收股利的可收回性。必要时,向被投资单位函证股利支付情况,复核并记录函证结果。

（7）确定应收股利已恰当列报披露。如果确定境外投资应收股利存在重大限制,应查明原因并充分披露。

三、投资收益审计

投资收益审计的实质性程序通常包括:

（1）获取或编制投资收益分类明细表,复核加计正确,并与总账数和明细账合计数核对相符,与报表数核对相符。

（2）与以前年度投资收益比较,结合投资本期的变动情况、分析本期投资收益是否存在异常现象。如果有异常情况,则应查明原因,并作出适当的调整。

（3）与长期股权投资、金融资产、金融负债等相关项目的审计相结合,验证确定投资收益的记录是否正确,确定投资收益被记入正确的会计期间。

（4）确定投资收益已恰当列报披露。对国外的投资收益汇回存在重大限制的,应说明原因,并作出恰当披露。

四、公允价值变动收益审计

公允价值变动收益包括交易性金融资产、交易性金融负债,以及采用公允价值模式计量的投资性房地产、衍生金融工具、套期保值业务等公允价值变动形成的应计入当期损益的利得或损失。

公允价值变动收益的实质性程序包括:

（1）获取或编制公允价值变动收益明细表,复核加计正确,与报表数、总账数及明细账合计数核对相符。

（2）根据公允价值变动收益明细账,对交易性金融资产（负债）、衍生工具、套期保值业务和投资性房地产等各明细发生额逐项检查:① 在资产负债表日,被审计单位是否将交易性金融资产（负债）的公允价值与其账面价值的差额记入本账户;处置交易性金融资产（负债）时,是否将原已记入本账户的公允价值变动金额转入投资收益。② 在资产负债表日,被审计单位是否将衍生金融工具的公允价值与其账面价值的差额记入本账户;终止确认衍生金融工具时,其会计处理是否正确。③ 对于在资产负债表日,满足运用套期会计方法条件的现金流量套期和境外经营净投资套期产生的利得和损失,是否进行了正确的会计处理。④ 以公允价值模式计量的投资性房地产的公允价值变动收益,应结合对应科目,检查其初始成本确定是否正确,期末公允价值确定是否合理;处置时原公允价值变动有无正确结转至其他业务成本。

（3）确定公允价值变动收益的披露是否恰当。

主 要 术 语

1. 筹资与投资循环
2. 筹资活动
3. 投资活动
4. 负债筹资审计
5. 权益筹资审计
6. 负债筹资审计
7. 权益筹资审计
8. 短期借款
9. 长期借款
10. 应付债券

11. 长期应付款   12. 财务费用

13. 投入资本   14. 资本公积

15. 盈余公积   16. 未分配利润

17. 长期股权投资审计   18. 投资性房地产审计

19. 交易性金融资产审计   20. 持有至到期投资审计

21. 可供出售金融资产审计   22. 交易性金融负债审计

复习思考题

1. 筹资循环包括哪些程序?

2. 投资循环包括哪些程序?

3. 简述筹资与投资循环业务的特点。

4. 筹资活动的具体审计目标包括哪些?

5. 投资活动的具体审计目标包括哪些?

6. 筹资活动产生重大错报风险的原因有哪些?

7. 投资活动产生重大错报风险的原因有哪些?

8. 筹资活动的内部控制测试包括哪些内容?

9. 投资活动的内部控制测试包括哪些内容?

10. 筹资活动实质性程序包括哪些内容?

11. 投资活动实质性程序包括哪些内容?

练 习 题

一、单项选择题

1. 注册会计师审计应付债券时,如果被审计单位应付债券业务不多,可直接进行( )。

A. 内部控制调查   B. 控制测试

C. 实质性程序   D. 穿行测试

2. 计算投资收益占利润总额的比例,并将其与各年比较,可以看出被审计单位( )。

A. 投资的真实性   B. 投资的完整性

C. 盈利能力的稳定性   D. 投资收益的正确性

3. 授权批准是筹资与投资循环内部控制目标中( )的关键内部控制程序。

A. 存在   B. 完整性

C. 计价与分摊   D. 权利与义务

4. X公司以下关于借款费用的会计处理中,注册会计师认为需要调整的是( )。

A. X公司将发行的公司股票佣金计入借款费用

B. X公司将发行的公司债券佣金计入借款费用

C. X公司将借款手续费计入借款费用

D. X公司将借款利息计入借款费用

5. 下列费用中,不应计入非同一控制下企业合并的合并成本的费用是( )。

A. 为进行企业合并而发生的咨询费用

B. 为进行企业合并而发生的法律服务费用

C. 为进行企业合并而发生的审计费用

D. 为进行企业合并而发行的权益证券的佣金

二、多项选择题

1. 下列各项中,属于筹资活动所涉及的主要凭证和会计记录的有(　　)。

A. 股东名册　　　　　　　　　　B. 下属公司章程

C. 承销或包销协议　　　　　　　D. 投资协议

2. 在对股票的发行、回购等交易活动进行审计时,注册会计师应当审查的原始凭证包括(　　)。

A. 发行股票的登记簿、募股清单　　B. 向外界回购的股票清单

C. 银行存款收付款凭证　　　　　　D. 银行存款对账单

3. 对于长期借款在财务报表中的披露,注册会计师应当审查(　　)。

A. 一年内到期的长期借款是否列入了"一年内到期的非流动负债"

B. 借款的种类是否列示

C. 借款的目的是否说明

D. 借款的担保是否说明

4. 为证实被审计单位是否存在未入账的长期负债,注册会计师可选用的实质性程序有(　　)。

A. 检查其会计处理是否符合会计准则

B. 检查借款合同或债券副本

C. 向被审计单位索取债务声明书

D. 函证银行存款余额的同时函证负债业务

5. 下列有关借款费用资本化的表述中,正确的有(　　)。

A. 所建造固定资产的支出基本不再发生,应停止借款费用资本化

B. 固定资产建造中发生正常中断且连续超过 3 个月的,应暂停借款费用资本化

C. 固定资产建造中发生非正常中断且连续超过 1 个月的,应暂停借款费用资本化

D. 所建造固定资产基本达到设计要求,不影响正常使用,应停止借款费用资本化

三、判断题

1. 借款审计应注意审查是否有逾期借款。　　　　　　　　　　　　　(　　)

2. 审计投资收益时只需审计其真实性。　　　　　　　　　　　　　　(　　)

3. 审计企业债券投资时应关注债券的质量。　　　　　　　　　　　　(　　)

4. 向银行或其他债权人函证短期借款,是审查短期借款的一个不可替代的程序。

(　　)

5. 甲企业为购建符合资本化条件的资产而取得专门借款支付的辅助费用全部资本化。

(　　)

四、案例分析

【案例分析 18-1】　某注册会计师接受委托对 ABC 公司进行连续审计,在审计过程中发现本年度内 ABC 公司有关股本业务仅有如下两笔:① 于 6 月 1 日发行面值为 100 元的普通股股票 100 000 张。② 于 9 月 30 日购回以前年度发行的面值为 10 元的股票 10 000 张。

【要求】　作为注册会计师,应执行哪些审计程序?

【案例分析 18-2】 注册会计师在对 ABC 公司 20×7 年 12 月 31 日财务报表进行审计时注意到,该公司用剩余现金购置了数量较大的有价证券并拟长期持有,证券存放于当地某银行的保险箱,并规定只有公司总经理或财务部经理才可以开启保险箱。由于 12 月 31 日公司的总经理和财务经理不能陪同去银行盘点有价证券,经约定,20×8 年 1 月 11 日由注册会计师和财务经理一同去银行盘点。

【要求】 该注册会计师在盘点时应执行哪些审计步骤?

【案例分析 18-3】 ABC 股份有限公司是一家上市公司,从事投资、设备制造等方面的业务。中天恒信会计师事务所 20×7 年 9 月份接受了 ABC 公司 20×7 年度财务报表的审计业务,并指派注册会计师周琳、陈华于 20×7 年 12 月份对 ABC 公司 20×7 年度投资业务的相关内部控制进行了解和控制测试,同时对部分财务资料进行了预审。在预审过程中,周琳了解到以下情况:① ABC 公司的股票、债券的买卖业务需由董事会批准、经董事长签字后,由财务经理郑红具体办理股票、债券的买卖业务。但在具体办理的过程中,遇到股票价格大幅波动等的异常情况时,郑红可自行决定买进或卖出,并在经历过紧急情况后及时向董事长汇报并备案。由指定专职财务人员甲负责进行会计记录和财务处理,专人乙负责股票及债券的保管。每月末,由内部审计人员丙组织财务经理、财务人员甲、专人乙和其他人员共同参与股票、债券的定期盘点以及与账面记录的核对,以确定股票、债券的真实性、完整性、所有权、正确性。② 由于 ABC 公司生产 A130 产品的原料需要从国外进口,20×7 年发生了一笔外币短期借款业务:10 月 20 日,ABC 公司以 1 美元兑换 6.8 元人民币的市场汇率从 M 银行借入 100 万美元,做了借记银行存款 680 万元、贷记短期借款 680 万元的会计记录(ABC 公司没有发生其他短期借款业务)。年末,美元对人民币的市场汇率贬为 1:6.7,ABC 公司编制财务报表时,短期借款项目的金额仍为 680 万元。经查,ABC 公司为简化处理,减少差错的发生,财务部门发生外币短期借款业务及期末编制财务报表时均按发生当时的市场汇率折算,折算差额计入财务费用。③ ABC 公司新建加工车间,使用了 20×6 年 1 月初从 B 银行借入年利率为 6%、期限为 2 年的一般长期借款 1 000 万元。该车间自 20×6 年 7 月 1 日开工建设,于 20×7 年 6 月 30 日交付使用,但至 20×7 年 12 月 31 日仍未办理竣工决算。ABC 公司以该项建筑工程尚未转入固定资产为由,未对新建车间计提折旧,并将 20×7 年度发生的 60 万元借款费用计入在建工程。

【要求】

(1) 针对情况①,指出 ABC 公司股票、债券交易的相关内部控制是否存在缺陷,并说明原因。

(2) 针对情况②③,指出 ABC 公司新建工程的相关会计处理是否符合会计制度的规定,在需要调整的情况下,列出调整分录(不考虑调整对相关税费的影响)。

五、参考答案

【单项选择题】 1. C 2. C 3. A 4. A 5. D

【多项选择题】 1. AC 2. ABD 3. ABD 4. BCD 5. AD

【判断题】 1. √ 2. × 3. √ 4. × 5. ×

【案例分析】

【案例分析 18-1】 题解

(1) 向被审计单位索取公司章程、实施细则和股东大会、董事会会议记录的副本,审查股票的发行和购回是否经过批准,了解核定股份和已发行股票的股数、股票面值、股票购回等情况。

（2）审查有关原始凭证与会计记录,确定股票发行和购回是否确实存在。

（3）函证发行在外的股票。

（4）审查股票发行费用的会计处理是否正确。

（5）确定股本是否已在资产负债表上恰当披露。

【案例分析18－2】 题解

应至少执行以下审计步骤：

（1）取得保险箱中证券存放明细表副本,以查实证券的存在性,并将副本留作工作底稿。

（2）审核保险箱开启记录,确定有无非授权人士曾经开箱,并查实12月31日至1月11日间有无开箱记录。

（3）实际盘点证券时,应让公司财务经理自始至终在场,盘点完毕,填制盘点清单,双方共同盖章。

（4）清点时,要仔细核对证券的名称、登记户名、证券种类、编号、利率、付息日、债券本金和所附息票及到期日、债券面值和股票股数等重点内容。

（5）将盘点清单与银行保险箱存放证券的明细表副本、公司长期投资明细账和总账相核对,如遇账实不符或证券本身有明显伪造迹象,应予详细记录,并在盘点后函证证券发行机构。

【案例分析18－3】 题解

（1）股票、债券买卖业务的内部控制中存有两处缺陷：一是在紧急情况下由郑红自行决定并实施,这使得郑红失去制约,董事会的批准流于形式,无法保证股票、债券的安全完整；二是每月末由内部审计人员丙组织财务经理郑红、财务人员甲、专人乙参与股票、债券的盘点违反了不相容职务分离的基本要求。股票、债券的盘点工作应由不参与股票、债券业务的独立人员进行,不应有股票、债券的经办人员、记录人员甲及保管人员乙参与。

（2）按照会计制度规定,ABC公司在发生外币短期借款业务时按当时的市场汇率折算是恰当的,但在编制财务报表时应按期末市场汇率1：6.7折算。企业在期末仍然按发生当时的市场汇率1：6.8进行折算,违反了财务制度的规定。应建议ABC公司作以下调整：

借：短期借款　　　　　　　　　　　　　　　　　　　　　　　　　　　100 000

　贷：财务费用　　　　　　　　　　　　　　　　　　　　　　　　　　　100 000

（3）ABC公司的会计处理有两处不符合会计制度规定。

第一,将20×7年发生的借款费用60万元全部计入在建工程的会计处理不符合财务会计制度的规定。应建议ABC公司将7月1日至12月31日之间的借款费用从在建工程冲回,记入"财务费用"账户,调整分录为：

借：财务费用　　　　　　　　　　　　　　　　　　　　　　　　　　　300 000

　贷：在建工程　　　　　　　　　　　　　　　　　　　　　　　　　　　300 000

第二,未将已投入使用的新建车间转入固定资产。按照会计制度规定,在建工程在交付使用时应按暂估价转入固定资产,待竣工决算后按决算价值进行适当调整。为此应建议ABC公司调整。

本章要点概览

1. 负债应注意完整性审计目标,同时应注意借款是否逾期,以判断企业资金状况。

2. 长期股权投资审计要注意核算方法及其投资效益的审计。

3. 长期债券投资和长期股权投资一般因涉及金额较大,所以要重点评估其内部控制和风险。

4. 投资收益审计应特别注意投资收益是否及时完整入账。

5. 金融资产审计应注意交易性金融资产、持有至到期投资和可供出售金融资产的划分及其会计处理。

第十九章 货币资金审计

学习目的与要求

本章旨在阐述货币资金审计的程序与方法。通过本章的学习,要求全面了解货币资金与其他业务循环的关系;掌握货币资金的内部控制及其控制测试,了解货币资金的实质性审计程序与方法。

课前预习题

1. 货币资金包括哪些内容?
2. 货币资金有哪些特征?
3. 库存现金的管理有哪些规定?
4. 银行结算纪律有哪些?

第一节 货币资金审计特性

一、货币资金与业务循环的关系

货币资金是企业流动性最强的资产。按照存放的地点不同可以分为库存现金、银行存款和其他货币资金(如外埠存款、银行汇票、银行本票等)。货币资金的收支包含在企业的经济业务循环中,其增减变动及余额受各个业务循环中经济业务的共同影响。企业经济活动的业务循环划分及各个业务循环的审计已在前面各章中述及,货币资金与各业务循环之间的关系如图 19-1 所示。

从图 19-1 可见,货币资金与各业务循环之间都有直接的联系,货币资金是各循环的枢纽,起着"资金池"的作用。最初,货币资金以筹资的形式从所有者或债权人手中流入企业,企业用这些货币资金去购买生产经营所需的资源和劳务,并用购入的资源和劳务生产出企业准备出售的产品和服务,或直接将货币资金购买股票或债券进行投资。然后将这些完工的产品和服务出售给顾客以换回更多的货币资金,同时也取得投资收益的货币资金。最后,换回的货币资金一部分作为股利或利息支付给投资者和债权人,另一部分则用来购买新的资源和劳务,继续又一轮的循环。从整个企业的大循环中可以看出货币资金的重要性

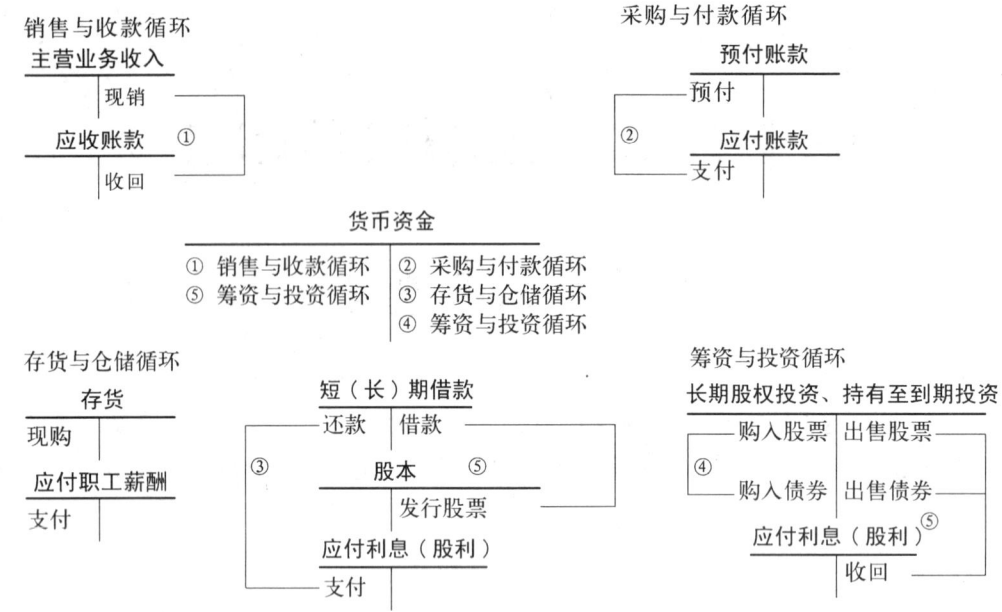

图 19 - 1　货币资金与各业务循环之间的关系

和中心地位,也可以看出货币资金在各个循环交易中的流转和流向。

二、货币资金的审计范围和内容

由于企业的货币资金既包括企业库存的现金(包括人民币和外币),又包括企业存入银行或其他金融机构的存款,还包括企业到外地进行临时或零星采购而汇往采购地银行开立采购专户的款项所形成的外埠存款、企业为取得银行汇票按照规定存入银行的款项所形成的银行汇票存款、企业为取得银行本票按照规定存入银行的款项所形成的银行本票存款、在途货币资金、信用证存款等其他货币资金,以上这些都属于货币资金审计的范围。

货币资金审计的内容是指货币资金审计的监督对象。主要包括以下几方面:

(1)审查评价企业货币资金内部控制制度的健全性、有效性。

(2)审查企业货币资金结存数额的真实性、正确性。为此,要涉及一些证实货币资金余额的账簿、资料,如现金日记账、银行存款日记账;现金及银行存款总分类账、现金盘点表、银行存款余额调节表等。

(3)审查企业货币资金收付业务的真实性、合法性。为此,要涉及一些证实经济业务发生的原始凭证、记账凭证等。

三、货币资金的凭证和会计记录

货币资金循环所涉及的凭证和会计记录主要有:

(1)原始凭证。货币资金循环中的原始凭证指货币资金支出授权和货币资金收支审核的有关记录,主要有销售合同、收款单据、收款结算凭证、货物票据、采购合同、支出和报销单据、付款结算凭证和票据、交款单、库存现金日报表、银行对账单、银行存款余额调节表、现金盘点表等。

(2)记账凭证。货币资金循环中的记账凭证主要包括现金收付凭证、银行存款收付凭证等,它们是根据原始凭证编制的,是企业记账的依据。

(3)现金日记账。现金日记账是企业对现金收支业务进行登记的账簿,也是企业货币资金循环中主要的账簿之一。

（4）银行存款日记账。银行存款日记账是对企业银行存款的收支业务进行登记的账簿，也是企业货币资金循环中的主要账簿之一。

（5）现金总账、银行存款总账。现金总账和银行存款总账是用于汇总登记现金和银行存款收、付、余额的账簿。

（6）其他货币资金账户。其他货币资金包括外埠存款、银行汇票存款、银行本票存款、信用证存款和在途货币资金等。企业可在实际工作中根据需要开设账户。

（7）其他相关账户。由于货币资金循环涉及面广，因而在实施审计时除涉及以上主要凭证、账簿之外，还要涉及其他一些账户，如与货币资金收取相对应的有收入账户（包括"主营业务收入""其他业务收入"和"营业外收入"账户）、借款账户（包括"短期借款""长期借款"账户等）和投资者投入账户（如"股本"或"实收资本"账户）；与货币资金支出相关的账户有各费用账户（如"管理费用""财务费用""销售费用"等账户）、资本性支出账户（如"固定资产""无形资产"等账户）和"利润分配"账户（如向投资者支付股利和分配利润的账户）等，可以说，货币资金审计涉及了企业绝大部分的账户。

四、货币资金审计的目标

在货币资金审计中，审计人员必须取得充分的证据证明资产负债表的余额是否进行了恰当充分的披露，是否符合管理当局的认定。概括来说，主要包括如下内容：

（1）确定被审计单位资产负债表中的货币资金是否确实存在，是否为被审计单位所拥有。

（2）确定被审计单位在特定期间内发生的货币资金收支业务是否均已记录入账，有无遗漏。

（3）确定被审计单位货币资金收支业务的发生是否符合有关法律法规的规定。

（4）确定被审计单位货币资金的余额是否正确。

（5）确定货币资金在财务报表中的披露是否恰当。

五、货币资金风险评估

货币资金主要具有以下风险。

（一）货币资金受多个循环交易的影响，出错的可能大，货币资金内在风险大

企业在日常业务活动中，经常需要用货币资金来支付各种经营费用。如购置各类资产、偿还到期债务、开支零星费用等，与多个循环有关。货币资金是企业流动性最强的资产，它不仅可直接转化为其他任何类型的资产，而且可作为一般等价物使用，货币资金从本质上讲属于金融资产范畴，作为标准的支付手段，可以不受任何限制地立刻用于购买物资和偿还债务。由于货币资金是社会一般财富的代表，是唯一能够转化成其他任何类型资产的资产，所以极易被盗窃、挪用、短缺或发生其他舞弊行为。由于货币资金高流动性，从注册会计师审计的角度来看，货币资金的被挪用或盗窃，比其他资产的被挪用或盗窃更难发现。

（二）货币资金贯穿企业生产经营活动的全过程，是企业资金活动的起点和终点

货币资金是企业资产的重要组成部分，是企业资产中流动性最强的一种资产。任何企业要进行生产经营活动必须拥有货币资金，企业生产经营活动的最终目的也是为了取得货币资金，持有货币资金是企业进行生产经营活动的基本条件。同时，货币资金既是生产的开始形态，又是生产的终结形态，连接着企业再生产两次循环，涉及每次循环的各个环节。

因此,货币资金的流动是否合理和恰当,对企业的资金周转和经营成败影响极大。

（三）企业货币资金不合理的风险

1. 资金利用率不足的风险

企业必须保持充分的货币资金以满足生产经营活动的需要。如果将多余的资金存放在企业闲置不用,失去了将其投资于证券市场等各类投资领域的机会,从而影响了企业收益的提高,影响了资金利用率的提高,存在资金利用率不足的风险。

2. 企业资金短缺的风险

在企业的全部资产中,货币资金有着其特殊的作用,它是企业从事的各种生产经营活动所必备的重要资源,企业只有保持一定量的货币资金才能保证正常生产经营活动的运行,如果,企业不能及时、足额地筹集到生产经营所需资金,从而导致企业放弃供应商提供的现金折扣、低价甚至亏本出售存货和项目、无法及时清偿债务导致信用等级恶化、被迫破产重组或被收购等,将使企业面临资金短缺的风险,企业将会陷入困境,甚至破产。

从静态分析,一个企业的资金存量(包括交易性金融资产)占总资产的比例若在行业中处于低位水平,则可能存在一定的资金短缺风险。从动态分析,可以结合资产负债表、现金流量表及相关信息,仔细分析企业的应收应付、存货的增减情况、经营活动和投资活动产生的现金流状况及发展趋势,从动态上评估企业的资金余缺,以准确地把握企业资金短缺的风险性质与大小。

引发企业资金短缺风险的内部因素主要有:

（1）激进的筹资政策,即过多地采用短期甚至临时性负债方式筹资以满足长期性流动资产的需要。

（2）宽松的信用政策。赊销过多且信用期限较长会产生大量的应收账款,一旦银根紧缩、经济衰退,客户不能及时足额偿还货款,企业资金链就极易断裂。

（3）片面追求生产规模和市场占有率,投资项目过多且周期较长,由于我国目前企业债(公司债)市场尚不发达,企业资金主要来源于银行短期借款,短款长用易造成现金短缺风险。

（4）过多采用债务方式融资,未能根据行业特点和企业发展战略确定合理的资本结构等。

企业资金短缺风险的形成也与外部因素有关,包括中央银行的货币政策、资本市场的状况以及宏观经济是处于增长阶段还是已经陷入衰退等。

所以,企业必须在充分占有、分析过去资料的基础上,采用科学的预测方法,结合未来生产经营规模发展的需要,推测未来企业货币资金的需求量,为合理地使用调度货币资金提供科学的依据,使企业既有充分的货币资金满足生产经营的需要,又能防止保持过量的货币资金而造成浪费,以最大限度地提高货币资金的使用效率。

（四）企业资金使用效率的风险

当一个企业既持有大量资金,又有巨额的银行借款时,若非行业特点和经营战略所致,则很可能存在资金使用效率风险。

形成企业资金使用效率风险的主要原因有:

（1）预算(特别是现金预算)编制不准确。不少企业的现金预算只能做到年度,至多分解到季度,不能分解到月或周。

（2）企业集团内部资金调度不畅。企业集团内部有的子公司现金流充裕,有的紧缺,集团一级本可以实现内部调动以提高现金使用效率,但由于实行分权管理且缺乏内部资金调度机制,资金充裕的子公司为方便使用,不愿将现金调往公司总部,宁愿以活期存入银行。

(3) 现金管理能力不强。很多企业错误理解"现金为王"的理念,片面追求现金充裕对经营安全性的保障,只知道融资"圈钱",不太关注也缺乏能力提高资金的使用效率。例如,前些年许多上市公司利用增发和配股圈了不少钱,但却普遍出现了募集资金闲置或更改用途的现象。例如 2007 年,皖能电力将募集资金用于申购新股,南京港股份有限公司、浙江海亮股份有限公司将募集资金用于补充流动资金等。

(五) 网络环境下货币资金的风险

随着网络经济的发展,网络会计也逐步形成。人们在网上交易,资金划转在网络中进行,网络会计虽然给人们带来了较大、快速经济效益,然而在网络这个虚幻的世界中,人们很难控制网络经济犯罪,尤其是货币资金具有流动性大的特点,因而会计核算中经常会出现假账、错账等现象。

(六) 货币资金常见的错误和舞弊

财会税舞弊的最终目的大都是为了获取货币资金,谋取私利。如:中饱私囊者,公款私存贪污利息,涂改单据多报早领,出借账户从中渔利等;为小团体牟私利者,将货币资金转到账外,截留收入私设小金库,坐支现金,搞资金的体外循环以及偷漏税款等。

货币资金常见的错误和舞弊有:截留各种现金收入,包括现销和应收账款的收现;挪用资金,虚报冒领;出借账号,非法违规出借货币资金,以及现金超额存放和白条抵库等。

货币资金流动性强,具有同其他经营业务的广泛联系,国家宏观管理要求严格。而且货币资金发生的频率高、吞吐量大,比较容易发生错误、盗窃、挪用、短缺和其他舞弊行为,因此,注册会计师需花费较长的时间,通过对各循环交易内部控制制度的测试评价结果,评价货币资金内部控制制度,确定货币资金风险水平。

第二节 货币资金控制测试

一、货币资金内部控制

由于货币资金的重大错报风险比较高,容易发生舞弊行为,因此企业都非常重视货币资金的管理,通过建立完善的内部控制制度来保证货币资金收支业务的合法性、会计入账的及时性和完整性、货币资金管理的安全性和货币资金余额的合理性,是企业货币资金管理的主要手段。

货币资金内部控制制度是企业内部控制制度的重要组成部分,是企业为了保证货币资金的安全、完整和有效使用,结合货币资金收支的特点,事先制定的一套相互制约、相互核对、相互验证的办法和程序的总称。一套健全的货币资金内部控制制度主要分为三部分:收款内部控制、付款内部控制以及余额内部控制。

(一) 收款内部控制

收款内部控制主要包括现金销售、电子销售、支票控制、锁箱系统和电子资金转账等。

(1) 现金销售。当每笔交易都有 2 个或 2 个以上的职员参与时,货币资金的内部控制是很强的。例如,餐馆和自助餐厅通常由一个固定的收款员向顾客收取现金,而由另一名职员开具进餐发票。

(2) 电子销售。许多零售商店采用各种电子收款登记方式,包括在线计算机终端收银方式,即由电子检索仪扫描印在产品上的通用产品代码来进行销售登记。销售员所要做的就是拿起检索仪去扫描通用产品代码,然后由计算机根据代码来搜索已存储在计算机中的商品价目表,从而记录销售业务的发生。这样一来,销售人员计错价格的风险就大大减少了。

(3) 支票控制。大多数制造企业和零售企业的货币资金收据主要是支票。在用支票进行收付款时,除非收支票、存款和记账全由一个人包办,否则盗用现金的事件很少会出现。通常,支票收款的货币资金收入的内部控制是:负责支票收发的职员在收到支票之后背书"仅供存款",然后交给会计人员,并填制货币资金收入控制表。

(4) 对现金收入的锁箱控制。当企业通过邮局收取大额货币资金时,往往采用锁箱系统来加强内部控制和缩短从收到现金到存入银行的过程。锁箱(实际上就是由企业开户银行所控制的邮箱)。开户银行每天定时到邮箱去收取邮件,将收到的现金记入企业支票账户,并向企业发送收款通知书。由于银行无权接触企业会计记录,从而避免了货币资金被挪用的风险。

(5) 电子资金转账。如今越来越多的企业采用电子资金转账系统来收付款。电子资金转账系统相对支票而言,其优点在于减少了纸张的传递过程,从而降低了成本,节约了时间。但是,电子资金转账系统需要一套完善的计算机网络来保证系统安全、有效地接收和传输数据,同时还需要一套备份系统来防止原系统崩溃。这反过来又加大了企业固定成本的支出。

(二) 付款内部控制

企业主要采取支票和电子转账方式支付货币资金,如果支出的金额很小,则可以直接从库存现金中支付。

(1) 采用支票付款。采用支票进行付款的主要优点是可以从支票的背书来获悉顾客已收到款项。此外,采用支票进行付款还有其他一些优点:① 强化了对付款的审核批准手续,只有那些经过授权批准的管理人员才能签发支票。② 能对付款进行永续记录。③ 可减少现金持有量。支票必须连续编号,并依次使用,以防止盗用和误用。作废支票应归入已使用支票类,以防止继续使用。票面金额最好由计算机或支票签发机打印出来,以防止被篡改。支票签发人员签发支票之后应该复核通知付款的文件,并将已付款的文件打孔以防止重复付款。许多公司使用计算机或专门的支票签发机来签发大额支票。负责签发支票者的签名也将自动打印在支票上。如果完全由计算机来生成支票,那么就应该特别注意签发的支票是否已被批准付款。金额较大(如超过 10 000 元)的支票的签发,最好还是应该由负责人手工签名。

(2) 核对银行对账单。银行对账单在货币资金收款和付款的内部控制中有特别重要的作用。通过将银行对账单与企业银行日记账核对,可以发现两者的差异,然后由一名既不负责记账,又不掌管现金的职员编制银行存款余额调节表,并报送有关主管人员复核和签字,可有效地对会计和出纳的行为进行制约。

(3) 建立凭单制度。强化货币资金付款内部控制的一种有效方法就是建立凭单制度。凭单制度能保证所有的货币资金支出都经过恰当的授权和批准。凭单从其用途来看就是一张授权表,列有各种凭单授权职能,履行该授权职能的职员必须在上面签名。

(三) 余额内部控制

货币资金余额内部控制的主要方法包括银行存款余额调节、现金盘点和备用金控制,其中银行存款余额调节尤为重要。银行存款余额调节通常每个月进行一次,由独立于银行记账人员的第三者对银行对账单和银行存款账进行调节,以检查银行会计记录与企业会计记录的一致性。

(1)银行存款余额调节。银行存款余额调节的内容主要包括:① 核对银行已付款支票与企业日记账中有关付款日期、付款对象和金额以及签字、背书和注销的情况。② 核对银行已收款支票与企业日记账中有关收款日期、来源和金额以及支票编号等情况。③ 核对银行对账单中贷方金额与日记账中借方金额是否一致。④ 核对银行对账单中借方金额与企业日记账中贷方金额是否一致。⑤ 调整核对未达账项等。

其中第①、第②项控制主要针对银行存款的收入和支出,第③、第④、第⑤项控制则主要针对银行存款余额。

(2)现金盘点。现金应进行定期或不定期的盘点清查,确保账面余额与库存现金实际余额相符。

(3)备用金内部控制。备用金控制通常的做法是实行定额备用制度,并重点加强对报销凭证的审查,以达到控制目的。在将零用现金补足时,要对每次支付的证明文件的完整性和真实性进行审核,并打孔以防止重复使用。为了加强对零用现金的控制,有必要对零用现金进行专人专管。常用的控制方法是:使用连续编号的零用现金凭单,并由有关管理人员对凭单进行审核批准。

二、货币资金控制测试

当存在下列情形时,注册会计师应当实施货币资金控制测试:① 在评估认定层次重大错报风险时,预期货币资金内部控制的运行是有效的。② 仅实施实质性程序不足以提供认定层次充分、适当的审计证据。货币资金内部控制测试是在对货币资金内部控制进行了解与描述的基础上,通过抽查与核对的办法对事先制定的内部控制与其实际执行情况是否相符加以验证的过程。

(1)调查了解货币资金内部控制制度。对被审计单位货币资金内部控制的了解与描述是在对货币资金内部控制进行调查的基础上,通过编制内部控制流程图和内部控制问卷调查表的方式来实现。编制货币资金内部控制制度流程图是货币资金符合性测试的重要步骤。在编制前可通过询问、观察等调查手段收集必要的资料,然后根据所了解的情况编制流程图。在具体审计工作中,还可根据企业的实际情况编制货币资金的内部控制制度表(卷),以便详细了解与描述企业货币资金内部控制制度。如果被审计单位规模较小,也可以采用编制文字说明书的办法来进行。

(2)抽取收款凭证并进行审核。为了测试被审计单位收款方面内部控制的执行情况,审计人员应从收款凭证中抽取一部分样本进行审核,以确认:① 已记录的收款是否是客户的应收款项收回。② 收款凭证与银行对账单记录是否相等。③ 收款凭证记录与对应账户有关记录是否相等。④ 实收款项余额与销货发票所列金额是否一致。⑤ 收款入账的日期和会计期间是否正确。

(3)抽取付款凭证并进行审核。为了测试被审计单位付款方面内部控制的执行情况,审计人员应从付款凭证中抽取一部分样本进行审核,以确认:① 已记录的付款是否是应付客户的款项。② 付款是否符合规定的授权批准手续。③ 付款凭证与银行对账单记录是否相等。④ 付款凭证与对应账户有关记录是否相等。⑤ 实付款项金额与购货发票所列金额是否相等。⑥ 付款入账的日期和会计期间是否正确。

(4)抽取一定期间的现金日记账和银行存款日记账并与相应的总账账户进行核对。核对的目的是确认账簿记录中是否存在计算和加总错误。如果发现错误较多,则说明被审计单位有关会计记录的内部控制执行不够理想,以后在实质性测试中,应扩大审计范围。同时注册会计师应根据日记账提供的线索,核对总账中的现金、银行存款、应收账款、应付账款等有关账户的记录。

(5) 抽取一定期间的银行存款余额调节表与库存现金盘点表,将其同银行对账单、银行存款日记账、现金日记账和现金总账进行核对,确定被审计银行存款余额调节表是否正确编制,是否按时进行等。审计人员在抽查库存现金盘点表时,应与相应月份的现金日记账核对,验证其一致性,并核实溢缺现金的处理是否符合规定。

(6) 检查外币资金的折算方法是否符合有关规定,是否与上年度一致。对于存在外币性货币资金的被审计单位,注册会计师应检查外币性货币资金日记账及其相关的账户,如"在建工程""财务费用"等账户的记录,确定被审计单位有关外币性资产的增减变动是否按照实际发生日的市场汇率或业务发生当期的期初市场汇率折算为记账本位币,选用方法是否前后期一致;检查被审计单位的外币性货币资金余额是否按照期末市场汇率折合为记账本位币,有关汇兑损益的计算和记录是否正确。

(7) 评价货币资金的内部控制。审计人员在执行了上述程序之后,要根据收集到的证据确定货币资金内部控制的可靠性及存在的薄弱环节和缺陷,同时对控制风险水平进行综合评价,为制定货币资金实质性程序提供依据。如果有必要,审计人员还可以在管理建议书中指出被审计单位资金内部控制存在的主要缺陷以及改进建议。

以现销收入交易为例,其有关的控制目标、关键内部控制和测试一览表如表19-1所示。

表19-1 现销收入业务的控制目标、关键控制和测试一览表

内部控制目标	关键内部控制	常用控制测试	常用实质性测试
登记入账的现金收入确定为企业已经实际收到的现金(存在或发生)	现金出纳与现金记账的岗位分离 现金折扣必须经过适当的审批手续	观察 检查现金折扣是否经过恰当的审批	检查现金收入的日记账、总账和应收账款明细账的大金额项目和异常项目
收到的现金收入已全部登记入账(完整性)	现金出纳与现金记账的岗位分离 每日及时记录现金收入 定期向顾客寄送对账单 现金收入记录的内部复核	观察 检查是否存在未入账的现金收入 检查是否向顾客寄送对账单,了解是否定期进行 检查复核标记	现金收入的截止测试 抽查顾客对账单并与账面金额核对
已经收到的现金确实为企业所有(权利和义务)	定期盘点现金并与账面余额核对	检查是否定期盘点,检查盘点记录	盘点库存现金,如与账面应有数存在差异,分析差异原因
登记入账的现金已经如数存入银行并登记入账(计价或分摊)	定期取得银行对账单 编制银行存款余额调节表	检查银行对账单 银行存款余额调节表	检查调节表中未达账项的真实性以及资产负债表日后的进账情况
现金收入在资产负债表上的披露正确(分类)	现金日记账与总账的登记职责分开	观察	

第三节　库存现金审计

对库存现金的实质性程序,主要包括对库存现金余额审计和对现金收支业务真实性、合理性、合法性的审查。

一、库存现金余额审计

对库存现金余额的审计主要是核对账簿余额以及进行库存现金实有数盘点,以证实库存现金余额的正确性、存在性。

(一)检查现金日记账

检查现金日记账,核对现金日记账与总账的余额是否相符,保证库存现金账面余额的正确性。注册会计师测试现金余额的起点,是核对现金日记账与总账的余额是否相符。如果不相符,应查明原因,并作出适当调整。

(二)盘点库存现金

盘点库存现金,确定被审计单位库存现金的实存数额。对库存现金的盘点,通常包括对已收到但尚有未存入银行的现金、零用金、找换金等的盘点。盘点库存现金是证实资产负债表所列现金是否存在的一项重要程序。盘点时必须有被审计单位出纳员和会计主管人员参加,并由注册会计师参加进行盘点。盘点库存现金的步骤和方法有:

(1)制定库存现金盘点程序,实施突出性的检查,时间最好选择在上午上班前或下午下班时进行,盘点的范围一般包括企业各部门经管的现金。在现金盘点前,应由出纳员将现金集中起来存入保险柜,必要时可以加以封存。然后由出纳员把已办妥的现金收付手续的收付款凭证登记现金日记账,如果被审计单位现金存放部门有两处或两处以上者,应同时进行盘点。人手不足时,可先加以封存,然后再逐一清点,以防拆东补西,影响盘点效果。

(2)审阅现金日记账并同时与现金收付凭证相核对。一方面是检查现金日记账的记录与现金收付款凭证的内容和金额是否相等,有无涂改、刮擦等异常现象;另一方面要检查记账凭证日期和日记账记账日期是否相符或相近。

(3)由出纳员根据现金日记账加计累计数额结出现金结余额。

(4)盘点保险柜的现金实存数,同时编制"库存现金盘点表"。作为审计工作底稿。如果有冲抵库存现金的借条,需在盘点表中加以说明。

(5)如果库存现金实际盘点是在资产负债表日后进行的,则需调整至资产负债表日的现金实有额。调整金额通常是在审计日期确定盘点金额的基础上,进行倒推计算后得到的。具体计算公式如下:

$$\begin{array}{c}\text{资产负债表日}\\\text{现金实有额}\end{array}=\begin{array}{c}\text{盘点日现}\\\text{金实有额}\end{array}+\begin{array}{c}\text{资产负债表日至}\\\text{盘点日现金支出数}\end{array}-\begin{array}{c}\text{资产负债表日至盘}\\\text{点日现金收入数}\end{array}$$

库存现金盘点表的格式如表19-2所示。

(6)将盘点金额与现金日记账余额进行核对,如有差异,应查明原因,并作出记录或适当调整。

(7)若有冲抵库存现金的借条、未提现支票、未作报销的原始凭证,应在"库存现金盘点表"中注明或作出必要的调整。

表 19-2　库存现金盘点表

库存现金盘点表

被审计单位：　　　　　　　　　　盘点日期：　　　　　　　　　　年　月　日

现金清点情况			账　目　核　对	
面　额	张　数	金　额	项　目	金　额
100 元			盘点日账户余额	
50 元			加：收入未入账	
20 元				
10 元			加：未填凭证收款	
5 元				
2 元				
1 元			减：付出凭证未入账	
5 角			减：未填凭证付款	
2 角				
1 角				
5 分			调整后现金余额	
2 分			实点现金	
1 分			长款	
	合　计		短款	
调整事项处理意见及审计意见：				
被审计单位负责人：（签字）　　　　　　　　　出纳员：（签字） 主管会计：（签字）　　　　　　　　　　　　注册会计师：（签字）				
复制人 及时间	年　月　日		复核人 及时间	年　月　日

（三）检查外币资金的折算

对于有外币现金的被审计单位，注册会计师应检查被审计单位外币现金的收支是否按规定的汇率折算为记账本位币金额；外币现金的余额是否按期末市场汇率折合为记账本位币；外币折合差额是否按规定记入相关账户等。

（四）检查现金在资产负债表上的披露

根据相关会计制度的规定，现金在资产负债表中"货币资金"项目下反映，注册会计师在实施上述审计程序后，应确定现金账户的期末余额是否正确、恰当，并据以确定在资产负债表上的披露是否恰当。

二、现金收支业务审计

对现金收支业务的审查,主要是通过审阅现金日记账和现金收付款凭证进行,其目的是检查被审计单位是否认真执行了现金管理制度,有无违反结算纪律的情况。

(一)对现金日记账的审查

对现金日记账的审查,主要应注意下列事项:

(1)现金日记账的开设是否合理合法。一般地讲,一个企业只应有一本现金日记账,当企业同时拥有人民币和外币现金时,应该区分不同的币种开设明细账。

(2)现金收付是否超出规定的结算范围。

(3)库存现金余额是否超过规定的限额。

(4)是否存在以收入坐抵支出的情况。

(5)现金收付业务是否按顺序入账以及现金账户的余额是否正常。

(二)现金收付款凭证的审查

现金收付款凭证是现金日记账的依据,包括原始凭证和记账凭证。对现金收付业务要作真实、合法的检查,重点是对原始凭证的检查,尤其是对现金支付的原始凭证的检查,包括形式上的审查和实质上的审查两方面:

(1)对原始凭证形式上的审查。主要是检查凭证的内容是否完整,计算是否正确,是否具有法律上的证明效力。

(2)对原始凭证实质上的审查。从形式上对现金收付原始凭证的审查,仅仅能证明凭证本身是否合法,至于凭证上所反映的经济业务是否真实、合理和合法,还需要进行实质性检查。

(三)抽查大额现金收支

注册会计师应抽查大额现金收支的原始凭证内容是否完整,有无授权批准,并核对相关账户的进账情况,如有与被审计单位生产经营活动无关的收支事项,应查明原因,并作出相应的记录。

(四)检查现金收支的正确截止

被审计单位资产负债表中的现金余额应以结账日实有数额为准,因此,注册会计师必须验证现金收支的正确截止日期。通常,注册会计师可以对结账日前后一段时间内的现金收支凭证进行审计,以确定是否存在跨期事项;如果存在跨期事项,应作适当调整。

(五)现金挪用测试

现金挪用是有关当事人利用职务之便或经单位领导批准在一定时间内将公款私用的一种舞弊行为。对挪用现金的查证,审计人员通常采用的程序和方法有:

(1)检查原始凭证,如发票、收据等填制的日期与记账日期的差异,如果两者相差较大,则可能存在挪用现金的情况。

(2)检查"其他应收款"或"备用金"明细账中的记录,如果发现长期的个人借款未归还,则可能存在挪用现金的情况。

(3)盘点库存现金,如果发现有白条抵库现象,则也可能存在挪用现金的情况。

如果注册会计师在审查过程中发现存在上述现象,则被审计单位可能存在挪用现金的舞弊行为,应进一步收集证据,彻底查清问题。

第四节　银行存款审计

对银行存款的审计,主要包括对银行存款实有数的审查和对银行存款收付业务真实性、合理性、合法性的审查。

一、审查银行存款的实有数额

对银行存款实有数的审查,不能像现金那样,通过实物盘点的方法来进行,而只能通过与银行对账的方法来进行。具体测试步骤如下:

(1)核对银行存款日记账与总账余额是否相符,确定银行存款余额。注册会计师对银行存款余额起点的测试就是核对银行存款日记账余额与总账余额、银行存款日记账余额和报表余额是否相符,如果不相符,应查明原因,并作出适当调整;同时,注册会计师应该核对银行存款日记账与银行存款余额调节表和银行对账单余额是否一致。

(2)向被审计单位的开户银行取得同一天的银行对账单。

(3)根据企业的银行存款日记账和银行对账单编制或检查银行存款余额调节表。注册会计师可自己编制,也可以通过检查被审计单位的银行存款余额调节表,确定被审计单位的银行存款余额。如果经调节后的银行存款余额与账面余额有差异,应查明原因,作出记录并适当予以调整。

银行存款余额调节表通常应根据不同的银行账户及货币种类分别编制,其格式如表 19－3 所示。

表 19－3　银行存款余额调节表

年　月　日

| 编制人: | 日期: | 索引号: |
| 复核人: | 日期: | 页次: |

户别:　　　　　　　　　　　　　　　　　　　　　　　　　　　　币别:

项　目
银行对账单余额(　年　月　日)
加:企业已收,银行尚未入账金额 　　其中:1.＿＿＿＿＿＿＿＿元 　　　　　2.＿＿＿＿＿＿＿＿元
减:企业已付,银行尚未入账金额 　　其中:1.＿＿＿＿＿＿＿＿元 　　　　　2.＿＿＿＿＿＿＿＿元
调整后银行对账单金额
企业银行存款日记账金额(　年　月　日)
加:银行已收,企业尚未入账金额 　　其中:1.＿＿＿＿＿＿＿＿元 　　　　　2.＿＿＿＿＿＿＿＿元
减:银行已付,企业尚未入账金额 　　其中:1.＿＿＿＿＿＿＿＿元 　　　　　2.＿＿＿＿＿＿＿＿元
调整后企业银行存款日记账金额

经办会计人员:(签字)　　　　　　　　　　会计主管:(签字)

　　编制银行存款余额调节表的目的主要是对未达账项进行调节,审查银行存款余额是否真实。对银行存款余额调节表不能满足于调节后的银行存款余额相符,还要将银行存款日记账与银行对账单逐笔进行核对,因为即使双方余额相等,也有可能存在出借银行账户或挪用公款从事非法经营等情况。另外,对所有的未达账项要分析其原因是否合情合理、合法,对于超过两个月以上的未达账项应进行重点审查。

　　(4)函证银行存款余额。函证是指注册会计师在执行审计业务过程中,向银行发函询证,以验证被审计单位的银行存款是否真实、合法、完整。为了便于银行回函,银行函证通常采用经银行和注册会计师共同研究核准的标准格式,我国财政部和人民银行制定的运用于审计的银行询证函参考格式如表19-4所示。注册会计师在执行审计业务时,可按照上述格式以被审计单位的名义向有关单位发函询证。银行应根据函证的具体要求及时回函。

表 19-4　银行余额询证函

银行询证函

索引号:

编　号:

××(银行):

　　本公司聘请的××会计师事务所正在对本公司××年度财务报表进行审计,按照中国注册会计师审计准则的要求,应当询证本公司与贵行相关的信息。下列信息出自本公司记录,如与贵行记录相符,请在本函下端"信息证明无误"处签章证明;如有不符,请在"信息不符"处列明不符项目及具体内容;如存在与本公司有关的未列入本函的其他重要信息,也请在"信息不符"处列出其详细资料。回函请直接寄至××会计师事务所。

回函地址:

邮编:　　　　电话:　　　　传真:　　　　联系人:

截至××年×月×日,本公司与贵行相关的信息列示如下:

1.银行存款

账户名称	银行账号	币种	利率	余额	起止日期	是否被质押或用于担保或存在其他限制	备注

除上述列示的银行存款外,本公司并无在贵行的其他存款。

　　注:"起止日期"一栏仅适用于定期存款,如为活期或保证金存款,可只填写"活期"或"保证金"在字样。

2.银行借款

账户名称	币种	余额	借款日期	还款日期	利率	其他借款条件	抵(质)押品/担保人	备注

除上述列示的银行借款外,本公司并无自贵行的银行借款。

注:此项仅函证截至资产负债表日本公司尚未归还的借款。

3.其他事项

〈查询企业(单位)签章〉

　　　　　　　　　　　　　　　　　　　　　　年　月　日

结论:1.数据证明无误　　　　　　　　〈银行签章〉　　　年　月　日

　　　2.数据不符,请列明不符金额及具体内容　〈银行签章〉　　　年　月　日函证银行存款余额是证实资产负债表所列银行存款是否存在的重要程序。通过向往来银行的函证,注册会计师不仅可了解企业的资产存款余额和企业的债务贷款余额、了解企业的贷款担保(或有负债)以及抵押贷款等情况,函证还可用于发现企业未登记的银行借款。函证时,注册会计师应向被审计单位在本年内办理过存款业务(含外部存款、银行汇票存款、银行本票存款、信用证存款等)的所有银行发函,其中包括企业存款账户已结清的银行,因为有可能存款账户已结清,但仍有银行借款或其他负债存在。同时,虽然注册会计师已直接从某一银行取得了银行对账单和所有已付支票,但仍应向这一银行进行函证。

(5) 检查限定用途或 1 年以上的定期存款。用途有限定的银行存款或 1 年以上的定期存款,不属于被审计单位的流动资产,对此,注册会计师应查明相关情况,单独记录。

(6) 检查外币银行存款的折算。对于有外币银行存款的被审计单位,注册会计师应检查被审计单位对外币银行存款的收支是否按所规定的汇率折合为记账本位币金额;外币银行存款期末余额是否按期末市场汇率折合为记账本位币金额;外币折合差额是否按规定记入相关账户。

(7) 确定银行存款是否在资产负债表上恰当披露。根据有关会计制度的规定,企业银行存款在资产负债表上"货币资金"项目下反映。所以,注册会计师应在实施上述审计程序后,确定银行存款账户的期末余额是否恰当,从而确定资产负债表上"货币资金"项目中的数字是否在资产负债表上恰当披露。

(8) 分析性程序。注册会计师在审查银行存款实有数额时会使用分析程序。计算定期存款占银行存款的比例,了解被审计单位是否存在高息资金拆借。如存在高息资金拆借,应进一步分析拆出资金的安全性,检查高额利差的入账情况;计算存放于非银行金融机构的存款占银行存款的比例,分析这些资金的安全性。

二、银行存款收付业务审计

银行存款收付业务审计,主要是审查银行存款收付业务是否真实、合理、合法。审查的主要资料是银行存款日记账和银行存款收付凭证。

(一) 银行存款日记账的审查

对银行存款日记账的审计,其审查要点包括下列几个方面的内容:

(1) 银行存款日记账的开设。银行存款账户的开设必须遵守《银行账户管理办法》的有关要求,如一个被审计单位通常只应有一个基本存款账户,企业开设其他存款账户必须符合一定的条件等。因此,注册会计师需要检查被审计单位各银行存款账户的开设是否符合有关政策法规的规定。

同时,银行存款日记账应区分不同的币种,区分不同的银行并按照不同的银行账号开设,不得将不同账号、不同币种的存款混入一个账户进行核算,以避免引起混乱。因此,注册会计师在审计过程中需要检查被审计单位各银行存款账户的核算是否独立,是否存在串户现象。

对被审计单位的外币账户,注册会计师除了要进行上述的检查外,还需要检查外币折算方法是否符合有关规定。

(2) 是否存在出租或出借银行账户的行为。根据《银行账户管理办法》的规定,单位或个人不得出租或出借银行账户。注册会计师审计时应对此予以特别关注,如果发现被审计单位银行存款账户上存在与被审计单位业务无关的收付款项,则需要进一步进行审查,看其是否存在出租或出借账户的行为。另外,注册会计师可以审查摘要栏内容是否清楚准确，了解银行存款收付是否属于本单位的营业范围，有无与本单位经营活动无关的业务，从而发现被审计单位是否存在出租或出借银行账户的行为。

（3）对银行存款日记账内容的审查主要包括：银行存款日记账记录是否以合法的凭证为依据，其内容是否与有关的记账凭证、原始凭证相符；是否按银行存款收付凭证顺序及时登记入账；是否每天结出余额，余额计算是否正确；银行存款日记账余额与银行存款总分类账余额是否相符。

（二）银行存款收付凭证的审查

对银行存款收付凭证的审查，是确定银行存款收付是否真实、正确、合法，是否符合银行结算制度和有关财经纪律规定的必要程序。其主要审查资料包括银行存款收款凭证和银行存款付款凭证。

（1）银行存款收款凭证的审查。注册会计师在对银行存款收款凭证进行审查时，需要关注的问题有：被审计单位是否按照国家现金管理制度的有关规定及时足额将现金和支票送存开户银行，有无随意截留现金或支用销售收入，有无私设"小金库"或是否存在账外存款等；被审计单位的各项业务收入是否合法、合规，有无违法经营；被审计单位有无代替其他单位或不法分子套取现金的迹象，有无出借账户或替其他单位或不法分子结算货款、套购物资、转移资金等非法活动；对于银行自动划入的款项，被审计单位是否认真复核，转入借款是否及时，托收货款业务是否合法合规，款项收账是否及时、一致。

（2）银行存款付款凭证的审查。注册会计师在对银行存款付款凭证进行审查时，需要关注的问题有：检查所附的原始凭证是否合理、合法，如销售发票是被审计单位出具的统一发票，销售发票编号是否连续，如果原始凭证是支票或付款凭条，而无相关的其他原始凭证，不能认为是该审计单位所取得的收入；签发支票时，是否将原始凭证作为付款依据，签发的现金支票是否属于国家规定的现金使用范围；记账凭证所示科目是否与被审计单位的具体业务性质一致，记账凭证中的金额计算是否正确。

（三）对银行结算凭证的审查

在对银行存款进行审计时，往往会涉及不同的结算方式，这些结算方式会直接影响银行存款的账务处理，不同的银行结算方式会使用不同的结算凭证，如现金支票、转账支票、银行本票、银行汇票等，对这些银行结算凭证的审查同样具有重要的意义。

注册会计师对银行结算凭证的检查，主要是审查这些银行结算凭证的使用是否符合有关规定。对这些银行结算凭证的审查一般包括下列内容：

（1）检查被审计单位签发的支票等结算凭证是否及时入账。

（2）检查作废的银行结算凭证，如支票，是否保留在支票簿内，并加盖了"作废"章。

（3）检查空白银行结算凭证和已经使用过结算凭证的存根的编号是否连续，有无脱号。

（四）抽查大额银行存款的收支

大额银行存款的收支，对被审计单位财务报表的真实、公允表达的影响很大，注册会计师应抽查一定比例的大额银行存款收支，着重检查大额银行存款收支的原始凭证内容是否完整，有无授权批准，并核对相关账目的进账情况，如有与客户生产经营业务无关的银行存款收支事项，应查明原因，并作相应的记录。

（五）审查银行存款收支的正确截止

被审计单位资产负债表上的银行存款余额，应该以结账日实有数额为准，因此，注册会计师必须验证银行存款收支的截止日期。通常,注册会计师可以对结账日前后一段时间内的银行存款收支凭证进行审计,以确定是否存在跨期事项。

第五节　其他货币资金审计

其他货币资金是指企业除库存现金、银行存款以外的其他各种货币资金,它是企业具有单独存放地点和专门用途的货币资金,包括在途货币资金、外埠存款、银行汇票存款、银行本票存款以及信用证存款等。

对其他货币资金的审计基本类似于银行存款的审查,主要应函证多项其他货币资金的实际结存额,并与各银行存款对账单进行核对审查。

（1）核对外埠存款、银行汇票存款、银行本票存款、在途货币资金等各明细账期末合计数与总账数是否相符。一般地讲,注册会计师可以编制其他货币资金余额明细表,表19-5是某会计师事务所的其他货币资金余额核对表。

表 19-5　×××会计师事务所其他货币资金余额核对表

客户名称：　　　　　　　　　　　　　　　　截止日期：
编制人：　　　　　　　　　　　　　　　　　编制时间：
复核人：　　　　　　　　　　　　　　　　　复核时间：

开户银行或存款单位	币种	期末总账余额	期末日记账余额	对账单数	调整差额	调整后差额	备　注
合　　计							
备注说明： （备注应说明该货币资金的性质,如存出保证金、信用证存款）			调整分录：			审计结论：	

（2）函证外埠存款户、银行汇票存款户、银行本票存款户期末余额。对其他货币资金的函证程序和格式与银行存款相同,通常注册会计师在审计过程中,对其他货币资金的函证与银行存款的函证是同时进行的。

（3）抽查一定样本量的原始凭证进行测试,检查其经济内容是否完整,有无适当的审批授权,并核对相关账户的进账情况,如有与客户生产经营无关的收支事项,应注意查明原因并作出相应的记录。

（4）抽取资产负债表日后的大额收支凭证进行截止测试,如有跨期收支事项,应作适当调整。截止测试的目的是测试资产负债表日其他货币资金有无跨期收支的事项,通常注册会计师可以对结账日前后一段时期内的其他货币资金收支凭证进行审计,以确定是否存在跨期事项。

（5）如果被审计单位有外币业务,审计人员在进行上述库存现金、银行存款和其他货币资金审计时,还应检查其有关外币资金银行存款和其他货币资金折合为记账本位币的选用方法是否与后期保持一致,检查其折算汇率是否正确,并审查有关汇兑损益的计算和记录是否正确。

（6）检查其他货币资金的披露是否恰当。

主 要 术 语

1. 货币资金
2. 业务循环
3. 库存现金
4. 收款控制
5. 付款控制
6. 余额控制
7. 盘点库存现金
8. 现金挪用测试
9. 银行存款
10. 银行存款函证
11. 银行存款余额调节
12. 其他货币资金
13. 在途货币资金
14. 外埠存款
15. 银行汇票存款
16. 银行本票存款
17. 信用证存款

复 习 思 考 题

1. 货币资金与各循环交易有哪些关系？
2. 货币资金具有哪些特点？
3. 货币资金审计的具体目标有哪些？
4. 货币资金内部控制制度有哪些内容？
5. 如何进行货币资金内部控制测试？
6. 现金实质性程序包括哪些内容？
7. 银行存款实质性程序包括哪些内容？
8. 其他货币资金实质性程序包括哪些内容？

练 习 题

一、单项选择题

1. 如果丁公司某银行对账单余额与银行存款日记账余额不符,最有效的审计程序是(　　)。

A. 重新测试相关内部控制

B. 检查银行对账单中记录的资产负债表日前后的收付情况

C. 检查是否定期取得银行对账单并编制银行存款余额调节表

D. 函证银行存款余额

2. 如果 D 注册会计师要证实丁公司在临近 20×7 年 12 月 31 日签发的支票是否已登记入账,最有效的审计程序是(　　)。

A. 函证 20×7 年 12 月 31 日银行存款余额

B. 检查 20×7 年 12 月 31 日银行对账单

C. 检查 20×7 年 12 月 31 日银行存款余额调节表

D. 检查 20×7 年 12 月 31 日的支票存根和银行存款日记账

3. 下列与现金业务有关的职责中,可以不分离的是(　　)。

A. 现金支付的审批与执行

B. 现金保管与现金日记账的记录

C. 现金的会计记录与审计监督

D. 现金保管与总分类账的记录

4. 针对 X 公司下列与现金相关的内部控制,注册会计师应提出改进建议的是(　　　)。

A. 每日即时登记现金收入并定期向客户寄送对账单

B. 担任登记现金日记账及总账职责的人员与担任现金出纳职责的人员分开

C. 现金折扣需经过适当的授权

D. 每日盘点现金与账面核对

5. 货币资金内部控制的下列环节中,存在重大缺陷的是(　　　)。

A. 财务专用章由专人保管,个人名章由本人或其授权人员保管

B. 对重要货币资金支付业务,实行集体决策

C. 现金收入及时存入银行,特殊情况下,经主管领导审查批准方可坐支现金

D. 指定专人定期核对银行账户,每月核对一次,编制银行存款余额调节表,使银行存款账面余额与银行对账单调节相符

二、多项选择题

1. 下列各项职责中,违背了不相容岗位相互分离控制原则的有(　　　)。

A. 银行出纳与编制银行存款余额调节表　　B. 接受订单与批准赊销

C. 现金出纳与登记现金日记账　　　　　　D. 现金出纳与编制记账凭证

2. 根据内部控制的要求,会计人员(非出纳人员)可以经办业务的有(　　　)。

A. 债权债务账目登记　　　　　　　　　　B. 稽核

C. 现金收支业务　　　　　　　　　　　　D. 会计档案保管

3. 下列审计程序中,属于库存现金和银行存款账户实质性程序的有(　　　)。

A. 监盘库存现金,编制库存现金监盘表

B. 抽查大额现金和银行存款收支看是否及时入账

C. 抽查是否每月编制银行存款余额调节表

D. 向开户银行函证银行存款余额

4. 函证银行存款余额,注册会计师主要是为了证实(　　　)。

A. 银行存款是否存在　　　　　　　　　　B. 银行借款金额

C. 是否存在企业未入账的负债　　　　　　D. 是否存在或有负债

5. 注册会计师寄发的银行询证函(　　　)。

A. 是以被审计单位的名义发往开户银行

B. 属于积极式函证

C. 要求银行直接回函至会计师事务所

D. 包括银行存款和借款余额

三、判断题

1. 注册会计师审计银行存款时无需对余额为 0 的账户进行函证。　　　　　　　(　　)

2. 注册会计师对银行存款进行函证,可以采用积极式和消极式。　　　　　　　(　　)

3. 被审计单位资产负债表上的银行存款数额,应以编制或取得银行存款余额调节表日银行存款账户数额为准。　　　　　　　　　　　　　　　　　　　　　　　　　　　　　(　　)

4. 出纳人员不得同时从事银行对账单的获取、银行存款余额调节表的编制等工作。

(　　)

5. 出纳人员不得兼管稽核、档案保管工作,但可以进行收入、费用、债权账目的登记工作。　　　　　　　　　　　　　　　　　　　　　　　　　　　　　　　（　　）

四、案例分析

【案例分析 19-1】　在对 G 公司 20×5 年度财务报表进行审计时,M 注册会计师负责审计货币资金项目。G 公司在总部和营业部均设有出纳部门。为顺利监盘库存现金,M 注册会计师在监盘前一天通知 G 公司会计主管人员做好监盘准备。考虑到出纳日常工作安排,对总部和营业部库存现金的监盘时间分别定在上午 10 点和下午 3点。监盘时,出纳把现金放入保险柜,并将已办妥现金收付手续的交易登入现金日记账,结出现金日记账余额;然后,M 注册会计师当场盘点现金,在与现金日记账核对后填写"库存现金盘点表",并在签字后形成审计工作底稿。

【要求】　请指出上述库存现金监盘工作中有哪些不当之处? 并提出改进建议。

【案例分析 19-2】　审计人员对 A 公司 20×7 年 12 月 31 日的银行存款进行审查,查得银行存款日记账余额为 174 800 元,银行对账单余额为 97 500 元,并发现以下情况:

(1) 12 月 31 日,银行从 A 公司银行存款中扣除借款利息 1 200 元,公司未入账。

(2) 12 月 28 日,A 公司开出金额为 25 500 元的转账支票一张,银行未入账。

(3) 12 月 29 日,银行收到 B 公司汇来的货款 35 000 元,A 公司未入账。

(4) 12 月 29 日,A 公司存入转账支票一张 64 000 元,银行未入账。

(5) 银行对账单上发现 12 月 20 日和 23 日收入和付出支票各一张,金额均为 50 000元,A 公司银行存款日记账上无此记录。

A 公司出纳员编制的银行存款余额调节表如表 19-6 所示。

表 19-6　银行存款余额调节表

20×7 年 12 月 31 日

银行调节项目	金　额	企业调节项目	金　额
银行对账余额	97 500	银行日记账余额	174 800
加:企业已收,银行未收		加:银行已收,企业未收	
1. 存入转账支票	64 000	1. 借款利息	1 200
2. 存入现金	5 000	2.	
减:企业已付,银行未付		减:银行已付,企业未付	
1. 开出转账支票	25 500	1. 收到汇票	35 000
2.		2.	
实际存款余额	141 000	实际存款余额	141 000

【要求】

(1) 指出公司编制的银行存款余额调节表存在的问题。

(2) 分析公司在银行存款方面可能存在的问题。

五、参考答案

【单项选择题】　1. D　2. D　3. B　4. B　5. C

【多项选择题】　1. ABD　2. ABD　3. AD　4. ABCD　5. ABCD

【判断题】 1. × 2. × 3. × 4. √ 5. ×

【案例分析】

【案例分析 19－1】 题解

(1) 提前通知 G 公司会计主管人员做好监盘准备的做法不当。M 注册会计师应当实施突击性的检查。

(2) 没有同时监盘总部和营业部库存现金的做法不当。M 注册会计师应组织同时监盘总部和营业部的库存现金,若不能同时监盘,则应对后监盘的库存现金实施封存。

(3) 盘点的时间不当。一般应选择在上午上班前或下午下班时进行库存现金的监盘。

(4) G 公司会计主管人员没有参与盘点的做法不当,盘点人员应包括出纳、会计主管人员和注册会计师。

(5) 现金盘点操作程序不当。库存现金应由出纳盘点,由注册会计师监盘。

(6) "库存现金盘点表"签字人员不当,"库存现金盘点表"应由公司相关人员和注册会计师共同签字。

【案例分析 19－2】 题解

(1) 存在的问题:① 公司的银行存款余额调节表由出纳编制不符合职责分工控制。② 银行存款余额调节表有误。③ 有一笔未达账项存入现金 5 000 元为虚构。④ 12 月 20 日和 12 月 23 日收入和支出支票各一张,金额为 50 000 元,A 公司银行存款日记账上无此记录,也未在调节表进行反映。⑤ 借款利息应为减 1 200 元。⑥ 收到汇款应为加 35 000 元。

(2) 可能存在的问题:① 个人贪污、挪用货款。② 管理层隐瞒收入、偷漏税收。③ 出借银行账户。

本章要点概览

1. 货币资金流动性最强,与各业务循环均有联系。

2. 货币资金存在闲置、不足、被挪用贪污等风险,货币资金的内部控制尤其重要。货币资金内部控制包括货币资金收入、支出与余额的控制。

3. 注册会计师对库存现金的监盘是审计其余额的法定程序,同时应对库存现金收支进行审计。

4. 审计银行存款实有数,通过银行询证函和对银行存款余额调节表的审计,审计未达账项的真实性。

第二十章　特殊项目审计

学习目的与要求

　　本章旨在对财务报表审计中应关注的一些特殊事项予以说明,包括期初余额对所审计的财务报表的影响、被审计单位会计估计的审计、或有事项及期后事项对财务报表公允性的影响等。通过本章学习,要求了解期初余额、会计估计、或有事项、期后事项等项目的审计目标和程序,并针对不同的审计结论对审计意见作出恰当处理。

课前预习题

1. 期初余额的含义及审计目标是什么?
2. 什么是会计估计? 注册会计师针对会计估计的风险评估程序有哪些?
3. 现金流量表审计关注的重点有哪些?
4. 什么是或有事项? 其审计目标是什么?
5. 什么是期后事项? 针对不同的期后事项,注册会计师应如何处理?

第一节　期初余额审计

　　在审计实务中,当注册会计师首次接受客户委托,对被审计单位的财务报表进行审计时,就会涉及对财务报表期初余额如何审计的问题。一般来说,存在以下两种情况会发生注册会计师首次接受委托的情形:一是被审计单位首次接受审计,如:新设企业进行工商年检;进行股份制改造或申请公开发行股票的企业根据《中华人民共和国公司法》或上市条例的规定,委托注册会计师对其财务报表进行审计;民营企业因贷款卡年审而必须接受审计等。由于这些企业以前没有接受过注册会计师的审计,因此注册会计师接受委托后,在对期末余额进行审计的同时,还需要对期初余额的真实、公允发表意见。二是被审计单位更换注册会计师,上期财务报表由前任注册会计师审计。在审计实务中,因监管部门强制轮换会计师事务所的要求,或者会计师事务所与客户发生矛盾,都会导致被审计单位变更原有的会计师事务所。在这种情况下,被审计单位上期的财务报表已经前任注册会计师审计,但后任注册会计师则属于首次接受委托。

对注册会计师而言,如果对期初余额审计过于详细,必然会增加审计成本,延长审计时间,进而增加被审计单位的审计费用及其他负担;如果不对期初余额进行审计,又会影响到注册会计师对本期财务报表发表适当的意见。因此,注册会计师在对期初余额进行确认时需要把握适当的度。由于我国的民间审计起步较晚,注册会计师对期初余额的审计所掌握的标准不尽相同,由此也会引起财务报表审计的质量差异,在一定程度上影响了注册会计师发表审计意见的适当性。根据《中国注册会计师审计准则第1331号——首次接受委托时涉及的期初余额》第6条规定:"在执行首次审计业务时,注册会计师针对期初余额的目标是,获取充分、适当的审计证据以确定:(一)期初余额是否含有对本期财务报表产生重大影响的错报;(二)期初余额反映的恰当的会计政策是否在本期财务报表中得到一贯运用,或会计政策的变更是否已按照适用的财务报告编制基础作出恰当的会计处理和充分的列报和披露。"

一、期初余额的含义

期初余额是指期初存在的账户余额。期初余额以上期期末余额为基础,反映了以前期间的交易和事项以及上期采用的会计政策的结果,同时包括期初存在的需要披露的事项,如或有事项和承诺事项。理解这个概念,可以从以下几个特征着手:

(1)期初余额是注册会计师所审财务报表所属期间期初已经存在的余额。通常情况下,期初已存在的余额是由上期结转至本期的金额,或者是上期期末余额经过调整后的金额。也就是说,期初余额是上期账户结转至本期,或者因上期期后事项、会计政策变更、前期会计差错更正等因素的影响,由上期期末余额经调整或重新表述得来。

(2)期初余额反映了以前期间的交易和上期采用的会计政策的结果。会计所反映的信息是以客观发生的经济业务为依据的,因此财务报表中所反映的期初余额也应该是被审计单位按照上期采用的会计政策对前一个会计期间内发生的交易或者事项进行会计处理的结果。

(3)期初余额与注册会计师首次接受委托相关。广义地讲,注册会计师无论是首次接受委托对被审计单位的财务报表进行审计,还是执行连续审计业务,都会涉及期初余额的审计。但在连续审计业务中,注册会计师通常只需关注被审计单位经审计的上期期末余额是否已正确结转至本期,或者是否在适当的情况下已作出调整或重新表述,很少需要再实施其他专门的审计程序。注册会计师首次接受委托(我国审计准则称为首次审计业务)是指被审计单位上期财务报表未经审计,或者上期财务报表由前任注册会计师审计的情况下承接的审计业务。在此情况下,注册会计师应当保持应有的职业谨慎,充分考虑期初余额对所审计财务报表的影响。由于期初余额是本期财务报表的基础,通常会对本期的报表产生重要的影响,因此注册会计师需要保持高度的责任感和慎重的态度,去判断期初余额对所审计财务报表影响的程度。在此基础上,注册会计师合理运用专业判断,以确定期初余额的审计范围。

注册会计师在判断期初余额对所审财务报表影响程度时,可以从以下几个方面着手:① 上期结转至本期的余额。② 上期所采用的会计政策、会计估计等。③ 上期期末已经存在的或有事项或承诺。需要说明的是,注册会计师进行财务报表审计业务时,一般不需要对期初余额专门发表审计意见,之所以需要使用恰当的审计程序,主要是因为期初余额是本期财务报表编制的基础,对期初余额的相关审计结论会对所审财务报表产生一定的影响。

二、期初余额的审计目标和审计程序

(一)审计目标

在期初余额的审计中,注册会计师应当就下列事项取得充分、适当的审计证据:

(1)确定期初余额不存在对本期财务报表产生重大影响的错报,主要是判断期初余额的错报对本期财务报表使用者进行决策的影响程度,是否足以改变或影响其判断。

(2)确定期初余额反映的恰当的会计政策是否在本期财务报表中得到一贯运用,或会计政策的变更是否已按照适用的财务报告编制基础作出恰当的会计处理和充分的列报和披露。

(二)审计程序

注册会计师应通过采取下列措施,获取充分、适当的审计证据,以确定期初余额是否包含对本期财务报表产生重大影响的错报:

(1)确定上期期末余额是否已正确结转至本期,或在适当的情况下已作出重新表述。

(2)确定期初余额是否反映对恰当会计政策的运用。

(3)实施一项或多项审计程序。包括:① 如果上期财务报表已经审计,查阅前任注册会计师的审计工作底稿,以获取有关期初余额的审计证据。② 评价本期实施的审计程序是否提供了有关期初余额的审计证据。③ 实施其他专门的审计程序,以获取有关期初余额的审计证据。

在确定有关期初余额的审计证据的充分性和适当性时,注册会计师应当考虑:① 被审计单位运用的会计政策。② 上期财务报表是否经过审计;如果经过审计,审计报告是否为非标准审计报告。③ 账户的性质和本期财务报表中的重大错报风险。④ 期初余额对本期财务报表的重要程度。

如果上期财务报表未经审计,或后任注册会计师在查阅前任注册会计师的工作底稿时无法对期初余额得出满意结论,后任注册会计师应当实施进一步的审计程序,如对流动资产和流动负债可以通过本期实施的审计程序获取部分审计证据,对存货实施追加的审计程序,对非流动资产和非流动负债,检查形成期初余额的会计记录和其他信息。在某些情况下,后任注册会计师可向第三方函证期初余额,或实施追加的审计程序。

三、审计结论和报告

注册会计师应当根据已获取的审计证据,形成对期初余额的审计结论,在此基础上确定其对本期财务报表审计意见的影响。

(1)审计后无法获取有关期初余额的充分、适当的审计证据。在这种情况下,注册会计师应当出具保留意见或无法表示意见的审计报告。

(2)如果获取的审计证据表明期初余额存在可能对本期财务报表产生重大影响的错报,注册会计师应当实施适合具体情况的追加审计程序,以确定对本期财务报表的影响;如果上期财务报表由前任注册会计师审计,注册会计师还应考虑提请管理层告知前任注册会计师。如果错报的影响未能得到正确的会计处理和恰当的列报,注册会计师应当出具保留意见或否定意见的审计报告。

(3)会计政策变更对审计报告的影响。如果与期初余额相关的会计政策未能在本期得到一贯运用,并且会计政策的变更未能得到正确的会计处理和恰当的列报,注册会计师应当出具保留意见或者否定意见的审计报告。

(4)前任注册会计师对上期财务报表出具了非标准审计报告。在这种情况下,注册会计师应当考虑该审计报告对本期财务报表的影响。如果导致出具非标准审计报告的事项对本期财务报表仍然相关和重大,注册会计师应当对本期财务报表出具非标准审计报告。

第二节　会计估计审计

一、基本定义

会计估计通常是指企业对其结果不确定的交易或事项以最近可利用的信息为基础所作的判断。根据《中国注册会计师审计准则第 1321 号——会计估计的审计》(包括公允价值会计估计)和相关披露的规定,所谓的会计估计,是指缺乏精确计量手段的情况下,采用的某项金额的近似值,一般包括存在估计不确定性时以公允价值计量的金额,以及其他需要估计的金额。某些财务报表项目不能精确计量,只能进行估计,如应收账款的坏账准备估计、存货的跌价准备估计、长期股权投资的减值准备估计、固定资产的折旧年限或总工作量、净残值、减值准备的估计、在建工程的减值准备估计、无形资产的受益期限和减值准备估计、建造合同中收入和费用的确认、估计未决诉讼损失和产品质量保证准备金的预计负债以及资产负债表债务法下对递延所得税资产和递延所得税负债的估计等。会计估计变更是指由于资产和负债的当前状况及预期经济利益和义务发生了变化,从而对资产或负债的账面价值或者资产的定期消耗金额进行调整。

管理层可获得的用以支持作出会计估计的信息的性质和可靠性差异很大,并因此影响与会计估计相关的估计不确定性的程度,进而影响与会计估计相关的重大错报风险。

二、审计目标和审计程序

(一)审计目标

注册会计师的目标是,获取充分、适当的审计证据以确定:① 根据适用的财务报告编制基础,财务报表中确认或披露的会计估计是否合理。② 根据适用的财务报告编制基础,财务报表中的相关披露是否充分。

(二)审计程序

为达到审计目标,注册会计师对会计估计的审计程序通常包括:

(1)了解下列内容,以识别和评估会计估计重大错报风险:① 与会计估计相关的适用的财务报告编制基础的规定。② 管理层如何识别可能需要作出会计估计并在财务报表中确认或披露的交易、事项和情况。③ 管理层如何作出会计估计,以及会计估计所依据的数据。

管理层作出会计估计的方法和依据包括:用以作出会计估计的方法,包括模型;相关控制;管理层是否利用专家的工作;会计估计所依据的假设;用以作出会计估计的方法是否已经发生或应当发生不同于上期的变化以及变化的原因;管理层是否评估以及如何评估估计不确定性的影响。

(2)复核上期财务报表中会计估计的结果,或者复核管理层在本期财务报表中对上期会计估计作出的后续重新估计。

(3)识别和评估重大错报风险。注册会计师应评价与会计估计相关的估计不确定性的程度,并根据职业判断确定识别出的具有高度不确定性的会计估计是否会导致特别风险。

(4)应对评估的重大错报风险。注册会计师应确定:① 管理层是否恰当运用与会计估计相关的适用的财务报告编制基础的规定。② 作出会计估计的方法是否恰当,并得到一贯运用,以及会计估计或作出会计估计的方法不同于上期的变化是否适合于具体情况。

在应对评估的重大错报风险时,注册会计师应考虑会计估计的性质,并实施下列一项或多项程序：确定截至审计报告日发生的事项是否提供有关会计估计的审计证据；测试管理层如何作出会计估计以及会计估计所依据的数据；测试与管理层如何作出会计估计相关的控制的运行有效性，并实施恰当的实质性程序；作出注册会计师的点估计或区间估计，以评价管理层的点估计。

（5）实施进一步审计程序以应对特别风险：① 评价管理层如何考虑替代性的假设或结果，以及拒绝采纳的原因，或者在管理层没有考虑替代性的假设或结果的情况下，评价管理层在作出会计估计时如何处理估计不确定性。② 评价管理层使用的重大假设是否合理。③ 当管理层实施特定措施的意图和能力与其适用的重大假设的合理性或对适用的财务报告编制基础的恰当应用相关时，评价这些意图和能力。

对导致特别风险的会计估计，注册会计师应获取充分、适当的审计证据，以确定下列方面是否符合适用的财务报告编制基础的规定：① 管理层对会计估计在财务报表中予以确认或不予确认的决策。② 作出会计估计所选择的计量基础。

（6）评估会计估计的合理性并确定错报。注册会计师应根据获取的审计证据，评价财务报表中会计估计在适用的财务报告编制基础下是合理的还是存在错报。

（7）与会计估计相关的披露。注册会计师应获取充分、适当的审计证据，以确定与会计估计相关的财务报表披露是否符合适用的财务报告编制基础的规定；对导致特别风险的会计估计，还应评价在适用的财务报告编制基础下，财务报表对估计不确定性的披露的充分性。

（8）获取书面声明。注册会计师应向管理层和治理层获取书面声明，以确定其是否认为在作出会计估计时使用的重大假设是合理的。

（9）形成工作底稿。包括对导致特别风险的会计估计的合理性及其披露的充分性，注册会计师得出结论的基础，以及可能存在管理层偏向的迹象。

第三节　现金流量表审计

一、相关概念

现金流量表是指反映企业在一定会计期间现金和现金等价物流入和流出的报表。

现金是指企业库存现金以及可以随时用于支付的存款。

现金等价物是指企业持有的期限短、流动性强、易于转换为已知金额现金、价值变动风险很小的投资。

企业编制现金流量表的目的是为财务报表使用者提供企业一定会计期间内现金和现金等价物流入和流出的信息，以便于报表使用者了解和评价企业获得现金和现金等价物的能力，并据以预测企业未来现金流量，从而对企业整体财务状况作出客观评价。

现金流量表应当分别经营活动、投资活动和筹资活动列报现金流量，并分别按照现金流入和现金流出总额列报。但下列各项可以按照净额列报：① 代客户收取或支付的现金。② 周转快、金额大、期限短项目的现金流入和现金流出。③ 金融企业的有关项目，包括短期贷款发放与收回的贷款本金、活期存款的吸收与支付、同业存款和存放同业款项的存取、向其他金融企业拆借资金以及证券的买入与卖出等。

二、审计目标和审计程序

（一）审计目标

注册会计师审计现金流量表的目的主要在于：确定现金流量表的内容、性质和数额是否正确、合理、完整;确定现金流量表有关项目数额与其他报表及附注的勾稽关系是否正确;确定现金流量表各项目的披露是否恰当。

（二）审计程序

为实现现金流量表的审计目标,注册会计师通常采用的审计程序包括如下。

（1）获取编制现金流量表的基础资料:① 复核加计是否正确。② 将基础资料中的有关数据与财务报表及附注、账册凭证、辅助账簿、审计工作底稿等核对相符,并进行详细分析,检查数额是否正确、完整,现金流量分类是否合理。③ 根据审计调整分录,对基础资料的有关数额进行相应的调整。

（2）检查对现金及现金等价物的界定是否符合规定,界定范围在前后会计期间是否保持一致。

（3）检查现金流量表编制方法:① 了解现金流量表编制方法。如果被审计单位未利用计算机程序编制现金流量表,应查明其是否专为编制现金流量表设置辅助账簿记录,并取得现金流量表编制底稿;如果被审计单位利用计算机程序编制现金流量表,应对其计算机程序进行了解分析,必要时可聘请专家协助工作。② 检查合并现金流量表编制方法,关注相关的业务是否已经抵销并作正确处理。③ 关注现金流量表编制过程中,对有关特殊事项的处理是否正确,如债务重组、非货币性交易、金融保险等特殊行业现金流量表的编制等。

（4）对现金流量表执行分析性程序,并检查:① 主表与补充资料中的"现金及现金等价物净增加额"是否一致。② 主表与补充资料中的"经营活动产生的现金流量净额"的勾稽关系是否合理。③ 补充资料中的货币资金期末、期初余额是否与资产负债表的勾稽关系合理。④ 现金流量表有关数据与审计后财务报表及附注的勾稽关系是否合理。⑤ 是否存在金额异常的现金流量表项目,并作追查调整。

（5）检查现金流量表各项目的披露是否恰当。根据《企业会计准则第 31 号——现金流量表》的规定,企业应当在附注中披露将净利润调节为经营活动现金流量的信息,至少应当单独披露对净利润进行调节的下列项目:资产减值准备;固定资产折旧;无形资产摊销;长期待摊费用摊销;处置固定资产、无形资产和其他长期资产的损益;固定资产报废损失;公允价值变动损益;财务费用;投资损益;递延所得税资产和递延所得税负债;存货;经营性应收项目和经营性应付项目。

此外,企业应当在附注中以总额披露当期取得或处置子公司和其他营业单位的下列信息:取得或处置价格;取得或处置价格中以现金支付的部分;取得或处置子公司及其他营业单位收到的现金;取得或处置子公司及其他营业单位按照主要类别分类的非现金资产和负债。企业应当在附注中披露不涉及当期现金收支、但影响企业财务状况或未来可能影响企业现金流量的重大投资和筹资活动;与现金和现金等价物相关的信息包括:现金和现金等价物的构成及其在资产负债表中的相应金额;企业持有但不能由母公司或集团内其他子公司使用的大额现金和现金等价物金额。

第四节　或有事项审计

一、相关概念

或有事项是指由过去的交易或者事项形成的,其结果需由某些未来事项的发生或不发生才能决定的不确定事项。

或有负债是指过去的交易或者事项形成的潜在义务,其存在需通过未来不确定事项的发生或不发生予以证实;或过去的交易或者事项形成的现时义务,履行该义务不是很可能导致经济利益流出企业或该义务的金额不能可靠地计量。

或有资产是指过去的交易或者事项形成的潜在资产,其存在需通过未来不确定事项的发生或不发生予以证实。

与或有事项相关的义务同时满足下列条件的,应当确认为预计负债:① 该义务是企业承担的现时义务。② 履行该义务很可能导致经济利益流出企业。③ 该义务的金额能够可靠地计量。

或有事项是由过去的交易或者事项而形成的,是一种具有较大不确定性的经济事项,常见的如未决诉讼、未决索赔、债务担保、产品质量保证、票据贴现和背书转让等。

二、审计目标和审计程序

或有事项的审计往往是作为其他审计事项的一个组成部分,而不是在临近审计工作结束时作为一个单独的部分来审计的。即使是单独核实或有事项,也是在审计工作结束前的一段时期进行,以确保核实的正确性。在临近审计工作结束时,注册会计师如果对或有事项进行审计,多数也是复核,而非初次关注。

（一）审计目标

注册会计师对或有事项进行审计所有达成的目标一般包括:

(1) 确定或有事项是否存在。

(2) 确定或有事项的确认和计量是否符合规定。

(3) 确定或有事项的披露是否恰当。

（二）审计程序

由于或有事项的种类不同,注册会计师在审计被审计单位的或有事项时采取的程序也各不相同。例如,对于未决诉讼或未决仲裁,可以向被审计单位的法律顾问或律师发函询证;对于税务纠纷,注册会计师主要应检查被审计单位的纳税申报单等是否已经税务部门审核批准;对被审计单位向银行贴现的商业票据,可以采用函证的方法,直接向银行调查,并将调查结果与被审计单位的会计记录进行核对,以确定是否正确无误;对通融票据背书和其他债务人的担保,应向被审计单位的有关负责人查询,以证实被审计单位是否存在此类或有事项。尽管不同的或有事项采取的程序各不相同,但总结起来,一般的审计程序可归结为:

(1) 向被审计单位管理层询问其确定、评价与控制或有事项方面的有关方针政策和工作程序。

(2) 向被审计单位管理层索要下列资料,作必要的审核和评价:① 被审计单位管理层的书面声明,保证其已按照企业会计准则和有关财会制度等的规定,对其全部或有事项作了反映。② 被审计单位现存的有关或有事项的全部文件或凭证,判断是否应确认为或有负债,损失金额是否可以合理估计;是否存在预期可获得的补偿,相关的会计处理是否正确。③ 被审计单位与银行之间的往来函件,以查找有关应收账款抵借、通融票据背书和对其他债务的担保。④ 被审计单位的债务说明书,其中,除其他债务说明外,还应包括对或有事项的说明,即说明已知的或有事项均已在财务报表中作了适当披露。

(3) 向被审计单位的法律顾问和律师进行函证,以获取法律顾问和律师对被审计单位资产负债表日业已存在的,以及资产负债表日至函证回函日期间存在的或有事项的确认证据。

（4）复核上期和被审计期间税务机构的税收结算报告，以发现税务纠纷发生的可能性。

（5）向与被审计单位有业务往来的银行寄发含有要求银行提供被审计单位或有事项的询证函，以反映商业票据贴现、应收账款抵借、通融票据背书的情况，以及为其他单位的银行借款进行担保的情况。被审计单位如果是上市公司，还应该按照有关的监管要求以及公司治理要求对担保事项进行关注。

（6）审阅截至审计外勤工作完成日止被审计单位董事会纪要和股东大会会议记录，确定是否存在未决诉讼或仲裁、未决索赔、税务纠纷、债务担保、产品质量保证等方面的记录。

（7）复核现存的审计工作底稿，寻找任何可以说明潜在或有事项的资料。

（8）询问被审计单位对未来事项和协议的财务承诺，并向被审计单位管理层询问。

（9）确定或有事项的确认和计量是否符合规定，会计处理是否正确。

（10）确定或有事项在财务报表上的披露是否恰当。根据《企业会计准则第13号——或有事项》的规定，企业应当在附注中披露与或有事项有关的下列信息：① 预计负债，包括预计负债的种类、形成原因以及经济利益流出不确定性的说明；各类预计负债的期初、期末余额和本期变动情况；与预计负债有关的预期补偿金额和本期已确认的预期补偿金额。② 或有负债（不包括极小可能导致经济利益流出企业的或有负债），包括或有负债的种类及其形成原因，如已贴现商业承兑汇票、未决诉讼、未决仲裁、对外提供担保等形成的或有负债；经济利益流出不确定性的说明；或有负债预计产生的财务影响，以及获得补偿的可能性；无法预计的，应当说明原因。③ 企业通常不应当披露或有资产，但或有资产很可能会给企业带来经济利益的，应当披露其形成的原因、预计产生的财务影响等。④ 在涉及未决诉讼、未决仲裁的情况下，按照前述要求披露全部或部分信息预期给企业造成重大不利影响的，企业无需披露这些信息，但应当披露该未决诉讼、未决仲裁的性质，以及没有披露这些信息的事实和原因。

第五节　期后事项审计

一、相关概念

财务报表可能受到财务报表日后发生的事项的影响。根据《中国注册会计师审计准则第1332号——期后事项》的表述，期后事项是指财务表日至审计报告日之间发生的事项以及注册会计师在审计报告日后知悉的事实。其中财务报表日是指财务报表涵盖的最近期间的截止日期；而审计报告日则是指注册会计师按照准则规定对财务报表出具的审计报告上签署的日期。具体可以将这一期间划分为三个时段：第一个时段是财务报表日后至审计报告日；第二个时段是审计报告日后至财务报表报出日；第三个时段是财务报表报出日后。其中财务报表报出日通常是指审计报告和已审财务报表提供给第三方的日期。审计报告的日期向财务报表使用者表明，注册会计师已考虑其知悉的、截至审计报告日发生的事项和交易的影响。

期后事项包括调整事项和非调整事项两类。

（一）调整事项

调整事项是指对财务报表日已经存在的情况提供了新的或进一步证据的事项，通常包括：

（1）财务报表日后诉讼案件结案，法院判决证实了企业在资产负债表已经存在的现时义务，需要调整原先确认的与诉讼案件相关的预计负债，或确认一项新负债。

（2）财务报表日后取得确凿证据，表明某项资产在财务报表日发生了减值或者需要调整该项资产原先确认的减值金额。

（3）财务报表日后进一步确定了财务报表日前购入资产的成本或售出资产的收入。

（4）财务报表日后发现了财务报表舞弊或差错。

（二）非调整事项

非调整事项是指表明财务报表日后发生的情况的事项，通常包括：财务报表日后发生重大诉讼、仲裁、承诺；财务报表日后资产价格、税收政策、外汇汇率发生重大变化；财务报表日后因自然灾害导致资产发生重大损失；财务报表日后发行股票和债券以及其他巨额举债；财务报表日后资本公积转增资本；财务报表日后发生企业合并或处置子公司；财务报表日后发生巨额亏损。

二、审计目标和审计程序

期后事项很可能会改变注册会计师对被审计单位财务报表公允性的意见，因此注册会计师必须对期后事项予以充分关注。

（一）审计目标

资产负债表日后发生的无论是调整事项还是非调整事项，都可能对财务报表和审计报告产生影响。

注册会计师对期后事项进行审计的主要目的在于：获取充分、适当的审计证据，以确定财务报表日至审计报告日之间发生的、需要在财务报表中调整或披露的事项是否已经按照适用的财务报告编制基础在财务报表中得到恰当反映；恰当应对在审计报告日后注册会计师知悉的、且如果在审计报告日知悉可能导致注册会计师修改审计报告的事实。

（二）审计程序

对于不同时段的期后事项，注册会计师了解或识别的责任不同。例如，对第一时段的期后事项，注册会计师需要实施必要的审计程序去主动识别；对第二时段的期后事项，注册会计师无需实施审计程序或进行专门查询，但管理层有责任告知注册会计师可能影响财务报表的事实；对于第三阶段期后事项，注册会计师没有义务进行查询，但有可能通过其他途径知悉。注册会计师对期后事项的识别程序通常可以分为两类：一是结合财务报表期末余额审计，把识别、复核期后事项作为期末余额审计程序的有机组成部分来执行；二是对期后事项执行专门的审计程序，包括检查记录或文件，以及询问。

1. 截止审计报告日发生的事项

此阶段期后事项的审计程序通常包括：

（1）了解被审计单位管理层为确保识别期后事项而建立的程序。

（2）在可能的情况下，询问管理层和治理层，确定是否已发生可能影响财务报表的期后事项。

（3）查阅被审计单位的所有者、管理层和治理层在财务报表日后举行的会议纪要，并在不能获取会议纪要时询问会议讨论的事项。

（4）查阅最近的中期财务报表，如认为必要和适当，还应当查阅预算、现金流量预测以及其他相关管理报告。

（5）向被审计单位律师或者法律顾问询问有关诉讼和索赔事项。

（6）向管理层询问是否发生可能影响财务报表的期后事项。

（7）知悉的对财务报表有重大影响的期后事项，应考虑这些事项在财务报表中是否得到恰当的会计处理或予以充分披露。

2. 审计报告日后至财务报表报出日前发生的事实

此阶段注册会计师没有责任针对财务报表实施审计程序或进行专门查询，但由于被审计单位的财务报表并未报出，管理层有责任将发现的可能影响财务报表的事实告知注册会计师。注册会计师也可能从媒体报道、举报信或者证券监管部门告知等途径获悉影响财务报表的期后事项。

在审计报告日后至财务报表报出日前，如果知悉可能对财务报表产生重大影响的事实，注册会计师应当考虑是否需要修改财务报表，并与管理层讨论，同时根据具体情况采取适当措施；如果认为期后事项的影响足够重大，确定需要修改财务报表的，需要根据管理层是否同意修改财务报表（如果需要修改，询问管理层将如何在财务报表中处理该事项），或审计报告是否已经提交等具体情况采取适当措施。

如果管理层修改了财务报表，注册会计师应当根据具体情况实施必要的审计程序，以获取充分、适当的审计证据来验证管理层根据期后事项所作出的财务报表调整或披露是否符合企业会计准则和相关会计制度的规定，并针对修改后的财务报表出具新的审计报告和索取新的管理层声明书。新的审计报告日期不应早于董事会或类似机构批准修改后的财务报表的日期。

如果注册会计师认为应当修改财务报表，而管理层不修改财务报表且审计报告未提交，注册会计师应出具保留意见或否定意见的审计报告。

如果注册会计师认为应当修改财务报表而管理层没有修改，并且审计报告已提交给被审计单位，注册会计师应当通知治理层不要将财务报表和审计报告向第三方报出。如果财务报表仍被报出，注册会计师应当采取措施防止财务报表使用者信赖该审计报告。例如，针对上市公司，注册会计师可以利用证券传媒，刊登必要的声明，防止使用者信赖审计报告。注册会计师采取的措施取决于自身的权利和义务以及所征询的法律意见。

3. 财务报表报出后发现的事实

在财务报表报出后，注册会计师没有义务针对财务报表实施任何审计程序，但并不排除注册会计师通过其他途径获悉可能对财务报表产生重大影响的期后事项的可能性。

注册会计师在财务报表报出后，知悉在审计报告日已存在的、可能导致修改审计报告的事实，应当考虑是否需要修改财务报表，并与管理层和治理层进行讨论，根据管理层是否修改财务报表、是否采取必要措施确保所有收到原财务报表和审计报告的人士了解这一情况、是否临近公布下一期财务报表等具体情况采取适当措施。

管理层修改财务报表的，注册会计师采取必要的措施，如实施必要的审计程序；复核管理层采取的措施能否确保所有收到原财务报表和审计报告的人士了解这一情况；针对修改后的财务报表出具新的审计报告，新的审计报告应当增加强调事项段或其他事项段，提醒财务报表使用者关注财务报表附注中有关修改原财务报表的详细原因，以及注册会计师出具的原审计报告。

管理层未采取必要措施确保所有收到原财务报表的人士了解上述情况，也没有在注册会计师认为需要修改的情况下修改财务报表，注册会计师应当通知管理层和治理层，并采取措施防止财务报表使用者信赖该审计报告；如果注册会计师已经通知管理层或治理层，而管理层或治理层没有采取必要措施,注册会计师应采取适当措施,以设法防止财务报表使用者信赖该审计报告。

如果知悉了此阶段的期后事项时,已临近公布下一期财务报表或下一期财务报表已编制完成,且能够在下一期财务报表中进行充分披露,注册会计师应当根据法律法规的规定确定是否仍有必要提请被审计单位修改财务报表,并出具新的审计报告。

4. 公开发行证券的考虑

当被审计单位公开发行证券时,注册会计师应当考虑有关证券发行的法律法规对期后事项的特殊规定。

第六节 持续经营假设审计

一、相关概念

持续经营假设是指被审计单位在编制财务报表时,假定其经营活动在可预见的将来会继续下去,不拟也不必终止经营或破产清算,可以在正常的经营过程中变现资产、清偿债务。这里的可预见的将来,通常是指资产负债表日后 12 个月。

理解持续经营假设的含义,需要把握以下三点:

(1)持续经营假设是管理层在编制财务报表时所作出的一种假定。管理层在编制财务报表时,应当对企业的持续经营能力作出评估。如果认为以持续经营假设为基础编制财务报表不再合理时,被审计单位应当采用其他基础如清算基础来编制。

(2)持续经营假设是企业进行会计确认、计量和列报的前提。管理层是否以持续经营假设为基础编制财务报表,会计确认、计量和列报会有很大的差别。例如,在持续经营假设基础下,企业拥有的投资性房地产是以公允价值进行计量的,不需要对该项资产计提折旧或进行摊销,期末以公允价值为基础调整账面价值即可;而当企业终止经营时,该项资产则以清算价格计价。

(3)被审计单位的持续经营能力存在重大不确定性,并不一定意味着以持续经营假设为基础编制财务报表是不恰当的。某些事项或情况可能会导致对被审计单位的持续经营能力产生重大疑虑,但管理层可以通过采取一定的措施缓解面临的财务困境,如寻求外部的支持。在这种情况下,管理层仍然可以采用持续经营假设编制财务报表。

按照我国《企业会计准则——基本准则》的规定,企业会计确认、计量和报告应当以持续经营为前提。在持续经营假设下,企业所持有的资产将在正常的经营过程中被耗用、出售或转换,而其所承担的债务,也将在正常的经营过程中被清偿。正是由于持续经营假设这一前提的存在,会计分期才有必要,权责发生制原则才可以在正常的会计核算中予以贯彻。

二、审计目标和审计程序

在市场经济中,企业日益发展成为具有现代企业特征的经济主体,如果企业的风险管理意识不强,盲目为他人担保、为追求高增长而大量举债,就会导致严重的财务危机。财务危机一旦爆发,就会使企业面临持续经营问题,并可能使得为其提供审计服务的会计师事务所因遭受诉讼而陷入困境甚至倒闭。因此,在审计过程中,注册会计师应当考虑被审计单位的持续经营问题。企业应通过提高自身的风险意识,增强风险防范能力来提高风险管理水平。注册会计师的责任是就管理层在编制和列报财务报表时运用持续经营假设的适当性获取充分、适当的审计证据,并就持续经营能力是否存在重大不确定性得出结论。

需要说明的是,即使编制财务报表时采用的财务报告编制基础没有明确要求管理层对持续经营能力作出专门评估,注册会计师仍然存在上述责任。

(一)审计目标

注册会计师在财务报表审计中对持续经营假设的关注,旨在:就被审计单位管理层编制财务报表时运用持续经营假设的适当性,获取充分、适当的审计证据;根据所获取的审计证据,就可能导致对被审计单位持续经营能力产生重大疑虑的事项或情况是否存在重大不确定性得出结论;确定对审计报告的影响。

(二)审计程序

对持续经营假设适当性的考虑贯穿于整个审计过程,在计划和实施审计程序以及评价其结果时,注册会计师都应当考虑管理层在编制财务报表时运用持续经营假设的适当性。

(1)在计划审计工作和实施风险评估程序时,考虑是否存在可能导致对持续经营能力产生重大遗漏的事项或情况及相关的经营风险,评价管理层对持续经营能力作出的评估,并考虑已识别的事项或情况对重大错报风险评估的影响。

注册会计师应当关注被审计单位在财务、经营等方面的可能导致对持续经营假设产生重大疑虑的事项或情况。被审计单位在财务方面可能导致对持续经营假设产生重大疑虑的事项或情况包括:① 债务违约,包括无法偿还到期债务、无法偿还即将到期且难以展期的借款以及存在大额的逾期未缴税金。② 无法继续履行重大借款合同中的有关条款。③ 累计经营性亏损数额巨大。④ 过度依赖短期借款筹资。⑤ 无法获得供应商的正常商业信用。⑥ 难以获得开发必要新产品或进行必要投资所需资金。⑦ 资不抵债。⑧ 营运资金出现负数。⑨ 大股东长期占用巨额资金。⑩ 重要子公司无法持续经营且未进行处理。

此外,存在大量长期未作处理的不良资产、存在因对外巨额担保等或有事项引发的或有负债、经营活动产生的现金流量净额为负数等也是在财务方面存在的可能导致对持续经营假设产生重大疑虑的事项或情况。在实务中,越来越多的企业通过并购来达到快速扩张、提高利润的目的,如果管理层的经营管理方式与规模的快速扩张不相适应,或是对并购企业缺乏管理经验,未实施有效的监控,也可能使公司整体管理陷入瘫痪,从而导致企业持续经营能力存在重大不确定性。

被审计单位在经营方面存在的可能导致对持续经营假设产生重大疑虑的事项或情况主要包括:关键管理人员离职且无人替代;主导产品不符合国家产业政策;失去主要市场、特许权或主要供应商;人力资源或重要原材料短缺等。

被审计单位在其他方面存在的可能导致对持续经营假设产生重大疑虑的事项或情况主要包括:严重违反有关法律法规或政策;异常原因导致停工、停产;有关法律法规或政策的变化可能造成重大不利影响;经营期限即将到期且无意继续经营;投资者未履行协议、合同、章程规定的义务,并有可能造成重大不利影响;因自然灾害、战争等不可抗力因素遭受严重损失。此外,企业股东之间产生纠纷、股权转让频繁等情形,可能意味着企业的经营业绩达不到股东的预期,从而导致股东对企业失去信心,在此情况下,企业有可能被清算,持续经营能力存在重大不确定性。

(2)如果识别出可能导致对持续经营能力产生重大疑虑的事项或情况,注册会计师应当通过实施追加的审计程序(包括考虑缓解因素),获取充分、适当的审计程序,以确定是否存在重大不确定性。常见的审计程序包括:① 提请管理层对持续经营能力作出书面评价。

② 充分关注管理层作出评价的过程、依据的假设和拟采取的改善措施,以考虑管理层对持续经营能力的评价是否适当。③ 评价管理层与持续经营能力评估相关的未来应对计划,这些计划的结果是否可能改善目前的状况。④ 采取下列审计程序,以判断管理层拟采取的改善措施是否可行:与管理层分析、讨论最近的中期财务报表、现金流量预测、盈利预测和其他预测,审阅影响持续经营能力的期后事项、承诺及或有事项,审阅债券、借款协议等负债的履行情况,查阅股东大会、董事会或类似机构会议以及其他重要会议有关财务困境的记录,向被审计单位的律师询问有关诉讼、索赔的情况,以及管理层对有关诉讼、索赔结果及其财务影响的评价是否合理,确认有关财务支持协议的存在性、合法性和可行性,并对提供财务支持的关联方或第三方的财务能力作出评价;考虑被审计单位准备如何处理尚未履行的客户订单;复核期后事项并考虑其是否可能改善或影响持续经营能力。⑤ 如果管理层对持续经营能力的评价期间短于自财务报表日起的 12 个月,注册会计师应当提请管理层将评价期间至少延长至财务报表日起的 12 个月。⑥ 注册会计师应当向管理层询问被审计单位是否存在超出评估期间的、可能导致对其持续经营能力产生重大疑虑的事项或情况,以考虑这些事项或情况对管理层所作评价的影响。⑦ 取得管理层有关应对计划的书面声明。

三、审计结论和报告

在评价审计结果时,注册会计师应根据获取的审计证据,运用职业判断,确定是否存在与事项或情况相关的重大不确定性,且这些事项或情况单独或汇总起来可能导致对被审计单位持续经营能力产生重大疑虑。

(1) 被审计单位在编制财务报表时运用持续经营假设是适当的,但可能导致对持续经营能力产生重大疑虑的事项或情况存在重大不确定性,注册会计师应当考虑:① 财务报表是否已充分描述导致对持续经营能力产生重大疑虑的主要事项或情况,以及管理层针对这些事项或情况提出的应对计划。② 财务报表是否已清楚披露可能导致对持续经营能力产生重大疑虑的事项或情况存在重大不确定性,并由此导致被审计单位可能无法在正常的经营过程中变现资产、清偿债务。如果存在第①点的情况,注册会计师应当出具无保留意见的审计报告,并在审计意见段后增加强调事项段,强调可能导致对持续经营能力产生重大疑虑的事项或情况存在重大不确定性的事实,并提醒财务报表使用者注意财务报表附注中对有关事项的披露。当被审计单位多项可能导致对持续经营能力产生重大疑虑的事项或情况存在重大不确定性时,如果注册会计师难以判断财务报表的编制基础是否适合继续采用持续经营假设,并且财务报表已作出充分披露,注册会计师应当考虑出具无法表示意见的审计报告,而不是在意见段之后增加强调事项段。如果财务报表未能作出充分披露,注册会计师应当出具保留意见或否定意见的报告。审计报告应当具体提及可能导致对持续经营能力产生重大疑虑的事项或情况存在重大不确定性的事实,并指明财务报表未对该事实作出披露。

(2) 如果判断被审计单位将不能持续经营,但财务报表仍然按照持续经营假设编制,注册会计师应当出具否定意见的审计报告。

(3) 如果管理层认为编制财务报表时运用持续经营假设不再适当,选用了其他基础编制财务报表。在这种情况下,注册会计师应当实施补充的审计程序。如果认为管理层选用的其他编制基础是适当的,且财务报表已做充分披露,注册会计师可以出具无保留意见的审计报告,并考虑在审计意见段之后增加强调事项段,提醒财务报表使用者关注管理层选用的其他编制基础。

(4) 管理层拒绝对持续经营能力作出评估或评估期间未能涵盖自财务报表日起的 12 个月,注册会计师应当提请管理层对持续经营能力作出评估,或将评估期间延伸至自财务报表日起的 12 个月,如果管理层拒绝注册会计师的要求,注册会计师应当将其视为审计范围受到限制,考虑出具保留意见或无法表示意见的审计报告。

(5) 如果管理层在财务报表日后严重拖延对财务报表的签署或批准,注册会计师应当考虑拖延签署或批准的原因。当拖延原因涉及与管理层评估持续经营能力有关的事项或情况时,注册会计师应当根据获取的审计证据,确定可能导致对持续经营能力产生重大疑虑的事项或情况是否存在重大不确定性。

四、与治理层的沟通

注册会计师应当与治理层就识别出的可能导致对被审计单位持续经营能力产生重大疑虑的事项或情况进行沟通。

沟通的内容应包括以下方面:

(1) 这些事项或情况是否构成重大不确定性。

(2) 在财务报表编制和列报中运用持续经营假设是否适当。

(3) 财务报表中的相关披露是否充分。

主 要 术 语

1. 期初余额	2. 会计估计
3. 独立估计	4. 会计政策
5. 前期差错	6. 现金
7. 现金等价物	8. 现金流量表
9. 或有事项	10. 或有资产
11. 或有负债	12. 期后事项
13. 调整事项	14. 非调整事项
15. 财务报表日	16. 财务报表批准日
17. 财务报表报出日	18. 持续经营假设

复习思考题

1. 在哪些情况下会涉及期初余额的审计?

2. 注册会计师为什么要对会计估计、会计政策变更和前期差错更正等事项予以关注?

3. 注册会计师为什么要关注期后事项?其审计目标有哪些?

4. 什么是持续经营假设?如何理解持续经营假设?

练 习 题

一、单项选择题

1. 如果被审计单位存在对其持续经营能力产生重大影响的情况,且没有相应的改善措施,但已在财务报表中进行充分披露,注册会计师应当发表( )。

A. 带说明段的无保留意见
B. 保留意见
C. 无法表示意见
D. 否定意见

2. 注册会计师对期后事项的专门审计,一般应安排在( )进行。

A. 审计的计划阶段　　　　　　B. 审计的实施阶段

C. 临近审计工作结束日　　　　D. 签约时

3. 如果认为被审计单位在可预见的将来无法持续经营,继续运用持续经营假设编制财务报表将产生严重误导,但被审计单位对此做了充分披露,注册会计师应当发表(　　)。

A. 带说明段的无保留意见或保留意见

B. 保留意见或无法表示意见

C. 保留意见或否定意见

D. 带说明段的保留意见或否定意见

4. 管理层对持续经营能力进行评估时,所涵盖的期间应该是(　　)。

A. 自管理层开始评估日起 12 个月

B. 自资产负债表日起的 12 个月

C. 自资产负债表日起的一个生产经营周期

D. 自当年财务报告批准报出日起 12 个月

5. 如果被审计单位拒绝对财务报表公布日后获知的重大期后事项作出任何调整或披露,而该期后事项在审计报告日前已经存在,则注册会计师应当(　　)。

A. 提请被审计单位召开临时股东大会予以说明

B. 撤回已经出具的审计报告

C. 修改审计报告

D. 向注册会计师协会作出专项说明

二、多项选择题

1. 下列事项中,属于被审计单位在经营方面存在的可能导致对持续经营假设产生重大疑虑的事项是(　　)。

A. 无法偿还到期债务

B. 主导产品不符合国家产业政策

C. 失去主要市场、特许权或主要供应商

D. 因自然灾害、战争等不可抗力因素遭受严重损失

2. 注册会计师应对下列(　　)时段的期后事项承担相应的责任。

A. 被审计年度内　　　　　　　B. 资产负债表日至审计报告日

C. 审计报告日至财务报表公告日　D. 财务报表公告日后

3. 在确定有关期初余额的审计证据的充分性和适当性时,注册会计师应当考虑(　　)。

A. 被审计单位运用的会计政策

B. 上期财务报表是否经过审计;如果经过审计,审计报告是否为非标准审计报告

C. 账户的性质以及本期财务报表中的重大错报风险

D. 期初余额对本期财务报表的重要程度

4. 对已发现的财务报表产生重大影响的期后事项,如果被审计单位不接受调整或披露建议,注册会计师视其具体情况可能发表的审计意见包括(　　)。

A. 无保留意见　　　　　　　　B. 无保留意见加说明段

C. 保留意见　　　　　　　　　D. 否定意见

5. 以下事项中,需要提请被审计单位调整财务报表的有(　　)。

A. 资产负债表日前被审计单位遭到起诉,法院于资产负债表日后审计报告日前作出判决,被审计单位败诉

B. 被审计单位资产负债表日后,审计报告日前发生一起重大火灾

C. 被审计单位资产负债表日后月初有大批产成品经验收不合格

D. 被审计单位资产负债表日后被兼并

三、判断题

1. 如前任会计师出具了带说明段的审计报告,注册会计师应当考虑相关事项对本期财务报表的影响,并在审计报告中予以反映。　　　　　　　　　　　　　　（　　）

2. 注册会计师获取的管理当局书面声明通常应当包括管理当局的相关会议记录。（　　）

3. 在计划和实施审计程序以及评价其结果时,注册会计师应当考虑管理层在编制财务报表时运用持续经营假设的适当性。　　　　　　　　　　　　　　　（　　）

4. 注册会计师应当考虑期初余额是否反映上期运用恰当会计政策的结果,以及这些会计政策是否在本期财务报表中得到一贯运用。　　　　　　　　　　　　（　　）

5. 注册会计师对期后事项负有主动查找并审计的责任。　　　　　　　（　　）

四、案例分析

在对会计估计进行审计时,注册会计师应对被审计单位以前期间所作的会计估计与其实际结果进行比较,以获取有关会计估计程序和方法总体可靠性的审计证据,并考虑是否需要调整会计估计公式,必要时,对会计估计与实际结果之间的差异进行量化,并作适当调整或披露。假设甲单位从2015年年初起开始生产并销售某类产品,该类产品质量保证期为3年。2015—2017年该产品的销售收入及其发生的维修费用如表20-1所示(金额单位:万元)。

表 20-1　甲单位产品销售收入及维修费用

年份\项目	2015	2016	2017
销售收入	1 000	1 500	1 200
当年发生的维修费	(2013)8	(2014)18	(2015)18
第二年发生的维修费	(2014)11	(2015)20	(2016)尚未发生
第三年发生的维修费	(2015)9	(2016)尚未发生	(2017)尚未发生

假设甲单位在以上3年年末分别按照当年销售收入的2%计提产品质量保证金,请问注册会计师如何对该会计估计进行比较分析,并作出相应处理意见。

五、参考答案

【单项选择题】　1. B　2. C　3. C　4. B　5. C

【多项选择题】　1. BCD　2. BC　3. ABCD　4. CD　5. AC

【判断题】　1. ×　2. √　3. √　4. √　5. ×

【案例分析】

(1) 计算甲单位已经计提的产品质量保证金:

$$2015 年:1\ 000×2\% = 20(万元)$$

2016年：1 500×2％＝30(万元)

2017年：1 200×2％＝24(万元)

(2) 与实际结果进行比较：2015年销售的产品所计提的产品质量保证金为20万元，而3年实际发生的维修费为28万元(8＋11＋9)，可以发现，该产品所计提的质量保证金不能弥补其质量保证期内发生的维修费用。

(3) 进一步分析：在2015—2017年，每年发生的当年维修费用与销售收入比率分别为8‰、12‰、15‰，呈逐年上升趋势；2016年销售的产品已经发生的维修费用高达38万元，占当年销售收入的比重为2.53％，已经超过被审计单位估计的2％水平，说明被审计单位的会计估计存在过低嫌疑。

(4) 建议：根据以上分析，注册会计师应当提请被审计单位提高对产品质量保证金的计提比例。

本章要点概览

1. 被审计单位首次接受审计或更换注册会计师时，注册会计师应考虑对期初余额进行审计。

2. 注册会计师应根据获取的审计证据，评价财务报表中会计估计在适用的财务报告编制基础下是合理的还是存在错报。

3. 注册会计师应设计和执行相关的审计程序，以确定或有事项是否存在、或有事项的确认和计量是否符合规定、披露是否恰当。

4. 期后事项包括调整事项和非调整事项两类。对于不同时段的期后事项，注册会计师了解或识别的责任不同。

5. 对持续经营假设适当性的考虑贯穿于整个审计过程，在计划和实施审计程序以及评价其结果时，注册会计师都应当考虑管理层在编制财务报表时运用持续经营假设的适当性。

第二十一章 审计报告和内部控制审计报告

学习目的与要求

本章旨在阐述审计报告编制前的工作、期后发现的事实、审计报告的撰写以及财务报表的审阅业务、预测性财务信息的审核以及企业内部控制审计报告等内容。通过本章的学习,要求全面了解出具审计报告前应注意的事项,审计意见的形式,审阅业务与审计业务的不同保证程度、预测性财务信息的审核等内容;掌握或有事项与期后事项的内容、审计报告、审阅报告的撰写、预测性财务信息的审核等内容。

课前预习题

1. 什么是期后事项?期后事项的种类有哪些?
2. 什么是或有事项?或有事项如何审计?
3. 审计报告的意见类型有哪些?如何判别应出具何种类型的审计意见?
4. 内部控制审计报告的意义是什么?

第一节 完成审计工作

审计完成阶段是审计的最后一个阶段。注册会计师按照业务循环完成各财务报表项目的审计测试和一些特殊项目的审计工作后,在审计完成阶段应汇总审计测试结果,进行更具综合性的审计工作,如评价审计中的重大发现、汇总审计差异,评价独立性和道德问题、考虑被审计单位的持续经营假设的合理性,关注或有事项和期后事项对财务报表的影响,撰写审计总结、复核审计工作底稿和财务报表等。在此基础上,应评价审计结果,在与客户沟通以后,获取管理层声明,确定应出具审计报表的意见类型和措辞,进而编制并致送审计报表,终结审计报表。

当然,以上只是对审计完成阶段注册会计师主要工作的列举,并不是全部。本章只是有选择地汇总几项主要工作。

一、评价审计中的重大发现

重大发现涉及会计政策的选择、运用和一贯性的重大事项,包括相关的信息披露。这些信息披露包含但不限于说明复杂的或是不常见的交易活动、会计估计和包含管理层假设在内的不确定性。

在审计完成阶段,项目合伙人(或主任会计师,下同)和审计项目组考虑的重大发现和事项的例子包括:

(1) 中期复核中的重大发现及其对审计方法的相关影响。

(2) 涉及会计政策的选择、运用和一贯性的重大事项,包括相关披露。

(3) 就特定审计目标识别的重大风险,对审计策略和计划的审计程序所作的重大修正。

(4) 在与管理层和其他人员讨论重大发现和事项时得到的信息。

(5) 与注册会计师的最终审计结论相矛盾或不一致的信息。

对已记录的审计程序进行评估,可能全部或部分地揭示出以下事项:

(1) 为了实现计划的审计目标,是否有必要对审计重要性进行修订。

(2) 对审计策略和计划的审计程序的重大修正,包括对审计目标的重大错报风险评估水平的重要变动。

(3) 对审计方法有重要影响的与财务报告相关的值得关注的内部控制缺陷和其他弱点。

(4) 财务报告中存在的重大错报或漏报,包括相关披露和其他审计调整。

(5) 项目组成员内部,或项目组与项目质量控制复核人员或提供咨询的其他人员之间,就重大会计和审计事项达成最终结论所存在的意见分歧。

(6) 在实施审计程序时遭遇重大困难的情形。

(7) 向会计师事务所内部有经验的专业人士或外部专业顾问咨询。

(8) 与管理层或其他人员就重大发现以及与注册会计师的最终审计结论相矛盾或不一致的信息进行讨论。

二、汇总审计差异

在完成按业务循环进行的控制测试,交易与财务报表项目的实质性程序以及特殊项目的审计后,对审计项目成员在审计中发现的被审计单位的会计处理方法与企业会计准则的不一致,即审计差异,审计项目经理应根据审计重要性原则予以初步确定并汇总,并建议被审计单位进行调整,使经审计的财务报表所载信息能够公允地反映被审计单位的财务状况、经营成果和现金流量。对审计差异的"初步确定并汇总"直至形成"经审计的财务报表"的过程,主要是通过编制审计差异调整表和试算平衡表得以完成的。

(一)编制审计差异调整表

审计差异内容按是否需要调整账户记录可分为核算错误和重分类错误。核算错误是因企业对经济业务进行了不正确的会计核算而引起的错误,用审计重要性原则来衡量每一项核算错误,又可把这些核算错误区分为建议调整的不符事项和不建议调整的不符事项(即未调整不符事项);重分类错误是因企业未按企业会计准则列报财务报表而引起的错误。例如,企业在应付账款项目中反映的预付款项、在应收账款项目中反映的预收款项等。

无论是建议调整的不符事项、重分类错误还是未被调整的不符事项,在审计工作底稿中通常都是以会计分录的形式反映的。由于审计中发现的错误往往不止一两项,为便于审计项目的各级负责人综合判断、分析和决定,也为了便于有效编制试算平衡表和代编经审计的财务报表,通常需要将这些建议调整的不符事项、重分类错误以及未调整不符事项分别汇总至"账项调整分录汇总表","重分类调整分录汇总表"与"未更正错报汇总表"。

注册会计师确定核算错误和重分类错误后,应以书面方式及时征求被审计单位的意见。若被审计单位予以采纳,应取得其同意调整的书面确认;若被审计单位不予采纳,应分析原因,并根据错报的性质和重要程度,确定是否在审计报告中予以反映,以及如何反映。

（二）编制试算平衡表

编制试算平衡表是注册会计师在被审计单位提供的未审计财务报表的基础上,考虑调整分录、重分类分录等内容以确定已审数与报表披露数的表式。

（1）试算平衡表中的"期末未审数"和"审计前金额"列,应根据被审计单位提供的未审计财务报表填列。

（2）试算平衡表中的"账项调整"和"调整金额"列,应根据经被审计单位同意的"账项调整分录汇总表"填列。

（3）试算平衡表中的"重分类调整"列,应根据经被审计单位同意的"重分类调整分录汇总表"填列。

（4）在编制完试算平衡表后,应注意核对相应的勾稽关系。

如：资产负债表试算平衡表左边的"期末未审数"列合计数、"期末审定数"列合计数应分别等于其右边相应各列合计数;资产负债表试算平衡表左边的"账项调整"列中的借方合计数与贷方合计数之差应等于右边的"账项调整"列中的贷方合计数与借方合计数之差。

资产负债表试算平衡表左边的"重分类调整"列中的借方合计数与贷方合计数之差应等于右边的"重分类调整"列中的贷方合计数与借方合计数之差。

三、复核审计工作底稿和财务报表

（一）对财务报表总体合理性实施分析程序

在审计结束或临近结束时,注册会计师运用分析程序的目的是确定经审计调整后的财务报表整体是否与对被审计单位的了解一致,是否具有合理性。注册会计师应当围绕这一目的运用分析程序。

在运用分析程序进行总体复核时,如果识别出以前未识别的重大错报风险,注册会计师应当重新考虑对全部或部分各类交易、账户余额、列报评估的风险是否恰当,并在此基础上重新评价之前计划的审计程序是否充分,是否有必要追加审计程序。

（二）评价审计结果

注册会计师评价审计结果,主要是为了确定审计意见的类型以及在整个审计工作中是否遵循了审计准则。为此,注册会计师必须完成两项工作:一是对重要性和审计风险进行最终评价;二是对被审计单位已审财务报表形成审计意见并草拟审计报告。

1. 对重要性和审计风险进行最终评价

对重要性和审计风险进行最终评价,是注册会计师决定发表何种类型审计意见的必要过程.该过程通过以下两个步骤来完成:

（1）确定可能的错报金额。可能的错报金额的汇总数（即可能错报金额）对整个财务报表的影响程度。

（2）根据财务报表层次的重要性水平,确定可能错报金额的汇总数（即可能错报总额）对整个财务报表的影响程度。应当注意的是:

第一,这里的"财务报表层次的重要性水平"是指审计计划阶段确定的重要性水平,如果该重要性水平在审计过程中已作过修正,则应当按修正后的财务报表层次重要性水平进行比较。

第二,这里的可能错报总额一般是指各财务报表项目可能的错报金额的汇总数,但也可能包括上一期间的任何未更正可能错报对本期财务报表的影响。上一期间的未更正可能错报与本期未更正可能错报累计起来,可能会导致本期财务报表产生重大错报。因此,注册会计师估计本期的可能错报总和时,应当包括上一期间的未更正可能错报。

如果注册会计师得出结论,审计风险处在一个可接受的水平,则可以直接提出审计结果所支持的意见;如果注册会计师认为审计风险不能接受,则应追加审计测试或者说服被审计单位作必要调整,以便将重要错报的风险降低到可接受的水平。否则,注册会计师应慎重考虑该审计风险对审计报告的影响。

2. 对被审计单位已审计财务报表形成审计意见并草拟审计报告

在审计过程中,要实施各种测试。这些测试通常由参与本次审计工作的审计项目组成人员来执行,而每个成员所执行的测试可能只限于某几个领域或账项,所以,在每个业务循环或报表项目的测试完成之后,审计项目经理应汇总所有审计成员的审计结果。

在完成审计工作阶段,为了对财务报表整体发表适当的意见,必须将这些分散的审计结果加以汇总和评价,综合考虑在审计过程中收集到的全部证据。负责该审计项目的合伙人对这些工作负有最终责任。在有些情况下,这些工作可以先由审计项目经理初步完成,然后再逐级交给部门经理和项目合伙人认真复核。

3. 复核审计工作底稿

对审计工作底稿的复核可分为两个层次——项目组内部复核和独立的项目质量控制复核。

(1)项目组内部复核。项目组内部复核又分为两个层次——项目负责经理的现场复核和项目负责合伙人的复核。

第一,项目负责经理的现场复核。由项目负责经理对工作底稿的复核属于第一级复核。该级复核通常在审计现场完成,以便及时发现和解决问题,争取审计工作的主动。

第二,项目负责合伙人的复核。项目负责合伙人对审计工作底稿实施复核是项目组内部最高级别的复核。该复核既是对项目负责经理复核的再监督,也是对重要审计事项的把关。

(2)独立的项目质量控制复核。项目质量控制复核是指在出具报告前,对项目组作出的重大判断和在准备报告时形成的结论作出客观评价的过程。项目质量控制复核也称独立复核。

对审计工作底稿进行独立复核的意义:

一是对审计工作结果实施最后质量控制。审计工作的高质量,在于形成审计意见的正确性。注册会计师在审计工作中将工作结果和工作过程中的各种情况记录于审计工作底稿中,并据此形成审计意见。若形成的审计意见与工作结果存在矛盾,注册会计师的工作就会失去有效性。对签发审计报告前的审计工作底稿进行独立复核,是对审计工作结果事实的最后质量控制,能避免对重大审计问题的遗留或对具体审计工作理解不透彻等情况,从而形成与审计工作结果相一致的审计意见。

二是确认审计工作已达到会计师事务所的工作标准。会计师事务所对开展各项审计工作,都应有明确、统一的标准。但在执行过程中,会计师事务所内不同注册会计师的工作会有差异,有的甚至可能背离统一的工作标准。因此,必须进行独立复核,严格保持整体工作质量的一致性,确认该审计工作已达到会计师事务所的工作标准。

三是消除妨碍注册会计师判断的偏见。在审计工作中,常常需要注册会计师对各种问题作出专业判断。注册会计师可能期望在整个审计过程中保持客观性,但如有大量问题需要解决而又经过长时间的审计,就容易丧失正确的观察能力和判断能力,对一些问题作出不符合事实的审计结论。

四、评价独立性和道德问题

《中国注册会计师审计准则第 1121 号——对财务报表审计实施的质量控制》要求项目合伙人应当考虑项目组成员是否遵守了职业道德准则,在整个审计过程中对项目组成员违反职业道德规范的迹象保持警惕,并就审计业务的独立性是否得到遵守形成结论。为此,项目合伙人应当:

(1)从会计师事务所或网络事务所获取相关信息,以识别、评价对独立性产生不利影响的情形。

(2)评价已识别的违反会计师事务所独立性政策和程序的情况,以确定是否对审计业务的独立性产生不利影响。

(3)采取适当的防范措施以消除对独立性产生的不良影响,或将其降至可接受的水平。对未能解决的事项,项目合伙人应当立即向事务所报告,以便事务所采取适当的行动。

(4)记录与独立性有关的结论,以及事务所内部支持这一结论的相关讨论情况。

第二节 管理层声明

书面声明是指管理层向注册会计师提供的书面陈述,用以确认某些事项或支持其他审计证据。书面声明不包括财务报表及其认定,以及支持性账簿和相关记录。在本节中单独提及管理层时,应当理解为管理层和治理层(如适用)。管理层负责按照适用的财务报表编制基础编制财务报表并使其实现公允反映。

书面声明是注册会计师在财务报表审计中需要获取的必要信息,是审计证据的重要来源。如果管理层修改书面声明的内容或不提供注册会计师要求的书面声明,可能使注册会计师警觉存在重大问题的可能性。而且,在很多情况下,要求管理层提供书面说明而非口头声明,可以促使管理层更加认真地考虑声明所涉及的事项,从而提高声明的质量。

尽管书面声明提供必要的审计证据,但其本身并不为所涉及的任何事项提供充分、适当的审计证据。而且,管理层已提供可靠书面声明的事实,并不影响注册会计师就管理层责任履行情况或具体认定获取的其他审计证据的性质和范围。

一、针对管理层责任的书面声明

针对财务报表的编制,注册会计师应当要求管理层提供书面声明,确认其根据审计业务约定条款,履行按照适用的财务报表编制基础编制财务报表并使其公允反映(如适用)的责任。

针对提供的信息和交易的完整性,注册会计师应当要求管理层就下列事项提供书面声明:① 按照审计约定条款,已向注册会计师提供所有相关信息,并允许注册会计师不受限制地接触所有相关信息以及被审计单位内部人员和其他相关人员。② 所有交易均已记录并反映在财务报表中。

如果未从管理层获取其确认已履行的责任,注册会计师在审计过程中获取的有关管理层已履行这些责任的其他审计证据是不充分的。这是因为,仅凭其他审计证据不能判断管理层是否在认可并理解其责任的基础上,编制和列报财务报表并向注册会计师提供了相关信息。例如,如果未向管理层询问其是否通过了审计业务约定条款中要求提供的所有相关信息,也没有获得管理层的确认,注册会计师就不能认为管理层已提供了这些信息。

上述书面声明,基于管理层认可并理解审计业务约定条款中提及的管理层的责任,注册会计师要求管理层通过声明确认其已履行这些责任。注册会计师可能还要求管理层在书面声明中再次确认其对自身责任的认可与理解。当存在下列情况时,这种确认尤为适当:

(1) 代表被审计单位鉴定审计业务约定条款的人员不再承担相关责任。

(2) 审计业务约定条款是在以前年度签订的。

(3) 有迹象表明管理层误解了其责任。

(4) 情况的改变需要管理层再次确认其责任。

当然,再次确认管理层对自身责任的认可与理解,并不限于管理层已知的全部事项。

二、其他书面声明

除《中国注册会计师审计准则第 1341 号——书面声明》和其他审计准则要求的书面声明外,如果注册会计师认为有必要获取一项或多项其他书面声明,以支持与财务报表或者一项或多项具体认定相关的其他审计证据,注册会计师应当要求管理层提供这些书面声明。

(一) 关于财务报表的额外书面声明

除了针对财务报表的编制,注册会计师应当要求管理层提供基本书面声明以确认其履行了责任外,注册会计师可能认为有必要获取有关财务报表的其他书面声明。其他书面声明可能是对基本书面声明的补充,但不构成其组成部分。其他书面声明可能包括下列事项作出的声明:

(1) 会计政策的选择和运用是否适当。

(2) 是否按照适用的财务报告编制基础对下列事项(如相关)进行了确认、计量、列报或披露。

第一,可能影响资产和负债账面价值或分类的计划或意图。

第二,负债(包括实际负债和或有负债)。

第三,资产的所有权或控制权,资产的留置或其他物权,用于担保的抵押资产。

第四,可能影响财务报表的法律法规及合同(包括违反法律法规及合同的行为)。

(二) 与向注册会计师提供信息有关的额外书面声明

除了针对管理层提供的信息和交易的完整性的书面说明外,注册会计师可能认为有必要要求管理层提供书面声明,确认其已将注意到的所有内部控制缺陷向注册会计师通报。

(三) 关于特定认定的书面声明

在获取有关管理层的判断和意图的证据时,或在对判断和意图进行评价时,注册会计师可能考虑下列一项或多项事项:

(1) 被审计单位以前对声明的意图的实际实施情况。

(2) 被审计单位选取特定措施的理由。

(3) 被审计单位实施特定措施的能力。

(4) 是否存在审计过程中已获取的,可能与管理层判断或意图不一致的任何其他信息。

此外,注册会计师可能认为有必要要求管理层通过有关财务报表特定认定的书面声明,尤其是支持注册会计师就管理层的判断或意图或者完整性认定从其他审计证据中获取的了解。另外,为了获取所要求的书面声明,注册会计师可能需要就有关事项向管理层沟通。

三、书面声明的日期和涵盖期间

书面声明的日期应当尽量接近对财务报表出具审计报告的日期,但不得在审计报告日后。书面声明应当涵盖审计报告针对的所有财务报表和期间。

由于书面声明是必要的审计证据,在管理层签署书面声明前,注册会计师不能发表审计意见,也不能签署审计报告。而且,由于注册会计师关注截至审计报告日发生的、可能需要在财务报表中作出相应调整或披露的事项,书面声明的日期应当尽量接近对财务报表出具审计报告的日期,但不得在其之后。

在某些情况下,注册会计师在审计过程中获取有关财务报表特定认定的书面声明可能是适当的。此时,可能有必要要求管理层更新书面声明。管理层有时需要再次确认以前期间作出的书面声明是否依然适当。因此,书面声明需要涵盖审计报告中提及的所有期间。注册会计师和管理层可能认可某种形式的书面声明,以更新以前期间所作的书面声明。更新后的书面声明需要表明,以前期间所作的声明是否发生了变化,以及发生了什么变化(如有)。

在实务中可能会出现这样的情况,即在审计报告中提及的所有期间内,现任管理层均尚未就任。他们可能由此声称无法就上述期间提供部分或全部书面声明。然而,这一事实并不能减轻现任管理层对财务报表整体的责任。相应地,注册会计师仍然需要向现任管理层获取涵盖整个相关期间的书面声明。

四、书面声明的形式

书面声明应当以声明书的形式致送注册会计师。在某些国家或地区、法律法规可能要求管理层对自身责任作出公开的书面陈述。尽管这种陈述是向财务报表使用者或相关机构提供的,但注册会计师可能认为,它是部分或全部书面声明的一种适当的形式。因此,这种陈述所涵盖的相关事项不必包括在书面声明中。

五、对书面声明可靠性的疑虑以及管理层不提供要求的书面声明

(一)对书面声明可靠性的疑虑

1. 如果对管理层的胜任能力、诚信、道德价值观或勤勉尽责存在疑虑

如果对管理层的胜任能力、诚信、道德价值观或勤勉尽责存在疑虑,或者对管理层在这些方面的承诺或贯彻执行存在疑虑,注册会计师应当确定这些疑虑对书面或口头声明和审计证据总体的可靠性可能产生的影响。注册会计师可能认为,管理层在财务报表中作出不实陈述的风险很大,以至于审计工作无法进行。在这种情况下,除非治理层采取适当的纠正措施,否则注册会计师可能需要考虑解除业务约定(如果法律法规允许)。很多时候,治理层采取的纠正措施可能并不能足以使注册会计师发表无保留意见。

2. 书面声明与其他审计证据不一致

如果书面声明与其他审计证据不一致,注册会计师应当实施审计程序以设法解决这些问题。注册会计师可能需要考虑风险评估结果是否仍然适当。如果认为不适当,注册会计师需要修正风险评估结果,并确定进一步审计程序的性质、时间安排和范围,以应对评估的风险。如果问题仍未解决,注册会计师应当重新考虑对管理层的胜任能力、诚信、道德价值观或勤勉尽责的评估,或者重新考虑对管理层在这些方面的承诺或贯彻执行能力的评估,并确定书面声明与其他审计证据不一致对书面或口头声明和审计程序总体的可靠性可能产生的影响。如果认为书面声明不可靠,注册会计师应当采取适当措施,包括确定其对审

计意见可能产生的影响。

（二）管理层不提供要求的书面声明

如果管理层不提供要求的一项或多项书面声明，注册会计师应当：

（1）与管理层讨论该事项。

（2）重新评价管理层的诚信，并评价该事项对书面或口头声明和审计证据总体可靠性可能产生的影响。

（3）采取适当措施，包括确定该事项对审计意见可能产生的影响。

如果存在下列情形之一，注册会计师应当对财务报表发表无法表示意见：

第一，注册会计师对管理层的诚信产生重大疑虑，以至于认为其作出的书面声明不可靠。

第二，管理层不提供审计准则要求的书面声明。

另外，管理层对注册会计师所要求的书面声明的内容作出调整，并不一定意味着管理层不提供书面声明。然而，作出调整的真正原因可能影响审计意见的类型。

第三节　审计报告概述

一、审计报告的含义

审计报告是指注册会计师根据中国注册会计师审计准则的规定，在实施审计工作的基础上对被审计单位财务报表发表审计意见的书面文件。

审计报告是注册会计师在完成审计工作后向委托人提交的最终产品，具有以下特征。

1. 注册会计师应当按照中国注册会计师审计准则（以下简称审计准则）的规定执行审计工作

审计准则是用以规范注册会计师执行审计业务的标准，包括一般原则与责任、风险评估与应对、审计证据、利用其他主体的工作、审计结论与报告以及特殊领域审计等六个方面的内容，涵盖了注册会计师执行审计业务的整个过程和各个环节。

2. 注册会计师在实施审计工作的基础上才能出具审计报告

注册会计师应当实施风险评估程序，以此作为评估财务报表层次和认定层次重大错报风险的基础。风险评估程序本身并不足以为发表审计意见提供充分、适当的审计证据，注册会计师还应当实施进一步审计程序，包括实施控制测试（必要时或决定测试时）和实质性程序。注册会计师通过实施上述审计程序，获取充分、适当的审计证据，得出合理的审计结论，作为形成审计意见的基础。

3. 注册会计师通过对财务报表发表意见履行业务约定书约定的责任

财务报表审计的目标是注册会计师通过执行审计工作，对财务报表的合法性和公允性发表审计意见。因此，在实施审计工作的基础上，注册会计师需要对财务报表形成审计意见，并向委托人提交审计报告。

4. 注册会计师应当以书面形式出具审计报告

审计报告具有特定的要素和格式，注册会计师只有以书面形式出具报告，才能清楚表达对财务报表发表的审计意见。

注册会计师应当根据由审计证据得出的结论，清楚表达对财务报表的意见。财务报表是指对企业财务状况、经营成果和现金流量的结构化表述，至少应当包括资产负债表、利润表、所有者（股东）权益变动表、现金流量表和附注。无论是出具标准审计报告，还是非标准审计报告,注册会计师一旦在审计报告上签名并盖章,就表明对其出具的审计报告负责。

注册会计师应当将已审计的财务报表附于审计报告后。审计报告是注册会计师对财务报表合法性和公允性发表审计意见的书面文件,因此,注册会计师应当将已审计的财务报表附于审计报告之后,以便于财务报表使用者正确理解和使用审计报告,并防止被审计单位替换、更改已审计的财务报表。

二、审计报告的作用

注册会计师签发的审计报告,主要具有鉴证、保护和证明三方面的作用。

1. 鉴证作用

注册会计师签发的审计报告,不同于政府审计和内部审计的审计报告,是以超然独立的第三者身份,对被审计单位财务报表合法性、公允性发表意见。这种意见具有鉴证作用,得到了政府及其各部门和社会各界的普遍认可。政府有关部门,如财政部门、税务部门等了解、掌握企业的财务状况和经营成果的主要依据是企业提供的财务报表。财务报表是否合法、公允,主要依据注册会计师的审计报告作出判断。股份制企业的股东主要依据注册会计师的审计报告来判断被投资企业的财务报表是否公允地反映了财务状况和经营成果,以进行投资决策等。

2. 保护作用

注册会计师通过审计,可以对被审计单位财务报表出具不同类型审计意见的审计报告,以提高或降低财务报表信息使用者对财务报表的信赖程度,能够在一定程度上对被审计单位的财产、债权人和股东的权益及企业利害关系人的利益起到保护作用。如投资者为了减少投资风险,在进行投资之前,必须要查阅被投资企业的财务报表和注册会计师的审计报告,了解被投资企业的经营情况和财务状况。投资者根据注册会计师的审计报告作出投资决策,可以降低其投资风险。

3. 证明作用

审计报告是对注册会计师审计任务完成情况及其结果所做的总结,它可以表明审计工作的质量并明确注册会计师的审计责任。因此,审计报告可以对审计工作质量和注册会计师的审计责任起证明作用。通过审计报告,可以证明注册会计师在审计过程中是否实施了必要的审计程序,是否以审计工作底稿为依据发表审计意见,发表的审计意见是否与被审计单位的实际情况相一致,审计工作的质量是否符合要求。通过审计报告,可以证明注册会计师审计责任的履行情况。

第四节　审计意见的形成和
审计报告的类型

一、审计意见的形成

注册会计师应当获取充分、适当的审计证据,以得出合理的审计结论,作为形成审计意见的基础。

在得出结论时,注册会计师应当考虑下列方面:

(1) 按照《中国注册会计师审计准则第 1231 号——针对评估的重大错报风险采取的应对措施》的规定,是否以获取充分适当的审计证据。注册会计师应当根据实施的审计程序和获取的审计证据,评价对认定层次重大错报风险的评估是否仍然适当。

（2）按照《中国注册会计师审计准则第 1251 号——评价审计过程中识别出的错报》的规定，未更正错报单独或汇总起来是否构成重大错报。

（3）评价财务报表是否在所有重大方面按照适用的财务报告编制基础编制。

注册会计师应当依据适用的财务报告编制基础特别评价下列内容：

第一，财务报表是否充分披露了选择和运用的重要会计政策。

第二，选择和运用的会计政策是否符合适用的财务报告编制基础，并适合于被审计单位的具体情况。

第三，管理层作出的会计估计是否合理。

第四，财务报表列报的信息是否具有相关性、可靠性、可比性和可理解性。

第五，财务报表是否作出充分披露，使财务报表预期使用者能够理解重大交易和事项对财务报表所传递的信息的影响。

第六，财务报表使用的术语（包括每一财务报表的标题）是否适当。

管理层需要对财务报表中的金额和披露作出大量判断。在考虑被审计单位会计实务的质量时，注册会计师可能注意到管理层判断中可能存在的偏向。缺乏中立性的迹象包括下列情形：

第一，管理层对注册会计师在审计期间提请注意的错报进行选择性更正。

第二，管理层在作出会计估计时可能存在偏向。

（4）评价财务报表是否实现公允反映。

（5）评价财务报表是否恰当提及或说明适当的财务报告编制基础。

二、审计报告的类型

注册会计师的目标是在评价根据审计证据得出的结论的基础上，对财务报表形成审计意见，并通过书面报告的形式清楚地表达审计意见。

如果认为财务报表在所有重大方面按照适用的财务报告编制基础编制并实现公允反映，注册会计师应当发表无保留意见。无保留意见，是指当注册会计师认为财务报表在所有重大方面按照适用的财务报告编制基础编制并实现公允反映时发表的审计意见。当存在下列情形之一时，注册会计师应当按照《中国注册会计师审计准则第 1502 号——在审计报告中发表非无保留意见》的规定，在审计报告中发表非无保留意见：根据获取的审计证据，得出财务报表整体存在重大错报的结论；(2)无法获取充分、适当的审计证据，不能得出财务报表整体不存在重大错报的结论。

如果财务报表没有实现公允反映，注册会计师应当就该事项与管理层讨论，并根据适用的财务报告编制基础的规定和该事项得到解决的情况，决定是否有必要按照《中国注册会计师审计准则第 1502 号——在审计报告中发表非无保留意见》的规定在审计报告中发表非无保留意见。非无保留意见，是指对财务报表发表的保留意见、否定意见或无法表示意见。

三、审计报告的基本内容

（一）审计报告的要素

无保留意见审计报告应当包括下列要素：① 标题；② 收件人；③ 审计意见；④ 形成审计意见的基础；⑤ 管理层对财务报表的责任；⑥ 注册会计师对财务报表审计的责任；⑦ 按照相关法律法规的要求报告的事项（如适用）；⑧ 注册会计师的签名和盖章；⑨ 会计师事务所的名称、地址和盖章；⑩ 报告日期。

在适用的情况下，注册会计师还应当按照《中国注册会计师审计准则第 1324 号——持续经营》《中国注册会计师审计准则第 1504 号——在审计报告中沟通关键审计事项》《中国注册会计师审计准则第 1521 号——注册会计师对其他信息的责任》的相关规定,在审计报告中对与持续经营相关的重大不确定性、关键审计事项、被审计单位年度报告中包含的除财务报表和审计报告之外的其他信息进行报告。

（二）标题

审计报告应当具有标题,统一规范为"审计报告"。

（三）收件人

审计报告的收件人是指注册会计师按照业务约定书的要求致送审计报告的对象,一般是指审计业务的委托人。审计报告应当按照审计业务的约定载明收件人的全称。

注册会计师应当与委托人在业务约定书中约定致送审计报告的对象,以防止在此问题上发生分歧或审计报告被委托人滥用。针对整套通用目的财务报表出具的审计报告,审计报告的致送对象通常为被审计单位的股东或治理层。

（四）审计意见

审计意见部分由两部分构成。第一部分指出已审计财务报表,应当包括下列方面:

（1）指出被审计单位的名称。

（2）说明财务报表已经审计。

（3）指出构成整套财务报表的每个财务报表的名称。

（4）提及财务报表附注。

（5）指明构成整套财务报表的每个财务报表的日期或涵盖的期间。

为体现上述要求,审计报告可说明:"我们审计了被审计单位的财务报表,包括[指明适用的财务报告编制基础规定的构成整套财务报表的每一财务报表的名称、日期或涵盖的期间]以及财务报表附注,包括重大会计政策和会计估计"。审计意见涵盖由适用的财务报告编制基础所确定的整套财务报表。例如,在许多通用目的的编制基础上,财务报表包括资产负债表、利润表、现金流量表、所有者权益变动表和相关附注（通常包括重大会计政策和会计估计以及其他信息）

第二部分应当说明注册会计师的审计意见:如果对财务报表发表无保留意见,除非法律法规另有规定,审计意见应当用"我们认为,财务报表在所有重大方面按照适用的财务报告编制,公允反映了……"的措辞。审计意见说明财务报表在所有重大方面按照适用的财务报告编制基础编制,公允反映了财务报表旨在反映的事项。

（五）形成审计意见的基础

审计报告应当包含标题为"形成审计意见的基础"的部分,该部分提供关于审计意见的重要背景,应当紧接在审计意见部分之后,并包括下列方面:

（1）说明注册会计师按照审计准则的规定执行了审计工作。

（2）提及审计报告中用于描述审计准则规定的注册会计师责任的部分。

（3）声明注册会计师按照与审计相关的职业道德要求对被审计单位保持了独立性,并履行了职业道德方面的其他责任。声明中应当指明适用的职业道德要求,如中国注册会计师职业道德守则。

（4）说明注册会计师是否相信获取的审计证据是充分、适当的,为发表审计意见提供了基础。

（六）管理层对财务报表的责任

审计报告应当包含标题为"管理层对财务报表的责任"的部分,其中应当说明管理层负责下列方面：

(1) 按照适用的财务报告编制基础编制财务报表，使其实现公允反映，并设计、执行和维护必要的内部控制，以使财务报表不存在由于舞弊或错误导致的重大错报；

(2) 评估被审计单位的持续经营能力和使用持续经营假设是否适当，并披露与持续经营相关的事项（如适用）。对管理层评估责任的说明应当包括描述在何种情况下使用持续经营假设是适当的。

（七）注册会计师对财务报表审计的责任

审计报告应当包含标题为"注册会计师对财务报表审计的责任"的部分，其中应当包括下列内容：

(1) 说明注册会计师的目标是对财务报表整体是否不存在由于舞弊或错误导致的重大错报获取合理保证，并出具包含审计意见的审计报告。

(2) 说明合理保证是高水平的保证，但按照审计准则执行的审计并不能保证一定会发现存在的重大错报。

(3) 说明错报可能由于舞弊或错误导致。在说明错报可能由于舞弊或错误导致时，注册会计师应当从下列两种做法中选取一种：① 描述如果合理预期错报单独或汇总起来可能影响财务报表使用者依据财务报表作出的经济决策，则通常认为错报是重大的；② 根据适用的财务报告编制基础，提供关于重要性的定义或描述。

注册会计师对财务报表审计的责任部分还应当包括下列内容：

(1) 说明在按照审计准则执行审计工作的过程中，注册会计师运用职业判断，并保持职业怀疑。

(2) 通过说明注册会计师的责任，对审计工作进行描述。这些责任包括：① 识别和评估由于舞弊或错误导致的财务报表重大错报风险，设计和实施审计程序以应对这些风险，并获取充分、适当的审计证据，作为发表审计意见的基础；② 了解与审计相关的内部控制，以设计恰当的审计程序，但目的并非对内部控制的有效性发表意见；③ 评价管理层选用会计政策的恰当性和作出会计估计及相关披露的合理性；④ 对管理层使用持续经营假设的恰当性得出结论；⑤ 评价财务报表的总体列报、结构和内容（包括披露），并评价财务报表是否公允反映相关交易和事项。

注册会计师对财务报表审计的责任部分还应当包括下列内容：

(1) 说明注册会计师与治理层就计划的审计范围、时间安排和重大审计发现等事项进行沟通，包括沟通注册会计师在审计中识别的值得关注的内部控制缺陷。

(2) 对于上市实体财务报表审计，指出注册会计师就已遵守与独立性相关的职业道德要求向治理层提供声明，并与治理层沟通可能被合理认为影响注册会计师独立性的所有关系和其他事项，以及相关的防范措施（如适用）。

(3) 对于上市实体财务报表审计，以及决定按照《中国注册会计师审计准则第 1504号——在审计报告中沟通关键审计事项》的规定沟通关键审计事项的其他情况，说明注册会计师从已与治理层沟通的事项中确定哪些事项对本期财务报表审计最为重要，因而构成关键审计事项。

（八）按照相关法律法规的要求报告的事项（如适用）

除审计准则规定的注册会计师对财务报表出具审计报告的责任外，相关法律法规可能对注册会计师设定了其他报告责任。例如，如果注册会计师在财务报表审计中注意到某些事项,可能被要求对这些事项予以报告。此外,注册会计师可能被要求实施额外的规定的程序并予以报告,或对特定事项(如会计账簿和记录的适当性)发表意见。

在某些情况下,相关法律法规可能要求或允许注册会计师将对这些其他责任的报告作为对财务报表出具的审计报告的一部分。在另外一些情况下,相关法律法规可能要求或允许注册会计师在单独出具的报告中进行报告。

这些责任是注册会计师按照审计准则对财务报表出具审计报告的责任的补充。例如,如果注册会计师在财务报表审计中注意到某些事项,可能被要求对这些事项予以报告。

（九）注册会计师的签名和盖章

审计报告应当由项目合伙人和另一名负责该项目的注册会计师签名和盖章。在审计报告中指明项目合伙人有助于进一步增强对审计报告使用者的透明度,有利于增强项目合伙人的个人责任感。因此,对上市实体整套通用目的财务报表出具的审计报告应当注明项目合伙人。

（十）会计师事务所的名称、地址和盖章

审计报告应当载明会计师事务所的名称和地址,并加盖会计师事务所公章。

根据《中华人民共和国注册会计师法》的规定,注册会计师承办业务,由其所在的会计师事务所统一受理并与委托人签订委托合同。因此,审计报告除了应由注册会计师签名和盖章外,还应载明会计师事务所的名称和地址,并加盖会计师事务所公章。

注册会计师在审计报告中载明会计师事务所地址时,标明会计师事务所所在的城市即可。在实务中,审计报告通常载于会计师事务所统一印刷的、标有该所详细通讯地址的信笺上,因此,无须在审计报告中注明详细地址。

（十一）报告日期

审计报告应当注明报告日期。审计报告日不应早于注册会计师获取充分、适当的审计证据(包括管理层认可对财务报表的责任且已批准财务报表的证据),并在此基础上对财务报表形成审计意见的日期。在确定审计报告日时,注册会计师应当确信已获取下列两方面的审计证据:① 构成整套财务报表的所有报表(包括相关附注)已编制完成;② 被审计单位的董事会、管理层或类似机构已经认可其对财务报表负责。

审计报告的日期向审计报告使用者表明,注册会计师已考虑其知悉的、截至审计报告日发生的事项和交易的影响。注册会计师对审计报告日后发生的事项和交易的责任,在《中国注册会计师审计准则第 1332 号——期后事项》中作出了规定。审计报告的日期非常重要。注册会计师对不同时段的财务报表日后事项有着不同的责任,而审计报告的日期是划分时段的关键时点。由于审计意见是针对财务报表发表的,并且编制财务报表是管理层的责任,所以,只有在注册会计师获取证据证明构成整套财务报表的所有报表(包括相关附注)已经编制完成,并且管理层已认可其对财务报表的责任的情况下,注册会计师才能得出已经获取充分、适当的审计证据的结论。在实务中,注册会计师在正式签署审计报告前,通常把审计报告草稿和已审计财务报表草稿一同提交给管理层。如果管理层批准并签署已审计财务报表,注册会计师即可签署审计报告。注册会计师签署审计报告的日期通常与管理层签署已审计财务报表的日期为同一天,或晚于管理层签署已审计财务报表的日期。

在审计实务中,可能发现被审计单位根据法律法规的要求或出于自愿选择,将适用的财务报告编制基础没有要求的补充信息与已审计财务报表一同列报,例如,被审计单位列报补充信息以增强财务报表使用者对适用的财务报告编制基础的理解,或者对财务报表的特定项目提供进一步解释。这种补充信息通常在补充报表中或作为额外的附注进行列示。注册会计师应当评价被审计单位是否清楚地将这些补充信息与已审计财务报表予以区分。如果被审计单位未能予以清楚区分,注册会计师应当要求管理层改变未审计补充信息的列报方式。如果管理层拒绝改变,注册会计师应当在审计报告中说明补充信息未审计。

对于适用的财务报告编制基础没有要求的补充信息,如果由于其性质和列报方式导致不能使其清楚地与已审计财务报表予以区分,从而构成财务报表必要的组成部分,这些补充信息应当涵盖在审计意见中。例如,财务报表附注中关于该财务报表符合另一财务报告编制基础的程度的解释,属于这种补充信息,审计意见也涵盖与财务报表进行交叉索引的附注或补充报表。

参考格式21-1列示了对上市实体财务报表出具的无保留意见的审计报告。

背 景 信 息

（1）对上市实体整套财务报表进行审计。该审计不属于集团审计,即不适用《中国注册会计师审计准则第1401号——对集团财务报表审计的特殊考虑》。

（2）管理层按照企业会计准则编制财务报表。

（3）审计业务约定条款体现了《中国注册会计师审计准则第1111号——就审计业务约定条款达成一致意见》关于管理层对财务报表责任的描述。

（4）基于获取的审计证据,注册会计师认为发表无保留意见是恰当的。

（5）适用的相关职业道德要求为中国注册会计师职业道德守则。

（6）基于获取的审计证据,根据《中国注册会计师审计准则第1324号——持续经营》,注册会计师认为可能导致对被审计单位持续经营能力产生重大疑虑的相关事项或情况不存在重大不确定性。

（7）已按照《中国注册会计师审计准则第1504号——在审计报告中沟通关键审计事项》的规定沟通了关键审计事项。

（8）负责监督财务报表的人员与负责编制财务报表的人员不同。

（9）除财务报表审计外,按照法律法规的要求,注册会计师负有其他报告责任,且注册会计师决定在审计报告中履行其他报告责任。

【参考格式21-1】

审 计 报 告

ABC股份有限公司全体股东:

一、对财务报表出具的审计报告

（一）审计意见

我们审计了ABC股份有限公司（以下简称"ABC公司"）财务报表,包括20×7年12月31日的资产负债表,20×7年度的利润表、现金流量表、股东权益变动表以及相关财务报表附注。

我们认为,后附的财务报表在所有重大方面按照企业会计准则的规定编制,公允反映了ABC公司20×7年12月31日的财务状况以及20×7年度的经营成果和现金流量。

（二）形成审计意见的基础

我们按照中国注册会计师审计准则的规定执行了审计工作。审计报告的"注册会计师对财务报表审计的责任"部分进一步阐述了我们在这些准则下的责任。按照宁国注册会计师职业道德守则,我们独立于ABC公司,并履行了职业道德方面的其他责任。我们相信,我们获取的审计证据是充分、适当的,为发表审计意见提供了基础。

（三）关键审计事项

关键审计事项是根据我们的职业判断,认为对本期财务报表审计最为重要的事项。这些事项是在对财务报表整体进行审计并形成意见的背景下进行处理的,我们不对这些事项提供单独的意见。

［按照《中国注册会计师审计准则第1504号——在审计报告中沟通关键审计事项》的规定描述每一关键审计事项。］

（四）管理层和治理层对财务报表的责任

管理层负责按照企业会计准则的规定编制财务报表,使其实现公允反映,并设计、执行和维护必要的内部控制,以使财务报表不存在由于舞弊或错误导致的重大错报。

在编制财务报表时,管理层负责评估ABC公司的持续经营能力,披露与持续经营相关的事项（如适用）,并运用持续经营假设,除非计划清算ABC公司、停止营运或别无其他现实的选择。

治理层负责监督ABC公司的财务报告过程。

（五）注册会计师对财务报表审计的责任

我们的目标是对财务报表整体是否不存在由于舞弊或错误导致的重大错报获取合理保证,并出具包含审计意见的审计报告。合理保证是高水平的保证,但并不能保证按照审计准则执行的审计在某一重大错报存在时总能发现。错报可能由于舞弊或错误导致,如果合理预期错报单独或汇总起来可能影响财务报表使用者依据财务报表作出的经济决策,则通常认为错报是重大的。

在按照审计准则执行审计的过程中,我们运用了职业判断,保持了职业怀疑。我们同时:

（1）识别和评估由于舞弊或错误导致的财务报表重大错报风险;对这些风险有针对性地设计和实施审计程序;获取充分、适当的审计证据,作为发表审计意见的基础。由于舞弊可能涉及串通、伪造、故意遗漏、虚假陈述或凌驾于内部控制之上,未能发现由于舞弊导致的重大错报的风险高于未能发现由于错误导致的重大错报的风险。

（2）了解与审计相关的内部控制,以设计恰当的审计程序,但目的并非对内部控制的有效性发表意见。

（3）评价管理层选用会计政策的恰当性和作出会计估计及相关披露的合理性。

（4）对管理层使用持续经营假设的恰当性得出结论。同时,根据获取的审计证据,就可能导致对ABC公司持续经营能力产生重大疑虑的事项或情况是否存在重大不确定性得出结论。如果我们得出结论认为存在重大不确定性,审计准则要求我们在审计报告中提请报表使用者注意财务报表中的相关披露;如果披露不充分,我们应当发表非无保留意见。我们的结论基于审计报告日可获得的信息。然而,未来的事项或情况可能导致ABC公司不能持续经营。

（5）评价财务报表的总体列报、结构和内容（包括披露）,并评价财务报表是否公允反映相关交易和事项。

我们与治理层就计划的审计范围、时间安排和重大审计发现（包括我们在审计中识别的值得关注的内部控制缺陷）等事项进行沟通。

　　我们还就遵守关于独立性的相关职业道德要求向治理层提供声明,并就可能被合理认为影响我们独立性的所有关系和其他事项,以及相关的防范措施(如适用)与治理层进行沟通。

　　从与治理层沟通的事项中,我们确定哪些事项对本期财务报表审计最为重要,因而构成关键审计事项。我们在审计报告中描述这些事项,除非法律法规禁止公开披露这些事项,或在极其罕见的情形下,如果合理预期在审计报告中沟通某事项造成的负面后果超过在公众利益方面产生的益处,我们确定不应在审计报告中沟通该事项。

　　二、按照相关法律法规的要求报告的事项

　　[本部分的格式和内容,取决于法律法规对其他报告责任的性质的规定。法律法规规范的事项(其他报告责任)应当在本部分处理,除非其他报告责任与审计准则所要求的报告责任涉及相同的主题。如果涉及相同的主题,其他报告责任可以在审计准则所要求的同一报告要素部分中列示。当其他报告责任和审计准则规定的报告责任涉及同一主题,并且审计报告中的措辞能够将其他报告责任与审计准则规定的责任予以清楚地区分(如差异存在)时,允许将两者合并列示(即包含在"对财务报表出具的审计报告"部分中,并使用适当的副标题)。]

　　××会计师事务所(盖章)　　　　　中国注册会计师:×××(项目合伙人)

　　　　　　　　　　　　　　　　　　　　　　　　　　　(签名并盖章)

　　　　　　　　　　　　　　　　　　中国注册会计师:×××

　　　　　　　　　　　　　　　　　　　　　　　　　　　(签名并盖章)

　　　　　中国上海市　　　　　　　　　　　　二〇×八年×月×日

如何确定关键审计事项的决策框架?

　　根据关键审计事项的定义,注册会计师在确定关键审计事项时,需要遵循以下决策框架(见图21-1):

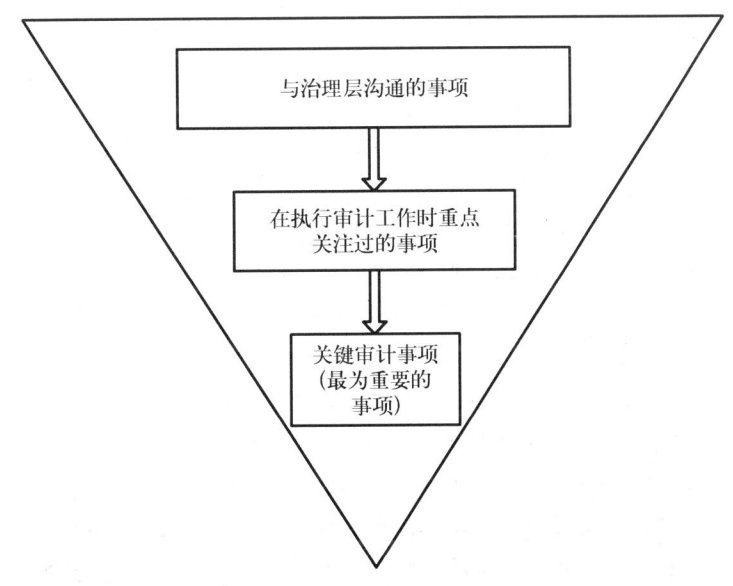

图21-1　关键审计事项的决策框架

第五节　非无保留意见审计报告

一、非无保留意见的审计报告

（一）非无保留意见的含义

非无保留意见是指保留意见、否定意见或无法表示意见。

当存在下列情形之一，注册会计师应当在审计报告中发表非无保留意见。

1) 根据获取的审计证据，得出财务报表整体存在重大错误的结论

为了形成审计意见，针对财务报表整体是否不存由于舞弊或错误导致的重大错报，注册会计师应当得出结论，确定是否已就此获取合理保证。在得出结论时，注册会计师需要评价未更正错报对财务报表的影响。

错报是指某一财务报表项目的金额、分类、列报或披露，与按照适用的财务报表编制基础应当列示的金额、分类、列报或披露之间存在的差异。财务报表的重大错报可能源于：

（1）选择的会计政策的恰当性。在选择的会计政策的恰当性方面，当出现下列情形时，财务报表可能存在重大错报：

第一，选择的会计政策与适用的财务报告编制基础不一致。

第二，财务报表（包括相关附注）没有按照公允列报的方式反映交易和事项。

财务报告编制基础通常包括对会计处理、披露和会计政策变更的要求。如果被审计单位变更了重大会计政策，且没有遵守这些要求，财务报表可能存在重大错报。

（2）对所选择的会计政策的运用。在对所选择的会计政策的运用方面，当出现下列情形时，财务报表可能存在重大错报：

第一，管理层没有按照适用的财务报告编制基础的要求一贯运用所选择的会计政策，包括管理层未在不同会计期间或对相似的交易和事项一贯运用所选择的会计政策（运用的一致性）。

第二，不当运用所选择的会计政策（如运用中的无意错误）。

（3）财务报表披露的恰当性或充分性。在财务报表披露的恰当性或充分性方面，当出现下列情形时，财务报表可能存在重大错报：

第一，财务报表没有包括适用的财务报告编制基础要求的所有披露。

第二，财务报表的披露没有按照适用的财务报告编制基础列报。

第三，财务报表没有作出必要的披露以实现公允反映。

2) 无法获取充分、适当的审计证据，不能得出财务报表整体不存在重大错报的结论

如果注册会计师能够通过实施替代程序获取充分、适当的审计证据（也称为审计范围受到限制）：

（1）超出被审计单位控制的情形。超出被审计单位控制的情形，例如：① 被审计单位的会计记录已被破坏。② 重要组成部分的会计记录已被政府有关机构无限期地查封。

（2）与注册会计师工作的性质或时间安排相关的情形。与注册会计师工作的性质或时间安排相关的情形，例如：① 被审计单位需要使用权益法对联营企业进行核算，注册会计师无法获取有关联营企业财务信息的充分、适当的审计证据以评价是否恰当运用了权益法。② 注册会计师接受审计委托的时间安排，使注册会计师无法实施存货监盘。③ 注册会计师确定仅实施实质性程序是不充分的，但被审计单位的控制是无效的。

(3) 管理层施加限制的情形。管理层对审计范围施加的限制致使注册会计师无法获取充分、适当的审计证据的情形,例如:① 管理层阻止注册会计师实施存货监盘。② 管理层阻止注册会计师对特定账户余额实施函证。

管理层施加的限制可能对审计产生其他影响,如注册会计师对舞弊风险的评估和对业务保持的考虑。

(二)确定非无保留意见的情形

注册会计师确定恰当的非无保留意见的类型,取决于下列事项:① 导致非无保留意见的事项的性质,是财务报表存在重大错报,还是在无法获取充分、适当的审计证据的情况下,财务报表可能存在重大错报。② 注册会计师就导致非无保留意见的事项对财务报表产生或可能产生影响的广泛性作出的判断。

表 21-1 列示了注册会计师对导致发表非无保留意见的事项的性质和这些事项对财务报表产生或可能产生影响的广泛性作出的判断,以及注册会计师的判断对审计意见类型的影响。

表 21-1 注册会计师对导致发表非无保留意见的事项的性质和这些事项对财务报表产生或可能产生影响的广泛性作出的判断

导致发表非无保留意见的事项的性质	这些事项对财务报表产生或可能产生影响的广泛性	
	重大但不具有广泛性	重大且具有广泛性
财务报表存在重大错报	保留意见	否定意见
无法获取充分、适当的审计证据	保留意见	无法表示意见

1. 发表保留意见

当存在下列情形之一时,注册会计师应当发表保留意见:

(1) 在获取充分、适当的审计证据后,注册会计师认为错报单独或汇总起来对财务报表影响重大,但不具有广泛性。

注册会计师在获取充分、适当的审计证据后,只有认为财务报表就整体而言是公允的,但还存在对财务报表产生重大影响的错报时,才能发表保留意见。如果注册会计师认为错报对财务报表产生的影响极为严重且具有广泛性,则应发表否定意见。因此,保留意见被视为注册会计师在不能发表无保留意见情况下最不严厉的审计意见。

(2) 注册会计师无法获取充分、适当的审计证据以作为形成审计意见的基础,但认为发现的错报(如存在)对财务报表可能产生的影响重大,但不具有广泛性。

注册会计师因审计范围受到限制而发表保留意见还是无法表示意见,取决于无法获取的审计证据对形成审计意见的重要性。注册会计师在判断重要性时,应当考虑有关事项潜在影响的性质和范围以及在财务报表中的重要程度。只有当发现的错报(如存在)对财务报表可能产生的影响重大但不具有广泛性,才能发表保留意见。

2. 发表否定意见

在获取充分、适当的审计证据后,如果认为错报单独或汇总起来对财务报表影响重大且具有广泛性,注册会计师应当发表否定意见。

3. 发表无法表示意见

如果无法获取充分、适当的审计证据以作为形成审计意见的基础,但认为未发现的错报(如存在)对财务报表可能产生的影响重大且具有广泛性,注册会计师应当发表无法表示意见。

在极其特殊的情况下,可能存在多个不确定事项。即使注册会计师对每个单独的不确定事项获取了充分、适当的审计证据,但由于不确定事项之间可能存在相互影响,以及可能对财务报表产生累计影响,注册会计师不可能对财务报表形成审计意见。注册会计师应当发表无法表示意见。

在确定非无保留意见的类型时还需要注意以下两点:

一是在承接审计业务后,如果注意到管理层对审计范围施加了限制,且认为这些限制可能导致对财务报表发表保留意见或无法表示意见,注册会计师应当要求管理层消除这些限制。如果管理层拒绝消除限制,除非治理层全部成员参与管理被审计单位,注册会计师应当就此事项与治理层沟通,并确定能否实施替代程序以获取充分、适当的审计证据。如果无法获取充分、适当的审计证据,注册会计师应当通过下列方式确定其影响:① 如果未发现的错报(如存在)可能对财务报表产生的影响重大,但不具有广泛性,应当发表保留意见。② 如果未发现的错报(如存在)可能对财务报表产生的影响重大且具有广泛性,以至于发表保留意见不足以反映情况的严重性,应当在可行时解除业务约定(除非法律法规禁止)。当然,注册会计师应当在解除业务约定前,与治理层沟通在审计过程中发现的、将会导致发表非无保留意见的所有事项;如果在出具审计报告前解除业务约定被禁止或不可行,应当发表无法表示意见。

二是如果认为有必要对财务报表整体发表否定意见或无法表示意见,注册会计师不应在同一审计报告中对按照相同财务报表编制基础编制的单一财务报表或财务报表特定要素、账户或项目发表无保留意见。在同一审计报告中包含无保留意见,将会与对财务报表整体发表的否定意见或无法表示意见相矛盾。

当然,对经营成果、现金流量(如相关)发表无法表示意见,而对财务状况发表无保留意见,这种情况可能是被允许的。因为在这种情况下,注册会计师并没有对财务报表整体发表无法表示意见。

(三)非无保留意见的审计报告的格式和内容

1. 导致非无保留意见的事项段

(1)审计报告的格式和内容的一致性。如果对财务报表发表非无保留意见,除在审计报告中包含《中国注册会计师审计准则第 1501 号——对财务报表形成审计意见和出具审计报告》规定的审计报告要素外,注册会计师还应当直接在审计意见之前增加一个段落,并使用恰当的标题,如"导致保留意见的事项""导致否定意见的事项"或导致"无法表示意见的事项",说明导致发表非无保留意见的事项。审计报告的格式和内容的一致性有助于提高使用者的理解和识别存在的异常情况。因此,尽管不可能统一非无保留意见的措词和对导致非无保留意见的事项的说明,但仍有必要保持审计报告格式和内容的一致性。

(2)量化财务影响。如果财务报表中存在与具体金额(包括定量披露)相关的重大错报,注册会计师应当在导致非无保留意见的事项段中说明并量化该错报的财务影响。如:假设存货被高估,注册会计师就可以在审计报告的导致非无保留意见的事项段中说明该重大错报的财务影响,即量化其对所得税、税前利润、净利润和股东权益的影响。如果无法量化财务影响,注册会计师应当在导致非无保留意见的事项中说明这一情况。

(3)存在与叙述性披露相关的重大错报。如果财务报表中存在与叙述性披露相关的重大错报,注册会计师应当在导致非无保留意见的事项段中解释该错报错在何处。

（4）存在与应披露而未披露信息相关的重大错报。如果财务报表中存在与应披露而未披露信息相关的重大错报,注册会计师应当:① 与治理层讨论未披露信息的情况。② 在导致非无保留意见的事项段中描述未披露信息的性质。③ 如果可行并且已针对未披露信息获取了充分、适当的审计证据,在导致非无保留意见的事项段中包含对未披露信息的披露,除非法律法规禁止。

如果存在下列情形之一,则在导致非无保留意见的事项段中披露遗漏的信息是不可行的:① 管理层还没作出这些披露,或管理层已作出但注册会计师不易获取这些披露。② 根据注册会计师的判断,在审计报告中披露该事项过于庞杂。

（5）无法获取充分、适当的审计证据。如果因无法获取充分、适当的审计证据而导致发表非无保留意见,注册会计师应当在导致非无保留意见的事项段中说明无法获取审计证据的原因。

（6）披露其他事项。即使发表了否定意见或无法表示意见,注册会计师也应当在导致非无保留意见的事项段中说明注意到的、将导致发表非无保留意见的所有其他事项及其影响。这是因为,对注册会计师注意到的其他事项的披露可能与财务报表使用者的信息相关。

2. 审计意见段

（1）标题。在发表非无保留意见时,注册会计师应当对审计意见段使用恰当的标题,如"无保留意见""否定意见"或"无法表示意见"。审计意见段的标题能够使财务报表的使用者清楚注册会计师发表了非无保留意见,并能够表明非无保留意见的类型。

（2）发表保留意见。当由于财务报表存在重大错报而发表保留意见时,注册会计师应当根据适用报告编制基础在审计意见段中说明:注册会计师认为,除了导致保留意见的事项段所述事项产生的影响外,财务报表在所有重大方面按照适用的财务报告编制基础编制,并实现公允反映。

当无法获取充分、适当的审计证据而导致发表保留意见时,注册会计师应当在审计意见段中使用"除……可能产生的影响外"等措辞。

当注册会计师发表保留意见时,在审计意见段中使用"由于上述解释"或"受……影响"等措辞是不恰当的,因为这些措辞不够清晰或没有足够的说服力。

（3）发表否定意见。当发表否定意见时,注册会计师应当根据适用的财务报表编制基础在审计意见段中说明:注册会计师认为,由于导致否定意见的事项段所述事项的重要性,财务报表没有在所有重大方面按照适用的财务报表编制基础编制,未能实现公允反映。

（4）发表无法表示意见。当由于无法获取充分、适当的审计证据而发表无法表示意见时,注册会计师应当在审计意见段中说明:由于导致无法表示意见的事项段所述事项的重要性,注册会计师无法获取充分、适当的审计证据以为发表审计意见提供基础,因此,注册会计师不对这些财务报表发表审计意见。

3. 非无保留意见对审计报告要素内容的修改

当发表保留意见或否定意见时,注册会计师应当修改对注册会计师责任的描述,以说明:注册会计师相信,注册会计师已获取的证据是充分、适当的,为发表非无保留意见提供了基础。

当由于无法获取充分、适当的审计证据而发表无法表示审计意见时,注册会计师还应当修改注册会计师责任和审计范围的描述,并仅能作出如下说明:"我们的责任是按照中国注册会计师审计准则的规定执行审计工作的基础上对财务报表发表审计意见。但由于导致无法表示意见的事项段中所述的事项,我们无法获取充分、适当的审计证据以为发表审计意见提供基础。"

（四）非无保留意见的审计报告的参考格式

参考格式21-2列示了由于财务报表存在重大错报而发表保留意见的审计报告。

背 景 信 息

（1）对上市实体整套财务报表进行审计。该审计不属于集团审计(即不适用《中国注册会计师审计准则第1401号——对集团财务报表审计的特殊考虑》)。

（2）管理层按照企业会计准则编制财务报表。

（3）审计业务约定条款体现了《中国注册会计师审计准则第1111号——就审计业务约定条款达成一致意见》关于管理层对财务报表责任的描述。

（4）存货存在错报,该错报对财务报表影响重大但不具有广泛性(即保留意见是恰当的)。

（5）适用的相关职业道德要求为中国注册会计师职业道德守则。

（6）基于获取的审计证据,根据《中国注册会计师审计准则第1324号——持续经营》,注册会计师认为可能导致对被审计单位持续经营能力产生重大疑虑的相关事项或情况不存在重大不确定性。

（7）已按照《中国注册会计师审计准则第1504号——在审计报告中沟通关键审计事项》的规定沟通了关键审计事项。

（8）负责监督财务报表的人员与负责编制财务报表的人员不同。

（9）除财务报表审计外,按照法律法规的要求,注册会计师还承担法律法规要求的其他报告责任,且注册会计师决定在审计报告中履行其他报告责任。

【参考格式21-2】

审 计 报 告

ABC股份有限公司全体股东:

一、对财务报表出具的审计报告

（一）保留意见

我们审计了ABC股份有限公司(以下简称ABC公司)财务报表,包括20×7年12月31日的资产负债表,20×7年度的利润表、现金流量表、股东权益变动表以及相关财务报表附注。

我们认为,除"形成保留意见的基站"部分所述事项产生的影响外,后附的财务报表在所有重大方面按照企业会计准则的规定编制,公允反映了ABC公司20×7年12月31日的财务状况以及20×7年度的经营成果和现金流量。

（二）形成保留意见的基础

ABC公司20×7年12月31日资产负债表中存货的列示金额为×万元。管理层根据成本对存货进行计量,而没有根据成本与可变现净值孰低的原则进行计量,这不符合企业会计准则的规定。ABC公司的会计记录显示,如果管理层以成本与可变现净值孰低来计量存货,存货列示金额将减少×万元。相应地,资产减值损失将增加×万元,所得税、净利润和股东权益将分别减少×万元、×万元和×万元。

我们按照中国注册会计师审计准则的规定执行了审计工作。审计报告的"注册会计师对财务报表审计的责任"部分进一步阐述了我们在这些准则下的责任。按照中国注册会计师职业道德守则,我们独立于 ABC 公司,并履行了职业道德方面的其他责任。我们相信,我们获取的审计证据是充分、适当的,为发表保留意见提供了基础。

(三)关键审计事项

关键审计事项是根据我们的职业判断,认为对本期财务报表审计最为重要的事项。这些事项是在对财务报表整体进行审计并形成意见的背景下进行处理的,我们不对这些事项提供单独的意见。除"形成保留意见的基础"部分所述事项外,我们确定下列事项是需要在审计报告中沟通的关键审计事项。

[按照《中国注册会计师审计准则第 1504 号——在审计报告中沟通关键审计事项》的规定描述每一关键审计事项。]

(四)管理层和治理层对财务报表的责任

[按照《中国注册会计师审计准则第 1501 号——对财务报表形成审计意见和出具审计报告》的规定报告,参见参考格式 21-1。]

(五)注册会计师对财务报表审计的责任

[按照《中国注册会计师审计准则第 1501 号——对财务报表形成审计意见和出具审计报告》的规定报告,参见参考格式 21-1。]

二、按照相关法律法规的要求报告的事项

[按照《中国注册会计师审计准则第 1501 号——对财务报表形成审计意见和出具审计报告》的规定报告,参见参考格式 21-1。]

××会计师事务所(盖章)　　　　　中国注册会计师:×××(项目合伙人)

(签名并盖章)

中国注册会计师:×××

(签名并盖章)

中国上海市　　　　　　　　　　　　　　二○×八年×月×日

参考格式 21-3 列示了由于注册会计师无法针对财务报表多个要素获取充分、适当的审计证据而发表无法表示意见的审计报告。

背 景 信 息

(1) 对非上市实体整套财务报表进行审计。该审计不属于集团审计(即不适用《中国注册会计师审计准则第 1401 号——对集团财务报表审计的特殊考虑》)。

(2) 管理层按照企业会计准则编制财务报表。

(3) 审计业务约定条款体现了《中国注册会计师审计准则第 1111 号——就审计业务约定条款达成一致意见》关于管理层对财务报表责任的描述。

(4) 对财务报表的多个要素,注册会计师无法获取充分、适当的审计证据。例如,对被审计单位的存货和应收账款,注册会计师无法获取审计证据,这一事项对财务报表可能产生的影响重大且具有广泛性。

(5) 适用的相关职业道德要求为中国注册会计师职业道德守则。

(6) 负责监督财务报表的人员与负责编制财务报表的人员不同。

(7) 按照审计准则要求在注册会计师的责任部分作出更有限的表述。

(8) 除财务报表审计外,按照法律法规的要求,注册会计师负有其他报告责任,且注册会计师决定在审计报告中履行其他报告责任。

【参考格式 21-3】

审计报告

ABC 股份有限公司全体股东：

一、对财务报表出具的审计报告

（一）无法表示意见

我们接受委托，审计 ABC 股份有限公司（以下简称"ABC 公司"）财务报表，包括 20×7 年 12 月 31 日的资产负债表，20×7 年度的利润表、现金流量表、股东权益变动表以及相关财务报表附注。

我们不对后附的 ABC 公司财务报表发表审计意见。由于"形成无法表示意见的基础"部分所述事项的重要性，我们无法获取充分、适当的审计证据以作为对财务报表发表审计意见的基础。

（二）形成无法表示意见的基础

我们于 20×8 年 1 月接受 ABC 公司的审计委托，因而未能对 ABC 公司 20×7 年初金额为×万元的存货和年末金额为×万元的存货实施监盘程序。此外，我们也无法实施替代审计程序获取充分、适当的审计证据。并且，ABC 公司于 20×7 年 9 月采用新的应收账款电算化系统，由于存在系统缺陷导致应收账款出现大量错误。截至报告日，管理层仍在纠正系统缺陷并更正错误，我们也无法实施替代审计程序，以对截至 20×7 年 12 月 31 日的应收账款总额×万元获取充分、适当的审计证据。因此，我们无法确定是否有必要对存货、应收账款以及财务报表其他项目作出调整，也无法确定应调整的金额。

（三）管理层和治理层对财务报表的责任

［按照《中国注册会计师审计准则第 1501 号——对财务报表形成审计意见和出具审计报告》的规定报告，参见参考格式 21-1。］

（四）注册会计师对财务报表审计的责任

我们的责任是按照中国注册会计师审计准则的规定，对 ABC 公司的财务报表执行审计工作，以出具审计报告。但由于"形成无法表示意见的基础"部分所述的事项，我们无法获取充分、适当的审计证据以作为发表审计意见的基础。

按照中国注册会计师职业道德守则，我们独立于 ABC 公司，并履行了职业道德方面的其他责任。

二、对其他法律和监管要求的报告

［按照《中国注册会计师审计准则第 1501 号——对财务报表形成审计意见和出具审计报告》的规定报告，参见参考格式 21-1。］

　　××会计师事务所（盖章）　　　　　　中国注册会计师：×××（项目合伙人）

　　　　　　　　　　　　　　　　　　　　　　　　　　　（签名并盖章）

　　　　　　　　　　　　　　　　　　中国注册会计师：×××

　　　　　　　　　　　　　　　　　　　　　　　　　　　（签名并盖章）

　　中国上海市　　　　　　　　　　　　二○×八年×月×日

二、审计报告的强调事项段

（一）强调事项段的含义

审计报告的强调事项段是指审计报告中含有的一个段落，该段落提及已在财务报告中恰当列报或披露的事项,根据注册会计师的职业判断,该事项对财务报告使用者理解财务报表至关重要。

(二)增加强调事项段的情形

如果认为有必要提醒财务报表使用者关注已在财务报表中列报或披露,且根据职业判断认为对财务报表使用者理解财务报表至关重要的事项,在同时满足下列条件时,注册会计师应当在审计报告中增加强调事项段:

(1)按照《中国注册会计师审计准则第1502号——在审计报告中发表非无保留意见》的规定,该事项不会导致注册会计师发表非无保留意见。

(2)当《中国注册会计师审计准则第1504号——在审计报告中沟通关键审计事项》适用时,该事项未被确定为在审计报告中沟通的关键审计事项。

按照《中国注册会计师审计准则第1504号——在审计报告中沟通关键审计事项》被确定为关键审计事项的事项,根据注册会计师的职业判断,也可能对财务报表使用者理解财务报表至关重要。在这些情况下,按照《中国注册会计师审计准则第1504号——在审计报告中沟通关键审计事项》的规定将该事项作为关键审计事项沟通时,注册会计师可能希望突出或提请进一步关注其相对重要程度。在关键审计事项部分,注册会计师可以使该事项的列报更为突出(如作为第一个事项),或在关键审计事项的描述中增加额外信息,以指明该事项对财务报表使用者理解财务报表的重要程度。

某一事项可能不符合《中国注册会计师审计准则第1504号——在审计报告中沟通关键审计事项》的规定,因而未被确定为关键审计事项(即该事项未被重点关注过),但根据注册会计师的判断,其对财务报表使用者理解财务报表至关重要(如期后事项)。如果注册会计师认为有必要提请财务报表使用者关注该事项,根据审计准则的规定,该事项将包含在审计报告的强调事项段中。

某些审计准则对特定情况下在审计报告中增加强调事项段提出具体要求。这些情形包括:

(1)法律法规规定的财务报告编制基础不可接受,但其是由法律或法规作出的规定。

(2)提醒财务报表使用者注意财务报表按照特殊目的编制基础编制。

(3)注册会计师在审计报告日后知悉了某些事实(即期后事项),并且出具了新的审计报告或修改了审计报告。

除上述审计准则要求增加强调事项的情形外,注册会计师可能认为需要增加强调事项段的情形举例如下:

(1)异常诉讼或监管行动的未来结果存在不确定性。

(2)提前应用(在允许的情况下)对财务报表有广泛影响的新会计准则。

(3)存在已经或持续对被审计单位财务状况产生重大影响的特大灾难。

强调事项段的过多使用会降低注册会计师沟通所强调事项的有效性。此外,与财务报表中的列报或披露相比,在强调事项段中包括过多的信息,可能隐含着这些事项未被恰当列报或披露。因此,强调事项段应当仅提及已在财务报表中列报或披露的信息。

(三)在审计报告中增加强调事项段时注册会计师采取的措施

如果在审计报告中增加强调事项段,注册会计师应当采取下列措施:

(1)将强调事项段作为单独的一部分置于审计报告中,并使用包含"强调事项"这一术语作为标题。

（2）明确提及被强调事项以及相关披露的位置，以便能够在财务报表中找到对该事项的详细描述。强调事项段应当仅提及已在财务报表中列报或披露的信息。

（3）指出审计意见没有因该强调事项而改变。

在审计报告中包含强调事项段不影响审计意见。包含强调事项段不能代替下列情形：

（1）根据审计业务的具体情况，按照《中国注册会计师审计准则第1502号——在审计报告中发表非无保留意见》的规定发表非无保留意见。

（2）适用的财务报告编制基础要求管理层在财务报表中作出的披露，或为实现公允列报所需的其他披露。

（3）按照《中国注册会计师审计准则第1324号——持续经营》的规定，当可能导致对被审计单位持续经营能力产生重大疑虑的事项或情况存在重大不确定性时作出的报告。

参考格式21-4列示了由于偏离适用的财务报告编制基础的规定导致的带强调事项段的保留意见审计报告。

背 景 信 息

（1）对非上市实体整套财务报表进行审计。该审计不属于集团审计（即不适用《中国注册会计师审计准则第1401号——对集团财务报表审计的特殊考虑》）。

（2）管理层按照企业会计准则编制财务报表。

（3）审计业务约定条款体现了《中国注册会计师审计准则第1111号——就审计业务约定条款达成一致意见》关于管理层对财务报表责任的描述。

（4）由于偏离企业会计准则的规定导致发表保留意见。

（5）适用的相关职业道德要求为中国注册会计师职业道德守则。

（6）基于获取的审计证据，根据《中国注册会计师审计准则第1324号——持续经营》，注册会计师认为可能导致对被审计单位持续经营能力产生重大疑虑的相关事项或情况不存在重大不确定性。

（7）在财务报表日至审计报告日之间，被审计单位的生产设备发生了火灾，被审计单位已将其作为期后事项披露。根据注册会计师的判断，该事项对财务报表使用者理解财务报表至关重要，但在本期财务报表审计中不是重点关注过的事项。

（8）注册会计师未被要求，并且也决定不沟通关键审计事项。

（9）负责监督财务报表的人员与负责编制财务报表的人员不同。

（10）除财务报表审计外，按照法律法规的要求，注册会计师负有其他报告责任，且注册会计师决定在审计报告中履行其他报告责任。

【参考格式21-4】

审 计 报 告

ABC股份有限公司全体股东：

一、对财务报表出具的审计报告

（一）保留意见

我们审计了ABC股份有限公司（以下简称"ABC公司"）财务报表，包括20×7年12月31日的资产负债表，20×7年度的利润表、现金流量表、股东权益变动表以及相关财务报表附注。

我们认为，除"形成保留意见的基础"部分所述事项产生的影响外，后附的财务报表在所有重大方面按照企业会计准则的规定编制,公允反映了 ABC 公司 20×7 年 12 月 31 日的财务状况以及 20×7 年度的经营成果和现金流量。

(二)形成保留意见的基础

ABC 公司 20×7 年 12 月 31 日资产负债表中列示的以公允价值计量且其变动计入当期损益的金融资产为×万元,管理层对这些金融资产未按照公允价值进行后续计量,而是按照其历史成本进行计量,这不符合企业会计准则的规定。如果按照公允价值进行后续计量,ABC 公司 20×7 年度利润表中公允价值变动损益将减少×万元,20×7 年 12 月 31 日资产负债表中以公允价值计量且其变动计入当期损益的金融资产将减少×万元。相应地,所得税、净利润和股东权益将分别减少×万元、×万元和×万元。

我们按照中国注册会计师审计准则的规定执行了审计工作。审计报告的"注册会计师对财务报表审计的责任"部分进一步阐述了我们在这些准则下的责任。按照中国注册会计师职业道德守则,我们独立于 ABC 公司,并履行了职业道德方面的其他责任。我们相信,我们获取的审计证据是充分、适当的,为发表保留意见提供了基础。

(三)强调事项——火灾的影响

我们提醒财务报表使用者关注,财务报表附注×描述了火灾对 ABC 公司的生产设备造成的影响。本段内容不影响已发表的审计意见。

(四)管理层和治理层对财务报表的责任

[按照《中国注册会计师审计准则第 1501 号——对财务报表形成审计意见和出具审计报告》的规定报告,参见参考格式 21-1。]

(五)注册会计师对财务报表审计的责任

[按照《中国注册会计师审计准则第 1501 号——对财务报表形成审计意见和出具审计报告》的规定报告,参见参考格式 21-1。]

二、按照相关法律法规的要求报告的事项

[按照《中国注册会计师审计准则第 1501 号——对财务报表形成审计意见和出具审计报告》的规定报告,参见参考格式 21-1。]

　　××会计师事务所(盖章)　　　　　中国注册会计师:×××(项目合伙人)

　　　　　　　　　　　　　　　　　　　　　　　(签名并盖章)

　　　　　　　　　　　　　　　　　　中国注册会计师:×××

　　　　　　　　　　　　　　　　　　　　　　　(签名并盖章)

　　中国上海市　　　　　　　　　　　二○×八年×月×日

三、审计报告的其他事项段

(一)其他事项段的含义

其他事项段是指审计报告中含有的一个段落,该段落提及未在财务报表中列报或披露的事项,根据注册会计师的职业判断,该事项与财务报表使用者理解审计工作、注册会计师的责任或审计报告相关。

(二)需要增加其他事项段的情形

对于未在财务报表中列报或披露,但根据职业判断认为与财务报表使用者理解审计工作、注册会计师的责任、或审计报告相关且未被法律、法规禁止的事项,如果认为有必要沟通,注册会计师应当在审计报告中增加其他事项段,并使用"其他事项段"或其他适用标题。

注册会计师应当将其他事项段紧接在审计意见段和强调事项段（如有）之后。如果其他事项段的内容与其他报告责任部分相关，这一段落也可以置于审计报告的其他位置。

具体讲，需要在审计报告中增加其他事项段的情形包括以下几种。

1. 与理解审计工作相关的情形

在极其特殊的情况下，即使由于管理层对审计范围施加的限制导致无法获取充分、适当的审计证据可能产生的影响具有广泛性，注册会计师也不能解除业务约定。在这种情况下，注册会计师可能认为有必要在审计报告中增加其他事项段，解释为何不能解除业务约定。

2. 与使用者理解注册会计师的责任或审计报告相关的情形

法律、法规或得到广泛认可的惯例可能要求或允许注册会计师详细说明某些事项，以进一步解释注册会计师在财务报表审计中的责任或审计报告。在这种情况下，注册会计师可以使用一个或多个子标题来描述其他事项段的内容。

但增加其他事项段不涉及以下两种情形：① 除根据审计准则的规定有责任对财务报表出具审计报告外，注册会计师还有其他报告责任。② 注册会计师可能被要求实施额外的规定程序并予以报告，或对特定事项发表意见。

3. 对两套以上财务报表出具审计报告的情形

被审计单位可能按照通用目的编制基础（如 X 国财务报告编制基础）编制一套财务报表，且按照另一个通用目的编制基础（如国际财务报告准则）编制另一套财务报表，并委托注册会计师同时对两套财务报表出具审计报告。如果注册会计师已确定两个财务报告编制基础在各自情形下是可接受的，可以在审计报告中增加其他事项段，说明该被审计单位根据另一个通用目的编制基础（如国际财务报告准则）编制了另一套财务报表以及注册会计师对这些财务报表出具了审计报告。

4. 限制审计报告分发和使用的情形

为特定目的编制的财务报表可能按照通用目的编制基础编制，因为财务报表预期使用者已确定这种通用目的财务报表能够满足他们对财务信息的需求。由于审计报告旨在提供给特定使用者，注册会计师可能认为在这种情况下需要增加其他事项段，说明审计报告只是提供给财务报表预期使用者，不应被分发给其他机构或人员或者被其他机构或人员使用。

需要注意的是，其他事项段的内容明确反映了未被要求在财务报表中列报或披露的其他事项。其他事项段不包括法律法规或其他职业准则（如中国注册会计师职业道德守则中与信息保密相关的规定）禁止注册会计师提供的信息。其他事项段也不包括要求管理层提供的信息。

此外，其他事项段放置的位置取决于拟沟通信息的性质。当增加其他事项段旨在提醒使用者关注与理解与财务报表相关的事项时，该段落需要紧接在审计意见段和强调事项段之后。当增加其他事项段旨在提醒使用者关注与审计报告提及的其他报告责任相关的事项时，该段落可以置于"按照相关法律法规的要求报告的事项"的部分内；当其他事项段与注册会计师的责任或使用者理解审计报告相关时，可以单独作为一部分，置于"对财务报表出具的审计报告"和"按照相关法律法规的要求报告的事项"之后。

（三）与治理层的沟通

如果拟在审计报告中增加强调事项段或其他事项段，注册会计师应当就该事项和拟使用的措辞与治理层的沟通。

第六节　企业内部控制审计报告

一、形成审计意见

注册会计师应当对获取的证据进行评价,形成对内部控制有效性的意见,注册会计师应当评价从各种来源获取的审计证据,包括对控制的测试结果、财务报表审计中发现的错报以及已识别的所有控制缺陷,形成对内部控制有效性的意见。在评价审计证据时,注册会计师应当查阅本年度涉及内部控制的内部审计报告或类似报告,并评价这些报告中指出的控制缺陷:只有在审计范围没有受到限制时,注册会计师才能对内部控制的有效性形成意见。如果审计范围受到限制,注册会计师需要解除业务约定或出具无法表示意见的内部控制审计报告。

在对内部控制的有效性形成意见后,注册会计师应当评价企业内部控制评价报告对相关法律法规规定的要素的列报是否完整和恰当。

根据中国证监会《上市公司实施企业内部控制规范体系监管问题解答》的规定,公开发行证券的公司在年度报告中应披露的财务报告内部控制评价报告应包括以下内容:

(1)公司董事会关于建立健全和有效实施财务报告内部控制是公司董事会的责任,并就公司财务报告内部控制评价报告真实性作出的声明。

(2)财务报告内部控制评价的依据。

(3)根据自我评价情况,认定于评价基准日存在的财务报告内部控制重大缺陷情况。

(4)对发现的重大缺陷已采取或拟采取的整改措施的说明。

(5)公司董事会对评价基准日财务报告内部控制有效性的自我评价结论。

(6)在财务报告内部控制自我评价过程中关注到的非财务报告内部控制重大缺陷情况。

二、审计报告类型

注册会计师在完成内部控制审计工作后,应当出具内部控制审计报告。注册会计师需要在审计报告中清楚地表达对内部控制有效性的意见,并对出具的审计报告负责。在整合审计中,注册会计师在完成内部控制审计和财务报表审计后,应当分别对内部控制和财务报表出具审计报告,并签署相同的日期。

(一)无保留意见内部控制审计报告

如果符合下列所有条件,注册会计师应当对内部控制出具无保留意见的内部控制审计报告:

(1)在基准日,被审计单位按照适用的内部控制标准的要求,在所有重大方面保持了有效的内部控制。

(2)注册会计师已经按照《企业内部控制审计指引》的要求计划和实施审计工作,在审计过程中未受到限制。

内部控制审计报告包括下列要素:

(1)标题。内部控制审计报告的标题统一规范为"内部控制审计报告"。

(2)收件人。内部控制审计报告的收件人是指注册会计师按照业务约定书的要求致送内部控制审计报告的对象,一般是指审计业务的委托人。内部控制审计报告需要载明收件人的全称。

（3）引言段。内部控制审计报告的引言段说明企业的名称和内部控制已经过审计。

（4）企业对内部控制的责任段。企业对内部控制的责任段说明，按照《企业内部控制本规范》《企业内部控制应用指引》《企业内部控制评价指引》的规定，建立健全和有效实施内部控制，并评价其有效性是企业董事会的责任。

（5）注册会计师的责任段。注册会计师的责任段说明，在实施审计工作的基础上，对财务报告内部控制的有效性发表审计意见并对注意到的非财务报告内部控制的重大缺陷进行披露是注册会计师的责任。

（6）内部控制固有局限性的说明段。内部控制无论如何有效，都只能为企业实现控制目标提供合理保证。内部控制实现目标的可能性受其固有限制的影响，包括：① 在决策时人为判断可能出现错误和因人为失误而导致内部控制失效；② 控制的运行也可能无效；③ 控制可能由于两个或更多的人员进行串通舞弊或管理层不当地凌驾于内部控制之上而被规避；④ 在设计和执行控制时，如果存在选择执行的控制以及选择承担的风险，管理层在确定控制的性质和范围时需要作出主观判断。

因此，注册会计师需要在内部控制固有局限性的说明段说明，内部控制具有固有局限性，存在不能防止和发现错报的可能性。此外，由于情况的变化可能导致内部控制变得不恰当，或对控制政策和程序遵循的程度降低，根据内部控制审计结果推测未来内部控制的有效性具有一定风险。

（7）财务报告内部控制审计意见段。审计意见段应当说明企业是否按照《企业内部控制基本规范》和相关规定在所有重大方面保持了有效的财务报告内部控制。

（8）注册会计师的签名和盖章。

（9）会计师事务所的名称、地址及盖章。

（10）报告日期。审计报告的日期不应早于注册会计师获取充分、适当的审计证据（包括董事会认可对内部控制及评价报告的责任且已批准评价报告的证据），并在此基础上对内部控制的有效性形成审计意见的日期，如果内部控制审计和财务报表审计整合进行，注册会计师对内部控制审计报告和财务报表审计报告需要签署相同的日期。

（二）非无保留意见的内部控制审计报告

1. 内部控制存在重大缺陷时的处理

如果认为内部控制存在一项或多项重大缺陷，除非审计范围受到限制，注册会计师应当对内部控制发表否定意见。否定意见的内部控制审计报告还应当包括重大缺陷的定义、重大缺陷的性质及其对内部控制的影响程度。

如果重大缺陷尚未包含在企业内部控制评价报告中，注册会计师应当在内部控制审计报告中说明重大缺陷已经识别、但没有包含在企业内部控制评价报告中。如果企业内部控制评价报告中包含了重大缺陷，但注册会计师认为这些重大缺陷未在所有重大方面得到公允反映，注册会计师应当在内部控制审计报告中说明这一结论，并公允表达有关重大缺陷的必要信息。此外，注册会计师应当就这些情况以书面形式与治理层沟通。

如果拟对内部控制的有效性发表否定意见，在财务报表审计中，注册会计师不应依赖存在重大缺陷的控制，然而，需要实施实质性程序确定与该控制相关的账户是否存在重大错报。如果实施实质性程序的结果表明该账户不存在重大错报，注册会计师可以对财务报表发表无保留意见。在这种情况下，注册会计师应当确定该意见对财务报表审计意见的影响,并在内部控制审计报告中予以说明。

如果对财务报表发表的审计意见未受影响,注册会计师应当在内部控制审计报告的导致否定意见的事项段中增加以下类似说明:"在××公司××年财务报表审计中,我们已经考虑了上述重大缺陷对审计程序的性质、时间安排和范围的影响。本报告并未对我们在××年×月×日对×公司××年财务报表出具的审计报告产生影响。"这一说明对于保证审计报告使用者理解注册会计师为何对财务报表发表无保留意见非常重要。

如果对财务报表发表的审计意见受到影响,注册会计师应当在内部控制审计报告的导致否定意见的事项段中增加以下类似说明:"在××公司××年财务报表审计中,我们已经考虑了上述重大缺陷对审计程序的性质、时间安排和范围的影响。"

2. 审计范围受到限制时的处理

注册会计师只有实施了必要的审计程序,才能对内部控制的有效性发表意见。如果审计范围受到限制,注册会计师应当解除业务约定或出具无法表示意见的内部控制审计报告。

如果法律法规的相关豁免规定允许被审计单位不将某些实体纳入内部控制的评价范围,注册会计师可以不将这些实体纳入内部控制审计的范围。这种情况不构成审计范围受到限制,但注册会计师应当在内部控制审计报告中增加强调事项段或者在注册会计师的责任段中,就这些实体未被纳入评价范围和内部控制审计范围这一情况,作出与被审计单位类似的恰当陈述。注册会计师应当评价相关豁免是否符合法律法规的规定,以及被审计单位针对该项豁免作出的陈述是否适当。如果认为被审计单位有关该项豁免的陈述不恰当,注册会计师应当提请其作出适当修改。如果被审计单位未作出恰当修改,注册会计师应当在内部控制审计报告的强调事项段中说明被审计单位的陈述需要修改的理由。

在出具无法表示意见的内部控制审计报告时,注册会计师应当在内部控制审计报告中指明审计范围受到限制,无法对内部控制的有效性发表意见,并单设段落说明无法表示意见的实质性理由。注册会计师不应在内部控制审计报告中指明所执行的程序,也不应描述内部控制审计的特征,以避免对无法表示意见的误解。如果在已执行的有限程序中发现内部控制存在重大缺陷,注册会计师应当在内部控制审计报告中对重大缺陷作出详细说明。

只要认为审计范围受到限制将导致无法获取发表审计意见所需的充分、适当的审计证据,注册会计师不必执行任何其他工作即可对内部控制出具无法表示意见的内部控制审计报告。在这种情况下,内部控制审计报告的日期应为注册会计师已就该报告中陈述的内容获取充分、适当的审计证据的日期。

当注册会计师拟出具无法表示意见的审计报告时,如果已执行的有限程序使其认为内部控制存在重大缺陷,审计报告还应当包括下列内容:① 重大缺陷的定义;② 对识别出的重大缺陷的描述,该描述应当包括重大缺陷的性质,以及重大缺陷在存在期间对企业编制的财务报表产生的实际和潜在影响等信息。

在因审计范围受到限制而无法表示意见时,注册会计师应当就未能完成整个内部控制审计工作的情况,以书面形式与管理层和治理层进行沟通。

三、强调事项、非财务报告内部控制重大缺陷

(一)强调事项

如果认为内部控制虽然不存在重大缺陷但仍有一项或多项重大事项需要提请内部控制审计报告使用者注意,注册会计师应当在内部控制审计报告中增加强调事项段予以说明。注册会计师应当在强调事项段中指明,该段内容仅用于提醒内部控制审计报告使用者关注,并不影响对内部控制发表的审计意见。

如果存在下列情况,注册会计师应当考虑在内部控制审计报告中增加强调事项段:

(1)如果确定企业内部控制评价报告对要素的列报不完整或不恰当,注册会计师应当在内部控制审计报告中增加强调事项段,说明这一情况并解释得出该结论的理由。

(2)如果注册会计师知悉在基准日并不存在,但在期后期间发生的事项,且这类期后事项对内部控制有重大影响,注册会计师应当在内部控制审计报告中增加强调事项段,描述该事项及其影响,或提醒内部控制审计报告使用者关注企业内部控制评价报告中披露的该事项及其影响。

(二)非财务报告内部控制重大缺陷

对于审计过程中注意到的非财务报告内部控制缺陷,如果发现某项或某些控制对企业发展战略、法规遵循、经营的效率效果等控制目标的实现有重大不利影响,确定该项非财务报告内部控制缺陷为重大缺陷的,注册会计师应当以书面形式与企业董事会和经理层沟通,提醒企业加以改进;同时在内部控制审计报告中增加非财务报告内部控制重大缺陷描述段对重大缺陷的性质及其对实现相关控制目标的影响程度进行披露,提示内部控制审计报告使用者注意相关风险,但无需对其发表审计意见。

参考格式21-5、参考格式21-6、参考格式21-7、参考格式21-8、参考格式21-9列示了不同类型的内部控制报告。

参考格式21-5:无保留意见内部控制审计报告。

【参考格式21-5】

内部控制审计报告

××股份有限公司全体股东:

按照《企业内部控制审计指引》及中国注册会计师执业准则的相关要求,我们审计了××股份有限公司(以下简称××公司)××年×月×日的财务报告内部控制的有效性。

一、企业对内部控制的责任

按照《企业内部控制基本规范》《企业内部控制应用指引》《企业内部控制评价指引》的规定,建立健全和有效实施内部控制,并评价其有效性是××公司董事会的责任。

二、注册会计师的责任

我们的责任是在实施审计工作的基础上,对财务报告内部控制的有效性发表审计意见,并对注意到的非财务报告内部控制的重大缺陷进行披露。

三、内部控制的固有局限性

内部控制具有固有局限性,存在不能防止和发现错报的可能性。此外,由于情况的变化可能导致内部控制变得不恰当,或对控制政策和程序遵循的程度降低,根据内部控制审计结果推测未来内部控制的有效性具有一定风险。

四、财务报告内部控制审计意见

我们认为，××公司于××年×月×日按照《企业内部控制基本规范》和相关规定在所有重大方面保持了有效的财务报告内部控制。

××会计师事务所（盖章）　　　　　　　　　中国注册会计师：×××

　　　　　　　　　　　　　　　　　　　　　　（签名并盖章）

　　　　　　　　　　　　　　　　　　　中国注册会计师：×××

　　　　　　　　　　　　　　　　　　　　　　（签名并盖章）

　　　　中国上海市　　　　　　　　　　　　　　××年×月×日

参考格式21-6：带强调事项段的无保留意见内部控制审计报告。

【参考格式21-6】

内部控制审计报告

××股份有限公司全体股东：

按照《企业内部控制审计指引》及中国注册会计师执业准则的相关要求，我们审计了××股份有限公司（以下简称××公司）××年×月×日的财务报告内部控制的有效性

［"一、企业对内部控制的责任"至"四、财务报告内部控制审计意见"参见标准内部控制审计报告相关段落表述。］

五、强调事项

我们提醒内部控制审计报告使用者关注，［描述强调事项的性质及其对内部控制的重大影响。］本段内容不影响已对财务报告内部控制发表的审计意见。

××会计师事务所（盖章）　　　　　　　　　中国注册会计师：×××

　　　　　　　　　　　　　　　　　　　　　　（签名并盖章）

　　　　　　　　　　　　　　　　　　　中国注册会计师：×××

　　　　　　　　　　　　　　　　　　　　　　（签名并盖章）

　　　　中国上海市　　　　　　　　　　　　　　××年×月×日

参考格式21-7：否定意见内部控制审计报告。

【参考格式21-7】

内部控制审计报告

××股份有限公司全体股东：

按照《企业内部控制审计指引》及中国注册会计师执业准则的相关要求，我们审计了××股份有限公司（以下简称××公司）××年×月×日的财务报告内部控制的有效性。

［"一、企业对内部控制的责任"至"三、内部控制的固有局限性"参见标准内部控制审计报告相关段落表述。］

四、导致否定意见的事项

重大缺陷是内部控制中存在的、可能导致不能及时防止或发现并纠正财务报表出现重大错报的一项控制缺陷或多项控制缺陷的组合。

注册会计师应当在内部控制审计报告中指出注册会计师已识别出的重大缺陷，并说明重大缺陷的性质及其对财务报告内部控制的影响程度。

有效的内部控制能够为财务报告及相关信息的真实完整提供合理保证,而上述重大缺陷使××公司内部控制失去这一功能。

××公司管理层已识别出上述重大缺陷,并将其包含在企业内部控制评价报告中。上述缺陷在所有重大方面得到公允反映。

在××公司××年财务报表审计中,我们已经考虑了上述重大缺陷对审计程序的性质、时间安排和范围的影响。本报告并未对我们在××年×月×日对×公司××年财务报表出具的审计报告产生影响。

五、财务报告内部控制审计意见

我们认为,由于存在上述重大缺陷及其对实现控制目标的影响,公司于××年×月×日未能按照《企业内部控制基本规范》和相关规定在所有重大方面保持有效的财务报告内部控制。

参考格式 21-8:无法表示意见内部控制审计报告。

【参考格式 21-8】

内部控制审计报告

××股份有限公司全体股东:

我们接受委托,对××股份有限公司(以下简称××公司)××年×月×日的财务报告内部控制进行审计。

[删除注册会计师的责任段,"一、企业对内部控制的责任"和"二、内部控制的固有局限性"参见标准内部控制审计报告相关段落表述。]

三、导致无法表示意见的事项

[描述审计范围受到限制的具体情况。]

四、财务报告内部控制审计意见

由于审计范围受到上述限制,我们未能实施必要的审计程序以获取发表意见所需的充分、适当证据,因此,我们无法对××公司财务报告内部控制的有效性发表意见。

五、识别的财务报告内部控制重大缺陷

[如在审计范围受到限制前,执行有限程序未能识别出重大缺陷,则应删除本段。]

尽管我们无法对××公司财务报告内部控制的有效性发表意见,但在我们实施的有限程序的过程中,发现了以下重大缺陷:

[指出注册会计师已识别出的重大缺陷,并说明重大缺陷的性质及其对财务报告内部控制的影响程度。]

有效的内部控制能够为财务报告及相关信息的真实完整提供合理保证,而上述重大缺陷使××公司内部控制失去这一功能。

××会计师事务所(盖章)　　　　　　　　中国注册会计师:×××

　　　　　　　　　　　　　　　　　　　　　(签名并盖章)

　　　　　　　　　　　　　　　　　　　　中国注册会计师:×××

　　　　　　　　　　　　　　　　　　　　　(签名并盖章)

　　中国上海市　　　　　　　　　　　　　××年×月×日

参考格式 21-9:非财务报告重大缺陷的内部控制审计报告。

【参考格式21-9】

内部控制审计报告

××股价有限公司全体股东：

按照《企业内部控制审计指引》及中国注册会计师执业准则的相关要求,我们审计了××股份有限公司(以下简称××公司)××年×月×日的财务报告内部控制的有效性。

["一、企业对内部控制的责任"至"四、财务报告内部控制审计意见"参见标准内部控制审计报告相关段落表述。]

五、非财务报告内部控制重大缺陷

在内部控制审计过程中,我们注意到××公司的非财务报告内部控制存在重大缺陷[描述该缺陷的性质及其对实现相关控制目标的影响程度];由于存在上述重大缺陷,我们提醒本报告使用者注意相关风险。需要指出的是,我们并不对××公司的非财务报告内部控制发表意见或提供保证。本段内容不影响对财务报告内部控制有效性发表的审计意见。

××会计师事务所(盖章) 中国注册会计师:×××

(签名并盖章)

中国注册会计师:×××

(签名并盖章)

中国上海市 ××年×月×日

主 要 术 语

1. 审计报告 2. 无保留意见
3. 保留意见 4. 否定意见
5. 无法表示意见 6. 企业内部控制审计报告

复 习 思 考 题

1. 期后事项有哪些种类?
2. 预测性财务信息所依据的假设是什么?
3. 审计报告与管理建议书在内容上有何区别?
4. 试述审计报告编写的步骤和要求。
5. 企业内部控制审计报告有哪些类型?

练 习 题

一、单项选择题

1. 如果在审计报告日后至财务报表对外报出日前,注册会计师发现已审计财务报表与其他信息存在重大不一致,经进一步审查,需要修改被审计单位财务报表,且被审计单位同意修改,则注册会计师应当( )。

A. 与被审计单位管理层讨论

B. 直接增加补充审计报告

C. 在实施必要审计程序的基础上针对修改后的财务报表重新出具审计报告

D. 不用再进行任何处理

2. 如果需要修改其他信息(重大不一致)而被审计单位拒绝修改,注册会计师不应当考虑( )。

A. 出具否定意见审计报告

B. 解除业务约定

C. 在审计报告中增加强调事项段说明该重大不一致

D. 不出具审计报告

3. 注册会计师对财务报表进行审计时,一般无须专门对期初余额发表审计意见。在以下对其含义进行的各种表述中,不正确的表述是( )。

A. 如期初余额存在影响本期报表的重大错报,则应在审计意见中反映

B. 如期初余额不存在影响本期财务报表的重大错报,则无须在审计意见中反映

C. 无论期初余额是否存在影响本期报表的重大错报,都应在审计意见中反映

D. 即使期初余额存在重大错报,也可能不在审计意见中反映

4. 资产负债表日后至审计工作完成日之前发生的交易或事项,可能为注册会计师审计会计估计提供审计证据,以下关于复核期后事项的说法中,不正确的是( )。

A. 注册会计师对期后发生的交易或事项的复核可能减少甚至取代对管理层形成会计估计过程的复核和实施的其他审计程序

B. 复核期后事项可能为会计估计提供结论性的审计证据

C. 注册会计师采用复核期后事项为审计会计估计提供审计证据可以在任何情况下使用

D. 注册会计师对期后发生的交易或事项的复核可能替代在评估会计估计合理性时运用的独立估计

5. 注册会计师在对或有事项进行审计时,下列审计程序中,最无效的是( )。

A. 审核银行存款函证回函　　　　　　B. 审核应收票据函证回函

C. 审核律师声明书　　　　　　　　　　D. 审核长期股权投资函证回函

二、多项选择题

1. 其他信息中与已审计财务报表中的信息存在重大不一致时,这里的不一致通常包括( )。

A. 其他信息中的项目与已审计财务报表相关项目的编制基础不一致

B. 其他信息中与已审计财务报表反映事项不相关的重要信息作出了不正确的表述或列报

C. 其他信息中对数据影响的解释与已审计财务报表相关数据不一致

D. 其他信息中的数据和文字表述与已审计财务报表相关信息不一致

2. 下列说法中,不正确的有( )。

A. 注册会计师应当提请被审计单位作出适当安排,以便在审计报告日前获取其他信息。如果在审计报告日前无法获取所有其他信息,注册会计师可以不再关注其他信息

B. 注册会计师发现其他信息中存在重大不一致的情况,而且需要修改其他信息而被审计单位拒绝修改,注册会计师必须在审计报告中增加强调事项段说明该重大不一致

C. 无论是否有法定或约定的义务对被审计单位某些其他信息实施特别的程序,当这些

其他信息存在遗漏或缺陷时,注册会计师都应当考虑是否在审计报告中提及该事项

D. 如果注册会计师在财务报表报出日之后获知被审计单位的其他信息中包含着重大的不一致,并导致对财务报表的修改,则应提请被审计单位管理层修改已审报表。如果管理层修改了财务报表,则注册会计师无须对已提交的审计报告进行修改

3. 注册会计师接受委托审核预测性财务信息,应对预测性财务信息(　　)发表意见。

A. 能否实现或可实现的程度　　　　　　B. 所依据的假设合理性

C. 是否合法、恰当和一致　　　　　　　D. 在假设的基础上恰当编制

4. 注册会计师在执行财务报表审阅业务时,执行的审阅程序通常包括(　　)。

A. 询问被审阅单位采用的会计准则和相关会计制度、行业惯例

B. 询问财务报表中所有重要的认定

C. 询问股东会、董事会以及其他类似机构决定采取的可能对财务报表产生影响的措施

D. 实施分析程序,以识别异常关系和异常项目

5. 下列说法中,不正确的有(　　)。

A. 注册会计师在对被审计单位期后事项和或有事项等进行审计时,往往要向被审计单位的法律顾问和律师进行函证,得到律师声明书,对于律师的函证通常是以会计师事务所的名义向被审计单位的律师寄发审计询证函

B. 管理层声明书标明的日期通常与审计报告日一致。但在某些情况下,注册会计师也可能在审计过程中或审计报告日后就某些交易或事项获取单独的声明书

C. 管理层声明书标明的日期一定与审计报告日一致

D. 对被审计单位律师的函证通常以被审计单位的名义向其律师寄发审计询证函

三、判断题

1. 审阅业务相对于审计而言成本较低,所以小企业可能聘请注册会计师对年度财务报表进行审阅,而有些国家的证券监管机构可能要求上市公司聘请注册会计师对中期财务报表进行审阅。　　　　　　　　　　　　　　　　　　　　　　　　　　　(　　)

2. 如果注册会计师在执行预测性财务信息审核中对被审核单位假设涉及事项最终结果有两种,注册会计师应当要求被审核单位提供对该假设的支持性证据,否则不能出具无保留意见的审核报告。　　　　　　　　　　　　　　　　　　　　　　　　(　　)

3. 对于未调整事项而言,报表项目层的重要性是区分无保留意见与保留意见的参照标准,财务报表层次的重要性是区分保留意见与否定意见的参照标准。　　　　　(　　)

4. 财务报表审计是一个累积和不断修正信息的过程,随着计划的审计程序的实施,如果获取的信息与风险评估时依据的信息有重大差异,注册会计师应当修改原计划的其他审计程序的性质、时间和范围,但不用修正风险评估结果。　　　　　　　　　(　　)

5. 现金、银行存款均属于敏感性高、流动性强的资产账户。但是在审计过程中,如果注册会计师发现这两个账户在分类上出现错误,所作的反映不会比发现销售业务中出现的分类错误更加强烈。　　　　　　　　　　　　　　　　　　　　　　　　　　(　　)

四、案例分析

A注册会计师作为ABC会计师事务所审计项目负责人,在审计以下单位20×7年度财务报表时分别遇到以下情况:

(1) 甲公司拥有一项长期股权投资,账面价值500万元,持股比例30%。20×7年12月31日,甲公司与K公司签署投资转让协议,拟以350万元的价格转让该项长期股权投

资,已收到价款 300 万元,但尚未办理产权过户手续,甲公司以该项长期股权投资正在转让之中为由,不再计提减值准备。

(2)乙公司于 20×6 年 5 月为 L 公司 1 年期银行借款 1 000 万元提供担保,因 L 公司不能及时偿还,银行于 20×7 年 11 月向法院提起诉讼,要求乙公司承担连带清偿责任。20×7 年 12 月 31 日,乙公司在咨询律师后,根据 L 公司的财务状况,计提了 500 万元的预计负债。对上述预计负债,乙公司已在财务报表附注中进行了适当披露。截至审计工作完成日,法院未对该项诉讼作出判决。

(3)丙公司于 20×7 年 11 月 20 日发现,20×5 年漏记固定资产折旧费用 200 万元。丙公司在编制 20×7 年度财务报表时,对此项会计差错予以更正,追溯重述了相关财务报表项目,并在财务报表附注中进行了适当披露。

(4)丁公司于 20×7 年年末更换了大股东,并成立了新的董事会,继任法定代表人以刚上任不了解以前年度情况为由,拒绝签署 20×7 年度已审财务报表和提供管理层声明书。原法定代表人以不再继续履行职责为由,也拒绝签署 20×7 年度已审计财务报表和提供的管理层声明书。

要求:假定上述情况对各被审计单位 20×7 年度财务报表的影响都是重要的,且各被审计单位均拒绝接受 A 注册会计师提出的审计处理建议(如有)。在不考虑其他因素影响的前提下,请分别针对上述 4 种情况,判断 A 注册会计师应对 20×7 年度财务报表出具何种类型的审计报告,并简要说明理由。

五、参考答案

【单项选择题】 1. C 2. A 3. C 4. C 5. D

【多项选择题】 1. ACD 2. ABCD 3. BD 4. ABCD 5. AC

【判断题】 1. √ 2. × 3. × 4. × 5. √

【案例分析】

(1)保留意见或否定意见的审计报告。由于对该项长期股权投资转让交易尚未完成,甲公司应计提而未计提减值准备,不符合《企业会计准则》和相关制度的规定。

(2)带强调事项段的无保留意见的审计报告(或标准无保留意见)。如果该或有事项对被审计单位的持续经营能力构成了影响,此时是应该考虑增加强调事项段的,如果没有对被审计单位的持续经营能力构成影响是可以出具标准的审计报告的。

(3)标准无保留意见的审计报告。丙公司对重大会计差错进行了追溯重述,并在财务报表附注中进行了适当披露,符合《企业会计准则》和相关制度的规定。

(4)无法表示意见的审计报告。由于管理层对已审计财务报表未予认定,且拒绝签署管理层声明书,注册会计师的审计范围受到极大限制。

本章要点概览

1. 审计差异内容按是否需要调整账户记录可分为核算错误和重分类错误。

2. 或有事项,是指过去的交易或事项形成的,其结果须由某些未来事项的发生或不发生才能决定的不确定事项。

3. 期后事项分为两类:一是对财务报表日已经存在的情况提供证据的事项,即对财务报表日已经存在的情况提供了新的或进一步证据的事项,这类事项影响财务报表金额。需要提请被审计单位管理层调整财务报表及与之相关的披露信息;二是对财务报表日后发生的情况提供证据的事项,即表明财务报表日后发生的情况的事项。

4. 审计报告分为标准审计报告和非标准审计报告。标准审计报告是指不含有说明段、强调事项段、其他事项段或其他任何修饰性用语的无保留意见的审计报告。非标准审计报告,是指带强调事项段或其他事项段无保留意见的审计报告和非无保留意见的审计报告。非无保留意见的审计报告包括保留意见的审计报告、否定意见的审计报告和无法表示意见的审计报告。

5. 预测性财务信息是指被审核单位依据对未来可能发生的事项或采取的行动的假设而编制的财务信息。